O LIVRO
DAS PALAVRAS

José Castello
Selma Caetano
organizadores

O LIVRO
DAS PALAVRAS

CONVERSAS COM OS VENCEDORES
DO PRÊMIO PORTUGAL TELECOM

Copyright © José Castello, Selma Caetano, 2013

Textos críticos ALCIDES VILLAÇA, ANTONIO CARLOS SECCHIN, EVANDO NASCIMENTO, FLORA SÜSSEKIND, JOÃO CEZAR DE CASTRO ROCHA, JOSÉ CASTELLO, LOURIVAL HOLANDA, MANUEL DA COSTA PINTO, REGINA ZILBERMAN, RONALDO BRESSANE, SÉRGIO ALCIDES E WANDER MELO MIRANDA

Diretor editorial PASCOAL SOTO
Editora TAINÃ BISPO
Diretor de produção gráfica MARCOS ROCHA
Gerente de produção gráfica FÁBIO MENEZES

Coordenação de produção CAROCHINHA EDITORIAL
Preparação de textos CAROLINA AIDINIS, MAIARA GOUVEIA E PEDRO CARVALHO
Revisão de provas ANA MENDES ANTÔNIO, CAROLINA AIDINIS, JULIANA CALDAS, JULIANA OLIVEIRA, LEANDRO REGO, LUIZA THEBAS, MAIARA GOUVEIA, PEDRO CARVALHO, RAQUEL SIQUEIRA E RAYSSA ÁVILA
Projeto gráfico CARLA HACHUL BURATTINI E MAYARA MENEZES DO MOINHO
Diagramação CARLA HACHUL BURATTINI, LIRIS TRIBUZZI, RICARDO PASCHOALATO E THAÍS GAAL RUPEIKA
Edição de imagens WALTER CRAVEIRO
Capa JOÃO BAPTISTA DA COSTA AGUIAR

A ortografia dos textos deste livro foi estabelecida segundo o Acordo Ortográfico de 1990.

Dados Internacionais de Catalogação na Publicação (CIP)
Angélica Ilacqua CRB-8/7057

O livro das palavras : conversas com os vencedores do Prêmio Portugal Telecom / organizado por José Castello, Selma Caetano. – São Paulo : LeYa, 2013.

    608 p.
    Bibliografia
    ISBN 978-85-8044-923-5

1. Prêmios literários 2. Escritores 3. Entrevistas 4. Literatura em Língua Portuguesa - processo criativo e crítica literária. 5. Prêmio Portugal Telecom

13-0907   CDD 807.9

2013
Todos os direitos desta edição reservados à
TEXTO EDITORES LTDA.
[Uma editora do grupo Leya]
Rua Desembargador Paulo Passaláqua, 86
01248-010 – Pacaembu – São Paulo, SP – Brasil
www.leya.com

AGRADECIMENTOS

Um agradecimento especial aos professores, ficcionistas, poetas e críticos literários que compuseram os júris inicial, intermediário e final do Prêmio Portugal Telecom ao longo de seus dez anos de existência. Sem suas leituras e avaliações, não chegaríamos a esta seleção.

Agradecemos, ainda, aos escritores que participam deste volume pela dedicação e entusiasmo com que acolheram nosso projeto.

Por fim, nosso agradecimento a Zeinal Bava, a Shakhaf Wine e a Adriano Araújo, sem os quais este livro não seria possível.

OS ORGANIZADORES

JOSÉ CASTELLO
GRADUADO EM Teoria da Comunicação e Jornalismo pela Universidade Federal do Rio de Janeiro (UFRJ), José Castello é escritor e jornalista, colunista do caderno Prosa & Verso, do jornal O Globo. Autor do romance *Ribamar* (Bertrand Brasil), das coletâneas de ensaios literários *Inventário das sombras* e *A literatura na poltrona* (ambos pela Record), e da biografia *Vinicius de Moraes – o poeta da paixão* (Companhia das Letras), entre outras obras. Colaborou com centenas de artigos e resenhas para os principais periódicos do país.

SELMA CAETANO
GRADUADA EM Literatura Portuguesa e Brasileira pela Pontifícia Universidade Católica de São Paulo (PUC-SP), com especialização em Gestão Cultural pela Universidade de Girona, na Espanha, em parceria com o Itaú Cultural, Selma Caetano é produtora cultural e curadora. Entre seus projetos estão a curadoria do Prêmio Portugal Telecom de Literatura, do II Seminário Internacional de Crítica Literária, do Itaú Cultural, e a idealização e curadoria do Instituto Cultural Carrefour e do projeto Formação de Público, realizado no Museu de Arte de São Paulo (Masp).

LACERDA ARMANDO FREITAS FILHO JOÃO GILBERTO NOLL LOURENÇO MUTARELLI CRISTOVÃO
UNES BEATRIZ BRACHER BERNARDO CARVALHO TEIXEIRA COELHO MILTON HATOUM RICARDO LÍSI
EGA SILVIANO SANTIAGO EDGARD TELLES RIBEIRO PAULO HENRIQUES BRITTO SÉRGIO SANT
ONIO DE ASSIS BRASIL SEBASTIÃO UCHOA LEITE MÁRIO CHAMIE VALTER HUGO MÃE NUNO RA
VISAN RUBENS FIGUEIREDO MARINA COLASANTI CHICO BUARQUE RODRIGO LACERDA ARMANDO FR
O GILBERTO NOLL LOURENÇO MUTARELLI CRISTOVÃO TEZZA LOBO ANTUNES BEATRIZ BRACHER
VALHO TEIXEIRA COELHO MILTON HATOUM RICARDO LÍSIAS AMILCAR BETTEGA SILVIANO SANTIA
ES RIBEIRO PAULO HENRIQUES BRITTO SÉRGIO SANT'ANNA LUIZ ANTONIO DE ASSIS BRASIL SEBAS
E MÁRIO CHAMIE VALTER HUGO MÃE NUNO RAMOS DALTON TREVISAN RUBENS FIGUEIREDO MARINA
O BUARQUE RODRIGO LACERDA ARMANDO FREITAS FILHO JOÃO GILBERTO NOLL LOURENÇO
TOVÃO TEZZA LOBO ANTUNES BEATRIZ BRACHER BERNARDO CARVALHO TEIXEIRA COELHO MILT
RDO LÍSIAS AMILCAR BETTEGA SILVIANO SANTIAGO EDGARD TELLES RIBEIRO PAULO HENRIQ
GIO SANT'ANNA LUIZ ANTONIO DE ASSIS BRASIL SEBASTIÃO UCHOA LEITE MÁRIO CHAMIE VALTER
O RAMOS DALTON TREVISAN RUBENS FIGUEIREDO MARINA COLASANTI CHICO BUARQUE RODRIG
ANDO FREITAS FILHO JOÃO GILBERTO NOLL LOURENÇO MUTARELLI CRISTOVÃO TEZZA LOBO ANTUN
CHER BERNARDO CARVALHO TEIXEIRA COELHO MILTON HATOUM RICARDO LÍSIAS AMILCAR BETTE
TIAGO EDGARD TELLES RIBEIRO PAULO HENRIQUES BRITTO SÉRGIO SANT'ANNA LUIZ ANTONIO DE A
ASTIÃO UCHOA LEITE MÁRIO CHAMIE VALTER HUGO MÃE NUNO RAMOS DALTON TREVISAN RUBENS
INA COLASANTI CHICO BUARQUE RODRIGO LACERDA ARMANDO FREITAS FILHO JOÃO GILB
RENÇO MUTARELLI CRISTOVÃO TEZZA LOBO ANTUNES BEATRIZ BRACHER BERNARDO CARVALH
LHO MILTON HATOUM RICARDO LÍSIAS AMILCAR BETTEGA SILVIANO SANTIAGO EDGARD TELLES RIB
RIQUES BRITTO SÉRGIO SANT'ANNA LUIZ ANTONIO DE ASSIS BRASIL SEBASTIÃO UCHOA LEITE MÁ
ER HUGO MÃE NUNO RAMOS DALTON TREVISAN RUBENS FIGUEIREDO MARINA COLASANTI CHIC
RIGO LACERDA ARMANDO FREITAS FILHO JOÃO GILBERTO NOLL LOURENÇO MUTARELLI CRISTOVÃO
UNES BEATRIZ BRACHER BERNARDO CARVALHO TEIXEIRA COELHO MILTON HATOUM RICARDO LÍSI
EGA SILVIANO SANTIAGO EDGARD TELLES RIBEIRO PAULO HENRIQUES BRITTO SÉRGIO SANT
ONIO DE ASSIS BRASIL SEBASTIÃO UCHOA LEITE MÁRIO CHAMIE VALTER HUGO MÃE NUNO RA
VISAN RUBENS FIGUEIREDO MARINA COLASANTI CHICO BUARQUE RODRIGO LACERDA ARMANDO FR
O GILBERTO NOLL LOURENÇO MUTARELLI CRISTOVÃO TEZZA LOBO ANTUNES BEATRIZ BRACHER
VALHO TEIXEIRA COELHO MILTON HATOUM RICARDO LÍSIAS AMILCAR BETTEGA SILVIANO SANTIA
ES RIBEIRO PAULO HENRIQUES BRITTO SÉRGIO SANT'ANNA LUIZ ANTONIO DE ASSIS BRASIL SEBAS
E MÁRIO CHAMIE VALTER HUGO MÃE NUNO RAMOS DALTON TREVISAN RUBENS FIGUEIREDO MARINA
O BUARQUE RODRIGO LACERDA ARMANDO FREITAS FILHO JOÃO GILBERTO NOLL LOURENÇO
TOVÃO TEZZA LOBO ANTUNES BEATRIZ BRACHER BERNARDO CARVALHO TEIXEIRA COELHO MILT
RDO LÍSIAS AMILCAR BETTEGA SILVIANO SANTIAGO EDGARD TELLES RIBEIRO PAULO HENRIQ
GIO SANT'ANNA LUIZ ANTONIO DE ASSIS BRASIL SEBASTIÃO UCHOA LEITE MÁRIO CHAMIE VALTER
O RAMOS DALTON TREVISAN RUBENS FIGUEIREDO MARINA COLASANTI CHICO BUARQUE RODRIG
ANDO FREITAS FILHO JOÃO GILBERTO NOLL LOURENÇO MUTARELLI CRISTOVÃO TEZZA LOBO ANTUN
CHER BERNARDO CARVALHO TEIXEIRA COELHO MILTON HATOUM RICARDO LÍSIAS AMILCAR BETTE
TIAGO EDGARD TELLES RIBEIRO PAULO HENRIQUES BRITTO SÉRGIO SANT'ANNA LUIZ ANTONIO DE A.
ASTIÃO UCHOA LEITE MÁRIO CHAMIE VALTER HUGO MÃE NUNO RAMOS DALTON TREVISAN RUBENS
INA COLASANTI CHICO BUARQUE RODRIGO LACERDA ARMANDO FREITAS FILHO JOÃO GILB
RENÇO MUTARELLI CRISTOVÃO TEZZA LOBO ANTUNES BEATRIZ BRACHER BERNARDO CARVALH
LHO MILTON HATOUM RICARDO LÍSIAS AMILCAR BETTEGA SILVIANO SANTIAGO EDGARD TELLES RIB
RIQUES BRITTO SÉRGIO SANT'ANNA LUIZ ANTONIO DE ASSIS BRASIL SEBASTIÃO UCHOA LEITE MÁ
ER HUGO MÃE NUNO RAMOS DALTON TREVISAN RUBENS FIGUEIREDO MARINA COLASANTI CHIC
RIGO LACERDA ARMANDO FREITAS FILHO JOÃO GILBERTO NOLL LOURENÇO MUTARELLI CRISTOVÃO
UNES BEATRIZ BRACHER BERNARDO CARVALHO TEIXEIRA COELHO MILTON HATOUM RICARDO LÍSI
EGA SILVIANO SANTIAGO EDGARD TELLES RIBEIRO PAULO HENRIQUES BRITTO SÉRGIO SAN
ONIO DE ASSIS BRASIL SEBASTIÃO UCHOA LEITE MÁRIO CHAMIE VALTER HUGO MÃE NUNO RA

SUMÁRIO

Prefácio	11
O *livro das palavras*: apresentação	15

OS ESCRITORES

Valter Hugo Mãe	18
Nuno Ramos	42
Dalton Trevisan	70
Rubens Figueiredo	82
Gonçalo M. Tavares	108
Marina Colasanti	128
Chico Buarque	144
Rodrigo Lacerda	154
Armando Freitas Filho	184
João Gilberto Noll	208
Lourenço Mutarelli	226
Cristovão Tezza	246
Lobo Antunes	268
Beatriz Bracher	280
Bernardo Carvalho	310
Teixeira Coelho	340
Milton Hatoum	376
Alberto Martins	400
Ricardo Lísias	420
Amilcar Bettega	452
Silviano Santiago	482
Edgard Telles Ribeiro	502
Paulo Henriques Britto	528
Sérgio Sant'Anna	548
Luiz Antonio de Assis Brasil	564
Sebastião Uchoa Leite	584
Mário Chamie	594

PREFÁCIO

HÁ EXATAMENTE DEZ ANOS, iniciamos esta viagem de celebração da língua portuguesa. Desde então, anualmente e sem falhar, a Portugal Telecom, através deste prêmio e com muito orgulho, homenageia os escritores da cultura lusófona. Passada uma década, o Prêmio Portugal Telecom se tornou um legado, mas também uma responsabilidade. Seus vinte e sete vencedores, premiados entre os anos de 2003 e 2012, representam um registro fundamental para o entendimento da produção literária contemporânea em nossa língua.

Esse percurso não pertence só à Portugal Telecom, ou mesmo aos escritores celebrados. Ele é um patrimônio que deve ser partilhado. Os vinte e sete autores que apresentamos de forma aprofundada neste livro são parte importante da força de um idioma que une 250 milhões de pessoas em todo o planeta. A língua portuguesa é um tesouro que nos torna maiores do que nossas fronteiras geográficas.

Ao celebrar desta forma os dez anos do prêmio, a Portugal Telecom quer acrescentar algo de muito importante à experiência que só a leitura das obras desses valorosos escritores pode oferecer. Deixamos registrados suas ideias, processos criativos, visão de mundo; catalogamos suas obras – ficcionais, poéticas e ensaísticas –; mostramos a importância e o lugar de cada uma delas dentro do universo literário. Nas páginas deste livro, podemos conhecer ainda melhor a voz própria e diferenciada de pessoas que escrevem o nosso futuro e que inscrevem a língua portuguesa no mundo.

A viagem começou em 2003 e pelo caminho já acolheu autores portugueses como António Lobo Antunes, Gonçalo M. Tavares e Valter Hugo Mãe; já passou por escritores brasileiros conceituados como Chico Buarque, Cristovão Tezza, Dalton Trevisan, João Gilberto Noll, Milton Hatoum, Sérgio Sant'Anna, Silviano Santiago e Bernardo Carvalho; já abrigou o sopro renovador de Beatriz Bracher, Lourenço Mutarelli, Ricardo Lísias,

Alberto Martins, Nuno Ramos e Amilcar Bettega; já destacou os poetas Armando Freitas Filho, Paulo Henriques Britto, Sebastião Uchoa Leite e Mário Chamie; e os escritores Rubens Figueiredo, Rodrigo Lacerda, Teixeira Coelho, Edgard Telles Ribeiro, Luiz Antonio de Assis Brasil e Marina Colasanti. É claro que a viagem não acaba aqui. Continuará seu caminho, tal como a língua portuguesa. Deixamos aqui, porém, esta memória do percurso, como um postal que mandamos às pessoas com quem queremos partilhar nossa jornada através da lusofonia.

RIGO LACERDA ARMANDO FREITAS FILHO JOÃO GILBERTO NOLL LOURENÇO MUTARELLI CRISTOVÃO
NTUNES BEATRIZ BRACHER BERNARDO CARVALHO TEIXEIRA COELHO MILTON HATOUM RICARDO L
ETTEGA SILVIANO SANTIAGO EDGARD TELLES RIBEIRO PAULO HENRIQUES BRITTO SÉRGIO SA
NTONIO DE ASSIS BRASIL SEBASTIÃO UCHOA LEITE MÁRIO CHAMIE VALTER HUGO MÃE NUNO
REVISAN RUBENS FIGUEIREDO MARINA COLASANTI CHICO BUARQUE RODRIGO LACERDA ARMANDO
JÃO GILBERTO NOLL LOURENÇO MUTARELLI CRISTOVÃO TEZZA LOBO ANTUNES BEATRIZ BRACH
ARVALHO TEIXEIRA COELHO MILTON HATOUM RICARDO LÍSIAS AMILCAR BETTEGA SILVIANO SAN
ELLES RIBEIRO PAULO HENRIQUES BRITTO SÉRGIO SANT'ANNA LUIZ ANTONIO DE ASSIS BRASIL SEB
EITE MÁRIO CHAMIE VALTER HUGO MÃE NUNO RAMOS DALTON TREVISAN RUBENS FIGUEIREDO MAR
HICO BUARQUE RODRIGO LACERDA ARMANDO FREITAS FILHO JOÃO GILBERTO NOLL LOUREN
RISTOVÃO TEZZA LOBO ANTUNES BEATRIZ BRACHER BERNARDO CARVALHO TEIXEIRA COELHO M
CARDO LÍSIAS AMILCAR BETTEGA SILVIANO SANTIAGO EDGARD TELLES RIBEIRO PAULO HEN
ÉRGIO SANT'ANNA LUIZ ANTONIO DE ASSIS BRASIL SEBASTIÃO UCHOA LEITE MÁRIO CHAMIE VAL
UNO RAMOS DALTON TREVISAN RUBENS FIGUEIREDO MARINA COLASANTI CHICO BUARQUE ROD
RMANDO FREITAS FILHO JOÃO GILBERTO NOLL LOURENÇO MUTARELLI CRISTOVÃO TEZZA LOBO ANT
RACHER BERNARDO CARVALHO TEIXEIRA COELHO MILTON HATOUM RICARDO LÍSIAS AMILCAR BET
ANTIAGO EDGARD TELLES RIBEIRO PAULO HENRIQUES BRITTO SÉRGIO SANT'ANNA LUIZ ANTONIO D
EBASTIÃO UCHOA LEITE MÁRIO CHAMIE VALTER HUGO MÃE NUNO RAMOS DALTON TREVISAN RUBE
ARINA COLASANTI CHICO BUARQUE RODRIGO LACERDA ARMANDO FREITAS FILHO JOÃO G
OURENÇO MUTARELLI CRISTOVÃO TEZZA LOBO ANTUNES BEATRIZ BRACHER BERNARDO CARV
OELHO MILTON HATOUM RICARDO LÍSIAS AMILCAR BETTEGA SILVIANO SANTIAGO EDGARD TELLES
ENRIQUES BRITTO SÉRGIO SANT'ANNA LUIZ ANTONIO DE ASSIS BRASIL SEBASTIÃO UCHOA LEITE
ALTER HUGO MÃE NUNO RAMOS DALTON TREVISAN RUBENS FIGUEIREDO MARINA COLASANTI C
ODRIGO LACERDA ARMANDO FREITAS FILHO JOÃO GILBERTO NOLL LOURENÇO MUTARELLI CRISTOV
NTUNES BEATRIZ BRACHER BERNARDO CARVALHO TEIXEIRA COELHO MILTON HATOUM RICARDO L
ETTEGA SILVIANO SANTIAGO EDGARD TELLES RIBEIRO PAULO HENRIQUES BRITTO SÉRGIO SA
NTONIO DE ASSIS BRASIL SEBASTIÃO UCHOA LEITE MÁRIO CHAMIE VALTER HUGO MÃE NUNO
REVISAN RUBENS FIGUEIREDO MARINA COLASANTI CHICO BUARQUE RODRIGO LACERDA ARMANDO
JÃO GILBERTO NOLL LOURENÇO MUTARELLI CRISTOVÃO TEZZA LOBO ANTUNES BEATRIZ BRACH
ARVALHO TEIXEIRA COELHO MILTON HATOUM RICARDO LÍSIAS AMILCAR BETTEGA SILVIANO SAN
ELLES RIBEIRO PAULO HENRIQUES BRITTO SÉRGIO SANT'ANNA LUIZ ANTONIO DE ASSIS BRASIL SEB
EITE MÁRIO CHAMIE VALTER HUGO MÃE NUNO RAMOS DALTON TREVISAN RUBENS FIGUEIREDO MAR
HICO BUARQUE RODRIGO LACERDA ARMANDO FREITAS FILHO JOÃO GILBERTO NOLL LOUREN
RISTOVÃO TEZZA LOBO ANTUNES BEATRIZ BRACHER BERNARDO CARVALHO TEIXEIRA COELHO M
CARDO LÍSIAS AMILCAR BETTEGA SILVIANO SANTIAGO EDGARD TELLES RIBEIRO PAULO HEN
ÉRGIO SANT'ANNA LUIZ ANTONIO DE ASSIS BRASIL SEBASTIÃO UCHOA LEITE MÁRIO CHAMIE VAL
UNO RAMOS DALTON TREVISAN RUBENS FIGUEIREDO MARINA COLASANTI CHICO BUARQUE ROD
RMANDO FREITAS FILHO JOÃO GILBERTO NOLL LOURENÇO MUTARELLI CRISTOVÃO TEZZA LOBO ANT
RACHER BERNARDO CARVALHO TEIXEIRA COELHO MILTON HATOUM RICARDO LÍSIAS AMILCAR BET
ANTIAGO EDGARD TELLES RIBEIRO PAULO HENRIQUES BRITTO SÉRGIO SANT'ANNA LUIZ ANTONIO D
EBASTIÃO UCHOA LEITE MÁRIO CHAMIE VALTER HUGO MÃE NUNO RAMOS DALTON TREVISAN RUBE
ARINA COLASANTI CHICO BUARQUE RODRIGO LACERDA ARMANDO FREITAS FILHO JOÃO G
OURENÇO MUTARELLI CRISTOVÃO TEZZA LOBO ANTUNES BEATRIZ BRACHER BERNARDO CARV
OELHO MILTON HATOUM RICARDO LÍSIAS AMILCAR BETTEGA SILVIANO SANTIAGO EDGARD TELLES
ENRIQUES BRITTO SÉRGIO SANT'ANNA LUIZ ANTONIO DE ASSIS BRASIL SEBASTIÃO UCHOA LEITE
ALTER HUGO MÃE NUNO RAMOS DALTON TREVISAN RUBENS FIGUEIREDO MARINA COLASANTI C
ODRIGO LACERDA ARMANDO FREITAS FILHO JOÃO GILBERTO NOLL LOURENÇO MUTARELLI CRISTOV
NTUNES BEATRIZ BRACHER BERNARDO CARVALHO TEIXEIRA COELHO MILTON HATOUM RICARDO L
ETTEGA SILVIANO SANTIAGO EDGARD TELLES RIBEIRO PAULO HENRIQUES BRITTO SÉRGIO SI
NTONIO DE ASSIS BRASIL SEBASTIÃO UCHOA LEITE MÁRIO CHAMIE VALTER HUGO MÃE NUNO

O LIVRO DAS PALAVRAS: APRESENTAÇÃO
José Castello e Selma Caetano

A IDEIA DE PUBLICAR um livro dedicado aos vencedores do Prêmio Portugal Telecom de Literatura circulou nos bastidores de suas muitas edições, quando os curadores e jurados – reunidos para discutir as obras finalistas – defendiam seus votos de maneira consistente e fundamentada. Já se frisava, nessas reuniões, que uma síntese da história do prêmio poderia ser um interessante panorama da produção literária contemporânea de língua portuguesa.

Em 2012, o prêmio completou dez anos. Ao longo desse tempo, o projeto construiu uma seleção representativa da literatura em língua portuguesa. Os livros publicados a cada ano passam por uma triagem iniciada com a avaliação de centenas de professores, escritores, poetas e críticos literários, que compõem o júri inicial, e seguida pelas rigorosas avaliações dos júris subsequentes, compostos dos mais conceituados críticos literários da atualidade. Chegamos assim aos vinte e sete escritores vencedores do Prêmio Portugal Telecom aqui reunidos.

Era evidente que tínhamos um conjunto substancioso de escritores. Mas como seria a publicação? Depoimentos sobre cada um deles? Uma coletânea de textos críticos a respeito de suas obras? Elegemos, então, como ponto de partida uma simples – mas radical – pergunta: "Qual a palavra que habita o coração de sua literatura?". Imaginamos que a escolha dessa palavra-chave poderia nos ajudar a iluminar não só a obra de cada escritor mas também parte importante da produção literária de hoje.

Contudo, como costuma acontecer com os grandes artistas, nossos escritores são imprevisíveis e nem sempre se deixam reger por princípios preestabelecidos, à feição dos horários de um trem europeu. As respostas à pergunta inicial foram, por vezes, complexas e destoantes umas das outras. Se alguns escritores foram precisos ao apontar como matriz de sua literatura uma única e certeira palavra (Milton Hatoum escolheu "memória"; Sérgio Sant'Anna e Ricardo Lísias, "criação"; Lourenço Mutarelli, "abandono"; Rodrigo Lacerda, "história"; Assis Brasil, "outrora"; Edgard Telles Ribeiro, "sugestão"; Nuno Ramos, a palavra "batata"; e Rubens Figueiredo, o nome da esposa, "Leny"), outros preferiram discorrer, em belos textos, sobre a palavra escolhida (Silviano Santiago escreveu sobre "metáfora"; Teixeira Coelho, sobre "tocar na vida"; Valter Hugo Mãe, sobre "disforia"; João Gilberto Noll, sobre "ímpeto e impulso"; Marina Colasanti, sobre a "tessitura da escrita"; Gonçalo Tavares, sobre "lucidez e instinto"; Cristovão Tezza, sobre "sentimento de perda"; Beatriz Bracher, sobre "passado"). Alguns, ainda, responderam por meio de trechos de sua própria obra (Armando Freitas Filho e Amilcar Bettega), enquanto outros, por fim, optaram por não responder à questão (Paulo Henriques Britto, Bernardo Carvalho e Alberto Martins).

O ponto de partida para a antologia não se limitaria à palavra escolhida pelo escritor. Realizamos entrevistas com os escritores vencedores de modo que eles pudessem não apenas expor e desvendar seus embates reais com o processo da escrita como também situar a literatura em sua vida, estabelecendo possíveis relações entre criação literária e experiência existencial. Aliás, na história do jornalismo cultural temos exemplos magistrais de edições que compilaram as melhores entrevistas literárias de uma época, como as coletâneas da *Paris Review*, do *Le Monde* e outras, traçando retratos preciosos não só de uma literatura mas de um tempo.

Cogitamos, ainda, um outro critério para a antologia: a reunião de apontamentos críticos feitos, nos bastidores do prêmio, por alguns dos curadores e jurados de cada edição, tendo em vista as defesas que fizeram durante o processo de seleção.

Eram muitos os caminhos que se abriam. Ao fim e ao cabo, concluímos que o melhor seria tratar esta edição com um olhar multifacetado, que ilustrasse os múltiplos caminhos que a própria crítica literária pode (e deve) tomar. Assim, *O livro das palavras* compõe-se, nesta ordem, de foto recente, breve biografia, alentada entrevista realizada pelos organizadores – na qual foram respeitadas as construções gramaticais particulares às respostas de cada autor –, texto crítico sobre a obra – realizado, sempre, com o estilo peculiar de cada ensaísta, sem nenhum desejo de padronização – e bibliografia completa.

O leitor sentirá a falta de cinco entrevistas. Dalton Trevisan, que mais uma vez defende sua famosa alcunha e título de um de seus livros –

"o vampiro de Curitiba" –, não respondeu ao questionário que lhe enviamos. Lobo Antunes e Chico Buarque também não atenderam aos nossos apelos, apesar da contundente mediação de seus editores. Sebastião Uchoa e Mário Chamie não mais se encontram entre a gente. Mas os textos críticos sobre esses cinco autores compensam, de modo bastante razoável, essas ausências.

Os perfis foram distribuídos no volume segundo a ordem cronológica decrescente do recebimento do prêmio. Assim, iniciamos com os vencedores do Prêmio Portugal Telecom 2012 e terminamos com os vencedores de 2003.

Com acertos (e erros?) de última hora, correndo contra o tempo para uma tarefa hercúlea de tentar mostrar as várias facetas da produção literária de vinte e sete dos melhores escritores de nosso tempo e de nossa língua, chegamos, enfim, a esta edição de *O livro das palavras*. Uma obra que se pretende perene e referencial, dada a relevância da literatura dos escritores que a compõem. Esperamos ter conseguido realizar nossa missão. E que os leitores possam não apenas conhecer um pouco da obra desses valiosos escritores como também ter acesso às suas ideias, trajetórias, experiências de vida e inquietações.

VALTER HUGO MÃE

DESDE SEMPRE, antes mesmo de entrar na escola aos quatro anos de idade, Valter Hugo Mãe brincava com as palavras, tentava memorizá-las e fazia listas com as palavras favoritas – e "pirilampo" estava sempre no topo delas –, mas nunca pensou em se tornar escritor. Escrever, para ele, era um caminho para desvendar e entender o que as palavras diziam. Hoje, com cinco romances publicados, Valter traz a angústia de não encontrar palavras que digam algo que ainda não foi dito. Como escritor, seu grande desafio é encontrar alguma coisa que acrescente, para que não escreva sempre o mesmo romance, diz ele.

Valter Hugo Lemos nasceu em 1971 em Saurimo, Angola, onde viveu até os dois anos de idade. Passou a infância em Paços de Ferreira, pequena cidade interiorana no norte de Portugal, e aos dez anos mudou-se com a família para Vila do Conde, cidade litorânea do Distrito do Porto, onde vive até hoje.

Formado em Direito pela Universidade do Porto, atuou como advogado antes de iniciar a carreira literária. Ao abraçar as artes e a literatura, adotou o nome de Valter Hugo Mãe para se aproximar da "utopia de compreender tudo, de ser capaz de apreender tudo". Ainda na Universidade do Porto, graduou-se mestre em Literatura Portuguesa Moderna e Contemporânea.

Em 1999, fundou com Jorge Reis-Sá a Quasi Edições, que publicou em Portugal obras de escritores brasileiros como Ferreira Gullar, Caetano Veloso e Adriana Calcanhoto. Também organizou várias antologias, entre elas *O Encantador de palavras*, com a poesia de Manoel de Barros; *Quem quer casar com a poetisa?*, com a poesia de Adília Lopes; *O futuro em anos-luz*, de poesia portuguesa; e *Desfocados pelo vento*, com poesia dos anos 1980.

Vocalista e letrista, lançou em 2010 o álbum *Propaganda Sentimental*, do projeto Governo, com António Rafael e Miguel Pedro, da banda portuguesa Mão Morta.

De 2004 aos dias de hoje, publicou cinco romances, incluindo uma tetralogia cuja única ligação entre os quatro livros é o desejo de viver na literatura uma vida inteira, da infância à velhice. Começou com o menino de oito anos em *o nosso reino*, 2004, passando pelo jovem de dezenove em *o remorso de baltazar serapião*, 2006, pelas trabalhadoras de quarenta em *o apocalipse dos trabalhadores*, 2008, e terminando com o senhor de oitenta e quatro anos em *a máquina de fazer espanhóis*, 2010, este último vencedor do Prêmio Portugal Telecom de Literatura. Em 2012, deixou de assinar e escrever apenas com letras minúsculas – "para não ficar preso a uma receita qualquer", diz ele – e publicou o quinto romance, *O filho de mil homens*.

Tem vasta obra poética – com mais de quinze livros –, que está revista e publicada em um só volume, *contabilidade*. É também autor de livros infantojuvenis.

Atualmente escreve a coluna de crônicas Autobiografia Imaginária no *Jornal de Letras*.

Você poderia falar um pouco sobre sua história pessoal? Como é o lugar onde nasceu e em que vive hoje?
A minha família vem de Guimarães, a cidade de interior onde se fundou Portugal. Um lugar cheio de identidade e ilusões. Muito bonito e um bom bocado pretensioso. No entanto, eu acabei por nascer em Angola, quando ainda da administração portuguesa. O meu pai era militar e foi para lá destacado pela ocorrência da vergonhosa guerra colonial. Em Angola estive apenas até aos dois anos e meio. Cresci achando que voltaria um dia, para agradecer as memórias que os meus pais guardavam. Enchiam-me de histórias maravilhosas, coisas de verdade e fantasia que sei terem fertilizado a minha vontade de ser escritor.
Passei a infância, depois, em Paços de Ferreira, outra pequena cidade do interior, famosa por seus móveis. Todas as minhas brincadeiras passavam por madeiras e árvores mortas e fatiadas. Aos dez anos, meus pais vieram para Vila do Conde, uma cidade de beira-mar, muito bonita, aristocrática, religiosa e muito feita de pedra. A minha família veio para o bairro de Caxinas, o lugar mais humilde, onde vivem os pescadores. É por aqui que ainda estou. Ao fim de mais de trinta anos, gosto de pensar que sou daqui.
Angola ficou como um lugar mental. Algo imaginário que apenas recentemente pude visitar e dar conteúdo. Sou tão angolano quanto Clarice Lispector é ucraniana. Sempre me divertem as perguntas todas preocupadas acerca da literatura angolana, porque não sei dela mais do que os portugueses comuns sabem. Gostaria, com o tempo, de merecer mais isso de ser um pouco angolano. Gostaria de conhecer e poder escrever sobre a minha estranha memória de Angola. Essa herança de família que tem muita maravilha dentro.

Onde estudou?
Fiz a escola em Paços de Ferreira, depois em Vila do Conde. Cursei Direito na cidade do Porto e depois uma pós-graduação em Literatura Portuguesa Moderna e Contemporânea. Adorei estudar, mas nunca fui brilhante. Fui sempre um sonhador e meio preguiçoso, porque o sonho gosta do ócio. Eu ficava de cabeça parada nas aulas. Entrava em meu mundo de Alice e não escutava mais nada. Ainda hoje acontece. Creio que vivo para dentro de mim, uns andares abaixo do que se vê à superfície.

Seus quatro romances lançados no Brasil compõem uma tetralogia. No entanto, os personagens de cada um dos livros não se conhecem e não se comunicam. Nem ao menos vivem no mesmo tempo e espaço. Qual o ponto de convergência entre os quatro livros?
Apenas a estratégia de pensar acerca de todos os tempos da vida antes que a morte me impeça de os conhecer. Meu pai sempre disse que morreria cedo, e morreu. Eu sempre achei que era mais fraco do que o meu pai. Achei que morreria cedo, e estou até desconfiado de chegar aos quarenta e um anos de idade. Quando pensei na ideia de tetralogia foi apenas para me possibilitar ficcionar a terceira idade a tempo, antes de não ficcionar e não viver a terceira idade. Assim, de algum modo, vivi. Já vivi tudo quanto era essencial. Estou usando uma vida extra neste momento. Fui bem mais esperto do que o meu pai, que não se lembrou de antecipar nada.

Em seu livro *a máquina de fazer espanhóis* você discute o modo como encaramos a morte. Por que a morte lhe interessou? Existe alguma relação com a declaração seguinte: "sempre fui convencido de que morreria cedo e tive várias datas-limite: os dezoito anos, os trinta e três e os quarenta"? Conte essa história.
Aquilo de o meu pai pensar que morreria a cada momento foi muito marcante no modo como cresci. O meu irmão Casimiro morreu antes de eu nascer. Morreu com um ano de idade. Eu sempre soube que a morte não respeita a idade. Andei sempre muito atento à possibilidade de eu morrer. Achei que não seria adulto. Morreria com dezoito anos. Achei que nunca superaria a idade de Cristo. Morreria aos trinta e três. Ainda acho muito estranho podermos ser mais velhos do que ele. E achei

que não tinha nenhum projeto de vida para lá dos quarenta. Nunca imaginei a minha vida depois dos quarenta. O que faria, o que teria, com quem viveria. A minha vida, depois dos quarenta, não faz sentido. Estou muito procurando o sentido, como se tivesse nascido agora, outra vez. Quando escrevi *a máquina de fazer espanhóis* quis muito transcender-me. A ideia foi muito essa. Insultar o tempo e reclamar o direito de conhecer aquilo que vai além do que somos ou podemos ser. Eu quero ir além do que é esperado para mim. Estou muito para além do que esperei para mim próprio. Não existe morte que me roube esta conquista. E, sim, *a máquina de fazer espanhóis* foi uma conquista.

Morrer cedo é um azar ou uma sorte?
Convenci-me de que a morte é sempre cedo. Apenas podemos estar preparados ou não. Não tem como ser na idade certa porque nenhuma idade é mais do que tempo. Nós é que precisamos de estar apaziguados para a sua ocorrência. Isso independe da idade. Isso é outro esforço, não é tempo.

A ficção, de alguma forma, ressuscita os mortos? Ela não passa, no fim das contas, de uma insistência em viver?
A ficção ressuscita, sim. Ela ilude. Cria um cenário no qual podemos viver momentaneamente e onde se pode preservar memória e todo o afeto. Escrever para lembrar de meu pai ou para lembrar de mim mesmo é prolongar. O meu pai, hoje, é um livro colocado na minha estante. Ele é um livro que falará mesmo depois de minha morte. O meu pai fala. Ele está morto e fala. Eu fi-lo falar. Assim, a morte é apenas outra coisa. Como se fosse uma morte menor. Mais pequena. Deve ficar muito zangada comigo, por lhe roubar uma parte, mas gosto de ser um pouco herói para o meu pai. Resgatá-lo, ainda que infimamente, deixa-me orgulhoso.

Você disse que é com o silêncio que os velhos encontram sua sincronia com a condição de objetos. Para escrever *a máquina de fazer espanhóis* você visitou asilos, clínicas, casas de idosos? Como os leitores idosos receberam o romance?
Eu visitei, por quinze minutos, um lar de idosos. Foi o que consegui. Saí profundamente incomodado, muito comovido. Acabei o livro e ganhei

medo das pessoas idosas que o pudessem ler. Achei que estava arriscando demasiado e arriscava entristecer as pessoas mais velhas.

Lembro, por exemplo, ter querido enviar o livro a Saramago e hesitar. Fui hesitando até não enviar nunca. Depois, soube que ele próprio comprou o livro e teria sido até o último que leu antes de morrer. Sempre terei a curiosidade de saber o que poderíamos conversar acerca do assunto.

Conhecer o que os leitores podem sentir a respeito de seus romances produz alguma consequência em sua escrita? Ou o leitor é sempre um ser desconhecido e inatingível?

Sou muito sensível aos leitores. Tenho a tentação de corresponder aos leitores. Se alguém me pede algo, gosto de aceder. Mas é cada vez mais impossível. De todo modo, os meus livros invariavelmente levam uma oferta a alguém. Sempre elogiam uma pessoa ou procuram fazer com que uma pessoa específica se sinta feliz com uma mensagem que lhe deixo. O leitor, ainda que desconhecido, importa-me muito. Consigo imaginar a sua vida tanto quanto a das personagens. Num certo sentido, os leitores são personagens. São valiosos como elas. Eles entram nos livros e fazem parte e fazem os livros comigo.

António Silva, personagem de *a máquina de fazer espanhóis*, faz um elogio à perda da memória, à perda da razão. Por que essa apologia ao esquecimento? Não se trata de um contrassenso, na medida em que o protagonista – um velho de oitenta e quatro anos – vive de suas memórias?

Sim. De todo modo, é a possibilidade de não temer mais nada. A morte será uma abstração sem sentido. Acontecerá sem poder ser antecipada, sem o terror que lhe pode estar inerente. O António Silva vive angustiado com a sua dignidade. A dignificação da sua memória. E pretende defender o direito de lembrar até ao fim, mas cobiça o esquecimento e aqueles que são capazes de esquecer. Porque vivem diminuídos do fardo. Como se a metafísica lhes fosse ligeira, mais ligeira, uma coisa pouca e fácil de gerir.

Seria possível fazer literatura sem o auxílio da memória? Um homem hipotético, que estivesse preso a um presente perpétuo, poderia tornar-se um escritor?

Creio que no momento da escrita praticamente tudo é memória. A possibilidade de darmos origem a algo que previamente não existia é ínfima. Podemos considerar uma trama qualquer como contendo alguma originalidade, e as expressões que usamos podem ser tão inovadoras que não coincidam com nada do que já se escreveu, mas o momento da escrita convoca tudo quanto somos, como se usasse a memória do que somos, e o texto não será mais do que a tradução, ainda que tosca, da nossa natureza.

De todo modo, eu apenas escrevo como sei. E penso acerca do que faço apenas aquilo que sei pensar. Talvez esteja todo errado. Os meus livros são assim porque não sei escrever outros. Adoraria ter escrito esses livros e saber escrever outros. Adoraria.

***O filho de mil homens* trata de um homem que chega aos quarenta anos sem ter tido um filho. Você declarou que o livro o levou a pensar a respeito da aventura que é cuidar de um herdeiro. Como foi trabalhar com uma situação da qual você não tem nenhum conhecimento pessoal?**

O livro nasceu de uma frase que eu ia usar numa crônica. Depois, foi tão demolidor ler aquela frase que eu achei que o tamanho da crônica não permitia concluir nada de substancial sobre a minha angústia. Não dava tempo para eu meditar suficientemente acerca do assunto. Nasceu o romance. O que penso ter escrito é a manifestação desse vazio que subitamente me ocorreu. Creio que aumenta a cada dia. Sei que sou um homem vazio. Tenho histórias, inventei um filho dentro do papel, ressuscitei o meu pai, viajo e tudo isso. Mas há muito que me falta e que não se satisfaz com um verso. A literatura, é pena, não pode tudo. Assim, eu creio que o livro arranca de algo que conheço bem: a falta de um filho. Depois, ele prossegue pelo sonho. É um sonho. Todo *O filho de mil homens* é um sonho. Parece uma fantasia, uma história encantada. Gostava que a minha vida se encantasse. Acho que é isso. Gostava que as coisas boas acontecessem por força das palavras. Como se fossem mágicas. Diríamos "filho" e poderíamos ter um filho. Como quando era criança e inventava o que não tinha. A mesma coisa.

Você é um homem muito afetuoso, além de escrever com muito sentimento. Como isso se projeta em sua literatura? Algumas vezes, pode se tornar um obstáculo?

Sim, claro. Pode ser uma porcaria. Porque me emociono e porque subitamente estou tentando chegar a pessoas concretas com as palavras, carpindo minhas frustrações particulares, minhas dores de cotovelo. É horrível. Nessas alturas é preciso parar. Apagar. O livro não deve ser submisso à minha pessoa. Eu é que sou seu servente. Existo para que ele surja. Os meus desamores são um lixo que não interessa diante da dimensão de um livro. Eles podem ser usados para criar uma expressão, uma ideia, mas não podem definir o propósito do livro e subjugá-lo.

A literatura tem tendência para ser pessoal. Isso porque nos confundimos e achamos estar falando diretamente ao ouvido daquela pessoa que gostaríamos que gostasse de nós, que nos quisesse, que nos entendesse. Mas isso não é mais do que ilusão. Os livros não colocam o amor na nossa cama. Apenas ilusões. O amor é outra coisa.

O humor está muito presente em *a máquina de fazer espanhóis*, apesar de o romance ser uma tragédia. Você é um homem bem-humorado ou tende a dramatizar a existência?

Eu dramatizo, mas brinco muito com o drama. A vida é efetivamente uma tragédia horrenda, mas não vou ficar tolhendo meus gestos pela evidência disso. Sou muito bom a dividir o tempo do dia. Rio muito, estou pronto para a pura brincadeira. Nos livros, creio que mostro isso. Nenhuma tragédia impede o ressurgimento do humor. Acredito nisso. Depois de qualquer perda, o tempo trará sempre o riso. Será sempre, outra vez, boa a percepção da vida.

O *apocalipse dos trabalhadores* trata de um tema sempre perigoso, que resvala o banal: o amor. No caso, o amor da "mulher-a-dias" Maria da Graça pelo velho senhor Ferreira e o de Quitéria pelo jovem imigrante Andryi. Nos dois casos, o amor surge como uma salvação, ou pelo menos uma compensação para o mundo áspero em que as duas vivem. Em que medida os impulsos amorosos participam da criação literária?

Também gosto de gostar. Não posso ficar imune ao amor e ao modo como ele se imiscui na literatura. Nesse livro eu quis que houvesse uma redenção, que é apenas falaciosa. Não temos garantias de que uma e outra mulher tenham chegado à felicidade. Elas apenas arris-

cam. Acredito no risco. Quem não arrisca não se supera nunca. Fica o mesmo e fica quieto. Não sofre ou não doseia o sofrimento; também não rejubila. Fica numa espécie de mais ou menos que não tem intensidade alguma.
Por outro lado, os temas da literatura só podem ser o amor e a morte. O amor como símbolo da vida, a morte como sua sentença. Não sabemos falar de nada sem estar a falar disso. Gostar ou não gostar e começar ou ter de acabar.

Você escreveu *o apocalipse dos trabalhadores* em apenas quinze dias. Como conseguiu isso? Desde quando as protagonistas, Maria da Graça e sua amiga Quitéria, já viviam dentro de você? Quando começou a escrever, de alguma forma já trazia, em seu espírito, o romance "pronto"?
Ando a fazer segredo de tal coisa; é muito absurda e parece tola de se dizer. Como vocês souberam?
Eu ando sempre muito tempo com um romance na cabeça. Vou definindo coisas de temperatura. Aquilo que muda o tom, a linguagem, o enfoque. Depois, escrevo, às vezes apenas um ano a partir da primeira ideia. Com esse livro aconteceu de escrever umas páginas muito intensas em três ou quatro dias. Depois, parei. Precisei de sair, viajar, e isso prejudica muito a minha concentração. Quando regressei, preparei tudo, guardei o tempo. Arrumei, durante duas semanas, os compromissos, e fiquei fechado a seguir o texto. Não saberia se o terminaria ou se apenas teria alguns capítulos feitos. A verdade é que em alguns dias concluí o livro, para minha surpresa e maravilha. Foi também razão para me entusiasmar e querer publicar antes do que havia já escrito. Estava muito energizado pela sua experiência.
Eu nunca decido o que vai acontecer factualmente às minhas personagens. Eu nunca faço um plano para o livro. Apenas procuro conhecer as personagens. Tento criar situações em que se revelem. Se estiver focado, se o telefone não tocar como maluco e me deixarem quieto de problemas e outras solicitações, posso escrever dezoito horas num dia. Sou muito obstinado e intenso. E raramente fico angustiado com grandes revisões. Sou bastante imediato, ou tenho sido. É aquilo por que mais tenho de ficar grato. Escrever, normalmente, é um prazer delirante e de generosa abundância.

Qual é a sua relação com a palavra?
A palavra serviu de brinquedo para mim. Não havia muita coisa na casa dos meus pais. A palavra construía tudo. Ela fazia com que qualquer coisa me pertencesse ou se disponibilizasse para eu conhecer. Brinquei muito de rua, no campo, usando a terra e procurando bichos. Adorava minhocas e escaravelhos, adorava os pirilampos. Conhecia todos os pássaros e distinguia as árvores umas das outras.

Em que momento de sua vida você decidiu se tornar poeta? Você começou mesmo com a poesia?
Comecei a escrever pequenos versos sem saber que se podiam chamar versos. Fazia-o para guardar a memória dos pensamentos. Pensava algo e gostava de poder pensar outra vez, com a mesma descoberta.

Você disse que sua poesia é mais pessoal, mais sincera, para que as pessoas dela se aproximem com mais facilidade. Em que medida seus romances são mais falsos? São menos verdadeiros?
Creio que a minha poesia é mais invasora. Não para que seja fácil às pessoas, nada disso. Ela é invasora porque, por razões que não saberia explicar, ela é mais pessoal. Ela é muito mais rápida do que a prosa. Chega de assalto. Leva o que quer. Diz sem grande mediação. O romance não é falso, ele é mais parcimonioso. Pede licença, torna-se um pouco mais educado. Porque o romance é um pensamento muito longo, que pode ser muito fundamentado. Já a poesia é tendencialmente breve, muito súbita. Quando percebemos que estamos expostos, já estamos expostos sem regresso. Não há nada a fazer senão assumir a coragem de publicar algo. Um escritor sem a coragem de se publicar é um não escritor. A coragem de deixar o texto passar é fundamental para o processo de amadurecimento. Sem isso, nunca se escreverá nada de verdadeiramente importante.

Você tem um livro de poemas intitulado *o inimigo cá dentro*. Quem (ou qual) é seu maior inimigo na literatura? E fora dela? Qual é seu mais duro inimigo interior?
Eu sempre digo que apenas concorro comigo mesmo. Sou o meu próprio inimigo. Ninguém mais do que eu me pode atingir e paralisar. Sou muito crítico com o que faço e tenho a convicção de que a cons-

ciência que guardo me obriga demasiado. Eu deveria ser melhor pessoa porque acho que saberia ser melhor pessoa. Isso é que me coloca correndo e isso é que, subitamente, pode deixar de ser uma maravilha para ser um martírio, sempre exigindo de mim e impedindo que eu esqueça e aproveite algum momento.
Sinto uma espécie de culpa quando estou feliz. É uma merda. A felicidade traz-me o impulso de repartir, de partilhar, como se tivesse de ser imediatamente entregue a um coletivo de gente. Porque não acredito na felicidade dos sozinhos. Só acredito que vale a pena se for com os outros. Todos, se possível. A felicidade deveria ser para todos. O governo vai ter de legislar nesse sentido. Aí estaremos num mundo evoluído e humano.

Qual de seus romances lhe deu mais trabalho? Você escreve com mais facilidade agora ou, ao contrário, a experiência lhe trouxe exigências que tornam o trabalho mais difícil?
Todos têm processos semelhantes, mas creio que escrevo mais assustado agora. Exatamente porque quero divergir do que já fiz. E tenho dificuldade em perceber se estou a repetir uma ideia ou se digo algo pela primeira vez. Preciso de estar sempre a confirmar. É muito chato fazer essa revisão.

Você escreve compulsivamente. Você tem livros guardados que pretende, um dia, publicar? Por que ainda não os publicou?
Tenho vários textos guardados, incluindo um romance inteiro, acabado, revisto, limpo e de que gosto muito. Foi escrito depois de *o remorso de baltazar serapião*. Ficou guardado porque escrevi *o apocalipse dos trabalhadores* e fiquei fascinado com ele, quis publicá-lo de imediato. Depois, já estava com *a máquina* em mãos. Não vejo necessidade de voltar atrás. Fica guardado para quando não souber mais escrever. Quando eu for muito chato e os leitores me odiarem, eu publico aquele texto e suplico para gostarem de mim outra vez e me convidarem para as coisas bonitas para que me convidam hoje.

Você submete seus originais, antes, à leitura de amigos?
Há um amigo, o Mário Azevedo, que trabalhou comigo enquanto editor, a quem peço para ler os textos antes ainda de os entregar ao editor. Ele lê meus romances e quase não fala. Diz só se gosta ou não, e o que mais me interessa perceber é se ele ficou surpreendido com as opções

que tomei. Se ficou surpreendido, eu avanço. Fico contente. Gosto que ele não preveja o que posso escrever. É o meu prêmio.

Você declarou que gosta de "pessoas reais e sem máscaras". Contudo, criar personagens não é criar máscaras? Quando você sabe que conseguiu criar um personagem verdadeiro?
Não sei responder a essa questão. Sei bem que a literatura não faz mais do que tentar representar a vida. Não é a realidade. A realidade seria a transcrição das conversas de rua, e mesmo isso estaria ferido de muito falso folclore. A literatura é uma arte, mas gosto que sirva para me aproximar do que as pessoas são. Fico realizado se subitamente alguém me diz que se reviu, que compôs sua vida depois de ler um livro. Isso é real. Acontece. Faz com que as personagens sejam gente útil. É maravilhoso que as personagens sirvam para alguma coisa. Que os livros sirvam para qualquer coisa.

Qual é a relação entre literatura e ética? Um escritor cuja ética nos causa repugnância – Louis-Ferdinand Céline, Jean Genet, Gregório de Matos, por exemplo, que horrorizam alguns leitores com suas biografias – pode, ainda assim, nos fascinar com sua literatura?
Claro que sim. Não é nada garantida a humanidade de um autor. Contudo, eu não consigo divergir muito do que escrevo. Não bebo, não fumo, não me drogo, não roubo e não bato em ninguém. Sou muito menino do coro. Bem aborrecido. Cheio de valores e esmagado por valores. Sou uma porcaria. Escrevo livros com alguma dimensão do escândalo porque me escandalizo ainda. Sou ingênuo e vulnerável. Acho que adoro Lautréamont porque me agride e me desloca do conforto que vou criando. Põe-me em perigo. Talvez eu queira fazer isso com os meus livros. O que está por trás da subversão é, muitas vezes, o desejo inconfessado de rigor e regra, um respeito grande por cada coisa, a segurança. Gostava muito de me sentir seguro. Mais seguro. Mas acho que o governo me vai tirar tudo, vai acontecer uma guerra, um vírus, uma coisa qualquer que, um destes dias, acabará com a sensação que procuro ter de ser autônomo e mandar em mim.
O Nietzsche era muito vulnerável. As cartas que escreveu à irmã são uma vergonha de medo e pouca virilidade. Mas, enquanto autor, o Nietzsche é robusto e destemido. Talvez tenha sido assim por ter en-

tendido, vivido, a fragilidade. O autor não precisa de ser desonesto para escrever o seu oposto. O seu oposto pode ser exatamente o que motiva a escrita e o objetivo inconfessado de quem escreve.

Valter Hugo Lemos – de onde surgiu a ideia de substituir Lemos por Mãe em seu nome?
Não queria essa coisa machista de perpetuar o nome do meu pai em detrimento do da minha mãe. E queria chegar a um nome que fosse já literatura, um pensamento literário, aquele que quer pensar criticamente sobre o mundo, e não apenas representá-lo.
Ocorreu-me a palavra "mãe" e fiquei imediatamente decidido. Ela compõe esse absoluto utópico que acontece em todos os criadores. O criador procura impossivelmente a completude, a plenitude. O escritor é o deus dos seus livros. Decidindo quanto queira.

E por que tornar-se "Mãe"? Que resultados essa mudança de nome produziu em você como homem? Que efeitos ela produziu em sua literatura?
As mães são, por outro lado, os indivíduos que passam pela experiência mais extrema da humanidade. Nada acontece a um humano de mais revelador e mágico quanto a sua multiplicação. O homem não tem ao seu alcance nada que possa concorrer com a dimensão da maternidade. Por isso digo que o homem vive o lado pobre da humanidade. O macho vive sempre o lado pobre da sua espécie. Talvez sejamos meio engenheiros e empreiteiros, aventureiros ou irrequietos porque a biologia nos rejeitou o papel do puro milagre.
Para um criador, a simbologia da maternidade é muito especial. Creio que o escritor procura ser tudo. Ser um indivíduo que compreende tudo. Chamar-me Valter Hugo Mãe procura essa utopia, efetivamente. Ser capaz de aprender cada coisa pelo instinto magnífico de estar vivo.

Depois de muitos anos – talvez quase quarenta anos – você voltou pela primeira vez à cidade angolana de Saurimo, lugar onde nasceu. Como foi retornar à cidade como um escritor consagrado?
Foi muito importante para mim. Serviu para dar conteúdo a uma fantasia que existia na minha cabeça. Saurimo era uma cidade apenas imaginária, que eu compunha com pequenas palavras que escutava.

Os meus pais estiveram em muitos lugares diferentes de Angola e misturaram sempre as memórias de umas e outras cidades. Isso sempre me frustrou. Pude, ao voltar, perceber o que era verdade e o que era mentira. E pude, sobretudo, impressionar-me com o povo. A candura daquele povo, ali escondido no interior do país, muito pobre, sem perspectivas de poder sair ou viajar, é uma característica comovente.
Um moço que me viu sendo filmado pediu para que o filmassem também. Perguntei por que queria isso, se seria para ficar famoso. Respondeu que era porque tinha saudades das pessoas distantes. Disse que eram pessoas que nunca viu e que lhe davam saudades das pessoas que nunca viu. Queria ser filmado porque era a viagem possível. Sabia que as pessoas o veriam e, de algum modo, estaria em outro lugar, vivendo outra vida, conhecendo o mundo. É muito triste mas também de uma beleza atroz.
Estar em Saurimo foi isso. Andar a matar saudades de pessoas que nunca havia visto. Mas eram saudades verdadeiras, de todo modo. Porque, em toda a minha vida, eu ficcionei as suas caras e as suas ruas e o que estariam a fazer e o que diriam. Eu precisava de ter acesso para me sentir menos inacabado. Menos escondido de mim mesmo.
Houve gente que percebeu que escrevo livros. As pessoas têm ainda pouca instrução e lê-se quase nada. Mas foi muito honroso sentir que me queriam prestigiar e, sobretudo, que tinham noção da importância da literatura. Senti-me muito acarinhado e ficarei para sempre grato por isso. Tenho muito orgulho de poder dizer que o povo da terra onde nasci é lindo de coração e me fez sentir lindo também.

Você trabalha certa "tradição pastoral". Considera-se um passadista? Acredita (como Alberto Caeiro) que a verdade se guarda na natureza?
Eu acho que o faço por uma nostalgia qualquer. Também porque estamos a desnaturalizar todas as coisas. Os tópicos da natureza deixaram de ser interessantes para muita gente, como se já estivéssemos livres do jugo da biologia.
Não deixo de ler livros urbanos e admirar muito alguns autores profundamente citadinos. Mas eu ainda não soube escrever algo feito dessa realidade. Fico com a impressão de que escreveria um texto muito frívolo. Deve ser preconceito, falta de jeito, caipirice enraizada, modo de ser antigo ou cafonice da minha parte. Eu não sei escrever livros sem rio, tia, cão, sopa, chuva, terra ou timidez.

Você declarou em entrevista que, depois de quarenta e oito anos de mentalidade fascista, o povo português permanece sendo, substancialmente, o mesmo que se submeteu à longa ditadura. E que o país deve aceitar esse fato e trabalhá-lo.
É importante entender que as pessoas não morreram na revolução, elas perduram. E os seus pensamentos podem ser confusos, por questões de nostalgia ou medo. O que me importa pensar acerca do assunto tem que ver com a instrução a partir da exposição histórica e honesta. A memória é sempre curta e é preciso lembrar como foi o terror que trouxe a ditadura. Se cometermos o erro de aligeirar a memória, cometeremos o erro de reincidir. Aceitando o povo, precisamos de rejeitar o regime.

O que esse pensamento tem de importante para a sua literatura? O que a literatura pode fazer pelo Portugal contemporâneo?
A literatura pode fazer esse apelo à memória. Pode até transportar o leitor para aquele tempo e deixá-lo sentir como terá sido. Para que decida se quer regressar, se faz sentido regressar. A literatura pode tudo, na verdade. Claro que chegará a quem lê, e uma percentagem de pessoas lê, mas nessas o livro pode chegar como informação preciosa e muito mudadora. Até mudar tudo, talvez todas as pessoas.

Você disse que o preconceito o horroriza. É possível escrever boas ficções a partir de ideias preconceituosas?
A boa ficção é feita de todo tipo de atrocidade. A atrocidade sublinha a possibilidade de se pensarem soluções e a infinidade de tentativas de nos humanizarmos. Os sádicos são na verdade profundamente moralistas. O escritor que perspectiva o escândalo é aquele que o pressente e dimensiona, é aquele que detém a base moral para prever a ofensa.

Você já disse também que vivemos em uma "Idade Média mental". Que críticas mais fortes você faz ao mundo em que vive?
Creio que o pior do nosso mundo é sabermos melhor do que fazemos. Temos o conhecimento para uma sociedade melhor, mas agimos de modo torpe, impedindo a justiça, a igualdade. Precisávamos de corrigir a democracia. Digo: efetivar a democracia. Porque enquanto ela estiver instrumentalizada por interesses privados, carreiras de ego e vaidade, ela será apenas aparente.

O GUARDADOR DA AFLIÇÃO
José Castello

AO FALAR de sua literatura, o português Valter Hugo Mãe sempre pensa na palavra "disforia". Define-a: "uma dificuldade em ver a redenção". A disforia é, antes de tudo, o contrário da euforia. Na linguagem médica, refere-se a uma inquietação ou mal-estar provocados pela ansiedade. É, portanto, um efeito da sensação de receio, ou de apreensão, sem que exista um motivo claro para isso. Em uma palavra mais simples: é uma ânsia, isto é, uma aflição misturada à angústia. São muitas, em consequência, as palavras que podemos tirar de "disforia": ansiedade, receio, apreensão, aflição, angústia. Muitas dores, que se sobrepõem e se acirram. Todas se resumem na palavra "dor".

Mãe procura explicar melhor a palavra que escolheu: "é como se escrever fosse um percurso pela tragédia. Porque vejo a vida como uma tragédia". A tragédia – na linguagem comum, desgraça ou infortúnio – relaciona-se, desde a Grécia antiga, ao funesto e ao terror, mas também à piedade e à devoção. O trágico é, antes de tudo, o sinistro, ou seja, o que é de mau agouro. Prossegue Mãe: "a disforia é uma palavra que me fascina e que me importa construir, como se pudesse combater o que significa". Sua ficção se ergue, portanto, sobre um desejo de combate. (A palavra pode ser "combate".) Inquietação que costuma ser aquilo que nos afasta da felicidade, e é dela que, escrevendo, Valter Hugo Mãe tenta se livrar. Talvez se possa pensar em "fuga", não só no sentido de "escape", mas na acepção musical clássica, em que um tema único (medo?) se desdobra em camadas divergentes, sucessivas e repetitivas.

Continua o escritor: "a felicidade é uma epifania" – isto é, uma manifestação do divino. "Corremos atrás dela, cheios da consciência de sua brevidade e intermitência." É mais algo que perseguimos do que algo que possuímos. Relaciona-se mais ao sonho e aos ideais do que à realidade. Acredita Valter Hugo Mãe que ele escreve seus livros para combater a tragédia, abrindo assim breves frestas de luz para a aparição da felicidade. "Por mais que se sirvam dela, meus livros procuram entender a tragédia, nem que seja para que nos possamos habituar a ela e, ainda assim, sonhar com sermos felizes." A palavra pode ser "aceitação". Pode ser, também, "sonho". Pode, ainda – em uma observação mais fiel das palavras de Mãe –, ser "tragédia".

Sim, Valter Hugo Mãe é um escritor trágico. Seus personagens vivem destinos miseráveis, mas não se conformam, lutam contra eles e, apesar de quase derrotados, conservam-se firmes agarrados a seus sonhos. Penso em *o apocalipse dos trabalhadores*, seu terceiro romance, de 2008. Ambientada na pequena cidade de Bragança, no norte de Portugal, a história poderia, perfeitamente, se passar na Grécia antiga. Talvez se possa dizer assim: de certo modo, muito sutil, ela se passa. Protagonistas do livro, as diaristas Maria da Graça e Quitéria, apesar de viverem entre vassouras, baldes e esfregões, carregam dentro de si as aflições dos antigos gregos. São absolutamente infelizes – tragédia. Mas persistem, sem vacilar, em seus precários sonhos – tragédia também. Maria da Graça é apaixonada pelo senhor Ferreira, seu velho patrão, um cuidadoso leitor de Marcel Proust (tempo) e de Rainer Maria Rilke (infelicidade). Mas, ao mesmo tempo em que o ama, em um sentimento dúbio (trágico) ela o vê – para seu próprio horror – como seu futuro assassino. Cultiva, assim, uma visão paradoxal do amor, que é ao mesmo tempo felicidade (euforia) e apreensão (disforia).

Não é muito diferente o destino da amiga Quitéria, sempre nos braços de homens mais jovens, que se envolve com um migrante, Andriy. Ele chegou da Ucrânia em busca do paraíso português. Entregue à rotina bruta do trabalho braçal, Andriy compensa sua angústia de operário com o calor de Quitéria. Vivem um amor algo irreal, já que seus sonhos de felicidade são desmentidos pelas pequenas crueldades que enfrentam na vida cotidiana. Sofrimento que, aos poucos, os embrutece e os afasta também. Que os transforma, lentamente, em máquinas de carne. A palavra, para usar um jargão antigo tão grato aos sociólogos, pode ser "coisificação", isto é, a redução do humano a valores exclusivamente materiais. Tanto Maria da Graça como Quitéria, mas também o senhor Ferreira e o jovem Andriy, nos despertam piedade (tragédia outra vez). A palavra pode ser "piedade", não no sentido de amor às coisas religiosas, mas no sentido, mais difícil, de compaixão.

Um sentimento difuso, mas insistente (uma apreensão), ronda os personagens de Valter Hugo Mãe: o medo da morte. No premiado *a máquina de fazer espanhóis*, de 2010, diante do corpo da mulher que acabou de morrer, o velho António Silva já não se reconhece. Poderia repetir os célebres versos de Fernando Pessoa, em "Tabacaria", que Mãe usa como epígrafe de seu romance: "Não sou nada./ Nunca serei nada./ Não posso querer ser nada./ À parte isso, tenho em mim todos os sonhos do mundo". O semblante da morte espelha nosso vazio: António não perdeu só a mulher; perdeu, também, a si mesmo. Talvez tenha perdido o próprio nome – e sem uma palavra (António) que nos separe da grande multidão, nada somos. "Estava a anos-luz do homem que reconheceria." Já não sabe quem é. Mais grave: entende agora que o homem que julgava ser não passava de uma ilusão. (A palavra pode ser "ilusão".) Não passava, talvez, de um sonho, agora perdido para sempre, um sonho que foi sonhado pela mulher morta e que agora já não dispõe de um sonhador.

Viúvo, a família o deposita – como um objeto sem uso – em um asilo, que traz o nome odioso de "O Lar da Feliz Idade". No nome, a felicidade se falsifica – efeito de um mundo no qual tudo se transforma em máquina, em equipamento e em etiqueta. Tudo o que lhe resta de vivo está no passado, não mais no presente. No presente, apenas restos, sobras, vestígios. Apesar disso, mesmo lançado na tristeza e no medo (disforia), António insiste em viver. Em outras palavras: insiste em pensar. Ouve a advertência sincera do senhor Pereira, seu companheiro de infortúnio: "não seja tolo, senhor Silva, não seja tolo, que eles aqui ficam todos à espera que não pensemos, mas se deixarmos de pensar estamos enterrados". É na mente que a subjetividade reside e resiste. É no pensamento, com o pensamento, através do pensamento, que permanecemos vivos – e não só porque um coração continua a bater, ou os intestinos ainda funcionam.

Aos oitenta e quatro anos, António Silva não é um homem religioso. "Talvez devesse lembrá-los de que não sou um homem religioso e que a perda não me faz acreditar em fantasias." Contudo, é a ideia de que ainda lhe resta o pensamento que o alimenta (felicidade). No asilo, ocupa o lugar de certa dona Lourdes, que faleceu pouco antes de sua chegada e lhe cedeu, assim, a cama. Morreu na noite de São João, assustada com o espocar dos foguetes; assustada com a felicidade. Pequenas coisas, às vezes tão decisivas. Apesar de usar maiúsculas nas transcrições que faço dos relatos de Mãe, o escritor português insiste em usar apenas as letras minúsculas.

Talvez esse seja um recurso para dar corpo ao sentimento do pequeno, que atravessa, de ponta a ponta, suas narrativas. Posso pensar: o desprezo de Mãe pelas letras maiúsculas assinala uma visão pouco arrogante a respeito do poder dos escritores e da potência de suas palavras. Que fazem os escritores, além de capturar sentimentos dolorosos (disforias) e transformá-los em letras? Que outra coisa eles fazem senão partir da dor para esboçar ou arremedar alguma felicidade?

Quando Mãe lançou *o remorso de baltazar serapião*, em 2006, José Saramago classificou seu segundo romance como "uma revolução". O que mais impressionou Saramago, parece, foi a insistência de Mãe em usar a literatura para dizer que, sim, apesar de tudo ainda somos humanos. Assim como pensava Saramago, também Valter Hugo Mãe acredita que, mesmo com os inacreditáveis avanços da tecnologia (matéria), ainda vivemos em uma Idade Média mental (espírito). De fato, a ação de *o remorso de baltazar serapião* se passa na Idade Média. Como nas grandes óperas, traz à cena o tema do ciúme. O desejo intenso de posse, como se sabe, muito mal camufla o medo (apreensão) de perder. Medo que se agiganta em contraste com o que se possui. A família de Baltazar adota (posse) o nome de sua vaca, a Sarga. É trágica a vida dos Sarga, cercados de maldições, dores agudas e vaticínios diabólicos. Os sentimentos se misturam às superstições. O amor não pode se separar do medo. Os nomes se embaralham de tal modo que uma família se filia a um animal. Fracasso do pensamento: outra vez, a sombra da morte.

Talvez a palavra que esteja no centro da ficção de Valter Hugo Mãe possa ser "morte". Em seus livros, o tempo todo, alguém perde alguma coisa – ou constata que já perdeu, e que essa perda é inexorável. A partir desses extravios, porém, os personagens de Mãe precisam continuar a viver. Há, nessa insistência em viver, uma ética. Vidas minúsculas insistem em sobreviver sustentando-se na sinceridade extrema (a palavra pode ser "sinceridade") e agarrando-se a precários (quase impossíveis) ideais. Ética do amor à vida, apesar dos sinais de morte que se espalham por todos os lados. Ética da vida, que se sobrepõe não só à experiência extrema da dor, mas também à dúvida, que tantas vezes os dilacera. Ética, enfim, que se materializa em pura poesia, e não há dúvida de que a escrita de Valter Hugo Mãe é uma escrita poética. "Não quero escrever para divertir", já declarou. Escreve para enfrentar o mundo. A ética se refere, assim, a um esforço de refinamento da conduta humana. Continuar, apesar de tudo, a agir como homens: eis a luta persistente de seus frágeis personagens. Nem a iminência da morte (senhor António Silva) deve nos derrubar. Nada deve nos derrubar – murmuram eles. Levamos empurrões atrozes, somos massacrados, o desprezo nos asfixia, mas resistimos. A palavra pode ser "resistência".

No fim, somos derrotados, pois morremos. E a morte, já disse Mãe, "é das exigências mais impossíveis que se fazem ao nosso espírito". Como aceitar que, ao fim, sempre perdemos tudo? Como sustentar uma ética da vida com a consciência da morte implacável? Precisamos aceitar esse paradoxo. "Sou feito de coisas muito claras e coisas muito escuras", Mãe já se definiu. Não só a si, mas a todos nós. Pois é dessa mistura insuportável do claro com o escuro, da brutalidade do real com a beleza do sonho, que ele arranca suas ficções. O miolo dessa mistura talvez seja o verdadeiro objeto de sua literatura. Talvez – mesmo conservando a distância das religiões – possamos chamar essa mistura de "alma". Talvez, mas apenas talvez, a palavra que buscamos seja "alma". Por que não?

É uma escrita que não aceita o meio-termo, tampouco o morno. Daí a coragem – coragem, sim, em nosso século asséptico e técnico – para manejar o lirismo. Para buscá-lo, a qualquer preço, e sem se importar com o peso de qualquer ameaça (desmerecimento). O lirismo, hoje, é visto com extrema desconfiança. Parece irreal. Parece falso – porque antigo. Parece postiço – isto é, só uma afetação. Mas Mãe não tem medo do lirismo; ao contrário, investe nele com fúria. Nesse sentido, devemos pensar na influência da música em suas ficções – e o escritor sempre admitiu que sofre a influência tanto de outros escritores como dos músicos. Nenhuma fonte é desprezível – de Pessoa à música erudita – na luta de Mãe para chegar ao lirismo. Lirismo: maneira apaixonada de sentir, ardor, exaltação. Aspectos que, em geral, parecem descartados da ficção no século XXI, mas que Valter Hugo Mãe acolhe com coragem. Sim, a palavra pode ser "lirismo". Palavra que aproxima a ficção de Mãe, mais uma vez, do canto e da poesia. Na luta contra o entorpecimento e o esquecimento, a força dos sentidos. Na batalha contra a crueldade da morte, uma afirmação ética (e poética) da vida. Em vez do sonho de "ser espanhol", isto é, de tornar-se maior, o apego ao menor. A escrita de Mãe se ergue sobre sentimentos difíceis, mas vigorosos. Ergue-se, também, sobre uma indiferença radical em relação aos valores fúteis do presente. E por isso, paradoxalmente, se aproxima tanto do presente – pois o agarra pelas entranhas.

Volto à palavra sugerida por Valter Hugo Mãe, "disforia". Ela pode ser definida como um mal-estar difuso, mas contínuo, em relação ao presente. Ao já. Desconforto diante de suas contradições insolúveis. Desconsolo diante do sofrimento persistente. Dor diante da precariedade do humano. Da tragédia humana. Em suas origens remotas, na Grécia antiga, a tragédia – sobre a influência de Dionísio, deus do vinho e da vida – tinha um caráter festivo (felicidade). Só com o passar do tempo ela assumiu um novo caráter mais contraditório. Ela se tornou, então, a luta do homem contra as forças inexoráveis do destino, que é sempre obra dos deuses. Também na ficção de Mãe, a tragédia se torna uma luta, desde o início perdida, contra o destino que nos massacra. Uma insistência. Uma obstinação. A palavra pode ser "obstinação".

A tragédia nunca é cínica – a ficção de Mãe nunca é cínica. Ela coloca, sempre – como faz Mãe também –, o humano em primeiro lugar. Trata da felicidade, que está sempre acompanhada da infelicidade. Tem um fundo pessimista: embora empenhados em uma luta, seus heróis sabem que não conseguirão vencer. E, no entanto, eis sua ética: a vida continua a valer a pena. A rigor, a tragédia é um gênero historicamente esgotado, que obedece à celebre "regra das três unidades": de tempo, de lugar e de ação. Mesmo assim, não posso deixar de pensar que Valter Hugo Mãe é um autor lírico, humanista e trágico. Que sua ficção é trágica. Suas palavras se afirmam como uma advertência a respeito não só da fragilidade, mas dos graves riscos que cercam a aventura humana. Que ela é inquieta e desassossegada (disfórica). Acorre-me, empurrado pela semelhança fonética, que a palavra pode ser também "distonia" – perturbação (desarranjo) funcional de fundo psicológico. A distonia aponta para um estado de excitabilidade e hipersensibilidade, aspectos que não faltam nem aos personagens de Mãe, nem à sua escrita. A palavra pode ser, enfim, "sensibilidade", algo que também não falta, nunca falta, à literatura de Valter Hugo Mãe.

BIBLIOGRAFIA

FICÇÃO
O filho de mil homens. Alfaguara, Lisboa, Portugal, 2011; Cosac Naify, São Paulo, Brasil, 2012.
a máquina de fazer espanhóis. Alfaguara, Lisboa, Portugal, 2010; Cosac Naify, São Paulo, Brasil, 2011.
o apocalipse dos trabalhadores. Alfaguara, Lisboa, Portugal, 2008; Cosac Naify, São Paulo, Brasil, 2012.
o nosso reino. Alfaguara, Lisboa, Portugal, 2004; Editora 34, São Paulo, Brasil, 2012.
o remorso de baltazar serapião. Alfaguara, Lisboa, Portugal, 2004; Editora 34, São Paulo, Brasil, 2010.

POESIA
contabilidade. Alfaguara, Lisboa, Portugal, 2010.

FICÇÃO INFANTOJUVENIL
O rosto. Alfaguara, Lisboa, Portugal, 2010.
As mais belas coisas do mundo. Alfaguara, Lisboa, Portugal, 2010.
A verdadeira história dos pássaros. QuidNovi, Matosinhos, Portugal, 2009.
A história do homem calado. QuidNovi, Matosinhos, Portugal, 2009.

DRIGO LACERDA ARMANDO FREITAS FILHO JOÃO GILBERTO NOLL LOURENÇO MUTARELLI CRISTO
NTUNES BEATRIZ BRACHER BERNARDO CARVALHO TEIXEIRA COELHO MILTON HATOUM RICARDO
ETTEGA SILVIANO SANTIAGO EDGARD TELLES RIBEIRO PAULO HENRIQUES BRITTO SÉRGIO S
NTONIO DE ASSIS BRASIL SEBASTIÃO UCHOA LEITE MÁRIO CHAMIE VALTER HUGO MÃE NUNO
REVISAN RUBENS FIGUEIREDO MARINA COLASANTI CHICO BUARQUE RODRIGO LACERDA ARMANDO
ÃO GILBERTO NOLL LOURENÇO MUTARELLI CRISTOVÃO TEZZA LOBO ANTUNES BEATRIZ BRAC
RVALHO TEIXEIRA COELHO MILTON HATOUM RICARDO LÍSIAS AMILCAR BETTEGA SILVIANO SAN
LLES RIBEIRO PAULO HENRIQUES BRITTO SÉRGIO SANT'ANNA LUIZ ANTONIO DE ASSIS BRASIL SE
ITE MÁRIO CHAMIE VALTER HUGO MÃE NUNO RAMOS DALTON TREVISAN RUBENS FIGUEIREDO MAR
ICO BUARQUE RODRIGO LACERDA ARMANDO FREITAS FILHO JOÃO GILBERTO NOLL LOUREN
RISTOVÃO TEZZA LOBO ANTUNES BEATRIZ BRACHER BERNARDO CARVALHO TEIXEIRA COELHO
CARDO LÍSIAS AMILCAR BETTEGA SILVIANO SANTIAGO EDGARD TELLES RIBEIRO PAULO HEN
RGIO SANT'ANNA LUIZ ANTONIO DE ASSIS BRASIL SEBASTIÃO UCHOA LEITE MÁRIO CHAMIE VA
UNO RAMOS DALTON TREVISAN RUBENS FIGUEIREDO MARINA COLASANTI CHICO BUARQUE RO
RMANDO FREITAS FILHO JOÃO GILBERTO NOLL LOURENÇO MUTARELLI CRISTOVÃO TEZZA LOBO AN
RACHER BERNARDO CARVALHO TEIXEIRA COELHO MILTON HATOUM RICARDO LÍSIAS AMILCAR BET
NTIAGO EDGARD TELLES RIBEIRO PAULO HENRIQUES BRITTO SÉRGIO SANT'ANNA LUIZ ANTONIO D
EBASTIÃO UCHOA LEITE MÁRIO CHAMIE VALTER HUGO MÃE NUNO RAMOS DALTON TREVISAN RUBE
ARINA COLASANTI CHICO BUARQUE RODRIGO LACERDA ARMANDO FREITAS FILHO JOÃO
URENÇO MUTARELLI CRISTOVÃO TEZZA LOBO ANTUNES BEATRIZ BRACHER BERNARDO CARV
OELHO MILTON HATOUM RICARDO LÍSIAS AMILCAR BETTEGA SILVIANO SANTIAGO EDGARD TELLES
ENRIQUES BRITTO SÉRGIO SANT'ANNA LUIZ ANTONIO DE ASSIS BRASIL SEBASTIÃO UCHOA LEITE
ALTER HUGO MÃE NUNO RAMOS DALTON TREVISAN RUBENS FIGUEIREDO MARINA COLASANTI
ODRIGO LACERDA ARMANDO FREITAS FILHO JOÃO GILBERTO NOLL LOURENÇO MUTARELLI CRISTOV
NTUNES BEATRIZ BRACHER BERNARDO CARVALHO TEIXEIRA COELHO MILTON HATOUM RICARDO
ETTEGA SILVIANO SANTIAGO EDGARD TELLES RIBEIRO PAULO HENRIQUES BRITTO SÉRGIO S
NTONIO DE ASSIS BRASIL SEBASTIÃO UCHOA LEITE MÁRIO CHAMIE VALTER HUGO MÃE NUNO
REVISAN RUBENS FIGUEIREDO MARINA COLASANTI CHICO BUARQUE RODRIGO LACERDA ARMANDO
ÃO GILBERTO NOLL LOURENÇO MUTARELLI CRISTOVÃO TEZZA LOBO ANTUNES BEATRIZ BRAC
RVALHO TEIXEIRA COELHO MILTON HATOUM RICARDO LÍSIAS AMILCAR BETTEGA SILVIANO SAN
LLES RIBEIRO PAULO HENRIQUES BRITTO SÉRGIO SANT'ANNA LUIZ ANTONIO DE ASSIS BRASIL SE
ITE MÁRIO CHAMIE VALTER HUGO MÃE NUNO RAMOS DALTON TREVISAN RUBENS FIGUEIREDO MAR
ICO BUARQUE RODRIGO LACERDA ARMANDO FREITAS FILHO JOÃO GILBERTO NOLL LOUREN
RISTOVÃO TEZZA LOBO ANTUNES BEATRIZ BRACHER BERNARDO CARVALHO TEIXEIRA COELHO
CARDO LÍSIAS AMILCAR BETTEGA SILVIANO SANTIAGO EDGARD TELLES RIBEIRO PAULO HEN
RGIO SANT'ANNA LUIZ ANTONIO DE ASSIS BRASIL SEBASTIÃO UCHOA LEITE MÁRIO CHAMIE VA
UNO RAMOS DALTON TREVISAN RUBENS FIGUEIREDO MARINA COLASANTI CHICO BUARQUE RO
RMANDO FREITAS FILHO JOÃO GILBERTO NOLL LOURENÇO MUTARELLI CRISTOVÃO TEZZA LOBO AN
RACHER BERNARDO CARVALHO TEIXEIRA COELHO MILTON HATOUM RICARDO LÍSIAS AMILCAR BET
NTIAGO EDGARD TELLES RIBEIRO PAULO HENRIQUES BRITTO SÉRGIO SANT'ANNA LUIZ ANTONIO D
EBASTIÃO UCHOA LEITE MÁRIO CHAMIE VALTER HUGO MÃE NUNO RAMOS DALTON TREVISAN RUBE
ARINA COLASANTI CHICO BUARQUE RODRIGO LACERDA ARMANDO FREITAS FILHO JOÃO
URENÇO MUTARELLI CRISTOVÃO TEZZA LOBO ANTUNES BEATRIZ BRACHER BERNARDO CARV
OELHO MILTON HATOUM RICARDO LÍSIAS AMILCAR BETTEGA SILVIANO SANTIAGO EDGARD TELLES
ENRIQUES BRITTO SÉRGIO SANT'ANNA LUIZ ANTONIO DE ASSIS BRASIL SEBASTIÃO UCHOA LEITE
ALTER HUGO MÃE NUNO RAMOS DALTON TREVISAN RUBENS FIGUEIREDO MARINA COLASANTI
ODRIGO LACERDA ARMANDO FREITAS FILHO JOÃO GILBERTO NOLL LOURENÇO MUTARELLI CRISTO
NTUNES BEATRIZ BRACHER BERNARDO CARVALHO TEIXEIRA COELHO MILTON HATOUM RICARDO
ETTEGA SILVIANO SANTIAGO EDGARD TELLES RIBEIRO PAULO HENRIQUES BRITTO SÉRGIO S
NTONIO DE ASSIS BRASIL SEBASTIÃO UCHOA LEITE MÁRIO CHAMIE VALTER HUGO MÃE NUNO

NUNO RAMOS

NUNO RAMOS sempre quis ser escritor. Aos catorze anos, fez imersões de seis horas diárias de leituras na biblioteca do pai, repleta de clássicos franceses. Com uma bagagem literária que não teria acumulado nas artes visuais, aos dezenove anos começou a escrever. E começou a pintar aos vinte e três. No entanto, *Cujo*, seu primeiro livro, só foi publicado aos trinta e três anos, em 1993. O próprio Nuno explica os motivos do adiamento da primeira vocação: "em um momento de certa crise como escritor, comecei como artista plástico. Acho que tenho mais preparo como escritor, e isso acaba me inibindo, por causa de eu ter mais recursos".

Nuno Ramos nasceu em 1960 em São Paulo. Aos dez anos, no auge da contracultura, mudou-se com a família para os Estados Unidos, onde seu pai, Vitor Ramos, professor de Literatura Francesa da Universidade de São Paulo, foi convidado para dar aulas na Universidade da Califórnia em Davis. Formou-se em Filosofia pela Faculdade de Filosofia, Letras e Ciências Humanas da Universidade de São Paulo (FFLCH/USP).

Como artista plástico, integrou o grupo do ateliê Casa 7, marco da arte brasileira dos anos 1980, e, desde 1984, expõe regularmente no Brasil e no exterior. Foi o artista representante do pavilhão brasileiro da Bienal de Veneza de 1995 e expôs nas Bienais de São Paulo de 1985, 1989, 1994 e 2010. Na década de 1990, desenvolveu suas primeiras instalações, dispondo esculturas, imagens fotográficas, textos e outros objetos de materiais distintos no mesmo espaço. Em 1992, apresentou em Porto Alegre, pela primeira vez, a instalação 111, sobre o massacre dos presos na Casa de Detenção de São Paulo (Carandiru), ocorrido naquele ano. Em 2000, venceu o concurso El Olimpo – Parque de la Memoria, para a construção, em Buenos Aires, de um monumento em memória aos desaparecidos durante a ditadura militar argentina.

Como poeta e escritor, caminha por gêneros diversos, sem se prender a nenhum deles. "Cada linguagem tem seu chamado e você precisa ouvir esse chamado independente da outra linguagem", diz. Tem sete livros publicados e não gosta de classificá-los: *Junco*, vencedor do Prêmio Portugal Telecom de Literatura 2012; *O mau vidraceiro*; *Ó*, vencedor do Prêmio Portugal Telecom de Literatura 2009; *Ensaio geral: Projetos, roteiros, ensaios, memórias*; *O pão do corvo*; *Balada* e *Cujo*.

A primeira pergunta parece inevitável: qual a relação entre as artes visuais e a literatura? Sua experiência com as artes plásticas está visível em sua literatura, especialmente em *Junco*. No entanto, você diz que tenta separar o artista plástico do escritor. Você consegue? Ou o mundo plástico sempre acionará o literário e vice-versa?
O que tento evitar é uma relação mais direta ou mecânica entre uma coisa e outra. Por exemplo, não acho que o meu livro *Junco* tenha maior proximidade entre as duas coisas do que os outros livros (apesar de haver imagens nele). Acho aquelas fotos particularmente pobres, como registros repetitivos de uma mesma ideia. Estão lá mais como signos do que como fotografias, no sentido de um clique, da captação de uma luz particular. Não pensei naquilo em termos propriamente plásticos, mas (nesse caso) literários. Quando trabalho em artes plásticas, muitas palavras ou frases me vêm à cabeça, e isso adianta demais, tem uma força de arrasto incrivelmente rica para o trabalho. Mas talvez nem apareça muito para o espectador. Quando desenho, por exemplo (e tenho desenhado muito), acabo me valendo de um vocabulário de formas que para mim têm nome – mas duvido que alguém reconheça. Sou um péssimo desenhista, nesse sentido de produzir alguma semelhança (adoraria ter mais "técnica" do que tenho, mas simplesmente não consigo). No entanto, o fato de achar um nome, de me lembrar de um verso, de querer dar uma lidinha em alguma coisa de que me lembro, ajuda demais – parece que solta a imaginação e acaba puxando o resto. Talvez o mesmo aconteça de lá para cá (das artes para a literatura), mas sempre numa região pouco formatada.

Ficção, ensaio, pintura, instalação, música: parece que não existe campo que você não percorra. Qual dessas artes lhe dá mais prazer?

Habitar uma linguagem (ou ter a ilusão de fazer isso) é de fato uma alegria. É uma espécie de neblina ansiosa que quando se dissipa um pouco dá para enxergar o que foi feito, como um vulto – então às vezes parece pouco, às vezes parece incrível, e nem sempre o mesmo juízo se repete. Noto que sou mais simpático aos meus textos pela manhã e muito mais infeliz quando os releio à noite. Não sei por quê. O que importa é voltar logo para a neblina. Acho que por isso vario sempre – a ilusão desse acesso é mais frequente. O preço disso, por outro lado, é que fico absurdamente infeliz e inseguro quando paro de produzir, um minuto que seja.

Você começou a pintar em 1983. Seu primeiro livro, *Cujo*, é de 1993. Mas sua biografia mostra que o escritor veio antes. Afinal: um grande nome das artes visuais foi parar na literatura ou um desconhecido escritor foi parar nas artes visuais? Qual foi a primeira vocação?
Literatura, com certeza. Comecei cedo e não sei dizer o que me fez desgostar profundamente do que escrevia lá pelos dezenove, vinte anos de idade. Lembro de não entender mais o que estava fazendo, de sentir as palavras saindo por si mesmas, num fluxo vazio. Lembro de uma página em branco meio pálida me esperando, como se tudo fosse abstrato demais. Sei também, e já disse isso antes, que o que me atraiu nas artes visuais foi o modo físico das coisas fora de mim, a água sendo chupada pelo papel, a coluna de cal caindo no chão e levantando a poeira. É uma disjunção meio forte e que nunca superei completamente – aquela entre sentido e matéria. Tento fazer com que os dois se aproximem, mas radicalmente e até o fim, tentando captar a escala e a violência da matéria como a encontro fora de mim – como se um tsunami pudesse deixar, quando as águas voltassem, uma cifra legível espalhada nos troncos torcidos, nos automóveis virados e nos pedaços de casa.

O que você escreveu secretamente durante esses dez anos em que, já trabalhando como artista visual, se preparou para a literatura?
Escrevi pouco e, pelo que lembro, também li pouco. Então passei a fazer uns textos curtinhos, bem próximos da fisicalidade que começava a frequentar de modo mais maduro em meu ateliê. Acho que o início do *Cujo* mostra isso. E aí, desse foco no peso e na matéria, pude aos

poucos aumentar o ângulo e voltar a tentar falar das coisas. Claro que já destruí muita coisa. E espero nunca mais trombar com elas.

Você é um leitor de Montaigne. Existe uma filosofia que sustenta sua relação com a literatura? É a mesma que sustenta sua relação com as artes visuais?
De fato gosto de Montaigne, mas não diria que sou um leitor de Montaigne, cuja filosofia não conheço direito. Aliás, não conheço quase nada direito. Tenho uma cultura muito arbitrária e confusa. Adoro ler, estar próximo dos livros – meu quarto, na adolescência, ficava na biblioteca do meu pai, então dormia com livros por todos os lados; minha mesinha de cabeceira até hoje é uma pirâmide de livros, que às vezes desabam no chão. Mas nada disso disfarça o óbvio – sou um leitor entusiasmado mas confuso, com pouco domínio técnico sobre conceitos. Sinto isso fortemente quando escrevo meus ensaios, uma certa falta de lastro que a leitura mais consistente oferece, e tenho medo de estar metendo o bedelho onde não devia. Mas acabei me acostumando com isso, com essa situação algo arbitrária que minha semi-ignorância acaba criando. Como a cultura propriamente universitária afastou-se demais da produção, acho que acabou sobrando muito espaço a ser preenchido, e talvez seja aí que eu entre. De novo, e talvez o argumento sirva pra tudo o que faço, acho que mimetizo e torno positivos alguns de nossos defeitos, no sentido da não especialização, da não formação, da não institucionalização. Passei a vida conversando, com aquela seriedade sagrada que as conversas têm, criando uma espécie de tribunal universal do juízo numa mesa de bar, num passeio na praia. É um pouco essa energia que meus ensaios carregam.

O que os seus livros pretendem de você? Eles complementam sua obra de artista, ou a contradizem?
Acho que seria bom perguntar a eles (aos meus livros). Também adoraria saber.
Não acho que meus livros e minha obra como artista visual se complementem nem se contradigam – acho que tornam o sentido geral do que faço cada vez mais adiado. Isso é bom e isso é mau. Me explico: quando mostro um livro ou um catálogo meu para algum curador de fora que está entrando em contato com o que faço pela primeira vez,

sinto quase um cansaço nele antes de chegar à metade. Tenho a impressão de que o contorno de uma obra hoje (e há obras ótimas hoje) deve ser cada vez mais nítido e circunscrito. Ninguém tem tempo para indecisões, atrapalhamentos, tentativas, identificações súbitas, impulsos, uso de recursos que não estavam previstos no desenvolvimento anterior do trabalho – em suma, tudo o que me caracteriza. A profissionalização dos artistas exige da obra um perfil conciso e nítido, discursivamente falando, inclusive. É óbvio que isso pode ser visto em muitos sentidos – a obra construtiva, por exemplo, tem em sua natureza um contorno mais econômico e nítido – mas acho que há hoje certa pressão para que toda e qualquer obra se defina logo e nunca traia seu próprio perfil. Isso tudo está na contramão do meu trabalho, e acho que o fato de eu escrever e fazer outras coisas vai criando um corpo cada vez maior de contradições, possibilidades, desvios, becos com ou sem saída etc., que aumenta muito a dificuldade de compreensão do todo. Para mim, é um espanto sincero, e uma felicidade, que tenha conquistado um lugar razoavelmente público como artista. Talvez seja uma dessas generosidades brasileiras apostar num trabalho como o meu, sem travar com suas indecisões e inconsistências.

As artes visuais lidam com materiais. A escrita é imaterial, ela lida com palavras, com metáforas, com pensamentos. Você sente materialidade na escrita?
Sim, sinto uma materialidade na escrita, e muita gente já disse isso a respeito daquilo que escrevo, mas não consigo especificar direito que materialidade é essa, no que ela se apoia.
De toda forma, há, claro, certa materialidade no ato de escrever ou de ler que a gente não devia ignorar – o ritmo dos dedos no teclado, por exemplo, que tem algo de um tricô ou de uma gaivota arranhando a areia. A folha impressa tem também uma camada de tinta impregnando um corpo de fibra de celulose – basta ir a uma gráfica para sentir toda a fisicalidade do processo, e conheço muita gente que adora cheirar o livro antes de abri-lo. Ler é um ato incrivelmente cansativo, em que nosso corpo é muito exigido. Às vezes dói, é bastante desconfortável depois das primeiras horas e parece nunca chegar ao fim (ao contrário de um exercício físico ou de um jogo, que têm hora para terminar). Estou dizendo isso porque tanto a obra impressa quanto o

ato de ler têm uma fisicalidade de que nunca nos lembramos, como se o ato intelectual fosse coisa de anjo. Não é. É coisa de quem sua, cansa, quer sair dali mas não consegue.

Vivemos um século dominado pelas imagens. Sua obra como artista visual é mais compreendida do que sua literatura?
Não sei, mas acho que são situações muito diferentes. O tempo de validade de um livro, a partir de sua publicação, é muito maior do que o de uma obra plástica. Às vezes, quatro ou cinco anos depois da publicação é que um livro começa a entrar na circulação cultural de determinado lugar. Um trabalho plástico muitas vezes mal consegue ultrapassar o dia da vernissage. Em compensação, tende a ter um espaço midiático mais aberto e bombástico.
Além disso, claro que a literatura está no centro do espaço cultural público, é a primeira eleita, em toda parte, para desempenhar essa função de consciência nacional, ou estadual, ou municipal – por exemplo, a poesia de Whitman precede a arquitetura de Wright em quarenta anos e a pintura de Pollock em quase oitenta. Nesse sentido, pode-se dizer que a literatura é mais facilmente compreendida, ou solicitada. O que acontece é que a literatura brasileira parece estar num momento de gestação de novos parâmetros, sem grandes autores consensuais balizando o processo. Há uma diáspora interessante, esperando avaliação. As artes plásticas, ao contrário, saíram afinal da casca, ocupando um espaço público que nunca ocuparam – devido, principalmente, à internacionalização da nossa produção (feita a partir das obras de Hélio Oiticica, Lygia Clark e Mira Schendel) e do nascimento, consistente e em escala forte, do mercado de arte entre nós.

Qual das duas, artes visuais ou literatura, é mais potente no século XXI? O massacre dos 111 presos do Carandiru inspirou sua instalação 111, exposta pela primeira vez em Porto Alegre em 1992 e depois na Bienal de 1993, e a canção "Haiti", de Caetano Veloso e Gilberto Gil. Imagem ou letra, qual das duas consegue capturar melhor o mundo complexo em que vivemos?
A canção de Gil e Caetano é uma espécie de bronca que o cantor dá no país, ocupando o palanque do espaço público nesse sentido – há um eu-nação ali, totalizante, glauberiano, que mimetiza o líder populista e

apela à vergonha na cara, querendo mudar tudo. Esse eu-país (que está em Darcy Ribeiro, Glauber, Caetano, Hélio Oiticica, Zé Celso) é que não sou capaz de acessar. Meu trabalho nesse sentido é muito mais melancólico, pulando sem querer do imediato da violência contra o pobre, que de alguma forma pode ser chamada de "política" (que realmente me fez produzir aquilo), para um sono ou coma abstrato e cosmogônico.

Como é seu processo de escrita? Você escreve em seu ateliê de artista, ou tem um escritório separado?
Costumo escrever de manhã, num quartinho onde guardo meus livros, no fundo da casa. Mas escrevo também onde rolar, sem muitos grilos. Levo o computador para toda parte. Estou no ateliê, agora.

Quando escreve, você parte de quê? De uma imagem, de uma ideia, de uma palavra?
Das três coisas. Mas prefiro responder pelo que não faço: não consigo, embora já tenha tentado muito, estruturar minimamente uma história antes de começar a escrever. Mesmo quando conto uma trama, quando narro alguma coisa (*O pão do corvo* e *O mau vidraceiro* têm partes, ou tramas, narradas), vou inventando conforme escrevo. Isso acaba dando um fôlego meio curto ao que faço, como se tudo pudesse se interromper de repente. E se interrompe mesmo, desaparecendo da minha frente.

Você declarou em uma entrevista que João Cabral "é o Drummond freado" e que Drummond é a voz mais importante que a poesia brasileira já produziu. Como poeta, de qual dos dois você se sente mais próximo?
Drummond é a voz mais importante da poesia brasileira do século XX, formando, junto com Manuel Bandeira e João Cabral, uma trinca de artistas que seriam definitivos em qualquer país e em qualquer língua. Acho os três incrivelmente superiores a seus pares (sem diminuir a força de Vinicius, Murilo Mendes, Jorge de Lima etc.). Bandeira, tenho a impressão que corre um pouco por fora, com seu sentido de medida e concretude, mas Cabral e Drummond são perfeitamente relacionáveis. Drummond, apesar da pedra no caminho, é uma força gasosa incrivelmente vasta, que se dissipa por toda parte e por todas as vozes,

entrando em qualquer recanto, em qualquer retina, em qualquer alma, em qualquer sexo, em qualquer memória, em qualquer documento, em qualquer arquivo, em qualquer cama, flor ou bicho. Não sei sentir diante de Drummond senão espanto. A desigualdade de sua poesia, que às vezes não sustenta a própria potência e cai um pouquinho, é própria dessa força metamórfica. Drummond é provavelmente a voz mais ambiciosa da cultura brasileira depois de Machado de Assis, acessando o mundo de que era contemporâneo (Chaplin, Stalingrado) sem pedir licença nem desculpas. Cabral, que veio depois, teve de se haver com isso e após os primeiros livros parece ter encontrado no ajuste entre o sopro e o peso, na nitidez da designação, na conformidade do som à coisa, na palpabilidade do signo e do nome, um contra-ataque a essa expansão gasosa indefinida, que ninguém sabia onde ia parar (se é que algum dia parou). Vejo um pouco, e acho que não há muita originalidade nisso, Cabral ganhando força nessa materialização palpável, concreta, disposta à nossa frente, da nuvem-Drummond. Situação semelhante talvez possa ser encontrada entre Niemeyer e Paulo Mendes da Rocha – se no primeiro tudo é suspensão e hiato, no segundo tudo é apoio, laje e chão. Acho difícil imaginar o sentimento físico de peso da obra de Paulo Mendes sem contraposição à indefinição (onde a vertical? onde a horizontal?) propriamente gravitacional da obra de Niemeyer.

No que me diz respeito, claro que me identifico (sem me comparar, peloamordedeus) com essa força expansiva drummondiana. Me espantou que meu livro de poemas, *Junco*, tenha mostrado muitas vezes um acento nitidamente cabralino. Não sei bem o que dizer disso. Mas o poema de que mais gosto (o último, mais longo) é uma conversa com o Drummond da "Máquina do Mundo".

Você lê poesia enquanto escreve poesia? Você tem o hábito de ler romances?
Pessoa e Drummond, provavelmente. Mas leio um pouco de tudo. Gosto especialmente de obras com acento cosmogônico – antropologia, por exemplo. Adoro também ler livros difíceis, que não entendo bem. Friso, anoto, faço esquemas nas margens, vou ao dicionário – e depois esqueço tudo. Às vezes fico de fato pensando onde foram parar minhas leituras.

Você cita uma obra de Thomas Bernhard em um capítulo de Ó. Qual a influência que escritores como ele, Peter Handke ou W. G. Sebald exercem ou exerceram em você?
Eu li o Sebald (*Os anéis de Saturno*) depois de publicar o Ó, e são com certeza projetos semelhantes. Mas sinto nele uma melancolia segura e pressuposta que não me dá tanto barato. Me lembra talvez a pintura do Kiefer – uma culpa que evapora, bate no teto e cai de volta, num ciclo sem fim altamente sofisticado e talentoso, mas com pouca falha e nenhuma surpresa. Então, desses três, com certeza gosto mais do Bernhard. Acho que a raiva dele é um caso raro de autenticidade. E aquela frase enrodilhada é uma conquista maravilhosa, um remordimento da consciência que vem do Dostoiévski mas encontra aqui uma dimensão não religiosa, sem remissão, que é muito forte. Curiosamente, e a observação é um pouco absurda, a frase do Bernhard me lembra a frase de um autor brasileiro muito diferente dele: José Agrippino de Paula. Há um remordimento delirante no Agrippino, uma frase que também volta e volta sobre si mesma, que tem talvez algum ponto de contato com o Bernhard.

Seus textos apresentam uma grande confluência de influências, de experiências, de buscas difíceis. A plenitude e a diferença dominam. Como "reger" vozes tão diversas?
Carrego na minha mochila (pesadíssima) um número grande de livros e às vezes tenho a impressão de que estão entrando pelas minhas costas, por fricção e contiguidade. Com os materiais é um pouco assim também, quero colocar um sobre o outro, deixar que se misturem, colher o suco que soltam, fazer uma polpa, regar de volta, desfazer até que quase não dê para reconhecer (mas ainda dê). Preciso de um número grande de materiais e influências e buscas e experiências para fazer essa maceração, esse caldo. No fundo, acho que a minha hipótese é de certo recuo – ao invés de dar os óculos ao Miguilim, talvez gostasse de tirá-los de volta. É preciso recuar um pouco ao indefinido e ao não formado, dar às coisas uma chance de nascer de novo.

A arte cria um mundo paralelo? Se sim, em que medida ele toca e atravessa o mundo real?

Não sei ver arte sem pensar num acesso brutal e meio mágico ao contemporâneo. Ela é um desvio da história para voltar para a história. Nesse sentido ela se diferencia do documento de época, que pertence àquela série de onde partiu. Toda arte salta para fora do seu tempo, como um gatuno ou um coringa, e entra numa outra série diferente daquela que a originou. Claro que é um mundo paralelo, mas não é feito de nuvem. Ela age de volta no que é contemporâneo, se inscreve nele, perturba o que seria sólido e imutável. Nesse sentido, com o perdão da retórica, é uma forma profunda de combate à clausura e à violência do tempo presente. Estou falando o seguinte: quando vou ao Louvre e vejo os aposentos do imperador, eu estou aqui e os móveis estão lá. Fico curioso ("como essa gente era pequena!"), me divirto, acho bonito. Mas, quando ando algumas centenas de metros e deparo com um autorretrato do Rembrandt, não há mais distância nenhuma. Ele foi pintado ontem, ou hoje mesmo, e foi pintado para mim. É meu. Somos contemporâneos. Acho incrível a pressa com que tentamos nos livrar dessa arma, acusando-a de formalismo, sei lá o quê.

Você declarou que seu maior desejo é o de "trair o público, isto é, nele provocar espanto". A literatura tem uma parceria com o escândalo? Como se realiza essa traição na literatura?
Escândalo, provavelmente (e infelizmente) não. Mas esse é um ponto em que continuamos dentro da arte moderna – na expectativa pelo novo. Mesmo quem critica isso vê novidade na própria posição. Difícil ler alguma coisa sem considerar a posição relativa do que lemos em relação aos antecessores e à cena contemporânea – o grau de novidade daquilo. Acho ingênuo não perceber o quanto a institucionalização brutal da arte drenou essa energia para os próprios sacerdotes institucionais (museu, editora, mídia etc.). Mas acho ingênuo também achar que o jogo é jogado e ponto-final. Então, sim, gostaria ainda de causar espanto, de trair a expectativa que possivelmente seja depositada em mim.

Você acha que faz uma arte hermética? O artista deve se preocupar com a comunicação, ou arte e comunicação são coisas distintas? Você acredita em arte popular?

Acho que não me preocupo muito com isso, se é hermético ou não. Ainda mais que é tão difícil, num país como o Brasil, com uma distribuição de renda dessas, entender qual seria afinal o seu público! Quem é que está do outro lado? A resposta é totalmente insatisfatória (e olha que já melhorou muito). Fico pensando se uma das maiores invenções do Machado de Assis não foi justamente ficcionalizar um público sem que ninguém percebesse, abrir aquele parêntese infinito entre o narrador e... quem? Não tinha ninguém ou quase ninguém, certo? Parece natural, parece que somos nós, mas não é natural nem somos nós – é inventado, é o ponto fraco de todo o esquema, é o absurdo de fazer arte num país de escravos ou semiescravos. Há um outro ali (o "caro leitor" ou "leitora" recorrentes) que a ficção conquista e naturaliza, a quem o narrador pisca o olho, como se fosse legião. Coisa de bruxo, ainda mais na virada do século retrasado.

Claro que isso não se aplica bem à canção popular – ali, há público, mas há também a indústria cultural, essa espécie de Rainha da *Alice*, mandando cortar cabeça atrás de cabeça. Onde há público, portanto, cada vez mais esse outro, a indústria, prevalece e brutaliza. Onde não há, exatamente porque não há, a obra parece um pouco inútil e voltada para si mesma. É uma situação difícil.

Mas acho que vai dar certo, e dos modos mais variados. O acúmulo de canções populares extraordinárias, como uma adega preciosa e interminável, continua irrigando a produção e segurando um nível médio na canção, impedindo que derrape de vez. Há uma cultura da canção no Brasil que acho absurdo menosprezar. O que importa ver é se essa cultura vai celebrar a si mesma, em paródias intermináveis, ou se será capaz de tocar esse legado todo para a frente. Na literatura, a falta de nomes-pastores, que agregam rebanhos e colegas seguidores, permite por outro lado uma diáspora inteira de ovelhas desgarradas, esperando avaliação. Porque é preciso dizer o óbvio – se há crise na produção, há com certeza crise, e muito maior, na recepção. A crítica perdeu contato com a dinâmica da criação, e entre o autor e o público nasceu um número enorme de instâncias intermediárias, sacerdotais, mais próximas do poder do que da arte (curadorias, editorias, festivais, simpósios internacionais), que não têm tempo nem qualquer desejo para interrogar a obra de ninguém.

Querem propor categorias, como Lineus afobados, e fazer circular rapidamente aquilo que encontram. A arte vai ter de se virar nessa terra estranha.

Você tem planos para um novo livro?
Estou terminando um livro esquisito, com muito sexo no meio, e um outro sobre um ator, sobre as vozes desse ator. E há anos tento escrever um troço sobre a cultura brasileira do ponto de vista do anel de Möbius. Mas o projeto ficou grande demais, desceu da minha cabeça, pousou nos meus ombros e agora está quebrando a minha coluna.

Como vê a si mesmo? Como se definiria como artista?
Alguém que adora jogar.

NUNO RAMOS: ENTRE CORPO E ARQUITETURA
Lourival Holanda

DIANTE DA ATUAL PROFUSÃO literária já é sorte se deparar com o nome de Nuno Ramos. A possibilidade aumenta porque ele responde bem ao perfil contemporâneo de alguns multiartistas tão marcadamente experimentais: o artista plástico, o escultor, o pintor, o poeta, o crítico, o escritor.

A raridade aqui resulta em redobrada admiração – não tanto pela perfeição perseguida como pelo empenho posto na arte de delinear o inapreensível: "Comecei a arrancar a pele das coisas. Queria ver o que existe debaixo". Num primeiro momento o leitor nem se dá conta do projeto insensato: a linguagem, esse instrumento socializado, homogeneizador, apenas cobre a superfície do que nomeia – e o projeto do narrador é usar a linguagem para *des*/cobrir a singularidade de cada coisa aí escamoteada.

Propósito continuado: porque desde *Cujo* (1993) a *O pão do corvo* (2001), se estendendo sobretudo em *Ó* (2008) e se concentrando em *Junco* (2011), a questão permanece, apenas nuançada. E questão já no sentido etimológico de *busca*, porque não se responde: ante o espanto do mundo, "cachorro morto num saco de lixo", só resta a contemplação muda porque o mundo dói: "Por isso durmo e não pergunto/ junto aos juncos". Como uma tela impressionista impressionando pela variada tomada de luz incidindo sobre o que se supõe serem as coisas. Este quadro nunca é aquele, embora o espectador reconheça a quase exatidão obsessiva do motivo. Assim, essa indagação sobre a possibilidade de dizer o absolutamente singular, numa espécie de receptividade pânica, o real de cada coisa; isso volta como mote nas três narrativas e se ressigna na dicção poética. Tal parece ser a linha de continuidade dos textos – mesmo se, à primeira leitura, deem a impressão de pouco coesos.

A singularidade da busca na escrita de Nuno parece ter o intuito de reivindicar "o milagre do que é único e insubstituível, e por isso mesmo de alguma forma belo (...)". E se insurge, portanto, contra o apagamento do singular no processo social.

> Essa homogeneização profilática, típica das fotos aéreas, acaba por inserir em nossas vidinhas uma espécie de antinovidade, antiurgência, como se nada valesse a pena, como se o sangue do passarinho, o atropelamento do alce, o pequeno coelho perfurado pelo chumbo fino, o espatifamento das bolinhas de gude ou o urso de pelúcia sem nenhuma das quatro patas, por não serem vistos lá de cima, não tivessem acontecido.
>
> (Ó)

O vocabulário, propositadamente reincidente, dissemina os indícios de seu crivo crítico: uma ideia de felicidade, distribuída pela mídia, de um *eu* levado a projetar a extensão de si no contentamento do consumo, e com sacrifício da singularidade própria. O totalitarismo das redes sociais e ali o apagamento do sujeito no frenesi dos gestos: urge estar nas redes, marcar presença no Facebook, trocar fotos no Instagram – como todo mundo. Mas o que cada qual esconde por traz daquilo que expõe? "A semelhança", diz o narrador, "é o melhor disfarce". Os termos se sucedem: "transparência", "camaleão", "metamorfoses", "material proteico", "homogeneização". E, se isso não basta para indicar um norteio crítico, vale como palavras-talismã aguçando a atenção ao longo da leitura.

A aposta na linguagem, precisa e leve, com exatidão de aquarelista, traz um ar de renovação na prosa contemporânea. Sem deixar entrever o artifício, nenhum rebuscamento de registro com pretensões filosóficas ou afetação literária. "Não devo completar. Estar em dia consigo é uma forma de avareza. Preciso encontrar a fração correta do fracasso" (*Cujo*). A consciência do fracasso, num empreendimento assim desmedido, afasta qualquer fatuidade. Os questionamentos sobre tal impossibilidade se inscrevem na trama mesmo do texto. Os espectros da completude e da perfeição não resistem a esses tempos tensos; já o empenho, o labor centrado, parece definir ainda artistas raros. Poucos autores – no sentido etimológico: os que aumentam o protocolo criativo da narração – ainda subsistem, constelando, quase imperceptíveis, o céu cinza das publicações desenfreadas. Muitos textos contemporâneos dão a impressão de cisternas vazias, não cumprem função: ainda que exímios malabaristas verbais, ficam lá como fonte de frustração.

Em alguns momentos o vocabulário dá indício da busca de Nuno. Somos aí definidos como "este amálgama de carne e de tempo", e logo depois: nossa linguagem, "um amálgama aflito de palavras". Por isso a reiterada imagem da transformação, da passagem, da fusão – e os bichos icônicos; o camaleão, o polvo: "o polvo/ coisa mole e desabitada/ pelo arcabouço de uma ossatura/ pronto para a metamorfose". Ou ainda: "[corvos] irmãos da matéria/ no curso de volta/ à confraria/ cinza/ de antigos corpos" (*Junco*). A realidade como fusão e indefinição parece propósito – ou proposta. Como a indefinição hoje vigente desde a astrofísica até a mecânica quântica, na percepção dos sistemas moleculares, atômicos e subatômicos. Aliás, há nos físicos um procedimento, uma atitude que em muito se assemelha ao que faz a crítica literária – sobretudo aquela que sequer se pretende científica, apenas rigorosa. Os físicos, especialmente na quântica, chamam *sistema* a um fragmento de realidade separado para estudo; a analogia é tentadora: o étimo grego de *análise* também quer dizer *corte*, parte de texto separado para análise. Daí a importância de ter consciência da "fração certa de fracasso", como lembra Nuno. Toda análise está fadada a certo fracasso: porque o real do texto se desdobra, além e além. No entanto, já isso não angustia: o Princípio de Indeterminação de Heisenberg (desde 1927) não permite saber a posição e a velocidade de uma partícula, mas nenhum físico deixa de dormir por conta dos movimentos imprevisíveis do elétron. O poeta também desconfia da linguagem face à complexidade do real: "realidade prima e tão violenta/ que ao tentar apreendê-la/ toda imagem rebenta" (João Cabral de Melo Neto). Há sempre tensão entre linguagem e realidade.

Desde a entrada de Ó o leitor se depara com um questionamento sobre a linguagem, a nostalgia de uma relação com o mundo que possibilitasse apreendê-lo mais diretamente que por essa via vicária: a linguagem que aponta um distanciamento da coisa. O narrador diz estar aqui o fundamento da linguagem: na astúcia de "substituir-se ao real" – como um vírus à célula sadia. E toda razão fica com José Antonio Pasta: nem crônica, nem ensaio, nem romance. Certamente porque tudo isso numa mesma e enorme ambição.

E o limite aqui apontado, diz Nuno, "é próprio da mais estranha das ferramentas, da mais exótica das invenções (a linguagem)". À nostalgia de uma linguagem adâmica, que tanto tocou também Walter Benjamin, vem se somar a suspeição de Wittgenstein, já bem antes do narrador de Nuno;

em comum, a vontade de tomar a linguagem em mãos, de exigir além de seus limites:

> Se fosse possível, por exemplo, estudar as árvores numa língua feita de árvores, a terra numa língua feita de terra (...), seríamos deuses corpóreos, e a natureza seria nossa como uma gramática viva, um dicionário de musgo e limo, um rio cuja foz fosse seu nome próprio.
>
> (Ó)

Tal empreendimento, maluco, um *desideratum* utópico, deixa ver, com precisão, o desafio do narrador: a crítica da linguagem levada a efeito de dentro da própria linguagem.

O desejo de escrita, em Nuno, parece levá-lo da fantasia à habilidade e desta às aventuras de uma linguagem ensaística; talvez indo na direção de uma continuidade formal que vem desde Robert Musil ou de Hermann Broch: a dança das palavras para fazer chover algum sentido; sem nada de altissonante, mas com gravidade de um cantochão, beirando perquirição ontológica. Também a gama de cores na paleta de um impressionista dispensa os tons demasiado fortes. Aqui e ali, a analogia deixa ver o *link*: uma sintaxe que organiza o conjunto de um modo firme, certo, mas sem mais. Um impressionista não descreve, insinua; o narrador de Nuno *pensa* seu texto – no entanto, os conceitos são substituídos pela figuração: "O que de mim se ama/ não sou eu, é esse nome/ cobrindo o baque surdo/ tique/ taque/ que roda aqui, ó (eu mostro)/ bem aqui, ó". A linguagem se ressente de não ser tão transparente; ou a realidade teima em resistir à captura. Quando o físico (Heisenberg) diz que em dado momento já não dá para descrever a complexidade do real subatômico senão com analogias e metáforas, o poeta entende – por afinidade: "o peito pântano onde dormem/ troncos sólidos e cachorros mortos" (*Junco*). A imagem que volta, quase como obsessão, nos textos e fotos, deixa entrever o artista, o pintor: ele *é* a coisa vista, consubstancial.

Em alguns momentos a narração cai em estado poético: "a luz de uma lua baça que aparece depois da tempestade"; ou o leitor, surpreendido, percebe enfim que o tom é nitidamente ensaístico, já, e que, portanto, permite poesia. E isso pelo que junta de reflexão, segurança e aventura escritural:

> Uma mulher dirigiu seus passos ao poente e sumiu; sabem o que fez aquele que ela abandonou, enquanto fitava o poente com os olhos ca-

vos? Ele grunhiu, e este grunhido virou o nome da desaparecida. Ele lhe deu um nome, ele ganhou seu nome, como um coágulo, uma retenção daquilo que passava confuso, por ele, um poente paralelo ao poente diante dele.

(Ó)

Biscoito fino em meio à massa (produção em massa?) de textos contemporâneos cada dia dados a público.

A pretensa certeza do discurso crítico, quase sempre dada por uma palavra de autoridade, agora cede lugar, em cada um, à aventura de ler, de encontrar ocasionalmente num blog, num Twitter, uma nota, um texto que leve o leitor à surpresa e à satisfação de um encontro. Assim, um texto de Nuno Ramos responde de imediato à curiosidade de quem fareja uma escrita que se distinga no cipoal de promessas que a cada minuto a mídia manda. Lembro a sensação de desconcerto quando, convidado por Selma Caetano, numa seleção do Prêmio Portugal Telecom, me deparei com o texto de Ó. Pareceu algo pretensioso – e ao mesmo tempo de uma escrita bem cuidada de quem trabalha sem fazer concessão. Tal resistência de escrita, em Nuno, parece pedir atenção redobrada; de fato, o texto paga em surpresa o que pede em esforço de continuidade; e arranca o leitor de uma falaciosa estabilidade.

Daí essa poética da imanência das coisas, do imediato. O cachorro morto, a baleia abandonada, a fragilidade do junco, o tronco esquecido do que foi árvore. Linguagem, fotografia, verso, reflexão. O poético junta as duas dimensões: o real e o possível: "se há asa/ houve voo". E, sobretudo, uma consciência aguda das possibilidades limitadas de toda linguagem. "Não sei como coisas tão díspares se juntam pelo mesmo nome" (*Cujo*) – a inflação semântica, mais que uma forma de mentir, é um modo de escamotear a fundura das *coisas*. O narrador aponta o abismo que existe entre nós e as palavras. Talvez a grande marca do escritor moderno em Nuno Ramos: usar um instrumento medindo, avaliando seus limites. E ao mesmo tempo sabendo, ainda assim, que aí está o lugar da aposta: "Mas cuidado, a palavra é que junta tudo".

Desde há muito a literatura move um processo contra a linguagem; pelo muito que ela permite, entre ato e ilusão; entre seu uso impensado, o desdém por seus limites e a aposta pelo quanto pode fazer para mover o solo social. Numa palavra, Esopo diz acertadamente: a pior e a melhor das coisas. O narrador de Nuno Ramos passeia por essas possibilidades; mas, como se soubesse que elas vêm *depois* das coisas, depois de queimarmos nossa pele no contato ígneo com as coisas: "Costurar. Costurar as próprias cinzas. Costurar as próprias cinzas num corpo novo, frágil, feito de cinzas". Por isso, a ideia de que a palavra escrita se suspende: "a palavra para no pergaminho". E então perde parte da força que foi a sua, quando saída da boca, com o hálito de fogo carregando um espírito. E então, diz o narrador com ironia, a palavra de um deus, impressa, é igual à palavra de um asno. De fato: desde então vai se petrificar em doutrina – e de onde o espírito que a habitava desertou. Os fundamentalismos passam por aqui: o ressecamento que todo formalismo opera quando nenhum vento de renovação visita o pensamento.

E a crítica à linguagem é simultaneamente uma crítica aos valores que embasam a sociedade. O mito da produtividade execrado na imagem do *perder tempo*; o mito da justiça – que por pretender ser a mesma para todos pode resultar injusta; o mito do consolo grupal, que só se consegue abdicando da própria singularidade. Há sempre uma palavra de ordem que faz o cimento social:

> Mas em nós um pequeno demônio grita alto e o tempo todo: Aproveite o dia! Ou Concentre-se! Ou Estude! Ou Ganhe dinheiro! Ou Seja feliz! Ou Agradeça o pão! Ou Obedeça seu chefe! Ou Mergulhe! Quaisquer que sejam os valores em jogo, é sempre a uma produtividade difusa, escondida debaixo de tudo, que este papagaio nervoso se refere, e um Casanova ou um Ford são, neste sentido, funcionários de um mesmo patrão.

(Ó)

Discurso cortante e irônico, que não dispensa o paradoxo enquanto mantém o ritmo rápido em sua sintaxe sinuosa.

O propósito do narrador se aclara: o excesso, de palavras ou coisas, nos impede de habitar melhor o mundo imediato. Basta ver a sensação de vazio que resulta da sucessão incontrolada de imagens, textos e fotos com que as redes sociais nos bombardeiam. O mote "tudo me interessa e nada me prende" não é novo: vem de Fernando Pessoa e também nele soa, como em eco, a voz viva de Quevedo: "*El mundo me ha hechizado*". O propósito aqui parece ser o de expor o excesso como negação: tudo passa pelo

Google, mas podemos sair dali sem qualquer aporte que, de fato, se some ao que somos. E, no entanto, o problema não está no Google, ferramenta utilíssima: está na atitude de quem, mosca, pousa em tudo – ou de quem, abelha, escolhe.

E o narrador prossegue seu intento. As coisas são singulares. É só por preguiça mental que me poupo o esforço e as indistingo. Com mesma razão, as complexidades humanas: somos uma pluralidade de disposições e a cada vez vamos dando presença a uma de nossas possibilidades; infelizmente, em algumas ficamos presas fácil do que se vai convencionar uma *identidade*. A redução a uma identidade parece deserção ou exaustão do duro desejo de liberdade.

Em alguns momentos o narrador desdobra o texto reiterando a necessidade de criar. "(...) é preciso criar, porque isto com certeza ninguém nos deu, uma ferramenta – uma linguagem". Na linguagem, a mais insigne marca humana. Sua concepção de linguagem é algo tônico, que sobreleva o real: "a energia insana de nossa alegria física procura abrigo – nas imagens, nos braços de outra pessoa e, no limite, pois é isto que sempre recorre, na linguagem". Nietzsche ou Novalis, Raduan ou Nuno Ramos, Octavio Paz ou Graciliano Ramos. Na atitude comum, mestres da suspeita – e isso, por exigência. "Chegamos então à beira do velho precipício – o entusiasmo das palavras vagas" (*Ó*).

O espanto fora até então o embasamento da postura filosófica. Agora há pouco espaço para o espanto, tanto nos habituamos a tudo, como se todo provável apenas antecedesse o possível. O último modelo de um *tablet* ou de um *smartphone*; o desejo de posse supera o encanto. O narrador lamenta esse afastamento da natureza que parece ter operado a cultura tecnológica; um afastamento do momento quando as coisas são criadas, respondendo no homem a essa maravilhosa extensão de si: "se mantivéssemos contato com nosso afastamento da natureza então estaríamos salvos, porque seríamos gratos na proporção mesma deste afastamento, e nos lembraríamos sempre disto como maravilha" (*Ó*). Onde o *ó* de espanto frente à presença das coisas criadas? "Mas não, acabamos transformando em banalidade tudo o que a técnica conquistou (...)." Se o texto passeia sobre a superfície do mundo, vez por outra a linguagem serve de sonda para averiguar valores que *des*pensamos no ritmo frenético dos dias.

Sequer se trata aqui de novidade: a temática se distribui, sincrônica, nas diversas literaturas modernas. Há traços dela em Miguel de Unamuno, em Hermann Broch, em Carlo Emilio Gadda. Nova é a angulação brasileira; há novidade na técnica de focalização, no modo narrativo experimental, incerto e ao mesmo tempo tenaz: o narrador toma ângulos diferentes e sempre retoma o tema do real que escapa. Um real fundo que apenas pressentimos, mas de cuja presença densa a linguagem está longe de dar conta. E o narrador sugere imagens como o aquarelista, cores. "Parece um silêncio que vem depois das coisas, do que está parado, não das pessoas que murmuram baixo seu cansaço, sua falta de assunto, sua vontade de estar em outro lugar" (*O pão do corvo*). A paleta se alarga em leque sutil: do entusiasmo das descobertas às reticências de quem beira abismos. Consegue essa coisa nada evidente na literatura de grande circulação: ser atual porque na contramão das convenções – seus textos *pensam*; e num modo que parece deslocado, irônico às vezes, e que fascinam por sua força inventiva; o sal do humor preservando da tentação do dramático.

A variedade de forma permite um lance mais certeiro para dizer a plasticidade do real. Difícil dizer o que Nuno vem buscando desde os primeiros textos, mas facilmente se percebe em todos eles um movimento para algo que talvez escape sempre: esse movimento mesmo é sua realidade, *esse perdimento intrínseco*. Perder é parte do processo da metamorfose de que somos feitos, certo: "perder é o selo de uma carta/ o toco de um cigarro/ o laço da gravata/ que a maré depois coleta/ na orla sinuosa". E, no entanto, "em meio/ a tanto tecido/ morto, molhado/ o mineral (que há) se encrespa/ e dorme geológico/ dentro de você" (*Junco*). O uso do verso breve torna o dito mais contundente; já de boa tradição entre nós, de João Cabral à concisão provocante de José Rezende Junior, de Lenilde Freitas a Orides Fontela.

A coisa se vê espelhada na palavra, mas essa semelhança sacrifica sua singularidade absoluta. "Repara/ nada para/ até a casca". Talvez por isso o poeta em Nuno queira seguir a composição das coisas e passar cada palavra pelo crivo crítico. Essa tensão acompanha todo o processo de escrita de Nuno Ramos. Um grande autor que, *apesar* de premiado, não reduz seu estilo, não o dobra para passar sob o arco de apreciação e satisfação da grande mídia.

Já em *Cujo* a acuidade crítica de Augusto Massi percebia a variação das vozes narrativas. De fato, a modulação diz de uma percepção já nada linear da realidade. Variam as vozes porque variam as coisas a cada vislumbre. É por preguiça e por economia mental que supomos o mundo estável:

> (...) acabamos transformando em banalidade tudo o que a técnica conquistou, numa espécie de Éden sem maçã onde cada bem se reproduz por si mesmo, sem origem nem destino que não seja o de servir-nos até o fastio, de consumir-nos ao consumi-los com seu próprio canudinho.
>
> (Ó)

Daí um tom quase obsessivo no texto; como se o narrador estivesse sugerindo incessantemente vigilância na observação do mundo.

No traço pictórico como no trato de linguagem Nuno cria um distanciamento – desconcertante e salutar. O leitor sente como se ele estivesse escrevendo sobre coisas triviais; e está, mas aqui com o propósito de dar a ler o evidente. Nada mais encegucedor que o que é dado por evidente: não se pensa mais nisso. Mais que arrojo de forma verbal o texto abre perspectivas; e parece provocar, ou convocar o leitor – à surpresa que a realidade resguarda. Os textos de Nuno Ramos apontam as barreiras mentais de nossas culturas, nossa fundamental gregaridade. O sarcasmo do autor recorre à imagem das galinhas. (A ser mais justos, ignoramos se elas têm uma interioridade menor que a de nossos coletivos...)

Essa ambiguidade, de sugerir e não dizer, deixa o texto numa tensão que o adensa. O leitor que se cuide, porque pode perder por desatenção o melhor de tal jogo. Parece ser essa a marca constitutiva da literatura que faz Nuno Ramos. Um leitor apressado pode implicar e ver nessa veleidade filosófica do texto uma pretensão moralizante. De fato: a atenção é um esforço *moral*. Para um artista, a atenção à forma é uma moral, um modo de melhor colher o mundo: "coisas acordadas/ dizem seu nome./ Depois somem". Assim – etimologicamente, até – ser negligente é não *ler* as coisas inscritas no mundo.

A sintaxe de Nuno Ramos pode surpreender. O modo de amarrar a narração parece inconsistente, porque inusual. Mas há um propósito consciente, um efeito buscado:

> A forma deve esconder sua origem, de modo que pareça ilógica e arbitrária. Cada parte do trabalho entrará por isso em choque com as demais. A soma destes choques, no entanto, pode ter um resultado harmônico, pois a imantação do todo, o fascínio difuso, a beleza enfim do trabalho será a parte mais importante de sua autonomia, de sua ambiguidade e vida própria.
>
> (*Cujo*)

A sucessão de vislumbres, o ritmo do texto, as violências sintáticas, tudo concorre para deixar no leitor, finda a leitura, as marcas leves e indeléveis que se insinuam, tenazes, como uma memória musical.

O eixo poético da escrita de Nuno Ramos parece ser o espanto, a redescoberta do mundo. Nesse sentido, há convergência entre o discurso atual da ciência e o discurso poético. Ilya Prigogine, físico laureado por um Nobel em 1977: "a ciência é a escuta poética da realidade". O narrador de Ó certamente não estranharia isso. O real não é menos fantástico que o sonho; descobrir o real que subjaz em sua casca pede a analogia com a volta depois do sonhado. O milagre do recomeço, depois da dispersão dos sonhos:

> Sim, sou eu novamente: voltei. Este milagre matinal me põe feliz pelo resto das horas – que tenha voltado depois da noite bêbada, depois da mistura macerada do que fui, depois dos estilhaços que tomei por coisas, seres, mas eram sonhos, que tenha voltado ao mesmo lugar de onde parti, que seja ainda a mesma pessoa, com os mesmos problemas.

A atenção à forma do mundo é aqui uma empresa estética tanto quanto ética: assumir com clareza o desafio que o *disforme* põe à liberdade de criação.

Às vezes um quadro se adensa quase num relato incompleto. É que Nuno trabalha como com bichos diminutos, micróbios que pululam na vida diária, que esclerosam o corpo social, letais e imperceptíveis: a insensibilidade e a indiferença. Daí a justeza e a crueza de algumas imagens:

> Algo está para ser dito (quando, por quem?): uma versão triunfal, que mostrará o fracasso completo de todas as outras. (...) O terror abre-se assim, como uma alcachofra, em camadas sucessivas rumo a um centro sempre adiado e a cada etapa, cada revelação, é somente a infância do terror futuro e completo.
>
> (*Cujo*)

É na alusão a certos momentos que o absoluto da beleza justifica o absurdo do mundo. E a forma de resistir à mediania do mundo – que nossa desatenção reduz e apequena – é criando. "Criar cada detalhe. Se for pendurar algo, criar o grampo. Se o grampo estiver pendurado no teto, criar o teto. Se for o teto de uma casa, criar a casa ou, se estiver no céu aberto, criar o céu aberto" (Cujo). Viver as coisas como *dadas* diminui sua presença; criar a coisa é vê-la como única. A cadeira num interior de Van Gogh ou no poema de Cecília Meireles: a coisa está imantada pelo apelo de um sentido, carregada de expectativa, longe de sua primeira utilidade.

Pode tal empresa parecer tomada da filosofia, pelo teor das questões. E talvez seja. O que conta aqui é o modo de tratá-las: confiando às modalizações do discurso literário, maleável, plástico, a apreensão de parte dos problemas, mas com o cuidado de não enrijecê-los em doutrina, em conceitos fechados na armadura de sua rigidez – grande tentação que ronda os discursos de certezas supostas:

> Toda linguagem, toda ciência, toda poesia quer aumentar a transparência desse vidro frágil, mas acaba por aumentar sua espessura – em vez de fazer durar a epifania, substitui-se a ela, criando uma nova camada de isolamento.
>
> (Ó)

Daí a modernidade de Nuno Ramos: na permanente atenção às possibilidades da linguagem: "Pensei nas palavras, em toda a tinta que já se gastou com as palavras" (Cujo). É assim que na esteira de um Gadda, de um Unamuno, o narrador transfigura a letra filosófica em inquietações do espírito. Todo grande texto literário (grande: em possibilidades de sentido) é, paradoxalmente, uma traição no deslocamento que opera: uma questão sociológica muda se seu trato é literário; uma questão religiosa perde seu peso porquanto a linguagem aponta sua historicidade e, no seu modo narrativo, seu mundo. "Tanta tinta que já se gastou com as palavras" – e é Montaigne que volta, feito Nuno Ramos, *ondoyant et divers*.

E boa parte do tempo nos conformamos às palavras; e tomamos a resignação por sabedoria; a indiferença, por desapego. Só raramente nos damos conta do tempo, das pessoas, dos dons da vida; e da exigência que supõe guardá-las, mantê-las vivas e vivificantes. Daí o recurso à redundância – os elementos parecem voltar, previsíveis –, mas já seu ritmo mesmo aponta outro lance semântico, porque o deslocamento implica insatisfação com a ordem anterior. Exemplo disso é, em *O pão do corvo*, o sintagma "e entro no pátio sem luz" – que se repete no final dos onze fragmentos que compõem o texto "Dentro do pátio sem luz", em que recorre ainda à técnica anafórica de narração. Cada circunstância, cada passo, cada situação levando a uma mesma conjuntura de impasse.

Por que, em meio à mediania do viver, temos a arte, essa pulsão de criar, se isso nos pesa e incomoda como uma inquietude? Por que o imaginário? E o narrador avança: "Se era para nos conformar com tão pouco, por que nos deram essa janela?". Por que, na ciência, a intuição de que as coisas são inteligíveis, e na arte, por que querer acolher o que escapa à compreensão? O verso vem como contraponto à insignificação de tudo, num gesto absurdo desafiando o absurdo: "A mim foi dado passo e peso/ fole pulmonar, grito/ mãos para cardar (…) Não foi para ceder/ à carniça/ mas para amar que me foi dado" (*Junco*).

Em alguns momentos as divagações e os delírios verbais tangenciam as reflexões mais certeiras. O leitor pode, de igual modo, ficar deslumbrado ou cansado quando o narrador deixa pesar sobre o estilo a mão que um ritmo injuria:

> Ostra melada, sem casca. Caramujo gosmento, sem concha. Rabo sujo com mofo viscoso, crescente. Sebo quente. Cu de puta. Deus lavado. Grão de desgraça semeada que o vento rancoroso espalha. Gralha clara, criança grisalha.
>
> (*Cujo*)

A cólera de Nuno contra o enceguecimento das coisas cruas, reais; e o sequestro do sentido – ainda que seja o sentido através do impacto das coisas simples e mais reais. Uma concha que a maré alta depõe sobre a areia. Cabe ao leitor atento às formas tomar em mãos o texto, a concha: cada coisa pode revelar mais que seu nome – sob a pele das coisas, sua fragilidade e sua ossatura precisa: entre *corpo e arquitetura*.

LOURIVAL HOLANDA é filósofo, escritor, pesquisador e professor da Universidade Federal de Pernambuco (UFPE). Formado em Filosofia pela Universidade Paris VIII, mestre e doutor em Literatura Francesa pela Universidade de São Paulo (USP), publicou, entre outros, *Fato e fábula* (Edua), *Sob o signo do silêncio* (Edusp) e *Álvaro Lins: Ensaios de crítica literária e cultural* (Universitária UFPE). É editor da *Revista Estudos Universitários*.

BIBLIOGRAFIA

Junco. Iluminuras, São Paulo, 2011.
O mau vidraceiro. Globo, São Paulo, 2010.
Ó. Iluminuras, São Paulo, 2008.
Ensaio geral: Projetos, roteiros, ensaios, memórias. Globo, São Paulo, 2007.
O pão do corvo. Editora 34, São Paulo, 2001.
Balada. Editora 34, São Paulo, 1995 – livro-objeto.
Cujo. Editora 34, Rio de Janeiro, 1993.

RIGO LACERDA ARMANDO FREITAS FILHO JOÃO GILBERTO NOLL LOURENÇO MUTARELLI CRISTOVÃ
UNES BEATRIZ BRACHER BERNARDO CARVALHO TEIXEIRA COELHO MILTON HATOUM RICARDO LÍ
TEGA SILVIANO SANTIAGO EDGARD TELLES RIBEIRO PAULO HENRIQUES BRITTO SÉRGIO SA
ONIO DE ASSIS BRASIL SEBASTIÃO UCHOA LEITE MÁRIO CHAMIE VALTER HUGO MÃE NUNO R
VISAN RUBENS FIGUEIREDO MARINA COLASANTI CHICO BUARQUE RODRIGO LACERDA ARMANDO
O GILBERTO NOLL LOURENÇO MUTARELLI CRISTOVÃO TEZZA LOBO ANTUNES BEATRIZ BRACH
VALHO TEIXEIRA COELHO MILTON HATOUM RICARDO LÍSIAS AMILCAR BETTEGA SILVIANO SAN
LES RIBEIRO PAULO HENRIQUES BRITTO SÉRGIO SANT'ANNA LUIZ ANTONIO DE ASSIS BRASIL SEB
E MÁRIO CHAMIE VALTER HUGO MÃE NUNO RAMOS DALTON TREVISAN RUBENS FIGUEIREDO MARI
O BUARQUE RODRIGO LACERDA ARMANDO FREITAS FILHO JOÃO GILBERTO NOLL LOURENÇ
STOVÃO TEZZA LOBO ANTUNES BEATRIZ BRACHER BERNARDO CARVALHO TEIXEIRA COELHO M
ARDO LÍSIAS AMILCAR BETTEGA SILVIANO SANTIAGO EDGARD TELLES RIBEIRO PAULO HENR
GIO SANT'ANNA LUIZ ANTONIO DE ASSIS BRASIL SEBASTIÃO UCHOA LEITE MÁRIO CHAMIE VALT
O RAMOS DALTON TREVISAN RUBENS FIGUEIREDO MARINA COLASANTI CHICO BUARQUE RODR
ANDO FREITAS FILHO JOÃO GILBERTO NOLL LOURENÇO MUTARELLI CRISTOVÃO TEZZA LOBO ANT
CHER BERNARDO CARVALHO TEIXEIRA COELHO MILTON HATOUM RICARDO LÍSIAS AMILCAR BET
TIAGO EDGARD TELLES RIBEIRO PAULO HENRIQUES BRITTO SÉRGIO SANT'ANNA LUIZ ANTONIO DE
ASTIÃO UCHOA LEITE MÁRIO CHAMIE VALTER HUGO MÃE NUNO RAMOS DALTON TREVISAN RUBEN
INA COLASANTI CHICO BUARQUE RODRIGO LACERDA ARMANDO FREITAS FILHO JOÃO GI
RENÇO MUTARELLI CRISTOVÃO TEZZA LOBO ANTUNES BEATRIZ BRACHER BERNARDO CARVA
LHO MILTON HATOUM RICARDO LÍSIAS AMILCAR BETTEGA SILVIANO SANTIAGO EDGARD TELLES R
RIQUES BRITTO SÉRGIO SANT'ANNA LUIZ ANTONIO DE ASSIS BRASIL SEBASTIÃO UCHOA LEITE M
TER HUGO MÃE NUNO RAMOS DALTON TREVISAN RUBENS FIGUEIREDO MARINA COLASANTI CH
RIGO LACERDA ARMANDO FREITAS FILHO JOÃO GILBERTO NOLL LOURENÇO MUTARELLI CRISTOVÃ
UNES BEATRIZ BRACHER BERNARDO CARVALHO TEIXEIRA COELHO MILTON HATOUM RICARDO LÍ
TEGA SILVIANO SANTIAGO EDGARD TELLES RIBEIRO PAULO HENRIQUES BRITTO SÉRGIO SA
ONIO DE ASSIS BRASIL SEBASTIÃO UCHOA LEITE MÁRIO CHAMIE VALTER HUGO MÃE NUNO R
VISAN RUBENS FIGUEIREDO MARINA COLASANTI CHICO BUARQUE RODRIGO LACERDA ARMANDO F
O GILBERTO NOLL LOURENÇO MUTARELLI CRISTOVÃO TEZZA LOBO ANTUNES BEATRIZ BRACH
VALHO TEIXEIRA COELHO MILTON HATOUM RICARDO LÍSIAS AMILCAR BETTEGA SILVIANO SANT
LES RIBEIRO PAULO HENRIQUES BRITTO SÉRGIO SANT'ANNA LUIZ ANTONIO DE ASSIS BRASIL SEBA
E MÁRIO CHAMIE VALTER HUGO MÃE NUNO RAMOS DALTON TREVISAN RUBENS FIGUEIREDO MARIN
O BUARQUE RODRIGO LACERDA ARMANDO FREITAS FILHO JOÃO GILBERTO NOLL LOURENÇ
STOVÃO TEZZA LOBO ANTUNES BEATRIZ BRACHER BERNARDO CARVALHO TEIXEIRA COELHO MI
ARDO LÍSIAS AMILCAR BETTEGA SILVIANO SANTIAGO EDGARD TELLES RIBEIRO PAULO HENRI
GIO SANT'ANNA LUIZ ANTONIO DE ASSIS BRASIL SEBASTIÃO UCHOA LEITE MÁRIO CHAMIE VALTI
O RAMOS DALTON TREVISAN RUBENS FIGUEIREDO MARINA COLASANTI CHICO BUARQUE RODR
ANDO FREITAS FILHO JOÃO GILBERTO NOLL LOURENÇO MUTARELLI CRISTOVÃO TEZZA LOBO ANTU
CHER BERNARDO CARVALHO TEIXEIRA COELHO MILTON HATOUM RICARDO LÍSIAS AMILCAR BETT
TIAGO EDGARD TELLES RIBEIRO PAULO HENRIQUES BRITTO SÉRGIO SANT'ANNA LUIZ ANTONIO DE
ASTIÃO UCHOA LEITE MÁRIO CHAMIE VALTER HUGO MÃE NUNO RAMOS DALTON TREVISAN RUBEN
INA COLASANTI CHICO BUARQUE RODRIGO LACERDA ARMANDO FREITAS FILHO JOÃO GI
RENÇO MUTARELLI CRISTOVÃO TEZZA LOBO ANTUNES BEATRIZ BRACHER BERNARDO CARVA
LHO MILTON HATOUM RICARDO LÍSIAS AMILCAR BETTEGA SILVIANO SANTIAGO EDGARD TELLES R
RIQUES BRITTO SÉRGIO SANT'ANNA LUIZ ANTONIO DE ASSIS BRASIL SEBASTIÃO UCHOA LEITE M
TER HUGO MÃE NUNO RAMOS DALTON TREVISAN RUBENS FIGUEIREDO MARINA COLASANTI CH
RIGO LACERDA ARMANDO FREITAS FILHO JOÃO GILBERTO NOLL LOURENÇO MUTARELLI CRISTOVÃ
UNES BEATRIZ BRACHER BERNARDO CARVALHO TEIXEIRA COELHO MILTON HATOUM RICARDO LÍS
TEGA SILVIANO SANTIAGO EDGARD TELLES RIBEIRO PAULO HENRIQUES BRITTO SÉRGIO SA
ONIO DE ASSIS BRASIL SEBASTIÃO UCHOA LEITE MÁRIO CHAMIE VALTER HUGO MÃE NUNO R

Nada a dizer fora dos livros. Só a obra interessa, o autor não vale o personagem. O conto é sempre melhor que o contista.

Vampiro, sim de almas. Espião de corações solitários. Escorpião de bote armado, eis o contista.

Só invente um vampiro que exista.

Com sorte você adivinha o que não sabe.

Para escrever o menor dos contos a vida inteira é curta. Uma história nunca termina, ela continua depois de você.

O bom escritor nunca se realiza, a obra é sempre inferior ao sonho. Fazendo as contas, percebe que negou o sonho, traiu a obra, cambiou a vida por nada.

Todas as histórias — a mesma história e uma nova história.

O conto não tem mais fim que novo começo.

Quem lhe dera o estilo do suicida no último bilhete.

Dalton Trevisan

DALTON TREVISAN

DALTON TREVISAN nasceu no dia 14 de junho de 1925, no Paraná, em Curitiba, cidade eternizada por seus contos.

De sua biografia pouco sabemos, já que, avesso à imprensa, não dá entrevista nem se deixa fotografar. Como mostram os poucos dados que estão no site da Record, editora que publica seus livros desde 1978:

> Formado em Direito, Dalton Trevisan exerceu a função de repórter policial e crítico de cinema. Um acidente com o forno de uma olaria, em 1945, quase lhe tira a vida. Trevisan foi internado com fratura de crânio, mas se recuperou para editar, a partir do ano seguinte, a revista *Joaquim*, que duraria até 1949. Em 1950, o escritor vai para a Europa. Casa-se em 1953, tornando-se pai de duas filhas. Escondeu-se no anonimato para vencer um concurso de contos no Paraná, em 1968. Gosta de filmes de bangue-bangue e de passear pelas ruas da capital paranaense.

Nada extenso para um escritor que estreou na literatura em 1945, publicou quase quarenta livros de contos e um romance e recebeu o Prêmio Camões 2012, o mais importante prêmio literário atribuído a escritores que contribuíram para o enriquecimento cultural da língua portuguesa.

Em respeito ao desejo de Dalton Trevisan, nada mais diremos sobre sua vida e também decidimos não republicar nenhuma das raras fotografias que existem do escritor. A melhor biografia de Dalton aparece na página ao lado. Trata-se de um brevíssimo texto que escreveu para ser lido na festa de entrega do Prêmio Portugal Telecom 2006, que recebeu pelo livro *Macho não ganha flor*. O escritor recebeu o prêmio mais duas vezes: em 2003, com *Pico na veia*, e em 2011, com *O anão e a ninfeta*.

MÃOS MANCHADAS DE SANGUE
José Castello

ARRISCO-ME A PENSAR: a palavra que alimenta a ficção de Dalton Trevisan é "sangue". Como se sabe, Dalton não dá entrevistas, foge de fotógrafos, se esquiva do mundo. Sou obrigado a fazer minha escolha. Parto, é evidente, de um clichê: a imagem clássica do vampiro, que se grudou à do escritor desde que, no ano de 1965, ele lançou seu quarto livro, O vampiro de Curitiba. O vulto do vampiro não desgrudou mais da figura pública de Dalton Trevisan. Muitas verdades, às vezes bem amargas, se escondem no interior dos deploráveis clichês. É melhor não os desprezar.

Entidade lendária que sai da sepultura durante a noite para sugar o sangue dos vivos, o vampiro evoca atmosferas sinistras, silêncios mortais e, sobretudo, uma fome insaciável. A palavra pode também ser "fome". Desde seu primeiro livro, Novelas nada exemplares, de 1959, Dalton se alimenta não do "sangue" de uma vítima em particular, mas do sangue de uma cidade inteira, Curitiba, onde nasceu. Sua ficção não só espelha como devora a capital do Paraná. Devorando-a, em um paradoxo, ele a reaviva. Constituído de plasma e de glóbulos sanguíneos, ao circular pelo corpo humano o sangue também o conserva vivo. Daí ser um sinônimo comum para vida, existência e, ainda, para potência. Adotando esta última acepção, posso arriscar-me a dizer que Dalton é um escritor que "escreve com sangue". Vai direto ao nervo das coisas. Não perde tempo com divagações, rodeios, ou adjetivos. Sustenta suas palavras com a firmeza de uma estaca – como aquela que se crava no coração dos vampiros para, enfim, consumar sua morte.

Insisto no vampiro. O narrador do conto "O vampiro de Curitiba", que empresta seu título ao livro célebre, é um velho senhor que experimenta seus últimos dias de vida, mas ainda é acossado pelo desejo sexual, de que seu corpo já não dá conta. "São onze da manhã, não sobrevivo até a noite." Sabe que está no fim, que está vazio e impotente, mas o desejo – que não tem relação alguma com a anatomia – não o deixa em paz. Ao falhar o corpo, a mulher cobiçada se transforma em uma ameaça. O ódio dele se apossa: "Maldita feiticeira, queimá-la viva, em fogo lento". E, mais à frente, chega enfim à palavra que sugiro: "Bom seria pendurá-la cabeça para baixo, esvaída em sangue".

Este movimento – a transformação do desejo em sadismo, da paixão em sangue – ocupa o centro das narrativas de Dalton. Devemos lembrar: em linguagem figurada, vampiro é aquele que enriquece à custa alheia. "Hei de chupar a carótida de uma por uma", o velho continua a falar, aceitando sua trágica dependência da mulher. A amada não tem nome, não é exatamente esta ou aquela mulher, mas todas as mulheres. Talvez seja Curitiba – e a palavra que busco para resumir a ficção de Dalton Trevisan pode ser "Curitiba" também. Dalton não gosta de nomear seus personagens, até porque essa é uma maneira de ressecá-los, de torná-los intercambiáveis, de lhes roubar a singularidade. A casadinha, a normalista, a prostituta, a solteirona: todas as mulheres infernizam sua impotência. Todas elas a desmascaram. Todas – cheias de maldade –, se o enchem de desejo, o enchem de ódio também. A palavra pode, então, ser "ódio".

Por isso, provavelmente, os personagens de Dalton são seres pequenos, de alma murcha, sujeitos patéticos e desamparados. Miseráveis anões diante da grandeza da realidade. Em especial os homens – que só pensam em mulheres, que são traidores, que não prestam e, por isso, sofrem nas mãos da amada, sem saber que ela também não passa de uma lamentável caricatura do ser. É o que acontece em "O anão e a ninfeta", conto que abre o premiado livro homônimo, de 2011. "Se esgueira pela cidade, cuidoso de não ser atropelado, pisoteado, esmagado por uma pata de gigante caolho solto nas ruas." Sujeitos miúdos, que rastejam pelos cantos, como ratos. Trânsfugas: nunca sabemos ao certo de que lado eles estão. Miseráveis – e a palavra pode ser "miséria".

Eis então que, nesse conto, surge um dos raros personagens com nome: Primo Saturo, justamente o anão. "Primo Saturo se chama. Não admite apelido, exige por inteiro o nome. Embora mal chegue à altura da mesa, faz todo o serviço externo da loja." Empregados medíocres, funcionários de baixo escalão, biscateiros, bandidos, pilantras circulam, com desenvoltura, pelos relatos de Dalton. Tiram seu pequeno poder justamente do descaso que os massacra. O narrador onisciente de escritor, aquele que tudo vê e tudo sabe, os trata com desprezo e com soberba. Faz questão de ressaltar seus aspectos mais sórdidos e de diminuí-los. A vida é um inferno. Banal, mas inferno. A palavra pode ser "banalidade". Bem que pode. Mas também pode ser "inferno".

Dalton é um escritor impiedoso, que esvazia a alma de seus personagens. Nesse aspecto, é inevitável a associação de seu nome com o "daltonismo", mal que o dicionário define como a "incapacidade de diferenciar cores". Mal que ele, Dalton Trevisan, transforma em um bem, isto é, em uma estratégia criativa. Alguns daltônicos são incapazes, também, de perceber certas cores, uma delas o vermelho – a cor do sangue. Talvez por isso os personagens de Dalton sejam, quase sempre, sujeitos anêmicos. Homens e mulheres fracos, pálidos, de sangue aguado.

No sentido figurado, cabe lembrar ainda, o daltonismo é uma "deficiência intelectual que impossibilita perceber e compreender certos assuntos". Os massacrados seres de Dalton são exatamente assim: seres atordoados, a quem a realidade oprime e que não conseguem dar conta de sua existência. Agarram-se, então, a sonhos impossíveis, ou a artimanhas lamentáveis, sem conseguir escapar de sua pequenez. "Nu, ao lado da cama – ainda menor descalço. A cabeçorra no corpo de garoto. Tristinho de morrer, infeliz, quebradiço de tão frágil." Prossegue o narrador destilando sua fértil ironia: "E sempre que se vê no espelho, orra!, tem que olhar pra baixo". A palavra pode ser "daltonismo". A palavra que está no centro da ficção de Dalton pode ser "Dalton".

São seres – como o desprezível Primo Saturo – que não cabem dentro de si. Que vivem em um mundo chapado, arrasado, devastado. Um mundo sem contrastes e de pura tristeza. Sofrem um duplo massacre: da realidade em torno, que os aniquila, e do narrador, que os comanda e que escreve, quase sempre, em tom de escárnio, ou de desprezo. O pobre anão não tem consolo nem quando está entre crianças – possíveis pares. "Rodeiam-no em grupo, querem tocá-lo, boquiabertas. Uma corcova, oba!, esfregá-la para dar sorte. Um bobo de circo? Uma aberração? Um espirro de gente?" A palavra pode ser "aberração". O que significa: desvio da norma "natural", erro imperdoável, puro desvario, absurdo. Prisioneiros de um narrador cruel, os personagens de Dalton são seres sem saída, a quem só resta se sustentar com as migalhas que o mundo lhes oferece, os pedacinhos, as sobras, os ossos daqueles que se deliciam saboreando a vida verdadeira.

Em seus dois outros livros premiados, a atmosfera se repete. Em *Pico na veia*, de 2002, Dalton já afiava seu estilo cada vez mais contido e cruel: frases cortantes, substantivos brutais, cenas rápidas e secas, compondo uma paisagem (Curitiba) inóspita e inabitável. Cada vez mais espremidos, cada vez mais rebaixados, os personagens experimentam a existência como uma simples reação (ou esboço de reação) ao real. Livro de relatos mínimos, de pouquíssimas linhas, como cortinas que rapidamente se abrissem para logo depois fecharem. Penso no de número 105: "O pai, aos gritos:/ – Não me responda. Cala a boca, piá!/ Ele responde sim: um silêncio só de palavrões". Relato exemplar, em que o personagem central é justamente o silêncio – cruel, ruidoso –, o que não se pode, ou deve, dizer. Mas é, ainda, o que, em silêncio, se camufla e se manifesta. Nesses "quase poemas", hostis e dolorosos, a ausência se torna muito mais importante que a presença. Não se trata de escrever com meias palavras, mas com palavra alguma. O ideal louco do livro parece ser a abdicação do próprio livro. O ideal do escritor é o silêncio.

Já em *Macho não ganha flor*, de 2006, Dalton se arrisca em narrativas um pouco mais longas. Com o aço firme das palavras, ele fere seus personagens, usando palavras ácidas e um humor cada vez mais feroz. Desde o ano 2000, os relatos de Dalton Trevisan diminuem de tamanho, se apequenam, se contraem, de modo que ao estilo corresponde, cada vez com mais precisão, seu objeto. Eles se ressecam. Ainda que mais prolixo no premiado *Macho não ganha flor*, a sexualidade – como no conto que empresta seu título ao livro – é direta, sem rodeios ou sentimentalismo. Pura ação, desempenho, performance, ainda que fadados ao fracasso. Amor que se destina ao ódio. Sentimentos que se confundem e que, em vez de adoçar a existência, a agitam e fazem doer. As doloridas histórias de Dalton contaminam não só o espírito do leitor, mas sua visão de mundo. A palavra pode ser "veneno". Sua ficção, de fato, envenena o leitor: dele arranca o que tem de pior, defrontando-o com seus piores sentimentos.

Seus personagens são guiados por ideias fixas que nunca os abandonam. As ideias se repetem justamente porque não se realizam, ou só se realizam de modo falho e vulgar. Como um fotógrafo interessado apenas em desgraças, o escritor acompanha seus personagens em sua luta interminável para realizar o irrealizável. Agindo assim, ele os espreme em narrativas secas e brutais, restando-lhe só um amontoado de ossos, agora não mais manchados de sangue. Foi a crítica Berta Waldman quem fisgou, justamente em *Pico na veia*, um breve trecho que sintetiza essa prisão em que não só os personagens mas o próprio autor parece retido: "Ora, direis, ele se repete. E eu vos direi, no entanto, como poderia se cada personagem é baseado numa pessoa diferente? Se alguém se repete são elas, essas pessoas iguais, sempre as mesmas". O mundo de Dalton – universo de repetição, frivolidade e impotência – é um mundo de pessoas geradas em série. A reiteração é uma estratégia criativa que ajuda a despi-las de seus adornos (atributos, lirismo, "almas"), para chegar ao miolo de suas vidas. Para chegar à dor da repetição. Andemos pelos shoppings, pelas churrascarias, pelos engarrafamentos: há sentimento mais contemporâneo?

Trabalha, assim, como um miniaturista, que rasga as fachadas da Curitiba contemporânea, planejada e "europeia", interessado apenas em seus bastidores vulgares e obscuros. Sob o brilho da capital moderna, Dalton – em pleno século XXI – desvenda uma cidade antiga, que persiste nos mesmos vícios e nas mesmas frustrações. Nesse sentido, ele às vezes se parece com Gulliver, o personagem de Jonathan Swift que, um dia, acorda em uma cidade de homens minúsculos que, apesar de seu tamanho desprezível, o aprisionam. Em suas mãos, a literatura se torna não só um instrumento de denúncia do real, mas uma espécie de grito – embora seco e contido – contra os disfarces que envolvem o presente. Para Dalton Trevisan, a literatura está muito além da ética. Não tem pena de seus personagens, não floreia seus destinos, tampouco os perdoa por seus fracassos. Simplesmente os desenha, sempre com o mesmo riso sarcástico – imitando um pouco a criança esperta que, diante de uma figura estranha, a fere com sua zombaria. Trabalha com gracejos, chacotas, sem piedade. Não escreve para salvar o mundo, mas para afundá-lo.

Não será por outro motivo que também o homem, Dalton Trevisan, desaparece em meio à paisagem curitibana. Odeia ser visto. Circula pelas bordas do cotidiano, cheio de truques e de disfarces. Usa de toda a sorte de expedientes para se esconder e sumir. Por que faz isso? Aqui me resta pensar nos motivos literários dessa estratégia suicida. Ao desaparecer (ao "matar-se"), a figura esquiva de Dalton aparece com mais ênfase ainda. Espalha-se pela cidade, encobrindo-a como um imenso manto, e com ela se confunde. Impossível pensar em Curitiba sem pensar em Dalton Trevisan. Um já não existe sem o outro.

O vocabulário de Dalton é contido e ríspido. É um escritor avaro: e a palavra pode ser "avareza". Trata-se de um gosto antigo. Já no clássico *Cemitério de elefantes*, seu segundo livro, de 1964, essa atração pelo corte e pela aridez se evidencia. Penso em um conto exemplar como "O espião" – e eis outra imagem, a do observador secreto, que adere, com grande efeito, à imagem de Dalton. A primeira frase do relato é quase uma confissão de princípios: "Só, condenado a estar consigo mesmo, fora do mundo, o espião espia". A literatura não como libertação, mas condenação. A escrita como fardo de que um autor, no entanto, não pode se livrar. O espião surpreende o pai, que chega trazendo a menina pela mão. Novamente, seres que só muito mal conseguem existir: "A menina, de uns quatro anos, miúda, pálida e, as pernas tão finas, era um espanto que ficasse em pé". Haverá descrição mais precisa para as vítimas anêmicas dos vampiros? Abandonado pela mulher, o pai a entrega a um internato de freiras. "Assim o imaginou o espião na sua torre", reitera o narrador.

Em Dalton Trevisan, o narrador é sempre um espião que, distanciado do real e disfarçado sob seu manto vampiresco, observa (suga) os eventos do mundo. Eventos miseráveis, cheios de tristeza: "No domingo frequentam a missa das nove e entram contritas as menininhas, de cabecinha baixa, arrastando as alpercatas a fim de marcar o passo, mas não muito para não gastar o solado". Seres oprimidos por mesquinharias. Seres miúdos. Servem às freiras como escravas. Só depois do trabalho podem se deitar. "Ao lado da porta, escondida no seu biombo de pano, a vigilante apaga a luz." Espiões se espalham por todos os lados. A palavra pode ser "espionagem" – mas dela se deve tirar todo o glamour "à americana". Não é uma vida digna. Será uma vida? "Quando se deitam, antes de dormir, ou até dormindo, uma ouve o marulhinho na barriga vazia da outra." Voltamos à ideia da "fome". Mas a palavra pode ser, também, "sofrimento".

Em alguns livros, como *Arara bêbada*, de 2004, Dalton Trevisan chega ao extremo da avareza. Alguns contos, como "O tempo", comprimem-se em uma linha miserável. "– Ai, como o tempo passa depressa para os mortos." E nada mais, uma frase – um vagido – lhe basta. Mesma estratégia já presente em 234, livro anterior, de 1997. Em um volume de 124 páginas, comprimem-se 234 relatos. Relatos ou lamentos? Talvez gritos. Um deles, o penúltimo, se limita a murmurar: "O conto não tem mais fim que novo começo". Oferece-nos, assim, uma pista: uma corrente secreta liga todas as narrativas de Dalton, que, talvez, possam ser lidas como um único e interminável romance. Está dito no relato "161": "A bem-amada é o som de mil palmas batendo numa só mão". Mil em um. Todos os contos, enfim, algemados a uma única história.

Com sua escrita a facadas, Dalton desfere, assim, vigorosos ataques sobre a realidade. Fatia-a, dilacera-a, esquarteja-a, em busca frenética de sua essência. Em seu interior, nada encontra: restam-lhe os cacos da superfície, matéria, em essência, de suas narrativas. Em *O maníaco do olho verde*, livro de 2008, há um conto, "O maníaco ataca", que talvez sintetize a estratégia criativa de Dalton Trevisan. Trata-se da história de um ataque sexual não consumado. O tarado é odioso: "Olho verde doidão. Aquela boca imunda já quase na minha. Se esfrega, babando e ganindo, por uma dobra de carne onde se enfiar". Com um chute na barriga do monstro, a vítima consegue escapar. Na mesma tarde, apresenta-se para uma entrevista de candidatura a um emprego. Nervosa, fracassa. Decide procurar um terapeuta, de quem ouve o comentário devastador: "O susto, mocinha, não era para tanto". Passa a sonhar, obsessivamente, com a cena nefasta. Sonhos traiçoeiros, que ela precisa esconder: "Não tenho coragem de falar o que acontece no sonho". Dor e prazer não se desgrudam. Como numa lata de lixo, dejetos de toda a sorte se misturam. A palavra pode ser "mistura".

Como seu maníaco, também Dalton escreve em busca de uma dobra que lhe sirva de posto de observação dos aspectos mais insuportáveis do humano. Seus personagens são seres dúbios, retidos não apenas na crueldade do mundo, mas em suas próprias feridas interiores. Mostra-nos Dalton que banalidade e riqueza, crueldade e paixão, fome e saciedade andam sempre juntas. Em *Ah, é?*, livro de 1994, temos um pequeno relato exemplar, o "135". São duas frases, simples, mas devastadoras, que resumem o destino humano. A primeira: "– Que loucura, João, beber tanto". A segunda: "– Mais loucura não é, depois de bêbado, voltar para casa?". Onde está a loucura, onde está a sanidade? Quem são os miseráveis e quem são os homens de bem? Como separar o espião da figura que ele persegue? A palavra pode ser "laço". Um laço doloroso prende o que temos de melhor ao que temos de pior. Por isso os personagens de Dalton, tristes e apequenados, se limitam a rastejar pela cidade: não se iludem, não perdem a consciência do grande abismo que trazemos, todos, dentro do peito. A palavra pode ser "vazio". Imenso vazio, que só um fio de sangue pode preencher.

BIBLIOGRAFIA

CONTOS E CRÔNICAS

O anão e a ninfeta. Record, Rio de Janeiro, 2011.
Desgracida. Record, Rio de Janeiro, 2010.
35 noites de paixão: Contos escolhidos. BestBolso, Rio de Janeiro, 2009.
Violetas e pavões. Record, Rio de Janeiro, 2009.
O maníaco do olho verde. Record, Rio de Janeiro, 2008.
Macho não ganha flor. Record, Rio de Janeiro, 2006.
33 contos escolhidos. Record, Rio de Janeiro, 2005.
Rita Ritinha Ritona. Record, Rio de Janeiro, 2005.
Arara bêbada. Record, Rio de Janeiro, 2004.
Capitu sou eu. Record, Rio de Janeiro, 2003.
99 corruíras nanicas. L&PM, Porto Alegre, 2002.
Pico na veia. Record, Rio de Janeiro, 2002.
111 ais. L&PM, Porto Alegre, 2000.
O grande deflorador. L&PM, Porto Alegre, 2000.
234. Record, Rio de Janeiro, 1997.
Ah, é?. Record, Rio de Janeiro, 1994.
Dinorá: Novos mistérios. Record, Rio de Janeiro, 1994.
Em busca de Curitiba perdida. Record, Rio de Janeiro, 1992.
Pão e sangue. Record, Rio de Janeiro, 1988.
Contos eróticos. Record, Rio de Janeiro, 1984.
Meu querido assassino. Record, Rio de Janeiro, 1983.
Essas malditas mulheres. Record, Rio de Janeiro, 1982.
Chorinho brejeiro. Record, Rio de Janeiro, 1981.
Lincha tarado. Record, Rio de Janeiro, 1980.
20 contos menores. Record, Rio de Janeiro, 1979.
Primeiro livro de contos. Record, Rio de Janeiro, 1979.
Virgem louca, loucos beijos. Record, Rio de Janeiro, 1979.
Crimes de paixão. Record, Rio de Janeiro, 1978.
A trombeta do anjo vingador. Codecri, Rio de Janeiro, 1977; Record, Rio de Janeiro, 1981.
Abismo de rosas. Record, Rio de Janeiro, 1976.
A faca no coração. Civilização Brasileira, Rio de Janeiro, 1975; Record, Rio de Janeiro, 1979.

O pássaro de cinco asas. Civilização Brasileira, Rio de Janeiro, 1974; Record, Rio de Janeiro, 1979.
O rei da terra. Civilização Brasileira, Rio de Janeiro, 1974; Record, Rio de Janeiro, 1979.
Guerra conjugal. Civilização Brasileira, Rio de Janeiro, 1969; Record, Rio de Janeiro, 1979.
Mistérios de Curitiba. Record, Rio de Janeiro, 1968.
Desastres do amor. Civilização Brasileira, Rio de Janeiro, 1968; Record, Rio de Janeiro, 1979.
O vampiro de Curitiba, Civilização Brasileira, Rio de Janeiro, 1965; Record, Rio de Janeiro, 1978.
Cemitério de elefantes. Civilização Brasileira, Rio de Janeiro, 1964; Record, Rio de Janeiro, 1980.
Morte na praça. Editora do Autor, Rio de Janeiro, 1964; Civilização Brasileira, Rio de Janeiro, 1975; Record, Rio de Janeiro, 1979.
Novelas nada exemplares. José Olympio, Rio de Janeiro, 1959; Civilização Brasileira, Rio de Janeiro, 1965; Record, Rio de Janeiro, 1979.

ROMANCE
A polaquinha. Record, Rio de Janeiro, 1985.

FICÇÃO INFANTOJUVENIL
Quem tem medo de vampiro?. Ática, São Paulo, 1998.
Vozes do retrato: Quinze histórias de mentiras e verdades. Ática, São Paulo, 1998.

RIGO **LACERDA** ARMANDO **FREITAS** FILHO **JOÃO** GILBERTO **NOLL** LOURENÇO **MUTARELLI** CRISTOV
TUNES **BEATRIZ** BRACHER **BERNARDO** CARVALHO **TEIXEIRA** COELHO **MILTON** HATOUM **RICARDO** L
TEGA **SILVIANO** SANTIAGO **EDGARD** TELLES **RIBEIRO** PAULO **HENRIQUES** BRITTO **SÉRGIO** SA
TONIO **DE** ASSIS **BRASIL** SEBASTIÃO **UCHOA** LEITE **MÁRIO** CHAMIE **VALTER** HUGO **MÃE** NUNO
EVISAN **RUBENS** FIGUEIREDO **MARINA** COLASANTI **CHICO** BUARQUE **RODRIGO** LACERDA **ARMANDO**
ÃO **GILBERTO** NOLL **LOURENÇO** MUTARELLI **CRISTOVÃO** TEZZA **LOBO** ANTUNES **BEATRIZ** BRACH
RVALHO **TEIXEIRA** COELHO **MILTON** HATOUM **RICARDO** LÍSIAS **AMILCAR** BETTEGA **SILVIANO** SAN
LES **RIBEIRO** PAULO **HENRIQUES** BRITTO **SÉRGIO** SANT'ANNA **LUIZ** ANTONIO **DE** ASSIS **BRASIL** SEB
TE **MÁRIO** CHAMIE **VALTER** HUGO **MÃE** NUNO **RAMOS** DALTON **TREVISAN** RUBENS **FIGUEIREDO** MARI
CO **BUARQUE** RODRIGO **LACERDA** ARMANDO **FREITAS** FILHO **JOÃO** GILBERTO **NOLL** LOUREN
STOVÃO **TEZZA** LOBO **ANTUNES** BEATRIZ **BRACHER** BERNARDO **CARVALHO** TEIXEIRA **COELHO** M
ARDO **LÍSIAS** AMILCAR **BETTEGA** SILVIANO **SANTIAGO** EDGARD **TELLES** RIBEIRO **PAULO** HENR
GIO **SANT'ANNA** LUIZ **ANTONIO** DE **ASSIS** BRASIL **SEBASTIÃO** UCHOA **LEITE** MÁRIO **CHAMIE** VAL
NO **RAMOS** DALTON **TREVISAN** RUBENS **FIGUEIREDO** MARINA **COLASANTI** CHICO **BUARQUE** ROD
MANDO **FREITAS** FILHO **JOÃO** GILBERTO **NOLL** LOURENÇO **MUTARELLI** CRISTOVÃO **TEZZA** LOBO **AN**
ACHER **BERNARDO** CARVALHO **TEIXEIRA** COELHO **MILTON** HATOUM **RICARDO** LÍSIAS **AMILCAR** BET
NTIAGO **EDGARD** TELLES **RIBEIRO** PAULO **HENRIQUES** BRITTO **SÉRGIO** SANT'ANNA **LUIZ** ANTONIO **D**
BASTIÃO **UCHOA** LEITE **MÁRIO** CHAMIE **VALTER** HUGO **MÃE** NUNO **RAMOS** DALTON **TREVISAN** RUBEN
RINA **COLASANTI** CHICO **BUARQUE** RODRIGO **LACERDA** ARMANDO **FREITAS** FILHO **JOÃO** G
URENÇO **MUTARELLI** CRISTOVÃO **TEZZA** LOBO **ANTUNES** BEATRIZ **BRACHER** BERNARDO **CARVA**
ELHO **MILTON** HATOUM **RICARDO** LÍSIAS **AMILCAR** BETTEGA **SILVIANO** SANTIAGO **EDGARD** TELLES
NRIQUES **BRITTO** SÉRGIO **SANT'ANNA** LUIZ **ANTONIO** DE **ASSIS** BRASIL **SEBASTIÃO** UCHOA **LEITE**
LTER **HUGO** MÃE **NUNO** RAMOS **DALTON** TREVISAN **RUBENS** FIGUEIREDO **MARINA** COLASANTI **C**
DRIGO **LACERDA** ARMANDO **FREITAS** FILHO **JOÃO** GILBERTO **NOLL** LOURENÇO **MUTARELLI** CRISTOVÃ
TUNES **BEATRIZ** BRACHER **BERNARDO** CARVALHO **TEIXEIRA** COELHO **MILTON** HATOUM **RICARDO** L
TEGA **SILVIANO** SANTIAGO **EDGARD** TELLES **RIBEIRO** PAULO **HENRIQUES** BRITTO **SÉRGIO** SA
TONIO **DE** ASSIS **BRASIL** SEBASTIÃO **UCHOA** LEITE **MÁRIO** CHAMIE **VALTER** HUGO **MÃE** NUNO R
EVISAN **RUBENS** FIGUEIREDO **MARINA** COLASANTI **CHICO** BUARQUE **RODRIGO** LACERDA **ARMANDO**
ÃO **GILBERTO** NOLL **LOURENÇO** MUTARELLI **CRISTOVÃO** TEZZA **LOBO** ANTUNES **BEATRIZ** BRACH
RVALHO **TEIXEIRA** COELHO **MILTON** HATOUM **RICARDO** LÍSIAS **AMILCAR** BETTEGA **SILVIANO** SANT
LES **RIBEIRO** PAULO **HENRIQUES** BRITTO **SÉRGIO** SANT'ANNA **LUIZ** ANTONIO **DE** ASSIS **BRASIL** SEB.
TE **MÁRIO** CHAMIE **VALTER** HUGO **MÃE** NUNO **RAMOS** DALTON **TREVISAN** RUBENS **FIGUEIREDO** MARI
CO **BUARQUE** RODRIGO **LACERDA** ARMANDO **FREITAS** FILHO **JOÃO** GILBERTO **NOLL** LOUREN
STOVÃO **TEZZA** LOBO **ANTUNES** BEATRIZ **BRACHER** BERNARDO **CARVALHO** TEIXEIRA **COELHO** M
ARDO **LÍSIAS** AMILCAR **BETTEGA** SILVIANO **SANTIAGO** EDGARD **TELLES** RIBEIRO **PAULO** HENR
GIO **SANT'ANNA** LUIZ **ANTONIO** DE **ASSIS** BRASIL **SEBASTIÃO** UCHOA **LEITE** MÁRIO **CHAMIE** VAL
NO **RAMOS** DALTON **TREVISAN** RUBENS **FIGUEIREDO** MARINA **COLASANTI** CHICO **BUARQUE** RODI
MANDO **FREITAS** FILHO **JOÃO** GILBERTO **NOLL** LOURENÇO **MUTARELLI** CRISTOVÃO **TEZZA** LOBO **ANT**
ACHER **BERNARDO** CARVALHO **TEIXEIRA** COELHO **MILTON** HATOUM **RICARDO** LÍSIAS **AMILCAR** BETT
NTIAGO **EDGARD** TELLES **RIBEIRO** PAULO **HENRIQUES** BRITTO **SÉRGIO** SANT'ANNA **LUIZ** ANTONIO **DE**
BASTIÃO **UCHOA** LEITE **MÁRIO** CHAMIE **VALTER** HUGO **MÃE** NUNO **RAMOS** DALTON **TREVISAN** RUBEN
RINA **COLASANTI** CHICO **BUARQUE** RODRIGO **LACERDA** ARMANDO **FREITAS** FILHO **JOÃO** G
URENÇO **MUTARELLI** CRISTOVÃO **TEZZA** LOBO **ANTUNES** BEATRIZ **BRACHER** BERNARDO **CARVA**
ELHO **MILTON** HATOUM **RICARDO** LÍSIAS **AMILCAR** BETTEGA **SILVIANO** SANTIAGO **EDGARD** TELLES
NRIQUES **BRITTO** SÉRGIO **SANT'ANNA** LUIZ **ANTONIO** DE **ASSIS** BRASIL **SEBASTIÃO** UCHOA **LEITE**
LTER **HUGO** MÃE **NUNO** RAMOS **DALTON** TREVISAN **RUBENS** FIGUEIREDO **MARINA** COLASANTI **CH**
DRIGO **LACERDA** ARMANDO **FREITAS** FILHO **JOÃO** GILBERTO **NOLL** LOURENÇO **MUTARELLI** CRISTOVÃ
TUNES **BEATRIZ** BRACHER **BERNARDO** CARVALHO **TEIXEIRA** COELHO **MILTON** HATOUM **RICARDO** L
TEGA **SILVIANO** SANTIAGO **EDGARD** TELLES **RIBEIRO** PAULO **HENRIQUES** BRITTO **SÉRGIO** SA

RUBENS FIGUEIREDO

AOS VINTE E TRÊS ANOS, o escritor Rubens Figueiredo escreveu seu primeiro livro, *O mistério da samambaia bailarina*, um divertido e irreverente romance policial publicado sete anos depois, em 1986. Logo depois, vieram mais dois romances cômicos: *Essa maldita farinha*, publicado em 1987, e *A festa do milênio*, em 1990. Durante os vinte anos seguintes, Rubens pegou dois ônibus para ir e dois para voltar do colégio da rede estadual onde lecionava. O humor de sua ficção foi diminuindo e as impressões e sensações de desigualdade se tornaram cada vez mais fortes. Nascia *Passageiro do fim do dia*, um livro sério que relata um dia na vida de Pedro – homônimo de Pedro Bezukhov, um dos protagonistas da obra-prima de Tolstói, *Guerra e Paz*, que Rubens passou três anos traduzindo diretamente do russo, enquanto escrevia *Passageiro do fim do dia*, cuja produção se estendeu ao longo de quatro anos.

O ano de 2011 foi de consagração para o escritor. *Passageiro do fim do dia* venceu os prêmios literários Portugal Telecom e São Paulo de Literatura, e *Guerra e Paz* ganhou o prêmio de melhor tradução da Academia Brasileira de Letras (ABL).

Rubens Figueiredo nasceu no Rio de Janeiro, em 1956. Cursou o ginasial e o segundo grau em escolas públicas e, aos dezessete anos, em plena ditadura militar, decidiu estudar russo, graduando-se em 1978. Em 1982, concluiu dois anos de pós-graduação *lato sensu* em Língua Russa na Faculdade de Letras da Universidade Federal do Rio de Janeiro (FL/UFRJ).

Trabalhou por dois anos como tradutor e editor de livros de bolso, vendidos em banca de jornal, numa editora do Rio de Janeiro. Foi professor de tradução literária, por um ano, na Pontifícia Universidade Católica do Rio de Janeiro (PUC-Rio), e há quase três décadas é professor de português no ensino médio e supletivo do nível fundamental da rede pública estadual do Rio de Janeiro, no turno da noite. Para complementar o salário, Rubens, que já era escritor, a partir de 1991 começou a fazer profissionalmente traduções de inglês, espanhol, francês e russo.

Atualmente, é um dos mais importantes tradutores do russo para a língua portuguesa. Sua primeira tradução do russo foi *O assassinato e outras histórias*, de Anton Tchekhov, publicado em 2002. Depois vieram Nikolai Gógol, Maksim Górki, Ivan Turguêniev, Serguéi Tretiakóv, Ivan Gontcharóv e Liev Tolstói. Considera o trabalho de tradutor e de escritor complementares, já que ao traduzir o autor também escreve, e ao escrever o escritor também traduz – transpõe ideias, imagens, sentimentos para a língua portuguesa. Costuma prefaciar os livros que traduz do russo.

Foi também um dos editores da revista de prosa *Ficções*, publicada pela editora 7Letras, e escreve resenhas literárias em várias publicações de imprensa. Divide seu tempo entre as traduções de russo e de inglês e as aulas de português noturnas no ensino médio e no supletivo do nível fundamental. Só não consegue conciliar as três atividades, pois quase nunca encontra tempo para a literatura. Escreveu oito livros de ficção e tem mais de sessenta traduções.

Você frequentemente destaca a importância social da literatura. Esse aspecto fica evidente em *Passageiro do fim do dia*. Você acredita que a literatura pode intervir na vida social?
Parece-me que, a partir de meados da década de 1950, a maneira como entendemos a literatura passou a sofrer uma pressão para que prevalecesse o postulado de uma autonomia da linguagem artística. Quer dizer, a literatura e a linguagem literária bastariam a si mesmas, seriam seu próprio fim, e até seu próprio assunto. Não teriam de prestar contas a ninguém e a nada, senão a si mesmas. O real seria no máximo uma hipótese, que se esgotaria em linguagem. De fato, essa estratégia foi concebida como um meio de fortalecer a capacidade crítica da literatura, em face de um arcabouço social que se supunha capaz de assimilar todos os golpes. No entanto, a esta altura, em 2013, com as estantes cheias de livros meio tombados, é difícil não enxergar o fracasso dessa estratégia. Ela redundou, ao contrário, em conformismo. Subtraiu do horizonte das obras o processo histórico e as relações sociais. Não deve ser por acaso que as relações capitalistas começaram a entrar com mais força no âmbito da literatura mais ou menos a partir daquela mesma década de 1950. E avançaram, numa progressão gradual, até os livros se tornarem, como vemos hoje, quase *commodities*, mercadorias inseridas no chamado mercado global, em que originais são exportados, de maneira quase automática, dos Estados Unidos e da Inglaterra para muitas dezenas de países. Claro está que esses livros não se importam com aquela estratégia que mencionei, a qual buscava, em tese, uma radicalidade crítica. Porém, nessa relação a rigor neocolonialista, eles se beneficiam do espaço que a escassez de crítica, radical ou moderada, deixou vazio. Portanto, depois dessa aporrinhante introdução, pela qual peço desculpas, só me resta responder que não se trata de intervir na vida social. Mas sim, pura e simplesmente, tentar dizer alguma coisa

relevante sobre os problemas que existem à nossa volta e que constituem e determinam nossa vida. Identificar esses problemas, avaliar sua relevância e tentar investigá-los com os recursos próprios da literatura. A partir de um outro postulado: tudo o que se faz em literatura, cada opção de construção ou de linguagem, está sujeito aos mesmos fatores que afetam ou determinam as atividades mais corriqueiras. Cujos agentes, aliás, jamais terão de responder entrevistas.

Você quer dizer, com isso, que o escritor deve estar inteiramente comprometido com o que sente e com sua própria maneira de sentir o mundo? Foi assim que nasceu *Passageiro do fim do dia*? Conte como surgiu a ideia do livro.
Prefiro não ser tão contundente sobre o que um escritor deve ser. A rigor, não sei a resposta para isto – o que ele deve ser. As situações variam muito. Mas o livro surgiu aos poucos, sem eu notar. Aos poucos foi se formando em mim a noção de que minhas experiências onde eu dava aula punham em questão muitos pressupostos da maneira como eu pensava e até de coisas que eu escrevia. No início, era como se aquelas experiências não tivessem relevância. Sem eu notar, repito, foram ganhando um peso cada vez maior. Foram revelando um poder de formular questões que se desdobravam em muitas direções. Quando me dei conta disso, logo me questionei acerca dos motivos para eu demorar tanto tempo para enxergar algo que, afinal, estivera sempre na minha frente. Acho que o livro nasceu do meu esforço para entender os mecanismos que criam essa dificuldade de ver e entender algo que deveríamos perceber logo de cara. Entender de que é feita a distância que separa as pessoas num regime de desigualdade. E entender como a distância gera o medo e o medo, a violência. Um romance, com as possibilidades de linguagem e construção que contempla, pode abrir brechas nesses mecanismos e permitir que o leitor vivencie, na imaginação, o percurso de uma experiência com esse teor. A maioria das histórias que compõem o livro é real, me foi contada em conversas. Eu não anotava nem nada, mas, quando comecei a escrever o livro, elas voltaram à memória, histórias de até vinte anos antes. Por outro lado, desde o início eu tinha certeza de que não queria uma estrutura narrativa baseada no que chamamos de trama ou enredo. Ou seja, uma estrutura em que se parte de uma situação normal, se apresenta uma crise, se forma um conflito e há

um desenlace e se volta ao normal. Ou há um incidente, ou crime, ou acidente grave, seguido de um mistério, uma investigação e uma solução. Esse tipo de estrutura diz algo em si mesmo, a despeito do que esteja escrito dentro dela. Dá a ideia de que o chamado normal, aquilo que está nas duas pontas da narrativa, não conta, não importa contar. O que vale é o evento crítico, sempre transitório. E significa também que a crise e o conflito são anormais. Eu precisava pôr o livro numa outra perspectiva, mostrar como nas coisas banais, insignificantes, aquelas a que não damos importância, se abrigam processos de grande alcance e de significado muito concreto. Na concatenação dessas histórias e personagens, tentei ao máximo evitar que se formasse uma espécie de hierarquia entre elas. Quer dizer, que alguma fosse o centro ou o clímax. A ideia era formar uma espécie de rede em que todas as situações e personagens se equiparassem o mais possível, tivessem o peso mais igual possível. Assim poderiam esclarecer ou aprofundar umas às outras continuamente, num fluxo. O ideal era que, na leitura, cada uma delas remetesse às outras, pois assim o romance se manteria sempre presente como um todo, numa espécie de vibração contínua.

A literatura ajuda a conhecer o mundo? Como ela pode fazer isso?
Hoje em dia, a maior parte da literatura, como quase toda produção simbólica, tem a função de apoiar a mecanização de nosso comportamento e pensamento. Ou seja, adaptar e integrar as pessoas aos mecanismos pelos quais a sociedade se reproduz tal como é. E aos mecanismos pelos quais ela se expande, ocupando setores de atividade ainda não de todo rendidos às relações capitalistas. Tentar questionar pelo menos alguns desses mecanismos me parece um requisito para que um livro tenha alguma relevância. A dificuldade para o escritor será sempre a de construir e reconstruir continuamente os meios de pôr em prática esse questionamento.

Poderia dar o exemplo de algum grande romance que ampliou seu conhecimento pessoal do mundo e rememorar como isso aconteceu?
Por algum motivo, os livros *Infância*, de Maksim Górki, e *Ressurreição*, de Liev Tolstói, me vieram à mente quando pensei na sua pergunta. São livros que li – e depois traduzi – já mais velho (eu tinha uns quarenta e poucos anos, mais ou menos). E em tese não deveriam me

trazer nenhuma novidade. Ao contrário, as fontes falavam de modo tão evasivo sobre *Ressurreição* que eu não esperava grande coisa. Diziam, em suma, que Tolstói abrira mão da literatura para defender teses evangélicas. No entanto, o efeito desse livro foi o maior choque que tive em toda a minha vida de leitor. Não digo que isso se repita com outras pessoas. Mas, no meu caso, e naquelas circunstâncias, as cento e cinquenta páginas iniciais me ergueram de dentro de mim mesmo, me suspenderam pela nuca, na minha frente, e disseram: "Isto é você". Entendi que aquelas frias ressalvas que a tradição crítica reserva para *Ressurreição* valem como o maior elogio que o livro poderia receber.

Você acredita na existência da literatura engajada? Em seu processo de escrita, tem em mente que sua ficção, ainda que de modo modesto, pode "mudar o mundo"?
Vamos dizer de outra maneira, mais concreta, espero. Cada coisa que fazemos em nosso dia a dia pode constituir uma forma de resistência. Cada gesto ou palavra banal tem a capacidade de criar uma dimensão humanizadora. Por reduzida que seja essa dimensão, seu valor e seu alcance são mais bem definidos pelo poder dos processos que a circundam e que se contrapõem a ela. As estratégias de sobrevivência e de resistência existem e se manifestam com muitos nomes e das formas mais inesperadas, em meio às banalidades do dia a dia. É melhor para um livro que ele se integre a tais estratégias do que a um projeto no fundo desumanizador. Um livro, nesse aspecto, não é mais nem menos do que qualquer outra coisa.

Como seria esse processo desumanizador? Um exemplo seriam os livros estritamente comerciais?
São ficções que transformam pessoas em bonecos. Bonecos que agem como máquinas e falam como máquinas. Falam e pensam segundo um protocolo de rotinas bem definidas e vivem situações escolhidas numa espécie de menu de opções. Já traduzi muitos livros assim. Não creio que seja justo dizer que são estritamente comerciais. Acho que, sem notar, sem ter disso consciência, eles projetam a imagem perfeita ou ideal das pessoas na perspectiva da reprodução da sociedade. Ou seja, aquilo que as pessoas deveriam ser num estágio de perfeição das relações sociais em vigor. Autômatos muito bem disfarçados de gente.

Veja um apresentador ou locutor de televisão, por exemplo. Ou os trabalhadores do serviço de teleatendimento. Garanto que há personagens de ficção assim. O estranho é a quantidade de esforço necessária para escapar disso ou apenas perceber isso. Aí está um bom assunto para um romancista.

O trabalho constante com a língua e a literatura russas interfere em seu próprio trabalho de linguagem? Em que medida a grande tradição da literatura russa se manifesta, influencia, afeta seu processo criativo?
À medida que eu traduzia livros russos clássicos, ia estudando, do meu jeito atrapalhado, alguma coisa sobre eles. E aos poucos me dei conta de que sua força reside menos em questões de técnica – e ainda menos de talento ou gênio, como gostamos de dizer quando não estamos entendendo mais nada – do que, isto sim, no tipo de relação que aquela literatura tinha com a sociedade. A principal influência que esses livros tiveram sobre mim decorreu da compreensão de que a literatura pode ter um tipo de relação com a sociedade muito diferente daquele que vigora hoje. Naquele país, naquela época, o estatuto da literatura como uma arte e uma instituição pesava muito menos do que seu papel numa polêmica generalizada e fervorosa sobre os destinos da Rússia, tendo em vista as opções históricas abertas à sua sociedade. A literatura era um dos veículos dessa polêmica, a qual tinha, ela mesma, uma riqueza e uma ousadia impressionantes, abrangendo as mais diversas áreas do conhecimento. Os escritores se empenhavam em manter aberta uma larga via de contato com a dinâmica social. Nesse processo, praticamente tudo é submetido a um questionamento incisivo, a voltas e reviravoltas de pensamento e de posição, cujo acúmulo enriquece e revigora continuamente as obras. Creio que é sobretudo do teor dessa relação com a sociedade que provém a força e o alcance daquele grande número de livros. Assim, pude encarar os processos vigentes na literatura de hoje como algo que nada deve a supostos atributos universais da arte ou a requisitos de uma hipotética condição humana. Digamos, em suma, que isso me ajudou a pôr os pés no chão.

Você, além de escritor, é tradutor e também professor. Como divide o tempo entre cada uma dessas atividades? Qual delas lhe toma mais tempo e suor?

O tempo de traduzir é o tempo necessário para produzir tantas laudas, que me renderão tantos reais no fim do mês. O tempo para dar aula é aquele previsto na grade de horário do colégio e o tempo indispensável para a preparação das aulas e a correção dos trabalhos. O tempo de escrever é o tempo livre, são as horas vagas. Quando existem. O pior é que às vezes elas aparecem quando eu não tenho nada para escrever. Não encaro escrever como obrigação ou necessidade. Também não é uma compulsão, nem uma compensação psicológica, sei lá. Se um dia eu não escrever mais nada, azar. Não preciso ser escritor a vida toda. Aprecio muito todas essas atividades que você mencionou, além de nadar, andar de bicicleta, muitas coisas.

Que ganhos intelectuais essas atividades diversas lhe trazem?
Hoje, aos 57 anos, acho que dar aula na rede pública estadual do Rio de Janeiro, à noite, foi e é a atividade que mais me marcou. Que mais me ensinou e me modificou. Aquela cuja falta eu mais vou lamentar, um dia, quando não puder mais praticá-la. Mas, no caso, eu não diria que se trata de um ganho intelectual. É um aprendizado mais abrangente: intelectual, afetivo e até braçal, corporal. Talvez o afetivo seja o que mais pesa.

Esse amor pelo magistério está ligado à possibilidade de manter viva uma via de contato com a dinâmica social, que você mencionou quando se referiu à literatura russa?
Não. Meu gosto pelo trabalho de professor vale por si mesmo. Quero dizer, as coisas boas que a gente tem oportunidade de oferecer e receber nessa atividade têm um valor que supera possíveis usos ou aplicações fora do seu âmbito. Porém, não há dúvida de que as situações que um professor como eu, igual a centenas de milhares de professores, enfrenta desafiam constantemente nossa consciência e nossos critérios. Voltando à pergunta por outro ângulo, digamos que não acho positivo que um escritor leve sua vida centrada demais na literatura e numa carreira de escritor.

De que maneira o fato de no Brasil praticamente ninguém viver de ficção afeta seu processo literário? Isso o limita ou, ao contrário, estimula, já que confere a esse ofício um caráter algo heroico?
Já vivo há tanto tempo desse jeito que, se de repente eu ganhasse a vida como escritor, acho que nem saberia como viver. Não saberia o

que fazer de meus dias. No fundo, acho que eu nem gostaria que fosse assim. O bom mesmo era ter mais leitores. O bom era que nossos livros fossem mais lidos, tivessem mais respostas. Que houvesse uma troca mais premente. Que se fizesse sentir uma presença maior daquilo que escrevemos na dinâmica social. Sem dúvida, essa carência afeta e limita minha atividade de escritor. Desanima. Gera desconfiança. O pior é que é um problema que pode acabar sendo trazido para dentro dos livros. Quer dizer, pode se tornar um elemento constitutivo dos livros, pesar de forma negativa em sua concepção e construção. De certo modo, veja só, é o contrário da situação que tentei descrever quando me referi à literatura russa.

Ao narrar um percurso de ônibus pelas ruas do Rio de Janeiro, você descreve uma sociedade opressiva, da qual, ao que parece, não se pode fugir. Você se considera um pessimista?
Não, não. Tento apenas narrar a experiência concreta de viver em tal sociedade e em tal posição dentro dela. Não escrevi o livro para infundir esperança, nem desespero, mas para questionar a atuação dos mecanismos que produzem, reproduzem e tentam legitimar a desigualdade. Como eles se manifestam em situações concretas e tão triviais que nem percebemos direito seu significado. Não acho que isso tenha a ver com pessimismo. No fundo, sou até bastante otimista. Embora isso não venha ao caso.

Existe muito desleixo, pressa, "facilidade" no meio literário brasileiro?
Escrever é muito difícil. Escrever páginas ruins não é nenhum crime ou ofensa (ainda bem, para mim!) e não se justifica que fiquemos tão irritados com elas. O que me chama a atenção entre nós, escritores brasileiros, não é a pressa ou o desleixo, mas sim como é complicado e difícil, para nós, encontrar um caminho para questionar com pertinência a maneira como vivemos, ou a maneira como nossa vida se produz. Nosso objeto se esquiva e resiste às nossas investidas. Seguramente isso acontece de modo mais acentuado porque nós mesmos fazemos parte do problema.

Pouca coisa, ou quase nada, foi escrita sobre sua vida. Parece que você cultiva, com grande empenho, essa privacidade. Não acha que uma

personalidade muito introspectiva pode interferir e prejudicar a legítima crítica?
Na verdade, quase nada foi escrito sobre minha vida, assim como quase nada, que eu saiba, foi escrito sobre meus livros. Mas acho isso normal. Acho também que não cultivo tanto assim minha privacidade, como você diz. Eu não tenho é tempo! Vivo ocupado. Tenho obrigações. Também não me considero introspectivo. Nem um pouco. Veja, eu respondo todas as suas perguntas com prazer, com alegria, e não me esquivo, quando tenho o que dizer. Mas também não julgo que seja minha obrigação conquistar a simpatia de ninguém. E quanto à crítica, ela tem que se virar como pode. Assim como o escritor. E como todo mundo, aliás.

O mistério da samambaia bailarina **é um romance de juventude que explora o humor e o pastiche. Você declarou que gostaria de reescrevê-lo e de voltar a seu título original,** *O espírito de porco.* **É possível reescrever um livro sem que ele se torne um "outro livro"?**
A rigor, um livro é sempre outro livro. O que chamamos de um livro é a experiência de ler aquele livro. Quando o lemos de novo dez anos depois, a experiência é outra e o livro também. Se isso vale para a leitura, vale também para a escrita. O livro que publicamos é aquele que se definiu no momento em que paramos de escrever, depois de ter reescrito e corrigido o texto muitas vezes. Mas poderíamos continuar nesse processo. E podemos também retomá-lo, anos depois. Na escrita ou na leitura, o livro é um processo, não é uma essência, uma substância ou um dado exterior, pronto, acabado. Nunca estará terminado e nunca terá a última palavra. Nem o livro, nem o autor, nem o leitor. Como acontece, aliás, com tudo o que existe e é real. Veja que curioso: depois de ouvir muitos debates sobre representação, imitação etc., hoje acho mais esclarecedor pensar na literatura como tradução. O autor traduz, o leitor traduz, o livro traduz. Não metaforicamente, mas de fato, na prática: são traduções de um idioma para outro, de uma linguagem para outra. E as traduções podem ser refeitas sucessivas vezes, sempre com resultados diferentes, sem que nenhuma delas seja definitiva. Traduzir é uma faculdade que exercemos desde que aprendemos nossa língua materna. Talvez antes mesmo disso, pois usamos outras linguagens além da verbal. E ninguém ou nada terá

a última palavra, porque a dinâmica histórica não cessa. Os livros, as ditas "obras imortais", fazem parte desse processo.

Quais são as condições concretas mínimas para que você comece a escrever um romance?
Preciso só de duas horas vagas, pelo menos três vezes por semana. Silêncio para me concentrar. E acima de tudo preciso de vontade, ideias, inconformismo e um assunto organizado na mente. O que é sempre o mais difícil.

Há uma evidente e imensa distância entre a literatura e a reportagem. Contudo, ambas pretendem, ainda que por vias diversas, dar conta do real, ou de parte do real. Mesmo quando trata da realidade mais complexa e impenetrável, um romancista (como o jornalista) deve buscar a clareza?
Acho que é importante dizer com precisão o que se quer dizer. Saber direito o que é que você quer dizer. Quais são os termos e os fatores do problema em questão. Para não nos entregarmos à linguagem de efeito, às ênfases dramáticas, que em geral servem para encher o espaço deixado pela nossa carência de conteúdo. Mas num romance ou conto pode haver momentos em que a sugestão de algo vago se torne necessária. Por exemplo, para que um determinado tema na narrativa possa ganhar definição aos poucos e o processo de sua descoberta pelo personagem seja reconstituído pelo leitor, no decorrer da leitura. Nesse caso, o obscuro também pode ter um lugar crucial numa narrativa. Pode ser uma experiência necessária numa determinada fase da leitura. Mesmo que seja a fase final da leitura. Numa reportagem, essa dimensão da experiência da leitura é mais limitada.

Há algo que o desagrada em seus livros já publicados? Poderia citar algum exemplo particular e explicar por quê?
Muita coisa me desagrada. Reescrevi quase todo meu *O livro dos lobos*, catorze anos depois de publicá-lo. Encontrei excessos e derramamentos de linguagem, efeitos poéticos despropositados, complicações e coisas sem sentido. Uma vez, há uns doze anos, mais ou menos, um aluno leu um livro meu e me disse: "O senhor usa muitas palavras difíceis". Foi a crítica mais certeira e terrível que recebi. Por que uso palavras difíceis?

Para que servem as palavras difíceis? Não importa quais sejam elas, as palavras difíceis. Não importa que para alguns essas palavras sejam difíceis e para outros não. O fato incontornável é que elas estão lá e não deveriam estar. Pois há algo de muito errado nas palavras difíceis. De alguma forma esquiva, elas têm parte com os mecanismos de opressão em vigor na sociedade.

Gertrude Stein dizia que escrever é apenas contar o que você já sabe. Clarice Lispector, ao contrário, afirmava: "Não sei o que querem de mim os meus livros." Nesse aspecto, de quem você se sente mais próximo, de Gertrude ou de Clarice?
Não vejo nenhum processo misterioso ou mágico em ação na escrita e na leitura de um livro. Também não me parece justo tomar um romance ou um conto como o registro de algum conhecimento estabelecido. Parece melhor encará-los como instrumentos de conhecimento, de questionamento. E acho que tomá-los como instrumentos não os diminui em nada. De fato, existem várias disciplinas dedicadas a investigar os mesmos assuntos que são o objeto da literatura. Ela é um dos muitos meios que elaboramos em função de nossa necessidade de compreender e conhecer. Mas conta com recursos próprios, inerentes a ela e até exclusivos. É justo supor que o conhecimento que a literatura pode nos proporcionar não seja acessível por outros meios.

Como um livro se organiza em sua mente? Você começa pela ideia e segue um caminho traçado ou a ideia pode se desviar pelo meio do caminho e as personagens assumir personalidades e ações que você não previu ou que, até, o desgostam?
Algumas situações que presenciei ou que me contaram ficam gravadas na memória. Primeiro, como dados avulsos. Aos poucos, parte desse material começa a se relacionar. Eles se procuram, se aproximam uns dos outros. Revelam afinidades ou significações afins. Uma espécie de horizonte comum se projeta a partir deles e então vem uma pressão interna para começar a escrever. Ou seja, nessa fase, não existe nem um projeto de livro. Existem problemas, questões, a vontade de entender melhor. O entendimento se corporifica aos poucos, na forma de um romance, ou conto. Na forma de um texto. As personagens se configuram aos poucos, em estreita associação com as situações e os

problemas que enfrentam. Sua individualidade se forma e ganha densidade a partir do conflito com seu ambiente imediato. Não faço, de início, o plano de um romance ou de um conto. O enredo é talvez o que menos me motiva. A visão de conjunto do romance, ou do conto, vai se formando e reformando aos poucos. Volto atrás repetidas vezes e reescrevo tudo em função das novas configurações que surgem. Como escrevo medonhamente devagar, isso se torna viável.

Passageiro do fim do dia trata da violência em nossa sociedade, que, muitas vezes, parece estar no limite do suportável. Mas trata conceitualmente, uma vez que a violência vem em forma de conceito na reflexão de Pedro durante o trajeto para a casa da namorada. Você não descreve um só ato, ou uma só ação violenta. Nesse sentido, o livro não é essencialmente contemporâneo de nossa literatura. O que está por trás disso? Qual o elo que você quis criar entre o livro e o leitor?
Tentei contar tudo o que acontece de forma indireta. Quer dizer, pus sempre uma mediação entre os fatos e o texto. São coisas que o Pedro pensa, lembra, ou coisas que outras pessoas lhe contaram e cujo relato ele lembra. São coisas que ele lê e que outras pessoas escreveram. Coisas que ele ouve no rádio e que outras pessoas relatam. Acho que os únicos fatos que se apresentam de forma direta no livro são as cenas do videogame. Mas mesmo aí são imagens que os meninos veem no monitor. Eu quis que o romance fosse assim porque desde o início tentei dar bastante peso à questão da perspectiva da qual se vê o mundo das relações sociais. É no espaço ou no terreno dessa mediação que atuam os mecanismos que dificultam nossa busca por uma percepção mais crítica. Por isso foi aí, na presença dessa mediação, que eu tentei estruturar a perspectiva do romance.

Pedro, protagonista de Passageiro do fim do dia, é homônimo de Pedro Bezukhov, protagonista de Guerra e Paz, que você traduziu enquanto escrevia seu romance. A escolha do nome foi casual?
Não chegou a ser casual. Na verdade, meu livro anterior a esse se chamava *Contos de Pedro*: em todos os contos havia um personagem chamado Pedro, que nunca era o mesmo. Minha intenção foi estabelecer um elo com aquele livro. De resto, a escolha de um nome, para mim, leva em conta sobretudo o aspecto sonoro. É uma coisa bem

prosaica: alguns nomes podem criar ecos ou sonoridades indesejáveis, em contato com outras palavras. Esse era um nome que não chamava atenção e, com seu tempo binário, podia ajudar a dar um ritmo mais marcado a algumas frases. Parece frescura, mas acontece.

Como você se define como artista?
Acho inútil discutir o que *é* arte e o que *é* o artista. Mas, nas circunstâncias em que vivemos, falar em "artista" muitas vezes, muitas vezes mesmo, me parece um jeito de tentar instituir uma espécie de classe superior. Uma categoria dotada de certas prerrogativas, alheias às pessoas comuns. Imune aos efeitos das relações sociais. Por isso tenho certa má vontade com essas coisas. Mas estou me afastando da pergunta. Digamos que não penso em mim como artista. Penso em mim como alguém que escreveu alguns livros de ficção, que escreveu tateando no meio de severas limitações de entendimento e de informação e que, ao longo dos anos, enquanto escrevia ou não, fez o possível para diminuir essas limitações.

UMA PALAVRA TÃO ÍNTIMA
José Castello

RUBENS FIGUEIREDO é preciso quando lhe pergunto qual é a palavra guardada no centro de sua ficção. "Leny", ele responde, dando o nome de sua mulher, Maria Leny Cordeiro. A escolha faz todo o sentido. A vida real – com suas pequenas lutas, paradoxos e paixões – está, de fato, no núcleo da escrita de Rubens. Ele não faz, porém, como o russo Liev Tolstói, que, para escrever *Guerra e Paz* – romance que Rubens traduziu, diretamente do russo –, estudou a fundo, com espírito de historiador, a fracassada campanha de Napoleão na Rússia, no início do século XIX. As grandes campanhas, os grandes reinados e a grande história não o interessam. Mas, sem dúvida, adota para si, como escritor, aquela que é talvez a mais célebre sentença de Tolstói: "Se queres ser universal, começa por pintar a tua aldeia". Em outras palavras, ainda mais simples: começa pela mulher que tens ao teu lado.

Uma segunda palavra para definir a ficção de Rubens Figueiredo, ou pelo menos para apontar seu sentido, talvez pudesse ser "verdade". A verdade entendida como sinônimo do verídico e autêntico e, sobretudo, como antônimo da mentira. A verdade como um sinônimo da realidade tal qual ela é, sem máscaras, sem adornos, seca e frontal. Na Rússia de seu tempo, na esperança de capturar o mundo real, Tolstói se baseou até mesmo em longas entrevistas com personagens de carne e osso. Para escrever o premiado *Passageiro do fim do dia*, ao contrário, Rubens preferiu a observação silenciosa de um trajeto de ônibus entre a zona sul e a periferia do Rio de Janeiro, simbolizada pelo bairro imaginário do Tirol. Percurso semelhante ao que ele mesmo fez por mais de vinte anos em virtude de sua vida de professor. Preferiu observar a perguntar. A "visão" talvez pudesse ser uma terceira palavra para sintetizar suas narrativas. Talvez a palavra seja "olhar".

Dura, áspera essa realidade que Rubens persegue com firmeza. Em *Passageiro do fim do dia*, Pedro pega um ônibus para visitar a namorada, Rosane, que mora na periferia do Rio. Acomoda-se no ônibus disposto a praticar sua estratégia íntima para sobreviver aos golpes desferidos pelo real: "Não ver, não entender e até não sentir". Mas a realidade é forte demais e avança sobre ele; seu sistema de salvação entra em pane. A realidade é pesada, como se fosse feita de cimento. "O cimento até então era o seu trabalho, era o seu dia – obediente na mistura, dócil no tempo de dar a liga, o cimento era sempre o mesmo, não mudava, era o seu salário, o seu patrão." Mas o olhar cede, e o peso da realidade (cimento) desarruma a mente de Pedro. Nem o radinho no ouvido, nem o livro que traz no colo o protegem. A couraça se racha – e a realidade, com seus desvios, suas figuras esquisitas, seus golpes, domina a cena.

Ao contrário da estratégia mais agressiva de Tolstói, Rubens Figueiredo – como o personagem Pedro – prefere se conservar na posição discreta do silencioso observador. Seu método é mais íntimo, mais secreto e mais afetivo também. Afetivo e efetivo. Daí, provavelmente, a escolha do nome de sua mulher para ilustrá-lo. Leny: um nome próprio como qualquer outro que, no entanto, ligado à mulher de carne, osso e afeto, ganha uma força incomum. Torna-se um sinônimo de vida – e a palavra pode ser "vida". O que está no centro da obra do escritor Rubens Figueiredo é o que está no centro da vida do homem Rubens Figueiredo. Não há cisão, não há mascaramento, não há pose – e tudo isso se evidencia quando ele fala de seu trabalho. O que não significa que não esteja sempre um pouco inconformado diante das coisas e, até, diante de si mesmo. Que não esteja sempre disposto a se interrogar e ao mundo que há em volta. A palavra pode ser, sim, "interrogação".

Pedro leva em sua mochila um livro sobre a vida e as ideias de Charles Darwin, o naturalista inglês do século XIX, criador da teoria da evolução e da seleção natural das espécies. Mas é uma outra natureza que o personagem de Rubens observa: uma natureza manchada e distorcida pelos eventos – nem sempre nobres – da cultura. "Pedro via lá fora as pequenas luzes vermelhas que se arrastavam em filas desanimadas até perder de vista." O engarrafamento recobria a realidade com seu manto irreal, e a palavra, na medida em que a cultura envolve e revira o real, pode ser "irrealidade" também. O personagem se apega a Darwin, na esperança de um chão. "Quis concentrar-se no livro em suas mãos, forçou a atenção, quase empurrou os olhos e o pensamento para o que estava escrito. Na página estava o nome de outro lugar também próximo da cidade." Sempre os nomes a recobrirem as coisas. Sempre um nome – Leny – que se agiganta e toma a frente do real. A mesma esperança de salvação através do nome e da vida que ele carrega.

Uma realidade na qual os nomes, os impulsos, os pequenos gestos nem sempre funcionam – e uma grande borra do real se derrama à nossa frente, como uma pergunta indecifrável. Isso aconteceu com Darwin, ele descobre. Tentando se comunicar com um escravo que empurrava sua balsa através de uma corrente mansa, o naturalista britânico, tentando se fazer compreender, entregou-se a gestos incisivos com as mãos. Em um desses movimentos, sua mão passou perto demais do rosto do escravo, que julgou tratar-se de uma agressão. "Darwin escreveu que nunca ia esquecer os sentimentos de surpresa, desgosto e vergonha que o assaltaram, quando viu na sua frente o homem apavorado, dominado pela ideia de tentar abrandar um golpe iminente, do qual acreditava ser o alvo." Darwin não se perdoa por ter "conduzido o escravo a uma degradação maior do que a do mais insignificante dos animais domésticos". Valoriza, assim, não apenas a vida, mas a honra. A palavra que busco pode ser "honra", pode ser "virtude", pode ser "coragem".

Leitor e tradutor de grandes clássicos, Rubens não se detém neles nem em seu mundo consagrado. Não é um intelectualista, embora seja um grande leitor. Usa-os, ao contrário, como instrumentos de acesso às questões contemporâneas e reais, que lhe são interessantes de fato. "Hoje" poderia ser mais uma palavra para definir a obra de Rubens Figueiredo. É um escritor interessado na história, mas não nos fatos da grande história, preferindo praticar, em vez disso, uma visão mais pessoal dela, fixando-se no pequeno drama do homem pequeno. Exatamente como Pedro, um homem simples, retido em seu pequeno drama existencial, mas que, no entanto, nos descerra uma porta de entrada para uma realidade mais ampla. Tem, aliás, o mesmo nome, Pedro, do principal personagem de *Guerra e Paz*, o valente Pedro Bezukhov. Isso é, provavelmente, uma elegante ironia que Rubens se permite.

Esse homem prisioneiro de seus pequenos dilemas interiores já estava presente nos relatos dos *Contos de Pedro* (eis que o nome, Pedro, já se anunciava), livro de 2006. Mais uma vez, a realidade não se abre como um grande painel, ao contrário, fecha-se como um pequeno mundo, claustrofóbico e opressivo, no qual o sujeito se vê prisioneiro de seu tempo. Sim: "tempo" pode ser mais uma palavra capaz de conter a obra de Rubens. O tempo com suas contingências, com ásperos limites e imposições, em uma visão talvez um pouco fatalista do real, como aquela expressa, aliás, pelo mesmo Tolstói em *Guerra e Paz*. Um homem vítima das circunstâncias, que precisa lutar e lutar, mas sabe que isso não significa muito, que é só a maneira que todos temos de viver. (E a palavra talvez possa ser "teimosia".) É, enfim, o que chamamos de vida. O tempo como objeto primordial para o escritor: a atenção nas relações entre literatura e sociedade, o empenho em descobrir brechas para nela penetrar, a luta para fazer uma ficção capaz de deixar marcas, ainda que pequenas, que ultrapassem o âmbito individual e arranhem a face da vida coletiva.

A luta para estabelecer um contato, ainda que precário, com o outro – e a palavra pode ser "outro". O mundo ficcional de Rubens, em definitivo, não é o mundo chapado e luminoso que surge nos grandes painéis históricos. Tampouco pretende esgotar, ou sintetizar a realidade, como fazem, por exemplo, os homens de ciência (Darwin). Não passa de um rápido flash, de um sutil olhar para dentro, que inclui também o incompreensível e o grande rol de perguntas que o compõem. Assemelha-se à luta pela sobrevivência, que é sempre um tanto dispersa e incompreensível, um tanto cega. A esperança de conservar esses limites interiores já está presente no protagonista de *Barco a seco*, romance de 2001. Obcecado pela figura de um pintor primitivo, um perito em arte luta para não dissolver sua própria imagem na imagem do homem que o intriga. *Barco a seco* é um romance não só sobre a necessidade humana de conservar a autonomia, mas de não se deixar invadir pelas ideias alheias. Um relato sobre a luta para existir.

O pintor que ele admira, Emilio Vega, não passa de um artista obscuro, a respeito de quem quase nada se sabe. Pintava em caixas de charuto e em pedaços de madeira arrancados de velhos barcos. O mar era seu grande tema. Trata-se, portanto, de uma figura muito distante da imagem clássica do grande artista. Alguém desinteressado de prestígio e consagração. O perito sente um amor quase secreto, mas muito intenso ("Leny"), pelas telas do artista. Suas marinhas são disputadas em leilões por sujeitos que ele pensa ignorarem seu verdadeiro valor. Mais que a obra, a lenda criada em torno do artista valoriza seus trabalhos. "Tudo o que existe não se contenta em existir: quer se propagar." Mitos, lendas, ilusões encobrem o real, e é com eles, na maior parte das vezes, que ficamos. Em meio a tanta agitação, onde fica o amor sincero pela obra do artista? A palavra pode ser "sinceridade". Talvez melhor: "honestidade".

Um combate muito parecido já surgia também, com força, nos belos contos de *As palavras secretas*, livro de 1998: a realidade é feita de pequenas sensações, de eventos imprevisíveis, de sentimentos e impressões que não conseguimos nomear. Certo: provavelmente – a isso nos agarramos – existem palavras que correspondem aos acontecimentos e às experiências. Que os fisgam e os possuem. Mas essas palavras permanecem secretas, e viver é, um pouco, tentar – inutilmente – delas se aproximar. A literatura se assemelha, assim, ao esforço do bebê que apenas balbucia, buscando as sílabas corretas com que possa designar as coisas. Só consegue chegar a isso através da imitação dos sons que lhe vêm do mundo externo. Nada é seu, nada, de fato, lhe pertence.

Mesmo combate, dando mais um passo atrás, que já aparecia nos relatos reunidos em seu *O livro dos lobos*, de 1994. Outra vez, os personagens surgem mais como vítimas que como autores das circunstâncias; mais como fantoches do real do que seus criadores; mais como pequenos e severos lutadores que como grandes senhores a reinar sobre a realidade. Leio em "Alguém dorme nas cavernas", um dos contos do livro:

> Para mim é difícil escrever. Não por alguma emoção ou escrúpulo obscuro, como os que os autores gostam de alegar, disfarçando de dor o que não passa de presunção. Para mim é difícil escrever porque só tenho esse caderno amarrotado e sempre úmido, apoiado na terra ou na pedra de superfície desigual.

Para além das aparências e das vaidades, um mundo duro (cimento) e indiferente nos obriga a tomar decisões e a fazer escolhas, desenhando nossas vidas. Talvez a palavra possa ser "destino", se o entendermos como o resumo das circunstâncias que desenham a existência. Talvez seja "circunstância", simplesmente.

Assim também, em *Passageiro do fim do dia*, em vez de se preocupar com os grandes acontecimentos da República, Rubens – aparentemente menos, mas talvez mais ambicioso – escreve para esmiuçar o modo muito indireto e sutil como eles se refletem na vida das pessoas comuns. As pessoas comuns estão no centro de sua ficção. Como atores pouco treinados, elas desempenham difíceis papéis no grande palco das relações sociais. Em vez de serem os grandes protagonistas, contudo, não passam de coadjuvantes anônimos que interferem na ação de modo lateral e muito frágil e que, na maior parte das vezes, são simplesmente carregados por ela.

Esse é o mundo dos oprimidos, o mundo dos miseráveis, que Fiódor Dostoiévski já descrevia em *Gente pobre*, seu primeiro romance, de 1846. O que leva a pensar, ainda, em *O submundo*, livro de Maksim Górki que, em 1957, rendeu ao cineasta japonês Akira Kurosawa o perturbador *Ralé (Donzoko)*. Obras que reviram a vida social pelo avesso, sem estardalhaço e com delicadeza, para procurar nas entrelinhas do sofrimento algum sentido. (A palavra poderia ser "sentido".) Daí, também, a objetividade e o estilo enxuto, quase áspero, e não sentimental, com que Rubens Figueiredo exercita sua escrita. Essa aparente "frieza" poderia, quem sabe, contradizer a palavra por ele escolhida, "Leny". Mas não: esta escolha, "Leny", expressa uma visão direta e particular das coisas humanas, desdenhando o manto protetor das grandes explicações. Sugere que cada mundo particular é sempre um pequeno e enigmático universo. Vai assim, direto, ao centro da existência.

BIBLIOGRAFIA

ROMANCES
Passageiro do fim do dia. Companhia das Letras, São Paulo, 2010.
Barco a seco. Companhia das Letras, São Paulo, 2001.
A festa do milênio. Rocco, Rio de Janeiro, 1990.
Essa maldita farinha. Record, Rio de Janeiro, 1987.
O mistério da samambaia bailarina. Record, Rio de Janeiro, 1986.

CONTOS
Contos de Pedro. Companhia das Letras, São Paulo, 2006.
As palavras secretas. Companhia das Letras, São Paulo, 1998.
O livro dos lobos. Rocco, Rio de Janeiro, 1994; Companhia das Letras, São Paulo, 2009.

TRADUÇÕES
Ivan Gontcharóv, *Oblómov*. Cosac Naify, São Paulo, 2012.
Julie Orringer, *A ponte invisível*. Companhia das Letras, São Paulo, 2012.
Nikolai Gógol, *Avenida Niévski*. Cosac Naify, São Paulo, 2012.
Paul Auster, *Sunset Park*. Companhia das Letras, São Paulo, 2012.
V. S. Naipaul, *Miguel Street*. Companhia das Letras, São Paulo, 2012.
Colm Tóibín, *Brooklyn*. Companhia das Letras, São Paulo, 2011.
Liev Tolstói, *Guerra e paz*. Cosac Naify, São Paulo, 2011, 2 v.
Martin Amis, *A viúva grávida*. Companhia das Letras, São Paulo, 2011.
Teju Cole, *Cidade aberta*. Companhia das Letras, São Paulo, 2011.
Zachary Mason, *Os cantos perdidos da Odisseia*. Companhia das Letras, São Paulo, 2011.
Liev Tolstói, *Ressurreição*. Cosac Naify, São Paulo, 2010.
Paul Auster, *Invisível*. Companhia das Letras, São Paulo, 2010.
Raymond Carver, *68 contos de Raymond Carver*. Companhia das Letras, São Paulo, 2010.
Siri Hustvedt, *Desilusões de um americano*. Companhia das Letras, São Paulo, 2010.
James M. Cain, *Serenata*. Companhia das Letras, São Paulo, 2009.
Paul Auster, *Conto de Natal de Auggie Wren*. Companhia das Letras, São Paulo, 2009.
Paul Auster, *O caderno vermelho*. Companhia das Letras, São Paulo, 2009.

Raymond Carver, *Iniciantes*. Companhia das Letras, São Paulo, 2009.
Susan Sontag, *Diários – 1947-1963*. Companhia das Letras, São Paulo, 2009.
Anton Tchekhov, *Kachtanka*. Cosac Naify, São Paulo, 2008.
Cornell Woolrich, *Janela indiscreta*. Companhia das Letras, São Paulo, 2008.
Dashiell Hammett, *A chave de vidro*. Companhia das Letras, São Paulo, 2008.
Nikolai Gógol, *O nariz*. Cosac Naify, São Paulo, 2008.
Paul Auster, *Homem no escuro*. Companhia das Letras, São Paulo, 2008.
Susan Sontag, *Ao mesmo tempo*. Companhia das Letras, São Paulo, 2008.
Dashiell Hammett, *Maldição em família*. Companhia das Letras, São Paulo, 2007.
Hisham Matar, *No país dos homens*. Companhia das Letras, São Paulo, 2007.
Maksim Górki, *Infância*. Cosac Naify, São Paulo, 2007.
Maksim Górki, *Minhas universidades*. Cosac Naify, São Paulo, 2007.
Martin Amis, *Casa de encontros*. Companhia das Letras, São Paulo, 2007.
Susan Sontag, *Doença como metáfora/Aids e suas metáforas*. Companhia de Bolso, São Paulo, 2007 – com Paulo Henriques Britto.
Vários autores, *Mestres de armas: seis histórias sobre duelos*. Companhia das Letras, São Paulo, 2007 – com Cláudio Figueiredo e Samuel Titan Jr.
Woody Allen, *Fora de órbita*. Agir, Rio de Janeiro, 2007.
Ben Mezrich, *Quebrando a banca*. Companhia das Letras, São Paulo, 2006.
Ian McEwan, *Sábado*. Companhia das Letras, São Paulo, 2005.
Liev Tolstói, *Anna Kariênina*. Cosac Naify, São Paulo, 2005.
V. M. Gárchin, "A flor vermelha", em: Alberto Manguel (Org.), *Contos de horror do século XIX*. Companhia das Letras, São Paulo, 2005.
Anton Tchekhov, *A gaivota*. Cosac Naify, São Paulo, 2004.
Susan Sontag, *Questão de ênfase*. Companhia das Letras, São Paulo, 2004.
Susan Sontag, *Sobre fotografia*. Companhia das Letras, São Paulo, 2004.
Allan Zola Kronzek e Elizabeth Kronzek, *O manual do bruxo: Um dicionário do mundo mágico de Harry Potter*. Sextante, Rio de Janeiro, 2003 – com Sabrina Ricci Netto.
Anton Tchekhov, *O bispo*. Cosac Naify, São Paulo, 2003.
Ivan Turguêniev, *Pais e filhos*. Cosac Naify, São Paulo, 2003.
Marjorie Garber, *Instintos acadêmicos*. EdUERJ, Rio de Janeiro, 2003.
Nathaniel Philbrick, *A vingança da baleia*. Companhia das Letras, São Paulo, 2003.
Anton Tchekhov, *O assassinato e outras histórias*. Cosac Naify, São Paulo, 2002 – incluindo apêndice com cinco cartas de Tchekhov.

Dashiell Hammett, *O homem magro*. Companhia das Letras, São Paulo, 2002.
Alberto Manguel, *Lendo imagens*. Companhia das Letras, São Paulo, 2001.
Dashiell Hammett, *O falcão maltês*. Companhia das Letras, São Paulo, 2001.
Martin Amis, *Água pesada e outros contos*. Companhia das Letras, São Paulo, 2001.
Paul Auster, *Leviatã*. Companhia das Letras, São Paulo, 2001.
Susan Sontag, *Na América: Romance*. Companhia das Letras, São Paulo, 2001.
David Malouf, *Lembrando Babilônia*. Companhia das Letras, São Paulo, 2000.
Nathaniel Philbrick, *No coração do mar*. Companhia das Letras, São Paulo, 2000.
Philip Roth, *Casei com um comunista*. Companhia das Letras, São Paulo, 2000.
Alan Hollinghurst, *A biblioteca da piscina*. Record, Rio de Janeiro, 1999.
Edmund Wilson, *Memórias do condado de Hecate*. Companhia das Letras, São Paulo, 1999.
Juan José Saer, *A pesquisa*. Companhia das Letras, São Paulo, 1999.
Michael Ondaatje, *Na pele de um leão*. Editora 34, São Paulo, 1999.
Paul Auster, *A invenção da solidão*. Companhia das Letras, São Paulo, 1999.
Paul Auster, *A trilogia de Nova York*. Companhia das Letras, São Paulo, 1999.
Paul Auster, *Timbuktu*. Companhia das Letras, São Paulo, 1999.
Susan Sontag, *Diante da dor dos outros*. Companhia das Letras, São Paulo, 1999.
V. S. Naipaul, *Além da fé*. Companhia das Letras, São Paulo, 1999.
Colm Tóibín, *História da noite*. Record, Rio de Janeiro, 1998.
Gore Vidal, *1876*. Rocco, Rio de Janeiro, 1997.
Philip Roth, *O teatro de Sabath*. Companhia das Letras, São Paulo, 1997.
Philip Roth, *Pastoral americana*. Companhia das Letras, São Paulo, 1997.
Adam Phillips, *Beijo, cócegas e tédio*. Companhia das Letras, São Paulo, 1996.
Cornell Woolrich, *Casei-me com um morto*. Companhia das Letras, São Paulo, 1996.
D. M. Thomas, *Comendo Pavlova*. Record, Rio de Janeiro, 1996.
Gary Kates, *Monsieur d'Eon é mulher*. Companhia das Letras, São Paulo, 1996.
James Thayer, *Estrela branca*. Objetiva, Rio de Janeiro, 1996.
Pascal Quignard, *A ocupação americana*. Rocco, Rio de Janeiro, 1996.
Saul Bellow, *Tudo faz sentido*. Rocco, Rio de Janeiro, 1995.
Janet Evanovich, *A caçadora de recompensas*. Objetiva, Rio de Janeiro, 1994.
Marguerite Duras, *Escrever*. Rocco, Rio de Janeiro, 1994.

Michael Ondaatje, *O paciente inglês*. Editora 34, São Paulo, 1994.
Paul Bowles, *Chá nas montanhas*. Rocco, Rio de Janeiro, 1994.
Paul Bowles, *Um amigo do mundo: Contos reunidos*. Rocco, Rio de Janeiro, 1994.
Raymond Carver, *Cenas da vida*. Rocco, Rio de Janeiro, 1994.
Ann Mcpherson, *O diário de Susie: Anotações de uma garota de 16 anos*. Editora 34, São Paulo, 1993.
Kurt Vonnegut, *Hocus-Pocus*. Rocco, Rio de Janeiro, 1993.

DRIGO LACERDA ARMANDO FREITAS FILHO JOÃO GILBERTO NOLL LOURENÇO MUTARELLI CRISTO
TUNES BEATRIZ BRACHER BERNARDO CARVALHO TEIXEIRA COELHO MILTON HATOUM RICARDO L
TTEGA SILVIANO SANTIAGO EDGARD TELLES RIBEIRO PAULO HENRIQUES BRITTO SÉRGIO S
TONIO DE ASSIS BRASIL SEBASTIÃO UCHOA LEITE MÁRIO CHAMIE VALTER HUGO MÃE NUNO
EVISAN RUBENS FIGUEIREDO MARINA COLASANTI CHICO BUARQUE RODRIGO LACERDA ARMANDO
ÃO GILBERTO NOLL LOURENÇO MUTARELLI CRISTOVÃO TEZZA LOBO ANTUNES BEATRIZ BRAC
RVALHO TEIXEIRA COELHO MILTON HATOUM RICARDO LÍSIAS AMILCAR BETTEGA SILVIANO SAN
LLES RIBEIRO PAULO HENRIQUES BRITTO SÉRGIO SANT'ANNA LUIZ ANTONIO DE ASSIS BRASIL SEB
TE MÁRIO CHAMIE VALTER HUGO MÃE NUNO RAMOS DALTON TREVISAN RUBENS FIGUEIREDO MAR
ICO BUARQUE RODRIGO LACERDA ARMANDO FREITAS FILHO JOÃO GILBERTO NOLL LOUREN
ISTOVÃO TEZZA LOBO ANTUNES BEATRIZ BRACHER BERNARDO CARVALHO TEIXEIRA COELHO M
CARDO LÍSIAS AMILCAR BETTEGA SILVIANO SANTIAGO EDGARD TELLES RIBEIRO PAULO HEN
RGIO SANT'ANNA LUIZ ANTONIO DE ASSIS BRASIL SEBASTIÃO UCHOA LEITE MÁRIO CHAMIE VAL
NO RAMOS DALTON TREVISAN RUBENS FIGUEIREDO MARINA COLASANTI CHICO BUARQUE ROD
MANDO FREITAS FILHO JOÃO GILBERTO NOLL LOURENÇO MUTARELLI CRISTOVÃO TEZZA LOBO AN
ACHER BERNARDO CARVALHO TEIXEIRA COELHO MILTON HATOUM RICARDO LÍSIAS AMILCAR BET
NTIAGO EDGARD TELLES RIBEIRO PAULO HENRIQUES BRITTO SÉRGIO SANT'ANNA LUIZ ANTONIO D
BASTIÃO UCHOA LEITE MÁRIO CHAMIE VALTER HUGO MÃE NUNO RAMOS DALTON TREVISAN RUBE
RINA COLASANTI CHICO BUARQUE RODRIGO LACERDA ARMANDO FREITAS FILHO JOÃO G
URENÇO MUTARELLI CRISTOVÃO TEZZA LOBO ANTUNES BEATRIZ BRACHER BERNARDO CARV
ELHO MILTON HATOUM RICARDO LÍSIAS AMILCAR BETTEGA SILVIANO SANTIAGO EDGARD TELLES
NRIQUES BRITTO SÉRGIO SANT'ANNA LUIZ ANTONIO DE ASSIS BRASIL SEBASTIÃO UCHOA LEITE
LTER HUGO MÃE NUNO RAMOS DALTON TREVISAN RUBENS FIGUEIREDO MARINA COLASANTI C
DRIGO LACERDA ARMANDO FREITAS FILHO JOÃO GILBERTO NOLL LOURENÇO MUTARELLI CRISTOV
TUNES BEATRIZ BRACHER BERNARDO CARVALHO TEIXEIRA COELHO MILTON HATOUM RICARDO
TTEGA SILVIANO SANTIAGO EDGARD TELLES RIBEIRO PAULO HENRIQUES BRITTO SÉRGIO S
TONIO DE ASSIS BRASIL SEBASTIÃO UCHOA LEITE MÁRIO CHAMIE VALTER HUGO MÃE NUNO
EVISAN RUBENS FIGUEIREDO MARINA COLASANTI CHICO BUARQUE RODRIGO LACERDA ARMANDO
ÃO GILBERTO NOLL LOURENÇO MUTARELLI CRISTOVÃO TEZZA LOBO ANTUNES BEATRIZ BRAC
RVALHO TEIXEIRA COELHO MILTON HATOUM RICARDO LÍSIAS AMILCAR BETTEGA SILVIANO SAN
LLES RIBEIRO PAULO HENRIQUES BRITTO SÉRGIO SANT'ANNA LUIZ ANTONIO DE ASSIS BRASIL SEB
ITE MÁRIO CHAMIE VALTER HUGO MÃE NUNO RAMOS DALTON TREVISAN RUBENS FIGUEIREDO MAR
ICO BUARQUE RODRIGO LACERDA ARMANDO FREITAS FILHO JOÃO GILBERTO NOLL LOUREN
ISTOVÃO TEZZA LOBO ANTUNES BEATRIZ BRACHER BERNARDO CARVALHO TEIXEIRA COELHO M
CARDO LÍSIAS AMILCAR BETTEGA SILVIANO SANTIAGO EDGARD TELLES RIBEIRO PAULO HEN
RGIO SANT'ANNA LUIZ ANTONIO DE ASSIS BRASIL SEBASTIÃO UCHOA LEITE MÁRIO CHAMIE VAL
NO RAMOS DALTON TREVISAN RUBENS FIGUEIREDO MARINA COLASANTI CHICO BUARQUE ROD
MANDO FREITAS FILHO JOÃO GILBERTO NOLL LOURENÇO MUTARELLI CRISTOVÃO TEZZA LOBO AN
ACHER BERNARDO CARVALHO TEIXEIRA COELHO MILTON HATOUM RICARDO LÍSIAS AMILCAR BET
NTIAGO EDGARD TELLES RIBEIRO PAULO HENRIQUES BRITTO SÉRGIO SANT'ANNA LUIZ ANTONIO D
BASTIÃO UCHOA LEITE MÁRIO CHAMIE VALTER HUGO MÃE NUNO RAMOS DALTON TREVISAN RUBE
RINA COLASANTI CHICO BUARQUE RODRIGO LACERDA ARMANDO FREITAS FILHO JOÃO
URENÇO MUTARELLI CRISTOVÃO TEZZA LOBO ANTUNES BEATRIZ BRACHER BERNARDO CARV
ELHO MILTON HATOUM RICARDO LÍSIAS AMILCAR BETTEGA SILVIANO SANTIAGO EDGARD TELLES
NRIQUES BRITTO SÉRGIO SANT'ANNA LUIZ ANTONIO DE ASSIS BRASIL SEBASTIÃO UCHOA LEITE
LTER HUGO MÃE NUNO RAMOS DALTON TREVISAN RUBENS FIGUEIREDO MARINA COLASANTI C
DRIGO LACERDA ARMANDO FREITAS FILHO JOÃO GILBERTO NOLL LOURENÇO MUTARELLI CRISTOV
TUNES BEATRIZ BRACHER BERNARDO CARVALHO TEIXEIRA COELHO MILTON HATOUM RICARDO
TTEGA SILVIANO SANTIAGO EDGARD TELLES RIBEIRO PAULO HENRIQUES BRITTO SÉRGIO S
NTONIO DE ASSIS BRASIL SEBASTIÃO UCHOA LEITE MÁRIO CHAMIE VALTER HUGO MÃE NUNO

GONÇALO M. TAVARES

O EPÍTETO "escritor" cabe em Gonçalo M. Tavares desde muito antes da publicação de sua primeira obra, aos trinta e um anos de idade. Os doze anos anteriores à publicação de seu primeiro livro de poesia, *Livro da dança*, em 2001, foram um período de "isolamento e formação", em que Gonçalo viveu escondido de todos os compromissos e solicitações da vida comum, reservando tempo integral para a escrita e para a leitura. Isso, de certa forma, explica o fato de, em apenas uma década, ter publicado mais de trinta livros. E sobre sua vasta produção em um período tão curto de tempo, explica, sem hesitar: "Só somos rápidos, porque já fomos muito lentos. Só é possível acelerar quando já se teve muito tempo a ser paciente".

Para Gonçalo, a leitura é a primeira parte de seu processo criativo. "Há dias, por exemplo, que não escrevo, mas não há dias que não leio. Ler é simultaneamente uma necessidade e uma sensação de estar a trabalhar", diz ele. As primeiras leituras foram na biblioteca paterna. Gradualmente, a partir dos quinze anos, e com mais força a partir dos dezenove, passou a construir sua própria biblioteca, que considera quase um "itinerário" de vida.

Português, Gonçalo nasceu por acaso em Luanda, em 1970, quando Angola ainda era colônia portuguesa, e seu pai, engenheiro, mudou-se para lá para construir uma ponte. Aos dois anos, retornou a Portugal. Aos dezoito, estabeleceu-se na capital do país para cursar a faculdade de Educação Física. E lá reside até hoje, escrevendo e lecionando Teoria da Ciência na Universidade de Lisboa.

Sua vasta e diversificada obra valeu-lhe um amplo reconhecimento da crítica e um considerável grupo de leitores espalhados pelo mundo inteiro. Com duzentas e trinta traduções, com edição em quase cinquenta países, seus livros já viraram peças de teatro, de rádio, curtas-metragens, instalações de artes plásticas, vídeos de arte, ópera, performances, projetos de arquitetura, teses acadêmicas etc.

Gonçalo considera que os gêneros literários são elementos limitadores do trabalho do escritor, classificações que apenas ajudam o leitor, mas nunca quem escreve. Por isso, costuma agrupar seus livros em séries, dando nomes que soam como gêneros literários: "Livros pretos", "Enciclopédias", "O reino", "O bairro", "Bloom Books", "Poesia", "Estórias", "Teatro", "Arquivos e investigações".

Os dez livros da série "O bairro" são textos curtos e ágeis, que ele não gosta de chamar de contos. Ilustrados por Rachel Caiano, os livros apresentam os moradores de um bairro: *O senhor Brecht*, um exímio contador de histórias; *O senhor Kraus*, um jornalista que faz crônicas sobre política; *O senhor Valéry*, que leva a lógica até o limite; *O senhor Juarroz*, que teoriza tudo; *O senhor Walser*, um homem sozinho no mundo; *O senhor Henri*, um falador com dois amores: o absinto e as enciclopédias; *O senhor Calvino*, que, em longos passeios, obriga-se a desafios existenciais; *O senhor Swedenborg*, obcecado pela geometria; *O senhor Eliot*, cuja missão é fazer conferências; e *O senhor Breton*, um homem de muitas perguntas e poucas respostas.

A tetralogia "O reino" traz quatro conhecidos e premiados romances de Gonçalo, entre eles *Jerusalém*, Prêmio Portugal Telecom de Literatura 2007. A série "Epopeia" traz *Uma viagem à Índia*, um ambicioso diálogo com *Os Lusíadas*, de Luís de Camões. O livro foi publicado ao mesmo tempo em Portugal, Moçambique, Angola e Brasil, onde recebeu o Prêmio Portugal Telecom 2011.

A série "Poesia" apresenta 1, publicado no Brasil pela Bertrand, que é, na verdade, a reunião dos oito livros de poemas de Gonçalo: *Observações, Livro dos ossos, Atenas e a metafísica, Frio no Alaska, Homenagem, Explicações científicas e outros poemas, Autobiografia* e *Livro das investigações claras*. Esse caderno – como o escritor gosta de chamar – apresenta "poemas duradouros, emotivos, que queimam sem perder a forma elegante dos fósforos", segundo o poeta gaúcho Fabrício Carpinejar.

Gonçalo M. Tavares é um dos escritores mais consagrados pelo público e pela crítica, nacional e internacional. No entanto, tímido quanto a elogios, costuma escapar das perguntas pessoais. Quando questionado a respeito do fato de José Saramago ter profetizado que receberia o prêmio Nobel daqui a trinta anos, declarou: "O que me interessa é o que estou a fazer, ou que estou a rever. Eu não tenho esse olhar sobre o meu percurso".

Você levou longos anos escrevendo em silêncio, antes de publicar seu primeiro livro, *Livro da dança*, em 2001. Por que esse longo período de espera e de reclusão? Ele foi o resultado de algum temor excessivo, de alguma timidez, ou, ao contrário, uma estratégia deliberada para garantir a singularidade de sua obra?
Na realidade, nenhuma dessas hipóteses. Não pensei em nada nesse período; em nada de exterior. Só queria escrever, não aborrecer ninguém – e que não me aborrecessem. Sentia que não tinha tempo para mais nada, se não para aquilo: um período de formação e de isolamento.

O tema do mal está no centro de sua literatura. O mal, a servidão, o medo são combustíveis para a literatura?
O mal tem mil e um discursos e formas, o bem, pelo contrário, é mais previsível. Escrever é quase estruturalmente um ato perverso, no seu sentido mais literal. Verso é a parte escondida, o lado detrás, o que não é evidente, o que não se vê à primeira. Perversidade é percorrer o lado escondido, o lado menos claro, mais sombrio. Escrever é, em parte, fazer um itinerário em redor de muitos dos nossos medos. Tentar controlar os medos através do "A", do "D", do "M". As letras e o alfabeto como meios para acalmar aquilo que nos ameaça. Mas claro que nunca acalma em definitivo.

Ainda em *Jerusalém*, nas cenas ambientadas no Hospício Georg Rosenberg, o médico gestor Gomperz está sempre interessado em desvendar os segredos escondidos na mente de seus pacientes. O controle da imaginação parece ser, de fato, uma das mais terríveis fantasias autoritárias. É contra esse temor que sua literatura se levanta?
Imaginação é um reduto de liberdade bem antigo. Quando tudo está mal, ainda podes, mesmo assim, dançar. Mas o pensamento é um exercício, um ato, não é um objeto. Não se tem pensamento como se tem uma propriedade. O pensamento não fica algures, lá num canto,

à espera de uma oportunidade de uso. Se não exercitarmos esse esforço muscular íntimo, diariamente, começaremos a perder força. Muito mais limitador – da imaginação e do pensamento – do que a repressão e o controle exterior é a preguiça. A nossa cabeça perde a autonomia quando diz que está cansada ou quando diz que não lhe apetece.

Você já definiu sua estratégia literária como um esforço para "tentar dizer o máximo possível com o mínimo de palavras". A literatura, nesse sentido, é um exercício de resistência e de silêncio?
Penso que sim, que deve existir uma espécie de delicadeza dupla em relação ao leitor. Não o fazer perder tempo – não ter mais texto do que o necessário – e não o julgar tonto. Pelo contrário, assumir o leitor como uma parte essencial do livro – alguém que não precisa de explicações; alguém que é livre para interpretar com inteligência e clareza. Penso que devemos ter a melhor das ideias do leitor, é a única forma delicada de ver o outro.

Outro tema recorrente em seus livros é a dor. Qual a dor mais terrível, a física ou a mental? De que maneira a experiência da dor participa de seu processo de criação?
A dor física é relevante para não romantizarmos excessivamente outras dores noutros locais menos materiais. Mas sim, há muitas formas de dor – e escrever é, em parte, quase uma forma corajosa de ter medo. Em vez de gritarmos, pensamos e escrevemos.

O canto V de *Uma viagem à Índia* abre com versos exemplares: "Os cães têm maior aptidão para a amizade/ que a maior parte dos homens...". A literatura pode ser um instrumento de aproximação entre os homens? Você a entende como um veículo de comunicação ou apenas de expressão?
Não vejo que a literatura possa ter esses vínculos diretos com a amizade, mas sim que a literatura ajuda a entender o comportamento humano. Depois de lermos *Crime e castigo*, levantamos a cabeça, saímos à rua e percebemos melhor os seres humanos. Se vamos sair mais inclinados para a amizade, não sei. O que resulta da leitura de um livro é algo de incomunicável e é totalmente individual. Depois de lermos um livro forte não saímos com um resultado, como se sai da resolução de uma equação. Depois de lermos, não saímos com o número setenta e

seis, ou outro qualquer, que nos acalme. Não saímos calmos; saímos sobressaltados. Esse sobressalto pode fazer com que nos aproximemos dos outros ou pode fazer com que nos afastemos para uma cabana no meio da floresta. Apesar dessa imprevisibilidade dos efeitos da leitura de um livro, prefiro assim a uma espécie de reação coletiva e unívoca.

Outro tema importante em sua literatura é o poder. Qual o poder da literatura?
Gosto da ideia de que os livros podem contribuir para que o leitor perceba melhor os mecanismos, por vezes violentos, da linguagem. É uma altíssima intervenção política a de conseguir que um cidadão se defenda melhor das infinitas linguagens da manipulação e subversão que existem em circulação numa determinada altura no mundo.
Deveríamos todos ter aulas de linguagem a acompanhar as aulas de defesa pessoal. Pôr o karatê e o judô ao mesmo nível da literatura: são formas de nos defendermos dos ataques. Ou formas de, pelo menos, percebermos que aquilo que parece uma carícia delicadinha é, afinal, uma forma de lenta violentação.

Voltando a *Uma viagem à Índia*, no canto IX, está escrito: "O mundo vegetal representa mais o país/ do que os seus governos, eis uma evidência". A literatura pode ser encarada como uma forma de política?
A política é que, por vezes, se transforma em ficção — ficção má e perigosa. E por isso é que ler ajuda politicamente: quem lê boa ficção detecta de imediato a péssima ficção que muito do discurso político utiliza. Um leitor, depois de dois minutos de manipulação grosseira da linguagem, levantar-se-á da sua cadeira — tão rápido como abandona um livro péssimo.

Um dos pontos mais conhecidos de sua obra é a série "O bairro", em que homenageia senhores célebres como Valéry, Brecht, Calvino, Breton e Eliot. Essas contundentes homenagens indicam uma grande diversidade de influências em sua formação. Você sempre foi um leitor voraz? O que poderia rememorar a respeito de suas primeiras leituras?
Tive uma infância muito exterior, na rua, com jogos de futebol, lutas entre rapazes: tudo a que tinha direito e dever — e sempre li muito, também. Esses diferentes estímulos misturaram-se algures. Sobre as

leituras: quando mais menino li muita banda desenhada, adorava. E a certa altura toda a literatura que li parece ter sido um processo que me encaminhava para um livro que li talvez com dezessete, dezoito anos, e que me marcou muitíssimo. Já falei inúmeras vezes sobre ele – é o livro *Cartas a Lucílio*, de Sêneca. É, de longe, o livro que mais me marcou.

Seu romance *Jerusalém* foi incluído na antologia europeia *1001 livros para ler antes de morrer*. Na hora da morte, que livros você não suportaria não ter lido? Entre os livros que você já leu, quais aqueles que, se não lidos, lhe deixariam um grande vazio?
Bem, logo de início tentei ler os clássicos. Se um livro resiste a várias gerações, é porque realmente é bom. Temos de confiar nos antigos. Eles sabiam muito mais do que nós. Portanto, tentei ler os clássicos que marcaram as diferentes gerações ao mesmo tempo que lia os clássicos modernos, por assim dizer, como Proust ou Balzac.
Todos os grandes livros são indispensáveis. É, aliás, a definição de um grande livro – aquilo que exige a tua presença. *Crime e castigo* e *Cartas a Lucílio* são dois exemplos que já dei. Mas há inúmeros livros indispensáveis.

De que gosta mais: de ler ou de escrever?
Escrever é um ato instintivo, cada vez mais quase demente. Sento-me e começo a escrever às vezes três, quatro horas sem parar, sem levantar a cabeça, sem rever uma frase, a uma velocidade meio maluca e nada sensata. E em certas manhãs escrevo vinte, às vezes trinta páginas. Nesses dias, quando acabo, estou quase a tremer de fome, completamente exausto e completamente feliz.
Ler é outro mundo. Ler é muito mais calmo, muito mais exterior ao meu corpo. Um prazer exterior, algo que vem de fora e me faz bem.

Cada vez com mais intensidade, você é obrigado a fazer contínuas viagens de trabalho. Consegue escrever em hotéis, em trens, em aviões? Qual é a situação ideal para um escritor?
Estou quase sempre a dizer não. Continuo com essa disciplina do não. Tento manter a concentração. Viajo, sim, mas de forma muito comedida. Mas quando viajo venho com uma boa energia, a mudança de espaço e de hábitos tem uma carga de excitação que não é inútil, pelo contrário.

Seus livros nos levam a crer que você possui uma imensa biblioteca. Poderia descrevê-la?
Tem ficção, poesia, ensaio, ciência etc. É caótica, está distribuída por três espaços; há livros no chão e em quase todos os compartimentos. Quando quero encontrar um livro e não o encontro, tenho de o comprar de novo. Não é uma biblioteca sensata, transformou-se numa espécie de animal, de organismo que vive no meu espaço sem pagar renda e a exigir a cada dia mais condições e metros quadrados. No entanto, tenho um pequeno espaço em que não ponho livro. Um espaço mais ou menos libertado.

Você está editado hoje em quase cinquenta países. Escreve, também, inspirado em uma grande variedade de culturas, como, por exemplo, a mexicana, nas *Canções mexicanas*, de 2012. Em que medida o precoce sucesso internacional lhe roubou – se é que eles já existiram – atributos típicos de um "escritor português"?
O fato de escrever numa língua marca tudo. Uma língua não é um objeto, não é uma caneta, uma faca – uma língua não é algo exterior ao corpo, não é algo que se possa pousar numa mesa. A língua portuguesa, nesse caso, faz parte do meu organismo, desde que me conheço. Começamos a comer e a ouvir uma língua logo no primeiro dia, ou antes do primeiro dia. Esse contato com os sons primeiros de uma língua, esse contato pré-natal tem consequências para toda a vida. Eu sou português desde o início ao fim do meu organismo, não há nada a fazer. Bem, posso querer viajar muito, aprender a língua mais afastada, apaixonar-me por completo por outra cultura ou país, mas não há nada a fazer. Tudo já foi decidido logo no início. Quando caminho ou penso, está lá a língua. Penso com os sons que ouvi desde bebê, com o ritmo mental que a sonoridade da língua tem. E, portanto, eu diria que, no limite, tudo o que fazemos, não apenas escrever ou falar, tem a marca da nossa cultura e da nossa língua. Eu ando em português, como em português, durmo em português etc. Não adianta correr. Nem fugir. Correrei e fugirei sempre em português.
Fico por isso muito contente por perceber que os livros de um organismo, que funciona nesta língua e com esta cultura, chegam a tantas outras línguas e culturas. Enquanto humano de língua portuguesa, é um prazer e uma honra.

Em muitos de seus livros, as narrativas vêm acompanhadas de ilustrações. Que papel as imagens desempenham em sua ficção? Nas *Breves notas sobre a ciência*, aparece a pergunta: "Será que as letras, será que o alfabeto se encontra mais próximo da verdade, será que é mais verdadeiro que as manchas, os traços e a cor?". Como Gonçalo M. Tavares a responderia?
Bem, realmente a imagem sempre foi importante para mim. Sobre a pergunta... Julgo que a verdade não se encontra nem por via do alfabeto nem por via das imagens. Se existir essa coisa chamada verdade, ela estará algures inscrita no organismo. Os acontecimentos físicos, no limite – a dor, a morte –, têm algo de tão forte que diante deles só conseguimos curvar a cabeça por respeito. E curvamos a cabeça, por exemplo, diante de alguém doente, como se curva a cabeça diante da verdade. Como se realmente aquilo, aquela fragilidade que está em todos nós, fosse a verdadeira verdade. E não há imagem ou palavra que consiga mostrar ou descrever isso. É uma fragilidade que vem do corpo e da sua fraqueza, e só dele.

Você defende a superioridade da matéria em relação ao espírito? Considera-se um materialista? Quem é Deus para você?
As perguntas sobre Deus são (talvez) as perguntas que entram mais no íntimo de uma pessoa. De tal forma é interior, íntimo e privado que, por vezes, a própria pessoa não consegue perceber a sua relação com Deus. Não sei responder, não consigo responder a essa pergunta.

Há um fundo trágico em sua obra. Uma ideia, difusa talvez, mas insistente, de que o homem não tem solução e de que é dessa ausência de solução que os homens são feitos. Você se considera um pessimista?
Não gosto de ingenuidades e da ideia de que o mundo é maravilhoso, os homens são elementos magníficos que, acima dos animais e das plantas, aí estão a distribuir bondade pelas ruas e pelos campos. Essa ideia repugna-me porque é perigosa. É assim, precisamente com essa ingenuidade, que se deixa a violência entrar. Agora, há o outro lado: o homem, quer sozinho, quer juntando-se em coletivos, faz coisas absolutamente admiráveis, atos de generosidade que nos devem orgulhar a todos. Somos terríveis e absolutamente magníficos, e acho que seremos tanto mais magníficos quanto mais tivermos a consciên-

cia de que a qualquer momento o terrível aí está. Viramos a esquina, e o espelho diz-nos: peço desculpa, mas tu não és assim tão magnífico.

Existe uma tendência na literatura brasileira contemporânea de sufocar a imaginação a favor do literal e da realidade. Você parece trafegar na contramão dessa via. A sua literatura parece rejeitar o realismo, mas não a vida comum. Você concorda? Pode comentar?
O que me interessa são mesmo os comportamentos humanos. Não propriamente o que está atrás dos homens, a paisagem, mas o que eles, ou nós, fazemos à frente da paisagem. Interessa-me a realidade que tem por suporte o mais simples: um homem, dois, uma mulher, um homem velho, uma criança que grita. Essa parte da realidade interessa-me, é como que o meu objeto de estudo e de olhar. Não me interessam tanto os objetos; interessa-me mais saber qual a energia moral que está na base da violência, e não que arma é utilizada num ato violento. Não olhar tanto para o que está a acontecer à frente dos nossos olhos, olhar mais para o que está antes, para aquilo que, algures lá atrás, pôs essa energia em movimento.

Qual sua relação com a internet e com as novas tecnologias?
Confundiu-se progresso tecnológico com progresso humano, e isso parece-me ser um erro enorme. Há tecnologias que nos tornam mais fortes, individual e coletivamente; há outras que nos tornam mais fracos. Cada um deve aproximar-se daquilo que lhe dá forças, e afastar-se daquilo que lhe tira forças, é o óbvio.

Que futuro vê para a literatura no terceiro milênio? Daqui a quinhentos anos, os portugueses saberão quem foi Gonçalo M. Tavares? Essa pergunta lhe importa, ou você escreve apenas para o presente, para interferir no presente?
Quando escrevo, escrevo, como disse, por pura necessidade orgânica. Quando não escrevo fico irritado e apetece-me bater no mundo. Quando escrevo fico com uma alegria estúpida; é como uma substância química. Nunca escrevo, por isso, a pensar em ninguém; nem em calendários. Não parte de uma decisão individual nem de um planejamento, é uma necessidade. Quando deixar de ser, paro. Isso, para mim, é evidente.

O HOMEM DIVIDIDO
José Castello

GONÇALO M. TAVARES aponta as duas palavras que sustentam sua obra: "lucidez" e "instinto". Palavras divergentes, senão antagônicas, elas remetem, imediatamente, a uma terceira: "choque". Penso também em "embate" e, ainda, em "colisão". O atrito entre a lucidez e o instinto não só é inevitável, mas está na base do humano. A palavra pode ser "humano". A lucidez fala da argúcia, da clareza, da inteligência, da consciência. É uma espécie de clarão que se abre sobre a realidade e a ilumina. Já o instinto se refere ao irrefletido, ao espontâneo e ao irracional, e aponta, ao contrário, para uma zona de penumbra e trevas na qual predomina a indefinição. Trata-se, portanto, de um choque entre esferas antagônicas. É a partir desse claro-escuro que Gonçalo escreve. Em plena zona de atrito – como se seu gabinete estivesse instalado sobre a fenda aberta por um terremoto.

Talvez por isso sua obra se caracterize pela ampla pluralidade de gêneros, pela discrepância entre estéticas e por uma caótica fertilidade. Penso logo em um de seus primeiros livros, *O senhor Valéry*, de 2002. Ele faz parte de uma série de dez narrativas independentes, nomeadas "O bairro", que inclui livros dedicados também, entre outros, a Bertold Brecht, Italo Calvino, André Breton e T. S. Eliot. No livro inaugural, inspirado no poeta e crítico Paul Valéry, há uma breve narrativa, "O animal doméstico", que serve, talvez, como metáfora potente para a arriscada estratégia literária de Gonçalo. "O senhor Valéry tinha um animal doméstico, mas nunca ninguém o tinha visto." O bichinho vivia trancado em uma caixa, de onde jamais saía. O próprio Valéry preferia não o ver: "É melhor evitar os afetos por animais domésticos, eles morrem muito, e depois é uma tristeza para o coração".

Também no centro da obra do escritor português se esconde algo que se assemelha a um buraco negro. Só que, ao contrário dos buracos negros descritos pela cosmologia, que tragam tudo à sua volta, o grande buraco guardado no coração da escrita de Gonçalo expele jatos contínuos de ficções, disparando histórias discrepantes, lançadas em direções diversas e até inconciliáveis. Aos quarenta e três anos de idade, Gonçalo já é autor de mais de trinta livros, publicados em um espantoso período de apenas doze anos. A profusão de relatos – que independe, como no caso de Pessoa, do cimento dos heterônimos – provoca não só perplexidade, mas tremor no espírito desamparado de seus leitores. Um tremor interno, como a ameaça de uma erupção. A palavra pode, quem sabe, ser "tremor".

Seus dois livros premiados, o romance *Jerusalém*, de 2004, e a epopeia *Uma viagem à Índia*, de 2010, bastariam, provavelmente, para ilustrar a pluralidade de caminhos que atravessa. A palavra pode ser "pluralidade", mas pode ser também "coragem". Uma ficção densa e viril – já se disse que Gonçalo, embora escreva em português, pensa em alemão –, que enfrenta temas radicais como a brutalidade, a opressão, a dor e o Mal. Uma escrita assemelhada, novamente, aos buracos negros, pois se comprime ao extremo, seguindo à risca o princípio declarado de "tentar dizer o máximo possível com poucas palavras". Uma literatura que se lança com destemor sobre o real, herança talvez da infância do escritor, na qual, segundo ele mesmo já declarou, o corpo e suas experiências tiveram um papel central (a palavra poderia ser "corpo"). O jovem Gonçalo lutava, jogava futebol, vivia em grande agitação física. "Costumo dizer que primeiro tive dores no metatarso e só depois senti dores na metafísica", declarou em uma entrevista. Uma literatura de grande sofisticação, mas que não exclui – ao contrário, exige – um forte fundamento material.

A ênfase no corpo (instinto), contudo, não exclui a aposta de Gonçalo em um tipo muito particular de espiritualidade (lucidez). Basta voltar aos livros. Em *Jerusalém*, uma parte da tetralogia "O reino", Mylia sofre de uma doença que tem a espiritualidade como sintoma. Nela, consciência e instinto se misturam. Os paradoxos continuam no Dr. Theodor Busbeck, seu ex-marido, que, médico respeitado, dedica-se, de forma obsessiva, a um longo estudo sobre o horror – justamente aquilo que ele, como médico, mais deveria evitar. Há sempre a sombra da ciência, que é sem dúvida um Bem, mas que carrega também intensos aspectos do Mal. Em *Jerusalém*, ela se encarna na figura do Dr. Gomperz Rulrich, diretor de um hospício em que o método de tratamento se baseia na eliminação sumária da realidade. Em torno desses personagens ronda a figura da maldade, expressa em um medo difuso, embora insistente. Hinnerk, por exemplo, que dedicou sua juventude a espalhar o terror entre as crianças de seu bairro, mesmo depois de desistir das ameaças, continua a treinar com uma arma. "Mas tinha medo, continuava com medo, o medo aumentava", descreve o narrador. Ao seu lado, Hanna, a prostituta, experimenta os mesmos receios intoleráveis.

"O pânico parecia procurar uma entrada no corpo", continua o narrador. O espírito invade a matéria. O pensamento (lucidez) é posto em questão pelo corpo (instinto). A experiência do medo, um medo atroz, percorre, de ponta a ponta, as narrativas de Gonçalo M. Tavares. Lucidez e instinto talvez se encontrem em "medo" – outra palavra a considerar. Palavras sempre radicais, que repuxam o humano às bordas do desespero.

Ainda em *Jerusalém* e páginas à frente, em um trecho dedicado à dor da exclusão, Gonçalo retorna à metáfora da caixa. "Quem comete um erro é excluído; é fechado dentro de uma caixa. Quem está fora vê apenas a caixa. Mas quem está fechado, excluído, consegue ver cá para fora. Vê tudo, vê-nos a todos." O segredo guardado na caixa misteriosa é, portanto, uma dor. Sofrimento provocado não só pela asfixia da prisão, mas pela visão intolerável da liberdade – que solta a fera do desejo. A ideia da caixa vazia retorna outras vezes. Escreve Gonçalo: "Milhares de caixas por todos os lados. A maior parte delas está vazia. Outras têm lá dentro pessoas excluídas. Ninguém sabe quais as caixas que têm pessoas". A palavra que busco pode ser "turvação". Mas parece ser, sobretudo, "vazio" – nome mais adequado para designar aquilo de que se foge e que também se ignora. Imenso vazio que talvez seja o cenário em que se desenrola o combate nunca terminado entre o instinto e a lucidez.

A metáfora do corpo é outra que se espalha, como uma inundação, pela obra de Gonçalo M. Tavares. Em um mundo disciplinado, hierarquizado, burocratizado, em um mundo opressivo e regido pelo horror, o corpo (a natureza) se espreme entre frestas e vãos obscuros, buscando precários espaços de resistência. Podemos ler no canto VII de *Uma viagem à Índia*: "Com as prateleiras cheias de livros, a Natureza/ tem apenas permissão para entrar em casa por via da exceção". O corpo (a matéria) está imerso em uma profunda noite, nela se dilui e é assim, alijado do real, que ele deve resistir. Lemos um pouco à frente, no mesmo poema: "Acontecimentos surgidos de madrugada/ sempre pareceram mais fáceis de corrigir/ do que movimentos surgidos pelo da meia-noite, disse Bloom". Onde se esconde a escuridão: no instinto ou na lucidez? Na cegueira ou no clarão? Perguntas incômodas se oferecem ao longo de todo o poema.

Apesar da presença insistente da opressão, Gonçalo faz, no Canto IX de *Uma viagem à Índia*, uma defesa enfática da natureza e das formas materiais. Escreve: "O mundo vegetal representa mais o país/ do que os seus governos, eis uma evidência./ As árvores são a língua mais antiga./ A história religiosa de uma terra/ está afinal nos animais/ que aí fizeram casa". Nem tudo é tão simples. Alguns versos à frente, ele expõe sua desilusão: "Mas o espaço só estará completo com um morto ou,/ lá em cima, com uma ave". A palavra pode ser "fuga" (a ave que alça voo e, assim, escapa do real), mas parece ser, mais ainda, "morte". É para não morrer que perseguimos a lucidez e que disciplinamos nossos instintos. Ambos nos servem como recursos para enfrentar o medo da aniquilação – e a palavra pode ser "fim", mas não será exagero pensar na palavra "terror".

Gonçalo publicou sua famosa série "O bairro" ao longo de oito anos, entre 2002 e 2010. Seu primeiro romance, *Um homem: Klaus Klump*, só chegou às livrarias em 2003. Durante longo tempo, como já declarou mais de uma vez, dedicou-se à escrita secreta, sem se decidir a publicar. Preparou-se, com paciência, para o momento de expor publicamente seus textos. Doze anos de paciência, em que ele se debruçou, secretamente, sobre a criação literária. Talvez a palavra possa ser "entrega". Talvez tenha algo a ver com uma espécie agnóstica de "fé". Houve ao longo de todo esse processo, sem dúvida, uma grande obstinação. Gonçalo é um obstinado. A palavra pode ser "persistência".

A escrita afiada e firme de Gonçalo M. Tavares se repete em *Aprender a rezar na era da técnica*, romance de 2007. Outra vez, o escritor toma como objeto os aspectos mais repulsivos do humano: a maldade, a indiferença, a ausência de afetos, o terror. Elementos que – traçando um retrato pessimista de nossa existência – guardam a aparência de inimigos inevitáveis e invencíveis. Um personagem como Maria Buchmman, mulher do gélido doutor Lenz – médico de mente autoritária, que pretende não só domar a saúde das pessoas, mas do mundo –, é um exemplo radical desses vultos vazios que, como sonâmbulos, circulam pelos relatos do escritor português.

> A mulher de Lenz não era uma mulher que meditasse sobre o que fazer para além do dia seguinte. Era mulher estranha, que parecia aceitar tudo com uma passividade que misturava uma certa perversão que por vezes chegava a enojar o próprio Lenz.

Há algo de fantoches nesses seres – nós mesmos? – que se resignam em sobreviver, sem jamais pensar no que é viver.

Os personagens de Gonçalo se assemelham a autômatos, ou zumbis. Eles circulam pelo mundo presos a estratégias que lhes escapam e são regidos por desejos que não conseguem nomear. Não vivem, sobrevivem. E a sobrevivência pura e simples não inclui o recolhimento exigido pela meditação e pela oração. São sujeitos que devem reaprender a viver, mas forças indomáveis os detêm. Proibições secretas os paralisam. É o caso do doutor Lenz. No dia em que recebe a carta de uma moribunda, desabituado a lidar com sentimentos e com paradoxos, ele simplesmente não sabe o que fazer. "Aquela carta não era de fato do seu mundo, não era da sua física, da sua ciência, não pertencia ao mundo das suas máquinas de efeitos espantosos." Tudo o que se desvia do automatismo parece a Lenz repulsivo. "Aquela carta era um vírus fraco", resume. "A decadência do reino humano estava naquela carta, Lenz percebia-o finalmente." Era simplesmente a carta de despedida de uma moribunda, mas a expressão de um sentimento tão radical, e tão humano, não cabia no mundo asséptico e simétrico do doutor. Um mundo regido (como o nosso?) pelo desprezo, pela força bruta, pela repetição cega e pelas maquinações. Tudo por horror à rebeldia, à assimetria e à liberdade. Tudo em nome de uma repulsiva, porque mórbida, ideia de elevação.

O interesse de Gonçalo M. Tavares pelos paradoxos se manifesta com clareza extrema em um livro como *Biblioteca*, de 2004. Uma espécie de pequeno dicionário, em que cada verbete é dedicado às ideias de um grande pensador: Kierkegaard, Aristófanes, William Blake, Rabelais. No capítulo dedicado a Lao Tsé, ele escreve: "É difícil fazer silêncio falando. Tal como é difícil salvar uma pessoa matando-a. Porém, apesar das dificuldades, alguns tentam". Um dos que tentaram foi Lao Tsé. "Quase conseguiu. Mas também não chegou lá. Foi o que esteve mais perto." Talvez por isso o filósofo chinês o fascine tanto. Gonçalo faz dele um espelho. Também Gonçalo experimenta uma atração irrefreável pelos paradoxos – instinto e lucidez. Os verbetes breves de *Biblioteca* falam não só de uma formação intelectual, mas de um acervo de paixões. A palavra pode ser "paixão", não porque ela esteja exposta de modo contundente em seus escritos, mas porque ela é aquilo que, recalcado, lateja em seu interior. Paixão que, transportada para o espírito de seus personagens, se transforma em obsessão.

A paixão reaparece em um dos mais fortes relatos de *Matteo perdeu o emprego*, livro de 2010. Trata-se de "Indictor e o rapazinho". Começa assim: "O mais surpreendente que aconteceu a Horowitz enquanto arqueólogo: ter desenterrado o presente (ter desenterrado, de certa forma, a atualidade)". Um dia, no Norte da África, Horowitz e sua equipe descobrem debaixo da terra o impensável. (Eis outra boa palavra: "impensável".) Cavam em busca de um tesouro. Vinte metros abaixo, para sua surpresa, o arqueólogo descobre que existe algo – "mas vivo". Arqueólogos estão acostumados a lidar com objetos mortos e a presença da vida os desestabiliza. (A palavra que busco pode ser "vida".) "Não era um fóssil, nem uma coisa. Havia ali um organismo."

Tomado pela perturbação, o arqueólogo continua a cavar. "O que desenterravam parecia-lhes já monstruoso. Muitos metros abaixo do solo, um organismo movia-se. Estavam a desenterrar a atualidade e esta mete mais medo do que o passado." A palavra pode ser "presente". Presente, atualidade, vida: a literatura de Gonçalo tem como objeto secreto algo que talvez possamos chamar de real. Ele escreve na esperança de desenterrar, sob a crosta espessa das palavras, algo que lateja. Lida com situações perversas, personagens odiosos, destinos inaceitáveis. Escava, escava, escava – e, assim, nos hipnotiza. Escreve Gonçalo M. Tavares não para se deter nas formas solenes da escrita, mas para dela arrancar a própria vida. Que é feita, sempre, do choque doloroso, mas fértil, entre o instinto e a lucidez.

BIBLIOGRAFIA

SHORT MOVIES
Short movies. Caminho, Lisboa, Portugal, 2011.

O BAIRRO
O senhor Eliot e as conferências. Caminho, Lisboa, Portugal, 2010; Casa da Palavra, Rio de Janeiro, Brasil, 2012.
O senhor Swedenborg e as investigações geométricas. Caminho, Lisboa, Portugal, 2009; Casa da Palavra, Rio de Janeiro, Brasil, 2011.
O senhor Breton e a entrevista. Caminho, Lisboa, Portugal, 2008; Casa da Palavra, Rio de Janeiro, Brasil, 2009.
O senhor Walser. Caminho, Lisboa, Portugal, 2006; Casa da Palavra, Rio de Janeiro, Brasil, 2008.
O senhor Calvino. Caminho, Lisboa, Portugal, 2005; Casa da Palavra, Rio de Janeiro, Brasil, 2007.
O senhor Kraus. Caminho, Lisboa, Portugal, 2005; Casa da Palavra, Rio de Janeiro, Brasil, 2007.
O senhor Brecht. Caminho, Lisboa, Portugal, 2004; Casa da Palavra, Rio de Janeiro, Brasil, 2005.
O senhor Juarroz. Caminho, Lisboa, Portugal, 2004; Casa da Palavra, Rio de Janeiro, Brasil, 2007.
O senhor Henri. Caminho, Lisboa, Portugal, 2003. *O senhor Henri e a enciclopédia.* Casa da Palavra, Rio de Janeiro, Brasil, 2012.
O senhor Valéry. Caminho, Lisboa, Portugal, 2002. *O senhor Valéry e a lógica.* Casa da Palavra, Rio de Janeiro, Brasil, 2011.

O REINO
Aprender a rezar na era da técnica. Caminho, Lisboa, Portugal, 2007; Companhia das Letras, São Paulo, Brasil, 2008.
Jerusalém. Círculo de Leitores, Lisboa, Portugal, 2004; Caminho, Lisboa, Portugal, 2005; Companhia das Letras, São Paulo, Brasil, 2006.
A máquina de Joseph Walser. Caminho, Lisboa, Portugal, 2004; Companhia das Letras, São Paulo, Brasil, 2010.
Um homem: Klaus Klump. Caminho, Lisboa, Portugal, 2003; Companhia das Letras, São Paulo, Brasil, 2007.

BLOOM BOOKS
A perna esquerda de Paris seguido de Roland Barthes e Robert Musil. Relógio d'Água, Lisboa, Portugal, 2004.

ESTÓRIAS
Histórias falsas. Campo das Letras, Porto, Portugal, 2005; Casa da Palavra, Rio de Janeiro, Brasil, 2008.
O homem ou é tonto ou é mulher. Campo das Letras, Porto, Portugal, 2002; Casa da Palavra, Rio de Janeiro, Brasil, 2005.

EPOPEIA
Uma viagem à Índia. Caminho, Lisboa, Portugal, 2010; Leya, São Paulo, Brasil, 2010.

POESIA
1. Relógio d'Água, Lisboa, Portugal, 2004; Bertrand Brasil, Rio de Janeiro, Brasil, 2005.

LIVROS PRETOS (CANÇÕES)
Canções mexicanas. Relógio d'Água, Lisboa, Portugal, 2011; Casa da Palavra, Rio de Janeiro, Brasil, 2013.
Água, cão, cavalo, cabeça. Caminho, Lisboa, Portugal, 2006.

TEATRO
A colher de Samuel Beckett e outros textos. Campo das Letras, Porto, Portugal, 2002.

ENCICLOPÉDIAS
Breves notas sobre as ligações. Relógio d'Água, Lisboa, Portugal, 2009; Editora UFSC / Editora da Casa / Jaraguá do Sul, Florianópolis, Brasil, 2010.
Breves notas sobre o medo. Relógio d'Água, Lisboa, Portugal, 2007; Editora UFSC / Editora da Casa / Jaraguá do Sul, Florianópolis, Brasil, 2010.
Breves notas sobre ciência. Relógio d'Água, Lisboa, Portugal, 2006; Editora UFSC / Editora da Casa / Jaraguá do Sul, Florianópolis, Brasil, 2010.

ARQUIVOS
Biblioteca. Campo das Letras, Porto, Portugal, 2004; Casa da Palavra, Rio de Janeiro, Brasil, 2009.

INVESTIGAÇÕES
Investigações geométricas. Campo Alegre, Porto, Portugal, 2005.
Investigações. Novalis. Difel, Alges, Portugal, 2002.
Livro da dança. Assírio e Alvim, Lisboa, Portugal, 2001.

OUTROS
Matteo perdeu o emprego. Porto Editora, Porto, Portugal, 2010.
A temperatura do corpo. Instituto Piaget, Lisboa, Portugal, 2001.

BEATRIZ BRACHER · BERNARDO CARVALHO · TEIXEIRA COELHO · MILTON HATOUM · RICARDO LÍSIAS · AMILCAR BETTEGA · SILVIANO SANTIAGO · EDGARD TELLES RIBEIRO · PAULO HENRIQUES BRITTO · SÉRGIO SANT'ANNA · LUIZ ANTONIO DE ASSIS BRASIL · SEBASTIÃO UCHOA LEITE · MÁRIO CHAMIE · VALTER HUGO MÃE · NUNO RAMOS · DALTON TREVISAN · RUBENS FIGUEIREDO · MARINA COLASANTI · CHICO BUARQUE · RODRIGO LACERDA · ARMANDO FREITAS FILHO · JOÃO GILBERTO NOLL · LOURENÇO MUTARELLI · CRISTOVÃO TEZZA · LOBO ANTUNES

MARINA COLASANTI

NÃO É À TOA que Marina Colasanti se considera uma passageira em trânsito. Em trânsito não apenas pelo mundo, mas pela literatura, pelo jornalismo e pelas artes plásticas. Nascida em 1937, na cidade de Asmara, na Eritreia, então colônia italiana, passou uma parte da infância na África e depois percorreu a Itália, em constantes mudanças ao longo de onze anos. E foi com o olhar atento da criança que apreende o seu entorno que Marina Colasanti construiu *Minha guerra alheia,* livro que recebeu o Prêmio Portugal Telecom de Literatura 2011.

Marina chegou ao Brasil com a família em 1948, radicando-se no Rio de Janeiro, onde vive até hoje. É casada com o escritor e poeta Affonso Romano de Sant'Anna, com quem teve duas filhas, Fabiana e Alessandra.

Entre 1952 e 1956, estudou pintura. Como artista, não conseguia ganhar a vida e ser independente. Foi então que amigos a levaram para o *Jornal do Brasil,* no qual permaneceu por onze anos atuando como repórter, colunista e cronista e fazendo ilustrações e desenhos de moda. Além disso, editou o Caderno Infantil, fez resenhas de livros e foi chefe de reportagem.

Em 1976, foi contratada pela recém-nascida revista *Nova,* da Editora Abril, e lá ficou como editora de comportamento por dezessete anos. Escreveu para as revistas *Senhor, Fatos & Fotos, Cláudia, Ele e Ela,* entre outras. Também publicou crônicas na revista *Manchete* e no *Jornal do Brasil.* Foi redatora de uma agência de publicidade entre os anos 1970 e 1980. Em sua carreira na televisão, atuou como entrevistadora e apresentadora nas emissoras Rio, Tupi e TVE.

Estreou na literatura em 1968 com o livro de crônicas *Eu sozinha.* Desde então, publicou mais de quarenta obras – entre crônicas, contos, poesia e literatura infantil e infantojuvenil.

Também trabalhou como tradutora de inglês, francês e italiano, tendo traduzido alguns clássicos, como *O Gattopardo,* de Tomasi di Lampedusa, e *As aventuras de Pinóquio,* de Carlo Collodi.

Você cursou a Escola Nacional de Belas Artes e estudou pintura. Como a artista virou escritora? Qual foi a primeira vocação?
Nem falo de vocação, que me parece predestinação, presente dos deuses. Falemos de desejo. A arte foi o primeiro desejo, o primeiro empenho, e paixão para sempre. Deslizei da arte para o jornalismo em busca de uma profissão que me desse independência financeira. E no jornalismo encontrei a minha própria escrita.

Em 1962, você foi contratada pelo *Jornal do Brasil* e atuou como repórter, colunista e cronista. Essas atividades têm algo a ver com a Marina escritora de hoje?
Têm, certamente. Fui levada ao jornal por meu amigo jornalista Yllen Kerr, para ser repórter do segundo caderno, mas atuei como repórter apenas por uns dois meses, porque logo se percebeu que eu tinha bom texto, e passei a redatora e, em seguida, cronista. O texto que eu já levava comigo foi aprimorado no exercício do jornalismo diário.

Depois de onze anos no *Jornal do Brasil*, você foi para a Editora Abril para ser editora de comportamento. Trabalhar tanto tempo em revistas femininas – dezessete anos – trouxe benefícios para sua literatura?
Benefícios imensos, sobretudo devido à área que me coube. Comportamento é coisa extremamente complexa, multidisciplinar; para orientar-me melhor tive que fazer pesquisa constante, estudar, foi extremamente enriquecedor. Debrucei-me profissionalmente sobre o amor – o que acabou me rendendo um ensaio e um livro de contos e permeando grande parte do meu trabalho. E me aprofundei nas questões de gênero no momento em que elas eram mais candentes.

Como é sua rotina de trabalho? Descreva um típico dia de trabalho.
Não tenho um dia típico de trabalho. Qualquer rotina é praticamente

impossível. Todos os dias acabam sendo dias atípicos de trabalho. Viajo muito e cuido de muitas coisas. Sou minha secretária, minha pesquisadora, meu jardineiro, minha frequente cozinheira, governanta das minhas duas casas, e meu feroz feitor. Conto com o feitor para empurrar todas as outras coisas para o lado e abrir espaço para que eu possa escrever. Felizmente, ele é sempre o mais forte.

Fale de seu local de criação. Você tem um escritório para a literatura e um ateliê para a pintura?
Meu escritório é em casa, aberto para o terraço e para o mar. Todo branco. Ali tenho duas mesas, uma para a escrita e outra de desenho. O cavalete está ao lado.

Você ainda pinta?
Não pinto há muitos anos. Mas sou minha própria ilustradora, e isso alimenta minha alma visual.

Mantém cadernos de anotações? Em que momento o computador entra em cena em seu processo literário? Escrever desde o início no computador é algo que a ajuda ou atrapalha?
Sair sem caderninho ou papel seria como sair nua. Posso escrever em qualquer lugar, escrevo bem em avião – onde ninguém me atrapalha – e gosto muito de escrever à mão. O processo literário se faz primeiramente na cabeça, mas o computador não sai de cena porque nem um dia se passa sem que eu esteja ligada na máquina. Para ensaios, crônicas, textos de reflexão, faço pautas no papel. O trabalho de ficção e a poesia nascem em anotações, caderninhos, blocos, listas de supermercado. E só depois vão para o computador.

Em que medida as constantes mudanças de seus primeiros onze anos de vida e os cenários de infância ajudaram a definir seu caminho literário?
Em todas as medidas. Ao estabelecer a característica itinerante da minha vida, me deram desde o início a consciência da solidão – você é mais só quando é diferente – e da multiplicidade do mundo. E me deram, tesouro maior, a leitura – porque tudo ficava para trás a cada mudança, meus pais supriam com livros esse vazio.

Viajar ajuda na construção de sua ficção, já que permite conviver com maior variedade de tipos humanos e de cenários?
Viajo porque viver sem viajar seria uma privação muito dolorosa para mim. E viajo também por exigência profissional – hoje em dia os escritores que se dispõem e que têm vocação para isso são muito solicitados para feiras, congressos, encontros literários. Não uso diretamente em minha ficção o material colhido em viagem. Mas meu olhar se faz mais intensamente predador, e trago sempre na volta um precioso butim alimentício.

A política e os conflitos de independência da Eritreia contra sucessivos governos da Etiópia, que só terminaram nos anos 1990, desempenharam papel importante no desenvolvimento de sua literatura?
Não. Mal tomei conhecimento, até mesmo porque a imprensa brasileira não se interessou pelo assunto e teria sido difícil para mim acompanhá-lo – estamos falando de tempos pré-internet. Importante foi o fato de ter nascido em um país para mim quase fantasma, de que tive que abrir mão quando deixou de pertencer à Itália, e que sequer podia visitar.

Minha guerra alheia **nasce de lembranças da infância a respeito da guerra. Você o considera um livro de memórias? Um romance? Uma reportagem? Uma autobiografia? Essas classificações importam?**
É exatamente tudo isso, um livro de memórias autobiográficas, uma grande reportagem que pode ser lida como um romance. Em nenhum dos meus livros me preocupei com classificações.

Fale do cotidiano da guerra. Você seria capaz de rememorar o dia, o momento, as circunstâncias em que o livro apareceu em sua mente pela primeira vez?
O cotidiano da guerra é feito de adaptação, de criatividade – tudo falta, é preciso inventar maneiras de suprir essas ausências –, da suspensão de projetos – o futuro é adiado para depois que a guerra acabar –, de insegurança, de medo e da preservação do prazer de viver.
O projeto desse livro nasceu em 1998, durante uma estadia em Bellagio, no lago de Como, onde eu estava acompanhando Affonso em uma bolsa de estudos da Fundação Guggenheim. A cidade de Como é

extremamente significativa para mim, foi onde passei os meses mais duros da guerra e foi nessa região que a vi acabar. Escrevi as primeiras trinta páginas do livro ali e, com o fim da bolsa, parei, pensando em voltar para concluir o projeto. Demorei dez anos para decidir retomá-lo, mesmo estando longe da Itália.

Em *Fragatas para terras distantes*, de 2004, você diz: "eu fui uma menina da guerra". Você escreveu *Minha guerra alheia* para resolver seus conflitos internos?
Escrevo utilizando meus conflitos internos, não para resolvê-los. Os que precisavam ser resolvidos, resolvi na análise.

Onde está o limite entre memória e imaginação? Escreveu tomada pelo medo de ser traída pela memória?
O limite entre memória e imaginação é movediço por sua própria natureza. Eu não estava escrevendo um depoimento policial, não tinha que prestar contas a ninguém. O que me interessava era lidar literariamente com o que eu lembro. Se o que eu lembro não corresponde à verdade absoluta – supondo que tal coisa exista – não tem a menor importância. Mas vale o fato de a minha memória coincidir com a do meu irmão – única pessoa ainda viva da família. Seja dito, entretanto, que para a parte documental, da qual sendo criança tinha apenas um vago conhecimento, fiz recurso à minha experiência de jornalista e trabalhei com pesquisa.

Quando começou a escrever poesia e quando percebeu que podia ser poeta?
Comecei a escrever poesia... progressivamente, em silêncio. Durante a vida toda eu a cortejei. Mas, demasiado reverente para abraçá-la às claras, a entretecia na prosa. Quando me senti pronta, saí do armário.

Você é tradutora de importantes autores e de clássicos. Traduzir a ajudou como escritora?
O contrário, ser escritora me ajudou a traduzir. É certo, porém, que nesse trabalho de mão dupla em que se mergulha tão intensamente no texto de mestres ocorre um aprendizado, nem sempre consciente.

Quais foram suas primeiras leituras na juventude? Essas primeiras leituras influenciaram sua opção pelos gêneros com os quais você trabalha ou trabalhou?
Não consigo pensar em termos de "primeiras" leituras, nem destacá-las, porque desde o início a leitura entrou na minha vida como um caudal, com grande volume e intensidade. Era menina – uns sete anos – quando através de adaptações para a juventude li as grandes obras da literatura universal. Depois li de tudo, prosa e poesia, fantasia e realidade, mitos e aventura. Mais do que me influenciar, essas leituras me constituíram.

Seu avô, historiador de arte, tinha uma grande biblioteca. Rememore sua relação com essa biblioteca e também com esse avô.
Não cheguei a conhecer esse avô. Mas a biblioteca que deixou foi meu encantamento. Nos dois anos em que morei com minha avó e meu tio, era ali que passávamos as noites depois do jantar. Os livros todos encadernados, o cheiro do couro, o leve cintilar das madeiras antigas, a penumbra me acolhiam como um útero. E eu tinha direito a escolher um livro – de figurinos antigos ou de arte – que folheava até a hora de ir dormir. Sempre desejei intensamente herdar aquela biblioteca – que entre tantas maravilhas incluía os álbuns completos das gravuras de Piranesi. Infelizmente, isso não aconteceu.

Como sabe qual é o momento de escrever para crianças e qual é o momento de escrever para adultos? Qual o momento de escrever poesia, contos ou crônicas?
Eu o planejo. Criação não acontece para mim ao deus-dará, não me cai de presente no colo. Decido em que área trabalhar e oriento a minha sensibilidade em direção a ela. É como se ativasse uma antena de captação, ou se lançasse a linha de um caniço de pesca em um lago em vez de outro. Digamos que estou empenhada na feitura de um painel em que os diversos livros dos diversos gêneros se combinam e se completam, na tessitura de um único discurso. Meu projeto é não ter obras desgarradas.

Como é trabalhar com contos de fada, fundindo o possível com o impossível?

Simplesmente, ao escrever ficção, não considero essas categorias – e isso não apenas nos contos de fadas, mas também nos minicontos e contos. Se a minha imaginação cria uma situação, significa que ela é possível ao nível da fantasia. E será aceita como tal pelo imaginário do leitor.

É mais difícil do que fazer ficção e trabalhar dentro da verossimilhança?
Não se trata de mais fácil ou mais difícil, trata-se de escolhas. Fui alimentada na infância por Poe e Homero, pelas aventuras de Tarzan, pelas *Mil e uma noites* e pelos livros de Verne. Por que escolheria uma escrita realista?

Os contos de fadas ainda fazem sentido no século XXI?
Os contos de fadas fizeram sentido no século XII e no XIX porque fariam sentido no XXI. O sentido dos contos de fadas não é temporal, eles se dirigem àquilo que de atemporal há na alma humana.

Você compartilha do pensamento que propõe uma maior diluição das fronteiras entre adultos e pequenos para se formar bons leitores? Ou as categorias etárias serão sempre muito importantes?
É óbvio que uma criança não tem a mesma capacidade leitora de um adulto, nem experiência de vida. Mas as crianças tampouco têm, entre si, a mesma experiência, a mesma capacidade e a mesma sensibilidade apenas porque têm a mesma idade. As categorias etárias, indispensáveis ao mercado, não podem se tornar restritivas na prática.

Você já declarou que o imaginário não existe, e sim "uma realidade expandida". O que é essa "realidade expandida" de que você fala?
Nunca disse que o imaginário não existe, nem poderia, já que trabalho com ele. A "realidade expandida" não substitui o imaginário, ela amplia e completa a realidade. Acho a realidade, assim como aprendemos a concebê-la, muito pequena, pobre mesmo. Uma camisa de força. Tomemos um exemplo bem real, uma mesa, o tampo e quatro pernas, a realidade palpável. Mas um tampo e quatro pernas me parecem quase nada, a realidade da mesa vai muito além, vai à madeira de que é feita, à floresta de onde veio essa madeira, à árvore que lhe cedeu seu corpo, às mãos que a trabalharam, e à vida que ela acolhe agora em sua forma de mesa. Os limitados limites do real se desfazem. É a isso que chamo "realidade expandida".

Com que escritores brasileiros contemporâneos você convive? Essa convivência é importante em seu processo de criação literária?
Convivi bastante, quando era mais jovem e o Rio era uma cidade mais serena, quando eu era mais disponível e recebia com frequência e circulava muito, e quando os escritores meus amigos mais velhos ainda estavam aqui. Hoje minha convivência com escritores se dá sobretudo em encontros de viagem, em congressos, em feiras ou através da internet. Não faço vida literária, nem aquela que fazíamos em mesa de bar. E nunca fiz política literária. Se é bom ou ruim para a literatura, veremos depois. Para os escritores é, certamente, mais pobre. Isso dito, tenho vida e debates literários constantes e muito intensos em minha própria casa, uma vez que sou casada com o poeta e professor Affonso Romano de Sant'Anna.

Você tem grande reputação como escritora de livros infantis e infanto-juvenis. Isso influi na aceitação de sua literatura adulta?
Se assim fosse, teríamos um preconceito e um equívoco. Não compro nem um nem outro. Minha literatura já sofreu preconceito por eu ser mulher. E sofreu preconceito por eu ter trabalhado durante tantos anos em revista feminina. Trato de não ligar para preconceitos, escrevo o que quero escrever e foco a atenção na qualidade do meu trabalho.

Como você avalia o papel da crítica literária?
A crítica literária sempre foi fundamental para a discussão de valores, para a renovação dos nomes, para a análise da produção literária e para a orientação do público leitor. Lamentamos todos que no Brasil tenha praticamente desaparecido. O murmúrio crítico da área acadêmica mal se ouve, e a imprensa, que já teve críticos memoráveis, entrega agora seu espaço a resenhas e listas de mais vendidos.

O que você está escrevendo agora, neste momento?
Prefiro dizer quando o que estou escrevendo ficar pronto.

A FICÇÃO POR UM FIO
José Castello

MARINA COLASANTI costuma brincar dizendo que já tem pronto seu epitáfio: "Aqui jaz a mulher que viveu a vida por um fio". A referência ao fio não se relaciona só à movimentação frequente pelo mundo, ao espírito combativo, à exposição aos riscos que sempre ditaram sua existência pessoal. Mas, também, à maneira como ela concebe sua escrita: como um bordado. "A tessitura, a fiação, a costura, o tricô, o bordado estão muito presentes na minha obra", Marina diz. A imagem do fio é paradoxal. Como acontece no clássico conto de fadas *A bela adormecida*, é no contato com a agulha de um fuso, em que a princesa está condenada a picar o dedo, que se escondem não apenas o grande perigo mas também suas chances de salvação. Daí o caráter não apenas de fio, mas de desafio tomado pela literatura de Marina.

A concepção da escrita como costura inclui uma prudente manipulação das palavras, realizada passo a passo, linha a linha, com a perseverança de quem domestica um animal selvagem – a própria língua. "Domesticar um animal, tirar-lhe a lã, fiá-la, tingi-la e dela moldar elementos tão diferentes e necessários é o processo de humanização primeiro", Marina nos lembra, ciente de que é através da literatura que o humano alarga sua presença. A escrita se transforma, assim, na domesticação obstinada de nossa remota origem selvagem. O fio ou linha de que Marina nos fala, e que sua ficção materializa, conecta o homem ao próprio homem. Não custa recordar que a palavra "ficção" vem do latim, de *"fictio-onis"*, cujo radical *"fict"*, os linguistas nos ensinam, significa "delinear". Isto é, desenhar, delimitar, traçar.

O fio é a metáfora perfeita para o caminho que o escritor deve não só construir, mas também percorrer. Em *As mil e uma noites*, Sherazade envolve o sultão em seu novelo de mil e uma histórias, salvando-se assim da morte. O mesmo faz Marina com seus leitores, encobrindo-os com o calor de suas narrativas, que os aliviam do frio da existência. Escrever, para ela, é um trabalho lento, que exige esforço e constância. Que exige, sobretudo, serenidade. Diz: "O fio, como a escrita, se trabalha ponto a ponto, cada ponto necessitando do anterior e do seguinte para ganhar sentido". Passo a passo, palavra a palavra, linha a linha a escrita se costura, exatamente como acontece com os tapetes, com as colchas e com os bordados. A palavra que define a ficção da escritora pode ser "costura".

Para Marina Colasanti, há algo de fortemente feminino no ato da escrita – que, não por acaso, é uma palavra feminina também, assim como muitas outras a ela associadas, como grafia, escritura, linguagem, língua. Acrescenta: "As mulheres fiam no corpo e fora dele. Eu sou muito consciente e orgulhosa do feminino". A figura da mulher que, quieta e paciente, costura seu manto é uma imagem bastante apropriada para a ideia que Marina nos oferece da literatura. A literatura vista ainda como gestação (lenta fiação interior), como processo de nascimento. E eis aqui outra possível palavra: "gestação".

A obra de Marina Colasanti é, em si, um exemplo desse longo processo de fiação que define o processo criativo. Nele, a roca, bastão em que se enrola a rama do linho, do algodão ou da lã para serem fiados, é ao mesmo tempo instrumento criativo e peça de alto risco. Escrever (fiar, urdir, tramar) é sempre percorrer, ponto a ponto, pacientemente, um longo caminho. Misterioso caminho que se forma justamente enquanto o percorremos. Retroceder, corrigir e, sobretudo, precaver-se para não errar são, assim, alguns dos cuidados básicos durante o ato da escrita. Por isso o escritor busca, muitas vezes, a segurança de uma linha mestra que o conduza, mas também o proteja da ferida que a agulha simboliza. "Um fio condutor atravessa meu trânsito nos diferentes gêneros, dando-lhes unidade", constata Marina. "Com o mesmo fio costuro poesia e conto de fada, ensaio e crônica, palavra e desenho." Ele é, assim, a origem neutra, mas indispensável, de todos os gêneros e de todos os estilos.

O trabalho da escrita se assemelha, ainda, ao lento ofício dos tapeceiros que, linha a linha – quase como quem arranca a beleza do invisível –, tiram, do nada, um tapete imenso. O fio – fibra, filamento, tênue corrente – funciona, em consequência, como uma porta de acesso à realidade. Afirma Marina: "Esse fio é meu modo de ver o mundo, o meu modo de amar e de sofrer". E resume: "Esse fio é o eixo de meu projeto autoral". O processo de fiar constrói não só o encadeamento entre sua longa viagem através de gêneros e de estilos diversos (e a palavra pode ser "viagem") mas também sua relação pessoal com o próprio texto e com a existência.

Uma paciente tessitura surge, com todo vigor, no premiado *Minha guerra alheia*, de 2010, livro de memórias remotas que, no entanto, toma forma por meio dos filamentos sutis da ficção. O livro se estrutura como uma delicada armação de quinze textos autônomos, mas que se ligam através dos vínculos secretos arrancados da memória. Inicia-se em 1936, quando os fascistas italianos tomaram a Etiópia, vizinha da colônia italiana da Eritreia, onde a escritora nasceu. Ao longo da narrativa, sucedem-se muitas cidades, como Asmara, Trípoli, Porto San Giorgio (onde Marina foi alfabetizada), Bellagio, Roma. Uma fuga (um fio) sobre o qual se costura uma existência. O mundo se desenrola sob os pés firmes da menina que, em sua caminhada, acumula os elementos, ora belos, ora dolorosos, de sua futura ficção. Não se escreve só com palavras: antes que elas se fixem no papel, algo anterior – a existência – se inscreve no espírito. Ou nada há depois para ser contado. Sim, a palavra pode ser "existência".

O mesmo fio aparece, ainda, em uma de suas mais belas narrativas infantojuvenis, *A moça tecelã*, de 2004 – ilustrada com fotografias de peças bordadas pela família Dumont, estirpe de tecelões do oeste de Minas. A história de uma moça que, enquanto costura tapetes, reconstrói a realidade, guiada pelas viagens que faz em fantasia. A ideia de viagem é central na escrita de Marina Colasanti, como ela já observou no ensaio "O real mais que real", que abre a coletânea *Fragatas para terras distantes*, de 2004. O ensaio se inicia com uma frase da poeta americana Emily Dickinson que resume não só o livro mas toda a estética de Marina: "Não há melhor fragata que um livro para levar-nos a terras distantes". A palavra pode ser "distância".

"Esta frase é uma chave perfeita para abrir o passo ao que pretendo dizer", Marina comenta. Em seu ensaio, ela distingue a realidade – feita das coisas banais do cotidiano – do real – símbolos, imagens, fantasias que se acumulam no interior do sujeito e que o levam a sonhar e a escrever. Em outro ensaio do mesmo livro, "Um espelho para dentro", Marina alerta seus leitores a respeito dos riscos de ver o escritor "como um fabricante de espelhos". Os escritores se assemelham mais, ela contrapõe, aos espelhos deformantes que encontramos nos parques de diversões, que, em vez de reproduzir ponto a ponto quem neles se admira, o deformam, traem e recriam. A literatura, para Marina, não é reflexo da realidade, mas perfuração da realidade. Com seus fios sutis, ela penetra a superfície do mundo, escrevendo em suas entranhas uma segunda história, muito diferente da história superficial.

No mesmo ano de 2004, Marina republicou uma coletânea de minicontos, *A morada do ser*, em que aplica as ideias desenvolvidas em seus ensaios. O livro se abre com um minucioso mapa da morada humana que nos cabe habitar. Ele começa nas fundações, atravessa a portaria, o quarto de empregada, o salão de festas, a garagem, até chegar à lixeira. Cada um de seus nove estágios ou andares se divide em sete apartamentos. Aqui não é a ideia do fio que sustenta sua escrita, mas do mosaico: cinquenta e seis moradias, mais três coberturas, em que se desenrolam histórias singulares e incompatíveis que, no entanto, uma vez reunidas, desenham a diversidade da existência. Às várias moradas corresponde um segundo e estranho mapa, guardado no fecho do livro. Ele começa no nível do solo e termina na pirâmide de Quéops. Sustenta-se sobre uma sentença do filósofo e poeta francês Gaston Bachelard: "A casa é um corpo de imagens que dão ao homem razões ou ilusões de estabilidade". É da conexão entre as diversas partes soltas que o mosaico surge. Estamos diante do fio outra vez como elemento fundamental do ser. Mas chegamos também à palavra "conexão".

Do mesmo modo, Marina nos sugere, surge o fio da escrita, filamento invisível no qual o escritor dependura seus sonhos, impressões e visões, conferindo-lhes a razão (ou ilusão) de uma coerência. Poeta também, Marina nos fala desse estado instável da escritura no poema "Outras palavras", de *Fino sangue*, livro de 2005. O próprio título, *Fino sangue*, já remete, mais uma vez, à ideia do fio. Afirma em seus versos: "Para dizer certas coisas/ são precisas/ palavras outras/ novas palavras/ nunca ditas antes". São necessárias, a poeta acrescenta, "palavras que nascem com/ aquilo que dizem". Mais uma figura se torna central na escrita de Marina Colasanti: a da parteira que, com suas delicadas manobras e seu fino bisturi, dá à luz novas criaturas, descerrando assim faixas do real que antes eram inacessíveis. "Para dizer certas coisas/ são precisas palavras/ que amanhecem", ela conclui, nos oferecendo mais uma metáfora fértil para o ato da escrita: a da alvorada. Por que não pensar na palavra "alvorada"?

Pois é isso, um novo dia, uma nova existência que a escrita de Marina insiste em buscar. Em outro livro de poemas, *Passageira em trânsito*, de 2009, deparamos com mais um poema, "Antiga sou", que aponta para esses movimentos arcaicos que caracterizam o nascimento. "A sola do sapato/ é tão delgada/ que sinto as pedras/ como se descalça/ e caminhando na cidade antiga/ pela planta dos pés/ antiga fico." Aqui mais uma palavra nos é oferecida: "sulco". É através dos vincos marcados no chão ao longo da caminhada que algo, muito sutil, se escreve. Escrita que tem contato direto com a terra e as feridas nela deixadas pelo avançar humano. Ao viver, ao nos movermos sobre a Terra, mesmo sem desejar isso, escrevemos. Uma história, na maior parte das vezes, desprovida de palavras; história secreta, mas que nem por isso perde seu caráter de narrativa.

Em outro poema do mesmo livro, "Viagem na pele", Marina volta a falar das cicatrizes (vincos, suaves fios) que a escrita gera. Fala, ainda, da viagem como elemento crucial desse processo de nascimento. "Trago ao pescoço prata/ de Essauira/ fragmento de joia transformado em pingente." Pegada, rastro, vestígios. "Caco da memória/ na corrente." Estes dois últimos versos, aliás, nos oferecem mais uma metáfora para sua escrita. A ficção observada como a junção paciente de cacos através da fina corrente da língua. Podemos pensar em "colagem". Em "montagem". Mas também em "arrumação" e em "seleção".

Entre os relatos curtos de *Contos de amor rasgados*, livro de 1986 republicado em 2010, um se destaca: "Só uma palavra poderia salvá-lo". Ele aponta também para a palavra-chave que aqui buscamos. A personagem ouve de uma cartomante uma aflitiva revelação: "Há uma palavra a caminho", ela diz. "Mas se você a pronunciar, morrerá". O pavor leva a mulher a calar-se, ciente de que só o silêncio poderá salvá-la. Resolve então dormir, na esperança de que as palavras se calem, mas, para seu desespero, "no sonho falava". A mulher fala e morre, "e a morte, de repente, pareceu-lhe um alívio, única salvação possível contra o terror da morte". Contra a morte, a própria morte. Contra a palavra, a própria palavra. "Sem saber o nome, como fazer para chamá-la?", ela se pergunta. Talvez no centro da literatura de Marina Colasanti, ainda mais sutil que um fio, esteja uma palavra que nunca poderá ser dita. Palavra secreta que o fio delicado da linguagem se limita a sublinhar.

BIBLIOGRAFIA

FICÇÃO E CRÔNICAS
Melhores crônicas Marina Colasanti. Global, São Paulo, no prelo.
Hora de alimentar serpentes. Global, São Paulo, 2013.
Marina Colasanti – crônicas para jovens. Global, São Paulo, 2012.
Minha guerra alheia. Record, Rio de Janeiro, 2010.
Os últimos lírios no estojo de seda. Leitura, Belo Horizonte, 2006.
23 histórias de um viajante. Global, São Paulo, 2005.
Um espinho de marfim e outras histórias. L&PM, Porto Alegre, 1999.
O leopardo é um animal delicado. Rocco, Rio de Janeiro, 1998.
Eu sei, mas não devia. Rocco, Rio de Janeiro, 1995.
Contos de amor rasgados. Rocco, Rio de Janeiro, 1986; Record, Rio de Janeiro, 2010.
A morada do ser. Francisco Alves, Rio de Janeiro, 1978; Record, Rio de Janeiro, 2004.
Zooilógico. Imago, Rio de Janeiro, 1975.
Nada na manga. Nova Fronteira, Rio de Janeiro, 1973.

FICÇÃO INFANTOJUVENIL E CONTOS DE FADAS
Breve história de um pequeno amor. FTD, São Paulo, 2013.
Como se fizesse um cavalo. Pulo do Gato, São Paulo, 2012.
Antes de virar gigante e outras histórias. Ática, São Paulo, 2010.
Com certeza tenho amor. Global, São Paulo, 2009.
Do seu coração partido. Global, São Paulo, 2009.
Minha tia me contou. Melhoramentos, São Paulo, 2007.
A moça tecelã. Global, São Paulo, 2004.
A amizade abana o rabo. Moderna, São Paulo, 2002.
A casa das palavras. Ática, São Paulo, 2002 – coleção Para gostar de ler.
Penélope manda lembranças. Ática, São Paulo, 2001.
Longe como o meu querer. Ática, São Paulo, 1997.
O homem que não parava de crescer. Global, São Paulo, 1995.
Um amor sem palavras. Global, São Paulo, 1995.
Ana Z, aonde vai você?. Ática, São Paulo, 1993.
Cada bicho seu capricho. Global, São Paulo, 1992.
Entre a espada e a rosa. Salamandra, Rio de Janeiro, 1992; Melhoramentos, São Paulo, 2010.

A mão na massa. Salamandra, Rio de Janeiro, 1990; Rovelle, Rio de Janeiro, 2010.
Ofélia, a ovelha. Melhoramentos, São Paulo, 1989; Global, São Paulo, 2003.
Será que tem asas? Quinteto, Rio de Janeiro, 1989.
Um amigo para sempre. FTD, São Paulo, 1988.
O menino que achou uma estrela. Global, São Paulo, 1988.
O verde brilha no poço. Melhoramentos, São Paulo, 1986; Global, São Paulo, 2001.
Uma estrada junto ao rio. Cultrix, São Paulo, 1985; FTD, São Paulo, 2005.
O lobo e o carneiro no sonho da menina. Cultrix, São Paulo, 1985; Ediouro, Rio de Janeiro, 1994; Global, São Paulo, 2008.
A menina arco-íris. Rocco, Rio de Janeiro, 1984; Global, São Paulo, 2007.
Doze reis e a moça no labirinto do vento. Nórdica, Rio de Janeiro, 1982; Global, São Paulo, 2001.
Uma ideia toda azul. Nórdica, Rio de Janeiro, 1979; Global, São Paulo, 1999.

POESIA

O nome da manhã. Global, São Paulo, 2012.
Classificados e nem tanto. Record, Rio de Janeiro, 2010.
Passageira em trânsito. Record, Rio de Janeiro, 2009.
Poesia em 4 tempos. Global, São Paulo, 2008.
Fino sangue. Record, Rio de Janeiro, 2005.
Gargantas abertas. Rocco, Rio de Janeiro, 1998.
Rota de colisão. Rocco, Rio de Janeiro, 1993.

POESIA INFANTIL

Minha ilha maravilha. Ática, São Paulo, 2007.

NÃO FICÇÃO

Fragatas para terras distantes. Record, Rio de Janeiro, 2004.
Intimidade pública. Rocco, Rio de Janeiro, 1990.
Aqui entre nós. Rocco, Rio de Janeiro, 1988.
E por falar em amor. Salamandra, Rio de Janeiro, 1984; Rocco, Rio de Janeiro, 1986.
Mulher daqui pra frente. Nórdica, Rio de Janeiro, 1981.
A nova mulher. Nórdica, Rio de Janeiro, 1980.
Eu sozinha. Record, Rio de Janeiro, 1968.

CHICO BUARQUE

FRANCISCO BUARQUE DE HOLLANDA nasceu no Rio de Janeiro, em 1944, filho do historiador e sociólogo Sérgio Buarque de Hollanda e da pianista Maria Amélia Cesário Alvim. Em 1946, mudou-se com a família para São Paulo.

Aos dezessete anos, publicou suas primeiras crônicas no *Verbâmidas*, jornal do Colégio Santa Cruz, e, aos dezenove, ingressou na Faculdade de Arquitetura e Urbanismo da Universidade de São Paulo (FAU/USP). Na universidade, começou uma carreira artística que contabilizaria centenas de canções, em parceria ou solo. O marco zero da carreira é a música "Tem mais samba", feita sob encomenda para o musical *Balanço de Orfeu*, em 1964.

Em 1965, a pedido de Roberto Freire, diretor do Teatro da Universidade Católica de São Paulo (Tuca), musicou o poema *Morte e vida severina*, de João Cabral de Melo Neto, para montagem da peça. Desde então, foi presença constante no teatro brasileiro: *Roda viva* (1968), *Calabar: O elogio da traição*, com Ruy Guerra (1973), *Gota d'água*, uma releitura de *Medeia*, de Eurípedes, baseada em adaptação de Oduvaldo Vianna Filho (1975), e *Ópera do malandro*, dirigida por Luís Antônio Martinez Corrêa (1979), além das diversas canções para teatro.

Em 1966, publicou em *O Estado de S. Paulo* o conto "Ulisses", incorporado depois no primeiro livro, *A banda*, que trazia os manuscritos das primeiras canções. Ainda em 1966, mudou-se para o Rio de Janeiro e, em 1969, deixou o Brasil para um autoexílio na Itália, de onde escreveu artigos esporádicos para o semanário político-satírico *O Pasquim*. Retornou ao Brasil um ano depois.

Em 1974, publicou sua primeira novela, *Fazenda modelo*. Em 1979, o primeiro livro infantil, *Chapeuzinho amarelo*, considerado "altamente recomendável" pela Fundação Nacional do Livro Infantil e Juvenil (FNLIJ). Em 1981, depois de dezessete anos, publicou *A bordo do Rui Barbosa*, coletânea de poemas escritos na década de 1960.

Desde então, vem alternando a produção musical com a literária. Em 1991, lançou o primeiro romance, *Estorvo*, traduzido para seis idiomas e filmado por Ruy Guerra, numa coprodução de Brasil, Cuba e Portugal. Em 1995, lançou o segundo romance, *Benjamim*, também adaptado para o cinema, por Monique Gardenberg. Em 2003, publicou *Budapeste*, traduzido para seis idiomas, e, em 2010, *Leite derramado*, vencedor do Prêmio Portugal Telecom e também traduzido para seis idiomas. Todos os livros foram editados pela Companhia das Letras.

A CEGUEIRA DAS PALAVRAS
José Castello

NO CENTRO da obra literária de Chico Buarque se esconde um emaranhado de palavras. Elas formam uma espécie de pântano sobre o qual se ergue, instável e nebulosa, mas por isso mesmo desafiadora, sua ficção. A palavra síntese talvez seja "turbulência". Os grandes personagens de Chico – o narrador anônimo de *Estorvo*; o Benjamin, do romance homônimo; José Costa, de *Budapeste*; Eulálio d'Assumpção, de *Leite derramado* – caminham, todo o tempo, sobre um imenso lodaçal. Não têm onde se apoiar e só a muito custo conservam o equilíbrio. Trafegam em uma corda bamba: o chão lhes foge sob os pés, a realidade teima em lhes fugir. Há um bamboleio, uma vibração, um intenso vaivém, que definem, mais do que qualquer outra coisa, suas vidas. Eles oscilam, eles se agitam, eles vivem. A turbulência é seu chão e pode ser, também, sua palavra.

A escrita de Chico é ondulante. Seus personagens se movimentam muito, mas movem-se em círculos, como se estivessem presos em um labirinto. Parecem enredados em um sistema de corredores e de galerias que se entrecruzam, ocultando sempre a porta de saída. Não encontram um destino, tampouco uma solução: limitam-se a sobreviver. Deixo de lado, talvez injustamente, *Fazenda modelo*, a novela que Chico publicou em 1974. Um longo período de dezessete anos transcorreu até que aparecesse seu primeiro romance, *Estorvo*, de 1991. Eis que o próprio título do romance já nos entrega outra palavra-chave. A palavra, "estorvo", fala de embaraço, impedimento, obstáculo insuperável, entrave. Refere-se, em consequência, a uma luta (sem glória), um combate persistente, mas também uma derrota inevitável. Os personagens de Chico parecem avançar, lutam para avançar, mexem-se todo o tempo, mas esbarram em bloqueios imprevistos. Quanto mais se agitam, mais recuam. O que significa dizer: oscilam. A palavra pode ser "oscilação".

A cegueira – como já apontou Rogério Pereira em ensaio sobre a obra de Chico Buarque – parece ser outro elemento decisivo de suas narrativas. Narrado na primeira pessoa, *Estorvo* é a história de um homem que, através do olho mágico da porta de seu apartamento, vê um desconhecido. Perplexo, ele o descreve: "Tem barba. Pode ser que eu já tenha visto aquele rosto sem barba, mas a barba é tão sólida e rigorosa que parece anterior ao rosto. O terno e a gravata também me incomodam". Estamos no reino do "pode ser". Trata-se de um mundo sem sinalização e de aparência contraditória: a máscara (a barba) parece ser anterior ao conteúdo (o rosto). Um mundo em que os acontecimentos deixam os personagens agitados e aflitos. A palavra poderia ser "aflição". O protagonista de *Estorvo* vive entre o sonho e a vigília, como alguém que habitasse dois mundos diferentes ao mesmo tempo, sem nunca saber com certeza de qual deles procede. A condição dupla se transforma em um peso: o personagem é vítima de sua própria condição deformada do mundo. Em outras palavras: é vítima de si mesmo, é o seu próprio "estorvo" – e justamente por isso, porque ninguém pode se transformar em outra pessoa, ele não tem para onde fugir.

Os personagens de Chico Buarque estão em constante desacordo não só consigo mesmos mas com o mundo que os cerca. O mundo, em vez de acolhê-los, os machuca. Vivenciam a realidade como uma armadilha que, por seu caráter infinito, se assemelha também a uma espiral. "Armadilha" pode ser a palavra; "espiral" – curva plana gerada por um ponto móvel que gira em torno de um ponto fixo – também. O narrador de *Estorvo* é despertado pelo som da campainha de seu apartamento, que toca insistentemente. Despertado ou entorpecido? É em um estado intermediário, entre o sonho e a vigília, que ele passa a enfrentar os acontecimentos. O romance, a propósito, guarda a estrutura dos sonhos: um primeiro olhar (uma primeira cena) desencadeia uma longa série de fatos desconexos e incompreensíveis, que se desdobram sem um sentido e sem uma direção. A partir da primeira visão, o protagonista entra em um estado paradoxal. Persegue ou é perseguido? É sujeito ou objeto? Procura ou se esconde? A espiral, em vez de acolhê-lo, asfixia.

Estorvo é o relato dessa aventura pelo indefinido. Fatos enigmáticos se sucedem. Reações sem sentido são experimentadas. Há uma grande impossibilidade de chegar a um termo. Em um preciso insight, o crítico Roberto Schwarz definiu os personagens de Chico como sujeitos que cultivam "a disposição absurda de continuar iguais em circunstâncias impossíveis". Em meio a eventos turbulentos, em um mundo que se desmente e se altera, o sujeito luta para conservar sua integridade e seu Eu. Não consegue, não pode conseguir: o mundo o atinge e o mutila, o sacode e o altera; mas ainda assim ele insiste. Contudo: não é assim, torta e indomável, a vida? Não vivemos todos, um pouco, deslizando pelas bordas de uma longa espiral? Viver não é isso? A palavra pode, talvez, ser "vida".

Pode ser também "turbulência", já que ela é provavelmente o elemento que melhor define a existência humana, que é sempre inquieta e imprevista. É o que acontece em *Benjamin*, o segundo romance de Chico, publicado em 1995. Como o protagonista de *Estorvo*, também o perplexo Benjamin Zambraia encontra-se prisioneiro de suas próprias obsessões. Um homem empurrado pelas circunstâncias e por sua ignorância a respeito de como elas funcionam. Um homem guiado por uma ideia fixa: desvendar o enigma da morte de uma mulher. Benjamin é um ex-modelo fotográfico que vê o mundo desfilar diante dele como um pesadelo. Espremido entre as figuras de Ariela Masé e sua mãe, Castana Beatriz, o personagem de Chico se depara com identidades difusas, que vacilam entre o que são e o que pensam ser. Não são nem uma coisa nem outra. De novo: em vez de avançar ("ter uma vida", isto é, serem donas de si e de seus destinos), oscilam. Benjamin caminha sobre o fio de uma navalha. Por fim, passa a ter a impressão de que sua vida é filmada, como se o mundo não passasse de um *reality show*, no qual o falso toma o lugar do verdadeiro. Mas, se assim for, onde fica, então, a realidade? Ou ela não passa dessa experiência difusa que temos a impressão de viver?

Mesma inconstância perturba a vida do *ghostwriter* José Costa em *Budapeste*, terceiro romance de Chico, de 2003. Já sua profissão o leva a ocupar um lugar e uma identidade que não são seus – e a palavra, aqui, pode ser "falsificação". Escrevendo em nome dos outros, e não em seu próprio, ele é carregado para Budapeste, Hungria, onde se torna Zsoze Kósta, uma espécie de falsificação da falsificação. Seria essa falsificação duplicada a verdade? Fingir que sente o que deveras sente, como disse Pessoa, é tudo o que lhe resta? Tanto seus êxitos como seus fracassos não lhe pertencem. Seu corpo não lhe pertence também, tampouco sua mente. Nada tem de seu. Costa é só um invólucro, que produz algum dinheiro para alimentar um sujeito verdadeiro que ele já não sabe onde está. Ou que ele carrega nas costas, como um mímico. A verdade é fluida e inacessível. A realidade é turva e indigna de confiança. O mundo não é fácil. Viver é sobreviver. A palavra pode ser "turvação". A verdade é que todas as palavras que a leitura dos romances de Chico me inspiram de alguma forma se parecem. Elas compõem um beco sem saída. Escrever é perder-se nesse beco.

Mesmo desarranjo que atinge Eulálio Montenegro d'Assumpção, um homem que agoniza em um leito de hospital em *Leite derramado*, o quarto e premiado romance de Chico, de 2009. Um sujeito perdido nos corredores escuros da memória, onde ele já não conta sequer consigo mesmo. Enquanto agoniza, o protagonista de Chico luta para reconstituir seu passado. Eulálio dita a história de sua vida para uma mulher, que tanto pode ser sua filha Maria Eulália, a ex-mulher Matilde ou uma enfermeira. Mais uma vez: as identidades não são fixas, os semblantes são difusos, a realidade é móvel e indigna de confiança. A história pessoal de Eulálio se mistura com a história do Brasil republicano: o privado e o público sofrem um sangramento, contaminam-se. Alimentam-se, mas também se destroem. Eulálio dita realmente suas memórias ou imagina que dita? O que lemos são suas palavras ou seus pensamentos? Ele rememora ou delira? Estará, realmente, em um leito de hospital? Estará agonizando ou só fantasia sua agonia? Os limites do real explodem. O mundo se torna incompreensível e, no entanto, ele é tudo o que temos.

O romance começa com a formulação de um sonho: "Quando eu sair daqui, vamos nos casar na fazenda da minha feliz infância, lá na raiz da serra". Toda a turbulência – todo o estorvo – tem como objeto a realização desse sonho impossível. Mas o que Eulálio tem realmente? O que, de fato, lhe pertence? Precisa lidar com seus lapsos de memória – ralos pelos quais a realidade escorre e lhe foge. O mundo lhe é incompreensível: sua mãe, além de falar em francês, falava por metáforas. Velho e doente, ele se habitua à dor e chega a acreditar que ela é a própria vida. "Qualquer coisa que eu recorde vai doer, a memória é uma vasta ferida", medita. Seu genro o arruinou. Na proximidade da morte, o futuro se transforma agora em um corredor estreito e escuro. Ainda cabe falar de esperança? Ou devemos pensar, apenas, em uma espera que se assemelha a um atoleiro – como aquele em que habita o Godot de Samuel Beckett?

A memória, em vez de ajudá-lo a saber quem é, o afasta de si. Recorda-se, por exemplo, de cada fio da barba de seu avô, um figurão do Império, a quem só conheceu por meio de um quadro a óleo. "Dita" seu texto a alguém de quem desconfia, tanto que pede que, depois, ele seja submetido a um gramático. As lembranças se misturam com sonhos. As lembranças são sonhos? Sua condição de doente faz dele não um sujeito, mas um objeto, manipulado por médicos, enfermeiras e equipamentos. "Tudo é mesmo uma merda", resume. Nem mesmo seu corpo lhe pertence: no chuveiro, ele o sente tomado pelo corpo do pai. "É uma tremenda barafunda", resume. A palavra pode ser "barafunda", isto é, uma mistura desordenada de sentimentos, objetos e identidades impossível de separar. Na memória, persiste a imagem da última casa, em Copacabana – último vestígio do singular em um mundo, o dos hospitais, no qual somos reduzidos a nossos corpos e nosso espírito nos é roubado.

Os sonhos eróticos com a mulher Matilde, a lembrança horrenda do cadáver do pai, assassinado a balas, com a boca aberta como se desejasse inutilmente debochar de seu assassino, memórias da Revolução de 1930, bastidores da vida de Pedro II e uma rede de antepassados com o mesmo nome, Eulálio, misturam-se sem nenhuma ordem, emprestando ao mundo o caráter da insensatez. Nem mesmo a lembrança da mãe, que teve um caso com o chofer francês e trazia seus vestidos da Europa para desfilar em banquetes políticos, lhe traz a segurança de um amor. Sem Matilde, que partiu sem lhe deixar ao menos um bilhete, Eulálio pede às amantes que vistam as roupas da mulher perdida. Agora ele a vê por toda parte: ela permanece, ainda hoje, como uma imagem que se repete e se repete, arrastando suas excentricidades e seus segredos. A filha amada, na verdade, teria sido encontrada em uma lata de lixo? Quem é a filha? Quem, verdadeiramente, é Matilde? Quem é ele mesmo, Eulálio? Uma fotografia de Matilde nos tempos de colégio, na qual ela mesma não aparece porque estava de castigo, resume a inconsistência de um mundo que, no fim, atravessamos meio empurrados, aos tropeções, e só porque não temos alternativas. A palavra pode ser "inconsistência".

Nas mãos de Chico Buarque, a literatura se torna, ainda assim, ou por isso mesmo, um instrumento de escavação do humano. Ela se infiltra nas brechas do mundo e o revolve, desmascarando a instabilidade da verdade. Sim: a palavra pode ser "instabilidade". Nada é confiável, nada é digno de confiança, e ainda assim (ou só por isso?) é possível contar uma história. Em seus romances, Chico desmascara as ilusões alimentadas pela literatura realista. Somos prisioneiros de nossos pontos de vista e de nossos limites pessoais. Estamos detidos em nossa casca humana, que é frágil e enganosa. A realidade nos escapa e sempre nos escapará. A palavra pode ser "prisão". Mas como saber em que cárcere estamos presos? Nem isso é possível. Eulálio, por exemplo, mistura a fome que sente no hospital com a fome que sentia quando era menino, nos dias em que a babá saía de folga e ninguém em casa se lembrava de alimentá-lo. A palavra pode ser "lembrança" – pode ser "memória", que é, no fim, essa cola que empresta alguma consistência, por mais precária, à nossa imensa dispersão. Eulálio sabe que o próprio tratamento médico a que se submete não serve para nada. "É inútil me entupir de remédios, bobagem continuar deitado nesta cama, sem minha mulher não sei dormir." Só o que lhe salva é ditar sua história, a essa mulher imprecisa – Matilde? A filha? A enfermeira? – que não sabe dizer quem é. "Sem você meu passado se apagaria." A memória não resiste sem as palavras e a escuta. Tudo o que temos é a memória. Tudo o que temos são as palavras. Tudo que precisamos é de alguém que nos escute. Mas de quem se trata mesmo?

Por isso, a palavra pode ser também "duplo". Nos relatos de Chico, a realidade se transfigura e se duplica em um desenrolar infinito de imagens – como as que se reproduzem nos espelhos paralelos dos elevadores. Os personagens se observam naquele desfiladeiro de possibilidades e de cópias, e se perguntam, afinal, onde estão. Eles se perguntam, enfim, quem são. O mais grave: não chegam a uma resposta. Não sabemos quem somos e, ainda assim (ou justamente por isso), continuamos a viver. Viver é desdobrar possibilidades – como alguém desdobra uma imensa colcha sobre uma cama. Desdobrada a colcha, suas pontas caem pelas bordas e as perdemos de vista. Não existem limites visíveis, não existem fronteiras, não há uma conclusão. Será esta a cama em que Eulálio se deita? Essa pessoa que julgo ver na pessoa que vejo, ela é de fato a pessoa que vejo? As ficções de Chico se erguem sobre perguntas incômodas, a que não correspondem respostas precisas. A palavra que dorme no coração da obra de Chico Buarque pode ser, talvez, "silêncio". Foi o que senti logo depois de fechar *Leite derramado*: que acabara de ler um livro que dissera tudo por mim. Sentimentos parecidos me tomaram depois da leitura dos romances anteriores de Chico Buarque. Para que serve, então, a literatura? Para nos calar? Perdidas entre as várias camadas da memória, as ficções de Chico nos calam porque nos defrontam com a precariedade da existência. A palavra pode ser "precariedade". Mas ainda é na turbulência que ela melhor se exprime.

BIBLIOGRAFIA

ROMANCES
Leite derramado. Companhia das Letras, São Paulo, 2009.
Budapeste. Companhia das Letras, São Paulo, 2003.
Benjamim. Companhia das Letras, São Paulo, 1995.
Estorvo. Companhia das Letras, São Paulo, 1991.

NOVELA
Fazenda modelo: Novela pecuária. Civilização Brasileira, Rio de Janeiro, 1974.

POESIA
A bordo do Rui Barbosa. Palavra e Imagem, Rio de Janeiro, 1981 – com ilustrações de Vallandro Keating.

FICÇÃO INFANTIL
Chapeuzinho amarelo. Círculo do Livro, São Paulo, 1979; José Olympio, Rio de Janeiro, 1997 (reedição com ilustrações de Ziraldo).

SONGBOOKS
Tantas palavras. Companhia das Letras, 2006 – inclui reportagem biográfica de Humberto Werneck; reedição ampliada de *Chico Buarque: Letra e música*, de 1989.
A banda. Francisco Alves, Rio de Janeiro, 1966 – com manuscritos do autor.

RODRIGO LACERDA

RODRIGO LACERDA nasceu no Rio de Janeiro, em 1969, e passou a vida em meio aos livros e às letras. Seu pai, o editor Sebastião Lacerda, é filho de Carlos Lacerda, ex-governador do estado da Guanabara, fundador do jornal *Tribuna da Imprensa* e da editora Nova Fronteira. Rodrigo começou a trabalhar na editora da família aos dezessete anos, como pesquisador e, a partir de 1989, como assistente editorial. Ainda no Rio de Janeiro, foi editor da Nova Aguilar.

Em 1991, mudou-se para São Paulo, para concluir o curso de história que iniciou na Pontifícia Universidade Católica do Rio de Janeiro (PUC-Rio). Já na Universidade de São Paulo (USP), tornou-se mestre e doutor na área de Teoria Literária e Literatura Comparada, com projetos sobre o escritor João Antônio. Nessa época, coordenou as coedições entre a Nova Fronteira e a Editora da Universidade de São Paulo (Edusp), onde foi editor assistente. A partir de 2001, tornou-se um dos editores da Cosac Naify, no setor de literatura brasileira contemporânea. Também trabalhou como editor na Mameluco e na Duetto. Nesta última, coordenou a coleção Deuses da Mitologia.

Como escritor, procura acompanhar de perto o trabalho de seus editores. Estreou na literatura em 1995, com a novela *O mistério do leão rampante*, publicada pela Ateliê Editorial e traduzida para o italiano com o título *William & Mary*. Seguiram-se a novela *A dinâmica das larvas*, pela Nova Fronteira, em 1996; o infantil *Fábulas para o século XXI*, em 1998, e a coletânea de contos *Tripé*, em 1999, esses dois últimos publicados pela Ateliê. Seu primeiro romance é *Vista do Rio*, pela Cosac Naify, em 2004. Depois lançou *O fazedor de velhos*, Cosac Naify, 2008, e *Outra vida*, Alfaguara, 2009, este último vencedor do Prêmio Portugal Telecom de Literatura em Língua Portuguesa.

Em 2005, publicou, em edição própria, o livro de poemas *A fantástica arte de conviver com animais*, além da edição comemorativa dos dez anos de lançamento de *O mistério do leão rampante*, com ilustrações de Roberto Negreiros, apresentação original de João Ubaldo Ribeiro e comentário do escritor João Antônio, que chegou a resenhar elogiosamente dois de seus livros.

Embora seja mais conhecido por sua obra de ficção, Rodrigo também é tradutor de romances que deixaram marcas na literatura internacional, como *Palmeiras selvagens*, do americano William Faulkner; *O médico e o monstro*, do escocês Robert Louis Stevenson; e *A nuvem da morte*, do britânico Arthur Conan Doyle; entre vários outros.

Tem textos publicados em antologias, como o conto "(F)ilha", em *Os cem menores contos brasileiros do século*, da Ateliê; o conto "Entre nós", em *Aquela canção: 12 contos para 12 músicas*, da Publifolha; textos sobre o Rio de Janeiro, em *Rioliterário*, da Casa da Palavra; um ensaio sobre o romance *Sargento Getúlio*, no volume *Prosa Selecionada*, de João Ubaldo Ribeiro, da Nova Aguilar. Vem publicando textos de ficção e não ficção na imprensa e em revistas literárias, como o conto "Penha e Wandir", na revista *Ficções*, e traduções de poemas de Raymond Carver, nas revistas *Babel*, *Coyote* e *serrote*; entre outros.

Entre 2008 e 2009, integrou o conselho editorial da revista *serrote*. Atualmente, é membro do conselho editorial da editora Zahar.

Além de ficcionista, você já trabalhou em quase todas as etapas da produção de um livro: edição, preparação de originais, pesquisa, tradução e revisão. Essa versatilidade se explica por você ter nascido em uma família de editores?
Essa versatilidade se explica pela necessidade de sobrevivência. Pagar as contas, nada mais do que isso. Durante a maior parte da vida, sonhei em escrever apenas literatura. Só mais tarde aprendi a valorizar a independência criativa que não depender da carreira literária para sobreviver traz. Atualmente, gosto de ser editor. É como ser um pai adotivo, dá para fazer mais vezes na vida. Afinal, não é toda hora que você consegue botar no mundo um filho natural.

O que você aprendeu com seu pai, o editor Sebastião Lacerda?
Quando comecei a trabalhar nisso, aos dezessete anos, aprendi com meu pai que o papel da boa editora é publicar o melhor de cada linha literária, para que o público possa escolher qual delas prefere. Só depois descobri que havia uma outra filosofia possível na profissão, segundo a qual a boa editora é aquela que, com sólida formação crítica, identifica a linha literária pertinente ao momento histórico e estético do país e concentra nela seus esforços de veiculação. Nenhuma dessas duas linhas está certa ou errada, são apenas maneiras diferentes de atuar. Mas eu, por formação, estou no primeiro grupo.

Como neto e filho de editores, vivendo desde menino em meio aos livros, você deve ter uma biblioteca exemplar. Fale um pouco de sua biblioteca.
Várias mudanças na vida me fizeram perder muitos livros. A biblioteca do historiador que não fui, apesar da graduação na área, se perdeu na maior parte, e tenho apenas alguns remanescentes daqueles tempos

heroicos. Hoje minha biblioteca é oitenta por cento de ficção, e organizo as prateleiras por nacionalidades: literatura francesa, alemã, russa, brasileira etc. Mas a parte de hispano-americanos, por exemplo, está toda misturada, preciso ampliar e organizar melhor.

Dependendo de como se vive a relação com a literatura, você pode achar minha biblioteca um pouco rasteira, pois os Asterix que eu lia quando criança, e até hoje, estão na mesma prateleira que meu livro com desenhos do Leonardo da Vinci. Meu livro de recortes sobre o Flamengo e a obra completa do Don Martin vão junto com as memórias do Chevalier Bayard e as *Meditações* de Marco Aurélio. Gosto desse caos, dessa ordem randômica.

Mas queria desmistificar um pouco essa história de que nascer em meio a livros determina seu interesse por isso. Tenho muitos primos que provam o contrário. E tenho muitos amigos escritores que vêm de background menos culto. Então, sinceramente, não acredito nesse determinismo.

Por que você publicou seus livros por outras editoras, e não pela Nova Fronteira, casa fundada por seu avô?
Sempre quis criar, como escritor, um espaço independente para mim. Mas até publiquei um livro pela Nova Fronteira, em 1996. Era meu segundo livro, e foi o que pior vendeu de todos eles. Uma vítima exemplar da famosa maldição do segundo livro: "Sempre que seu livro de estreia for um sucesso, o seu segundo livro será um fracasso". Então eu e a Nova Fronteira fizemos um ao outro o favor de respeitar o sinal dos deuses. Além disso, moro em São Paulo, ela fica no Rio, e, por ser editor, gosto de participar e acompanhar de perto os trabalhos, prefiro ter uma editora mais perto. Finalmente, gosto de trabalhar com meus amigos. Não gosto de ter uma relação editorial puramente profissional, que seria a minha com a Nova Fronteira hoje, pois ela já não é da minha família faz tempo.

A verossimilhança de suas obras (tanto a história de uma jovem aristocrata do século XVII quanto a de uma família brasileira do século XXI) mostra um grande domínio dos fatos e dos personagens. Como você produz e explora a verossimilhança? Você acredita, como alguns escritores, que os personagens podem se rebelar, levando o escritor a perder o controle sobre eles?

A verossimilhança faz parte do acordo básico do escritor com o leitor em quase todas as situações. Mesmo na ficção científica, na literatura fantástica, nas histórias de monstros e vampiros, a verossimilhança é importante. Mas, como se pode ver por esses exemplos, verossimilhança e realismo são duas coisas diferentes. O escritor tem de criar "a ilusão de saber", não tem de saber. Eu produzo e exploro a verossimilhança em grande parte através da linguagem, da escolha das palavras, do som das frases etc., e do casamento entre a linguagem e o personagem.
Em meu livro *Outra vida*, tive a sensação de que os personagens não estavam se rebelando, mas sim me mostrando que eu ainda não os entendera. Eles foram muito compreensivos comigo. Eu escrevia a cena de um jeito, e eles, pacientemente, seguiam minhas instruções. Quando ia reler, percebia inevitavelmente que eles não estavam à vontade, que não falariam aquilo, não agiriam daquele jeito. Então, mais do que em todos os livros, tive de fazer um esforço grande para escutá-los, de modo a deixá-los à vontade para levar a história para onde podiam levá-la com mais espontaneidade, com mais alma. Foi uma experiência curiosa, mas que deu um trabalho colossal, pois a quantidade de versões abandonadas foi ainda maior do que a normal, que já é grande.

Não dar nomes aos personagens de *Outra vida* é parte dessa técnica de verossimilhança, para que o leitor se identifique mais com os personagens?
Sinceramente, não sei. Talvez seja uma cicatriz que ficou do processo que descrevi na pergunta anterior. Enquanto escrevia o livro, os nomes que eu queria para meus personagens simplesmente não soavam bem, não encaixavam. À medida que os personagens que eu imaginara foram desaparecendo, dando lugar às suas encarnações mais espontâneas, eles já estavam sem nome mesmo, e aí vivi a pretensão de achar que a ausência de nomes, substituídos pelo recurso de chamá-los sempre de "o homem", "a mulher", "o amante", dava uma certa conotação, digamos, mítica àquela história, ou pelo menos dava um peso às frases, uma sonoridade meio bíblica. Mas era, por outro lado, uma forma de diluí-los numa discussão sobre a classe média brasileira, que o livro propunha. E era ainda uma piscadela para que o leitor se projetasse nos personagens.

Parte da emoção na leitura de uma história está na possibilidade de ser ludibriado pelo escritor. *Outra vida* engana o leitor o tempo todo. Como você equilibra a realidade e a ficção, a verdade e a mentira?
Outra vida é um livro no qual uma cena principal, que se desenrola do começo ao fim, é entrecortada por capítulos que fazem flashbacks na trajetória dos personagens. Então, eu queria que a cada vez que o leitor fizesse esse movimento, de ir ao passado dos personagens, ele, ao voltar, tivesse uma informação adicional, uma compreensão expandida do que está acontecendo na cena principal. Daí, talvez, essa quantidade de revelações.

Tem muita gente boa que acha que um livro não deve mostrar tudo, que o narrador não confiável é a maior revolução narrativa de todas, que menos é mais etc., etc. Eu, confesso, desconfio dessas regras fixas. Dependendo, o escritor que narra o tempo todo às claras pode construir uma narrativa muito mais interessante e envolvente do que o escritor todo cheio de véus e sombras e sutilezas. Então, não sou especialmente preocupado em ludibriar o meu leitor. Num plano mais filosófico, eu diria que a verdade e a mentira não existem, ambas estão contidas na ficção. Não existem fatos, só versões, como diz a epígrafe do *Viva o povo brasileiro*, do João Ubaldo Ribeiro.

Em que medida você, Rodrigo Lacerda, está dentro de seus livros? Há momentos em que você aparece disfarçado em suas ficções?
Todos os personagens têm um pouco de você. Por isso é impossível responder se um livro é autobiográfico. O autor sempre está em seus livros, em seus personagens, mas ele paira, entra e sai do personagem. Tem uma certa semelhança com o espiritismo.

A razão é secundária em sua criação? É porque a razão falha que suas emoções aparecem em cena? Parece que você trabalha muito mais com os sentimentos do que com as ideias. Com a emoção do que com a razão. Você concorda com isso?
Eu gostaria muito que o mundo fosse regido pela razão. Mas simplesmente não acredito que o seja. Se fosse, a humanidade não teria evoluído como evoluiu. Nossa compreensão racional do mundo é muito mais falha e vulnerável do que nossa intuição emocional. Parafraseando um ditado antigo, eu diria: "A razão é como o sol de inverno,

ilumina mas não aquece". Então, não sou contra as ideias, ou contra uma abordagem mais intelectualizada na ficção, ou contra a ciência, mas tenho consciência de que o sentimento, em 99,9% dos casos, é mais forte em nós. O simples progresso do homem mostra que as certezas racionais ou científicas de uma época tornam-se escombros nas épocas seguintes, ou, na melhor das hipóteses, degraus para descobertas muito maiores. A razão é passageira, ou mutável, ou superficial. Enquanto nossos sentimentos, tão humanos, os nossos determinismos biológicos, os nossos gatilhos evolutivos, esses são profundamente estáveis e continuam com a maior parte do controle.

Para terminar, desconfio do intelectualismo porque ele é, na maioria dos casos, a impostura dos inseguros.

Outra vida incorpora "a oscilação emocional barroca, mas aplicando-a às questões da nossa época", você mesmo já disse. Você poderia explicar melhor a presença do barroco em sua escrita?

Eu costumo dizer algo assim a respeito da minha, digamos, trajetória estilística, da mudança da linguagem de um livro para o outro. Meu primeiro livro, *O mistério do leão rampante* – por se passar no século XVII, e por eu na época estar trabalhando como pesquisador na faculdade de História, com documentos redigidos no português arcaico –, construía sua verossimilhança autogozadora por meio de uma linguagem abarrocada, com frases longas, muito sonoras etc. Em seguida comecei um processo de enxugamento dessa linguagem, que culminou no meu romance *Vista do Rio*, onde as frases estão compostas da maneira mais sucinta possível, mais ligada à linhagem predominante na prosa contemporânea. O *Outra vida*, de certa forma, seria um momento de síntese dessas duas tendências, em que a oscilação da linguagem barroca aparece, porém de maneira mais contida, com um vocabulário contemporâneo, lidando com questões do nosso tempo.

Tentando decifrar retrospectivamente o que eu podia estar querendo dizer ao transpor essa "oscilação emocional barroca" para uma história contemporânea, suponho que as forças emocionais expressas e despertadas pela volúpia barroca, excessiva talvez, mas de uma incrível dramaticidade, ao contrário do que se costuma acreditar, para mim ainda estão por aí.

Outra vida é um romance que trata de questões éticas. Mas a ética de cada personagem é sempre relativizada, de modo que cada leitor pode tomar um partido diferente. Você parece, em consequência, buscar uma literatura não afirmativa, em que tudo se torna relativo. Essa é também uma posição ética?
Um amigo poeta, que escreveu a orelha do meu segundo livro, vislumbrou que eu era, no fundo, "um moralista". Mas não no mau sentido, de uma pessoa apegada a aparências, convenções e preconceitos. Um moralista no sentido de estar em busca de uma maneira justa de viver no mundo. O que significa uma pessoa que não impõe seu padrão de comportamento sobre ninguém, mas que não se sente obrigada a se encaixar num determinado estereótipo para conviver com quem quer que seja. Alguém que, na medida do possível, deseja saber como ser bom e como fazer o bem.
O problema é que, como diz Hamlet, "Nothing is either good or bad, but thinking makes it so". E ele diz isso já no fim da peça, quando se despiu de seus preconceitos e valores absolutos juvenis, quando virou um homem maduro e consciente de como funciona o mundo, com uma realidade inapreensível em sua totalidade pelo indivíduo, da qual cada um de nós enxerga apenas uma parte. Então ser bom e fazer o bem é muito difícil, não apenas porque são duas coisas que frequentemente implicam sacrifícios, refrear seus desejos e impulsos, mas porque é difícil, em muitas circunstâncias, sequer saber o que é o bem ou o mal, identificar quem é bom e quem é mau. Então, viver é o exercício constante de questionar a própria verdade e confrontá-la com visões diferentes da sua. Escrever, para mim, também acaba sendo isso.

A literatura conserva uma função política e social, ou isso é algo que não lhe diz mais respeito? Você acredita que seus livros possam transformar a realidade?
Realmente a literatura perdeu muito da sua força política. Não só no Brasil. Mas acho que ela nunca teve o poder de mudar o mundo. O puritanismo francês não deixou de existir porque Flaubert escreveu *Madame Bovary*, ou porque o Oscar Wilde escreveu o *De profundis*, ou *Salomé*. O comunismo não salvou o país depois que Graciliano virou escritor, ou depois que Jorge Amado escreveu *Seara vermelha*. A violência pelo interior do Brasil não acabou por causa do *Grande ser-*

tão: *Veredas*. Os livros, e as artes em geral, são um ingrediente a mais no processo histórico, mas a história produz sempre as consequências mais inesperadas para as causas mais insólitas.
Aqui no Brasil, a produção literária não se arrisca muito a falar de política. Como fazê-lo? Todos sabemos que devemos evitar o proselitismo político na ficção. Esse é um erro já conhecido. Mas, se pensarmos com a nossa própria cabeça, vamos acabar desrespeitando o figurino politicamente correto e as patrulhas, e sofreremos as consequências disso. Então, acho que muitos escritores preferem não entrar no assunto.

Em que medida *Outra vida* é um romance engajado?
Outra vida é engajado apenas no sentido de trazer para o primeiro plano os dramas da classe média, que me parece uma faixa social, por incrível que pareça, muito mal vista entre nós. O Brasil diz querer distribuir renda, mas despreza a classe que se fortalece com essa eventual distribuição. Quem está no topo da pirâmide julga-a medíocre e destituída do charme da cultura popular, e quem sonha em redesenhar a estrutura social do país despreza-a por seu conservadorismo na política, no comportamento etc. Talvez essa seja uma contradição que precisemos resolver antes de efetivamente conseguirmos uma sociedade mais justa. Desenvolvermos um novo olhar sobre a classe média.

Você escreveu um perfil de William Faulkner em que afirma que o demônio fez Faulkner se tornar escritor. Segundo o próprio Faulkner: "Esse demônio é inato. Você tem de cultivá-lo, acalentá-lo, alimentá-lo, regá-lo e fazê-lo crescer, mas não creio que se possa adquirir esse demônio". Você também traz esse demônio dentro de você?
O que o Faulkner chamou de "o demônio" é aquilo que faz uma história borbulhar na cabeça do escritor às vezes por anos a fio, mantendo-o emocionalmente ligado a um trabalho de longo prazo; é uma necessidade visceral de contar aquela história, que passa por cima de todas as outras necessidades da vida, fazendo você acordar mais cedo para trabalhar, virar noites, perder os fins de semana e os feriados no trabalho. É a dose de obsessão necessária para virar escritor.
Gosto da imagem que ele usou porque essa obsessão tem um lado bom, ao fazer de você, retrospectivamente, uma pessoa produtiva. Mas ele lhe cobra a sua parte no pacto "demoníaco", que é o sacrifício coti-

diano dos outros prazeres da vida, o tempo gasto no trabalho literário, a solidão desse trabalho.

Também concordo com ele que o demônio é inato. Mas isso é muito difícil de explicar. A quantidade de gente publicando livros hoje é imensa, mas todos são escritores? Todos têm o demônio? Acho que não. Quando você lê, você sente quem tem. Você pode até não gostar do livro, não se identificar com aquele tipo de literatura, mas você sente quando o demônio está vivo no texto e no escritor. Quem o tiver dentro de si continuará escrevendo, não importa o que acontecer em sua carreira de escritor – se terá sucesso de público ou não, se terá boa recepção na crítica ou não. Quem não o tiver, depois de um ou dois fracassos, se afastará da carreira, pois no dia a dia ela lhe parecerá muito mais exigente do que recompensadora.

Seus livros mostram uma visão histórica muito aguçada. Isso é influência de sua formação como historiador? Como essa formação se projeta em sua literatura?
Sem dúvida, a história influencia minha literatura. Gosto quando os personagens são atingidos pelos ventos fortes da história. Sem o contexto da época, como realmente entender determinado comportamento, determinado perfil psicológico?

Mas não vejo a história como um caminho para uma verdade única. Ela é polifônica. Aceito essa condição da história política e social, assim como aceito a polifonia da história da arte. Os fatos existem, mas são sempre submetidos à subjetividade humana, às versões e interpretações. O fato de uma determinada versão se tornar hegemônica, para mim, não significa necessariamente que ela seja mais verdadeira que as outras. Mil fatores influenciam na obtenção dessa hegemonia.

Você costuma defender a ideia de que o escritor é basicamente um contador de histórias. Isso significa que o conteúdo é mais importante que a forma?
Com a ressalva de que "basicamente" não significa "exclusivamente", sim, eu digo isso mesmo. Mas também dou muita importância ao trabalho de linguagem. Acho mesmo que as duas coisas devem vir juntas, pois cada história pede um jeito de ser contada. Isso explica as grandes mudanças estilísticas que meus livros apresentam entre si.

Dou valor tanto ao livro que fica pedante de tão formalista quanto ao livro que descuida inteiramente da linguagem e faz uma narrativa pobre do ponto de vista formal, privilegiando apenas o enredo. São dois lados da mesma moeda. Eu, nesse aspecto, procuro o meio-termo. Valorizo a forma, mas valorizo sim a história, pois acho que para se contar bem uma história é preciso uma inteligência específica. Alguns recursos técnicos podem ser aprendidos, mas nenhuma cartilha irá prever todas as situações, e é preciso desenvolver essa forma própria de inteligência para ser um bom narrador. Para manipular o interesse do leitor, para conduzi-lo entre momentos de clímax e momentos de distensão, você precisa conhecer muito da psicologia humana, e da maneira como as palavras são capazes de influenciá-la.

Além do quê, essa generosidade de querer entreter o outro, de querer expandir a experiência biográfica de cada um através de personagens ficcionais, que vivem histórias diferentes das que vivemos, me agrada muito na missão do escritor. Acho que a literatura é feita para o autor tomar um banho de humanidade, e não para ele se destacar dela. E o melhor caminho para esse banho de humanidade, a meu ver, são as histórias que vivemos, que nos contam, que imaginamos. Nós estamos naquilo que acontece conosco.

Você tinha vinte e seis anos quando lançou o primeiro livro. Você inventava histórias quando era criança? Você escrevia quando era criança?
Não escrevia quando era criança. Meu sonho, na verdade, sempre foi ser caricaturista, chargista. Até hoje desenho rostos e bonecos por toda parte e a todo momento. Se houve uma fase em que inventei muitas histórias espontaneamente, foi enquanto minha filha, hoje com dezessete anos, era criancinha. Eu inventava as histórias, fazia vozes, descrevia cenários etc. Quando cabia a mim colocá-la para dormir, morria de orgulho ao ver que ela jamais pregava os olhos; pelo menos não até a mãe aparecer, me dar uma bronca e me expulsar do quarto!

Tem algum livro que não publicou, ou que destruiu?
Tenho dois livros não publicados: uma continuação do *Leão rampante*, que escrevi logo depois do livro, mas não quis publicar, para não correr o risco de ser rotulado como "um autor que escreve novelas históricas", e um livro de poemas, que coloquei no meu site, mas nunca publiquei, por

preguiça de batalhar a publicação e por um certo encabulamento de ficcionista se metendo numa seara que não é a sua. Mas nunca destruí nenhum. Jamais faria isso. Sou um compulsivo acumulador de papéis, para começar, e sou um pouco colecionador de mim mesmo. Mesmo quando é uma coisa que eu leio e vejo o quanto ficou ruim, eu guardo, pois acho que dali pode sair alguma coisa boa no futuro. Você nunca sabe...

Você é tradutor de vários romances do escritor francês Alexandre Dumas, como *Os três mosqueteiros*, *O conde de Monte Cristo* e *A mulher da gargantilha de veludo*. Parece que, hoje em dia, a imagem literária de Dumas – assim como a de muitos outros autores importantes do século XIX – anda desvalorizada. Em geral, o tratam pejorativamente como um "narrador de aventuras". O que você pensa desse preconceito?
Em primeiro lugar, penso que esse preconceito contra a literatura de aventuras só existe na cabeça dos intelectualoides, mais presos a cânones rígidos. O leitor de verdade não está nem aí para essa restrição, ele sabe que há momentos para todo tipo de livro.
Em parte, esse preconceito decorre de uma visão idealizada da literatura, como se ela fosse uma arte mais nobre que as outras, para a qual certos recursos narrativos não são dignos o suficiente, ou são menores. Então, a mesma pessoa que menospreza o Dumas na literatura acha normal respeitar o Quentin Tarantino como um grande cineasta, o que para mim é um paradoxo completo (cito o Tarantino porque ele vem se especializando no tema da vingança, que é a base do *Conde de Monte Cristo*, por exemplo). É a velha história da torre de marfim...
Mas o Dumas sofre um preconceito não apenas por ser um autor de ação, mas por ser um escritor romântico. Hoje em dia, os românticos estão por baixo perante o público especializado. Quem é o jovem crítico, ou o jovem escritor, que se diz influenciado por um José de Alencar, um Castro Alves, um Gonçalves Dias? Não conheço nenhum. E no entanto, como editor, posso afirmar sem medo que o público leitor não especializado ainda se identifica, e muito, com os escritores românticos. Publiquei *Os miseráveis*, do Victor Hugo, quando estava na Cosac Naify, e os dois Dumas que você citou na Zahar, e sempre deu certo. Aposto que um leitor comum se identificaria mais com, digamos, *O navio negreiro* do que com um hermético poema contemporâneo. Por que esse preconceito contra os românticos junto ao público

especializado? Talvez porque nossos "formadores de opinião" estejam céticos demais, desiludidos demais, ou cínicos demais, e incapazes da entrega a ideais políticos, amorosos, pessoais, que são muito presentes na literatura romântica.

Há um terceiro motivo para minha ligação com a literatura de aventuras: era ela que eu lia quando era adolescente. *Ivanhoé*, *Tarzan*, *Winnetou* (os três volumes), *Os reis malditos*, *Pimpinela Escarlate*, *Gavião do mar*, enfim, todos esses "clássicos". Mesmo quando eu não os lia, eu os cobiçava, e foi graças a eles que eu desenvolvi o desejo e o gosto de ler. Sou não apenas muito grato a todos, motivo pelo qual gosto de relê-los, como se estivesse reencontrando velhos amigos, mas sou também a prova viva de que eles podem ser ferramentas eficientes na formação de novos leitores. Assim, sempre que possível, gosto de publicá-los e recolocá-los em circulação. Recentemente, a tradução de *Os três mosqueteiros* que fiz com André Telles foi adotada pela Secretaria Municipal do Rio de Janeiro para ser um presente de fim de ano, dado a cada aluno que se formasse no ensino fundamental da rede pública. Foi, para mim, muito emocionante. Então, acho que não estou maluco.

Você já sentiu a "angústia da influência", de que fala Harold Bloom? As influências o estimulam ou o paralisam?
A angústia da influência, para mim, é um novo nome para o bom e velho superego. A cobrança que jogamos sobre nós, ao sentar para escrever, de que precisamos ser tão bons quanto este ou aquele escritor que admiramos. Isso todo mundo tem. Quando comecei a escrever, um amigo adorava me provocar com uma verdadeira enciclopédia de fatos aterrorizadores para qualquer jovem escritor: "Você sabia que Gilberto Freyre escreveu *Casa-grande & senzala* aos trinta e dois anos?", "Você sabia que Mozart, aos trinta e quatro anos, já estava morrendo?". Cada informação dessas jogava mais uma tonelada sobre meus ombros!

Com o tempo, você percebe que precisa descobrir sua própria voz. Ou, no meu caso, a voz de cada história. Hoje em dia, se a cobrança não vai embora (os analistas que tive na vida são unânimes: meu superego é indestrutível), pelo menos eu faço uma crítica da crítica, uma defesa automática do espaço interior que preciso para escrever.

Além disso, vendo que seus próprios livros podem despertar leituras opostas em pessoas cujas opiniões você respeita igualmente, você percebe que há sempre, e nunca deixará de haver, uma grande dose de subjetividade na avaliação de uma obra de arte. Uns preferem bananas, outros preferem maçãs. Assim é a vida. Claro que eu gostaria de ter uma obra aceita no cânone, de me tornar uma referência obrigatória na cena literária da minha época, ou na história da literatura brasileira. Todo escritor deseja isso. Mas não é porque eu não sou o Camões que eu vou deixar de escrever. Não é porque eu não tenho uma tromba de elefante que eu vou deixar de respirar.

Porque, em última instância, escrever, para mim, é isso: uma parte essencial da vida cotidiana, feito comer, dormir, ir ao banheiro, fazer sexo etc. Se fico muitos dias sem, passo mal, deprimo, enfraqueço. Não é exagero, ou modo de dizer. Para minha própria saúde físico-mental, tenho sempre de estar trabalhando em algum livro meu. Nesse plano, não há nenhuma preocupação com a glória ou a prosperidade.

Luto cotidianamente para não viver a carreira literária como um concurso de canto lírico, uma busca pela voz mais potente, de maior alcance, mais afinada e sem falhas, a ser posta debaixo dos holofotes e incensada como a de uma prima-dona. É difícil adotar uma nova atitude, pois todo o meio conspira contra ela. Mas prefiro sinceramente viver a literatura como uma noite na floresta, em que você ouve as vozes de centenas de animais, de todos os tipos, grandes, pequenos, voadores, terrestres, carnívoros, herbívoros etc. E cada som daqueles, para o animal que o produz, não é nem bom nem ruim, é ele. Simplesmente isso.

Apesar de ter falado que todos os personagens têm um pouco de você, sua literatura não parece autobiográfica. O que você pensa a respeito da tendência autobiográfica na literatura contemporânea?
Costumo ouvir mais o contrário. Talvez o único livro que tenha escapado de passar por autobiográfico seja o *Leão rampante*, porque o narrador é um contemporâneo do Shakespeare. Mas, em geral, meu personagem pode ser assassino, contador, pirata, multimilionário, o que for, mas sempre me dizem: "É autobiográfico, não é?". O tom é de pergunta, mas na verdade estão fazendo uma afirmação.

Meu segundo livro, *A dinâmica das larvas*, é uma farsa passada no meio editorial brasileiro, e, como sou editor, todo mundo leu numa chave autobiográfica. Com o *Vista do Rio*, por se passar no prédio onde morei e na cidade onde vivi a primeira parte da minha vida, aconteceu a mesma coisa. Com o *Outra vida*, por falar de um casal em pleno processo de separação, idem.

Eu costumava me incomodar com a insistência das pessoas em enxergar autobiografia em tudo. E me perguntava: "Puxa, será que realmente sou tão incapaz de me desconectar da minha experiência pessoal ao compor meus personagens? Será que são todos fantoches de mim mesmo?". Depois, o incômodo passou, e me acostumei a entender essa reação dos leitores e dos críticos como uma forma de elogio, uma maneira de dizer que havia autenticidade naquela voz narrativa.

Prefiro pensar como você, que não escrevo histórias puramente autobiográficas, embora haja traços da minha vida em todos os livros. Ou, mais ainda, prefiro pensar que minha grande narrativa autobiográfica está na variação estilística que vejo em meus livros. Se no primeiro livro me abri para uma voz narrativa abarrocada, isso tem a ver com a minha vida e os meus gostos da época. Se depois enxuguei minha escrita, a mesma coisa. Se fiz a síntese num terceiro momento, a explicação está na vida que levava então. E por aí vai.

Você organizou uma coleção de literatura brasileira contemporânea para uma editora. Como vê a literatura em língua portuguesa hoje? Lê autores portugueses e africanos? Eles influenciam sua escrita?

Foi uma boa experiência trabalhar numa coleção de literatura brasileira. Mas durou pouco, e, na verdade, eu não tinha muita autonomia. Havia um editor-chefe acima de mim, com excepcional sensibilidade para editar textos de literatura brasileira e cujas formação e concepção editorial eram muito diferentes das minhas. Das duas escolas editoriais que mencionei na segunda pergunta dessa entrevista, ele pertencia à segunda, a que escolhe o que é melhor para o leitor. O caráter de painel abrangente, variado, que eu teria dado à coleção, acabou nunca se formando.

Mas nunca fui muito bom para disciplinar as minhas leituras. Mesmo quando fiz minha tese, tinha dificuldade em reunir uma bibliografia sobre um assunto qualquer e lê-la em ordem, com método. Então não acompanho com método a literatura de nenhum país além do nosso, e, mesmo assim, com lacunas graves. Já li autores africanos, alguns de que gosto, outros de que não gosto, mas não conheço o suficiente para formar um quadro abrangente e discorrer sobre os desafios e as potencialidades literárias de seus países. Agora, também não tenho prevenções.

Não é porque certo autor é desse ou daquele país que vou ler seus livros com maior ou menor inclinação a gostar.

Quais são seus escritores favoritos?
Costumo dizer que, se tivesse de ir para uma ilha deserta, levaria três de meus escritores favoritos: Eça de Queirós, Shakespeare e William Faulkner. O Eça porque, quando eu era adolescente, me ensinou a rir das minhas desgraças. O Shakespeare porque, lá pelos dezoito anos, me ensinou que a condição de desgraçado não é inerente a ninguém, e que eu podia fazer da minha vida outra coisa. E o Faulkner porque, lá pelos trinta anos, me ensinou que todo mundo se sentia desgraçado igual a mim. Não resolveu meu problema, mas a sensação de não ser o único infeliz tira muito da pressão. Já no campo da não ficção, acho que somos todos tributários de Darwin, Marx e Freud. Claro que, dos três, Freud é o mais passível de ser lido como literatura. Nos outros dois o espírito do estudo compulsório é mais necessário para a leitura avançar, pelo menos foi para mim.

O medo de ser criticado, "massacrado" pela crítica, inibe sua literatura?
Eu morro de medo de ser massacrado pela crítica, claro. Já sofri críticas duríssimas. Mas não inibe, não. O livro sai de determinado jeito porque, em determinada altura da minha vida, aquelas eram as minhas virtudes e os meus defeitos como escritor. Simples assim. Não sou autoindulgente, e procuro sempre melhorar, me desafiar, ampliar minha capacidade de fabulação, meu elenco de recursos narrativos etc. Mas também não vou "comprar" inteiramente o massacre que porventura me façam. Não mereço. Tenho a consciência tranquila de que nunca barateei meu trabalho de propósito, por dinheiro, por prazo, por pressão externa, por desejo de glória fácil. Os livros saíram do jeito que saíram porque aquilo foi o melhor que eu pude fazer. Para o bem ou para o mal. Não há muito mais que eu possa oferecer em sacrifício no altar da fama.

Qual o papel da crítica literária no século XXI? Ainda cabe a ela, como no passado, o papel de juiz?
Acho a crítica sempre muito importante. Ela ajuda o público a se formar, a discernir o que é o que na cena literária. Além disso, ela é a interlocu-

tora dos escritores, que os faz enxergar seus próprios livros com outros olhos, um exercício sempre muito extenuante e enriquecedor.

Mas acho também que a quantidade de novos autores, a quantidade de novos títulos a cada ano, a quantidade de linhas literárias convivendo dificultaram muito o trabalho do crítico. Está difícil organizar, formar um quadro, são muitos os sons da floresta. Então os balanços críticos da literatura contemporânea me parecem sempre pouco abrangentes e, portanto, sempre distorcidos, ou mesmo parciais. Estão mais no nível da aposta pessoal, determinado crítico apostando nesse autor, nessa linha de trabalho. Melhor que nada, mas não é tudo que se esperaria da crítica. Para os críticos consagrados, é muito mais seguro continuar escrevendo sobre Guimarães, Clarice, Drummond e Machado. No meio universitário, aposto que esses autores respondem por pelo menos quarenta por cento das teses de doutorado defendidas. Entre os professores que se mostram atentos à literatura contemporânea, há ainda o vasto time dos que o fazem para desqualificá-la em bloco, acusando-a de excessivamente realista, excessivamente autocentrada, de intelectualmente pobre, de alienada, sei lá mais o quê.

Admiro o espírito de sacrifício desses críticos abnegados. Deve ser horrível se dedicar a resenhar uma geração literária que você despreza. Quando eu estava terminando a faculdade, pensei em fazer tese sobre Shakespeare, e enquanto flertava com essa pós-graduação fui convidado algumas vezes a fazer frilas como crítico teatral, resenhando as montagens shakespearianas na cidade. Mas aí eu pensei: "Eu não quero ser isso, não quero ser esse cara que fica dizendo 'esse é bom por causa disso, disso e disso', 'esse é ruim por causa daquilo e daquilo'. Prefiro até ser um mau escritor, mas criar uma coisa minha, a invocar a condição de juiz dos outros". Não me senti bem no papel, talvez por ter uma consciência muito nítida de que as preferências nasciam antes na minha subjetividade, e só depois eu as objetivava em aspectos intrínsecos à obra. Com todo mundo é assim, acredito, mas, de qualquer forma, foi uma opção de vida.

Posso dizer que, como editor, acompanho em parte a produção literária de outros países e não vejo nenhum grande grito estético acontecendo por lá. Mas para eles isso não significa necessariamente uma crise da literatura. Para eles, há muita coisa boa além do que é de vanguarda. Isso que chamo de "vanguardolatria" é uma coisa muito marcante entre nós, mas está enfraquecida fora daqui. Os críticos estrangeiros não têm o modelo do *nouveau roman* como termômetro de qualidade; ou a militância ideológica como padrão de rigor, ou o formalismo estético. Não que um grande livro não possa ainda ser escrito com tais receituários, porém eles não funcionam mais como marcos objetivos, indiscutíveis, de qualidade, e há vida inteligente além dessas antigas balizas.

Suas teses de mestrado e doutorado têm como objeto a obra de João Antônio. A literatura de João tem um pé na reportagem, e nesse aspecto é muito diferente da sua. Em que medida ela influencia sua obra? Em que medida você dela se esquiva?
Minha relação com a obra do João Antônio começou de forma invertida e excepcional, porque é o único caso de um grande escritor que conheceu a minha obra antes que eu conhecesse a dele. Quando lancei o *Leão rampante*, o João Antônio escreveu duas resenhas muitos elogiosas, no *Jornal da Tarde* e na *Tribuna da Imprensa*. E muita gente me dava os parabéns, acrescentando: "E escritas pelo João Antônio!". Mas eu, confesso, nunca tinha ouvido falar dele!
Quando fui ler, senti que estava diante de um estilista, um sujeito que trabalhava com a língua com a mesma preocupação sonora e sensorial que um Guimarães Rosa, ou um João Ubaldo Ribeiro, muito embora aplicando-a num universo particular. Então ele não teve propriamente uma influência sobre a minha obra, do ponto de vista formal, porque eu já estava trabalhando numa linha parecida, eu já tinha uma relação parecida com as palavras e a língua, o que explica o fato de ele ter gostado tanto do meu livro.
Ao escrever a tese, confirmei a hipótese, levantada também por outros antes de mim, de que, no João Antônio, embora ele seja tido como um escritor urbano por excelência, essa curtição sonora e sensorial das palavras ecoava a do regionalismo tardio, do Guimarães Rosa e seus imitadores. Na pesquisa, encontrei cartas em que ele assumia isso explicitamente, e fiz análises comparativas que, a meu ver, não deixam dúvidas de que ele buscou procedimentos técnicos em uma linhagem de escritores dedicada a ambientes rurais, e aplicou-os na cidade grande. Então, escrever a tese e trabalhar com a obra dele foi importante para, mais uma vez, constatar que a história da literatura, tal qual a conhecemos, nem sempre conta tudo, e muitas vezes tolhe o leque de explicações para a trajetória deste ou daquele escritor.

Você é autor de vários livros infantojuvenis, como a novela *O mistério do leão rampante*, *O fazedor de velhos* e *Fábulas para o ano 2000*. Você considera a literatura infantojuvenil tão importante quanto a literatura para adultos?

Bom, embora essas fronteiras para mim não sejam muito demarcadas, eu não considero o *Leão rampante* um livro juvenil. Eu o escrevi pensando no público adulto. Mas acredito que possa ser lido como tal. No caso do *Fazedor de velhos*, deu-se o contrário, escrevi-o como um livro juvenil, e, no entanto, a resposta do público adulto é sempre muito boa também.

Acho que o segredo é nunca tratar o jovem como idiota, nunca imaginar que basta colocar no seu personagem adolescente três ou quatro estereótipos (um skate, um videogame, um bermudão e um boné com a aba virada para trás) para que ele ganhe vida. Ele precisa ter um problema essencial, e esse tipo de problema é o mesmo que temos quando adultos. Ele apenas se manifesta diferentemente de acordo com a fase da vida. Um adolescente e um idoso têm ambos medo de morrer, mas não necessariamente lidam com essa possibilidade da mesma forma. Lendo o *Fazedor*, uma professora de literatura certa vez me perguntou se eu estava "preparando os adolescentes para o sofrimento", e eu achei graça porque, para mim, não há fase da vida mais sofrida que a adolescência! A angústia é máxima, não temos resposta para nenhuma das perguntas fundamentais.

Como você mencionou, a Secretaria Municipal do Rio de Janeiro presenteou cada aluno formado no ensino fundamental da rede pública com um exemplar de *Os três mosqueteiros*, traduzido por você e André Telles. Uma ótima ação de incentivo à leitura. Em sua opinião, as políticas públicas de incentivo à leitura caminham na direção certa, ajudando a autonomia financeira do escritor, ou, ao contrário, rumam para a exploração midiática da figura do escritor, sem propiciar sua independência financeira?

Não há como ser contra as políticas públicas de incentivo à leitura, que se manifestam, sobretudo, em compras governamentais, tanto na instância federal quanto nas instâncias estadual e municipal. Acho que a constituição de bibliotecas decentes nas escolas públicas e fora delas é um avanço importante. Não creio que isso prejudique o escritor.

Se tiver seu livro incluído numa dessas listas de compras, ele realmente conseguirá uma receita de direitos autorais que talvez jamais tenha conseguido na venda de livrarias. A exploração midiática da imagem do escritor se dá menos aí e mais nos eventos literários, feiras, palestras etc. Também não tenho nada contra, em princípio. No entanto, procuro escolher um pouco os convites que irei aceitar, porque essas viagens costumam perturbar o ritmo do trabalho no livro que estou escrevendo. Se ficar com uma "vida de feirante", tenho medo de nunca mais chegar ao fim de um livro.

O único aspecto preocupante no que se refere às compras governamentais é a crescente dependência financeira das editoras em relação a essas compras. É preciso que não se perca de vista que as editoras precisam viver por sua própria capacidade de atingir o público, e de vender o suficiente para se sustentar independentemente, ou todo o mercado editorial brasileiro correrá o risco de, de uma hora para outra, estar à mercê do governante do momento. Se um novo presidente eleito amanhã interromper essas compras, ou se o país, ao passar por novas dificuldades financeiras, for obrigado a reduzir drasticamente essas compras, muitas editoras ficarão subitamente privadas do grosso da sua receita, e isso é muito ruim e não deve acontecer.

REALIDADE FICÇÃO
Wander Melo Miranda

"O QUE as pessoas têm por dentro?", pergunta-se o personagem de *Outra vida* (2009), atônito diante da difícil apreensão do sentido das relações humanas. A busca por uma resposta à indagação se desdobra em outras tantas perguntas, que traduzem as inquietações e o andamento da obra de Rodrigo Lacerda – "Onde está escrito que o papel do homem na terra é ser feliz?", conclui o narrador de *Vista do Rio* (2004).

Desde a estreia com *O mistério do leão rampante* (1995), um originalíssimo e bem-humorado pastiche do romance histórico, então muito em voga entre nós, a preocupação do escritor tem sido dar forma *narrativa* às perguntas que vai se fazendo. São elas que estruturam o enredo e mobilizam a atuação dos personagens, sem cair no lugar-comum da estrutura do romance policial e de uma verdade final a ser desvendada.

Na opção por tramas bem elaboradas, a ação se concentra nas subjetividades em disputa na cena textual, sem psicologismos à maneira oitocentista, mas sempre aberta aos sutis movimentos interiores do sujeito e às suas circunstâncias de ordem social. Nada, no entanto, que se renda à ilusão referencial, em virtude do refinado ponto de vista em que as histórias são contadas e da ironia que as perpassa. Ou como prefere o narrador do conto "O hospital", em *Tripé* (1999):

> A consciência dos homens é sustentada por um tripé. O primeiro pé traz a observação da realidade cotidiana, pura e às vezes até prosaica. O segundo é onde a subjetividade de cada um se encontra com o mundo real, distorcendo-o fatalmente. O terceiro é exclusivo dos sonhos e das fantasias, ou dos pesadelos.

A base de sustentação da narrativa em tripé está em fazer dessas três formas de "consciência" um efeito de linguagem, para que o "como se" da ficção possa cumprir seu objetivo de surpreender e fazer pensar. Já no primeiro livro, a que se acrescentaram na segunda edição as "Confissões de Fabrius Moore", a reconstituição de uma anedota shakespeariana – reconstituição primorosa pela leveza, à maneira de Italo Calvino – amplia os limites da história pela força da fabulação e da subjetivação dos conflitos narrativos. O artifício do manuscrito encontrado e transcrito, índice metaficcional evidente, adquire caráter verossímil na economia narrativa pelo uso do português quinhentista, também ele alvo de deslocamento e distorção.

No livro seguinte, *A dinâmica das larvas* (1996), a que o autor subintitula de *comédia trágico-farsesca*, o mercado editorial e o meio acadêmico são alvos de uma indagação sobre a *propriedade* científica e literária, que se revela no embate discursivo pelo poder, bem como no descompasso entre arte e vida, a que o triângulo amoroso que envolve os personagens dramatiza no nível das relações intersubjetivas.

> Explico-me: sob a ótica antropocêntrica, um leitão recém-nascido, róseo, fresco e de olhinhos ingênuos a piscar, em comparação à lagarta viscosa e ondulante, nos evoca a limpeza de corpo, a bondade da alma e o destemor dos justos, postos em cotejo à aparência fétida, ao comportamento mede-palma e sorrateiro de algumas larvas lepidópteras. Porém, dando licença ao tempo, logo se verá quanto a pureza de um transforma-se em imundície e a viscosidade da outra se metamorfoseia em borboleteante alegria campestre.

A tentação de uma leitura alegórica ou *à clef* é desautorizada, mais do que pela carta-posfácio do autor, pela natureza larvar do relato, ao fazer uso da paródia do discurso (pseudo)científico como forma de contraste com a linguagem literária. Posto em confronto com o texto que o contém, o texto parodiado sustenta-se por escalas de medição que se querem critérios absolutos de valor, em tudo distantes dos valores éticos e estéticos que o livro problematiza, embora ironicamente desconstruídos pela fala do zoólogo enlouquecido.

> O fato é que a modificação anatômica absoluta, para a qual as larvas são constituídas, é a mais árdua e complexa tarefa exercida por qualquer

ser vivo. (...) Além das larvas, somente a raça humana aspira a processos semelhantes de transformação, mas outra vez sou obrigado a dizer, horrorizando meus enfermeiros como fiz à sociedade em geral: é muito pior sucedida do que as larvas.

A pergunta sobre o critério mais justo e verdadeiro para medir a "beleza" e o "asco", razão mesma da escrita, resulta da relação entre os dois editores, a executiva e o zoólogo escritor, cujo ponto alto é a metamorfose alucinada do epílogo, que desloca brutalmente o lugar de demarcação irrefutável do território do humano e do inumano.

No capítulo de abertura de *Vista do Rio*, o humano se confunde com o monstruoso. Virgílio e Marco Aurélio, protagonistas do romance, colocam um beija-flor vivo dentro de um liquidificador e ligam o aparelho. À semelhança do conto "A causa secreta", de Machado de Assis, o narrador M. A. (Marco Aurélio) se detém na descrição minuciosa da cena de horror provocada por ele e pelo amigo quando crianças, como se fosse a rememoração de um acontecimento banal.

> Quase esgotado o beija-flor foi se entregando, largando, descendo. Desistir começou a ser uma opção. Bastou o rabo encostar nas hélices, contudo, que suas energias voltaram. Com sorte roto, com azar ferido, o bicho subiu de novo. Suas asas ocuparam um espaço maior que elas, num frenesi que só o medo da morte é capaz de provocar. Convulsão, taquicardia, e os olhos pretos, do tamanho de uma cabeça de alfinete, ganharam expressão. Ele se debateu contra a tampa e as paredes de plástico, à sombra de Virgílio, que satisfeito, retapava o liquidificador.

A assepsia da construção do edifício Estrela de Ipanema, onde se passa a ação, e o apuro técnico da narrativa, de que é exemplo o trecho citado, ressaltam a perspectiva irônica do relato – "Ipanema, em Tupi, quer dizer água podre" – ao inverter a promessa de felicidade que o projeto moderno do edifício parece indicar. Ao intercalar a descrição detalhada do edifício com os fatos narrados, o narrador vai paulatinamente colocando em confronto a decadência física da construção e a doença que afinal acomete o amigo Virgílio e que o levará à morte.

A violência perpassa as relações pessoais e sociais, com alta carga de indiferença e cinismo, apesar de o narrador tentar juízos e argumentações dos quais ele mesmo não se sente muito seguro. Para quem contar ou como contar, já que a "modernidade viabilizava o fim da comunhão de sentimentos" como sua tarefa primordial para tornar o homem "livre"? O narrador debate-se entre ser "caricaturista" ou "realista suave", segundo suas palavras. Num caso, a deformação hiperbólica, que o episódio do beija-flor sugere; no outro, certo distanciamento e leveza frente ao narrado, como exprime a cena do voo de asa-delta com que a história se conclui.

O fim de Virgílio coincide, no texto, com a decadência do Estrela de Ipanema – "'apodreceu tudo lá dentro', explicou o porteiro, com a maior naturalidade". A narrativa reabre-se com uma nova imagem visual, que deixa ver a natureza exuberante de praias e morros, estes últimos comparados ambiguamente pela epígrafe a um "farto seio de pedra". Narra-se, então, o primeiro voo de asa-delta feito por Virgílio, no verão de 1987. O acesso difícil ao lugar do salto proporciona, em virtude da beleza de cartão-postal da cidade vista de cima, uma compreensão mais próxima do que a beleza representa.

A doença, o edifício, a cidade. Nas palavras de Virgílio, em conversa com Marco Aurélio:

> Toda a cidade tem buracos negros, onde a violência e a criminalidade barram a entrada da lei. O Rio tem isso, claro, mas é uma das poucas cidades onde também a revolta – pacífica – é capaz de criar áreas e códigos alternativos. A beleza natural cria nuanças inesperadas na divisão do espaço social.

Virgílio, enfim, salta e desliza tranquilo no ar, como a arrematar de outra maneira a história de sua vida. Marco Aurélio permanece na plataforma de decolagem, acometido pela náusea e pela angústia de se saber à beira de outro abismo, onde arte, vida e felicidade se confundem.

Como um dado a mais, a denominação irônica de Virgílio e Marco Aurélio, este último filho de um latinista ainda cioso dos valores da cultura clássica em tempos modernos, acentua a visão derrisória do texto e sua função estratégica de fazer coincidir ética e estética como uma *política* da escrita, entendida como capacidade que a linguagem literária tem de fazer frente ao processo de dessubjetivação a que estamos submetidos na atualidade.

Em *Outra vida*, esse processo atinge seu ponto alto de realização artística. O romance se passa na rodoviária de uma metrópole brasileira não identificada. Como espaço de trânsito, provisório e efêmero, pertence à categoria do "não lugar", que acentua a perda do vínculo social e das marcas identitárias e históricas. É nele, contudo, que marido, mulher e filha esperam o ônibus que vai levá-los de volta à cidadezinha de origem, após envolvimento do marido num escândalo de corrupção. Do ponto de vista do marido,

> o futuro pode não ser mais tão promissor, os horizontes, tão abertos, a vida, afinal, talvez não volte a ser uma página em branco, como quando casaram e a filha nasceu – ele admite que talvez nunca se livre inteiramente da mancha em sua biografia –, mas ainda é jovem, os dois são jovens, e podem muito bem construir uma rotina mais calma e menos ambiciosa.

Com apuro linguístico e cuidado extremo na apreensão dos movimentos mais simples dos personagens, o narrador vai aos poucos aumentando a carga emocional do conflito familiar, que termina por explodir de modo dramático. Os ponteiros do relógio e as incursões ao passado demarcam um andamento temporal arrastado, em contraste com a expectativa que a narrativa vai criando. Estranhamente e apesar de tudo, a relação com o mundo parece ter ficado lá fora e se reduz à forma "espetacular" que a tela da TV, num canto da parede, lhe confere: a cidade como que desaparece e assume definitiva e irremediavelmente sua condição de "não lugar". Mas a história oferece uma alternativa quando a mãe resolve ficar e a filha parte com o pai – "Terminando de despedir, a menina joga o cabelo para trás, num gesto idêntico ao da mãe e da avó".

A repetição acena para o fim da promessa de mudança que a *história* deixa no ar. A piscadela irônica do narrador, no entanto, devolve ao texto e à leitura sua potência *ficcional*, seu desvelar-se na utopia ainda que vacilante de *outra vida*. A possibilidade de recomposição dos laços sociais por uma nova subjetividade passa pela desistência "aos males da vida chamada moderna", após a tentativa falida de submeter-se a ela:

> O que havia tentado era apenas botar um dinheiro no bolso, para então revalorizar o mundo a sua volta. Precisava renomear tudo, como se estivesse aprendendo uma língua diferente e colando em cada objeto uma etiqueta com seu novo nome.

Na economia dos valores textuais, a "revalorização" do mundo compreende a atenção aos dilemas familiares gerados pela modernização, bem como ao apagamento da cidade como espaço do cidadão – "a cidade incompatível com qualquer atuação regeneradora, libertadora do tempo, da hierarquia, pois sempre alguém está mandando em você, dispondo de você, ou abaixo, invejando você, querendo o que é seu". O peso e o valor das instâncias de controle traçam o limite da ação – ou inércia – dos personagens, em sutil retrato da vida no mundo contemporâneo, retomando de outra forma o triângulo amoroso de *A dinâmica das larvas*, agora desdramatizado, no sentido de mais descarnada de afetos a perspectiva narrativa, embora igualmente tensionado como uma conjunção de conflitos de variada ordem.

A capacidade de Rodrigo Lacerda tratar esses conflitos como ponto de partida de uma concepção de tempo submetida a certos deslocamentos resulta numa sorte de aderência ao presente por meio de uma tomada de distância da cultura histórica em que estamos imersos para ter acesso ao que nela é mais singular e nos escapa. Tarefa paradoxal que se traduz pelo embate entre o tempo coletivo e o tempo da vida do indivíduo, que percebe o escuro do seu tempo como algo que lhe concerne e não cessa de interpelá-lo.

Essa interpelação assume na ficção a forma de uma pergunta sobre a razão mesma da escrita na atualidade, sem os contornos metafísicos ou os arroubos experimentais que determinaram a especificidade de grande parte da produção literária na alta modernidade. A resposta à indagação de abertura deste texto – "O que as pessoas têm por dentro?" – se encaminha, em *O fazedor de velhos* (2008), para o ensaio de autoficção, em que a história pessoal se desenha como lembrança de leituras que vão tecendo a trama narrativa do romance de formação do escritor que aí se configura. Original pelo pacto de leitura que firma com o leitor, o livro acentua a aposta de Rodrigo Lacerda na realidade da ficção, o que faz de sua obra uma das mais bem-sucedidas realizações da literatura brasileira atual.

WANDER MELO MIRANDA é professor de Teoria da Literatura e Literatura Comparada na Universidade Federal de Minas Gerais (UFMG) e diretor da Editora UFMG. Supervisor do projeto de reedição da obra completa de Graciliano Ramos, pela editora Record, é autor de vários livros de ensaios, entre eles *Corpos escritos: Graciliano Ramos e Silviano Santiago* (Edusp/Editora UFMG), *Nações literárias* (Ateliê) e *Graciliano Ramos* (Publifolha).

BIBLIOGRAFIA

ROMANCES
Outra vida. Alfaguara, Rio de Janeiro, 2009.
Vista do Rio. Cosac Naify, São Paulo, 2004.

NOVELAS
A dinâmica das larvas. Nova Fronteira, Rio de Janeiro, 1996.
O mistério do leão rampante. Ateliê, Cotia, 1995; 2005 (reedição, inclui "Confissões de Fabrius Moore").

CONTOS
Tripé. Ateliê, Cotia, 1999.

POESIA
A fantástica arte de conviver com animais. Edição do autor, 2006.

FICÇÃO INFANTOJUVENIL
O fazedor de velhos. Cosac Naify, São Paulo, 2008 – com ilustrações de Adrianne Gallinari.
Fábulas para o ano 2000. Ateliê, Cotia, 1998 – com Gustavo Bolognani Martins.

TRADUÇÕES
Alexandre Dumas, *Os três mosqueteiros.* Zahar, Rio de Janeiro, 2011 – com André Telles.
Raymond Carver, poemas em: *Coyote* n. 14. Coyote, Londrina, 2009.
Raymond Carver, poemas em: *Serrote* n. 2. Instituto Moreira Salles, São Paulo, 2009.
Alexandre Dumas, *O conde de Monte Cristo.* Zahar, Rio de Janeiro, 2008, 2 v. – com André Telles.
Bud Schulberg, *Os desencantados.* Cosac Naify, São Paulo, 2006 – com Alexandre Barbosa de Souza e Alípio Correia de Franca Neto.
Marc MacCutcheon, *A menina que batizou um planeta.* Cosac Naify, São Paulo, 2005; republicado em 2010 como *A menina que batizou Plutão.*
William Faulkner, *Palmeiras selvagens.* Cosac Naify, São Paulo, 2003 – com Newton Goldman.

Raymond Carver, poemas em: *Babel* n. 5. Edição independente, Santos/Florianópolis/Campinas, 2002.
Arthur Conan Doyle, *A nuvem da morte*. Nova Alexandria, São Paulo, 1994.
Robert Louis Stevenson, *O médico e o monstro*. Nova Fronteira, Rio de Janeiro, 1992.

RIGO LACERDA ARMANDO FREITAS FILHO JOÃO GILBERTO NOLL LOURENÇO MUTARELLI CRISTOVÃ
UNES BEATRIZ BRACHER BERNARDO CARVALHO TEIXEIRA COELHO MILTON HATOUM RICARDO LÍ
TEGA SILVIANO SANTIAGO EDGARD TELLES RIBEIRO PAULO HENRIQUES BRITTO SÉRGIO SA
ONIO DE ASSIS BRASIL SEBASTIÃO UCHOA LEITE MÁRIO CHAMIE VALTER HUGO MÃE NUNO R
VISAN RUBENS FIGUEIREDO MARINA COLASANTI CHICO BUARQUE RODRIGO LACERDA ARMANDO
O GILBERTO NOLL LOURENÇO MUTARELLI CRISTOVÃO TEZZA LOBO ANTUNES BEATRIZ BRACH
VALHO TEIXEIRA COELHO MILTON HATOUM RICARDO LÍSIAS AMILCAR BETTEGA SILVIANO SANT
LES RIBEIRO PAULO HENRIQUES BRITTO SÉRGIO SANT'ANNA LUIZ ANTONIO DE ASSIS BRASIL SEB
E MÁRIO CHAMIE VALTER HUGO MÃE NUNO RAMOS DALTON TREVISAN RUBENS FIGUEIREDO MARI
O BUARQUE RODRIGO LACERDA ARMANDO FREITAS FILHO JOÃO GILBERTO NOLL LOUREN
TOVÃO TEZZA LOBO ANTUNES BEATRIZ BRACHER BERNARDO CARVALHO TEIXEIRA COELHO M
ARDO LÍSIAS AMILCAR BETTEGA SILVIANO SANTIAGO EDGARD TELLES RIBEIRO PAULO HENR
GIO SANT'ANNA LUIZ ANTONIO DE ASSIS BRASIL SEBASTIÃO UCHOA LEITE MÁRIO CHAMIE VALT
O RAMOS DALTON TREVISAN RUBENS FIGUEIREDO MARINA COLASANTI CHICO BUARQUE RODI
ANDO FREITAS FILHO JOÃO GILBERTO NOLL LOURENÇO MUTARELLI CRISTOVÃO TEZZA LOBO ANT
CHER BERNARDO CARVALHO TEIXEIRA COELHO MILTON HATOUM RICARDO LÍSIAS AMILCAR BETT
TIAGO EDGARD TELLES RIBEIRO PAULO HENRIQUES BRITTO SÉRGIO SANT'ANNA LUIZ ANTONIO DE
ASTIÃO UCHOA LEITE MÁRIO CHAMIE VALTER HUGO MÃE NUNO RAMOS DALTON TREVISAN RUBEN
INA COLASANTI CHICO BUARQUE RODRIGO LACERDA ARMANDO FREITAS FILHO JOÃO GI
RENÇO MUTARELLI CRISTOVÃO TEZZA LOBO ANTUNES BEATRIZ BRACHER BERNARDO CARVA
LHO MILTON HATOUM RICARDO LÍSIAS AMILCAR BETTEGA SILVIANO SANTIAGO EDGARD TELLES F
RIQUES BRITTO SÉRGIO SANT'ANNA LUIZ ANTONIO DE ASSIS BRASIL SEBASTIÃO UCHOA LEITE
TER HUGO MÃE NUNO RAMOS DALTON TREVISAN RUBENS FIGUEIREDO MARINA COLASANTI CH
RIGO LACERDA ARMANDO FREITAS FILHO JOÃO GILBERTO NOLL LOURENÇO MUTARELLI CRISTOVÃ
UNES BEATRIZ BRACHER BERNARDO CARVALHO TEIXEIRA COELHO MILTON HATOUM RICARDO LÍ
TEGA SILVIANO SANTIAGO EDGARD TELLES RIBEIRO PAULO HENRIQUES BRITTO SÉRGIO SA
ONIO DE ASSIS BRASIL SEBASTIÃO UCHOA LEITE MÁRIO CHAMIE VALTER HUGO MÃE NUNO R
VISAN RUBENS FIGUEIREDO MARINA COLASANTI CHICO BUARQUE RODRIGO LACERDA ARMANDO
O GILBERTO NOLL LOURENÇO MUTARELLI CRISTOVÃO TEZZA LOBO ANTUNES BEATRIZ BRACH
VALHO TEIXEIRA COELHO MILTON HATOUM RICARDO LÍSIAS AMILCAR BETTEGA SILVIANO SANT
LES RIBEIRO PAULO HENRIQUES BRITTO SÉRGIO SANT'ANNA LUIZ ANTONIO DE ASSIS BRASIL SEBA
E MÁRIO CHAMIE VALTER HUGO MÃE NUNO RAMOS DALTON TREVISAN RUBENS FIGUEIREDO MARI
O BUARQUE RODRIGO LACERDA ARMANDO FREITAS FILHO JOÃO GILBERTO NOLL LOURENÇ
TOVÃO TEZZA LOBO ANTUNES BEATRIZ BRACHER BERNARDO CARVALHO TEIXEIRA COELHO M
ARDO LÍSIAS AMILCAR BETTEGA SILVIANO SANTIAGO EDGARD TELLES RIBEIRO PAULO HENR
GIO SANT'ANNA LUIZ ANTONIO DE ASSIS BRASIL SEBASTIÃO UCHOA LEITE MÁRIO CHAMIE VALT
O RAMOS DALTON TREVISAN RUBENS FIGUEIREDO MARINA COLASANTI CHICO BUARQUE RODF
ANDO FREITAS FILHO JOÃO GILBERTO NOLL LOURENÇO MUTARELLI CRISTOVÃO TEZZA LOBO ANT
CHER BERNARDO CARVALHO TEIXEIRA COELHO MILTON HATOUM RICARDO LÍSIAS AMILCAR BETT
TIAGO EDGARD TELLES RIBEIRO PAULO HENRIQUES BRITTO SÉRGIO SANT'ANNA LUIZ ANTONIO DE
ASTIÃO UCHOA LEITE MÁRIO CHAMIE VALTER HUGO MÃE NUNO RAMOS DALTON TREVISAN RUBEN
INA COLASANTI CHICO BUARQUE RODRIGO LACERDA ARMANDO FREITAS FILHO JOÃO GI
RENÇO MUTARELLI CRISTOVÃO TEZZA LOBO ANTUNES BEATRIZ BRACHER BERNARDO CARVA
LHO MILTON HATOUM RICARDO LÍSIAS AMILCAR BETTEGA SILVIANO SANTIAGO EDGARD TELLES F
RIQUES BRITTO SÉRGIO SANT'ANNA LUIZ ANTONIO DE ASSIS BRASIL SEBASTIÃO UCHOA LEITE
TER HUGO MÃE NUNO RAMOS DALTON TREVISAN RUBENS FIGUEIREDO MARINA COLASANTI CH
RIGO LACERDA ARMANDO FREITAS FILHO JOÃO GILBERTO NOLL LOURENÇO MUTARELLI CRISTOVÃ
UNES BEATRIZ BRACHER BERNARDO CARVALHO TEIXEIRA COELHO MILTON HATOUM RICARDO LÍ
TEGA SILVIANO SANTIAGO EDGARD TELLES RIBEIRO PAULO HENRIQUES BRITTO SÉRGIO SA

ARMANDO FREITAS FILHO

ARMANDO FREITAS FILHO passou grande parte de seus quase setenta anos de vida enamorado da poesia. Comemorou quarenta anos de carreira com o lançamento de *Máquina de escrever*, reunião e revisão dos poemas que escreveu entre 1963 e 2003. Hoje, não tem mais tempo a perder e trabalha sem descanso. Em 2013, depois de vinte livros de poesia publicados, lançou *Dever*, no qual prossegue um percurso que se transforma, que ganha musculatura, como ele mesmo costuma dizer, mas que nunca se desviou do itinerário traçado em 1963, quando estreou com *Palavra*.

Armando nasceu no Rio de Janeiro, em 1940, e começou sua trajetória literária ligado ao movimento Práxis dos anos 1950 e 1960, que se opunha aos concretos. Em 1979, publicou o ensaio "Poesia vírgula viva", no livro *Anos 70 – Literatura*, no qual faz um panorama da poesia brasileira publicada a partir dos anos 1950.

Sempre conciliou a produção poética com cargos públicos. Entrou para o funcionalismo público em 1963, no Ministério da Educação e Cultura (MEC), e, a partir de então, atuou em várias instituições culturais: de 1966 a 1974, foi pesquisador na Fundação Casa de Rui Barbosa; a partir de 1974, assessor do Departamento de Assuntos Culturais do MEC, na área de literatura; em 1980, trabalhou como assessor do Instituto Nacional do Livro (INL); em 1990, tornou-se pesquisador da Biblioteca Nacional; em 1994, assessor do Núcleo de Estudos e Pesquisas (NEP), ligado ao gabinete da presidência da Funarte, onde se aposentou.

Amigo da emblemática poeta dos anos 1970 Ana Cristina Cesar, com quem manteve intensa relação pessoal e literária que perdurou por dez anos, de 1973 a 1983, Armando tornou-se o curador da obra de Ana, de quem já organizou quatro livros póstumos.

Em 2001, o Instituto Moreira Salles lançou o CD *O escritor por ele mesmo*, uma antologia de poemas recitados pelo poeta, e, em 2006, o DVD *Fio terra*, com direção de João Moreira Salles.

Com poemas traduzidos para o francês, alemão, inglês, chinês, italiano e espanhol, Armando teve seus livros *Cabeça de homem* e *Fio terra* publicados em espanhol, além de *Duplo cego* e *Numeral/Nominal*, em catalão. Em 2012, foi lançada em Portugal uma antologia de oitenta e quatro poemas escolhidos pelo autor.

Armando considera *Lar*, – publicado pela Companhia das Letras e ganhador do Prêmio Portugal Telecom de Literatura 2004 – o livro mais importante que já escreveu. Por quê? Porque é o livro que mostra seu coração por completo, diz ele.

A poesia tem alguma razão de ser?
A principal razão da poesia é não ter uma razão imediata. Na boa definição do romancista Ivan Ângelo, o escritor, quando começa a escrever, não pensa em ser escritor, ele é escritor, não tem futuro, escreve no presente. Se ele é poeta essa caracterização serve, a meu ver, para a vida inteira, pois os poetas correm por fora, ou correm entre os gêneros. Mesmo se a poesia for um "inutensílio", como quis Leminski, o seu personagem principal, que é a linguagem, pois ela é um instrumento de ponta da linguagem, é a chave mestra ou o pé de cabra que abre ou arromba as portas menos óbvias: portas que, às vezes, se abrem para dentro, portas secretas, com segredo, e nem mesmo o poeta que as abriu sabe muito bem, ou não sabe nada, como chegou até elas, qual foi o caminho de ida, tampouco o de volta, e esqueceu também ou perdeu o segredo do segredo, já que além de tudo ele é mutável.

Para que então escrever poesia?
A poesia deve ser escrita, pois vencendo essa resistência ou inutilidade, ou até por isso mesmo, ela pode – quem sabe? – ter a chance de provar o "inútil", que pressupõe a expectativa, o sabor da revelação inesperada.

É possível, neste país, depois de cinquenta anos fazendo poesia, ainda acreditar na arte? Como continuar a acreditar na arte e a escrever? Que sentido tem a arte no terceiro milênio?
Ao que me parece, só é possível acreditar na arte. Não como fonte única, mas como a fonte mais generosa. Não há atitude certa, mas a atitude possível, muitas vezes a mais difícil de ser alcançada. Meio século depois de começar a escrever publicamente, sou a prova viva de que vale a pena – não estou falando em valor, que fique claro, mas como meio de vida. O sentido da arte em qualquer milênio, seja em

que gênero for, foi o de se infiltrar através das entrelinhas (seu conduto natural), e daí, desse lugar secreto, sub-reptício, iluminar o significado da existência.

Você já falou da forte influência que o cinema exerce sobre sua atividade poética. Cita, em particular, sua paixão pelo cineasta francês Jean-Luc Godard. Como exatamente a estética do cinema, e em particular a de Godard, influencia sua escrita?
Que fique claro: a forte influência que eu recebo é do ambiente literário, é da literatura. Tudo o mais, a música, o cinema, as artes plásticas etc., é secundário. Godard entrou na minha vida às duas horas de uma tarde em 1960, no cinema Riviera, em Copacabana. Para mim, um ilustre desconhecido. O filme: *O acossado*. A sessão começa. Pensei que a projeção estivesse com defeito: o filme era taquicárdico. Cheguei a olhar para a cabine para ver se o projetista estava dormindo no ponto, mas ele me pareceu atento. Então sou eu: "Estou tendo um distúrbio visual qualquer", pensei, hipocondríaco desde o útero. Tentei adaptar meu piscar de olhos com o pisca-pisca das imagens na tela: em vão. Fui em frente, assistindo ao filme sobressaltado, que me sobressaltava. Emendei com a sessão seguinte pela primeira vez e única na minha vida de cinéfilo: a sensação persistiu, a fascinação entrecortada, *idem, ibidem*. Saí do cinema Riviera e telefonei através de um telefone preto e engordurado de um bar e disse a um amigo mais ou menos isso: "Acabei de ver um filme de um tal de Jean-Luc não sei de quê, que vai desbancar Bergman e Antonioni". A revolução a que eu tinha assistido se confirmou ao correr dos anos. Como disse Truffaut, o amigo/inimigo de vida inteira: "Existe um cinema antes e depois de Godard". O que procurei trazer para a minha poesia foi a técnica de montagem chamada de *jump cut*, cortes rápidos e bruscos na narrativa, mais analógicos do que lógicos, apreendida, talvez, por JLG, com Burroughs, o autor do inesquecível e soluçante *Almoço nu*. No começo dessa longa resposta, disse que eu sou um literato, que meu ambiente é o da literatura, mas convenhamos: Godard é Godard, ponto, parágrafo.

Você disse que "um poeta não faz seu projeto literário". Mas, então, se ele não faz, quem faz isso por ele? O acaso?
A resposta, no meu caso, pois cada caso é um caso, você já me deu: o acaso.

Você já disse, também, que a concentração é um elemento essencial do processo criativo. Escrever poesia é uma experiência que, por certo, exige muita introspecção. Trata-se de um processo de "auto-observação" e de "autoanálise"? Ou, mais, de um processo de observação do mundo? E ainda: como se consegue isso que você chama de concentração? Você pensa, em particular e apenas, no processo de elaboração da linguagem, ou ela se refere a uma postura existencial?
Sempre falando por mim, pois não tenho ambição teórica, para escrever o que escrevo, eu me concentro, antes de mais nada; me concentro para "reunir", "adensar" o que vem disperso de fora ou de dentro. Estou sempre "a ferros" na linguagem, que mistura ou não observação e análise e também – por que não? – devaneio, podendo vir com todos esses elementos e estações, ou com apenas um, ou nenhum, e você parte ou se parte, a seco. Tudo depende da sua porosidade no momento, da "inclinação do vento", digamos assim. Portanto, não há postura existencial, *a priori*, pelo menos; pode haver elaboração obstinada da linguagem.

Quais são suas grandes influências poéticas? Uma, que parece inevitável no seu caso, é a de Carlos Drummond de Andrade. É possível "superar" ou "ultrapassar" uma influência tão massacrante quanto a de Drummond? Ou o que um poeta busca é seu lugar pessoal dentro dela? Quando você leu Drummond pela primeira vez, logo reconheceu nele o gênio insuperável que o assombra, ou custou a entender isso?
Minhas primeiras influências foram as de Bandeira, Carlos Drummond, João Cabral e Gullar. A leitura de Drummond começou – e continua – aos quinze anos de idade. Como a dos outros citados. A leitura de escritores desse naipe não acaba nunca. Não me sinto, em nenhum momento, "massacrado" por Drummond; ao contrário, me sinto revitalizado por ele, para encará-lo, inclusive. A prova disso é que estou aqui, cinquenta anos depois da minha estreia em livro, escrevendo sem me sentir assim. Creio que uma boa e civilizada saída para lidar com a influência é aquela que você aponta: a de se buscar o lugar pessoal de cada um dentro dela. Mas há outras, selvagens e simplórias, como apedrejar o ídolo. No que me concerne, prefiro a proximidade do *close reading*, do "jiu-jitsu invisível"; me ponho cara a cara, pois no corpo a corpo o golpe do outro não tem espaço para ser muito contundente e você pode contra-atacar com força parecida. Se lutar com palavras é "a

luta mais vã", lutar com o poeta admirado não o é, seguramente. É um exercício bem saudável. Se assim não fosse, tendo Carlos Drummond de Andrade como confronto e contraste, João Cabral não existiria com tanto viço, e nem Gullar, por exemplo. Mesmo porque uma literatura não se faz, como diz o gigante Antonio Candido, somente com gigantes. Ao fim, posso dizer que sempre entendi que Carlos Drummond de Andrade era insuperável, assombroso, monstruoso, mas, paradoxalmente, não aceitei.

Existem narradores (prosadores) que o influenciam? De que maneira um prosador pode influenciar um poeta sem arrastá-lo para o interior da prosa? Ou isso não é possível? Filósofos, teóricos, místicos também podem marcar, de modo decisivo, a obra de um poeta?
Um prosador que me fez a cabeça, que vem fazendo, aliás, pela vida afora, é Graciliano Ramos. E Machado, que me faz companhia desde que me entendo por gente. E Clarice, a inevitável. E Guimarães Rosa, com menos intensidade. A poesia, segundo penso, a poesia moderna principalmente, sempre comportou dois dedos de prosa, mesmo quebrados. Tudo pode marcar um poeta, tudo pode marcar todo mundo. Bem-vindos, mesmo os malvistos, mesmo os poetas que não pratiquei suficientemente, como Jorge de Lima e Cecília Meireles. Em tempo: assim como Rimbaud, que não citei como poeta importantíssimo na minha formação, mais do que Baudelaire, Valéry e Mallarmé, não posso esquecer o maravilhoso Nabokov, de *Lolita* e de *Fogo pálido*. Posso acrescentar a essa lista (sempre incompleta) de "formadores" estruturais da minha literatura, um crítico que é poesia pura: Antonio Candido. Por um ato infantil de rebeldia, que desgostou meus pais, não fiz faculdade. Mas digo que fiz mais: fiz, e continuo fazendo, Antonio Candido, de ponta a ponta.

Você escreve hoje com mais facilidade do que escreveu seus primeiros livros? Ou, em poesia, a passagem do tempo nada significa? Será que ocorre o oposto, o tempo só torna a escrita mais difícil e complexa?
Pergunta difícil. Estou pensando: era mais descompromissado o ato de escrever? Sim e não. Sim, porque não tinha vida pública, literariamente falando. Não, porque toda a família contrariada esperava alguma coisa de mim: uma espécie de Crusoé a seco, sem paisagem e mar, na ilha do

quarto fechado, por dois anos, lendo e escrevendo. Pelo visto, então, o tempo cronológico em minha escrita pode mudar de cenário e recepção, mas na essência não muda nada. Ele é feito sempre de uma espécie de fé cega que me faz andar. Não era por acaso que, nos meus verdes anos como escritor, tinha como divisa, escrita a lápis vermelho no topo da escrivaninha, as palavras joyceanas: "silence, exile and cunning".

O que é fazer poesia depois do "massacre" das vanguardas literárias do século XX e, em especial no caso brasileiro, da presença enfática do concretismo? No romance, as consequências parecem claras: a grande "destruição" levada a cabo ao longo do século XX conduziu a uma era de grande fragmentação e dispersão, inclusive das escolas literárias. Como, a seu ver, isso se passa no campo da poesia?
Falo do que me é próximo, pois não estou devidamente a par do que se passa na área da prosa, do romance. As vanguardas poéticas tiveram o seu papel no fim dos anos 1950 e começo dos anos 1960. Pertenci à Práxis, que se opunha aos concretos. A geração anterior, de 1945, foi muito mais danosa para a poesia brasileira, com seus mármores fora de hora e poetas que faziam passeatas ao túmulo de Bilac. Era uma tropa reacionária que engravatou a poesia brasileira, depois da camisa aberta libertária do Modernismo. O pau quebrava entre nós, "vanguardistas", mas nós brigávamos "para a frente" e não dando marcha a ré. A geração que se seguiu, a geração mimeógrafo, ou da poesia marginal, encontrou, ao menos, o campo livre da ordem unida das vanguardas para as suas passeatas, e em vez de manifestos tínhamos muitas manifestações.

Em 1985, você reuniu os inéditos de Ana Cristina Cesar no livro *Inéditos e dispersos*, e depois editou mais três livros póstumos da poeta, além da *Correspondência incompleta*, com Heloisa Buarque de Hollanda. O que a poesia de Ana Cristina e a poesia anárquica e desestruturante dos poetas marginais lhe ensinaram de mais precioso? Como foi sua relação com o grupo? Que impressões pessoais mais fortes guarda de Ana Cristina?
O que a poesia dos poetas marginais me ensinou foi que era possível afrouxar o nó da gravata! Que a poesia suava sem medo de manchar a camisa. Minha relação com o grupo foi carnal, uma relação de praia e futebol. A Ana foi – e é – uma pessoa da minha mais profunda intimi-

dade; conversas infinitas, brigas com luvas de pelica e garras, reconciliações sem fim, e a não aceitação da sua morte brutal, que me marcou para sempre.

Há algum livro, ou mesmo poema, que gostaria de não ter escrito? Qual e por quê? Você tem o hábito de reler seus livros antigos? Isso lhe faz bem, ou faz mal, e por quê?
Não me arrependo de ter escrito nenhum livro meu. Às vezes, os consulto, mas não posso dizer que os leio, de capa a capa. Após reuni-los, em 2003, em *Máquina de escrever*, os frequento mais do que antes. Essa releitura salteada me faz bem: me serve, muitas vezes, para dar continuidade a certos motivos, pois sou um poeta de recapitulações, e não de repetições puras e simples. Admiro artistas que voltam aos seus temas e problemas: Cézanne com suas "incessantes maçãs" e a montanha de Sainte-Victoire, tantas vezes visitada e meditada; Morandi com as mensagens discretas das suas garrafas, que mudam de luz, de ponto de vista e significado; Monet e a Catedral de Rouen diante das "diferentes horas dos dias"; Pancetti, com suas sucessivas marinhas, com o seu mar "de uma pincelada só"; os seriados de imagens iguais com cores diferentes de Andy Warhol etc.

Existe algo, em particular, que o desagrada em seus livros já publicados? Um poeta deve ou não reescrever seus poemas antigos? Teria ele o direito de proibir (ou tentar proibir) a circulação de livros que representam fases ou etapas de que não mais compartilha? Em uma frase: o poeta é dono de sua poesia?
Eu compreendo os meus livros antigos: fiz o melhor que pude na época em que os escrevi, mas posso revê-los, como em *Máquina de escrever*, que tem como subtítulo *poesia reunida e revista*; como Murilo Mendes e Dylan Thomas fizeram, para só citar os que me vêm de pronto. Não se trata, portanto, no meu caso, de desagrado, mas sim de cuidado, não com o leitor, mas comigo mesmo. Sim, eu sou o dono de minha poesia e faço o que quero com ela até não poder fazer mais nada.

Quando você começou a fazer poesia, na juventude ou só mais tarde? E quando passou a acreditar (e por quê) que poderia de fato tornar-se um poeta? Você trabalhou, durante longos anos, como pesquisador da

Casa de Rui Barbosa e depois da Biblioteca Nacional. Essa experiência foi benéfica ou maléfica para sua poesia?
Minha experiência como funcionário público, até onde eu sei e sinto, não me ajudou em nada, poeticamente falando. Comecei a escrever aos quinze anos de idade e nunca mais parei. Ao contrário de Bandeira e de Gullar, sou poeta *full-time*, pois não espero a poesia chegar: vou ao encontro dela ou contra ela, se for preciso. Isso não me faz melhor que eles, é claro, me faz mais impaciente, mais obsessivo. Desde que comecei, sempre me achei poeta, escritor; afinal, é a única coisa que faço bem dentro dos meus limites. Trabalhei na Casa Rui, no MEC, na Biblioteca Nacional e na Funarte durante trinta e cinco anos. Ufa! Foi de amargar. A origem da minha poesia sou eu: é a minha forma de expressão preferida. Mas, antes de me firmar como escritor, fui um leitor dedicado e compulsivo, coisa que continuo sendo até hoje.

Você conheceu Carlos Drummond de Andrade nos anos 1960, quando começou a trabalhar no funcionalismo público e ele já quase se aposentava, na mesma instituição, o MEC. Que lembranças mais expressivas você guarda do homem Carlos?
Conheci Carlos Drummond em 1964, e ele já tinha se aposentado, mas não deixava de ir ao MEC – e ao centro da cidade de modo geral – para encontrar amigos nas livrarias São José e Leonardo Da Vinci. Quando ainda estava no batente, costumava se encontrar na lanchonete Itahy, em frente ao prédio do ministério, hoje Palácio Gustavo Capanema, com João Cabral. Muitos anos mais tarde era um dos lugares em que me encontrava com Ana Cristina, mas não sabíamos ainda da coincidência ilustre. Carlos Drummond de Andrade era um homem de difícil intimidade, mas ao mesmo tempo acudia a todos que o procuravam com muita presteza, no telefone, na carta, no encontro pessoal. Drummond foi o encontro da minha vida. Mesmo antes de conhecê-lo, a partir dos quinze anos, quando meu pai me deu um disco gravado por Manuel Bandeira e por ele, com os poemas de ambos ditos em voz própria, e o livro *Fazendeiro do ar & poesia até agora*. Nem sei o que fiz por merecer esse presentão, não me lembro se foi em atendimento a um pedido meu, só sei que a partir desses dois registros, um oral, outro impresso, da poesia dele, minha vida mudou: de a.C. (antes de Carlos) para d.C.

Em 2012, foi lançada em Portugal uma reunião de oitenta e quatro de seus poemas, escolhidos por você mesmo, em *Uma antologia*, da editora Quasi. Houve algum critério para essa seleção? E qual é a sua relação com a poesia portuguesa?
O critério foi, por vezes, errático. Mas não me arrependo. Naquele momento achei que a escolha meio ao acaso, sem muita mediação ou meditação, iria refletir melhor, com mais espontaneidade, o que eu estava fazendo. Minha relação com a poesia portuguesa, desde muito cedo, foi intensa e muito bem orientada: por ter um primo-irmão que se casou com uma enteada de Cleonice Berardinelli, pude ser apresentado precocemente, em meados dos anos 1950, a Fernando Pessoa e a Mário de Sá-Carneiro. A partir dessas leituras seminais, toda a grande literatura portuguesa ficou mais familiar.

***Lar*, apresenta a reflexão de um homem perplexo com as marcas deixadas pelo tempo em seu corpo e também em seu espírito. Essas marcas influenciaram sua criação poética?**
Influenciaram, e muito. Sou um poeta que sempre viveu a partir do seu próprio fígado, por assim dizer. Apesar de todas as leituras, ao escrever estou sozinho, sem sentir amparo considerável. Sou instintiva e radicalmente visceral. Na pergunta inicial a este livro, eu escolhi o que para representar-me? Uma víscera, o coração. Gostaria, sinceramente, de amenizar essa condição. Mas haverá ainda tempo para correções?

Você comemorou quarenta anos de carreira com *Máquina de escrever*, um título literal que representa a sua produção ininterrupta. *Dever*, lançado em 2013, comemora cinquenta anos de poesia publicada. Fale do livro. Quais são os avanços formais em relação a *Lar*, e a *Raro mar*?
Quero crer, preciso crer, que, se não houve avanços formais evidentes na aparência, houve um aprofundamento no conteúdo da minha poesia. Há mais subtextos nela, maior verticalidade. Por sua natureza, a poesia costuma ser muito subliminar. Almejo que o meu poema suscite sempre uma releitura, pelo menos; que o leitor seja curioso ou investigativo como o autor que reescreve sua percepção e que nunca se satisfaz com a primeira impressão ou tratamento. Portanto, *Dever*, em 2013, vem avançando desde *Palavra*, de 1963. Nesse livro, quando completo cinquenta anos de poesia publicada, esse percurso, que não

perde, espero, o fio, que começou a ser puxado em meados do século passado, poderá ser, novamente, avaliado.

Você percebeu, nesses cinquenta anos de carreira, resistência a alguma mudança? Alguma técnica se transformou em um dogma?
Não houve resistência a nenhuma mudança, nem apreço por nenhuma técnica dogmática; houve, isso sim, rememorações, continuidade não linear, pois minha poesia não trabalha com temas, mas com problemas que não têm soluções fechadas, isto é, estão sempre sujeitas a reformulações.

Quando você escreve poesia hoje é um poeta muito diferente do homem que começou a escrever nos anos 1960? Em que aspectos seu processo criativo se alterou e por quê?
As mudanças principais foram, como disse antes, uma ampliação e um aprofundamento da minha dicção poética, pelo menos assim espero. A alteração já foi respondida e a causa decorre da ampliação citada acima: eu aumentei de peso, poeticamente falando. Em dia benevolente acho que ganhei musculatura; em dia inclemente acho que acumulei banha.

O que pensa a respeito dos poetas da nova geração? Essa poesia contemporânea, de alguma forma, influencia sua poesia atual? De que maneira isso se dá? Em poesia, há um diálogo entre as diversas gerações ou predomina a ruptura?
Tenho contato, estreito às vezes, com poetas mais moços e até muito mais moços e acompanho (sou ainda muito curioso) o que eles fazem. De alguma forma essa produção me influencia, sim; não sei caracterizá-la bem. Talvez numa certa *aisance* em relação ao poema em si, diferente da *nonchalance* da poesia marginal. Há diálogo e ruptura. Ambos são obrigatórios. Poderia até citar alguns nomes, mas nesta altura da minha vida valerá ter amigos de ocasião e inimigos eternos, por não terem sido citados, seja por esquecimento, seja por opinião? Prefiro dedicar esses poemas abaixo, um que retrata o que eu vejo e outro, o que eu não quero ver, a todos os que vêm chegando, aos "pardais novos", como os chamava o grande Manuel Bandeira:

PRIMEIRA IMPRESSÃO

O poema novo é dos insurgentes.
Surde, subterrâneo
e somente eles o escutam.
Não parece poema, parece
que todos podem escrevê-lo
mas não o escrevem
nem o escreverão nunca.

Não tem cabeça e pé
princípio ou fim definidos
mas não são sem pé nem cabeça.
Tem peito, plexo solar, e dois
dedos de prosa quebrados.
Só vai ser poesia, depois.
Quando muitos o terão lido
relido e estabelecido.

VIDA E MORTE LITERÁRIA

A crítica de estimação
põe a coleira no pescoço
do literato e mostra a pérola
aos porcos, digo, aos outros
que só comem ostras pobres.

O literato tira do livro
a tiragem de um exemplar
para a crítica de estimação
sem correr o risco dos olhos
de traça roerem a recepção.

O literato vira-lata se deixa
adotar, mas em vez de aliança
algema a mão da crítica, e exige
resenha automática e pontual
antes, durante e depois.

E assim vão os dois, fiéis
até a morte mútua, condenados
às suas fidelidades férreas
limitantes, presos um
pelo outro, na estimação.

Escolha um poema de sua preferência, entre os que você escreveu.

MR. INTERLÚDIO

Quem sou você
que me responde
do outro lado de mim?
Quem é que passa
invisível
pelo espaço da sala
e vai
do meu corpo
a este outro
em emulsão ou emoção
instantânea
feito como eu mesmo
de repente
    em noite antiga
e não perde
nessa viagem
o tempo que perdi
e, no entanto
os dias que me fizeram
estão ali
correndo em suas veias?

Entre mim e você
que sou eu
    simultâneo
quem sou?
    O que se fez
enfim, nesse intervalo

onde minhas coisas todas
pousam
na poeira do silêncio
o segredo de sua carga?
Aqui estão os achados
e os perdidos
o que guardo ou abandono
os vários ecos descobertos
as minhas sombras
que vou deixando
como roupas apagadas
que despi
meus fantasmas de pano
      e luto
e me debato
nas paredes
      pelo quarto
tão fechado e escondido
como o caderno de rascunho
feito de papel e de memória.

E nunca estou onde procuro
e mesmo agora
o que encontro mais de meu
é apenas
o relógio que marcha
e marca a hora
fora do meu pulso
é a fumaça do cigarro
que permanece se movendo
é o lugar
      que pouco antes
minha cabeça
      (ou foi meu sonho)
ocupou no travesseiro.

E o vento
não mais hesita na janela

e entra
      casa adentro
no acaso do seu voo
e bate as asas
no corredor
      e bate
a porta
      até então
entreaberta.
      Quem sou você
        afinal
que me repete
do lado de fora de mim?
Quando me voltei?
Como andei até aí
sem desgaste
sem me ver
e agora me vejo daqui
de onde permaneci?

O que sou
      não sei
como me fiz
      ao longe
e não me alcanço
toda vez
      quando escapo
sem lembrança ou flagrante
e vou
e vejo em toda parte
essa vida que se ergue
interina
      e passeia
seu corpo clandestino
que é o meu
no chão de cada dia.

O que sei
      não sou
pois me esqueço
tudo o que me fez
por dentro:
tudo o que está perto
todo o avesso
tudo o que de cor
o coração repete
entre relâmpagos
e no meio de mim
eu não me escuto
      o pensamento
só persegue
o que está entre
os dois instantes
em que me percebi.

Entre os dois instantes
a distância é a mesma
da folha de um livro
para a outra que se segue:
de mim para mim
na falha desse espaço
onde só cabe
a lâmina de uma faca
o que se passa?
Que existência é essa
que avança e pergunta
a cada linha
de vida conseguida?
O que faço ali
vestido de outro
ao contrário de mim
pois o coração
bate sob a pele da camisa
no lado oposto do meu?

Como cheguei lá
se o pé não se fez passo
se o breve ar que me separa
é, somente, o de uma respiração
para outra
      que chega
e embaça
      e apaga
uma possível ponte
que a imaginação fabrica
e não sustenta
a estrutura em preto
e bruma
      que vai desmoronando
suas impossíveis pedras de algodão
nessa pausa mínima
entre mim e você
que escreve
com a mão esquerda
o que não sei
o que, com certeza, não escrevo
e nem jamais escreverei aqui?

NO CORPO DA PALAVRA LÍRICA
Alcides Villaça

EM 2003, Armando Freitas Filho reuniu e reviu sua obra poética no volume *Máquina de escrever*. Na quarta capa, lia-se esta confissão do poeta sobre procedimentos da coletânea: "Tive a sensação de que trabalhava com duas facas: a de cirurgião e a de caçador. Só espero não as ter confundido muitas vezes". O depoimento reforçava e continua reforçando a impressão de que a poesia de Armando vive, essencialmente, de uma obstinada dinâmica entre vários dualismos, o maior dos quais é ter força de matriz: o diálogo permanente da disciplina de parâmetros construtivos com a busca apaixonada do corpo pela vida. Nesse sentido, suas "duas facas" mais do que se confundem: fundem-se, de fato, na contenda dura, mas amorosa, de quem quer viver a palavra, penetrando-a, e falar a vida, perseguindo-a.

De lá para cá, deu-nos o poeta mais três livros: *Raro mar* (2006), *Lar*, (2009) e *Dever* (2013). Sua produção não perde a constância, como também não abdica de coerência íntima; não sofre abalos internos e se poupa de rupturas drásticas. Na história constituída por essa poesia, as oscilações são sutis, próprias de quem abriga dentro de si um projeto estético, um jeito de viver e uma fonte de interrogações tão criteriosa quanto permanente, que é preciso atualizar o tempo todo. A verdade funda do corpo e a linguagem avaliada no espelho continuam a refletir-se uma na outra, como se numa recomposição pessoal entre a consciência lírica de Drummond e as formações obstinadas de João Cabral, entre a mítica máquina do mundo drummondiano, cantada para ser recusada, e a *machine à émouvoir* cabralina, acionada para dirigir a linguagem. Não por acaso, dois expedientes estilísticos de Armando costumam ressoar, combinando-os, o recurso "palavra puxa palavra", de Drummond, e o mecanismo do tríduo "silepse, lapso e síncope", de Cabral. Voltando mais no tempo, é de se perguntar se a atração do então jovem poeta pela poesia-práxis, nos anos 1960, já não indiciava um artista que buscava aliar paradigmas construtivos e motivação social.

Há fortes personagens na poesia de Armando. Em *Raro mar*, não falta a presença sempre iluminada e iluminadora de Ana Cristina Cesar, a amada musa da arte e da vida, sobre quem afirma "Sua morte empurrou minha mão", com a força ambígua de quem tanto se cola ao movimento da morte como se revigora na transfiguração da arte. João Cabral é lembrado para servir agora a uma diferença: no "catar feijão" da poesia, importa para Armando não o grão duro que desce: "o que flutua é o que quer ser aqui". Carlos Drummond de Andrade comparece em muitos poemas, como em "Laudo", fazendo-se representar, por exemplo, pela "mão grossa para medir o espaço das perdidas fazendas". Também nessa homenagem ao *gauche* mineiro, Armando obstina-se em harmonizar o trabalho pesado da arte ("mão grossa") e a zona contemplativa e nostálgica da lírica ("perdidas fazendas"). Na modernidade, artifício e natureza, criação e simulacro, postulado e paródia medem forças o tempo todo, signos de drama na vida e na simbolização artística. Estaria nessa constância a ação de um "moto-contínuo", expressão que está em mais de um poema de *Raro mar*, sendo ainda o título de um poema de *Lar,*. Neste se lê uma alusão final ao poema "O elefante", de Drummond: "Aí, bato, copio, amasso, erro, apago, rasgo, a mão, os datilógrafos, borro o monstro, com elefantíase, apuro. Agora, digito, me perco, deleto, sem impressão. 'Amanhã recomeço'". O gesto pontual, nervoso, da escritura e o compromisso inarredável com o moto-perpétuo, o eterno recomeçar, encarnam o drama altivo da arte desse poeta, que leva consciência e engenho até ao nome próprio: "Armar, Armando, Ar" (em *Dever*). Não por acaso, há em seus livros, atravessando-os, uma expressão fiel de moto-perpétuo: uma seção intitulada "Numeral", estendida a cada livro, na qual já se somam cento e trinta e quatro poemas. O de número "55", em *Raro mar*, fala desse jogo entre fixação e variação: "Moto-contínuo é número parado. Marcha no mesmo lugar, mas anda/ e desanda dentro do tempo idêntico".

Mas há também, para além da mecânica reiterada, o tempo da história e das pessoas. A memória, a passagem da vida, o anelo de imprimir palavras na efemeridade mesma dos seres e das coisas vêm se tornando marca mais acentuada nos últimos livros. O peso da vida vem se acentuando. Ao responder à questão "Qual seria a palavra que habita o coração de sua escrita literária?", ele resolveu escolher a própria palavra "coração", provavelmente auscultando nela os ritmos da máquina de palavras e do sangue fluindo. "Os ritmos da máquina de escrever e o do coração querem agora convergir numa pulsação mais viva, estreitando cada vez mais o intervalo entre a experiência viva e o senso de sua representação", escreveu ele. Veja-se que são vários os "relógios" que surgem aqui e ali, com seu misterioso talismã de artefato mecânico e coração do tempo – aspectos sempre sedutores para o nosso poeta. Entre os relógios que permeiam seus últimos livros, destaque-se o do numeral "62", em *Raro mar*, onde se lê esta quadra inicial –

> O relógio é a bomba que o desejo
> dos pais deram corda desde
> o primeiro batimento, ainda
> sob o deles, sotoposto, soterrado.

– em que a regularidade do ritmo das batidas e das pulsações da vida se mostra atávica. Ou a beleza deste outro relógio de *Dever*, no poema "Tempo perdido" – relógio do pai, sobre o qual fala esta última quadra:

> Tão difícil mantê-lo vivo
> quanto levar o pai pela mão
> sem largar nunca mais
> para que ele não pare.

O corpo e a sombra do pai e do tempo passado figuram um anseio amoroso de infinitude. Ainda em *Dever*, o tempo implacável também se instala na densidade do conjunto de "Noturnos", vinte e um poemas graves, marcados pela expectativa da morte que, no entanto, não suprime o cuidado com as deliberações do corpo vivo em seu amálgama com a criação poética: "A aura do papel em branco/ pode esclarecer esse quarto escuro".

Armando Freitas Filho é um escritor que pode afirmar e identificar muito de si mesmo em qualquer de seus poemas, produzidos sempre por um impulso legitimamente poético e, nessa medida, verdadeiramente existencial. Ao admitir que "O que escrevo me ameaça tão de perto", ele já está considerando a dupla propriedade de sua poesia: achegar-se à afeição direta e mediar-se pela reflexão sobre a linguagem. Ou, guardando uma lúcida declaração sua, na entrevista que concedeu a José Castello e Selma Caetano: "Para escrever o que escrevo, eu me concentro, antes de mais nada; me concentro para 'reunir', 'adensar' o que vem disperso de fora ou de dentro".

Cumprindo uma trajetória tão bem definida, na qual faz questão de declarar seus tributos à estirpe dos grandes artistas, poetas ou não, e dedicando seus poemas a tantos e tantos leitores amigos, Armando representa na poesia contemporânea brasileira uma voz perseguida por muitos e alcançada por poucos: a da fala engastada na modernidade, quando o poeta sonda, entre desconfiado e confiante, o alcance que a palavra materializada estende ao corpo, para alimentar-se da vitalidade dele e retornar renovada. Isso significa que o leitor mais exigente encontrará sempre nessa poesia o alto compromisso de quem se vale da arte tanto para construir-se com ela como para fazê-la falar seu inquieto sujeito.

ALCIDES VILLAÇA é poeta, crítico e professor de Literatura Brasileira da Universidade de São Paulo (USP). Mestre e doutor pela USP, publicou os livros de poesia *O tempo e outros remorsos* (Ática) e *Viagem de trem* (Duas Cidades) e o estudo de crítica literária *Passos de Drummond* (Cosac Naify), entre outras obras. Colabora regularmente em jornais e revistas de todo o país.

BIBLIOGRAFIA

POESIA

Dever. Companhia das Letras, São Paulo, 2013.
Lar,. Companhia das Letras, São Paulo, 2009.
Tercetos na máquina. Espectro, Rio de Janeiro, 2007 – plaquete.
Raro mar. Companhia das Letras, São Paulo, 2006.
Máquina de escrever: Poesia reunida e revista. Nova Fronteira, Rio de Janeiro, 2003.
Sol e carroceria. Lithos, Rio de Janeiro, 2001 – com serigrafias de Anna Letycia.
3 tigres. Lithos, Rio de Janeiro, 2001 – com Vladimir Freire.
Fio terra. Nova Fronteira, Rio de Janeiro, 2000.
Erótica. Velocípede, Rio de Janeiro, 1999 – com gravuras de Marcelo Frazão.
Duplo cego. Nova Fronteira, Rio de Janeiro, 1997.
Cadernos de Literatura 3. Impressões do Brasil, Rio de Janeiro, 1996 – com Adolfo Montejo Navas.
Dois dias de verão. 7Letras, Rio de Janeiro, 1995 – com Carlito Azevedo e ilustrações de Artur Barrio.
Números anônimos. Nova Fronteira, Rio de Janeiro, 1994.
Cabeça de Homem. Nova Fronteira, Rio de Janeiro, 1991.
De cor. Nova Fronteira, Rio de Janeiro, 1988.
3x4. Nova Fronteira, Rio de Janeiro, 1985.
A meia voz a meia luz. Edição do autor, Rio de Janeiro, 1982.
Longa vida. Nova Fronteira, Rio de Janeiro, 1982.
À mão livre. Nova Fronteira, Rio de Janeiro, 1979.
Mademoiselle furta-cor. Noa Noa, Florianópolis, 1977 – com litografias de Rubens Gerchman.
De corpo presente. Edição do autor, Rio de Janeiro, 1975.
Marca registrada. Pongetti, Rio de Janeiro, 1970.
Dual. Edição do autor, Rio de Janeiro, 1966.
Palavra. Edição do autor, Rio de Janeiro, 1963.

FICÇÃO INFANTOJUVENIL

Breve memória de um cabide contrariado. Antares, Rio de Janeiro, 1985.
Apenas uma lata. Antares, Rio de Janeiro, 1980; Nórdica, Rio de Janeiro, 1988.

ENSAIOS

Anos 70 – Literatura. Europa, Rio de Janeiro, 1979 – com Heloisa Buarque de Hollanda e Marcos Augusto Gonçalves.

SOBRE ANA CRISTINA CESAR (1952-1983)

Ana Cristina Cesar, *Novas seletas*. Nova Fronteira, Rio de Janeiro, 2004 – organização.

Ana Cristina Cesar, *Correspondência incompleta*. Aeroplano/Instituto Moreira Salles, Rio de Janeiro/São Paulo, 1999 – organização, com Heloisa Buarque de Hollanda.

Ana Cristina Cesar, *Inéditos e dispersos – poesia/prosa*. Brasiliense, São Paulo, 1985; Ática/Instituto Moreira Salles, São Paulo, 1998 – organização.

Ana Cristina Cesar, *Crítica e tradução*. Ática/Instituto Moreira Salles, São Paulo, 1999 – organização.

SOBRE ARMANDO FREITAS FILHO

Melhores poemas. Global, Rio de Janeiro, 2010 – poesia; organização de Heloisa Buarque de Hollanda.

Fio terra (DVD). Instituto Moreira Salles, São Paulo, 2006 – poesia; direção de João Moreira Salles.

Armando Freitas Filho (audiolivro em CD). Instituto Moreira Salles, São Paulo, 2001 – poesia.

JOÃO GILBERTO NOLL

JOÃO GILBERTO NOLL nasceu em 1946, em Porto Alegre. Aos oito anos, iniciou os estudos de piano. Até completar o ginásio, estudou em um colégio de padres maristas. Em 1967, ingressou no curso de Letras da Universidade Federal do Rio Grande do Sul (UFRGS), que interrompeu em 1969, quando se mudou para o Rio de Janeiro.

No Rio de Janeiro, onde terminou a faculdade, trabalhou como jornalista na *Folha da Manhã* e no *Última Hora*, escrevendo sobre literatura, teatro e música. Ainda na capital do estado, lecionou no curso de Comunicação na Pontifícia Universidade Católica do Rio de Janeiro (PUC-Rio). Em 1986, retornou a Porto Alegre, onde reside até hoje.

Convidado por universidades dos Estados Unidos e da Europa, lecionou literatura brasileira na Universidade da Califórnia em Berkeley, EUA; foi escritor-residente na Universidade de Chicago e na Universidade de Madison, EUA; e escritor-residente no King's College, em Londres, Inglaterra, onde escreveu o livro *Lorde*. Foi também conferencista na cátedra João Guimarães Rosa da Universidade Nacional Autônoma do México (Unam) e artista-residente na Universidade Estadual de Campinas (Unicamp).

Durante três anos, publicou pequenos contos semanais no caderno Ilustrada, na *Folha de S.Paulo*, compilados no livro *Mínimos múltiplos comuns*. Foi também colaborador do suplemento Pensar, do jornal *Correio Braziliense*, da capital federal.

Seu primeiro livro, a coletânea de contos *O cego e a dançarina*, foi publicado em 1980. O romance *A fúria do corpo* saiu logo depois, em 1981. Desde então, o escritor gaúcho estabeleceu uma relação quase carnal com a literatura, que inclui doze romances, entre eles *Acenos e afagos*, vencedor do Prêmio Portugal Telecom 2009; dois livros de contos e dois livros infantojuvenis.

Seus livros foram traduzidos para o espanhol, italiano, inglês e hebraico. Participou de várias antologias nacionais e estrangeiras, entre elas

Os cem melhores contos brasileiros do século, da Editora Objetiva; *Essa história está diferente: Dez contos para canções de Chico Buarque*, da Companhia das Letras; *Sex'n'bossa: Antologia di narrativa erotica brasiliana*, da Editora Mondadori, Itália; e *Vinte ficções breves: Antologia de contos argentinos e brasileiros contemporâneos*, Unesco, edição bilíngue.

Alguns de seus romances e contos foram adaptados para o cinema. *Nunca fomos tão felizes*, de Murilo Salles, 1983, inspirou-se no conto "Alguma coisa urgentemente", de seu livro de estreia, *O cego e a dançarina*. *Harmada*, de Maurice Capoville, de 2003, e *Hotel Atlântico*, de Suzana Amaral, de 2009, são outras adaptações para o cinema.

Em que está trabalhando no momento?
Não gosto de nomear antecipadamente os temas dos meus livros em andamento. Me dá a sensação de que os estou engessando dentro de parâmetros que ainda de fato desconheço em sua plenitude. Isso distensionaria a coisa, ou, pior, a esgotaria. A história que escrevo agora é uma narrativa longa, a minha forma ideal.

Como é seu processo de trabalho? Sua rotina?
Só tenho rotina de trabalho quando imerso num projeto de romance. Então acordo mais cedo (sete e pouco) e adentro sobretudo pela manhã. Pela tarde e um pouco de noite costumo burilar artesanalmente o pedaço da narrativa engendrado no começo do dia.

Não o incomoda ver sua obra tão dispersa, com livros publicados por nove editoras, no mínimo? Qual seria a sensação de ver sua premiada obra em uma só editora, com um projeto gráfico único?
O meu caminho se prepara para chegar aí.

Em seu conto "Alguma coisa urgentemente", que Murilo Salles transformou no filme *Nunca fomos tão felizes*, o narrador começa descrevendo sua relação com o pai. Um pai que se define como um "filósofo sem livros". Um homem amargurado que se parece com João Gilberto Noll. Quem é você, nesse conto: o pai ou o filho que lhe pede colo?
Ah, sem dúvida, o filho. O fato de ter escrito em primeira pessoa pela boca do garoto não é gratuito. O filho ali está pedindo clemência ao viver o sentimento impertinentemente atávico do silêncio de Deus. O pai não quer passar a sua vivência para a avidez histórica do filho. Esse homem que aparece e desaparece é um militante político ou alguém que simplesmente transgrediu alguma outra ordem? Esse garoto não sabe

o que constitui a origem de sua existência, assim como nós desconhecemos o que nos fez estar aqui.

Essa busca da identidade é também a essência de *Acenos e afagos*, de 2008. Um homem larga tudo para saber quem é. A literatura, com sua visão complexa e pluralista do mundo, nos ajuda ou atrapalha na construção de uma identidade?
Ajuda e atrapalha. Não podemos reduzir a literatura a uma amostragem pedagógica do estar no mundo. A vida humana é dramática mesmo, e a arte não deve fugir disso. "Quem acha vive se perdendo", já dizia o Noel. O indivíduo precisa estar aberto às transformações de suas próprias circunstâncias e de sua época de um modo geral. É isso mais ou menos que ao fim e ao cabo os meus livros querem dizer, se é que querem dizer alguma coisa. São seres que têm mesmo uma disponibilidade louca diante das armações do acaso. Abraçam o que ontem, por automatismo, eles não ousavam anunciar.

Você sempre viveu à deriva, apegado às viagens e à aventura, como um cigano. De certa forma, essa deriva continua ainda hoje. Em que medida sua escrita se origina desse processo contínuo de deambulação e errância?
Nos últimos anos essa deriva tem sido bem mais um sentimento interno do que uma experiência real. Continuo viajando bastante, mas em minhas atividades de escritor, sabendo que voltarei para um porto aqui em Porto Alegre. Mas de fato em meu passado recente – ou nem tanto – vivi períodos entre o Rio e o Sul; nos Estados Unidos dando cursos na Universidade da Califórnia (em Berkeley) e num estágio de três meses em Londres, com uma bolsa, escrevendo *Lorde*. Se esse histórico de "dificuldade em me estabelecer" gera climas andarilhos em meus livros? Sem dúvida que sim. Toda a dramaturgia de meu protagonista é percebida dentro desse espírito compulsivo à locomoção.

Esse contínuo estado de perambulação, essa compulsão à locomoção, torna o outro quase inacessível. Você acredita no amor?
Os meus dois últimos livros para o público adulto terminam em momentos amorosos. Acho que isso não acontece à toa. Em *Acenos e afagos* os dois já estão enterrados, o que se presume mortos, e lado a lado, e

acontece um frêmito entre eles dois, algo parecido com um fluxo erótico, coisa que de alguma forma os eterniza. Em *Solidão continental*, ele chega em casa ao alvorecer, depois de uma jornada insana, e encontra a pele de alguém disposta a trocar seus fluidos com os dele. Meus personagens se sentem apartados e alguns conseguem ao final uma comunhão que os redime, mesmo que provisoriamente, do exílio. Poderia lembrar também meu primeiro romance, *A fúria do corpo*, em cujo final os dois amantes mendigos, um homem e uma mulher, brincam em volta de um chafariz na praia de Botafogo. Radiantes, perolados de gotas d'água.

Em sua literatura, quem sofre de verdade: você ou seus personagens? É preciso sofrer para escrever? Se você fosse inteiramente feliz – se é que isso é possível – seria incapaz de escrever?
Se eu fosse inteiramente feliz estaria "coçando o saco" numa praia. Agora, só posso reafirmar o superconhecido poema do Pessoa: a dor que dói de imediato em mim não é necessariamente a que exponho de uma forma figurada nos livros. Há sempre um não-sei-quê a mais de sofrimento universal nas apresentações dos meus personagens; digo aqui "apresentação" no sentido teatral mesmo. Certo, na minha dor eu bebo, mas o personagem se apropria dela e a qualifica dramaturgicamente, numa via para encenar uma identidade mais amplificada, que subjaz no próprio leitor.

Há alguma relação entre seu processo criativo e essa "apresentação teatral" que você citou? Quem é esse "outro" que o habita e que você encena? Quem está no comando: você ou ele?
Quem comanda é ele. É o alter ego que eu construí para não cair no romance psicológico, biografista. Se fosse viver a intensidade muitas vezes desgovernada desse protagonista (que em sua essência é o mesmo de livro a livro), eu hoje, como cidadão João, não passaria de uma lápide.

Outro elemento crucial em seu processo criativo parece ser a cegueira. Seus personagens andam às cegas pelo mundo. Quando você escreve, também escreve às cegas? Em que medida, ou em que momento, a luz (a razão) entra em seu processo criativo?
Eles vivem em estado infra-humano, desqualificados para a apreensão lúcida do cenário em que acabam se envolvendo. Portanto, buscam

encontrar uma situação em que possam se redimir representando o drama humano, alçando a uma identidade geral em que enfim se reconheçam. Quer dizer, não estou sozinho nisso, sou par e passo com o outro. Sou cego também, ao escrever – já disse, parto do vazio, mas aspirante da narrativa, que é ao meu ver a memória transfigurada.

Quando lemos suas narrativas, guardamos as cenas muito vivamente, como se as tivéssemos presenciado. Qual é sua relação com o cinema? De onde vem essa literatura calcada no olhar?
Sou um cinéfilo desde muito pequeno. Quer dizer, a possibilidade do cinema alivia meu ritmo cotidiano. Sendo assim, não considero a aparência (a imagem) algo menor. As minha figuras narrativas atuam, interpretam. Interpretam como Actors Studio, Neorrealismo, Antonioni em sua contemplação, interpretam com o extrapolamento glauberiano etc.

Em sua literatura aparecem, de forma intensa, o sexo, as mais primitivas funções orgânicas, a sujeira do mundo, o corpo desnudo e sem véus. É possível dizer que você escreve "com o corpo"?
É um ato físico, sim. Um "exibicionismo" de um homem que foi coroinha e que acreditava que o corpo tinha sido direcionado para o sacrifício. Talvez por isso o gozo dos meus personagens tenha sido ultimamente inglório, sempre apontando para a ingrata provisoriedade.

O erotismo é também um elemento essencial de seus relatos. Basta pensar em um romance como *Acenos e afagos*, a história de um homem que abandona tudo para buscar a paixão. Existe algum paralelo entre sua relação com o texto e a relação sexual?
Sim, o manuseio da língua portuguesa é tremendamente erótico. Nesse sentido acho que a minha experiência com a ficção tem muito a ver com a atividade poética, cujo tônus se assenta bem mais na materialidade da palavra (sonoridade, ritmo) do que em alguma mensagem prévia.

Quando escreve, você pensa no "leitor comum"?
Não penso em leitor nenhum quando escrevo. Escrevo aquilo que tem de ser escrito, sob pena de eu travestir a minha escrita para obter tal e tal reação domesticável.

No caso de *Anjo das ondas*, de 2009, temos a história de um garoto de quinze anos que, depois de uma temporada no exterior, retorna ao Brasil na esperança de encontrar a si mesmo – você escreveu o livro pensando no público juvenil, ou apenas a narrativa tem como protagonista um adolescente?
É o segundo caso. E quis fazer um livro dentro da ótica de um adolescente, ainda isenta das perversões dos meus personagens adultos de outros livros. Me baseei um pouco na minha própria adolescência, ainda não apoplética nem incuravelmente à deriva como os meus protagonistas mais velhos. Nesse livro ele cultiva uma paixão pela figura da avó, que é cantora lírica em Londres. Vive num mundo feminino. É o meu livro mais feminino. Mais feminino que adolescente. Me senti como uma mulher escrevendo-o. Uma mulher que vive num cenário internacional, com seu tempo bem distribuído, sem excessos na atividade artística. O livro é delicado, sóbrio, na linguagem de um jovem que anda sobre a navalha sem se ferir.

Você acha que existem, ou devem existir, limites temáticos e de linguagem que um escritor precisa observar quando trata de assuntos controversos, como o sexo, a sujeira do mundo, a miséria etc.?
Escrever é levantar o tapete e mostrar algumas vezes a sujeira que não revelamos no círculo social. A escrita vem de um âmbito que a nossa cidadania esconde. Seria o inconsciente?

Como vê as relações homoeróticas, que nossa sociedade ainda procura esconder, mas que estão sempre muito presentes em suas narrativas? Você nunca teve receio de ser enquadrado no clichê da "literatura gay"?
Apenas um ou outro *scholar* viu o meu trabalho dentro dessa acepção. O que não implica que tenham empobrecido a visão dos meus livros. Mas prefiro, particularmente, um modo de ver mais abrangente, porque acho que a minha literatura está a pedir mais, penso nela como metafísica, é a relação do homem com o outro e com o mundo, e tanto faz o gênero desse outro. Não sou cronista gay, não me interessa retratar os círculos gays. Meu protagonista se relaciona com mulheres também, e isso não é colocar uma pá de cal na homoafetividade. É que ele é um aventureiro, e não um indivíduo que se deixa reger pelo uni-

dimensional, em que pese sua via preferencial pela homossexualidade, com modulações de livro para livro.

Seus personagens parecem absolutamente soltos no mundo: sem vínculos afetivos (ou com vínculos muito precários), apátridas e mesmo sem um rosto (uma identidade) definido. Não é incômodo trabalhar com personagens tão vagos e enevoados?
Claro que é incômodo. Mas, se usasse personagens realisticamente constituídos, eu estaria mentindo diante do sentimento mais cabal do meu texto: o homem sofre hoje porque ele anda insuficiente, pulverizado mesmo. O meu protagonista é de fato um sujeito desfamiliarizado, sem vínculos sociais, que pensa suprimir essa sensação em seus precários enlaces carnais.

Esse homem insuficiente, em um mundo desfigurado, em que "as coisas todas pareciam vazar um pouco de sua energia e assim ficavam cada vez mais anêmicas em suas silhuetas, mais brancas", conforme você escreve em Monges**, é o homem deste século? Como você vê nosso século XXI?**
Vejo, sim, uma certa fragilidade humana por aí. Parece que o processo de individuação se perdeu no meio do caminho, para a vantagem de um jogo social que é de todo mundo e de ninguém. A memória é cada vez mais rarefeita, como as lembranças meio desorientadas do cineasta Jonas Mekas, como se vivêssemos em colapsos neurológicos, talvez porque a máquina arquive o nosso passado e nós não precisemos mais lidar com ele. A literatura não pode deixar de refletir esse estado, por isso a impressão que causam algumas narrativas atuais – de que estão meio truncadas, pelo menos intrincadas.

Você já disse que se considera um tanto afásico. A afasia, enquanto supressão da fala e da palavra, não é o oposto da atividade literária? Como ela influencia seu processo criativo e sua escrita?
A criação é uma espécie de superação dessa afasia. Enquanto a palavra instrumental me falta no dia a dia, eu tento exercitá-la num diapasão transfigurante, o que é uma tentativa de alongar a minha existência, não aceitando o déficit diário de expressão.

O que você procura quando escreve?
Talvez uma ficção edênica, quem sabe o princípio do prazer freudiano. Quem sabe essa ficção esteja ligada a alguma promessa da infância, a de que o futuro seria sorridente, uma torrente de delícias baseada na autonomia adulta. Uma via direta para a liberdade e, portanto, para a autenticidade plena.

Você estudou canto lírico na juventude. Em que medida a linguagem musical influencia ou está presente em sua linguagem literária? Tem o hábito de, durante o processo criativo, ler em voz alta ("cantar") seus próprios textos?
Eu os "canto" para dentro, não preciso lê-los em voz alta. Eu invejo os músicos, sobretudo os que não precisam de letra. Eles trabalham com uma semântica nada apertada (como faz a liberdade referencial do poema, aliás), fora do intelectualismo dicionarizado da prosa. Sim, quando escrevo, escrevo submetido como que a movimentos musicais. Nesse instante, penso em Octavio Paz: "O poeta não quer dizer, ele diz".

Quando escreve, você se aproxima ou se afasta da realidade?
Claro que a literatura se constitui num exercício para se aproximar da realidade. E a realidade aqui pode tomar "n" formas. Até a da deformação. Do contrário, a escrita seria um blá-blá-blá sobre o sexo dos anjos. E digo mais: sou absolutamente operante frente ao meu texto. Num segundo momento, trabalho em seu artesanato feito um cão.

Você costuma se isolar (viajar) para escrever. Parece existir nisso não só um gosto pela viagem, mas pela investigação do mundo. Para você, o processo criativo é uma investigação? Se é, trata-se de uma investigação que tem qual objeto?
É uma investigação sem objeto preciso. Talvez possamos adivinhar nessa procura um intento hercúleo por uma integridade fora do alcance na experiência cotidiana, socializada. Não nos esqueçamos de que a atividade literária se faz em solidão. Alguma coisa própria desse estado deve ser extraída daí. Ou seja, alguma coisa silenciada, esquecida, inútil nas operações sociais. A ficção mais subjetivante tem esse dom de tocar na pulsão do mistério, e não propriamente de nomeá-lo. *A paixão segundo G.H.* nomeia o quê? Que todos deveriam provar o suco da barata

para transcender? Não, não há valores pedagógicos numa obra de alto sentido simbólico. O texto aqui é a linguagem feito um véu, que faz entrever o inaudito.

Como é seu ritual particular para escrever?
Eu me adestro para a escrita desenvolvendo uma vivacidade que me afaste de qualquer torpor.

A literatura é fértil, pode adubar o mundo? Que tipo de consequências ela pode gerar?
A literatura reumaniza o leitor, ela lhe aponta a sua própria complexidade – que ele é mau, bom, rude, angelical. É assim, extraindo do humano essa radicalidade, essa totalidade, que ela reencanta aquele que lê.

A literatura é, ou pode ser, um tipo de purgação?
Não tenho dúvidas da função catártica para o próprio autor.

A literatura é revolucionária? Ela consegue destruir um mundo para colocar outro em seu lugar?
Não no sentido de o escritor instaurar necessariamente um mundo melhor, mas mais autêntico. A literatura ou é a procura da autenticidade, ou vira belas-letras.

Como é a recepção de sua literatura no Rio Grande do Sul, um estado dominado por uma profunda tradição rural? Em que medida você é um "autor gaúcho"?
Talvez não seja a recepção de outros estados, não sei, de fato não estou preocupado com isso, pelo menos não mais. Mas, pensando bem, o meu trabalho não significa tanto mesmo para a chamada "alma" gaúcha.

O DESEJO E O ÍMPETO
José Castello

JOÃO GILBERTO NOLL coloca no centro de suas ficções a palavra "ímpeto". Pode ser também "impulso", ele acrescenta. São palavras próximas. O ímpeto é um impulso violento, uma espécie de assalto interior, ou de arrebatamento, que desloca o sujeito de seu eixo e o lança para além de si. É algo que nos empurra, impele e carrega. Que tira o sujeito de si mesmo e o transporta para outro lugar. Prossegue Noll: "Quando sento diante da tela em branco, sei que vou projetar alguma coisa que ainda não compreendo, nem domino de antemão". Deixa-se ficar ali, em estado de espera, observando a tela vazia, até que algo o empurra e o leva a escrever. Em estado de ignorância, prisioneiro do desconhecido – e a palavra pode ser "ignorância".

Esse impulso, no entanto, necessita de condições específicas para aparecer. "É preciso que eu esteja numa espécie de estado de esvaziamento, para que o personagem se implante, se estabeleça em sua liberdade", continua Noll. A mente, esvaziada de seus conteúdos, se transforma em um terreno fértil e aberto no qual as ideias podem, enfim, germinar. A palavra talvez pudesse ser "ocupação". O ímpeto – uma espécie muito radical de arrebatamento – abre espaço para que o assalto à mente do autor se consuma. A palavra poderia ser "posse", ou mesmo – se a despirmos de suas ressonâncias espirituais – "possessão".

No processo de escrita, há uma luta silenciosa entre a tela branca da mente – deserto original, de que todos partimos, não apenas os ficcionistas – e os personagens que nela guerreiam para nascer. Há uma batalha interior, e esse combate íntimo fornece a Noll as energias indispensáveis para a criação. Prossegue: "Esse ímpeto me acompanha até o final da história, porque do contrário seria apenas seguir linhas pré-traçadas". Escreve, portanto, sem seguir as indicações de um roteiro, ou mapa previamente delineado. Trabalha às escuras – em um estado de perturbação e de cegueira. "Eu escrevo justamente para conhecer isso que lateja em mim, mas que só se revela no ato mesmo da escrita, e não fora dela". Sem a escrita – sem a tradução da "coisa" em palavras – o ímpeto se perderia. A ficção é essa zona fecunda em que os impulsos se materializam em narrativas. Em que eles se tornam forma. Em que o arrebatamento se torna, enfim, um relato.

É da paralisia, do vazio, da solidão absoluta, portanto, que a escrita de João Gilberto Noll emerge. A palavra pode ser "solidão", e aqui penso em seu mais recente romance, *Solidão continental*, de 2012. A epígrafe, tomada de empréstimo a Carlos Drummond de Andrade, é emblemática: "O inseto petrificado/ na concha ardente do dia/ une o tédio do passado/ a uma futura energia". Também o escritor, quando cria, promove uma conexão entre a ausência e a presença. O ato da escrita, aliás, é a própria conexão. *Solidão continental* conta a história de um homem que, muitos anos depois, faz uma viagem de volta a Chicago em busca de um amante da juventude. Isso é o que ele nos diz, mas, na verdade, o motivo da viagem não só é impreciso, como lhe é desconhecido.

"Ventava na Randolph Street e eu me perguntava até onde iria a vaga disposição de procurar." Procurar o quê? Só um amante que se perdeu no tempo? No início, falta-lhe o ímpeto, isto é, o empurrão indispensável para que chegue a um destino. A escrita é a perseguição desse ímpeto, é sua materialização em um texto. A busca do personagem pelo amante desaparecido apresenta um paralelo com a luta do autor, João Gilberto Noll, na perseguição das palavras. Criador e criatura se juntam, em uma dolorosa simbiose, na mesma experiência de busca. A palavra poderia ser "busca".

"E já nem percebia com alguma transparência o motivo de eu estar em Chicago", afirma o narrador. Há um motivo – de novo: um ímpeto – que o leva a procurar, mas essa causa é invisível e, mais ainda, ignorada. Para o escritor, não se trata de conhecê-la, ou de decifrá-la, mas simplesmente de a ela se submeter. Ceder. Entregar-se. O escritor: um escravo de forças obscuras que o empurram. Em direção a quê? O mundo é impreciso, os motivos são insuficientes, a busca é provavelmente inútil. Mesmo assim, criador e criatura prosseguem em seu caminho, fiéis ao ímpeto original. Lendo o romance de Noll, sempre me recordo dos versos de uma canção de Leonard Cohen: "Há uma rachadura em tudo. É assim que a luz entra". É também da falha e da insuficiência – sangrentas rachaduras – que Noll arranca energia para escrever. Só porque há uma ausência que ele deseja preencher, se agarra às palavras. A palavra que buscamos poderia ser "falha". Seguindo a pista oferecida por Cohen, poderia ser "rachadura".

Uma escrita, portanto, que mistura autor e personagens, como se eles tivessem, como os irmãos siameses, um só corpo. Não se trata, porém, só da carne, mas da substância que a conserva viva: o sangue. Talvez a palavra seja "sangue". Pode ser, ainda, "desestabilização", já que, em dado momento, esse autor-narrador de *Solidão continental* nos diz: "Sentei com algum esforço na borda da maca, sofria de alguma vertigem". A tontcira e a ausência de um centro são marcas fundamentais da ficção de Noll. Vertigem que o oprime e também o cega, mas que o leva a escrever. O estado de cegueira em que Noll trabalha coloca em seu caminho uma longa sucessão de sombras e de espectros. Esse mundo de névoa o aproxima, mas também o afasta, das palavras que procura. Em dado momento, o narrador vê seu personagem "vestido de branco como um enfermeiro, a querer talvez uma palavra minha, coisa improvável já que eu não tinha base para sustentar um pensamento depois do outro". Há, portanto, uma impossibilidade de comunicação. A palavra que busco pode ser "afasia", isto é, a perda do poder de expressão através da fala. Personagens que, derrotados, se contentam em gaguejar. A palavra pode ser "balbucio".

No fim das contas, o que está em jogo na literatura de João Gilberto Noll – como já podíamos ver em *A fúria do corpo*, romance de 1981, livro que lhe trouxe prestígio nacional – é o amor. Em *A fúria do corpo*, dois mendigos, apesar de empurrados para as margens da sociedade, apesar da penúria extrema, da total ausência de luxo, lutam, com seus corpos frágeis e maltrapilhos, para manter acesa a chama do amor. A escrita de Noll é tortuosa, irregular, barroca. Nesse estado de asfixia, o corpo em fúria surge como único reduto de salvação. É dentro desse corpo dilacerado, mas ainda vivo e cheio de desejo, que o personagem lança seu grito de desespero, mas também de socorro. Nesse lamento a cólera se confunde com a inspiração. A palavra pode ser "grito". Pode, também, ser "fúria" – agitação violenta, na qual o sujeito se desgoverna, dominado por algo que não pode controlar.

Não é fácil escrever porque não é fácil viver. Na ficção de Noll, os personagens são seres vazios e desmemoriados, que não contam com suas memórias, não contam sequer consigo mesmos. Narram (escrevem) na esperança de chegar a si, o que faz da ficção um projeto de salvação. Para eles, a existência não passa de uma manifestação do susto de existir. Em *Berkeley em Bellagio*, de 2002, a história de um homem que viaja pelo mundo em busca de si mesmo, o narrador se surpreende – como se mirasse um milagre – quando vê seu nome fixado em uma tabuleta na porta do quarto.

> Quando encontro ali meu nome sei que ainda estou vivo e em Bellagio, porque em nenhuma outra porta do mundo teria o meu nome exposto assim frontal, inequívoco, ardendo na presença de seu dono, ardendo inutilmente.

Mesmo o nome, contudo, ainda lhe parece insuficiente; mesmo ele não lhe assegura a posse de sua identidade. Esta só pode ser encontrada através do contato com o outro. Comenta o personagem: "A vida sempre está com pressa, essa é a sina, correr atrás do tempo, tentar fazer mais e mais laços". Só a esperança frágil do amor lhe oferece uma saída. Talvez pareça piegas, mas a palavra pode ser "amor".

A luta desse narrador, que se transporta de livro a livro sem nunca se deixar realmente ver, é uma luta arcaica e essencial. Uma luta pela vida. Ele não busca um tesouro, ou a glória, mas aqueles elementos primitivos, originais, que permitem ao homem existir. Que fazem de um homem um homem. Essa procura interminável da existência aparece, com força escandalosa, em *Acenos e afagos*, o premiado romance de Noll. É com uma raiva (um ímpeto) verdadeiramente animal que o narrador larga tudo para trás, despe-se do homem que foi e se entrega à esperança de uma nova vida. Isto é, ao desejo de tornar-se outro. Esse narrador sem nome é, de alguma forma, o mesmo narrador dos livros anteriores – como se, a cada livro, Noll desdobrasse a alma de seu outro, esse outro que ele inventou para representá-lo no campo ficcional. Mais uma vez, o homoerotismo surge como um lugar de interrogação a respeito dos limites (ou melhor, da falta de limites) entre as coisas. Instabilidade de gênero que arrasta de volta homens e mulheres, heterossexuais e homossexuais, todos da mesma maneira, para um território primordial, onde tudo ainda está por construir. Um território de fundação que, como uma terra mítica, ainda precisa ser descoberto.

Como um arqueólogo insistente, Noll escreve em busca das fundações que sustentam o sentido de humanidade. A palavra pode ser "origem". Em dado momento, reflete o narrador de *Acenos e afagos*, sintetizando a dor que o oprime:

Vivia, por enquanto, expatriado de meus papéis masculinos. Comecei a acreditar naquela altura que esses papéis talvez já fossem irrecuperáveis. De pai e marido, por exemplo. Com a ajuda de quem eu poderia tentar reaver essas funções?

É à própria narrativa (à própria linguagem) que esse personagem (autor) vem pedir socorro. Não é fácil: há um grande sofrimento nesse pedido. Nesse caso, a palavra que se esconde no coração da obra de Noll pode ser "dor". Uma dor que se mistura ao prazer, sem que – sofrimento atroz – eles possam se separar. Uma dor que, acaso, purifique – como já sugeriu o escritor Sérgio Sant'Anna que, escrevendo a respeito de *Acenos e afagos*, afirmou que talvez se possa falar "em santidade, como no caso de Genet visto por Sartre". O próprio Noll já declarou que considera a literatura uma espécie particular de religião.

A libido desenfreada, que arrasta os personagens e os submete, vigora em toda a escrita de Noll. Sujeita-a, dita seu caminho, submete-a. Em um dos seus livros mais fortes, o romance *Lorde*, de 2004, que tem aparência enganosa de uma autobiografia, narra-se a história de um escritor que chega a Londres convidado por uma instituição literária, mas sem saber o que dele se espera. Passa a vagar pelas ruas da capital britânica como um mendigo, um pedinte, e quanto mais luta para descobrir o que dele se quer, menos entende o que faz ali. Sua sensibilidade, aos poucos, se anestesia. Sua alma se dissolve na cidade imensa.

> Se era humilhante? Eu não sabia mais com exatidão o teor dessa palavra. As coisas já não me ofendiam o suficiente. Estar de guarda ao redor do meu amor-próprio não era mais necessário porque eu desconfiava seriamente de que eu já não trazia o mesmo homem.

Em *Lorde*, a experiência da procura equivale a um sentimento de desfiguração. Quanto mais o personagem luta para se aproximar de si, mais de si mesmo ele se distancia. A palavra que procuro pode ser "fracasso".

Mas retorno ao "ímpeto", a palavra sugerida pelo próprio Noll. Trata-se de um impulso forte, mas impotente, que não o leva a lugar algum – a não ser à própria escrita. A rigor: é na escrita, é sobre as asas da palavra, que esse personagem, enfim, avança e se constrói. "Eu era tão sozinho quanto um homem que vaga por entre uma floresta imprecisa, misto de árvores e sons de animais noturnos", diz ainda o narrador de *Lorde*. Algo muito parecido com o que acontece com o ex-ator que, no anterior *Harmada*, de 1993, um de seus livros mais celebrados pela crítica, deseja retornar à capital de seu país, mas se vê impedido por uma estranha paralisia. O acaso (ímpeto?) o empurra, a contragosto, para um asilo de miseráveis. Ali, procura, em desespero, por interlocutores – mas a solidão acompanhada o massacra. Descreve-a: "A partir daí, eu já falava despudoradamente com alguém – não, não havia ninguém aparentemente a me escutar no outro lado de mim".

Os personagens de Noll vivem retidos em um abismo, ao qual o outro jamais tem acesso. O ex-ator de *Harmada* ainda tenta escrever uma peça de teatro, mas nem a arte pode salvá-lo. Não consegue, sequer, representar a si mesmo. Vida e teatro se misturam e se anulam. "Foi o calor daquela terra que me deixou cruel...; não me lembrava direito da frase que eu dizia muitos anos atrás na pele de um personagem cego". A arte, se parece salvar, ajuda a cegar. *Harmada* é, mais uma vez, a história de um homem sem saída. Não é a inexistência de saída, porém, que o impede de continuar a busca. Ao contrário: é essa falta que o alimenta. O ímpeto da busca, em consequência, o envolve como uma possessão. Uma condenação. Ímpeto, enfim, meio cego, meio torto, sempre insuficiente, que, porém, nos ajuda, também a nós, seus leitores, a continuar.

BIBLIOGRAFIA

ROMANCES
Solidão continental. Record, Rio de Janeiro, 2012.
Anjo das ondas. Scipione, Rio de Janeiro, 2009.
Acenos e afagos. Record, Rio de Janeiro, 2008.
Lorde. Francis, São Paulo, 2004.
Berkeley em Bellagio. Objetiva, Rio de Janeiro, 2002; Francis, São Paulo, 2004.
Canoas e marolas. Objetiva, Rio de Janeiro, 1999.
A céu aberto. Companhia das Letras, São Paulo, 1996; Record, Rio de Janeiro, 2008.
Harmada. Companhia das Letras, São Paulo, 1993; Francis, São Paulo, 2003.
O quieto animal da esquina. Rocco, Rio de Janeiro, 1991; Francis, São Paulo, 2003.
Hotel Atlântico. Rocco, Rio de Janeiro, 1986; Francisco Alves, Rio de Janeiro, 1995; Francis, São Paulo, 2004.
Rastros de verão. L&PM, Porto Alegre, 1986; Rocco, Rio de Janeiro, 1990; Record, Rio de Janeiro, 2008.
Bandoleiros. Nova Fronteira, Rio de Janeiro, 1985; Rocco, Rio de Janeiro, 1988; Companhia das Letras, São Paulo, 1999; Record, Rio de Janeiro, 2008.
A fúria do corpo. Record, Rio de Janeiro, 1981; Rocco, Rio de Janeiro, 1989; Círculo do Livro, São Paulo, 1993; Record, Rio de Janeiro, 2008.

CONTOS
A máquina de ser. Nova Fronteira, Rio de Janeiro, 2006.
Mínimos múltiplos comuns. Francis, São Paulo, 2003.
Romances e contos reunidos. Companhia das Letras, São Paulo, 1997.
O cego e a dançarina. Civilização Brasileira, Rio de Janeiro, 1980; L&PM, Porto Alegre, 1986; Rocco, Rio de Janeiro, 1991; Record, Rio de Janeiro, 2008.

FICÇÃO INFANTOJUVENIL
O nervo da noite. Scipione, São Paulo, 2009.
Sou eu! Scipione, São Paulo, 2009.

LOURENÇO MUTARELLI

LOURENÇO MUTARELLI nasceu em 1964, na Vila Mariana, São Paulo. Estudou em colégios religiosos e foi péssimo aluno por causa de um déficit de atenção não diagnosticado, que lhe rendeu uma infância dolorosa. As primeiras impressões do mundo, sombrias, alimentam seu trabalho até hoje.

Os primeiros contatos com os quadrinhos, as artes visuais e a literatura foram na biblioteca de seu pai, um policial ativo da ditadura militar de 1964, que tinha uma coleção de *comics* com os heróis da Era do Ouro: Dick Tracy, Spirit, Lanterna Vermelha e outros. Foi com uma aventura do Spirit, de Will Eisner, que percebeu que por meio da arte podia falar sobre qualquer assunto e sobre qualquer sentimento. Graduou-se em educação artística na Faculdade de Belas Artes de São Paulo.

Trabalhou nos estúdios de Mauricio de Sousa e, nos anos 1980, publicou seus primeiros quadrinhos em fanzines, *Over 12* e *Solúvel*, que, lançados com tiragem de 500 exemplares, hoje são raridades disputadas por seus leitores. Nos anos 1990, publicou vários álbuns por editoras, quase todos autobiográficos com personagens envolvidos na depressão e solidão urbanas.

Depois de criar mais de uma dezena de quadrinhos, preparou-se para ser escritor. Estudou psiquiatria, demonologia e a Inquisição. Leu Freud, Darwin e biografias. Estreou em 2002, com *O cheiro do ralo*, adaptado para o cinema por Heitor Dhalia. Após o sucesso da adaptação, abandonou os quadrinhos e se dedicou exclusivamente à literatura. Vieram os romances *O natimorto* – que também ganhou versão cinematográfica, de Paulo Machline –, *Jesus Kid*, *A arte de produzir efeito sem causa* – vencedor do Prêmio Portugal Telecom de Literatura 2009 –, *Miguel e os demônios* e *Nada me faltará*, além de *O teatro de sombras*, que reúne cinco peças de teatro.

Seu trabalho no cinema começou com a criação das animações do longa-metragem *Nina*, de Heitor Dhalia. Atuou como ator em algumas de suas obras e foi personagem principal da peça *Música para ninar dinossauros*, de Mário Bortolotto.

Em 2011, retornou aos quadrinhos com cartuns semanais para *O Estado de S. Paulo* e com o álbum *Quando meu pai se encontrou com o ET fazia um dia quente*.

Lourenço Mutarelli transita hoje por áreas diferentes – faz quadrinhos, literatura, cinema e teatro e trabalha ainda como ator –, mas não muda seu estilo de vida. Ama a solidão e o silêncio. Usa suas histórias como forma de comunicação com o mundo exterior. Trabalha em casa, de onde quase não sai. Não lê jornal, quase não assiste a televisão. Não torce para nada. Não usa a internet. Sua mulher, Lucimar Ribeiro Mutarelli, escritora e sempre sua primeira leitora, é quem responde seus e-mails. Tem um filho adolescente, Francisco.

Você vem das histórias em quadrinhos. Quem está mais próximo da realidade: a literatura ou os quadrinhos? Ou o poder de ilusão é maior na literatura?
Sem dúvida alguma a literatura tem um poder de ilusão muito maior; ela forja, imita e ilude a realidade de forma muito mais convincente para mim. Quando leio um texto, o que surge em minha mente é algo tão próximo da realidade quanto são meus pensamentos. Quando leio ou faço quadrinhos, vejo a representação da representação.

Como você descreveria as diferenças entre os processos criativos nos quadrinhos e na literatura?
Quando escrevo estou tão distante de quando faço quadrinhos. São, embora talvez seja difícil imaginar, processos completamente diferentes. O que mais gosto quando escrevo é que parto de algo muito pequeno e vou escolhendo entre as inúmeras bifurcações que se abrem. Quando faço quadrinhos, escrevo toda a história, todos os diálogos, para então poder de fato *começar* a fazer os quadrinhos.

Você teria se tornado escritor sem a experiência nos quadrinhos?
Acho que nunca me tornaria escritor se não tivesse vivido a experiência dos quadrinhos.
Em primeiro lugar sempre respeitei demais a literatura, e por isso nunca ousei escrever um livro antes. Eu já tinha feito uns dez álbuns de história em quadrinhos quando aconteceu meu primeiro livro. Pelo desrespeito que o quadrinho sofre, quem o faz tem total liberdade.
Não existe um rigor crítico, não existe um julgamento profundo sobre o trabalho das histórias em quadrinhos. Isso possibilita toda a experimentação e "liberdade" (não gosto dessa palavra, mas não encontro

outra), e isso é muito forte pra quem trabalha com criação. Acho muito importante dizer que não usei os quadrinhos como uma ponte para a literatura, mas a literatura apareceu nesse caminho que eu traçava.

Você era um quadrinista conhecido quando decidiu parar de desenhar. Na época, justificou essa desistência argumentando que a técnica que adquiriu acabou por aprisioná-lo. Passou ou passa hoje pelo mesmo processo com a literatura?
Não. Cada livro meu tem sido uma experimentação. Tenho, ou principalmente tive no início, uma forma muito natural de escrever. O meu texto tem saído muito naturalmente, por isso em cada livro experimento algo que me tire esse conforto.

O reconhecimento contribui para a criação?
O reconhecimento muitas vezes ajuda porque, quando você solidifica o seu nome, não importa muito o que você faça, ele leva uma chancela; isso pode ser muito perigoso.

Como foi sua preparação para tornar-se escritor? Quais foram os seus interesses: pesquisa, leitura, estudos? E como surgiu a chance de editar o primeiro livro?
No primeiro momento, mesmo nos quadrinhos, algo que me inspirava profundamente era a literatura e o cinema. O desenho era como uma espécie de vício solitário. Quando desenho, vou para algum lugar muito longe que fica em mim mesmo. Foi relativamente fácil publicar meu primeiro livro. Primeiro porque era uma editora pequena, e depois porque eu tinha um nome e uma pequena legião de seguidores. Assim que terminei meu primeiro livro, com medo de ser influenciado, me distanciei da literatura de ficção. Isso durou alguns anos, e foi incrível perceber como Darwin escreve bem. Resolvi ler Darwin porque para mim, na minha ingenuidade, era algo muito distante da literatura e algo que eu nunca tivera motivação para encarar. Li muitas outras coisas que não são ficção, mas o pensamento, por mais racional que seja, não escapa dela. Depois o medo passou e voltei a ler romances, e tenho, ao menos por enquanto, a felicidade de, ao começar a ler um livro, esquecer que eu sou escritor.

Você declarou: "A minha vontade é mergulhar mais fundo no campo das ideias. Quero esquecer o corpo". O corpo tem uma presença muito forte em sua escrita. Será possível esquecer o corpo?
Acho que o que aconteceu, por sorte, é viver num corpo que vive o primeiro declínio significativo da minha existência. Escrevo agora sobre e de um outro corpo, e isso tem sido muito interessante.

O que exatamente você busca quando escreve: limpar-se ou sujar-se?
Quando escrevo, isso talvez tenha uma relação com o trabalho manual e artesanal da pintura e do bico de pena. Com nanquim sujo tudo o que está em volta, menos o trabalho que estou fazendo. Depois disso tomo um banho e saio muito melhor do que quando comecei.

Você nasceu em 1964, só cinco anos depois do aparecimento do célebre *Naked lunch* [*Almoço nu*], de Burroughs. Fale dessa influência e da herança deixada pelos *beats*. Se é que podemos falar em "lições", que lições seriam essas? Talvez a palavra mais correta seja "provocações"...
Costumo dizer que a música é a minha religião. Burroughs para mim é quase um santo. É como uma entidade. Tenho absoluta certeza de que o que eles deixaram para nós vai muito além de uma provocação. Eu jamais seria aceito como escritor, não só eu, se eles não tivessem tido a coragem de surgir. Acredito que o que os *beats* nos trouxeram foi o início de uma nova linguagem. Sei que eles não foram os primeiros a fazer isso, mas é o primeiro ponto em que eu percebo isso, dados a minha idade e o meu tempo. O problema é que eles abriram muitas portas e, sem dúvida, algumas não levam a lugar algum, enquanto outras podem nos levar a novas percepções, e acho que até mesmo a novas linguagens. Mas o caminho é muito longo.

Em um de seus últimos livros, a autobiografia *Minha educação*, Burroughs conta os sonhos importantes que teve durante toda a vida. Você declarou que passou a entender melhor os livros dele depois da leitura dessa obra. Seus sonhos poderiam nos fazer compreender melhor sua literatura? Você costuma sonhar muito? Anota seus sonhos?
Infelizmente eu tomei medicação por vinte e oito anos, e um desses medicamentos inibia a lembrança dos sonhos. Há um ano estou sem as medicações e voltei a sonhar. Meus sonhos, na maioria das vezes, são

uma continuação monótona das atividades mais pueris e cotidianas que vivemos. Um ou outro é pura fantasia e muito interessante. Tenho feito anotações e desenhos a partir destes, mas nada que vale a pena ser contado. Talvez seja uma semente de algo que ainda não sei o que é.

Fale da influência e de sua admiração por Valêncio Xavier (1933-2008). Valêncio foi, em Curitiba, um escritor marginal, visto com suspeita pelos literatos oficiais. É justamente esse aspecto marginal que o atrai?
O Valêncio é o maior escritor brasileiro, do meu ponto de vista, e talvez nunca chegue a ser canonizado. Suas obras encontram muita dificuldade em ser reeditadas porque ele se apropriava de imagens, e isso tem muito a ver com os dias de hoje, com o que os jovens fazem em sua arte e em seu cotidiano. Mas no mundo das editoras isso vem a ser um problema, porque, quando Valêncio pegava uma imagem para dela gerar um texto, a imagem passava a fazer parte desse texto, e atualmente a editora teria que pagar direito de uso para cada uma dessas apropriações. Tenho muito medo de que com isso Valêncio deixe de ser editado.

A liberdade é sempre marginal? É só na margem, e não no centro – na "terceira margem do rio", de Rosa –, que se consegue escrever para valer?
Eu não acredito em liberdade. O que acontece com quem está à margem é que esse autor cria ou encontra recursos para fazer o seu trabalho, e talvez assim, longe do olhar dos sérios, ele possa "brincar" mais.

Você trabalha muito com diálogos. O *natimorto* tem longos trechos em forma de diálogos e *Nada me faltará* é narrado apenas em diálogos. Fale um pouco sobre isso.
Os diálogos que eu tanto utilizo são frutos diretos das histórias em quadrinhos. Nos quadrinhos o que é dito tem que caber nos balões, e esse exercício fez com que fosse mais simples usar os diálogos em qualquer contexto.
Quando fiz *A trilogia do acidente*, era uma história muito complexa que precisava caber num personagem limitado e simplório, como é o Diomedes. A partir desse exercício de transformar o complexo num vocabulário limitado e em uma linguagem completamente cotidiana, os diálogos passaram a sair de forma muito fácil.

Você já escreveu também para o teatro. Quais são as fronteiras entre essas diferentes artes?
Quando escrevo para o teatro o que me fascina é a aparente limitação do espaço cênico. Esse é o meu foco: vejo o palco, vejo as cenas, nunca penso em mim como ator e nem mesmo vejo os personagens atuando. Isso só acontece quando escrevo para algum ator especificamente, porque aí o meu personagem adquire os aspectos físicos desse ator.

Você declarou que acha fascinante perceber a curva existente entre cada livro de um mesmo autor. Como você descreveria essa curva em sua literatura?
Essa declaração que fiz é uma com a qual ainda concordo, porém há mais um detalhe que falei sobre a percepção dessa curva na obra de um autor. O que disse é que adoro descobrir e ler a obra completa de um autor morto. Acho fascinante chegar ao último livro. Acho que só quando o autor se cala, e se cala pela fatalidade, é que posso entender e acompanhar essa curva.

Como fica a curva entre O cheiro do ralo (2002) e Nada me faltará (2010)?
A diferença entre O cheiro do ralo e Nada me faltará é que são experiências diferentes, mas não consigo perceber o que há de mais significativo e diferente nessas obras.
Algo que é muito ruim, e vivi isso principalmente nos quadrinhos, é o fantasma de um primeiro livro que vai bem. E, geralmente, as pessoas esperam um próximo igual ou melhor. Sempre cito o caso de alguns músicos que eu admiro e acompanho em que o primeiro disco é maravilhoso; na sequência vêm alguns médios e até mesmo ruins, e então surge um outro maravilhoso, maduro e com a mesma força e vigor do primeiro. Em suma, o erro e os desvios fazem parte de algo que pode ser certeiro mais à frente. Acho importantes os livros e discos ruins de autores de que eu gosto.

Quando presenteou Arnaldo Antunes com os originais de O cheiro do ralo, você lhe disse: "Arnaldo, a única coisa que posso te dar é um negócio que fiz, que nem sei o que é". É possível trabalhar em algo que se desconhece?
Sem dúvida. O não saber é muito mais criativo. Quando entreguei

O cheiro do ralo ao Arnaldo eu tinha feito um texto. Quando fiz esse texto pensava que era um livro. Quando li o material pronto achei que talvez não tivesse alcançado o meu objetivo, digo isso sem nenhuma modéstia; o que percebi é que ao tentar fazer um livro não consegui fazer um livro como os que eu li.

Para o escritor, o não saber é mais importante que o saber?
Eu só sei fazer um livro do jeito que eu consigo e aprendi que os limites definem o que chamamos de estilo.

Você já disse que a literatura é mais profana que sagrada. Explique melhor por que a julga "profana" – isto é, "mundana". Em que medida, nesse caso, a literatura pode interferir, mudar, alterar o mundo?
Usei profano justamente no sentido herético. Nessa época eu me julgava ateu; o que percebo hoje é que a palavra mais apropriada seria "místico". Uma vez li que os maniqueus, de onde vem o termo maniqueísta, não eram pessoas que entendiam as coisas como o bem e o mal. Na verdade, eles tinham dois altares, um para o bem e outro para o mal.
Nesse sentido acho que na literatura, quando um autor inicia o seu trabalho, querendo ou não, ele acende uma vela para o altar do mal. Acho que a literatura, ou qualquer forma de arte, é capaz de mudar as pessoas quando ela traz desilusões. Quando algo nos desilude, podemos perceber as coisas com mais verdade.

Você falou de experiências estranhas, de caráter místico, que experimentou durante uma visita ao Museu Chileno de Arte Pré-Colombiana e também durante as filmagens de *O natimorto*. Poderia descrevê-las em detalhes?
Sempre tive enxaquecas.
A minha enxaqueca é daquele tipo com aura, em que perco a visão, pois ela é tomada por pontos luminosos. No museu foi a primeira vez que tive uma enxaqueca com padrões geométricos muito próximos dos ornamentos da arte pré-colombiana. Desde esse dia minha enxaqueca se manifesta em padrões geométricos. Em *O natimorto* eu fazia, durante a preparação, um exercício de sensibilidade no qual tinha que sentir a presença de uma pessoa que realmente estava lá, ou seja, eu ficava em pé numa sala com os olhos vendados e tinha que aguçar todos os

meus sentidos para perceber e poder dizer onde essa pessoa estava. Eu detectava a presença através do mínimo ruído, do calor do corpo dessa pessoa, da respiração, e assim se dava o exercício. A pessoa ia se aproximando de mim até que eu a localizasse. Num desses exercícios eu senti duas presenças vividamente.

Essas experiências afetaram seu ateísmo?
Não sou mais ateu. Meu filho teve um problema sério de saúde, e a partir de então todos os dias faço no mínimo duas mentalizações que talvez pudesse chamar de preces.

Descreva seu ambiente de trabalho.
Trabalho em uma jaula. Literalmente. O meu quartinho, como chamo, é um quarto de empregada. Pequeno, sem janela e abarrotado de coisas que me ajudam a me desligar do mundo prático. Como tenho vários gatos, precisei pôr uma grade na porta para que eles não entrem, pois trabalho muitas vezes com tinta, e tanto a presença deles quanto os pelos que eles soltam atrapalham muito.
Quando parei de desenhar e só tinha três gatos, eu tirei as grades, mas quando voltei a trabalhar com desenho e pintura tive que recolocá-las. Eu só limpo esse espaço uma vez por ano. Geralmente quando termino um trabalho. Tudo que acontece nesse espaço tem um ritual.

Como é seu processo criativo? Descreva um típico dia de trabalho. Você é disciplinado?
Trabalho com total disciplina. Trabalho em casa há muitos anos, e para trabalhar em casa a disciplina é fundamental.
É muito diferente o meu processo quando trabalho com desenho e quando trabalho com texto. Como disse, a música é a minha religião. Quando desenho ouço música o tempo todo, mas não consigo escrever ouvindo música. Isso para mim faz uma diferença profunda. De qualquer forma, levanto cedo e trabalho até umas quatro horas da tarde. Todos os dias. Mas, quando o trabalho não flui, passo dois ou três dias jogando paciência e me distanciando para que as coisas se resolvam de forma inconsciente.
Tenho muitas ideias quando estou em contato com a água. Seja no banho ou lavando louça.

Em sua literatura, você parece ultrapassar o racional, o consciente. Você diria que, na criação literária, o inconsciente manda mais que a razão? O impulso mais que o planejamento?
Sem dúvida acho que o impulso vence a razão.
Nessa minha fase mística percebo que quando trabalho sou apenas um instrumento. Não digo isso em relação à psicografia ou qualquer manifestação dessa natureza. Me refiro ao fato de ter uma conexão profunda com a minha essência, com as minhas informações genéticas e, como diria Jung, com um inconsciente que não é apenas meu, o inconsciente coletivo.

A memória e o esquecimento (por exemplo, em *Nada me faltará*) estão no centro de suas reflexões literárias. Nesse sentido, o protagonista de *Nada me faltará* parece ser uma espécie de símbolo. Qual é a relação da memória, e também do esquecimento, com o processo literário?
Esse é o assunto que mais tem me fascinado e que deve aparecer inevitavelmente nos meus próximos trabalhos também. Agora que estou chegando aos cinquenta anos descobri que a memória é também ficção. Tenho tido inúmeras experiências de lembrar de algo e, ao recorrer a uma velha foto, ver que a minha memória estava completamente diferente do que foi registrado; e o que acontece então com o que não podemos registrar, fotografar? Em um de meus quadrinhos eu faço uma alusão ao Lete. O rio do esquecimento onde os mortos precisam beber sua água para poder renascer. Esse é o grande poder do esquecimento, mas infelizmente é difícil esquecer o que queremos, e quando esquecemos o que queríamos guardar não nos damos conta disso. É mais ou menos isso. É algo em que venho pensando, e meu trabalho é sempre uma forma de pensar o que me aflige e o que me interessa com mais profundidade.

Há também em sua literatura uma grande dose de infelicidade. É preciso ser infeliz para tornar-se escritor? Você é infeliz? A felicidade, ainda que parcial e transitória, não produz boa literatura?
Já escrevi e desenhei em êxtase de felicidade; é preciso estar vivo e movido por emoções boas ou ruins. Acho que as boas também geram bons frutos. Eu não sou infeliz; meus personagens, sim. Tenho a minha família, a minha casa, meus amigos e meus gatos, e tudo isso se abre para mim quando deixo a minha jaula.

Você negociou com o jornal *O Estado de S. Paulo* uma série de cartuns semanais. A única imposição que fez foi a de que o jornal desse espaço para publicar também tiras de gente nova, que nunca publicou. A nova geração da literatura ainda tem dificuldades para conseguir espaço para publicação? Escritores consagrados precisam ajudar gente nova?
Estou muito feliz porque dou oficinas de quadrinhos no Sesc Pompeia, e o Sesc vai fazer uma revista com o material desses meus alunos. Era um sonho muito antigo conseguir dar espaço para quem está começando. O começo é sempre difícil, e o meu começo foi extremamente difícil. Não acho que ninguém é obrigado a dar espaço para os mais novos; para mim, isso é fundamental. Tem muita gente, principalmente no meio dos quadrinhos, que está cansada, que vive em crise e que não larga o osso. Por isso, quando entrei no *Estado*, entrei com essa condição, e sempre que puder quero deixar as portas abertas.

OS FATOS NO CASO DO SENHOR LOURENÇO
Ronaldo Bressane

"SOU COMO O POLVO, que, ameaçado, solta tinta", já disse de si Lourenço Mutarelli. Haja nanquim: dos fanzines às tetralogias em quadrinhos, passando por contos, romances, peças de teatro, roteiros para séries de TV e internet, sem falar nas atuações à frente das câmeras, a tinta negra de Mutarelli levantou pontes entre as artes mais distantes. Paulistano, 49 anos, casado há 18 com Lucimar, 35, pai de Francisco, 16, Mutarelli é hoje um caso único. Não há, na banca brasileira de histórias em quadrinhos, nenhum exemplo como o deste artista, cuja sanidade mental foi salva, paradoxalmente, pela insanidade genial dilacerada em suas histórias – que pularam dos balões e legendas nos quadrinhos para cenas e diálogos em romances e filmes. A produção assombrosa, habitada pelas narrativas mais estranhas, não deixa dúvida: a grande loucura de Mutarelli é contar histórias – literárias, visuais ou audiovisuais.

    O artista teve uma adolescência esquizoide, foi expulso de alguns colégios, liderou gangues de renegados, usava a camisa que a mãe havia condenado a pano de chão. Mas somente chegou perto da loucura total quando, no aniversário de 26 anos, uns amigos lhe prepararam uma surpresa. "Me vendaram, meteram um revólver na minha cabeça, ameaçaram me violentar e depois me matar. Durante uma hora, senti tanto medo que me concentrei ao máximo, tentando me lembrar de uns exercícios para morrer que um amigo havia me contado. Quando tiraram minha venda e vi todos os meus amigos reunidos para a festa, alguma coisa em mim morreu completamente. Acho que uns oitenta por cento de mim desapareceram naquela noite", conta ele.

    A pesada experiência o jogou em profunda psicose maníaco-depressiva, diagnosticada como síndrome do pânico. Vieram crises de taquicardia e apagões. Meses deitado com a cara no chão. Medo de morrer.

Vontade de cortar fora os pés. Ou destruir o carro em roletas-paulistas. E roubar o revólver do pai para atirar a esmo pelas ruas. Quando chegou a pesar quarenta e quatro quilos, a família ajudou-o a iniciar tratamentos neurológico, psicanalítico e psiquiátrico. Combinados, sempre, ao uso de psicotrópicos – velhos compadres do tempo em que dava duro numa farmácia, experimentava todo tipo de remédio ("tenho fetiche com remédio, tomei até anticoncepcional") e usava, para pintar, violeta de genciana e o agora proibido mercurocromo ("não sabia que existia tinta, acredita?").

Passado um ano, Mutarelli abandonou o tratamento após ouvir uma piada de seu psiquiatra: "A diferença entre o neurótico, o psicótico e o psiquiatra é que o neurótico constrói castelos imaginários, o psicótico mora neles e o psiquiatra cobra o aluguel". À semelhança de todos, Mutarelli pegou seus castelos, incendiou-os e, para salvar-se, cobrou sua falência psíquica em forma de quadrinhos. Mais exatamente com *Transubstanciação*, a perturbadora história que deu a ele, em 1991, o primeiro lugar na I Bienal Internacional de Quadrinhos do Rio de Janeiro. O sucesso do álbum, que vendeu treze mil cópias no primeiro mês de publicação, serviu ainda para que Mutarelli conhecesse sua musa: a professora Lucimar. O casamento de dezoito anos com a ex-professora de desenho geométrico, hoje também escritora, trouxe ao artista o filho Francisco e o estado zen necessário a um cara tão disciplinado que chega a desenhar catorze horas seguidas. "Com o *Trans*, umas matérias na imprensa me tacharam de maldito, de cult. Mas não quero ser visto como doidão. Afinal, não passo de um pedaço de carne que desenha – um bife que conta histórias."

Antes de *Transubstanciação*, enquanto estudava na Faculdade de Belas Artes, Mutarelli ralava nos estúdios de Mauricio de Sousa e colaborava em fanzines diversos. Burilava o traço emulando gênios como Will Eisner (*Spirit*) até chegar a uma receita única, cujos agentes ativos são o poeta Augusto dos Anjos, o escritor Marquês de Sade e os pintores Egon Schiele, Edvard Munch e Hieronymus Bosch. Adicione à bula o ácido quadrinho underground americano de Robert Crumb, o narcótico tango argentino, o absurdo envenenado de Kafka e as toxinas de Baudelaire; injete essa cápsula numa São Paulo tumefacta: o resultado é uma obra que alterna o registro da alta cultura com personagens de autoestima abaixo de zero, contaminadas por um senso de humor negro, escatológico, pop.

A pseudotrilogia do detetive Diomedes (no fim das contas, Mutarelli se apaixonou pelos *subplots* da intriga, e o terceiro capítulo, *A soma de tudo*, deu em dois álbuns) marcou uma virada na trajetória ficcional do paulistano. Além de seus diálogos se tornarem extensos, a trama policial inverteu a subjetividade típica de suas primeiras HQs e colocou o desenho em ação – há passagens sem falas, muito gráficas, remetendo ao melhor do quadrinho de aventura. A trama policial deu outro curso ao discurso decadentista do escritor, sobretudo no aprofundamento do drama e da psicologia das personagens – o que o aproxima da literatura sombria de Edgar Allan Poe. E o que era Grand Guignol acercou-se do universo sutil do teatro do absurdo. Como o Poe em "Os fatos no caso do senhor Valdemar", Mutarelli faz do horror surgir o humor.

BALÕES SEM DESENHOS

MUTARELLI É AINDA um caso único de desenhista e quadrinista consagrado que estreou tardiamente na literatura conquistando sucesso semelhante – e mais alcance de público. *O cheiro do ralo*, romance escrito em (ele jura) somente quatro dias, durante o carnaval de 2002, é o ponto zero da literatura mutarelliana. Conquistou elogios dos novos colegas de profissão – como Marçal Aquino, autor de *Faroestes* e *O invasor* (adaptado por ele para o cinema, com direção de Beto Brant), que adaptou o romance de Mutarelli para um longa filmado por Heitor Dhalia em 2005, estrelado por Selton Mello. E também resenhas favoráveis, como a de Manuel da Costa Pinto, na *Folha de S.Paulo*, em 2003:

> Como é recorrente na nova prosa brasileira, temos um narrador anônimo que fala de obsessões sexuais em frases taquigráficas. Mas, aqui, a fixação na bunda de uma garçonete e o odor fétido que exala de um ralo acabam estruturando a narrativa entre os registros do baixo e do sublime. Por isso o protagonista (dono de uma loja de compra e venda de quinquilharias) compara seu objeto de desejo a "Rosebud", o objeto de investimento afetivo que desencadeia a narrativa do filme *Cidadão Kane*, de Orson Welles. Mas também poderíamos dizer que a bunda da garçonete (pela qual o narrador tem um apetite apenas voyeurístico) é como o "Aleph" criado pelo escritor argentino Jorge Luis Borges: um ponto de onde se pode contemplar o mundo. No caso de Mutarelli, cujo livro dá novo fôlego à sua geração, uma contemplação quase assexuada do sexo, um idílio pornográfico que procura superar a pornografia da existência.

Em seguida veio *O natimorto*, trama que também deu origem a um filme, estrelado por Simone Spoladore e dirigido por Paulo Machline – com o próprio Mutarelli como protagonista. Como aconteceu com o desenhista Charles Crumb (irmão de Robert), em cujas HQs os textos se mostram tão caudalosos que não se comportam mais nos balões e vão transbordando para dentro da página, até que se apaguem todas as imagens, em *O natimorto* o texto de Mutarelli ganha um formato único – e, paradoxal, às vezes absolutamente distante do que há de mais expressionista em seu traço.

Tecnicamente, sua escrita não demonstra sombra do virtuosismo gráfico do cartunista. É uma linguagem simples, precisa, exata, redundante e por vezes de uma repetição que beira a hipnose, em que o drama do quadrinho se decompõe até chegar à essencialidade do texto teatral ou mesmo da linguagem cinematográfica de um roteiro. E, mais ainda neste *O natimorto* do que no surpreendente *O cheiro do ralo*, essa essencialidade taquigráfica se aproxima da poesia. As ações das frases vão sendo fragmentadas até que as próprias frases se diluem, graves, densas, movimento que estrutura com grande argúcia a dinâmica do texto – e as reversões súbitas entre estados introspectivos e momentos de ação ou diálogo quase ininterruptos parecem ecoar diversos andamentos musicais.

Num subúrbio, num dia ruim, numa encruzilhada onde se encontrassem Beckett e Kafka, o absurdo em Mutarelli às vezes compactua com o esotérico de Poe. A coisa toda seria muito *chiaroscuro* não fosse o texto permeado de um humor *nonsense*, besta mesmo, brasileirão de periferia, e, como em um filme de Carlos Reichenbach, a atmosfera de tragédia existencial ganha ares de comédia. Além desse contraste – metaforizado no rosto do criado do hotel que tem vitiligo –, o processo rítmico de formação de imagens que se inspiram na subjetividade do narrador (o Agente, em confissão muito íntima ao leitor) cria acuradas metáforas visuais da psicologia do protagonista.

O natimorto é um livro que complementa e amplifica o alcance da obra de Mutarelli, aguça seu recém-adquirido *modus operandi* "HQ sem imagens" e apresenta um novo elo em uma linhagem ficcional de frágil tradição no Brasil. Uma obscura cadeia literária, ainda a ser decodificada pela crítica, que inclui desde os simbolistas do naipe de Augusto dos Anjos até as histórias mais beckettianas de Hilda Hilst, passando pelo teatro de Qorpo Santo, o surrealismo de Murilo Rubião e Rosário Fusco (notadamente em *O agressor*), a densidade exata de contos de Graciliano Ramos (*Insônia*) e do Rubem Fonseca mais experimental ("Zoom"), o humor absurdista de Manoel Carlos Karam (como as narrativas breves de *Comendo bolacha maria no dia de são nunca*) e a formatação gráfica de um mestre no cruzamento de linguagens literárias e visuais, Valêncio Xavier (de *O minotauro*).

O que mais poderia sair da mente desse perverso simpático? Na sequência de *O natimorto*, Mutarelli emendou a escrita de outro romance, *Jesus Kid*, sobre um escritor sequestrado por produtores de cinema para criar um roteiro genial – uma espécie de *Barton Fink*, só que ao contrário. A velocidade com que escreveu narrativas em alto nível chamou a atenção da Companhia das Letras, que reeditou *O cheiro do ralo* (antes na Devir) e *O natimorto* (publicado originalmente pela DBA) e passou a publicar toda a sua obra – como a tri/tetralogia *Diomedes*. A editora criou um projeto gráfico especial para seus livros, simulando cadernos de desenho. Mais confortável em seu novo lar, Mutarelli entregou três novos romances e uma narrativa gráfica. *Nada me faltará* (2010) narra a história de Paulo, um homem que desaparece misteriosamente com a mulher e a filha e ressurge um ano depois, sem explicações, na frente do prédio onde morava. Interrogado por médicos, policiais, amigos e familiares, Paulo não se lembra de nada do que aconteceu. Levado para a casa da mãe, ele se entrega a um estado de cansaço e desinteresse. A situação se complica conforme aumenta a cobrança para que ele volte a se comportar como antes, mas ninguém parece entender que, para Paulo, tudo está bem. O desinteresse pelo paradeiro da mulher e da filha alimenta a suspeita de um investigador e da própria mãe. Somente seu terapeuta, dr. Leopoldo, se mostrará compreensivo para tentar desvendar o caso de seu paciente. Novamente temos aqui o tema mutarelliano por excelência: a incomunicabilidade.

Miguel e os demônios (2009) é uma espécie de romance policial romântico. É fim de ano em São Paulo, época em que o calor é infernal e todas as ruas conspiram para o frenético comércio natalino. Miguel acabou de se separar da mulher e perdeu o filho de vista por conta do caso que mantém com uma manicure. Outros eventos o afligem: a filha da namorada tem o estranho hábito de comer o reboco das paredes, a cunhada insinua-se para ele, o ex-marido da namorada cometeu um crime bizarro, o pai viciou-se em programas de televendas e, ao flagrar o chefe em situação vexatória, Miguel passa a receber ameaças. Finalmente, seu parceiro de polícia o convida para fazer serviços extras que rendem bom dinheiro – ao mesmo tempo em que burlam a lei e a moral. A trama, que envolve pedofilia, possessão, múmias mexicanas, seitas bizarras e travestis sedutores, será levada ao cinema por Tadeu Jungle.

A estética "HQ sem imagens" faz salivar cineastas – ávidos dos bons diálogos raros nos roteiros nacionais –, e mais um romance de Mutarelli será levado às telas, agora por Marco Dutra: *A arte de produzir efeito sem causa* (2008). A obra, que pode ser considerada sua obra-prima na esfera literária, conta a história de Júnior, que, depois de largar o emprego e a mulher, por motivos que guardam uma infeliz coincidência, volta para a casa do pai. Sem dinheiro nem perspectivas, seus dias se dividem entre o velho sofá da sala transformado em cama, o bar onde bebe com desocupados e as conversas com a jovem e atraente inquilina do pai, Bruna, que ambos espiam através de um furo no armário. A pasmaceira só é interrompida quando começam a chegar pelo correio pacotes anônimos com recortes de notícias velhas, em inglês – uma delas sobre o episódio em que o escritor William Burroughs matou a mulher acidentalmente (a obsessão pela literatura de Burroughs, que Mutarelli descobriu em uma estada em Nova York, é tema da novela gráfica *Quando meu pai se encontrou com o ET fazia um dia quente*, de 2012). Enquanto se entrega a reminiscências e persegue objetivos pequenos e imediatos – a próxima refeição, o resgate de uma dívida com o antigo chefe, o dinheiro para o próximo cigarro –, Júnior começa a roer a corda que separa sanidade e loucura e dá passos numa espiral aterradora que engole todos que o cercam.

O tom sombrio e opressivo dos outros livros de Mutarelli remete a influências como Kafka e Dostoiévski. A ele somam-se o tédio e o vazio em meio aos quais os personagens se arrastam, num cotidiano marcado por obsessões sexuais e por um cenário típico da baixa classe média brasileira. Confrontado com uma espécie de afasia, incapaz de confiar na própria linguagem, invadido por associações livres e imagens sombrias, Júnior tenta relembrar os últimos dias e avaliar os motivos que puseram fim a seu casamento. Mas tudo o que consegue é uma leitura muito particular do que acontece à sua volta, amparada em imagens misteriosas que Mutarelli acrescenta ao romance. Do meio para o fim o livro ganha um ritmo excruciante – o ritmo de algo que rói o cérebro de Júnior, produzindo lapsos de linguagem e buracos espaço-temporais. O livro então se torna uma espécie de gerador de vazios, em uma experiência estética radical.

Criador compulsivo, Mutarelli ora finaliza o romance que o levou a Nova York para participar da série Amores Expressos, parceria entre a produtora RT/Features e a editora Companhia das Letras. Publicou recentemente uma seleção de seus desenhos em *Mutarelli – Sketchbooks* (POP), participa como ator de filmes e peças de teatro como o projeto *Corpo estranho*, websérie em que faz parceria com artistas como José Mojica Marins, Mário Bortolotto e Paulo Cesar Pereio, e segue escrevendo e desenhando sonhos e delírios em seu quartinho de empregada, sempre alimentado por música: Velvet Underground, Gardel, Nick Cave, Elomar, Atahualpa Yupanqui, Alfredo Zitarrosa, Dylan, Zé Coco do Riachão. Entre seus sonhos, um ainda longe de realizar: a adaptação aos quadrinhos das obras completas de Eugène Ionesco. Vem aí mais tinta negra.

RONALDO BRESSANE é jornalista, escritor e roteirista. Publicou o livro de contos *Céu de Lúcifer* (Azougue), o livro de poemas *O impostor* (Ciência do Acidente) e o roteiro do romance de ficção científica em quadrinhos *V.I.S.H.N.U.* (Quadrinhos na Cia.), entre outras obras. Colabora em sites, revistas e suplementos literários e participou de inúmeras antologias, entre elas *Geração 90: Os transgressores* (Boitempo) e *Il Brasile per le strade* (Azimut, Itália).

BIBLIOGRAFIA

ROMANCES

Nada me faltará. Companhia das Letras, São Paulo, 2010.
Miguel e os demônios. Companhia das Letras, São Paulo, 2009.
A arte de produzir efeito sem causa. Companhia das Letras, São Paulo, 2008.
Jesus Kid. Devir, São Paulo, 2004.
O natimorto. DBA, São Paulo, 2004; Companhia das Letras, São Paulo, 2009.
O cheiro do ralo. Devir, São Paulo, 2002; Companhia das Letras, São Paulo, 2011.

QUADRINHOS

Diomedes: A trilogia do acidente. Quadrinhos na Cia., São Paulo, 2012 – reedição em volume único de quatro volumes publicados anteriormente pela Devir: *O dobro de cinco* (1999), *O rei do ponto* (2000), *A soma de tudo 1* (2001), *A soma de tudo 2* (2002).
Mutarelli – Sketchbooks. POP, São Paulo, 2012 – box com fac-símile de cinco cadernos de esboços.
Quando meu pai se encontrou com o ET fazia um dia quente. Quadrinhos na Cia., São Paulo, 2011.
O astronauta ou Livre associação de um homem no espaço. Zarabatana, Campinas, 2010 – coautoria de Flavio Moraes e Fernando Saiki.
A caixa de areia ou Eu era dois em meu quintal. Devir, São Paulo, 2006.
Mundo pet. Devir, São Paulo, 2004.
Desgraçados. Vortex, São Paulo, 1998.
Réquiem. Tonto, Porto Alegre, 1998.
Sequelas – 10 anos de quadrinhos. Devir, São Paulo, 1998.
A confluência da forquilha. Devir, São Paulo, 1996.
"Resignação", em: *Brazilian Heavy Metal*. Comix Club, São Paulo, 1996.
Eu te amo Lucimar. Vortex, São Paulo, 1994.
"O nada", em: *Lúcifer*, n. 1. Circo, São Paulo, 1994.
Transubstanciação. Dealer, São Paulo, 1991; Devir, São Paulo, 2001.
Impublicáveis. Pro-C, São Paulo, 1990 – fanzine.
Solúvel. Pro-C, São Paulo, 1989 – fanzine.
Over-12, Pro-C, São Paulo, 1988 – fanzine.

TEATRO

O teatro de sombras. Devir, São Paulo, 2007.

CRISTOVÃO TEZZA

CRISTOVÃO TEZZA se considera um homem construído por suas histórias. Com quase vinte livros publicados, já tinha bebido da fama com alguns deles – em especial com os romances *Trapo* e *O fotógrafo* – quando sua história primordial, *O filho eterno*, arrebatou todos os prêmios literários de 2008 e se tornou o acontecimento literário do ano. Na conta final, Tezza largou a Universidade Federal do Paraná (UFPR), onde deu aulas por vinte e oito anos; passou a viver de literatura; vendeu os direitos de *O filho eterno* para França, Itália, Portugal, Holanda, Espanha, Austrália e Nova Zelândia; e viu Charles Fricks receber o prêmio Shell de melhor ator pela interpretação das dificuldades de um pai em lidar com o filho portador de síndrome de Down, na peça teatral homônima.

Cristovão Tezza nasceu em Lages, Santa Catarina, em 1952. Com a morte do pai, a família se mudou para Curitiba. Lá, o autor concluiu o ensino médio, no Colégio Estadual do Paraná. Ainda na capital paranaense, teve início sua ligação com o teatro: de 1968 a 1977, integrou o Centro Capela de Artes Populares (Cecap), do grupo de Wilson Rio Apa. Nesse período, quando morava em uma comunidade alternativa, vivenciou todas as utopias dos anos 1960 e 1970.

Em 1974, por meio do Convênio Luso-Brasileiro, viajou para Portugal a fim de estudar Letras na Universidade de Coimbra, porém encontrou o local fechado pela Revolução dos Cravos. Depois de passar um ano perambulando pela Europa, retornou ao Brasil. Graduou-se em 1981, na UFPR.

Em 1984, mudou-se para Florianópolis para lecionar Língua Portuguesa na Universidade Federal de Santa Catarina (UFSC) e fazer mestrado sobre a obra de Rio Apa. Em 1986, retornou para Curitiba definitivamente, como professor de Língua Portuguesa na UFPR. Permaneceu na Universidade até 2009, quando abandonou a área acadêmica para se dedicar exclusivamente à literatura.

De 1979 aos dias de hoje, Tezza publicou treze romances e três livros de contos. Um dos destaques dessa produção é o romance *Trapo*, de 2007, adaptado depois pelo escritor para o teatro. É autor, ainda, de dois ensaios, *Entre a prosa e a poesia: Bakhtin e o formalismo russo*, originalmente escrito como tese de doutorado para a Universidade de São Paulo (USP), publicado em 2002, e *O espírito da prosa: Uma autobiografia literária*, publicado em 2012. Na área acadêmica, escreveu dois livros didáticos em parceria com o linguista Carlos Alberto Faraco.

Em 2009, *Aventuras provisórias*, romance de Tezza lançado em 1987 e indicado para o vestibular em Santa Catarina, foi proibido nas escolas públicas catarinenses pela Secretaria de Estado da Educação. O motivo alegado foi o uso de palavras inadequadas.

Durante um ano, Cristovão Tezza assinou uma coluna quinzenal no Rodapé Literário, da *Folha de S.Paulo*. Atualmente, é cronista semanal do jornal curitibano *Gazeta do Povo* e publica resenhas e textos críticos em revistas e jornais.

O amor pela literatura é uma maldição?
O material da literatura é a linguagem, não um ou outro aspecto gramatical dela, mas a sua totalidade, o que nos inclui. Há uma fronteira difícil entre a linguagem que nos define no dia a dia, no uso cotidiano, que diz afinal quem somos e que é um atributo universal, e a linguagem transformada em objeto, submetida friamente ao olhar de fora, que é a tarefa do escritor. Quando nos metemos a escrever, estamos mexendo inadvertidamente no material de que somos feitos. É uma viagem perigosa e sem inocência, mas eu não sabia disso ao começar. Ao longo do tempo fui percebendo o quanto o ato de escrever me modificou e me transformou. Essa é a "maldição" – escrever é uma atividade sem retorno, de alto risco e sem a menor garantia de coisa alguma.

Escritores teriam uma segunda personalidade, que só aflora durante o ato da escrita? Essa segunda personalidade é apenas uma encenação, um teatro particular? Quando você escreve, é um ator?
É uma questão engraçada: eu sou ator quando vivo e tiro a máscara quando escrevo, ou acontece o contrário? Não sei. É interessante: sou um escritor que nasceu sob a mitologia da performance, típica dos anos 1960 e 1970, mas pouco a pouco fui me afastando de mim mesmo. O ato de escrever, é claro, é parte inseparável da vida. Mas seu resultado não se confunde com ela. Assim que a página se encerra, ela se afasta imediatamente de seu criador e do momento de sua criação. Quando escrevo, sou um ator – assumo um narrador que, por mais biográfico que seja o tema, decididamente não sou eu.

A solidão parece ser um elemento essencial do processo criativo. A solidão é o destino do escritor? Ela é inevitável?
Há uma relação, digamos, "operacional" na solidão do escritor. Escrever

significa ficar horas e horas e horas *escrevendo* – nessa tautologia está o fato de que o ato de escrever é incompatível com outras atividades. No meu caso, radicalmente: não consigo nem ouvir música enquanto escrevo. Já pensei em fazer um levantamento estatístico de quantas horas na vida eu fiquei sozinho, escrevendo. São mais de quinze livros, cada um deles escrito e reescrito, quase sempre muitas vezes. É claro que essa solidão profissional nos afeta. Nos casos mais drásticos, acabamos por preferir a memória das pessoas às próprias pessoas; a convivência controlada com os outros que escrevemos ao caos desordenado e irritante da convivência real. Não cheguei ainda a esse ponto, mas sinto que sou hoje bem menos sociável do que já fui.

Por um longo tempo, você escreveu a primeira versão de seus livros à mão, em cadernos que você montou. Você ainda mantém cadernos?
Escrevi todos os meus livros à mão até *O filho eterno* (que eu achava que não seria ficção e, portanto, comecei diretamente no computador, numa opção sem volta). Nunca pensei que isso fosse importante, até o encontro que tive com José Mindlin, nos anos 1990 – eu havia ganhado uma Bolsa Vitae de Literatura, que era coordenada por ele. Grande colecionador de raridades bibliográficas, ele lamentava que, com o advento do computador, não havia mais manuscritos. Quando contei que eu escrevia meus livros à mão ele pareceu impressionado e me pediu um original. Fiquei feliz com a honra e mandei para ele os originais de *A suavidade do vento*. Eu escrevia em folhas de segunda via, fininhas, e de cor amarela. Era um prazer – sempre me senti um desenhista frustrado. Mas agora já me acostumei tanto ao computador que não me vejo mais escrevendo à mão.

Você escreve todos os dias?
Quando decido tocar um livro, escrevo todos os dias, de segunda a sexta, sempre pela manhã (de uns anos para cá, já escrevi à tarde; quando jovem, à noite, de madrugada), entre nove e meio-dia, não mais que isso. À tarde, só textos mais soltos, ensaios, entrevistas (como esta) ou crônicas.

Costuma planejar ou fazer esboços de seus livros?
Meus romances começam com uma imagem, dali a uma situação dramática e, finalmente, uma linguagem, uma frase inicial que, quando vai

enfim para o papel, tem o peso de um contrato em cartório – sinto um medo terrível de começar um novo livro, porque parece que vou ficar escravizado àquele projeto até que ele termine. Vou planejando mentalmente o livro, dali para a frente. E faço algumas anotações durante o percurso. Às vezes me ocorre uma frase, uma situação, e eu corro para anotar, para não perder.

Algum livro já tomou uma direção contrária à planejada, escapando ao seu controle?
Todos os meus livros acabam escapando do controle – nunca avançam ou terminam do modo como planejei. É que, ao começar, ainda não sei direito o que tenho nas mãos; o ato de escrever é que vai revelar.

Fale de um problema técnico que tenha enfrentado ao escrever. Algum que tenha apresentado grande dificuldade de solução ou que, até mesmo, tenha se mostrado insolúvel.
Eu senti, ao reeditar *Ensaio da paixão*, anos depois, que havia uma fissura estrutural entre duas linguagens quase incompatíveis; um impulso ao realismo mágico (que foi o primeiro motor do livro, por assim dizer – a irritada discussão de um personagem com Deus) e o olhar quase que inapelavelmente realista do narrador, como alguém que entra de penetra num mundo ficcional que não é o seu. É algo que não teve solução – o livro é assim mesmo, como era seu autor há trinta e cinco anos. Acho que esse exemplo basta, ou terei de desmontar todos os meus livros eu mesmo – melhor deixar essa tarefa ingrata para a crítica.

A vida urbana (em seu caso, a cidade de Curitiba, onde você vive) está no centro de sua escrita. Em que medida a vida na cidade influencia seu processo de criação?
Hoje a cultura urbana é avassaladora – e ela não depende mais da geografia, não mais resulta de uma relação direta com o espaço físico-geográfico, como sempre se marcou historicamente. A cultura urbana é um modo mental de ver as coisas, que nos descola de um mundo marcado pela proximidade "analógica" – a mitologia da família, da pequena comunidade, do trabalho de subsistência, da proximidade física com a natureza, tudo isso criando elos afetivos, ideológicos, religiosos, morais que têm a dimensão da permanência e de uma certa imutabi-

lidade das coisas. Naturalmente, a história da urbanização moderna implodiu, a partir dos centros mais economicamente desenvolvidos e com repercussões no mundo inteiro, a mitologia rural e agrária. Nessa perspectiva, a literatura, nesse momento, é fundamentalmente uma aventura e um empreendimento urbanos.

Ainda existe espaço para uma literatura não urbana?
Uma literatura não urbana hoje só sobrevive como documento histórico ou como folclore, ainda que na ficção ela possa ser tema, ou objeto, de um olhar urbanizado.

Você é um cronista quando escreve ficção? Você é um ficcionista quando escreve suas crônicas para o jornal?
A minha aventura de cronista foi a mais difícil da minha vida de escritor. Imagine alguém que, com mais de cinquenta anos, depois de dez romances publicados, sem absolutamente nenhuma experiência de jornal, se põe a assinar uma coluna semanal. Parecia tão fácil! Em pouco tempo fui ficando humilde diante daqueles terríveis dois mil e oitocentos toques, escancarados todas as terças-feiras como uma conversa pública. Ficção e crônica são linguagens essencialmente distintas para mim, a partir da própria imagem do leitor. A ficção é um território de absoluta liberdade – de tema, linguagem, abordagem, extensão, técnica, tudo que envolve a produção literária. A crônica já começa com a camisa de força da extensão limitada; com o direcionamento implícito na imagem do leitor de jornal; com o compromisso mais ou menos consistente com o instante presente, com a notícia de ontem; com a etiqueta do espaço público, que deve ser respeitada – por exemplo, não posso descrever atos sexuais, usar palavrões, assumir um ponto de vista que radicalmente não seja o meu (como fazemos na ficção) etc. Há um paralelo incontornável entre escrever uma crônica e conversar educadamente numa roda de conhecidos e desconhecidos. Mas é claro que a prática diária vai nos dando uma certa tarimba para lidar com as limitações do gênero.

A ligação com Curitiba e a vida urbana tornam a observação da realidade um elemento muito importante de sua escrita. Em que medida escrever ficção se assemelha com o processo de criação de um cronista?

Percebo que, frequentemente, uso recursos da ficção ao escrever esta ou aquela crônica, mas são recursos episódicos, não essenciais. Mas o contrário não é verdadeiro: a crônica não tem influenciado minha literatura. Por exemplo, se eu escrevesse crônicas com a linguagem e a sintaxe com que escrevi *Um erro emocional*, eu não teria sobrevivido como cronista. O que aconteceu nesses cinco anos de experiência foi que tenho lido muito "notícia contemporânea", prestado mais atenção nos fatos do dia – e certamente isso deve ter consequências, de algum modo, na minha visão de mundo literária, ou em alguns temas que desenvolvo literariamente.

Ricardo Piglia diz que é mais difícil um escritor sobreviver ao sucesso do que ao fracasso. Você concorda?
O sucesso verdadeiro é muitíssimo mais raro no mundo literário do que em qualquer outra atividade. Na frase também pesa uma certa "psicologia do martírio", que é uma das essências da cultura latino-americana: faz parte da nossa mitologia um intenso elogio do fracasso como índice de qualidade moral. Lembro que na minha juventude em Curitiba – que é uma cidade visceralmente autofágica – o sucesso de alguém, mesmo que restrito à mesa do bar ou à extensão de um ou dois bairros, já parecia sinal inequívoco de decadência. Mas, de fato, um sucesso inesperado pode desestabilizar um escritor – embora eu ache que isso acontece em qualquer área.

O sucesso de O *filho eterno* influenciou seu processo literário?
O sucesso de *O filho eterno* aconteceu com um autor de mais de cinquenta anos e com uma obra já extensa publicada. E eu já havia "experimentado", digamos assim, algum sabor de sucesso (para os padrões brasileiros), com *Trapo*, em 1988, ou com *O fotógrafo*, em 2004. Portanto, quando saiu *O filho eterno* eu já estava bem vacinado.

***O filho eterno* exorcizou os fantasmas que o perseguiam desde o nascimento de seu filho Felipe, em 1980. O livro nasceu como um ensaio e virou ficção. Como foi essa passagem do ensaio para a ficção?**
Aconteceu uma coisa súbita: depois de *O fotógrafo*, eu decidi escrever sobre esse acontecimento da minha vida – e foi só nesse momento que a ideia me ocorreu. Eu não passei "vinte anos esperando o momento",

ou algo assim – isso nem de longe me ocorria como ideia de um livro. Foi um estalo que começou a me incomodar – passei dois ou três anos tentando entrar no tema. Eu acho que a primeira ideia – um ensaio – acabou entrando no projeto de ficção, e isso enriqueceu a linguagem do livro, que, à falta de um termo melhor, eu chamaria de "realismo reflexivo". Há uma situação ficcional que o narrador (com o qual eu não me confundo, e essa foi a chave do livro) submete a um escrutínio quase que ensaístico, uma reflexão a ferro frio no material quente da ficção, num processo que ocorre quase que frase a frase. Claro, essa explicação surgiu agora, *a posteriori*. No momento, o texto foi simplesmente avançando: senti que estava em desenvolvimento uma técnica estilística, uma sintaxe que amadurecia outros momentos da minha vida de escritor. E o resto é mesmo "inspiração", aquilo que se cria quando se escreve, que não tem planejamento, que surge de estalo, que vamos descobrindo palavra a palavra, e que, talvez, seja a coisa mais bonita do meu trabalho de escritor e o que me dá, quando acontece, alguma felicidade fugaz.

O *filho eterno* foi o romance mais difícil que já escreveu? O motivo dessa dificuldade, certamente, é o fundo autobiográfico.
O mais difícil, o aterrorizante, é a exposição pessoal. O autobiográfico é até mais ou menos neutro – *O espírito da prosa*, por exemplo, é inteiro e diretamente autobiográfico, e não me assustou em nada, porque (e essa era a ideia) eu fiquei no plano mental, teórico, ensaístico. Mas a exposição – familiar, íntima, em torno de elementos profundamente pessoais –, e num registro bruto de ficção, isso me deu medo. E também porque eu nunca fui uma pessoa "pública" – até mesmo como cronista (o que nos dá uma certa visibilidade "familiar") nasci tardiamente. De repente, aquele mundo pessoal terrível foi surgindo no texto. De qualquer forma, acho que consegui lidar com isso.

Em que medida O *filho eterno* mudou não só você, mas a sua relação com seu filho Felipe?
O filho eterno mudou minha vida pelo lado prático – graças a ele juntei coragem para, enfim, sair da universidade e refazer minha vida sobre outros trilhos. Mas, na minha relação familiar, o livro não mudou nada. Como eu já disse em outros momentos, já há muitos e muitos anos

o Felipe havia deixado de ser um "problema". Se havia um problema, era literário, não mais existencial. Nossa relação continua a mesma de sempre, sintonizada pelo incrível mistério do afeto – até pelo fato de que o Felipe, em função da síndrome, vive a inocência perpétua do tempo presente.

Você disse que é um homem construído pelas histórias que escreveu. Poderia explicar melhor essa ideia?
É um processo não localizável no tempo – mas eu sinto, olhando retrospectivamente, que meus livros foram "me encaminhando", afetiva, emocional e intelectualmente. Cada romance meu parece que, entre outras ambições formais e estritamente literárias, enfrentava algum demônio que me atormentava, embora isso no momento da produção nunca fosse muito claro.

A sua literatura é bastante cinematográfica. O romance O *fotógrafo* explora essa interação entre imagem e palavra. Como você vê a inter--relação entre as linguagens verbal e visual em sua obra?
Costumo dizer que só escrevo o que vejo – todo livro meu começa, avança e termina pela imagem. Mas entre um fotograma e outro está a costura da linguagem verbal e de tudo que ela reflete, o que cria um paradoxo. As pessoas dizem que livros como *O fotógrafo* e *Um erro emocional* são cinematográficos, extremamente visuais, o que é verdade – mas um filme baseado neles teria problemas terríveis para dar conta do que o livro de fato diz, encerrado nas cabeças incomunicáveis dos personagens. A imagem tem de tornar visível o monólogo interior, tem de dar carnalidade ao pensamento solitário, o que é um problema sério no cinema, a não ser que se use e abuse da "voz em off"... O cinema, para mim, é um estimulante extraordinário para a literatura – mas as duas linguagens definitivamente não se confundem.

Algumas análises de sua obra consideram o romance *Trapo*, de 1988, o divisor de águas em sua literatura, iniciando uma fase de maior elaboração literária. Você concorda?
Trapo foi o primeiro livro que escrevi depois de *Ensaio da paixão*, em que eu ainda estava mergulhado num mundo psicologicamente adolescente. *Trapo* foi um livro de passagem para a vida adulta, mas já

contando com uma maturidade técnica que eu não tinha dois anos antes. E comecei a pôr em cheque meu próprio ideário de formação, uma maneira de enfrentar a literatura que procuro manter até hoje.

Os poemas escritos pelo jovem Trapo foram escritos por você muitos anos antes?
O romance nasceu de um conjunto de poemas de humor que eu havia escrito nos tempos de estudante de Letras. Foi o instante em que eu percebi que não era um poeta, mas um narrador, o que, para mim, faz uma diferença substancial. Ao transformar meus poemas em objeto de um narrador, criando um autor para eles, percebi que tinha um romance inteiro nas mãos. Assim nasceu o livro, alternando os textos do poeta com a narrativa contida do professor Manuel.

A biografia e a autobiografia são temas recorrentes em sua literatura (*Trapo, Juliano Pavollini*). As biografias te inspiram?
A tradição romanesca moderna é profundamente uma tradição "biográfica". O romance cresceu historicamente na razão direta em que crescia a noção íntima e moderna de "indivíduo". Bem, de uns anos para cá, tenho lido muitas biografias – mas é um interesse específico pela história, não pela ficção (não gosto, em geral, de "biografias romanceadas").

Já pensou em biografar alguém?
Nunca pensei em biografar alguém, mas admiro profundamente os biógrafos, a imensa generosidade intelectual que uma biografia exige, o cuidado com o detalhe, a busca da precisão, a "remontagem" quase arqueológica de alguém que já viveu.

Os escritores que você admira são fonte de inspiração ou de engessamento? Ter modelos literários acelera ou emperra o processo de criação?
Os escritores que admiro sempre foram inspiração – afinal, escrevemos basicamente porque lemos; foi a leitura primeira que nos deu a matéria-prima e o desejo de escrever. E, sim, essa admiração pode engessar. Senti um pouco desse engessamento – muitas vezes na forma de imitação – no período de formação. Lembro, por exemplo, que nos meus tempos de poeta a presença de Drummond era tão avassaladora que tudo que consegui na área foram imitações bisonhas da voz

drummondiana. Mas na prosa não sinto que isso tenha acontecido de forma grave ou intensa depois de *Ensaio da paixão*, no começo nos anos 1980. Ali eu já começava a falar por mim mesmo. Mas, como leitor, é sempre um estímulo extraordinário descobrir um novo autor que nos fascina – lembro agora, por exemplo, de Thomas Bernhard ou de J. M. Coetzee, autores que passei a ler quando já era um escritor maduro. Esse encanto às vezes decorre menos da eventual influência e mais do sentimento de proximidade entre visões de mundo. E, é claro, em cada época de nossa vida temos nossas preferências específicas.

Você tem uma tese de doutorado sobre o teórico russo Mikhail Bakhtin, *Entre a prosa e a poesia*. De que maneira Bakhtin e suas teorias influenciaram seu processo de criação?
Sempre me perguntam sobre essa invasão do acadêmico sobre o escritor, já que passei mais de duas décadas na universidade. Certamente houve alguma influência, mas eu acho que ela foi mais determinante no meu lado ensaístico – afinal, escrevi muito texto crítico na imprensa, e neles fui desenvolvendo um modo formal de ver a literatura, fui criando uma espécie de método pessoal. Já na ficção, a academia funcionou mais como tema para mim (como em *Uma noite em Curitiba*, por exemplo).

Quando você descobriu que é um prosador, e não um poeta?
Sobre a relação entre o poeta e o prosador, lembro que, ao ler Bakhtin pela primeira vez, eu já estava escrevendo *Trapo* – o que me atraiu nele foi o fato de descrever teoricamente uma distinção que eu estava vivendo de fato, meio por instinto. E, mais adiante, senti que Bakhtin me dava uma visão da prosa romanesca como nenhum outro teórico da área havia dado – pelo menos que me convencesse. Em suma, foi uma preferência pessoal.

Na juventude, você participou durante anos do grupo de teatro de Wilson Rio Apa. Como o teatro influenciou sua produção ficcional?
O teatro esteve na origem da minha formação de escritor – as duas coisas vinham juntas. O teatro que escrevi então estava muito amarrado ao ideário da comunidade – a influência de Rio Apa era muito forte. Mas a literatura logo tomou a dianteira, ficando o teatro em segundo

plano – e quando saí da comunidade do Rio Apa, o teatro se afastou completamente das minhas preocupações. Mas é claro que ele deve ter deixado marcas.

Fale da experiência de adaptar seu romance *Trapo* para o teatro.
Quando adaptei *Trapo* para o teatro, numa montagem dirigida pelo velho amigo Ariel Coelho, percebi o quanto minha literatura tinha de "marcação dramática", digamos assim – aquela sala do professor Manuel é praticamente um "palco". Foi muito fácil adaptar o livro. Depois, minha literatura foi tomando outra consistência, mais intimista, quem sabe mais especificamente literária. Mas as marcas prosseguem: a atual adaptação de *O filho eterno* para o teatro, feita por Bruno Lara Resende e que foi muito bem-sucedida (o ator, Charles Fricks, ganhou um prêmio Shell), me mostrou o quanto um certo "espírito dramático", talvez pelas marcas da oralidade, marcou meu texto literário. E atualmente o mesmo Bruno está adaptando *Um erro emocional* para o teatro, o que está me deixando muito curioso.

Você é um homem apaixonado pelas novas tecnologias. A internet interferiu ou interfere em seu processo criativo?
É verdade: sinto uma grande atração por esses brinquedos tecnológicos. Há um lado meio lúdico na coisa. Mas acho que a internet – que afetou tanto nosso dia a dia, em todos os aspectos – não chegou a mexer com a essência do escritor que há em mim. Tanto que até 2005 eu ainda escrevia meus livros à mão, embora todo ano trocasse de computador, para acompanhar a evolução. Assim, mantenho os mundos separados. Nunca fui adepto do "cruzamento de linguagens" ou da ideia mais ou menos pós-moderna de "morte do autor", que às vezes atrai alguns deslumbrados pela tecnologia. Acho que a literatura é a criação de um narrador único e intransferível, que mantém a responsabilidade de cada uma de suas palavras, dando a elas um eixo deliberado de sentido (que, é claro, se desdobrará em todas as ambiguidades, mas o eixo permanece). A linguagem que me interessa é a linguagem verbal no que ela tem de menos "físico" – minha utopia é um livro que pudesse ser escrito e lido de olhos fechados, como pura linguagem. A internet, para mim, continuará sendo sempre um meio – interessantíssimo, mas um meio.

Em 1971, com dezenove anos, você concluiu seu primeiro romance, *O papagaio que morreu de câncer.* **Seguiram-se a ele** *A televida*, *A máquina imprestável* **e** *Sopa de legumes*, **dois romances e uma novela, que, como o primeiro, nunca foram publicados. Por que os destruiu?**
Os três "romanções" eu destruí, é verdade, do que não me arrependo – eram inapelavelmente ruins. Mas *Sopa de legumes*, justamente por ter nascido como uma brincadeira sem pretensão, eu conservei – tenho aquelas folhas amareladas de papel-jornal barato ainda comigo. Foi a melhor coisa que ficou dos tempos da comunidade.

Sopa de legumes **veio a ser esboço da produção futura?**
Tentei refazer *Sopa de legumes* como literatura madura. O *Ensaio da paixão* nasceu como uma tentativa de retomar o espírito da "sopa" e produzir um texto literário que transcendesse os limites da comunidade. De certa forma, eu acho que consegui – gosto do *Ensaio*. Escrevê-lo me divertiu muito, e acho que um pouco disso passa aos leitores.

Você declarou que considera o ato de escrever uma aventura ética. Existem limites éticos que devem cercear a criação literária, ou, ao contrário, ética e literatura habitam mundos distintos?
Um pouco do que deixei escapar nessa frase – e isso percebo agora – vem da ideia de atividade literária como algo visceralmente ligado à vida do escritor. Isso foi parte do ideário dos anos 1960 e 1970, que me fizeram a cabeça. Há dois planos a pensar: um é o da ética como tema ou substância da literatura, e nesse sentido eu acho que o mundo contemporâneo exige que a literatura (até para sobreviver como linguagem relevante) mergulhe ficcionalmente nessa área; a ficção é especialmente apropriada para pensar questões morais sem fechá-las em tábuas de mandamentos. O outro é o da ética do escritor – bem, quem decide escrever sabe que, em grande parte, tomou inescapavelmente uma decisão de natureza moral com a qual ele terá de lidar até a última página.

Você escreve sobre a vida cotidiana, questões sociais e temas políticos em suas colunas do jornal. O que você pensa a respeito do engajamento do escritor com seu tempo?
Acho que é uma escolha pessoal, simplesmente, que em qualquer caso deve ser respeitada. Há escritores que se engajam politicamente, assu-

mem ostensivamente posições públicas, e outros que preferem o silêncio, manifestando-se apenas pelos livros que escrevem. E outros que, aqui e ali, dizem algo fora dos livros – acho que é o meu caso, quando decido escrever crônicas sobre questões sociais e políticas. Sinto-me sempre um tanto inseguro quando saio da ficção, mas às vezes procuro simplesmente obedecer ao impulso do momento.

A maior parte dos leitores gosta de ler romances encorajadores, reconfortantes e positivos. Esse tipo de romance ainda pode ser escrito?
Bem, há um mundo literário comercial imenso girando em torno dessa literatura água com açúcar, às vezes de matriz juvenil, que eventualmente pode até formar novos leitores. Mas a gente sabe que a exigência da grande literatura contemporânea é outra.

Existe um leitor ideal para seus livros?
O leitor ideal dos meus livros é simplesmente aquele que me lê, com quem minha literatura conversa. Como leitores de ficção são aves mais ou menos raras, fico feliz quando sou lido. Mas jamais penso num leitor específico quando escrevo – o leitor primeiro sou eu mesmo. Tento escrever o que eu gostaria de descobrir, o que não é simples.

A ESCRITA DA PERDA
José Castello

A PALAVRA que sustenta a ficção de Cristovão Tezza é "perda". Quando interrogado a respeito dela, Tezza não consegue dar uma resposta imediata. "Uma pergunta difícil – parece que, como no caso dos desastres de avião, nunca há uma só causa para o surgimento do escritor", justifica. Muitas janelas se abrem, muitas respostas se tornam possíveis. Muitas palavras lhe vêm à mente. É sempre assim na literatura, reino do múltiplo (do plural) e não do Um (do dogma).

Ao escolher, enfim, a palavra "perda", algo parece ranger entre as várias palavras que Tezza cogitou. Palavras que se aproximam, mas que nunca se encaixam. Pensa ele também em "quebra", em "fissura", em "algo que se parte" – e que, portanto, se solta, se extravia e se perde também. Nesse caso, diz Tezza, postado diante desses fragmentos, o autor escreve na esperança de "unir pedaços". A escrita se oferece, então, como uma possibilidade de restauração ou, pelo menos, como uma vedação para uma ausência irremediável.

Assim, a ficção seria menos a perda e mais a cola, a goma, a prótese que obtura o que se perdeu. Que preenche, ou tenta preencher, o que está vago. Ainda inseguro com a escolha que fez, Tezza apressa-se logo a dar um salto e nos oferece, ainda, a palavra "inadequação", que ele associa ao sentimento de "não estar no mundo". Um deslocamento, um desvio, uma mudança de curso em relação ao rumo dito "natural" das coisas. Daí a marginalidade em que todos os escritores, mesmo os mais solenes e seguros, estão retidos. A literatura como uma experiência que se desenrola fora das expectativas e fora das esperanças habituais, e que arrasta o escritor para fora das convenções. A literatura como uma maldição, como o próprio Tezza já a definiu mais de uma vez. Como uma fatalidade. Talvez a palavra pudesse ser "fatalidade", mas essa seria talvez uma escolha irrevogável – isto é, fatal.

Tezza retorna sempre à ideia original da perda – expressa, de modo tão doloroso, em seu premiado *O filho eterno*. Ao nascer, um filho contraria as esperanças e expectativas do pai. Não é o "príncipe perfeito" com que todos os pais sonham, mas traz no corpo a imperfeição, manifesta na síndrome de Down. Em contraste com a imagem do filho ideal, ele parece um filho "inadequado" – como, aliás, o pai já definiu a literatura, que seria também uma forma de inadequação. O filho está em descompasso com a boa ordem do mundo, estado que o carrega, e também o pai, e ainda o autor, para a marginalidade. Difícil aceitar, já que a dor é muito grande. O romance é a história da luta por essa aceitação. História do acesso, doloroso acesso, a uma nova visão, reparadora, em que o estranho se revela apenas outro. Em que o filho deixa de ser estranho, para se mostrar diferente. Aceitação da imperfeição: acolhimento das perdas. Acesso, enfim, ao outro – que sempre nos serve como um (inaceitável) espelho.

A literatura é para Tezza, portanto, um enfrentamento da perda. Mas ele se apressa a ressalvar, trazendo à cena o professor universitário que foi durante longos anos: "Aqui estou vendo as coisas do ponto de vista subjetivo, a escrita antes como um impulso emocional que como a constituição de um objeto". Vendo como se a linguagem, ele continua, fosse mero instrumento de outra coisa, "e eu sei que a escrita não funciona bem assim". A linguagem, afirma Tezza, tem sua autonomia. Não é só algo que manejamos, mas também algo que nos maneja. Mais de uma vez Tezza já disse que acaba sendo escrito pelo que escreve. A escrita é, em certa medida, um objeto autônomo – um objeto fatal. Que submete o escritor enquanto ele se ilude com o sonho de que continua a dominá-la.

Nesse caso, a ideia da perda deve ser relativizada, Tezza nos adverte. Argumenta: "Entre nós e o mundo está a linguagem – opaca, traiçoeira, mentirosa, muito mais dos outros do que nossa". Como se, para além daquela palavra ("perda") que o empurra para a escrita, surgisse a barreira indiferente da linguagem, a relativizar o impulso que a antecedeu. No momento da escrita, é a linguagem que dá as cartas. O impulso é só o primeiro empurrão, sem o qual algo não se ergue. O escritor se propõe a uma coisa; faz outra. Autônoma, a escrita impõe suas regras, seus limites e seu destino. A linguagem tem vida própria, e dela – como de um vírus ou uma hérnia – o escritor sofre.

Sim, é claro: a linguagem é o instrumento por excelência do escritor. Mas não é a perda que ela, antes de tudo, lhe impõe também? Perda de controle, perda de espaço, perda, até um pouco, de autoria. Hoje se discute muito a ideia de autoria e até a morte do autor. Na hipótese desse crime, a linguagem seria o carrasco. É o que, enfim, o próprio Tezza nos diz:

> Imersos nesse depósito vivo de estranhezas vamos constituindo frase a frase um narrador, alguém mais nítido do que nós, um duplo capaz de ver o mundo e construir um objeto que, ao mesmo tempo, é a expressão de uma experiência.

Contudo, quando o duplo fala, quando ele assume o comando, não podemos esquecer, o escritor perde alguma coisa. Perde o controle sobre suas palavras. Uma parte de poder lhe é irremediavelmente arrancada. Perda novamente, portanto. Sempre perda.

Perda também – já que esse duplo rouba parte da autonomia do autor. Perda (desaparecimento), ou pelo menos esmaecimento de um poder que, no entanto, é compensada pelo surgimento de outro que, ao emprestar ao escritor aquilo que não lhe pertencia, expande seu mundo, o enriquece e o alarga. Penso que não é por outro motivo que Cristovão Tezza se considera um homem construído por suas histórias. Partindo da experiência do extravio, elas lhe dão a chance de colocar em seu lugar algo de novo. Se elas partem de uma ausência, surge a possibilidade de preenchimento. A chance de inventar para preencher o objeto (sonho) perdido.

Algo sempre se recupera – como os poemas sofríveis que Tezza escreveu na juventude e que, já na maturidade, ganharam um novo autor: o poeta Trapo, protagonista do romance homônimo, de 1988. A insuficiência dos poemas juvenis, tudo aquilo que lhes falta (tudo o que neles se perdeu), ganha nova potência quando transferida para um autor fictício. É na linguagem que a linguagem encontra sua autoria. De novo: a literatura como vedação de algo que ela mesma perfurou. Vedação suficiente? Não, insuficiente, caso contrário escrever um romance, o belo *Trapo*, bastaria. Porém, se um escritor escreve um livro após outro, e após outro, incansavelmente, é porque esse estancamento nunca se conclui. Algo continua a escorrer – algo continua a se perder. E o escritor quer mais e mais, e escreve mais e mais, na esperança de preencher esse vazio e vedar esse corrimento.

Rondemos outros romances de Tezza em busca de sinais da mesma perda irremediável. Em *O fotógrafo*, de 2004, um fotógrafo é contratado para registrar imagens secretas – que preencham, portanto, algo que não se deixa ver, algo que se esquiva, ou lhe foge. Em *Um erro emocional*, de 2010, Beatriz, ao entender que está apaixonada, se imagina dizendo a uma amiga: "Cometi um erro emocional". Erro em uma escolha, extravio da própria vontade, perda, mais uma vez, do controle sobre si. Esmagado por suas dúvidas e atrás das grades, o protagonista de *Juliano Pavollini*, de 1989, acredita que, na juventude, tinha tudo para dar certo, mas algo essencial falhou – algo se extraviou. Perdas irreparáveis. Na obra de Tezza, é sempre delas que se trata.

A utopia que guia o *Ensaio da paixão*, de 1982, é, ela também, uma espécie de tampão a que, em tempos de chumbo, os personagens se agarram, fragilmente, na esperança de suportar os destroços do real. Habitante de uma ilha, Isaías recebe, todo ano, um séquito de visitantes que se reúnem para realizar uma montagem amadora da *Paixão de Cristo*. O ideal de louvar a Deus através do teatro, contudo, se transforma em um pequeno inferno para o protagonista, já que seu eclético rebanho de voluntários lhe traz mais dissabores que consolo. Viver é perder a chance de uma solução: viver é extraviar-se na ondulação da existência. Trata-se de um real que só aparece como fantasma – como em *O fantasma da infância*, de 1994, romance que entrelaça duas histórias, a primeira de um passado indesejado que sempre retorna; a segunda de um futuro promissor que se desmonta e nunca chega. Nos dois casos, e mais uma vez, algo de muito importante escapa. E é ali, onde algo se desmancha, que a linguagem se ergue.

É ali que a literatura surge com a missão de perseguir o que se perdeu. Daí que a literatura de Cristovão Tezza parece ter uma outra palavra-chave: "método". Escrever é estabelecer certa ordem sobre aquilo que desapareceu. É coordenar uma busca. É traçar estratégias e colocá-las em prática. É aproximar-se do vazio, na esperança de vedá-lo. "Quanto mais nos afastamos, mais tudo fica igual a tudo. Perdemos senso, nitidez, ângulos; perdemos a fúria", diz Juliano Pavollini. Aproximar-se da perda, mesmo sabendo que ela sempre estará lá. Encobrir o grande vazio que define o humano com o manto protetor da linguagem. Eis a literatura para Cristovão Tezza, um escritor que não perde tempo, que está sempre a lutar com as palavras.

Toda essa luta se radicaliza, de modo atordoante, no premiado *O filho eterno*. Vale a pena, aqui, citar um trecho um pouco mais longo, tirado da página 194:

Talvez eu esteja a serviço de alguma coisa falsa, um secreto diamante de vidro de que sou vítima. O que não seria – ele admite, assustado – de todo mau. Escrevendo, pode descobrir alguma coisa, mas sem confundir – isso o escritor percebeu logo – a vida e a escrita, entidades diferentes que só devem manter uma relação respeitosa e não muito íntima. Só sou interessante se me transformo em escrita, o que me destrói sem deixar rastro, ele imagina, sorrindo, antevendo algum crime perfeito. Ninguém descobrirá nada, ele enfim sonha, oculto em algum refúgio da infância.

A utopia do escritor é, através da escrita, "destruir-se sem deixar rastro". Erguer algo – a palavra – em seu lugar e desaparecer, preservando assim sua solidão. (A palavra pode ser "solidão".) Mas a antevisão do "crime perfeito", por meio do qual o humano seria enfim substituído pela perfeição, não se sustenta. O sorriso que o protagonista de Tezza não consegue reprimir é o sinal de seu fracasso antecipado. Fracasso? Na ficção, algo sempre se perde ("perda"). O escritor tem um projeto – chega a outro. Tezza desejava escrever *O filho eterno* na primeira pessoa – escreveu na terceira, ou só nela o romance funcionou. Escritores afirmam, veementes, a autonomia da linguagem; mas a veemência é o sinal (vestígio) de algo que nela permanece, algo de pessoal, e por isso intransferível para qualquer outra esfera, e por isso singular e insubstituível.

É a mesma utopia do pai que não aceita, ou custa a aceitar, um filho que foge de seus planos – um filho que lhe escapa. Mas a autonomia desse filho é relativa: com o avançar do relato percebemos o quanto do pai permanece no filho. Quem será, na verdade, o filho eterno de que o título nos fala? O filho ou o pai – que se recusa a aceitar o que lhe foge? Em outras palavras: que se recusa a aceitar a humanidade do filho e, com isso, a própria humanidade? A perda de controle sobre a realidade provoca um desespero que beira a loucura: o pai chega a devanear com a morte do filho, chega a assassiná-lo mentalmente. Sente vergonha do filho especial – nega-o. Tenta encontrar uma palavra para o que sente: não há nenhuma. Tudo lhe foge. Dedica-se, então, a estudar a síndrome de Down. Descobre que para os portadores da síndrome o tempo não existe, pois vivem em um presente perpétuo. Descobre que "a fala será sempre um balbucio". Não sabe o que fazer com "aquela criança horrível", que sublinha sua perda de controle sobre o mundo e coloca em questão seu pequeno poder paterno. Sente-se "náufrago dele mesmo".

Medita: "O filho é a imagem mais próxima da ideia de destino, daquilo de que você não escapa". Daquilo que se perde. A palavra pode ser "destino" – e, em consequência, há algo de trágico, e até muito antigo, que pulsa no fundo dessa ficção de aparência tão reta e realista. O realismo de Tezza – como a "poesia de pedra" de João Cabral – é só uma armadura. Uma couraça. Quanto mais rígida essa ficção se mostra (quanto mais o pai recusa e esperneia), mais se evidencia a vida (o descontrole, o irremediável) que em seu interior se move. Tezza provavelmente se julga um autor realista. Não é um autor realista, na medida em que o realismo clássico não inclui os furos, as dúvidas e as sombras de que sua escrita (mesmo talvez contra o desejo de seu autor) não consegue escapar. É quando o pai começa a admitir o sentimento de que há algo errado nele mesmo que o realismo começa a se desmontar. É ali que a realidade – convenção, clareza, objetividade, ordem – começa a rachar. É ali que algo irremediavelmente se perde, para que um grande autor possa surgir.

BIBLIOGRAFIA

ROMANCES
Um erro emocional. Record, Rio de Janeiro, 2010.
O filho eterno. Record, Rio de Janeiro, 2007.
O fotógrafo. Rocco, Rio de Janeiro, 2004; Record, Rio de Janeiro, 2011.
Breve espaço entre cor e sombra. Rocco, Rio de Janeiro, 1998.
Uma noite em Curitiba. Rocco, Rio de Janeiro, 1995.
O fantasma da infância. Record, Rio de Janeiro, 1994.
A suavidade do vento. Record, Rio de Janeiro, 1991; Rocco, Rio de Janeiro, 2003.
Aventuras provisórias. Mercado Aberto, Porto Alegre, 1989; Record, Rio de Janeiro, 2007.
Juliano Pavollini. Record, Rio de Janeiro, 1989; Rocco, Rio de Janeiro, 2002; Record, Rio de Janeiro, 2010.
Trapo. Brasiliense, São Paulo, 1988; Rocco, Rio de Janeiro, 1999; Record, Rio de Janeiro, 2007.
Ensaio da paixão. Criar, Curitiba, 1982; Rocco, Rio de Janeiro, 1999.
O terrorista lírico. Criar, Curitiba, 1981.
Gran circo das Américas. Brasiliense, São Paulo, 1979.

CONTOS
Beatriz. Record, Rio de Janeiro, 2011.
A primeira noite de liberdade. Fundação Cultural de Curitiba/Ócios do Ofício, Curitiba, 1994 – edição artesanal.
A cidade inventada. CooEditora, Curitiba, 1980.

CRÔNICAS
Um operário em férias. Record, Rio de Janeiro, 2013 – organização de Christian Schwartz.

ENSAIOS
O espírito da prosa: Uma autobiografia literária. Record, Rio de Janeiro, 2012.
Entre a prosa e a poesia: Bakhtin e o formalismo russo. Rocco, Rio de Janeiro, 2003.

DIDÁTICOS
Oficina de texto. Vozes, São Paulo, 2003 – coautoria de Carlos Alberto Faraco.
Prática de texto para estudantes universitários. Vozes, São Paulo, 2001 – coautoria de Carlos Alberto Faraco.

LOBO ANTUNES

ANTÓNIO LOBO ANTUNES nasceu em Lisboa, em 1942. Estudou na Faculdade de Medicina da Universidade de Lisboa e especializou-se em psiquiatria. Exerceu, durante vários anos, a profissão de psiquiatra. Em 1970, foi mobilizado para o serviço militar. Embarcou para Angola no ano seguinte, tendo regressado em 1973.

Seis anos após o término da guerra colonial, Lobo Antunes publicou a trilogia marcadamente autobiográfica que inclui *Memória de elefante* e *Os cus de Judas,* de 1979, e *Conhecimento do inferno,* de 1980, livros que o transformaram em um dos autores contemporâneos mais lidos e discutidos, no âmbito nacional e internacional. Desde então, seu trabalho literário tem sido objeto de diversos estudos, acadêmicos ou não.

A partir de 2003, a Editora Objetiva passou a publicar sua obra no Brasil, em versão original. Lobo Antunes recebeu o Prêmio Camões 2007, por sua contribuição para o enriquecimento do patrimônio literário e cultural da língua portuguesa. Seu romance *Eu hei-de amar uma pedra* ganhou o Prêmio Portugal Telecom de Literatura 2008.

A LITERATURA É UMA GUERRA
José Castello

A PALAVRA que ocupa o coração da literatura de António Lobo Antunes – eu me arrisco a pensar – pode ser "guerra". Ao preferir não dar entrevista, o escritor nos entrega, na verdade, não uma palavra, mas um enigma. Seu silêncio, de certa forma, é a própria palavra. A palavra poderia ser, também, "silêncio" – um dos elementos fundamentais de sua estética, construída sobre interrupções abruptas e sobre hiatos. Mas volto ao enigma. É útil recordar que enigmas – questões propostas em termos obscuros, que pedem não uma resposta, mas uma adivinhação – não oferecem soluções ou resultados. Enigmas nos deixam em estado de espera contínua, nos deixam em uma luta perpétua pela resposta inexistente. A palavra pode, sim, ser "enigma". Mas ainda prefiro partir da ideia de "guerra".

Quando penso na guerra, não penso só em batalhas sangrentas travadas por tropas militares, ou em lutas fratricidas entre civis, mas em combates mais secretos e pessoais, como aqueles que os escritores travam com as palavras e com seus personagens. Como aqueles descritos, exemplarmente, no clássico ensaio *Guerra sem testemunhas*, que o escritor pernambucano Osman Lins publicou em 1969. A escrita é uma luta solitária, que o escritor trava, sobretudo, contra si mesmo; e, o mais grave, com armas que, na maioria dos casos, desconhece. Lobo Antunes em guerra contra Lobo Antunes: assim posso me arriscar a resumir seu processo de criação. Guerra contínua, que se caracteriza mais pelo desarmamento de espírito e pela exaustão do que pelo armamento e pelo alerta. Guerra interminável, a que Lobo Antunes se entrega com bravura e sofisticação.

Sem uma entrevista em que me amparar, parto daquela que é, provavelmente, a mais longa e complexa entrevista com António Lobo Antunes: a concedida ao historiador e jornalista português João Céu e Silva. Ela resultou em *Uma longa viagem com António Lobo Antunes*, livro de quatrocentas e noventa e quatro páginas, da Porto Editora, datado de 2009. Outra referência importante são as *Conversas com António Lobo Antunes*, que a filósofa espanhola María Luisa Blanco publicou em 2001, pela Dom Quixote, de Lisboa. Sem a entrevista, resta-me uma aproximação pelas bordas. Um avançar lento, com a solidariedade de outros escritores, em busca desse coração perdido onde, possivelmente, a guerra se oculta.

Como nasce um escritor? De qual vazio, de qual rombo interior, de qual silêncio emerge uma ficção? Uma resposta possível nos é oferecida em *Memória de elefante*, o romance de estreia de Lobo Antunes, de 1979. O narrador do livro é, sem dúvida, seu alter ego. É médico psiquiatra. Como médico, serviu na Guerra Colonial em Angola. Voltou a Portugal depois de uma separação dolorosa – para Lobo Antunes, também a separação da mulher Maria José, em 1976, ano em que começou a escrever seu primeiro romance, foi um divisor de águas. Na dor da separação, o personagem de Lobo Antunes é obrigado a repensar e a recriar sua vida. Escrevendo *Memória de elefante*, Lobo Antunes fez a mesma coisa. São paralelos, convergências, sempre arriscados, mas férteis. Não é possível fazer a guerra (ficção) sem uma boa dose de risco. Não é possível nela se embrenhar sem arriscar-se também.

Memória de elefante é, portanto, mais que um romance: é a narrativa de um nascimento. Relata vinte e quatro horas decisivas na vida de um médico que, depois de abandonar em Angola a mulher, Edite, e duas filhas, retorna a Lisboa, solitário e com o coração em chagas. (Volto a pensar: a palavra pode ser "solidão".) Um livro que é, talvez, mais que um romance: a ideia repete uma declaração de Lobo Antunes a João Céu e Silva, segundo a qual ele tem sempre a sensação de que, na verdade, não escreve romances, mas "outra coisa". Que outra coisa? "Parece-me que não são romances no sentido tradicional da palavra – a ambição é maior! –, até porque também temos que nos pôr sempre perante metas impossíveis." Enquanto escreve, a ideia que agita Lobo Antunes é a de "estar mais dentro, tentar estar quase dentro do coração e dentro da vida". Ultrapassar a muralha de palavras, para usá-las só como um trampolim, de onde saltaria, livre enfim das amarras estéticas, sobre a vida. Talvez a palavra que procuro (penso agora, mas a toda hora mudo de ideia) seja "vida".

Tanto que, logo no início da mesma longa conversa com Silva, o escritor faz outra revelação, na qual enfatiza a necessidade dessa invasão do humano para que a literatura, enfim, se produza. Admite Lobo Antunes que não consegue escrever nas primeiras horas da manhã, quando está descansado. Para escrever, precisa estar um pouco cansado. "Quando começo a estar cansado, as coisas começam a articular-se com facilidade", diz. Precisa estar, portanto, desarmado. A necessidade do desarme – eis um problema – desarranja a ideia original da "guerra". Ou não? A literatura não é uma guerra clássica. Nela, o escritor, em vez de armar-se, precisa desarmar-se para, enfim, derrubadas as barreiras da lógica e da razão, do bom senso e do lugar-comum, dos clichês e das obviedades, chegar mais perto de si e de sua escrita. Exatamente como quando sonhamos, Lobo Antunes acrescenta, momento em que nosso mundo interior está liberto dos vínculos com a realidade. A palavra bem que poderia ser "sonho". São muitas as palavras possíveis quando se trata da monumental obra do escritor português.

As marcas da guerra vêm de um período, entre 1971 e 1973, no qual Lobo Antunes serviu como tenente médico, na Guerra do Ultramar. Essa experiência lhe deu, diretamente, mais dois livros, ambos lançados no ano de 1979: *Memória de elefante* e *Os cus de Judas*. Ambos igualmente marcados pelas recordações inaceitáveis da batalha. Somados a *Conhecimento do inferno*, eles guardam inegáveis vestígios autobiográficos. Sua literatura, em consequência, nasce da experiência com a guerra. A palavra pode, sim, ser "guerra". A Guerra Colonial Portuguesa lhe serviu como um infernal berçário de ficções. Estranho berçário, impotente e improdutivo, conforme suas próprias palavras: "Ninguém ganha uma guerra, toda a gente perde, e não são só os mortos". Da guerra exterior (Angola), partiu para a guerra interior, ou guerra sem testemunhas (ficção). A guerra, para Lobo Antunes, nunca terminou, nem terminará.

Retorno a *Memória de elefante*, o livro em que tudo começou. Talvez não seja por acaso que o personagem central – médico psiquiatra que abandona a guerra, como seu autor – não tenha um nome próprio. Quando volta a Lisboa (como o próprio Lobo Antunes), seu personagem também decide enfrentar um velho desejo: o de escrever. Desejo que, não sabe explicar o motivo, sempre adia. Desabafa a um amigo: "Enquanto o não fizer posso sempre acreditar que se o fizer o faço bem". Os fatos desmentem os sonhos, ou pelo menos os deslocam. O personagem diz ainda:

> Escrever é um bocado fazer respiração artificial ao dicionário Moraes, à gramática da quarta classe e aos restantes jazigos de palavras defuntas, e eu ora cheio ora vazio de oxigênio, aparvalhando as dúvidas.

Escrever é aspirar a morte? É soprar-lhe, magicamente, uma nova vida? A criação não passa de uma magia? A palavra talvez pudesse ser "magia". São tantas as palavras.

Escrever, também para Lobo Antunes e não só para seu personagem, significa soprar vida em coisas mortas ou, pelo menos, que parecem mortas. É descortinar um futuro, lutar por ele, guerrear em seu nome, ali onde há apenas a face petrificada do passado. Toda essa dor parece vir de uma luta primária, talvez a mais difícil de todas, contra a imagem do pai. Relembrando a infância, o personagem de Lobo Antunes se dá conta de que, diante dele, nunca será perfeito. A guerra original e mais importante é, sempre, contra o pai. Diante de sua figura, o futuro lhe surge "sob a forma de um ralo escuro e sôfrego pronto a sugar-lhe o corpo pela garganta ferrugenta". É dessa guerra perdida que surge a vontade irrefreável de escrever. Que surge um escritor. Que surge um homem. Não para encerrar a guerra, mas para perpetuá-la. Mais ainda: para tê-la, enfim, sob seu comando.

Homem adulto, já não pode mais contar com o pai. Nem para nele se apoiar, nem para contra ele guerrear. "Há travessias que só se podem efetuar sozinho, sem ajudas, ainda que correndo riscos de ir a pique numa dessas madrugadas de insônia", diz. Evocando, mais uma vez, a magnífica entrevista de Lobo Antunes a João Céu e Silva, cabe recordar que, também para Lobo Antunes, um pai deve ser isso mesmo: não um amigo, mas um limite, uma barreira, um opositor. Um inimigo espiritual contra quem se luta. É nessa guerra íntima que um homem verdadeiramente se faz homem. Mas essa imagem "inimiga", depois de sua morte física, pede enfim um substituto. "É muito complexa a relação de um filho com um pai. Às vezes penso que só nos tornamos verdadeiramente homens depois de o nosso pai ir embora." No momento em que Lobo Antunes concede a entrevista, três anos já tinham se passado desde a morte de seu pai. "Mesmo depois de se irem embora, e mesmo depois de mortos, continuam a mudar dentro de nós, estão vivos em nós." Em outras palavras: mesmo depois da morte do pai, a guerra original continua. Ela se desenrola, à revelia dos motivos que a deflagraram, e toma posse do corpo, toma a frente de tudo. Sim: a palavra só pode ser "guerra". Não há outra.

O "soldado" Lobo Antunes é um escritor de opiniões fortes e controversas, que nunca se deixou impressionar pelos cânones e valores do mundo literário. São muitos os exemplos dessa falta de sintonia com seu meio.

Sobre Jorge Luis Borges, ele disse certa vez: "Não me interessa. Não gosto do que escreveu. É muito inteligente, mas tem pouco sangue. Não me transporta". Em Rudyard Kipling, acredita, "há sempre demasiadas palavras". Quanto a James Joyce, critica, sem medo, seu excesso de habilidade. Para Lobo Antunes, a literatura, ao contrário, guarda algo de magia. Algo (fundamental) que escapa à consciência e à técnica. Recordo sempre de uma de suas mais lindas crônicas, "O último truque de meu pai", que sintetiza com rigor essa estratégia – ou ausência de estratégia. A literatura não está do lado da habilidade, mas do truque. Não está do lado das "palavras demasiadas", mas dos lances rápidos e invisíveis. Não pertence ao mundo da inteligência, mas ao da intuição e do transporte – isto é, da elevação súbita a outros mundos, arbitrários e densos, que achatam o primeiro, o nosso mundo banal da realidade.

Recordo "O último truque de meu pai" porque nessa crônica a estratégia de desligamento talvez se torne mais clara. Começa com a afirmação decisiva: "O meu pai é mágico". Embora fosse engenheiro profissional (até onde podemos considerar que são fatos verdadeiros? E isso importa?), começou a se interessar, desde cedo, pela prestidigitação. Quando se aposentou, comprou um smoking, uma cartola e uma dúzia de rolas "que nos sujavam tudo de alpiste, penas e cocô de pássaro". Adotou um nome artístico: Luciano Nunes, o Mandrake Português. Deixou crescer um bigodinho e arranjou um ajudante negro. Participava de espetáculos, exibia-se, mas chegava em casa sempre muito mais tarde, "a minha mãe, invulnerável à magia, gritava ainda mais em lugar de evaporar-se por encanto". Fazia desaparecer cinzeiros, as mesinhas de cabeceira, o gato de estimação. Em seu lugar, instaurava um mundo substituto, que para ele continuava a ser o mundo real – mas que ocupava o posto das coisas comuns a que estamos tão acostumados. Posso pensar: não será a imagem desse pai (verdadeiro ou falso) o protótipo secreto que Lobo Antunes nos oferece para o escritor? A palavra que procuro pode ser, sim, "magia". É uma palavra mais delicada – e mais inteligente – do que "guerra". E ela não está tão longe quanto parece da guerra, que também pretende cancelar um mundo para inaugurar outro totalmente novo em seu lugar.

A rigor – e este pode ser um indício de que fiz a escolha errada, de que me deixei levar pelas aparências –, a ficção de Lobo Antunes se desenrola, em grande parte, não exatamente em torno da guerra, mas em torno dos vestígios que ela deixa na alma humana (a palavra pode ser "vestígio";

pode, ainda, ser "dor"). É o que se passa, por exemplo, em um romance da importância de *Boa tarde às coisas aqui em baixo*, de 2003. O romance trata dos saques, da espionagem comercial e da corrupção na Angola do pós-guerra. Negócios suspeitos com outras nações, atos ilícitos praticados em surdina pelas classes ricas, o ataque voraz das multinacionais às reservas minerais e petrolíferas do país. A palavra pode ser "guerra" novamente, embora se trate agora de uma guerra suja, levada à frente não nos campos de batalha, mas nos bastidores da política. Mais uma vez, Lobo Antunes lança seu olhar sobre situações tensas, que envolvem grandes riscos e promovem grandes enfrentamentos. A palavra pode ser "perigo".

Mesma palavra que se ressalta, com força, em *Eu hei-de amar uma pedra*, seu premiado romance e que, mais que isso, se infiltra em toda a sua longa obra, de mais de trinta alentados romances. Trata-se da sensível história de amor fracassado entre um operário português e uma costureira. O amor, intenso e louco, começa ainda na juventude. Mas a moça adoece, é internada, e os dois amantes se perdem de vista. Muitos anos depois, o homem – já casado – a reencontra. Passam a viver, então, um amor às escuras, ou mesmo a distância, sempre envolto pelo risco e pela instabilidade. Também para amar é preciso lutar. Nem mesmo as doçuras do amor estão imunes aos suores brutos da luta – e o ato sexual é uma prova viva disso. A luta invade, enfim, toda a estética de Lobo Antunes. A crítica já observou, mais de uma vez, que ele escreve com "certa dureza masculina", isto é, certa rispidez de estilo, expressa nos cortes bruscos e na constante interferência agressiva de outras vozes, aspectos ríspidos que lhe destinam um lugar bastante particular na moderna ficção em língua portuguesa. Não pelo estilo, mas pela rudeza, algo próximo da ficção feroz de José Cardoso Pires (1925-1998), de quem, aliás, foi um amigo muito próximo. Uma ficção que se desvia de certa sonoridade, certa retórica, e também do gosto pela ironia, que costumam predominar na ficção portuguesa contemporânea – e que lhe destinariam, posso cogitar, um aspecto feminino.

Não nos iludamos, porém: a rudeza masculina da escrita de Lobo Antunes não desmente, ao contrário reforça, seu sofisticado trabalho de linguagem. Uma escrita concebida à base de jatos, de socos, de derramamentos – o que resulta, por certo, de longas horas diárias de combates com seus originais. Precisa escrever em estado de esgotamento, pois só assim, ao que parece, pode acessar a pulverização de vozes e o desdobramento de atmosferas que definem sua ficção. A fragmentação, a repetição e o silêncio são atributos decisivos na escrita de Lobo Antunes. Cacos, retornos e hiatos que compõem tramas cheias de furos e de pontos de interrogação.

Também a temática, de aparência épica – calcada quase sempre em grandes temas da história portuguesa –, é, na verdade, intimista. Sob o pano de fundo da guerra e da grande história, realçam-se personagens comuns. "Não é tanto o império que me interessa, são as relações entre as pessoas. É, no fundo, aquilo que se chama a minha *petite musique*. É muito difícil pôr isso em palavras", diz, na já citada entrevista a Silva. O próprio estado em que escreve, entre a exaustão e o transe, é desmentido (ou, pelo menos, temperado) pelo rigoroso controle técnico que conserva, todo o tempo, sobre seus textos. Como um habilidoso maestro, está sempre em busca de fios que costurem o disperso. Quando Silva lhe pergunta se as vozes dos romances anteriores não interferem, ou ressurgem, no relato que está no momento a escrever, é enfático: "Não. É engraçado porque eu tenho uma memória razoável e lembro-me de frases inteiras de livros de outras pessoas, mas daquilo que escrevi não sei uma frase". No entanto, mesmo sem recordar os próprios escritos, uma muralha invisível se ergue em sua mente, impedindo que essas vozes se infiltrem umas nas outras e se contaminem.

Em tudo isso, persiste sempre a ideia da luta – persiste sempre a sombra da guerra – que pula das páginas escritas para a rotina interior do homem António Lobo Antunes. Como psiquiatra, muito de sua capacidade de escuta da loucura e do desacerto continua a dar as cartas na ficção que produz. Sensibilidade que o lança em uma espécie de esforço contínuo em busca das entranhas do humano – como se escavasse corpos, desejando saborear as suas vísceras. Sabe Lobo Antunes que, nas guerras, mesmo naquelas que terminam em tiros de canhões e em medalhas, não existem vencedores. Também na guerra da ficção, o escritor está sempre a perder quando confronta o resultado de seus esforços com o tamanho de seus sonhos. Não será por outro motivo que, quando encerra um romance, e depois de poucos dias de alívio e felicidade, Lobo Antunes se deixa tomar por um imenso tédio. Sente falta do combate, precisa armar-se mais uma vez com lápis e papel, precisa voltar às suas vozes e aos cortes bruscos que as interrompem. Precisa daquele emaranhado de ideias e de sonhos que ele costura como um alfaiate aplicado, cujo rigor, porém, não exclui, mas necessita do transe. Precisa de uma nova guerra, ou, sente Lobo Antunes, a vida perde a direção.

BIBLIOGRAFIA

ROMANCES

Não é meia noite quem quer. Dom Quixote, Lisboa, Portugal, 2012.

Comissão das lágrimas. Dom Quixote, Lisboa, Portugal, 2011; Alfaguara, Rio de Janeiro, Brasil, 2013.

Sôbolos rios que vão. Dom Quixote, Lisboa, Portugal, 2010; Alfaguara, Rio de Janeiro, Brasil, 2012.

Que cavalos são aqueles que fazem sombra no mar?. Dom Quixote, Lisboa, Portugal, 2009; Alfaguara, Rio de Janeiro, Brasil, 2009.

O arquipélago da insónia. Dom Quixote, Lisboa, Portugal, 2008; Alfaguara, Rio de Janeiro, Brasil, 2010.

O meu nome é Legião. Dom Quixote, Lisboa, Portugal, 2007; Alfaguara, Rio de Janeiro, Brasil, 2009.

Ontem não te vi em Babilónia. Dom Quixote, Lisboa, Portugal, 2006, 2007 (edição *ne varietur*); Alfaguara, Rio de Janeiro, Brasil, 2008.

Eu hei-de amar uma pedra. Dom Quixote, Lisboa, Portugal, 2004, 2007 (edição *ne varietur*); Alfaguara, Rio de Janeiro, Brasil, 2007.

Boa tarde às coisas aqui em baixo. Dom Quixote, Lisboa, Portugal, 2003, 2007 (edição *ne varietur*); Objetiva, Rio de Janeiro, Brasil, 2004.

Que farei quando tudo arde?. Dom Quixote, Lisboa, Portugal, 2001, 2007 (edição *ne varietur*).

Não entres tão depressa nessa noite escura. Dom Quixote, Lisboa, Portugal, 2000, 2008 (edição *ne varietur*).

Exortação aos crocodilos. Dom Quixote, Lisboa, Portugal, 1999, 2007 (edição *ne varietur*).

O esplendor de Portugal. Dom Quixote, Lisboa, Portugal, 1997, 2007 (edição *ne varietur*).

O manual dos inquisidores. Dom Quixote, Lisboa, Portugal, 1996, 2005 (edição *ne varietur*).

A morte de Carlos Gardel. Dom Quixote, Lisboa, Portugal, 1994, 2008 (edição *ne varietur*).

A ordem natural das coisas. Dom Quixote, Lisboa, Portugal, 1992, 2008 (edição *ne varietur*).

Tratado das paixões da alma. Dom Quixote, Lisboa, Portugal, 1990, 2005 (edição *ne varietur*).

As naus. Dom Quixote, Lisboa, Portugal, 1988, 2006 (edição *ne varietur*); Alfaguara, Rio de Janeiro, Brasil, 2011.

Auto dos danados. Dom Quixote, Lisboa, Portugal, 1985, 2006 (edição *ne varietur*).
Fado alexandrino. Dom Quixote, Lisboa, Portugal, 1983, 2007 (edição *ne varietur*).
Explicação dos pássaros. Vega, Lisboa, Portugal, 1981; Dom Quixote, Lisboa, Portugal, 2004 (edição *ne varietur*); Alfaguara, Rio de Janeiro, Brasil, 2009.
Conhecimento do inferno. Vega, Lisboa, Portugal, 1980; Dom Quixote, Lisboa, Portugal, 2004 (edição *ne varietur*); Alfaguara, Rio de Janeiro, Brasil, 2006.
Os cus de Judas. Vega, Lisboa, Portugal, 1979; Dom Quixote, Lisboa, Portugal, 2004 (edição *ne varietur*); Objetiva, Rio de Janeiro, Brasil, 2003; Alfaguara, Rio de Janeiro, Brasil, 2007.
Memória de elefante. Vega, Lisboa, Portugal, 1979; Dom Quixote, Lisboa, Portugal, 2004 (edição *ne varietur*); Objetiva, Rio de Janeiro, Brasil, 2006; Alfaguara, Rio de Janeiro, Brasil, 2009.

FICÇÃO INFANTIL
A história do hidroavião. Dom Quixote, Lisboa, Portugal, 1994.

CRÔNICAS
As coisas da vida. Alfaguara, Rio de Janeiro, Brasil, 2011.
Quarto livro de crónicas. Dom Quixote, Lisboa, Portugal, 2011.
Terceiro livro de crónicas. Dom Quixote, Lisboa, Portugal, 2006.
Segundo livro de crónicas. Dom Quixote, Lisboa, Portugal, 2002, 2007 (edição *ne varietur*).
Livro de crónicas. Dom Quixote, Lisboa, Portugal, 1998, 2006 (edição *ne varietur*).

LETRAS DE MÚSICA
Letrinhas das cantigas. Dom Quixote, Lisboa, Portugal, 2002.

CORRESPONDÊNCIA
D'este viver aqui neste papel descripto: Cartas da guerra. Dom Quixote, Lisboa, Portugal, 2005.

RIGO LACERDA ARMANDO FREITAS FILHO JOAO GILBERTO NOLL LOURENÇO MUTARELLI CRISTOVÃO
UNES BEATRIZ BRACHER BERNARDO CARVALHO TEIXEIRA COELHO MILTON HATOUM RICARDO L
TEGA SILVIANO SANTIAGO EDGARD TELLES RIBEIRO PAULO HENRIQUES BRITTO SÉRGIO SA
ONIO DE ASSIS BRASIL SEBASTIÃO UCHOA LEITE MÁRIO CHAMIE VALTER HUGO MÃE NUNO R
VISAN RUBENS FIGUEIREDO MARINA COLASANTI CHICO BUARQUE RODRIGO LACERDA ARMANDO
O GILBERTO NOLL LOURENÇO MUTARELLI CRISTOVÃO TEZZA LOBO ANTUNES BEATRIZ BRACH
VALHO TEIXEIRA COELHO MILTON HATOUM RICARDO LÍSIAS AMILCAR BETTEGA SILVIANO SANT
LES RIBEIRO PAULO HENRIQUES BRITTO SÉRGIO SANT'ANNA LUIZ ANTONIO DE ASSIS BRASIL SEB
E MÁRIO CHAMIE VALTER HUGO MÃE NUNO RAMOS DALTON TREVISAN RUBENS FIGUEIREDO MARI
CO BUARQUE RODRIGO LACERDA ARMANDO FREITAS FILHO JOÃO GILBERTO NOLL LOUREN
STOVÃO TEZZA LOBO ANTUNES BEATRIZ BRACHER BERNARDO CARVALHO TEIXEIRA COELHO M
ARDO LÍSIAS AMILCAR BETTEGA SILVIANO SANTIAGO EDGARD TELLES RIBEIRO PAULO HENR
GIO SANT'ANNA LUIZ ANTONIO DE ASSIS BRASIL SEBASTIÃO UCHOA LEITE MÁRIO CHAMIE VAL
O RAMOS DALTON TREVISAN RUBENS FIGUEIREDO MARINA COLASANTI CHICO BUARQUE ROD
ANDO FREITAS FILHO JOÃO GILBERTO NOLL LOURENÇO MUTARELLI CRISTOVÃO TEZZA LOBO ANT
CHER BERNARDO CARVALHO TEIXEIRA COELHO MILTON HATOUM RICARDO LÍSIAS AMILCAR BET
TIAGO EDGARD TELLES RIBEIRO PAULO HENRIQUES BRITTO SÉRGIO SANT'ANNA LUIZ ANTONIO DE
ASTIÃO UCHOA LEITE MÁRIO CHAMIE VALTER HUGO MÃE NUNO RAMOS DALTON TREVISAN RUBEN
INA COLASANTI CHICO BUARQUE RODRIGO LACERDA ARMANDO FREITAS FILHO JOÃO G
RENÇO MUTARELLI CRISTOVÃO TEZZA LOBO ANTUNES BEATRIZ BRACHER BERNARDO CARVA
LHO MILTON HATOUM RICARDO LÍSIAS AMILCAR BETTEGA SILVIANO SANTIAGO EDGARD TELLES
RIQUES BRITTO SÉRGIO SANT'ANNA LUIZ ANTONIO DE ASSIS BRASIL SEBASTIÃO UCHOA LEITE
TER HUGO MÃE NUNO RAMOS DALTON TREVISAN RUBENS FIGUEIREDO MARINA COLASANTI CH
RIGO LACERDA ARMANDO FREITAS FILHO JOÃO GILBERTO NOLL LOURENÇO MUTARELLI CRISTOVÃ
UNES BEATRIZ BRACHER BERNARDO CARVALHO TEIXEIRA COELHO MILTON HATOUM RICARDO L
TEGA SILVIANO SANTIAGO EDGARD TELLES RIBEIRO PAULO HENRIQUES BRITTO SÉRGIO SA
ONIO DE ASSIS BRASIL SEBASTIÃO UCHOA LEITE MÁRIO CHAMIE VALTER HUGO MÃE NUNO R
VISAN RUBENS FIGUEIREDO MARINA COLASANTI CHICO BUARQUE RODRIGO LACERDA ARMANDO
O GILBERTO NOLL LOURENÇO MUTARELLI CRISTOVÃO TEZZA LOBO ANTUNES BEATRIZ BRACH
VALHO TEIXEIRA COELHO MILTON HATOUM RICARDO LÍSIAS AMILCAR BETTEGA SILVIANO SANT
LES RIBEIRO PAULO HENRIQUES BRITTO SÉRGIO SANT'ANNA LUIZ ANTONIO DE ASSIS BRASIL SEB
E MÁRIO CHAMIE VALTER HUGO MÃE NUNO RAMOS DALTON TREVISAN RUBENS FIGUEIREDO MARI
CO BUARQUE RODRIGO LACERDA ARMANDO FREITAS FILHO JOÃO GILBERTO NOLL LOUREN
STOVÃO TEZZA LOBO ANTUNES BEATRIZ BRACHER BERNARDO CARVALHO TEIXEIRA COELHO
ARDO LÍSIAS AMILCAR BETTEGA SILVIANO SANTIAGO EDGARD TELLES RIBEIRO PAULO HENR
GIO SANT'ANNA LUIZ ANTONIO DE ASSIS BRASIL SEBASTIÃO UCHOA LEITE MÁRIO CHAMIE VALT
O RAMOS DALTON TREVISAN RUBENS FIGUEIREDO MARINA COLASANTI CHICO BUARQUE ROD
ANDO FREITAS FILHO JOÃO GILBERTO NOLL LOURENÇO MUTARELLI CRISTOVÃO TEZZA LOBO ANT
CHER BERNARDO CARVALHO TEIXEIRA COELHO MILTON HATOUM RICARDO LÍSIAS AMILCAR BET
TIAGO EDGARD TELLES RIBEIRO PAULO HENRIQUES BRITTO SÉRGIO SANT'ANNA LUIZ ANTONIO DE
ASTIÃO UCHOA LEITE MÁRIO CHAMIE VALTER HUGO MÃE NUNO RAMOS DALTON TREVISAN RUBEN
INA COLASANTI CHICO BUARQUE RODRIGO LACERDA ARMANDO FREITAS FILHO JOÃO G
RENÇO MUTARELLI CRISTOVÃO TEZZA LOBO ANTUNES BEATRIZ BRACHER BERNARDO CARVA
LHO MILTON HATOUM RICARDO LÍSIAS AMILCAR BETTEGA SILVIANO SANTIAGO EDGARD TELLES
RIQUES BRITTO SÉRGIO SANT'ANNA LUIZ ANTONIO DE ASSIS BRASIL SEBASTIÃO UCHOA LEITE
TER HUGO MÃE NUNO RAMOS DALTON TREVISAN RUBENS FIGUEIREDO MARINA COLASANTI
RIGO LACERDA ARMANDO FREITAS FILHO JOÃO GILBERTO NOLL LOURENÇO MUTARELLI CRISTOVÃ
UNES BEATRIZ BRACHER BERNARDO CARVALHO TEIXEIRA COELHO MILTON HATOUM RICARDO
TEGA SILVIANO SANTIAGO EDGARD TELLES RIBEIRO PAULO HENRIQUES BRITTO SÉRGIO

BEATRIZ BRACHER

DESDE PEQUENA, Beatriz queria se tornar escritora. Aos onze anos, já escrevia pequenas histórias. Adolescente, começou a escrever contos. Aos quinze, publicou seu primeiro conto na extinta revista *Escrita*. Aos dezoito anos, terminado o ensino médio, postergou o sonho de criança, casou-se e tornou-se mãe de três filhos.

Beatriz Bracher nasceu em 1961 em São Paulo. Com vinte e um anos de idade, mudou-se para o Rio de Janeiro, onde cursou Letras e Literatura na Pontifícia Universidade Católica do Rio de Janeiro (PUC-Rio) e foi editora da revista *34 Letras*, que teve sete números publicados. Em 1992, fundou a Editora 34, que entrou no mercado com a tradução brasileira de *O que é filosofia?*, dos franceses Gilles Deleuze e Félix Guattari.

Um ano depois de fundar a 34, retornou a São Paulo para estabelecer a editora. Depois de oito anos, quando a editora já tinha uma identidade própria e presença madura no mercado editorial, abandonou-a e dedicou-se a um ano "sabático" para realizar o sonho de escrever. Passou, então, a se dedicar exclusivamente à literatura. Em 2002, com quarenta e um anos, publicou seu primeiro romance, *Azul e dura*, seguido de *Não falei*, de 2004, e *Antonio*, que recebeu o Prêmio Portugal Telecom de Literatura 2008 e foi traduzido para o espanhol e o alemão. Em 2009, lançou seu primeiro livro de contos, *Meu amor*. Em 2013, veio *Garimpo*, uma antologia de contos publicados em revistas nos últimos quatro anos.

Hoje, com cinco livros publicados, ainda considera aleatória a carreira de um livro. "O sucesso do livro não é assunto do escritor, nem que ele queira", diz.

Beatriz também acumula experiência com o cinema, que inclui a coautoria do argumento do filme *Cronicamente inviável*, de 2000, e do roteiro do longa-metragem *Os inquilinos*, de 2009, ambos em parceria com Sergio Bianchi. É coautora do roteiro de *O abismo prateado*, de 2013, longa-metragem de Karim Aïnouz.

Participa ainda de projetos de cunho social. Montou uma biblioteca e deu aulas de roteiro para jovens e adultos por quatro anos no Ateliê Acaia. Dirigido pela escultora Elisa Bracher, o ateliê educa jovens moradores de um conjunto habitacional e de duas favelas na Vila Leopoldina, Zona Oeste de São Paulo, oferecendo oficinas de música, escrita, xilogravura, culinária, marcenaria e aulas de reforço.

Você foi uma das fundadoras da Editora 34, na qual trabalhou por mais de dez anos. Dois anos depois de abandonar a editora, publicou seu primeiro livro, Azul e dura. Por que largou tudo para se tornar uma escritora?
Só quando eu me decidi a escrever um romance dei-me conta de que desde pequena a única coisa que eu realmente quis ser foi escritora e que, juntando tudo, tinha escrito uma quantidade boa de contos, ruins, e um esboço de romance, o qual, desenvolvido, se tornou o Azul e dura. Com onze anos escrevi algumas histórias de meninos que fugiam de casa; adolescente, comecei a escrever contos, publiquei um deles na revista Escrita quando tinha quinze anos. Segui escrevendo de forma não sistemática, mas constante. Eu não conseguia ter coragem de pensar em publicar o que escrevia, não era tanto o medo de publicar este ou aquele conto. O inimaginável era "ser" uma escritora.
Eu não saí da Editora 34 para escrever um livro, saí porque precisava pensar se era aquilo mesmo que eu queria da vida. O trabalho estava duro e o relacionamento com os sócios, difícil. Era um momento da editora em que conseguíramos alcançar a estabilidade econômica e um bom nome entre o público, a mídia e os livreiros. Quer dizer, depois de oito anos de existência, a editora estava, finalmente, estabelecida. Eu poderia sair da editora sem ser irresponsável, sem colocar em risco um projeto que sempre me foi muito caro.
Eu tinha passado o último ano e meio dividindo-me entre a editora e a Câmara Brasileira do Livro (CBL), onde fiz parte da diretoria, um ambiente que tinha pouco a ver comigo, de negociações institucionais de classe para compatibilizar a Bienal do Livro em São Paulo com a Feira do Livro no Rio de Janeiro (promovida pelo Sindicato Nacional dos Editores de Livros), recuperação da instituição como um órgão representativo inclusive das pequenas editoras, acompanhamento de venda de livros

para as várias esferas de governos de forma mais transparente e acessível a todas as editoras, mudanças nas prioridades dos gastos dentro da CBL. Eu vinha de uma empresa pequena, de amigos, caí em um lugar antigo, formal, às vezes parecia que estava no século XIX, *noblesse oblige* ir ao enterro de um ex-diretor que eu nunca conheci, e de muita desconfiança, política, reuniões infindáveis e puxada de tapete.

Dentro da editora mudávamos o sistema de distribuição de livros, fizemos um acordo com a Cosac Naify e unimos nossos departamentos de venda sob a direção de uma pessoa que vinha de anos de trabalho na Companhia das Letras. Era um sistema de vendas bem mais agressivo e arriscado para editoras de pequeno porte como as nossas. Com a minha ausência, por conta do trabalho na CBL, e essas mudanças internas, o pessoal na 34 estava sobrecarregado e senti que perdia espaço, o ambiente estava tenso, e eu mesma, bastante estressada. Naquela altura éramos em seis sócios, mas apenas quatro executivos. Apesar de ser sócia majoritária, as decisões sempre foram compartilhadas entre nós, e apenas assim eu via sentido em tocar a editora, pois nunca tive vocação para ser chefe e pensava que, se tínhamos chegado até ali, criado uma editora muito bacana, era porque todos assumimos juntos as responsabilidades pelas decisões tomadas. Mas, naquele momento, sentia-me estranha na minha editora, fora de sintonia com os caminhos tomados.

Pensei muito na decisão a seguir. Fazer a Editora 34, trabalhar e criar o que existia até ali tinha sido difícil e muito legal. Era incrível ver que a gente tinha conseguido editar um monte de livros bons, criar uma identidade que era reconhecida. Se você falasse "Editora 34", muita gente já associava isso a um conjunto literário, ou filosófico, a um certo conjunto de qualidade que, mesmo que difícil de nomear, tinha sustança e fortitude. E eu fizera parte disso. Sentia-me orgulhosa desse trabalho e, claro, insegura e abismada comigo mesma de pensar em abandoná-lo. Por outro lado, se eu quisesse permanecer na editora, teria que mudar muita coisa, não apenas na relação entre os sócios, mas na maneira como eu me colocava frente ao trabalho, teria que me entregar de forma mais total. Eu sempre trabalhara período integral, mas dentro de mim sentia que, se um dia eu fosse considerada "a melhor editora do mundo", ainda assim, eu não seria uma pessoa profissionalmente realizada. Se eu fosse permanecer na editora, teria que focar ali toda a minha força.

Nesse período, duas coisas importantes haviam acontecido na minha vida pessoal. Depois de uma separação dura e alguns anos penados, eu me casara com Roberto e sentia-me, como nunca antes, amparada (para não dizer mais e entrar em pieguices). E meu filho mais velho, Matias, abandonou a faculdade de Biologia, na USP, os estudos para o vestibular de Direito, e foi morar fora para estudar cinema. Uma atitude que para mim, naquele momento, foi exemplar pela determinação de tentar a sorte sozinho em um universo ligado à arte. Um pouco antes de a crise se instaurar na editora, eu havia tido uma longa conversa com Roberto, dessas de madrugada adentro, sobre o que cada um realmente queria da vida, "como era isso?", se havia algo assim, definido, "o que eu quero ser quando crescer é *isso*". E eu achei que sim, que o que eu queria, se eu pudesse querer, era ser escritora.

Foi dentro desse movimento que tomei a decisão de sair da Editora 34. Pedi um ano sabático para pensar se queria permanecer ou não.

Você se concedeu um ano sabático para se preparar para escrever. Fez oficinas e muitas leituras. Por que era tão importante criar? Em que medida tornar-se escritora ajudou em seu processo pessoal de individualização?

Quando resolvi sair da editora, apesar da ambição de ser escritora, eu não pensava em escrever um livro, mas em começar a rascunhar alguma coisa sem compromisso. Conversando com um amigo, Carlito Carvalhosa, ele me convenceu que eu tinha que ter um projeto específico. Essa era a maneira certa de pensar sobre o meu trabalho na Editora 34, fazendo outro trabalho.

Eu não fiz oficinas nem me preparei para escrever, eu comecei a escrever, ou melhor, eu continuei a escrever. Reuni tudo o que já tinha escrito, e foi então que vi que tinha sido bastante e desde muito tempo. No começo reescrevi esses textos antigos, depois eles foram sumindo, e uma nova história apareceu. No que eu tinha escrito antes havia a marca da gaveta, ou seja, textos escritos para não serem publicados. Parece-me que um texto assim é sempre mole, inócuo para outras pessoas além do seu autor. Às vezes a gente pensa que algo privado pode guardar um veneno que o escritor, por pudor, retira na hora em que vai expor ao público, mas é exatamente o oposto. No texto privado eu uso as palavras para relatar, contar coisas, e não para criar, talvez seja essa a diferença. Por esse motivo, o texto privado, secreto, não tem profundidade, não precisa ter, já que a profundidade, o segredo, está guardado em quem o escreveu, o texto é apenas um lembrete, um acesso entre o escritor e ele mesmo. Ao escrever para publicar, as palavras têm que ganhar uma função diferente. São as mesmas, claro, e as frases, sua gramática também, com as mesmas doses de redundância e tudo mais que torna possível a comunicação, mas com algumas possibilidades que o dia a dia não nos permite e que são o que torna a ficção um universo mais firme e capaz de penetrar na nossa imaginação, quando estamos lendo e também quando estamos escrevendo. Talvez seja essa "função nova" das palavras que usamos para escrever ficção, que diz respeito a criar uma história que não existia antes de ter sido escrita, o que nos ajuda no que você está chamando de processo de individualização. O que, curiosamente, acontece também quando lemos. Porque, me parece, tem a ver com o processo de introspecção e, junto com ele, de reflexão. Mas uma reflexão livre de censura da norma social e moral e mesmo da racionalidade. O que significa dizer que não necessariamente eu conheço melhor a mim mesma porque escrevo ou leio (porque a ausência de censura impede que o conhecimento que resulta da reflexão se estabeleça na minha consciência), mas algo em mim conhece melhor algo em mim, e isso me torna, pouco a pouco, talvez, uma pessoa mais capacitada para aguentar a solidão, talvez até gostar dela, enfim, saber ser um indivíduo. Pode ser que isso tudo seja bobagem, e na verdade o que nos traz esse sentimento de aprimoramento no convívio com a unicidade que somos seja o envelhecimento e, como durante o tempo que envelheço leio e escrevo, atribuo esse processo à leitura e ao ato de escrever. Vá saber.

De qualquer maneira, a resposta à pergunta "por que era tão importante criar?", disso eu não tenho dúvida. Era tão importante criar para ser sozinha. E isso era bom. Eu gostaria muito de ter outra resposta verdadeira a dar. O Rubens Figueiredo me disse que ele escreve pouco porque ele só escreve quando tem assunto, quando tem um assunto sobre o qual ele acha importante escrever. Eu achei isso muito bonito e muito mais pertinente. Sou grande admiradora de seus livros, considero-o, ao lado de Nuno Ramos, o maior escritor da nossa literatura hoje em dia. E acho que essa resposta condiz inteiramente com a limpidez de sua escrita. Eu gostaria de ter algo assim para responder. Mas não tenho.

Você convivia com muita gente do meio literário antes de se tornar escritora. Sempre esteve envolvida com cultura, editou e se tornou amiga de muitos poetas e ficcionistas na Editora 34. O estímulo de alguns desses artistas pesou em sua decisão de se tornar escritora?
Curiosamente pesou-me mais na decisão de tornar-me escritora o exemplo dos escritores não tão bons, aqueles cujos originais eu li e acabamos por não publicar. E eu pensava se resistiria se isso acontecesse comigo. Achei que sim. Pensava quem era aquela pessoa. O texto era quase bom, muitas vezes bom, mas não tanto quanto o de outra pessoa, e a nossa editora era pequena, tinha que selecionar entre um ou outro, e o daquele autor acabava por ser recusado. Mas eu via que era o texto de um escritor, e não de um enrolador, e ficava admirada com sua coragem de enviar o original para ser avaliado. Sentia-me identificada com esses autores.

Depois havia os autores que publicávamos, e eu trabalhava bastante tempo com cada um, revendo o texto, conversando sobre alguns trechos, opções de linguagem, depois detalhes do lançamento, divulgação, capa, texto da orelha. Então vinha a espera das críticas e das vendas. Para qual crítico mandar o livro. Podia dar o azar de cair com esse e não aquele, o crítico estar de mau humor, ou não ser o tipo de literatura que ele gosta. Ou não, ele gosta e escreve uma ótima crítica. O preço é outro assunto importante, assim como a capa e a data do lançamento; se sai junto com um sucesso de outra editora, pode-se matar o livro.

Enfim, o que me estimulou a escrever foi entender o quanto de aleatório existe na carreira de um livro. O sucesso do livro não é assunto do escritor, nem que ele queira, nem que ele se esforce será assunto dele. O seu assunto é com o texto, a sua batalha é essa, sozinho. E isso me deu muita tranquilidade para tentar escrever. O fracasso ou sucesso não é assunto meu, mesmo que seja o meu desejo.

Você trabalha sempre com o homem contemporâneo comum, apresentando-o como uma vítima do sistema. A literatura realista trata de homens comuns. Você se considera uma escritora realista? Até que ponto a consciência social e política desempenhou um papel importante em seu processo criativo? Se você tivesse nascido em um país mais justo – e seguindo aqui as ideias de Graciliano Ramos – não teria se tornado uma escritora?

Não acho que eu trabalhe com o homem contemporâneo comum. Penso que trabalho com o homem contemporâneo. Desculpe-me a correção, é apenas que não entendo quem seria o homem incomum, para se contrapor ao "comum", da pergunta. E não acho, também, que o apresento como vítima do sistema, e sim inserido no sistema. Na verdade não entendo bem o referente dessa palavra "sistema". Entendo que se trata da forma como nos organizamos econômica e socialmente e, portanto, dentro da qual todos nós vivemos e atuamos. Ninguém chega a ter o controle desse sistema, mas alguns usufruem de uma vida bem melhor que outros dentro da maneira como as coisas funcionam, e eu acho que falo até mais de personagens que têm uma vida melhor que outros. De qualquer forma, se entendemos como vítima todo aquele que sofre o peso das regras sem ter, ou sentir-se com o poder de as alterar, então, sim, apresento meus personagens como vítimas do sistema. E se isso é ser realista, sim, sou uma escritora realista.

A humilhação com a injustiça social e o desejo e frustração de que a via política se efetive como resolução dessa injustiça são partes formadoras da minha pessoa e da minha vida. Quer dizer, estão comigo desde que me entendo por gente. Da minha infância, quando ainda não tinha nome para dar à injustiça, até hoje. Então não sei separar essa consciência de mim mesma, não sei me pensar sem ela. E sou o que sou por uma série de variáveis genéticas, históricas e ambientais, e, sem nenhuma dúvida, ser brasileira é um grande formador da minha natureza psíquica, emocional, carnal, tudo. Assim sendo, se tivesse nascido num país diferente, não seria eu.

Agora, se no Brasil não existisse injustiça social, seria um país completamente diferente, muito melhor; certamente eu seria uma pessoa diferente, talvez não escritora, provavelmente mais feliz. Quem sabe?

Você participa mais intensamente da dinâmica da vida social como escritora ou como professora de jovens e adultos em projetos de cunho social?
Participei de alguns projetos de cunho social, sendo professora de jovens e adultos por três anos e professora de roteiro para adolescentes por um ano. Minha irmã, Elisa Bracher, que é escultora e gravurista, dirige o Ateliê Acaia, que atende cem jovens moradores de um conjunto habitacional e duas favelas na Vila Leopoldina. Lá eles oferecem várias

oficinas e cursos, e é uma ideia muito livre e bonita de formação das pessoas. É um ambiente alegre, vivo, forte e cheio de histórias tristes, coisas terríveis pelas quais crianças, muitas pequenas, passam em suas casas. Foi no Acaia que eu dei aula de roteiro, ajudei a organizar a biblioteca e às vezes participo de alguma atividade que me faz voltar e conviver com os alunos e educadores de lá. Eu só consigo conviver com o lado de energia fenomenal que aquelas crianças e adolescentes transmitem. Era a mesma coisa com os adultos para quem eu ensinava literatura, em outra escola. Eu dava aula, discutia contos de Borges e Kafka com eles e ficava pensando: "Meu Deus, como são pessoas determinadas, criativas, inteligentes, por que estão encolhidas? Por que esse acuamento?". Parece uma coisa idiota, autista da minha parte. É claro que eu entendo o que acontece, mas quando estou lá eu não entendo. O que mais me encanta na Marina Silva não é a sua luta pelo meio ambiente, ecologia, mas a sua visão da educação no contexto maior do Brasil. Um dia a ouvi discursar, e ela falou algo assim: "O Brasil está deixando de lado a maior reserva de energia que um país pode ter, e a nossa é monumental: são milhões de jovens e crianças cheios de força, inteligência para participar do nosso desenvolvimento". Nessas salas de aula fica tão nítido que a maneira como organizamos nossa sociedade achata toda essa inteligência, é uma mão prensando para baixo, é tão estúpido o meu assombro, fico envergonhada, o meu assombro com a inteligência das pessoas que passam por privações duradouras e fortes. Isso acontece não apenas porque eu possa ser meio burra, mas pelo acanhamento que elas têm, a autoconfiança de que são incapazes, a ausência de linguagem para expressar com naturalidade o que elas são.

Nas escolas eu convivo com pessoas que vivem em um estrato social diferente do meu, e de lá eu trago esse maravilhamento e frustração, sentimento de raiva, impotência, e potência, ao mesmo tempo, porque acho que consigo ajudar alguma coisa com as aulas que dou, penso que os alunos saem com um pouco mais de instrumentos para acreditarem em sua inteligência e capacidade criativa. Quer dizer, espero que cada um de nós saia mais rico das aulas.

Nos livros que escrevo aparece essa angústia da humilhação, inclusive social. Não sei em que medida isso gera qualquer movimento que vá ajudar a mudar a "dinâmica social" arrevesada do nosso país. Nem sei se são livros interessantes o suficiente para esses alunos.

Todos os que trabalham com literatura pensam, em algum momento, que este ou aquele jovem escritor poderia ter uma produção maior (ou mais elaborada) se conseguisse se sustentar com sua escrita. Você acha que o jovem escritor deve ser subsidiado? Caminhamos na direção certa para a autonomia financeira do escritor ou, ao contrário, para a exploração midiática do escritor sem propiciar sua independência financeira?

Já existem experiências com bolsas para escritores. Acho que a Companhia das Letras já fez isso, a Fundação Vitae também, e agora parece que a Petrobras tem um programa assim. Se funcionar, é excelente. Tudo de que um escritor precisa é ter tempo e silêncio para trabalhar. A gente só consegue silêncio se tiver as contas pagas, a barriga cheia e um teto todo seu, como diria Virginia Woolf. E para isso é preciso gastar o tempo que temos trabalhando. Enfim, estou falando o óbvio. Se o escritor, recebendo uma bolsa, conseguir se dedicar ao trabalho de escrever, perfeito, acho que deve haver um sistema de bolsas. E haja dificuldade para se pensar o valor, o tempo e o critério de seleção.

Há escritores hoje em dia que, depois de lançar um ou dois livros bem-sucedidos na mídia, passam a ser chamados para participar de eventos que pagam bem, ou pagam alguma coisa. Recebem encomendas para escrever resenhas, orelhas de livro, artigos. Eles, então, passam a viver do que escrevem e porque escrevem, mas não vivem de sua literatura. A escrita dos artigos encomendados e a participação em eventos rouba o tempo de que precisam para escrever literatura. Essa é a armadilha na qual se veem enredados alguns dos bons jovens escritores brasileiros contemporâneos.

Qual é a origem de seu estilo?

Eu não sei de onde vem o meu estilo. Gostaria de ter outro estilo. Gostaria que ele fosse mais seco, e minhas histórias, mais simples. Queria escrever um livro sobre uma mulher que ama um homem e acontece alguma confusão e eles se separam, algo assim simples, uma história de amor com final trágico, sem muita gente. Ou uma história só com duas personagens femininas, uma história de viajantes. Mas não, sempre acabo escrevendo histórias com um monte de personagens e um estilo confuso, derramado. Não gosto muito dos meus livros.

Você já comparou o processo criativo de um escritor ao processo criativo de um escultor: talhos, cortes, depuração parecem ser os elementos fundamentais de sua escrita. Você já foi, ou desejou tornar-se, escultora? Onde estariam as semelhanças, mas também as diferenças mais importantes entre as duas artes?
Eu nunca desejei ser escultora. Quando fiz essa comparação estava pensando em uma citação que havia lido, atribuída a Michelangelo. Ele teria dito que sua criação lutava para se libertar da pedra, que ele só tirava as sobras, pois a estátua já estava lá dentro do bloco de pedra. Eu achei a imagem bonita e parecida com o movimento que eu fazia quando limpava o texto. Nem todo conto ou romance que escrevo é assim, mas na maior parte das vezes eu escrevo muito e depois vou limpando. Jogo fora muita coisa. Nesses casos tenho a impressão de que o processo de fato autoral inicia-se apenas na fase de cortes. Apenas aí eu começo a trabalhar de forma minuciosa, e, em geral, com prazer, o ritmo das sentenças, um capítulo inteiro, depois apenas poucas palavras. Vou, volto, penso toda a estrutura, vejo as coerências internas e a tensão que segura a história. Me parece que nesse momento consigo de fato escrever o livro sem que ele desmorone por inteiro em minhas mãos.
Na primeira fase eu coloco as palavras, uma após a outra, e, se paro para pensar, tudo trava, eu não consigo seguir em frente. Se leio com atenção, o conjunto parece péssimo. Estou nesse exato momento no livro que escrevo, talvez por isso as respostas soem um pouco autodepreciativas, às vezes. O que aprendi, com o processo de escrita dos outros livros, é que tenho que me enganar, continuar a escrever, mesmo que tudo me pareça medonho. Quando tenho um trecho de história completa, eu começo a "escrever", o que significa trabalhar o que eu escrevi. E isso se parece com o processo descrito por Michelangelo, porque eu só posso trabalhar com o que tenho na minha frente, o meu bloco de pedra são as palavras que escrevi até ali, a minha história está ali dentro, tudo o mais que eu vier a escrever soará estranho. Nesse momento que chamo de autoral tenho que descobrir a história que talvez exista naquele bloco de palavras. Se eu conseguir fazer isso, se uma boa história sair do que eu joguei desordenadamente e sem nenhuma beleza, daí, se a história pedir, eu consigo prosseguir, escrever mais. Em uma escultura de pedra você não conseguiria "escrever mais". No caso do

meu processo, saber que eu não precisarei lidar com essa limitação me ajuda a ser descuidada ao jogar fora o que não gosto, sigo uma intuição que vai se afinando e, conforme me aproximo de um cerne mais firme, vou ficando mais cuidadosa e começo a gostar da minha falta de pretensão ao escrever as palavras na primeira etapa da escrita.

Você é uma pessoa metódica que, para produzir, necessita, primeiro, de certa desobstrução? Você precisa se organizar objetivamente para só então escrever?
Eu tenho uma rotina diária, e sem ela eu me confundo muito. Escrevo sempre de manhã em meu escritório. No começo eu não sei bem como será a história, mas logo que ela começa a apontar seus caminhos eu elaboro tabelas em que coloco os anos em que os personagens nasceram, e em que tais e quais fatos aconteceram. Depois uma pré-estrutura do livro, como os capítulos irão se intercalar. Mudo bastante essa estrutura e as datas, talvez até por isso precise delas anotadas. Parece-me que, quanto menos consigo escrever, quanto mais travada uma história está, mais tabelas e ideias eu anoto. Não é que a organização me atrapalhe, é que ela às vezes é como um tique nervoso, algo que escrevo para ter o que fazer sem me dispersar do trabalho, seria uma maneira de ocupar o tempo com o romance, mas que na verdade não me serve muito para nada, um sinal da minha incapacidade de simplesmente seguir em frente com o fluxo da história. (Como disse, estou há dois meses exatamente neste ponto, cheia de tabelas para todos os lados, vinte páginas de uma narradora resmungona, tudo errado.)

A personagem de *Azul e dura* para, reavalia a vida e não sabe o que vai acontecer com ela depois dessa reavaliação. Nesse e em outros aspectos, ela lembra uma certa Beatriz Bracher. Que valor tem a autobiografia no seu processo de escrita? É matéria-prima do discurso artístico? Como você a trata?
A narradora de *Azul e dura* pensava seriamente em se matar. Ela não tinha nada para retomar, nenhum fio a reatar, nenhum trabalho, nenhuma relação amorosa, a não ser a com os filhos. Ela precisaria se reinventar. Quando eu saí da Editora 34, o cenário era brilhante, se comparado com o de Mariana (a narradora). Inclusive, consegui abandonar a editora e começar um caminho que eu não sabia bem onde ia dar porque me sentia muito bem amparada, com a vida já rearrumada.

Eu participei de uma mesa com o Cristovão Tezza, e fizeram a ele uma pergunta sobre o narrador do seu romance O filho eterno, inspirado explicitamente em sua vida e na relação com o filho com síndrome de Down, como se o narrador fosse exatamente a pessoa que estava ali, respondendo às perguntas. E lembro-me de que ele falou algo como: "Se eu vivesse com a intensidade daquele narrador, morreria antes de completadas vinte e quatro horas". Achei uma resposta não só bonita mas pertinente, na mosca. A questão não é tanto se o que está escrito é verdade, é ou não é exatamente igual ao que aconteceu, mas como e por que o personagem vive o que vive no romance (ou no conto). E isso tem a ver com a estrutura interna do romance, e não com a relação dele com a sua origem externa. Quero dizer que a origem dos fatos que povoam a vida e a personalidade dos personagens não me parecem relevantes para a leitura da história.

É diferente quando o autor escreve seu nome real, coloca a realidade como um dado do livro. Porque aí existe uma diferença no contrato que se faz com o leitor, passa a existir uma certa cumplicidade constrangida do leitor com o autor que irá alterar a compreensão da obra. Penso, por exemplo, no caso de Sophie Calle. Tenho pensado bastante sobre esse tipo de literatura, mas nunca me arrisquei, ainda, por essa seara.

Como curiosidade sobre o processo de criação, percebo que em alguns romances procuro desencavar memórias de momentos importantes da minha vida. Enquanto escrevo, tento lembrar-me de detalhes de lugares, lembranças às vezes sensoriais me ajudam, um certo ambiente de tensão do passado, de descoberta primordial de alguns aspectos da vida que me ajudam a entrar em um fluxo bom para escrever (coisas como, por exemplo, a primeira vez em que entendi a mentira, ou que o céu era composto de ar e portanto Deus não existia, ou que ser uma menina e não um menino incluía outras diferenças além das físicas, ou dificuldade de abrir os olhos de manhã, apesar de já estar acordada). Ou memórias de momentos tensos, coisas difíceis que vivi. Às vezes converso com parentes e amigos para retomar histórias antigas que aproveito nos meus livros. Em outros romances é o oposto, procuro afastar-me o mais possível de coisas que conheço. Esse afastamento é estimulante, e, às vezes, com resultados mais interessantes e novos. Isso significa que o que eu vivi, os fatos e como eles estão sedimentados em mim, é uma das fontes importantes, talvez até a principal, de onde brota minha inspiração, mas não a única.

Outro aspecto dessa relação é falar não sobre o assunto da vida que entra nos livros, mas da mão que os escreve. Desse ponto de vista é evidente que eu não sou mais do que a minha vida. Logo, quem escreve os meus livros é a pessoa que viveu o que eu vivi.
Uma última curiosidade sobre vida e literatura. Em outro debate, perguntaram ao escritor Pedro Süssekind sobre como a vida e a literatura se relacionavam, e, de forma inusitada e inteligente, ele inverteu a seta da resposta. Disse que em seu livro, *Triz*, parte da história se passava em um hipódromo, e então ele passou a frequentar as corridas, teve que aprender sobre cavalos e apostas, isso gerou algum conflito com sua mulher em casa. Achei muito bacana pensar desse ponto de vista, como que um escritor faz coisas que outros profissionais não fazem. Ficamos horas sozinhos, saímos para pesquisar, entrevistamos pessoas, prestamos atenção na maneira como elas falam, quebramos a cabeça para descrever com palavras o jeito de uma mulher sentar-se juntando os joelhos e separando os pés, ou pensamos como contar, sem parecer forçado, que o menino teve que ficar na ponta do pés para abaixar a maçaneta e que o toque gelado do latão o assustou. Esse tipo de estudo acaba tornando os escritores pessoas um pouco à flor da pele, é a minha impressão, porque precisam estar com os sentidos aguçados. Quer dizer, sempre se pergunta da influência da vida na literatura, e é também interessante pensar na influência da literatura na vida. O aspecto do vampirismo, por exemplo. Eu sofro com isso, e confesso que nem por isso deixo de cometê-lo (com meus amigos e comigo mesma).

Você já falou do perigo representado pela espontaneidade no ato da escrita, que pode levar, ou costuma levar, ao lugar-comum. A verdade seria, para o escritor, apenas uma construção, uma invenção? A verdade teria mais a ver com a exatidão do que com a sinceridade?
Talvez eu precise estudar filosofia para responder a essa pergunta. Digo isso para dizer seu oposto, para procurar especificar o universo dentro do qual estamos conversando. Vamos falar aqui da verdade de um ponto de vista não filosófico e não universal. Vou tentar pensar sobre uma verdade pessoal, e não relativa.
Nunca havia pensado nessa diferença entre verdade e sinceridade, achei interessante. Quando eu bebo demais e digo que tenho raiva de você, eu posso estar sendo sincera, e isso pode, também, ser uma men-

tira. Porque, segundo essa ideia que tento formular agora, a sinceridade seria algo relativo e instável, depende do instante, do contexto (lugar, interlocutores, música). Já a verdade seria não a descoberta de um sentimento, mas a construção resultante de reflexões. Talvez seja isso. Você tem que ter calma e muita sinceridade para construir a verdade. Ela seria o resultado da soma de momentos de sinceridade mantidos estáveis e solitários por algum tempo. E é isso o que talvez a literatura (escrita e leitura) possa nos proporcionar. Tempo, profundidade e solidão. Que talvez possa ser dito também desta maneira: imobilidade, superfície e silêncio.

Quando eu escrevo (nesse caso escrever e ler se equivalem), o fato de não ter um compromisso com o real, o fato de a história ser uma mentira, permite me colocar diante de riscos emocionais e intelectuais muito maiores do que os de um texto ensaístico, biográfico e, evidentemente, que a própria vida. Na história ficcional, eu sou os personagens, e como tal eu me coloco em situações que me permitem verdadeiramente pensar e sentir e fazer coisas que podem me levar, por conta dos riscos envolvidos, a verdades que não alcançaria de outra maneira. E não estou falando apenas de descobertas, ou seja, de coisas que já existiam dentro de mim e que a ficção apenas me ajudou a descortinar, verdades escondidas. Isso também acontece, mas falo de construções intelectuais. Percebo que a literatura fortalece minha musculatura intelectual e moral. Desenvolve em mim instrumentos que me ajudam a ser mais honesta comigo mesma. É como se a sinceridade estivesse mais ligada a instintos e, portanto, mais próxima de preconceitos. A verdade me ajuda a lidar honestamente com o que a sinceridade me entrega e a ser dona desse conhecimento, e não me deixar levar por ele. Acredito que a verdade é um sentimento muito mais penoso que a sinceridade. A verdade é parida por nossa inteligência. A inteligência é um de nossos sentidos a ser desenvolvidos, da mesma maneira que a audição, o paladar e o tato.

Seu romance *Antonio* trata não só da vida familiar, mas de um segredo que a sustenta – que o protagonista, Benjamin, luta para desvendar. Ter um segredo, rondá-lo, interrogá-lo é fundamental para a criação literária? Sem esse objeto oculto, com todo o cenário às claras, é possível, ainda assim, fazer literatura?

Acho que é possível, sim. Lembro de muitos livros que não escondem nenhum segredo em sua trama. Na própria *Ilíada*, para começar pelo começo, não me lembro de haver nenhum segredo. O cavalo de Troia guarda um segredo só para os troianos, mas não para os leitores. Há, é claro, o segredo das boas obras. Como é que aquilo consegue ser tão bom? Como é possível que a cada nova leitura a gente descubra novos significados, novos meandros, veja coisas que não tinha visto antes? Sim, esses segredos são essenciais a toda boa literatura.

Por que escolheu como título de seu primeiro livro de contos, *Meu amor*, digamos assim, um clichê?
Porque dois temas importantes do livro são o amor e o clichê. O amor entendido como sentimento intenso de proximidade com o outro, que, às vezes, se expressa de maneira violenta. Um dia me pediram para ler um conto do livro em voz alta e quis escolher um que não fosse violento; não consegui. Nesse livro amor e dor rimam completamente, apesar de essa não ser a minha opinião pessoal.

Sobre o clichê, eu acho que ainda não consegui trabalhar com ele da maneira como gostaria. Percebo que existem os clichês clássicos, "sem você, eu morro", frases que vão se tornando clichês, ou quase piadas, como "num tô entendendo, mano", e outras que se transformam em linguagem de cumprimento, ou fática, "você está tão bonita", outros clássicos, para o lado da lamúria, "se você soubesse como eu sofro com esse menino". Nossa tendência é considerar toda essa linguagem vazia de significado: ela não carrega nada, nem informação, nem sentimento, é dita apenas para preencher o vazio, iniciar uma conversa, um índice de alegria, amizade ou tristeza – poderiam ser essas palavras ou outras quaisquer. Mas acontece que às vezes, para algumas pessoas, na verdade, para muitas pessoas, a única linguagem que elas conhecem é essa, a linguagem dos clichês. E, nesse caso, esses clichês estão carregados de significados pessoais e originais, específicos para aquela situação e aquela pessoa. E acontece de a gente não perceber essa nuance, e não ouvir a sinceridade ou a originalidade que naquele momento está sendo comunicada por aquele clichê, e perdemos um frescor, uma informação, desrespeitamos uma pessoa. É sobre isso que eu tentei e acho que ainda não consegui escrever.

Você decidiu escrever um livro de contos em que pudesse trabalhar o amor – e seus clichês – ou você escreveu alguns contos e só mais tarde percebeu que havia neles esses clichês e que poderiam se encaixar em uma coletânea? Como foi esse processo?

Quando eu reuni os contos que já havia escrito que eu me dei conta desses dois fios fortes que passavam por todas as histórias, o clichê e o amor. Nesses livros há contos escritos em períodos muito distantes. "Chove e o dinheiro do marido" eu comecei a escrever antes do início da Editora 34, em 1992. "Davi" era um trecho de *Azul e dura*. Vários contos foram sendo escritos para atender encomendas de revistas, o que aconteceu depois da publicação de *Azul e dura*, em 2002, até a publicação de *Antonio*, em 2007. Quando reuni os contos e comecei a revê-los, alguns deles eu praticamente reescrevi inteiros. Nesse momento de reescrita e preparação do livro eu escrevi os dois "Cloc, clac", "My love", "Ficamos por aqui, para dizer a verdade", "Sonho com Ceóla", "Duas fotografias sobre o natural". Cada um desses novos contos tem origens muito específicas e diversas, assim como cada um dos escritos anteriormente. Mas, de algum modo, ao trabalhar com todos eles para a publicação do livro, tive a percepção de haver uma unidade forte querendo ser expressa no livro como um todo. "My love", o poema final e texto menos bem resolvido literariamente, onde o clichê é mais puramente clichê, e a dedicatória a minha mãe talvez sejam a chave para essa unidade: um amor que não tem palavras para se expressar além daquelas comuns, não pessoais. E essa incapacidade torna esse amor banal porque igual a todos os outros, e é difícil e necessário o esforço para percebermos o indivíduo que existe por trás dos clichês. Quando escrevi esse poema, que veio em forma de música, entendi melhor o livro inteiro.

Você considera o conto um treino para o romance? "Grande demais", o romance seria uma espécie de animal indomável, que nunca se deixa controlar completamente? Já o conto, por ser menor, se deixaria domar?

Julio Cortázar: "O conto está para a fotografia como o romance está para o cinema. (...) No conto o autor vence o leitor por nocaute, enquanto no romance a luta é vencida por pontos" (tirado de "Alguns aspectos do conto", citado por João Victor O. Gomes, no site http://literatortura.com).

Acho boas essas dicotomias do Cortázar porque mostram que, apesar de serem de universos afins, conto e romance são de naturezas distintas, um não é a preparação para o outro. Para mim o romance é mais trabalhoso, e o conto é mais difícil de se escrever. O conto é uma obra mais primorosa, e o romance, mais sujo, esparramado. É da natureza do romance poder ser (não precisar ser) composto de histórias não essenciais à trilha principal, núcleos periféricos, deixar o fio esmorecer, e depois voltar com força. No conto eu acho que o ritmo é mais estruturante do que no romance.

Você vem de uma família de intelectuais. Alguma vez pediu conselho ou procurou familiares para avaliar seu trabalho? Já cortou (ou acrescentou) algo por sugestão familiar?
Eu sempre peço opinião do meu marido, dos meus filhos, meus pais e dos meus irmãos, cunhados e cunhadas. No primeiro livro dei uma versão já bem trabalhada para cada um deles e pedi a opinião. Para os que responderam eu continuei a pedir a opinião nos livros seguintes. Hoje em dia, antes de publicar, eu peço a opinião apenas dos poucos que sempre me devolvem a cópia que mando com várias anotações e não parecem sofrer muito com isso (dos mais de quinze iniciais, hoje são três). Mas a opinião de todos me interessa muito, gosto da visão deles sobre literatura e sobre a minha pessoa. E, como eles estão em geral muito presentes nas histórias que escrevo, se for para vir bronca, é melhor que venha logo.

A escrita de ficção tem alguma utilidade ou, ao contrário, é absolutamente inútil? Em que medida o que você escreve modifica, ou pode modificar, alguém?
Acho que você quer saber se a "leitura" de ficção tem alguma utilidade. Pois a utilidade da escrita de ficção é produzir livros de ficção cuja utilidade é produzir a leitura de ficção. Enfim, sem brincadeira, ler livros de ficção tem mil e uma utilidades, cada leitor terá as suas, e nenhuma delas está ao alcance do escritor. Ele não tem nenhum poder de influir, de tornar seu livro mais ou menos útil. Por exemplo, um romance pode ser útil para acalmar a dor de uma menina que foi abusada pelo padrasto. Eu presenciei isso. Uma menina de doze anos que nunca tinha entrado na biblioteca entrou um dia, com o olho roxo, cabeça baixa,

não queria conversar com ninguém, não queria existir. Imagino que alguma amiga já tivesse comentado antes com ela sobre o livro *Harry Potter*. Ela pegou o primeiro da série, sentou-se em um almofadão no canto e ficou três horas seguidas lendo. Ela não saiu feliz da biblioteca, mas senti que estava um pouco mais inteira, um pouco mais dentro de si mesma, dona de seu corpo. Não acredito que a autora poderia ter feito o livro mais de uma maneira ou de outra para que o efeito salvador do romance sobre essa menina tivesse sido mais eficaz.

Muitas das respostas que dei até aqui dizem sobre como a literatura é importante para mim. Acho que toda obra de arte nos coloca em contato com uma forma diferente da realidade, e nós mesmos somos uma realidade. E isso, eu acho, faz de nós pessoas melhores. Cabe ao autor se esforçar para fazer um bom livro. Não há muito mais que ele possa fazer a respeito.

E quanto a você? Os livros que você escreve a modificam?
Sim, me modificam muito. E isso se passa durante o processo de criação.

Em que medida os atributos normalmente atribuídos à mulher – sensibilidade, delicadeza, doação etc. – entram em jogo durante seu processo de escrita? As mulheres escritoras dispõem, hoje, da mesma qualidade de trabalho que os homens que escrevem?
Tudo entra em jogo quando escrevo, e ser mulher é quase que metade desse tudo. Só não tenho certeza de que esses atributos que você listou sejam os que diferenciam uma mulher de um homem, mas estou certa de que em termos gerais mulher e homem são dois gêneros (por natureza ou por construção) bastante diferentes.

Não sei dizer se o trabalho de escritora é mais difícil especificamente para a mulher do que para o homem, no que diz respeito à divisão entre profissão e casa. Acho que é igual a qualquer outra profissão, como operária, advogada, publicitária. Tudo depende de quem cuida dos filhos. Se não for bem dividido, evidente que será mais duro para um lado. No meu caso, comecei a ter filho com dezoito anos e a escrever com quarenta; assim, eles já estavam praticamente criados e não passei tanto por essa dificuldade.

Desculpe-me, mas não entendi bem o que significa "qualidade de trabalho". Se for de condições de trabalho, eu acho que, como não se trata de um emprego, mas cada um se vira como pode, varia muito de pessoa para pessoa, e não sei se o gênero da pessoa influi tanto. Vejo que hoje os casais mais jovens dividem bastante o cuidado com os filhos, então imagino que as dificuldades sejam grandes para ambos. Se você se refere à qualidade do resultado do trabalho, eu diria que há boa e péssima literatura escrita igualmente por homens e por mulheres, mas ainda há mais escritores homens do que mulheres. E não acho que é porque os editores preferem editar mais homens do que mulheres, mas sim porque eles enviam mais originais para serem avaliados do que elas.

Há algo que você possa dizer aos escritores que começam a escrever agora?
O mais importante é escrever, escrever e escrever, e ouvir críticas.

ENJOO DE MAR EM TERRA FIRME: OBSERVAÇÕES SOBRE A PROSA DE BEATRIZ BRACHER
Flora Süssekind

NADA PARECE buscar altissonância nos textos de Beatriz Bracher. Justo o oposto – nem eloquência de constituição, nem exposição exuberante de lugar de autoridade ou certidão de verdade, nem projeto de reorganização narrativa do mundo. Trata-se, sobretudo, de movimentos fugidios e irresolvidos de compreensão de certos pontos do passado; de expansões limitadas e entrecortadas do relato (entre formas breves diversas e o novelesco – mas não o romance em escala heroica); de configurações formais propositadamente discretas. É nesse sentido que se encaminha o seu trabalho. E essa espécie de timidez metódica paradoxalmente o distingue num contexto – como o que se estabeleceu no Brasil das últimas décadas – marcado por acentuada reinstitucionalização do campo da literatura, o que inclui desde a expansão da presença de grandes conglomerados editoriais à restauração de especificidades técnico-disciplinares, de poéticas exclusivas, essencialistas, dos gêneros e a modos diversos de profissionalização e estrelização autoral. O que, do ponto de vista da produção literária, se tem feito acompanhar, com frequência, de técnicas ostentatórias, de ressurreições mercadologicamente viáveis de modelos textuais tradicionais, de ficcionalizações tautológicas de questões vinculadas a novos sujeitos e práticas sociais, mas em formas desprovidas de reflexividade, desprovidas, elas mesmas, de questões.

Talvez se possa dizer da prosa de Beatriz Bracher que ela, ao contrário, se deseja "absolutamente sem autoridade". E os vínculos que a constituem se apresentam como pequenos nós, discretamente divisíveis, mas que jamais se salientam ou se desfazem de todo. Como a oscilação entre enfado, culpa e impunidade por meio da qual se decompõe a narração em primeira pessoa, em *Azul e dura* (2002). Como os tateios entre lembranças do professor aposentado de *Não falei* (2004), e a indecidibilidade entre uma culpa direta ou indireta pela morte do cunhado durante a ditadura militar. Como a figuração a prestações, e em várias vozes, em *Antonio* (2007), de um segredo de família que, à beira do incestuoso, se deixa apresentar, no entanto, quase de passagem, e com curiosa leveza, e que, em vez de oferecer chave-mestra de leitura, amplia, em sua morosa revelação, o campo de desdobramentos afetivo-narrativos e os ecos internos por meio dos quais se constrói o romance.

A opção por um "discurso sem autoridade" – "e por isso constantemente destinado a se anular, para não se tornar autoridade para alguém" (cf. Kierkegaard) –, por formas de implicação não mecânica do passado no presente, por intervenções ficcionais discretas, a meia distância, e pautadas pela neutralização propositada de empatias, tipologias, definições figurais ou genéricas, parece, no entanto, em evidente contradição com o trabalho realizado pela escritora na elaboração do argumento do filme *Cronicamente inviável* (2000), ao lado do cineasta Sergio Bianchi, num período em que ainda não começara a se dedicar sistematicamente à prosa de ficção. Pois no filme não há qualquer timidez. Nem fuga ao exemplar ou ao fortemente pedagógico (muitas vezes dramatizado cinematograficamente por meio de um emprego calculado de comentários em off). Em *Cronicamente inviável*, ao contrário, busca-se o caráter de "fábula moral", na qual se enlaçam sarcasmo e perspectiva distanciada (e levemente de cima), o que sugere a todo momento o contraste entre, de um lado, a autoridade ética (da obra cinematográfica), manifesta também numa espécie de mal-estar constante, e, de outro, a coleção grotesca de tipos brasileiros apequenados e sem consciência, que incluem uma classe dominante brutal, uma classe média acanalhada e gente pobre de todo tipo, mas, via de regra, paralisada e passiva.

Se um olhar de cima, como o que domina o filme de Bianchi, é algo que Beatriz Bracher procura minar em seu método ficcional (mantida, no entanto, uma estratégia semelhante de não cumplicidade com o leitor), não é difícil perceber, por outro lado, a persistência, em seu trabalho, de rastros de um diálogo iniciado ainda na década de 1970 com o cineasta. Como na retomada por ela de certos temas e imagens presentes em seus filmes, que, reapropriados literariamente, exerceriam papel fundamental, mas em funções diversas, em romances como *Azul e dura* (como ponto de fuga, mas também como elemento contrastivo) ou *Antonio* (como desdobramento imagético das relações entre passado e presente, e entre gerações diversas de uma mesma família).

Pois não é à toa que a narradora de seu primeiro romance é uma versão interiorizada e problemática da moça rica que atropela crianças pobres em *Cronicamente inviável*. A repetição diferenciada indica não apenas que o seu processo de formalização é outro (e que tende a trabalhar a espessura mesmo em figuras submetidas a inclemente tipificação no filme), mas que, por outro lado, o desconforto e a má consciência dominantes no filme também se espraiam no romance. Assim como a exposição de um mundo em que relações de favor e dinheiro fazem de um atropelamento uma espécie de inconveniente a ser resolvido diplomaticamente por advogados especializados. Mais do que a história de uma mulher em meio a uma mudança de vida, na qual a reflexão continuada sobre o atropelamento cumpre papel decisivo, o que parece estar em questão no romance é sobretudo o desconforto, a necessidade de acoplar uma consciência (constrangida, nauseada) de classe à hipótese da escrita.

Já em *Antonio* é inequívoco o eco da presença estrutural do lixo em *Maldita coincidência* (1979), um dos melhores filmes de Bianchi, no qual a escritora, ainda bem jovem, fez parte da equipe de montagem. Na fita, em meio a uma experiência de coabitação coletiva por vinte e dois *outsiders* (por motivos diversos) num casarão decadente (cujo quintal vai se entupindo de lixo), explicita-se a certa altura que ali qualquer um poderia mexer em tudo, exceto numa única coisa – na organização do lixo, pois só isso seria de fato "sagrado" para eles. Também no romance de Beatriz Bracher o lixo, compilado tanto em casa (fotografias antigas, revistas, livros empilhados) quanto em deambulações pelas ruas de São Paulo, como as realizadas por Teodoro (ele mesmo constantemente coberto por "uma crosta de sujeira e cola"), vai aos poucos tomando conta do ambiente familiar. E à exigência de "Teo" – de que seu expansivo "quarto-lixo" se mantivesse incólume – se acrescentaria uma redefinição funcional do mobiliário e dos cômodos no sentido de uma "casa-lixo", quase toda ela ocupada pelos restos e detritos recolhidos pelo rapaz, cabendo a Isabel, sua mãe, abrir apenas rotas que lhe facultassem alguma mobilidade pelo apartamento. Em meio a esse acúmulo de coisas e a múltiplos tipos de material e sujeira que o filho organizava – como projeto minuciosamente planejado – em estatísticas imaginárias e anotações diversas num "caderno imundo", parece, pois, figurar-se igualmente, num misto de cálculo e desordem, a estrutura fragmentada da narrativa e do processo mnemônico multivocal que nela se expõe. Apontando-se simultaneamente, também, para os muitos cadernos – "nem todos azuis, com a capa dura" – em que a narradora de *Azul e dura* procura ancorar a sua escuta do passado, das vozes das avós, e do próprio cotidiano, do mundo, inclusive dos "não ruídos" do mundo e da sua própria inquietude. Um "mundo em cadernos" também presente na narrativa de *Não falei*, nos trechos de conversas e do livro inédito do irmão José, nas anotações dos cadernos do sobrinho Renato e nos apontamentos escolares do professor em mudança de São Paulo para São Carlos, registros que nela se introduzem, ampliando o jogo interno com as modulações de tom e as sugestões de versões diversas sobre o passado comum.

Fundamental nesse jogo com variações tonais e de foco e com sucessivas imbricações entre passado e presente é certo limite de extensão (conjugado a prévia indecidibilidade) que parece orientar a escrita de Beatriz Bracher. Uma medida que nem é a de uma extrema concisão nem a de extensos fluxos narrativos informes, desmesurados, mas a de um território próximo à indeterminação novelesca. E a uma composição em geral focada em situação nebulosa da qual se aproximam, sem elucidá-la plenamente, mas em graus diversos de proximidade e recuo, pequenos estratos narrativos que se fazem acompanhar invariavelmente da expectativa de potenciais momentos de transição. Assiste-se, assim, nos seus três romances breves, à quebra de alguma zona de estabilidade (o casamento, no primeiro; a casa e o trabalho, no segundo; tabus relacionais familiares, no terceiro), assim como se adivinha a hipótese de outros horizontes, mas nesses textos eles se mantêm como virtualidade, persistindo, em geral, certa irresolução, não apenas no que se refere à trama, mas na recusa a dar acabamento, acomodação, à forma narrativa.

Não é de estranhar que configurações narrativas mais expansivas – plurais (como o ciclo) ou em formato de painéis-síntese – não tenham oferecido campo de experimentação particularmente atraente até hoje para textos, como os de Beatriz Bracher, que parecem rejeitar a totalização e os gigantismos heroicos. Ao contrário da novela ou do roteiro cinematográfico, com suas limitações de escala e duração e uma economia narrativa a rigor mais circunscrita. E, ao mesmo tempo, com uma indeterminação estrutural tão mais ampla quanto menor é a sua vinculação a um recorrente e aceite universo normativo.

Se o seu modo preferencial parece ser o novelesco, não faltaram, porém, experimentos narrativos com formas mais breves. Como na coletânea de contos de 2009, em que, no entanto, certa necessidade de finalização, de clareza, de pôr fim visível às histórias, parece travar, por vezes, o potencial de indeterminação oferecido pelos trabalhos de extensão novelesca.

Há, todavia, entre os contos de *Meu amor*, alguns que parecem estabelecer diálogos especialmente astuciosos com operações narrativas empregadas nos seus relatos mais vastos. É o caso de "Comida em Parati" – no qual se parece voltar, de outra perspectiva, em termos bem diversos dos de *Azul e dura*, por exemplo, à questão da escrita, da figuração autoral, de uma terceira pessoa que se dá a ler como primeira (o avesso do que ocorre no primeiro romance, com uma primeira pessoa que, por vezes, produz meia distância que parece barrar o subjetivo). Enquanto o romance de 2002 e os muitos cadernos da narradora evidenciavam uma espécie de zona intermediária entre o desejo de escrita e sua manifestação narrativa, sete anos depois, no conto de *Meu amor*, já se parece estar "entre escritores". Coetzee, Haroldo de Campos, Kenzaburo Oe, Kafka surgem como referências exemplares, e é de uma circunstância ligada à profissionalização autoral (escritores convidados para leituras públicas) que se trata aí. Já não se expõe a dúvida sobre a possibilidade de escrever ou não – mas sim "o medo de criar a pessoa da autora" ("Comida em Parati", de *Meu amor*). Daí a estratégia de uma prosa aparentemente impessoal que, no entanto, ao divertir-se espalhando rastro autobiográfico e ao voltar-se para a própria escrita do conto, converte em espelhamento a tensão entre terceira e primeira pessoas.

O jogo focal com as pessoas verbais, para além de retratos autorais, beiraria o autoirônico desde o primeiro parágrafo de outro conto do mesmo livro, "Cloc, clac (o velho, o bebê, você, ela e eu)": "O que aconteceu que me fez tremer"/ "O que aconteceu que te fez tremer"/ "O que aconteceu e a fez tremer". Ensaia-se a narrativa em primeira, segunda e terceira pessoa, mas nenhuma delas "sabe o que foi" ou "sabe o que contar". E por vezes, na mesma frase, o foco vai se alterando, deixando quem lê o tempo todo na dúvida sobre quem fala. Mesmo quando se trata de microações bastante corriqueiras, como as seguintes: "Cheguei ao hotel, entrou e se trancou no quarto limpo e claro"; "Respirou com calma, bebi uma coca, abriu um potinho de castanha de caju e li um pouco enquanto comia e bebia. Sem concentração para continuar a ler, ligou a televisão". É, pois, assim, numa constante oscilação entre "você, ela ou eu", que se contam episódios e medos numa viagem a Cuiabá.

E se "Comida em Parati" estabelece curioso diálogo com *Azul e dura* e com o próprio percurso da escritora até então, talvez se possa contrastar "Cloc, clac (o velho, o bebê, você, ela e eu)", e sua vertiginosa flutuação focal, à intromissão de trechos de citações, textos alheios ou de apontamentos diversos do próprio narrador em *Não falei*. Por meio desses fragmentos de textos e conversas, o professor-narrador se vê também narrado por outros. E reclama, vez por outra, às vezes com fúria ("José mente descaradamente"), da visão do passado e de sua própria ficcionalização como "G." no livro do irmão:

> O pai tinha cheiro de pão, Amado de sono e a mãe, morno, só G. tinha cheiro de sabão de coco, o que tira os cheiros, um cheiro de coisa e não de gente. G. não tem cheiro, som ou corpo, quase nem nome tem. Nome de letra. Terei sido isso?
>
> (*Não falei*)

As intromissões textuais em *Não falei* não chegam, porém, a desorientar a recepção e a detecção de "quem fala" a cada novo segmento anexado à narrativa. Mas esboçam outros pontos de vista, com os quais dialoga a narração em primeira pessoa, e os fazem ressoar uns nos outros. O que se observa em "Cloc, clac (o velho, o bebê, você, ela e eu)" é que essas ressonâncias e os contrastes entre visões diversas sobre o passado parecem se submeter, por vezes, a operações de aceleração de tal ordem que uma frase brevíssima pode se deixar dominar pela variabilidade, o que converte qualquer hipótese de trama ou episódio simultaneamente em exercício posicional no qual o que predomina não é a fluidez, mas sim os deslocamentos.

Noutro conto, "Ficamos por aqui, para dizer a verdade" (de *Meu amor*), ao uso de uma terceira pessoa que registra a relação entre "Ele" e "Ela" se contrapõem dois modos distintos de intromissão. Um deles é a rasura, por meio da qual, sem grande ênfase, volta e meia se rabisca alguma palavra, cuja legibilidade, entretanto, se mantém lado a lado com a expressão substituta. A essas duplicações em escala reduzida se acrescentaria outra – entre ficcionalização em terceira pessoa e parábases, nas quais, em primeira pessoa, se comenta o relato e, ao final, se anexam os restos, o que aparentemente "ficou de fora" (para citar o próprio conto). Enquanto no romance *Antonio* o segmento final (em terceira pessoa) meio que força releitura geral da sequência de monólogos e rememorações que o constitui (e por meio das quais se reconstitui a história de Benjamin, de seus pais e avô), em "Ficamos por aqui, para dizer a verdade", relato entrecortado (e "de fora") sobre o relacionamento de um homem e uma mulher, observa-se a construção de outro tipo de contraste. Pois já não se trata mais apenas de uma focalização – um ponto de vista subjetivo que, vez por outra, interfere na narrativa. Mas também da pressão interna – via comentário – de um outro modo discursivo (o reflexivo) que sugere, assim, potenciais fugas à trama ficcional.

Nesse conto se sugere, então, forma suplementar de deslocamento, não mais restrita a interferências entre passado e presente, a alternâncias vocais ou substituições vocabulares. Mas envolvendo também, sem grande alarde, modos de compreensão e regimes discursivos. E uma articulação surda entre narrativo e reflexivo, conto e novela, ficção e comentário. Como se, ao contrário do foco na emergência da escrita (dominante no primeiro romance), um conto mais recente como "Ficamos por aqui, para dizer a verdade" apontasse agora tanto para o que sobra, o que parece ter ficado ou ficar de fora, quanto para um funcionamento crítico interno ao próprio trabalho. O que, se já indica uma ampliação sensível do raio de ação dessa prosa, parece talvez aguardar, ao mesmo tempo, os seus desdobramentos para além do conto breve.

FLORA SÜSSEKIND é crítica literária, professora de teatro e literatura e pesquisadora da Casa de Rui Barbosa, no Rio de Janeiro. Mestra e doutora pela Pontifícia Universidade Católica do Rio de Janeiro (PUC-Rio), é autora de vários livros de ensaios, entre eles *A voz e a série* (Editora UFMG/ 7Letras), *Até segunda ordem não me risque nada* (7Letras), *O Brasil não é longe daqui* e *Cinematógrafo de letras* (ambos pela Companhia das Letras), *Papéis colados* (Editora UFRJ) e *Tal Brasil, qual romance?* (Achiamé).

BIBLIOGRAFIA

ROMANCES
Antonio. Editora 34, São Paulo, 2007.
Não falei. Editora 34, São Paulo, 2004.
Azul e dura. 7Letras, Rio de Janeiro, 2002; Editora 34, São Paulo, 2010.

CONTOS
Garimpo. Editora 34, São Paulo, 2013.
Meu amor. Editora 34, São Paulo, 2009.

BERNARDO CARVALHO

RECUSANDO QUALQUER noção de identidade única, o inquieto Bernardo Carvalho se interessa pela polifonia de muitas vozes e, em tempos de globalização, tornou-se um viajante assumido. Nos últimos anos passou temporadas no Acre e em aldeias indígenas no Tocantins, além de Estados Unidos, Japão, Rússia, Itália, Alemanha e Mongólia, lugares onde pesquisou elementos históricos de sua produção literária e situou outros tantos elementos ficcionais.

Bernardo nasceu em 1960 no Rio de Janeiro, e desde o final da década de 1980 mora em São Paulo. É bacharel em Jornalismo pela Pontifícia Universidade Católica do Rio de Janeiro (PUC-Rio) e mestre pela Escola de Comunicação e Artes da Universidade de São Paulo (ECA/USP), com dissertação a respeito de Wim Wenders.

A partir de 1986, começou a trabalhar na *Folha de S.Paulo*, primeiro como repórter, depois como editor do suplemento Folhetim, correspondente internacional em Paris e Nova York, entre 1990 e 1993, e colunista do caderno de cultura Ilustrada. Ainda hoje exerce a carreira de crítico literário na imprensa.

Estreou na literatura em 1993, com a coletânea de contos *Aberração*. Em 1995, publicou *Onze*, o primeiro de nove romances, entre eles *Nove noites*, vencedor do Prêmio Portugal Telecom de Literatura 2003, e *O sol se põe em São Paulo*, vencedor do Prêmio Portugal Telecom 2008, ambos pela Companhia das Letras. Publicou ainda um livro de crônicas e textos ficcionais escritos ao longo de sua carreira de jornalista cultural.

Além de crítico literário e escritor, Bernardo traduziu autores consagrados como o francês Georges Perec, o argentino Juan José Saer e o inglês Ian McEwan.

Você foi editor do suplemento de ensaios Folhetim, correspondente internacional em Paris e Nova York e colunista do caderno de cultura Ilustrada, sempre na *Folha de S.Paulo*. Qual a sua opinião a respeito do mundo jornalístico como fonte de trabalho para um escritor? Você viu vantagens para sua carreira ou sua experiência no jornalismo lhe trouxe apenas vantagens financeiras e nada acrescentou? No caso de *Nove noites*, por exemplo, parece que houve uma sintonia muito eficaz entre o jornalista e o ficcionista. O narrador responde pelo lado ficcional e Bernardo pela pesquisa. É simples assim?

A principal vantagem para um escritor, sobretudo se ele trabalha no jornal como repórter, é ter uma desculpa profissional para entrar em contato com mundos e pessoas que ele nunca conheceria de outra forma. Fora isso, para o escritor-leitor, os jornais costumam ser uma ótima fonte de inspiração e de ideias. Às vezes, pode ser só uma manchete, uma frase, um parágrafo. Todos os dias, aparecem coisas incríveis nos jornais. No caso do *Nove noites*, a relação do autor/narrador com essa fonte é explícita, foi incorporada à narrativa, à ficção. Agora, acho que não dá para confundir o estilo muitas vezes seco e banalizado dos meus livros com a escrita jornalística. São duas coisas completamente diferentes, em contextos diferentes. Uma coisa é você esvaziar a escrita de estilo, anular o estilo onde convencionalmente se espera originalidade de estilo, e outra é fazer o mesmo onde a transparência e a objetividade são a norma e o esperado. Só há efeito se esse esvaziamento de estilo desafiar uma regra. A parte aparentemente jornalística do *Nove noites*, com sua linguagem seca e objetiva, é na verdade uma armadilha e vai se revelar muito mais delirante e subjetiva do que a outra parte, em princípio mais ficcional.

Nos últimos anos, você viajou muito. *O sol se põe em São Paulo* fala do Japão; *O filho da mãe* se passa em São Petersburgo; o romance *Mongólia* se passa na Mongólia. A mudança geográfica ajuda na construção da

ficção ao disponibilizar uma variedade maior de tipos humanos a serem trabalhados pelo autor? Você tinha contato com os cidadãos dos países que visitou? Os seres humanos são iguais em qualquer lugar?
Em primeiro lugar, é preciso dizer que, nos últimos anos, o mundo tem viajado muito mais do que viajava antes. Viajar se tornou um lugar-comum. Já não há nenhuma originalidade em viajar. Eu nunca me propus a ser um escritor de livros de viagem. A viagem nos meus livros tem a ver antes com uma dificuldade com todo tipo de identidade, com uma vontade quase obsessiva de escapar aos rótulos e às definições, a começar pelas identidades nacionais e sexuais. O que mais me interessa nas nações é a crise, aquilo que as desestabiliza, o que não se coaduna com uma imagem tranquila de nacionalidade, o que não permite invocar a identidade nacional sem ter que mentir. Então, eu podia dizer que, do ponto de vista geográfico, eu busco o pior de cada país. Fora isso, não existe regra em literatura. Mesmo dentro do que eu faço, não dá pra dizer que é isso ou aquilo, porque basta você sentenciar uma coisa para ela se transformar em outra no dia seguinte. Na Mongólia, passei dois meses em contato direto com as pessoas locais. Em São Petersburgo, praticamente não houve nenhum contato. Acho que não dá pra dizer que a variedade humana depende da geografia. Você pode se deslocar sem parar e só esbarrar no mesmo. E você pode não sair do lugar e só ver diferença por todos os lados.

Nove noites narra a história real da misteriosa morte do antropólogo americano Buell Quain. Quase ao fim, o narrador declara que a prova-chave da morte do antropólogo é falsa. Isso provoca no leitor, por certo, alguma decepção. Até que ponto você está consciente das sensações e reações que provoca em seu leitor?
Não vejo essa decepção no *Nove noites*. Em todo caso, tenho consciência das sensações e das reações que a leitura provoca em mim. Como somos todos humanos, suponho que outros leitores podem sentir as mesmas coisas que eu. Tento escrever livros que me fariam feliz como leitor. Isso não quer dizer que eu tenha um leitor em mira, nem que escreva em função do que supostamente pode agradar aos leitores.

Em 2007, você foi à Rússia para escrever uma história de amor ambientada em São Petersburgo. Você já saiu do Brasil com a história de

amor dos dois rapazes idealizada ou a escolha foi determinada por suas experiências na cidade? Como foi a escolha dos protagonistas – um recruta do Cáucaso e um refugiado da Chechênia? Como você entrou em contato com a comissão criada no governo Putin para ajudar os "filhos" em guerra, o Comitê das Mães dos Soldados?

É preciso dizer que o recruta não é do Cáucaso e que o Comitê das Mães foi criado de certa forma contra o governo Putin e suas diretrizes. Antes de viajar, li alguns livros de jornalismo e da história recente da Rússia. Descobri o Comitê das Mães dos Soldados num dos livros da Anna Politkovskaia, a jornalista que foi assassinada um ano antes de eu chegar a São Petersburgo. Ela ficou conhecida por uma série de reportagens de guerra na Chechênia. Na época, também circulou na CNN e na imprensa internacional a história de recrutas que eram prostituídos pelos superiores nos quartéis russos. Eu queria um personagem estrangeiro, um *outsider* como eu, que tivesse uma visão exterior do mundo russo na qual eu pudesse me apoiar para falar de um universo que me era completamente estranho e impermeável. Juntei as duas coisas, o rapaz do Cáucaso e o recruta russo.

Você mora num dos bairros preferidos de jornalistas e escritores paulistas, Higienópolis. Em uma rua bonita, arborizada e calma. Você precisa de paz para escrever? Você levanta cedo para trabalhar? Tem um esquema prévio do que irá escrever, ou acorda sem saber em que trabalhará?

Embora eu seja bastante disciplinado, não me imponho nenhuma regra. Em geral, quando estou escrevendo um romance, sei no que vou trabalhar quando acordo, claro, porque é um processo de longo prazo. Você pode passar anos no mesmo romance. Acho que a literatura depende antes de mais nada de um estado de espírito. E toda a dificuldade consiste em criar as condições de possibilidade desse estado de espírito. É um equilíbrio frágil, que varia de um escritor para outro. O isolamento absoluto, por exemplo, nunca me ajudou. Tenho que estar no meio do mundo para escrever. É bom me afastar dos compromissos e das distrações cotidianas, mas tenho que estar sempre numa grande cidade e poder sair na rua e ver gente depois de três horas de trabalho.

Em *O sol se põe em São Paulo*, o protagonista pretendia escrever uma tese de mestrado sobre a literatura. A uma certa hora, ele diz: "Queria provar que a literatura é (ou foi) uma forma dissimulada de profetizar no mundo da razão, um mundo esvaziado de mitos; que ela é (ou foi) um substituto moderno das profecias, agora que elas se tornaram ridículas". Existe algum fundo de crença pessoal nessa declaração?
É uma pergunta difícil. Não sei se devo acreditar no que diz o personagem, ainda mais num livro em que todo mundo mente o tempo todo. Em todo caso, não acho que a literatura tenha hoje um papel social equivalente ao das profecias num mundo regido pelos mitos. O que eu posso dizer está circunscrito à minha experiência pessoal. E, para mim, a vida sem literatura não faz sentido. Acho que pode haver alguma coisa de fé nisso. Mas é totalmente pessoal. É a religião de um homem só.

Quando você lançou *O sol se põe em São Paulo* em Berlim, em 2007, você se candidatou a uma bolsa do Serviço Alemão de Intercâmbio Acadêmico (DAAD) e foi selecionado. Você pode dizer qual foi o projeto apresentado?
O projeto apresentado era apenas *pro forma*. Não foi o que desenvolvi enquanto estive em Berlim. A ideia de romance que eu apresentei tratava de realidades virtuais e paralelas. Deixei essa ideia de lado antes mesmo de ir para a Alemanha. Talvez um dia eu retome esse projeto.

Você concluiu o mestrado na ECA/USP com uma dissertação a respeito da obra de Wim Wenders. Pretende um dia escrever algum outro ensaio sobre obras, ou sobre autores? Você se interessa pelas outras artes: cinema, teatro, música? Por que escolheu a literatura?
Tenho vontade de escrever ensaios, sim. E a literatura só faz sentido para mim se estiver contaminada pelas outras artes. Tenho uma relação muito forte e irracional com o teatro. Com uma ideia de teatro, pelo menos. A realidade nos meus livros é sempre representada como uma cena. É como se o romance fosse a descrição de uma representação, e não a representação de uma realidade. Escolhi a literatura porque não podia fazer outra coisa.

Existe algum treino específico para o "aspirante a escritor"?
O treino da obstinação.

Você acompanha o trabalho de algum escritor contemporâneo, brasileiro ou estrangeiro? Alguém que não necessariamente o tenha influenciado, mas que tenha lhe ensinado algo importante sobre seu ofício?
Todos os escritores que eu leio me ensinam alguma coisa e me influenciam de alguma forma, sempre. Os que não têm o poder de me influenciar ou que não me ensinam nada eu acabo naturalmente deixando de lado.

Você lê poesia? Quais são seus poetas preferidos?
Sou um péssimo leitor de poesia. É difícil. Só entendo poesia quando é muito ruim (entendo que não é para ler) ou quando é extraordinária. Não percebo nada entre os dois extremos, naquele mar de poemas que faz a média da poesia universal. Sou um leitor bissexto de poesia. De vez em quando, tenho a sorte de bater os olhos num poema que me faz redescobrir o mundo. Mas é raro. Pode ser do Drummond, do Cummings, do Bandeira, do Pessoa, do Auden, do Celan, do Carlito Azevedo, do Paulo Henriques Britto ou de mais um monte de gente. Mas não leio o suficiente para ter preferidos.

Entre seus romances, qual aquele cuja criação o marcou mais? Que o levou a pensar: "Quero fazer isso a vida toda"?
Tenho vontade de escapar aos livros que já escrevi. Quero poder escrever livros que ainda não existem. O que não impede que eu acabe escrevendo sempre o mesmo livro.

Hoje você é considerado um importante escritor brasileiro. Em que o ajuda esse reconhecimento? Ou você pensa que o sucesso não representa nada e ser aceito não tem nenhuma importância para o escritor?
Acho que ser reconhecido é fundamental. É o que todo mundo quer. O problema é acreditar demais no reconhecimento, a ponto de acabar engolido ou paralisado por ele. Se você passa a viver à espera do reconhecimento, está perdido para a literatura.

O escritor tem cada vez menos tempo para seu ofício. Ele é requisitado para participar de bienais, feiras, festas literárias etc. Você parece ser muito seletivo nesses casos. O contato com outros escritores,

com intelectuais ou com o público contribui para a escrita? Ou o isolamento é um caminho mais produtivo?

O isolamento, no meu caso, não é produtivo. Agora, isso não quer dizer que, para estar no mundo, você tenha que viver entre escritores e leitores potenciais. Nada me dá mais horror do que igrejas, corporações, associações, famílias, sindicatos e escolas. O objetivo último das feiras e bienais é comercial, de promoção e venda de livros. Não vejo nenhum problema nisso. Mas você tem que saber o que está fazendo ali. E eu nunca tive talento para o marketing e para a publicidade.

Como é sua relação com os editores? Algum editor já discutiu seus livros com você e contribuiu efetivamente para a qualidade de seu romance?

Tive muita sorte. A Maria Emília Bender, que editou todos os meus livros desde o início na Companhia das Letras, ainda é a primeira pessoa que lê tudo o que eu escrevo. E com o Luiz Schwarcz, que é um dos melhores leitores que eu conheço, acabei criando uma relação muito especial de confiança. Eu já disse isso antes, em outras entrevistas. Não acho que os meus livros representem o ideal literário do Luiz, o que não impede que ele os entenda e que os critique dentro dos limites do meu projeto literário. Ele entende o que eu quero fazer e discute os meus livros sem perder de vista aquilo a que eles se propõem, sem querer transformá-los no que ele eventualmente gostaria que eles fossem. Ele teve um papel fundamental com sugestões, críticas e mesmo recusando o que achava que não devia ser publicado. Devo muito a ele. Ele salvou o *Nove noites*, por exemplo, sugerindo que eu modificasse o final. É um grande editor.

Além de escritor, você é também um tradutor de importantes autores. O escritor Rubens Figueiredo considera o trabalho de tradutor e de escritor complementares, já que, ao traduzir, o autor também escreve, e, ao escrever, o escritor também traduz, transpõe ideias, imagens, sentimentos para a língua portuguesa. Como tradutor, você compartilha desse pensamento?

O Rubens tem razão. O trabalho de tradutor só traz vantagens para o escritor. Não deixa de ser um exercício. Para mim, serve como uma pausa entre dois livros. E, num certo sentido, como uma forma de recuperar forças. Ao contrário do Rubens, porém, acho que é muito diferente de escrever. É um outro tipo de esforço, você trabalha com outra parte do cérebro, ou pelo menos de outra maneira. De algum modo, é mais automático, mais "manual". Digamos que escrever esteja para pintar sem um modelo assim como traduzir estaria para o desenho de observação. Mais ou menos isso. Faz tempo que não traduzo. Não consigo traduzir enquanto estou escrevendo um livro.

Em entrevista a este livro, Rubens Figueiredo disse que "é melhor para um livro que ele se integre a estratégias de sobrevivência e de resistência do que a um projeto no fundo desumanizador". Eu entendo essa estratégia como um certo idealismo do Rubens. Como você entende essa estratégia de resistência?
Acho que há várias maneiras de entender resistência e idealismo, e eu me reconheço em algumas delas. Mas não sei se entendi o que é um projeto literário desumanizador. Se não for uma contradição em termos, é uma perda de tempo. Talvez um livro puramente comercial e cínico possa ser visto como um projeto desumanizador. Mas há formas muito mais terríveis e eficazes de desumanização. Um escritor que serve e se submete às regras do stalinismo fará uma literatura certamente menos interessante que aquele que resiste a essas mesmas regras. Mas a rigor não sei nem mesmo se o seguidor da cartilha stalinista pode ser considerado escritor. Para mim, a literatura é em princípio humanizadora. Ela é em princípio resistência. Ela é antinatural. Formigas e abelhas não leem literatura.

Você sempre insiste em dizer que sua literatura não tem importância. Nesse caso, em que se sustenta, que energias alimentam seu processo criativo? Qual seria o sentido de criar "para nada"?
Eu não me lembro de ter dito alguma vez que a minha literatura não tem importância. Se eu achasse isso, não faria sentido continuar escrevendo. Deve ter havido um mal-entendido aí. Posso ter dito que a literatura (e não apenas a minha) não tem utilidade, "não serve pra nada". Mas isso é muito diferente de dizer que ela não tem importância ou que um escritor "cria para nada". Criar e servir são verbos completamente diferentes. Uma das maiores qualidades – e uma das maiores forças – da literatura vem justamente do fato de ela não ter que ser útil, não ter que servir, para ter importância. Isso é fundamental.

A ideia de que a literatura não tem uma utilidade empresta grande autonomia ao trabalho do escritor. Ela lhe dá uma liberdade quase absoluta. Essa liberdade ilimitada não termina sendo um obstáculo ao processo criativo? Um escritor não precisa de limites (de "objetivos") para conseguir escrever?

Para conseguir escrever, você precisa antes de mais nada se convencer de que o que escreve faz sentido e tem um lugar no mundo, nem que seja por oposição. Isso exige uma força, um sentimento de urgência e uma convicção enormes. Quanto menos fatores, digamos, externos, circunstanciais (o que você chama de "limites" e de "objetivos") contribuírem para dar sustentação a essa urgência, mais força você vai ter que arrumar e despender para seguir acreditando no que escreve. Na literatura, é você que tem que criar o objetivo, mas é daí também que vem a força dela. Fora isso, limites sempre existem. Você tem que ganhar a vida. Você não é imortal. Você tem consciência dos seus limites intelectuais, físicos e artísticos. E essa consciência só aumenta com o passar do tempo. Enfim, essa liberdade absoluta não existe.

Sua literatura está movida, quase sempre, pela ideia da perseguição. Já se falou no fundo paranoico de sua escrita. De que maneira esse impulso para perseguir, e também o sentimento de perseguição, alimentam sua escrita? Eles são apenas elementos de sua ficção ou você os compartilha?

Não sei se entendi direito. Você quer saber se sou paranoico na minha vida pessoal? Se for isso, diria que não. Não mais do que o normal. Quanto à perseguição no contexto dos livros, nunca pensei no seu significado além do que eu já repeti inúmeras vezes sobre a paranoia: que a arte opera um processo análogo ao da paranoia, embora não patológico, ao tentar atribuir sentido ao que não tem. Mas não tenho certeza de que a perseguição esteja sempre presente nos meus livros. E, quando ela surge, me parece natural, não está ali para dizer alguma coisa sobre a qual eu teria uma consciência prévia. É um negócio orgânico dentro da narrativa. Não é uma ilustração nem uma metáfora.

Qual é a matéria de sua literatura: a liberdade ou a opressão? Um escritor precisa de liberdade para escrever ou, ao contrário, tanto melhor escreverá quanto tenha mais consciência dessa opressão?

A literatura é um exercício de liberdade ou, ao contrário, é uma fuga da opressão?
Não sei se entendi direito. Liberdade e consciência da opressão não se excluem. Você não precisa ser oprimido ou estar preso para ter consciência de que a opressão existe. Todo exercício de liberdade é também um ato de resistência. De qualquer jeito, acho que as condições para escrever literatura dependem antes de mais nada de um estado de espírito. Você precisa ser e estar forte para escrever, seja em liberdade seja sob condições de opressão.

Você pensa no papel social de sua escrita e nos efeitos dela sobre seus leitores? Ou o escritor se entrega a uma ilusão de que o mercado sabe tirar bons proveitos? Não haveria aí um mal-entendido? O escritor acredita que escreve "para si", mas na verdade escreve sempre para o outro, o mercado?
Acho que há, sim, uma confusão aí. O outro não é necessariamente o mercado. É claro que o escritor escreve para ser lido. Mas não é por isso que ele tem de escrever para atender a demandas de mercado, ou para atender ao que os leitores supostamente querem ler. Se fosse assim, não existiria nada novo ou inesperado. Não existiria provocação, desafio, resistência. Os leitores não podiam saber que queriam ler Kafka antes de Kafka existir como escritor. É a coisa mais simples e cristalina. Você não precisa escrever para o mercado, e isso não quer dizer que você escreve só "para si" (seja lá o que isso significa, porque, no final das contas, todo mundo escreve para si também).

Seus romances costumam ser construídos como relatos de viagens. Em que medida o processo criativo se assemelha com uma viagem? Toda viagem, em geral, tem um destino. Qual é o destino de sua ficção?
À exceção do *Mongólia*, não acho que meus romances sejam construídos como relatos de viagem. Mas, para responder à pergunta sobre a viagem, seria muito lugar-comum dizer que o que você chama de processo criativo é sempre uma busca? E outra coisa: nem toda viagem alcança seu destino.

Você costuma se bater contra a ideia de literatura como representação do mundo e da realidade. Mas, se ela não é representação, é

provavelmente reinvenção do mesmo mundo e da mesma realidade. Portanto, parece haver sempre um resto do mundo e do real no trabalho do escritor. Você concorda com essa hipótese?
A literatura não existe fora do mundo ou sem o mundo. Invenção ou não, ela é sempre representação, claro. A questão é saber como é que você representa o mundo para que não o acabe estreitando, reduzindo o mundo a um lugar-comum. É esse tipo de representação redutora que eu procuro combater.

Será possível, no mundo de hoje, quando as coisas estão tão misturadas e tão contaminadas, conservar uma ideia autônoma ("pura") de literatura? Se é possível: como, em seu caso, você consegue isso? Se não é possível: como sobreviver a essa ausência de autonomia?
Não acredito em literatura "pura". Não acho que isso possa existir. Nunca disse que buscava a pureza da literatura. A impureza, ao contrário, me fascina. A ideia de contaminação me interessa e está presente em todos os meus livros, de maneira muito explícita. A experiência é sempre impura. E não existe literatura fora da experiência, fora do mundo. Para mim, a literatura só existe enquanto estiver contaminada pelo que não é literatura.

Muitos escritores – penso em Cortázar, em Perec – veem a literatura como um jogo. Você vê assim também ou não? Esse aspecto lúdico da ficção aponta, talvez, um elemento que me arrisco a chamar de "regressivo", ou "infantil". Peter Pan, o menino que se recusava a crescer, seria um bom modelo para o escritor? O que você entende por "jogo" como elemento do processo criativo?
Peter Pan? Acho que não. Pelo menos, não no meu caso. A ideia de jogo para mim remete a prazer. E a um prazer no qual você participa ativamente. Não acho que seja uma coisa "regressiva" ou "infantil". Esse prazer é o que eu sinto como leitor. É o que eu quero criar como escritor.

Em geral, você tem uma crítica muito positiva. Não me lembro de nenhum caso em que um livro seu tenha sido "destruído" pela crítica – ou já aconteceu? Qual é o propósito da crítica literária? Para o bem ou para o mal, ela é, ou foi, importante para você?
Claro que já fui destruído. Faz parte. A crítica literária tem cada vez me-

nos importância, em grande parte, eu acho, por causa da internet e do mercado. O juízo agora está nas mãos dos próprios leitores, com seus gostos, opiniões e comentários. É mais democrático? Talvez. Depende do que você entende por democracia. Se, para você, democracia for a voz hegemônica da maioria contra as exceções e a singularidade, então certamente vai achar que é mais democrático. Mas há outras visões de democracia. Eu continuo achando incrível quando um grande crítico te revela o que você não tinha condições de ver por conta própria. Com a expansão do mercado e o esforço de transformar a literatura em produto de massa, já não existem tantos livros que precisem desse esforço crítico para serem desvendados. A crítica se tornou obsoleta. Ficou o gosto e a opinião.

Houve romances, ou tentativas de romances, que você preferiu não publicar ou não chegou a concluir? Se houve, por que isso aconteceu? O que o levou a tomar a decisão de não seguir adiante? Você tem algum inédito guardado sem saber se o publica ou não? Se ele existe, o que poderia falar sobre ele?
Claro que houve coisas que não publiquei, ou porque eu mesmo achei que não devia ou porque foram recusadas, porque me disseram que não devia publicar e eu acabei concordando. As coisas que ficaram na gaveta ou são ruins ou estão inacabadas, de modo que não vale a pena falar delas.

Bernardo Carvalho é, certamente, o mais duro crítico de Bernardo Carvalho. Que críticas mais duras, ou graves, você faz a seu próprio projeto literário? Mas também em que aspectos você acredita que consegue acertar? Você relê seus romances depois de publicados? O que sente quando faz isso, como os avalia – mesmo aqueles de maior sucesso ou aceitação crítica? Você lê crítica literária? Você lê as críticas publicadas sobre seus romances?
O que um autor tem a dizer sobre seus próprios livros em geral não tem muita importância. Quanto à crítica, acho que há boa e má, independentemente de ser positiva ou negativa. O bom crítico é aquele que entende o projeto do livro, compreende o que se pretendia alcançar com aquele livro e o critica dentro desses limites. Tem a ver com uma combinação de inteligência, sensibilidade e repertório. O mau crítico

é aquele que gostaria que o livro fosse outra coisa – e não aquilo que o livro é ou pretendia ser. Ou seja, o mau crítico é o que lê com preconceitos, aquele que deixa questões de ordem pessoal (seus limites de gosto e entendimento, suas simpatias e antipatias, por exemplo) comprometerem a leitura. É claro que é muito difícil separar uma coisa da outra. É muito difícil se livrar dos seus preconceitos. E é muito difícil ser um bom crítico. O bom crítico (e o bom leitor) deve admitir que há livros que não foram escritos para ele – e que isso não diminui a possibilidade de serem grandes livros. Não é só porque eu não entendo uma coisa que eu devo destruí-la. Muito da crítica diz mais sobre o crítico do que sobre o livro que ele critica, para o bem ou para o mal. Com isso, não estou fazendo o elogio da complacência, claro. Não vejo por que não atacar o que você acha ruim, se você o faz de boa-fé. O que estou dizendo é que o bom crítico ataca porque entende e o mau crítico ataca o que ele não entende, o que o incomoda porque desafia seu limite de gosto e sua capacidade de entendimento.

Você se preocupa com a venda de seus romances? Acompanha as tiragens? Ou não tem nenhuma ilusão a respeito disso?
Gostaria que vendessem milhões, claro, e talvez por isso mesmo prefira não acompanhar.

Há alguma coisa que você ainda não fez ou que gostaria de fazer no futuro, com ou pela literatura?
Tem um monte de livros que eu gostaria de escrever. E que não sei se terei tempo e força para escrever.

"É MAIS SIMPLES RESPONDER SE VOCÊ PERGUNTAR": A FICÇÃO DE BERNARDO CARVALHO
João Cezar de Castro Rocha

"SABER O QUE SE BUSCA – *ma non troppo.*"
Assim se expressou Purevbaatar, um dos guias do romance *Mongólia* (2003), oferecendo ao diplomata, em busca de um brasileiro perdido nos montes Altai, o diário que ele redigira:

> (...) Não falo cazaque, e os sujeitos que me atenderam mal falavam mongol. Ficaram com medo de comunicar o desaparecimento de um estrangeiro a Ulaanbaatar. E eles tinham as suas razões. Ele não deixou rastros. É como se não tivesse passado por ali. Nunca mais se ouviu falar dele. Deixou o diário. Até onde sei, deve estar tudo aí. Se você tiver alguma dúvida, basta me telefonar. Acho que é melhor assim. Leia o diário primeiro, e depois nós conversamos. *Para mim é mais simples responder se você perguntar* (...).

Essa passagem reúne uma série de elementos recorrentes na ficção de Bernardo Carvalho. Neste texto, tentarei associá-los com uma ideia-chave da visão do mundo e da concepção de literatura do autor.

Antes, porém, anoto o paradoxo que estrutura boa parte de suas narrativas.

Ora, uma busca somente terá êxito se o seu objetivo for determinado com antecipação. Contudo, nesse caso, como iludir a mera confirmação de convicções, estabelecidas anteriormente à própria procura? O narrador de *Mongólia* reforça o dilema, afirmando no final do romance: "A gente só enxerga o que já está preparado para ver". Um antídoto extremo foi encontrado pela velha japonesa que escolheu a dedo o futuro escritor de sua história: "Queria que eu escrevesse sobre o que não poderia ver". Talvez o único modo de manter os olhos um pouco mais abertos do que o usual.

A obra de Bernardo Carvalho propõe uma reflexão sistemática acerca dessa contradição: como *ver com olhos livres*, na eterna atualização da utopia oswaldiana, se a ideia de liberdade, em si mesma, já implica um olhar determinado? A insistência com que ele retorna ao tema, inventa uma alternativa.

De fato, nossa visão do mundo é, pelo menos parcialmente, determinada por preconceitos e pressupostos, quase sempre naturalizados; vale dizer, nem sequer temos deles consciência. Contudo, explorar ficcionalmente essa circunstância é um modo de desnaturalizar o procedimento que converte as ações cotidianas em rotina e automatismo.

Às vezes, o esforço é recompensado.

Recordem-se as palavras de conclusão do relato:

> No táxi de volta para casa, tentei me convencer que, de alguma maneira, apesar de minha incompreensão e da minha estupidez, sem querer, eu os tinha reunido, sem querer, ao enviar o Ocidental à Mongólia, eu o obrigara a fazer o que devia ser feito.

Sem querer, como faz questão de frisar, ele permitiu que o diplomata reencontrasse seu irmão – o brasileiro desaparecido, e que *não deixou rastros*. *De alguma maneira*, apesar de *nossa* incompreensão e da *nossa* estupidez, a leitura de *Nove noites* (2002), *Mongólia* (2003) e *O sol se põe em São Paulo* (2007) nos incita *a fazer o que* (sempre) *devia ser feito*: recuperar o vigor antropológico de certo tipo de literatura, cujo ato de leitura promove, potencialmente, um descentramento radical em relação às próprias certezas.

(*Outrar-se*, o verbo inventado por Fernando Pessoa, é bem o móvel da literatura de Bernardo Carvalho.)

Entende-se, então, por que Setsuko, a velha japonesa, dona de restaurante na Liberdade, personagem central em *O sol se põe em São Paulo*, decide contar uma história que a acompanhou toda a vida para um "falso" escritor, cujo despreparo é exatamente sua qualidade mais valiosa:

> Eu devia ter desconfiado desde o início que, ao contrário das expectativas mais plausíveis, tudo dependia da minha ignorância e não do meu

conhecimento. Ela contava com a minha ignorância. Quanto menos eu soubesse sobre a literatura e os escritores japoneses, melhor para ela, mais à vontade ficaria para me contar a história.

Fenomenologia selvagem, que substitui a metódica suspensão do juízo – a nobre ἐποχή (*Epoché*) – pelo puro e simples desconhecimento. Não importa: o resultado é muito próximo, estimulando um novo olhar acerca do que se ignora – ainda.

(Não digo *olhos livres*, porém a possibilidade de um novo olhar.)

DE RASTROS, DIÁRIOS E TRADUÇÕES

A PRIMEIRA passagem citada, dizia, sintetiza as obsessões que definem a literatura de Bernardo Carvalho.

Avanço, pois, passo a passo.

Em primeiro lugar, a ideia de *rastro* pode ser encontrada em diversos títulos, com destaque para *Nove noites*. Com frequência, seus narradores se veem às voltas com desaparecimentos, desencontros e, sobretudo, com a impossibilidade de atar as pontas de tramas que geralmente se iniciam com a busca de um elo perdido.

Numa variação do aforismo de Purevbaatar, o narrador de *Nove noites* já havia anunciado o princípio: "Ninguém nunca me perguntou. E por isso também nunca precisei responder". Como na "carta perdida" de Edgar Allan Poe, é preciso saber o que se procura e, ainda assim, deixar-se surpreender durante o percurso. Os nômades mongóis, aliás, em seu perpétuo deslocamento, e enfrentando a ameaça sempre presente do desaparecimento de suas tradições, conferem concretude incontornável à noção de *rastro*. O brasileiro, fotógrafo, desaparecido, esteve atento à contradição:

> É o começo da minha viagem. Meu objetivo é fotografar os tsaatan, criadores de renas que vivem isolados na fronteira com a Rússia, entre a taiga e as montanhas. Estão em vias de extinção.

Essa perspectiva esclarece a visão do mundo do autor desde os seus primeiros exercícios, e já com uma preocupação absorvente tanto pela mescla de gêneros literários quanto pela disciplina de "outrar-se" constituída, idealmente, pela antropologia e seu método de trabalho de campo.

Num de seus contos mais divertidos – ao menos, não consigo retornar a ele sem descobrir a cada releitura novos motivos de riso –, "Civilização" (em *Aberração*), estudiosos descobrem uma cultura que "sofreu uma grande 'excitação' (JBS), um susto, um ataque cardíaco, e desapareceu". Como ninguém ignora, a civilização maia conheceu um fim igualmente abrupto. A hipótese do estudioso acerca dessa civilização perdida é corroborada por um achado memorável:

> (...) sabemos que essa civilização tinha uma escrita. Encontramos sinais em vários lugares e mesmo no interior dos prédios, não em papéis ou gravados na pedra, *mas em sombras*. Ainda não conseguimos entender totalmente, mas esses sinais foram projetados nas paredes e lá ficaram como *fósseis de luz*.

Formulação das mais felizes de toda a obra de Bernardo Carvalho: *fósseis de luz*; isto é, um inesperado *teatro de sombras* como rastros da civilização extinta. Porém, como ocorre metodicamente na sua ficção, nunca se acha a chave de interpretação, ou, pelo contrário, há tal excesso de indícios de que a "verdade" se transforma em pura miragem. Em *Nove noites*, por exemplo, o jornalista-narrador, obcecado pelo suicídio de Buell Quain, anseia pelo eterno retorno do círculo hermenêutico bem-sucedido: "A oitava carta e o diário explicariam tudo".

Mas é jogo de cena – o leitor bem o sabe. Afinal, a narrativa se encarrega de revelar a impossibilidade dessa explicação totalizante.

Na última cena de *Citizen Kane*, o repórter, envolvido numa investigação igualmente exaustiva para "decifrar" a vida do magnata da imprensa Charles Foster Kane, reconhece a ilusão que o movera: vida alguma se explica inteiramente. Ainda que o repórter tivesse descoberto o significado de "Rosebud", a palavra-valise que deveria tudo esclarecer, ainda assim sua reconstrução seria apenas isso: montagem parcial, cuja totalidade nunca se alcança. Em algum momento, teria existido essa significação total para o próprio Kane?

(É como se os personagens de Bernardo Carvalho fossem todos cinéfilos e considerassem o filme de Orson Welles uma projeção de seus próprios dilemas.)

Não falo cazaque, e os sujeitos que me atenderam mal falavam mongol: eis o drama que movimenta praticamente todos os títulos de Bernardo Carvalho. O imperativo da tradução domina seus textos e pode ser compreendido numa dupla escala.

Por um lado, e esse é um aspecto mais prosaico, como muitas de suas histórias se desenvolvem em ambientes pouco ou nada familiares ao universo de seus leitores, paráfrases ou traduções diretas são fornecidas no próprio texto. Ao mesmo tempo, essa prática de tradução, por assim dizer, interna ao texto confere à prosa de Bernardo Carvalho um efeito deliberadamente jornalístico, intensificando a mescla de gêneros que caracteriza seu projeto literário.

(Efeito que sugere um tema ainda a ser aprofundado nas leituras de sua obra: a desconfiança sintomática de seus narradores em relação à literatura.)

O recurso da tradução interna é particularmente dominante em *Mongólia*. Dois momentos bastam para caracterizá-lo.

O narrador descreve a cidade de Ulaanbaatar: "Em dez minutos, estavam num bairro de *iurtas, uma espécie de favela na periferia da cidade*, com as típicas tendas brancas dos nômades, umas ao lado das outras (...)". Aqui, a equivalência do termo *iurta* tem rendimento propriamente jornalístico; informação que se completa no esclarecimento, desnecessário para o jogo ficcional, da disposição das tendas no acampamento nômade.

O procedimento é ecumênico, empregado pelo narrador, que, em tese, alinhava um conjunto de diários, e também pelo brasileiro, perdido, em suas anotações: "(...) um garoto que toca *morin khuur, a rabeca mongol*".

Por outro lado, a tradução em sentido quase filosófico, isto é, como reflexão sobre a distância que se instala entre palavra e sentido, intenção e gesto, enunciação e recepção, é um tema central na ficção do autor de *Aberração* (1993). Aqui, a insistência no tópico equivale a uma reveladora declaração de princípios.

Os exemplos são legião. Vejamos uns poucos.

A chave do enigma de *Nove noites* começa a surgir em meio a um mal-entendido típico da ficção de Bernardo Carvalho. Num hospital, o narrador, jornalista, em busca da "verdade" sobre o suicídio do antropólogo norte-americano Buell Quain, ouve um fotógrafo balbuciar um nome:

"Bill Cohen! Bill Cohen!". Somente ao compreender que se tratava de Buell Quain, consegue encontrar a última peça do quebra-cabeça. Aliás, imagem que retorna em *Mongólia*: "O Ocidental ficava cada vez mais intrigado com a história que ia montando aos poucos, com os dois diários, *como um quebra-cabeça*".

Ou como uma matriosca, pois suas narrativas frequentemente produzem o efeito de um encadeamento sucessivo de pontos de vista, gêneros literários e vozes narrativas. Há um traço lúdico na arquitetura literária de Bernardo Carvalho que exige um leitor disposto a decifrar não conteúdos, mas estruturas formais.

Nessa construção de tramas cruzadas, vocacionalmente labiríntica, os equívocos causados pela tradução fornecem um prato cheio. E servido com generosidade por Manoel Perna, autor de uma autêntica carta-testamento, amigo do antropólogo norte-americano, na longínqua cidade de Carolina. Em mensagem, aparentemente deixada ao fotógrafo do hospital, Andrew Parsons, que, por sua vez, deveria receber uma carta decisiva do antropólogo que se suicidou, o escaldado Manoel temia que lhe tivessem passado a perna:

> Terá que contar apenas com o imponderável e a precariedade do que agora lhe conto, assim como tive de contar com o relato dos índios e a *incerteza das traduções do professor Pessoa*.

O receio se dissemina na carta-testamento, constituindo passaporte e visto para o estudo da visão do mundo e da concepção de literatura do autor – como farei na última seção deste ensaio. Porém, precisamente por desconfiar do professor e por não saber inglês, Manoel Perna guardou por anos a carta que poderia esclarecer a razão do suicídio do antropólogo. "Rosebud" perdido nos trópicos, tudo dependeria da tarefa do tradutor:

> Desde então eu o esperei, seja você quem for. Sabia que viria em busca do que era seu, a carta que ele lhe escrevera antes de se matar e que, por segurança, me desculpe, guardei comigo, desconfiado, *já que não podia compreender o que estava escrito* – embora suspeitasse – *nem correr ao risco de pedir ao professor Pessoa que me traduzisse aquelas linhas*.

Afinal, um tradutor com esse nome bem poderia fazer misérias com o texto original.

Até mesmo traduzi-lo fielmente.

O desaparecimento de um estrangeiro é mesmo um *Leitmotiv* na ficção de Bernardo Carvalho.

Tratei, brevemente, dos dois exemplos mais destacados: o suicídio de Buell Quain e o caso do fotógrafo brasileiro, respectivamente tratados em *Nove noites* e *Mongólia*.

De igual modo, a sensação de sentir-se *desterrado na própria terra* – e a célebre formulação de Sérgio Buarque de Holanda na abertura de *Raízes do Brasil* (1936) se impõe facilmente – define a condição existencial dos personagens de Bernardo Carvalho. Na impiedosa avaliação do narrador de O sol se põe em São Paulo: "(...) para acabar com o sonho dos meus pais, *os sanseis assimilados*, para nos pôr de volta no nosso lugar de *decasséguis analfabetos*".

Não somente os pais falharam no projeto de completa integração à realidade brasileira como também o retorno dos netos e dos filhos ao Japão ocorre em condições humilhantes: incapazes de falar e muito menos de ler em japonês, precisam se contentar com o papel de mão de obra barata, pois sem qualificação. Portanto, cidadãos de segunda classe em dois continentes – duplos de sombras.

O Ocidental de *Mongólia* levou a inadequação ao requinte de uma escolha profissional desastrada. Diplomata, ele desejava ter opiniões próprias! Ademais, defendia suas ideias em cerimônias públicas, sem cuidado algum com os rígidos protocolos associados à carreira. Nas palavras diretas do narrador: "Não era talhado para obedecer a ordens ou deixar de dizer o que pensava por respeito à hierarquia. Tinha escolhido a profissão errada".

O sentimento radical de *dépaysement* pode afetar toda uma cidade, pelo menos na prosa de *O sol se põe em São Paulo*. Eis como a Pauliceia é descrita, num retrato em preto e branco de um desajuste estrutural:

> Cada imigrante, achando que transplantava o estilo da sua terra e dos antepassados, acabou contribuindo para a caricatura local. (...) *Não é só que esteja tudo fora de lugar. Está tudo fora do tempo também.*

Estar fora: eis a mais completa tradução da circunstância existencial que se respira nas narrativas do autor de *O filho da mãe* (2009). Sem dúvida, seu fascínio com a antropologia e, sobretudo, com o texto dos antropólogos, nasce dessa sensação de não estar de todo em lugar algum.

Deixou o diário. Até onde sei, deve estar tudo aí: o leitor de Bernardo Carvalho sorri consigo mesmo, reconhecendo as regras do jogo, pois a existência de formas diversas de registro – diários, cartas, testamentos, fotografias etc. – apenas torna o esclarecimento ainda mais improvável.

Problema que caiu como um raio na cabeça do personagem de "O astrônomo", conto reunido em *Aberração*. A preocupação com o registro escrito e a decifração de códigos se manifestou desde os primeiros textos do autor:

> A ironia é que ele anotava tudo nesses diários. Escreveu que estava trabalhando com sinais enviados há milhões de anos. Segundo os diários, até onde ele tinha conseguido entender, eram um alerta, mas ele ainda não sabia contra o quê. Suspeitava que os sinais revelassem a razão do fim de uma espécie, em alguma parte do universo.

A iminência do *fim de uma espécie* é bem uma sombra que se projeta na obra de Bernardo Carvalho. Talvez a escrita compulsiva de diários e cadernetas de campo represente o avesso da extinção, pois, ainda que não haja ninguém para entender a miríade de anotações, a mera inscrição já representa uma inesperada forma de resistência.

Por outro lado, a virtual onipresença de diários e cartas nos textos do autor de *Os bêbados e os sonâmbulos* (1996) representa um bem-sucedido flerte com a tradição antropológica do trabalho de campo. Aqui, porém, é muito importante compreender uma reveladora escolha do autor.

Como se sabe, o trabalho de campo implica a imersão na cultura a ser estudada, sugerindo, em tese, uma abertura programática ao outro, logo, à diversidade cultural. Também como não se ignora, o método foi desenvolvido pelo antropólogo polonês Bronisław Malinowski, e descrito em *Argonautas do Pacífico Ocidental* (1922). Nesse livro, Malinowski expôs seu novo método de investigação, aprimorado no longo convívio com os nativos das Ilhas Trobriand durante a Primeira Guerra Mundial. Em sua abordagem, era fundamental conquistar a confiança das populações a serem estudadas, a fim de melhor estudar-lhes os hábitos e crenças. Daí a necessidade de integrar-se, na medida do possível, a seu dia a dia. Desse modo, rompia-se com a tradição oitocentista dos antropólogos de gabinete, que jamais entravam em contato direto com os povos e culturas não ocidentais: a antropologia ingressava numa nova era.

Pois bem: Bernardo Carvalho se interessa muito pouco por esse *happy ending* das boas intenções da antropologia moderna. Pelo contrário, ele parece ser um leitor apaixonado do *A Diary in the Strict Sense of the Term*, publicado em 1967, pela viúva do antropólogo, e que provocou polêmicas que ainda se mantêm vigorosas.

Em *Um diário no sentido estrito do termo*, Malinowski contradiz muito dos princípios esposados em *Argonautas*. Em lugar do antropólogo solidário e genuinamente interessado na alteridade cultural, emerge muitas vezes o homem, cansado com as árduas condições de pesquisa, ou mesmo sexualmente atraído pelas nativas. Em lugar do paciente trabalho de convencimento dos nativos, através da lenta conquista de sua confiança, em algumas ocasiões o antropólogo simplesmente oferece tabaco e dinheiro para receber informações ou participar de cerimônias secretas.

Em outras palavras, a leitura paralela dos *Argonautas* e de *Um diário* é um convite irresistível para um ficcionista. Especialmente se uma de suas obsessões diz respeito ao tema da extinção de culturas e ao sentimento constante de *dépaysement*. Então, o diário de campo de Malinowski pode ser traduzido no desconforto explícito do jornalista-narrador de *Nove noites*. Sem nenhum pudor, ele resume brutalmente o breve período que passa na aldeia em busca de informações sobre Buell Quain:

> São os órfãos da civilização. Estão abandonados. Precisam de alianças no mundo dos brancos, um mundo que eles tentam entender com esforço e em geral em vão. (...) Essa relação paternalista é das mais incômodas e irritantes, e o próprio Quain sofreu esse constrangimento. Não foi o meu caso. Não sou antropólogo e não tenho uma boa alma. Fiquei cheio.

O problema leva longe: na prosa de Bernardo Carvalho, somos todos órfãos de uma cultura provavelmente em vias de extinção.

LITERATURA E EXTINÇÃO

À GUISA de conclusão, retorno ao primeiro livro de Bernardo Carvalho, *Aberração*, reunião de contos. Nele, como sugeri, vale a pena reler com cuidado "Uma civilização", pois os temas principais do autor já se encontravam esboçados nesse primeiro exercício antropológico-literário.

O conto evoca a estrutura de "Ein Bericht für eine Akademie", de Franz Kafka, colocando em cena um antropólogo ou arqueólogo que presta esclarecimentos sobre sua pesquisa. Eis o começo do relatório (o leitor facilmente identificará os elementos-chave que discutimos na seção anterior):

> Só posso lhes dizer o que vi. E nada disso é certo ainda (provavelmente nunca será), estamos trabalhando no assunto, não tivemos tempo suficiente, tudo é muito, muito novo.

Perfeito apuro metodológico: conclusões definitivas não se casam bem com uma novidade recém-descoberta. No entanto, a sequência do relatório se torna pura derrisão, pois, deixando a cautela de lado, o pesquisador arrisca analogias imprecisas e incorre em anacronismos divertidíssimos, como se fosse um involuntário Simão Bacamarte da arqueologia!

O ouvinte da conferência é brindado com a indefectível comparação: "Ao contrário de Édipo (...)". Ora, se a interpretação freudiana da tragédia de Sófocles já é motivo de controvérsia, o que dizer de sua projeção numa cultura cuja escrita não foi completamente decifrada?

Um pouco antes, um conjunto de estátuas foi transformado arbitrariamente em narrativa, cujo modelo é determinado pelas referências culturais do pesquisador, que são automaticamente aplicadas: "(...) nossos dois heróis – é assim que os chamarei daqui em diante". A justificativa vale por um ensaio sobre o anacronismo nada deliberado de boa parte do que chamamos de crítica e teoria literária: "porque como os senhores verão é o que eles são". A tautologia não incomoda o estudioso: ele está ocupado demais em publicar artigos e livros, em lugar de estudar com seriedade os idiomas nos quais se diz especialista. A partir desse instante, o passo seguinte se impõe, por assim, dizer, naturalmente: "Na última linha disso que agora já podemos chamar de uma epopeia fala-se de 'um pé vindo do céu'".

Como se sabe, em "Tlön, Uqbar, Orbius Tertius", Jorge Luis Borges discute a capacidade de imaginar mundos alternativos, e, ao fazê-lo, traz à baila a *respiración artificial* constituída pelos mundos que erigimos como se fossem réplicas de uma natureza essencial. O contraste esclarece o automatismo com que lidamos com os hábitos e modos de nosso cotidiano. Em "Uma civilização", o autor brasileiro se inscreve na mesma tradição ficcional, propondo porém um passo adiante: sim, somos capazes de idear realidades alternativas, mas unicamente para reduzi-las aos padrões que já dominamos.

Por isso, a extinção de culturas é preocupação dominante na perspectiva de Bernardo Carvalho; aliás, o desaparecimento de línguas é um tema que, embora seja fascinante, ainda é muito pouco explorado ficcionalmente. O autor de *Onze* (1995) privilegia outro polo do problema: "A diferença cultural cria uma tensão permanente". Para manter uma tensão produtiva, é indispensável preservar a diversidade cultural.

Nesse contexto, recorde-se a entrevista feita pelo jornalista-narrador de *Nove noites*, ou seja, Bernardo Carvalho, com o antropólogo Claude Lévi-Strauss. Em tese, tratava-se de investigar suas conexões com Buell Quain, mas, no fundo, a reflexão do pensador francês permite ao narrador aprofundar sua obsessão mais recorrente:

> Quanto mais as culturas se comunicam, mais elas tendem a se uniformizar, menos elas têm a comunicar. O problema para a humanidade é que haja comunicação suficiente entre as culturas, mas não excessiva. Quando eu estava no Brasil, há mais de cinquenta anos, fiquei profundamente emocionado, é claro, com o destino daquelas pequenas culturas ameaçadas de extinção. Cinquenta anos depois, faço uma constatação que me surpreende: também a minha própria cultura está ameaçada.

À extinção das culturas, corresponde, na ficção de Bernardo Carvalho, um questionamento sempre crescente acerca da potência da literatura no mundo contemporâneo. Se não vejo mal, são duas faces da mesma moeda. O narrador de *Mongólia* se encarrega de explicitar o sentimento: "A literatura já não tem importância", e, um pouco adiante, justifica o diagnóstico: "a nossa já não era uma época para a literatura".

O jornalista-narrador de *Nove noites* mantém uma relação ambígua, para dizer o mínimo, com a literatura. Depois de ler um artigo da antropóloga Mariza Corrêa, no qual se mencionava *en passant* a trajetória complexa de Buell Quain, decide procurá-la, a fim de apurar a história. Coube à antropóloga pensar no aproveitamento literário da trama: "Supôs que eu quisesse escrever um romance, que meu interesse fosse literário, e eu não a contrariei". Afinal, o que tem a ganhar um jornalista que contradiz abertamente sua fonte? No corpo do romance, o narrador se mostra reticente quanto à natureza do texto que resultará de sua investigação; a literatura não parece ser sua primeira opção. É apenas no final que a decisão se materializa:

> Porque agora eu já estava disposto a fazer dela realmente uma ficção. Era o que me restava, *à falta de outra coisa*.

Movimento característico dos narradores de Bernardo Carvalho: a literatura pode surgir como gesto não calculado, motivado por fatores externos a ela. O narrador de *Mongólia* também teve sua imaginação acionada de maneira semelhante:

> Foi chamado de Ocidental por nômades que não conseguiam dizer o seu nome quando viajou pelos confins da Mongólia. Fazia tempo que não ouvia falar dele, *até ler a reportagem no jornal*. (...) O jornal diz que ele morreu num tiroteio entre a polícia e uma quadrilha de sequestradores do filho menor no morro do Pavãozinho.

De fato, o narrador havia adiado seu projeto literário por mais de quarenta anos! Percurso similar ao do narrador de *O sol se põe em São Paulo*: "Não vejo nenhuma metáfora no que eu digo. É como se tudo estivesse na sombra".

Os escritores de Bernardo Carvalho são assim mesmo: autênticos *fósseis*, não de luz, porém de *sombras*. No caso do narrador que reencontra sua vocação na Liberdade, o motivo da desistência traz à tona o lugar secundário da experiência literária no mundo contemporâneo: "Não é à toa que é uma cidade de publicitários. Em São Paulo, *publicidade é literatura*".

E também jornalismo, pode-se acrescentar. Talvez por isso a prosa de Bernardo Carvalho mescle de forma deliberada registros os mais diversos. Ninguém ignora que esse é um traço definidor do gênero romance, em sua disposição onívora de incorporação de distintos discursos.

Refiro-me, porém, a um aspecto particular da ficção do autor de *As iniciais* (1999). Em muitos de seus romances, a prosa possui uma dicção ostensivamente jornalística, o que explica a presença de longas passagens "explicativas" ou "informativas", cujo interesse ficcional é limitado. Nesses parágrafos "jornalísticos", inclusive o trabalho com a linguagem não chega a entusiasmar o leitor. Por exemplo, leia-se o comentário do narrador à expedição de Lévi-Strauss, "por Mato Grosso até Porto Velho, entre 6 de junho e 14 de dezembro, e está em grande parte documentada em *Tristes trópicos, que logo se tornou um clássico da antropologia*". Pura informação, sem apuro especial com a frase, e ainda culminando no dado realmente desnecessário à lógica do romance, mas característico do texto jornalístico: *que logo se tornou um clássico da antropologia.*

Contudo, aí mesmo se destaca a singularidade de seu projeto literário, pois esse dado bruto, sem maior elaboração linguística, contamina ou enriquece a prosa ficcional com ritmos e exigências de outra ordem. É como se a literatura, especialmente hoje em dia, apenas pudesse ser praticada como um discurso em meio a outros discursos, que socialmente possuem uma legitimidade e um alcance que no século XIX e nas primeiras décadas do século XX pertenciam quase que exclusivamente à literatura.

Então, por que seguir escrevendo e, sobretudo, lendo literatura? Isto é, certo tipo de literatura, precisamente aquela que se caracteriza por oferecer resistência à leitura fluente e ligeira da sociedade das notícias do último minuto?

O pesquisador, divertido e anacrônico, de "Uma civilização" ofereceu uma resposta; no fundo, ele acertou em cheio:

> Não vai sobrar muita coisa. Talvez não sobre nada. Todo o drama da nossa humanidade hoje é essa dúvida, que não podemos resolver nunca. É por isso que somos humanos.

E é por isso que se escreve literatura.
E é por isso que continuamos lendo romances.
Romances como *Nove noites*.

O leitor já se deu conta: apenas principio a reconstrução da lógica interna à ficção de Bernardo Carvalho, em lugar de domesticar suas inquietações através de conceitos-cangalha: pós-moderno; crise de identidade; crise do relato etc.

Este comentário, pois, deve ser lido como um primeiro passo. Há, ainda, muito trabalho a ser feito.

JOÃO CEZAR DE CASTRO ROCHA é professor de Literatura Comparada da Universidade do Estado do Rio de Janeiro (Uerj) e editor. Doutor pela Uerj e pela Universidade Stanford. Realizou pós-doutorado na Freie Universität Berlin com bolsa da Fundação Alexander von Humboldt. Autor de vários ensaios sobre crítica e teoria literárias, entre eles ¿*Culturas shakesperianas? Teoría mimética y América Latina* (no prelo), *Machado de Assis: Por uma poética da emulação* (Civilização Brasileira) e *Crítica literária: em busca do tempo perdido?* (Argos).

BIBLIOGRAFIA

ROMANCES
O filho da mãe. Companhia das Letras, São Paulo, 2009.
O sol se põe em São Paulo. Companhia das Letras, São Paulo, 2007.
Mongólia. Companhia das Letras, São Paulo, 2003.
Nove noites. Companhia das Letras, São Paulo, 2002; Companhia de Bolso, São Paulo, 2006.
Medo de Sade. Companhia das Letras, São Paulo, 2000.
As iniciais. Companhia das Letras, São Paulo, 1999.
Teatro. Companhia das Letras, São Paulo, 1998.
Os bêbados e os sonâmbulos. Companhia das Letras, São Paulo, 1996.
Onze. Companhia das Letras, São Paulo, 1995.

CONTOS
Aberração. Companhia da Letras, São Paulo, 1993.

CRÔNICAS E FICÇÃO
O mundo fora dos eixos. Publifolha, São Paulo, 2005.

TRADUÇÕES
Georges Perec, *A arte e a maneira de abordar seu chefe para pedir um aumento.* Companhia das Letras, São Paulo, 2010.
Ian McEwan, *Na praia.* Companhia das Letras, São Paulo, 2007.
Peter Carey, *30 dias em Sydney.* Companhia das Letras, São Paulo, 2001.
Chava Castro, Karen Gravelle e Nick Castro, *O que está acontecendo aí embaixo.* Companhia das Letras, São Paulo, 2000.
Edmund Wilson, *Memórias do condado de Hecate.* Companhia das Letras, São Paulo, 1999.
Juan José Saer, *Ninguém nada nunca.* Companhia das Letras, São Paulo, 1997.
Oliver Sacks, *Um antropólogo em Marte.* Companhia das Letras, São Paulo, 1995; Companhia de Bolso, São Paulo, 2006.

RIGO LACERDA ARMANDO FREITAS FILHO JOÃO GILBERTO NOLL LOURENÇO MUTARELLI CRISTOVÃ
UNES BEATRIZ BRACHER BERNARDO CARVALHO TEIXEIRA COELHO MILTON HATOUM RICARDO LÍS
EGA SILVIANO SANTIAGO EDGARD TELLES RIBEIRO PAULO HENRIQUES BRITTO SÉRGIO SAN
ONIO DE ASSIS BRASIL SEBASTIÃO UCHOA LEITE MÁRIO CHAMIE VALTER HUGO MÃE NUNO R
ISAN RUBENS FIGUEIREDO MARINA COLASANTI CHICO BUARQUE RODRIGO LACERDA ARMANDO F
O GILBERTO NOLL LOURENÇO MUTARELLI CRISTOVÃO TEZZA LOBO ANTUNES BEATRIZ BRACHE
VALHO TEIXEIRA COELHO MILTON HATOUM RICARDO LÍSIAS AMILCAR BETTEGA SILVIANO SANT
ES RIBEIRO PAULO HENRIQUES BRITTO SÉRGIO SANT'ANNA LUIZ ANTONIO DE ASSIS BRASIL SEBA
E MÁRIO CHAMIE VALTER HUGO MÃE NUNO RAMOS DALTON TREVISAN RUBENS FIGUEIREDO MARIN
O BUARQUE RODRIGO LACERDA ARMANDO FREITAS FILHO JOÃO GILBERTO NOLL LOURENÇ
TOVÃO TEZZA LOBO ANTUNES BEATRIZ BRACHER BERNARDO CARVALHO TEIXEIRA COELHO MI
RDO LÍSIAS AMILCAR BETTEGA SILVIANO SANTIAGO EDGARD TELLES RIBEIRO PAULO HENRI
GIO SANT'ANNA LUIZ ANTONIO DE ASSIS BRASIL SEBASTIÃO UCHOA LEITE MÁRIO CHAMIE VALT
O RAMOS DALTON TREVISAN RUBENS FIGUEIREDO MARINA COLASANTI CHICO BUARQUE RODR
ANDO FREITAS FILHO JOÃO GILBERTO NOLL LOURENÇO MUTARELLI CRISTOVÃO TEZZA LOBO ANTU
CHER BERNARDO CARVALHO TEIXEIRA COELHO MILTON HATOUM RICARDO LÍSIAS AMILCAR BETT
TIAGO EDGARD TELLES RIBEIRO PAULO HENRIQUES BRITTO SÉRGIO SANT'ANNA LUIZ ANTONIO DE
ASTIÃO UCHOA LEITE MÁRIO CHAMIE VALTER HUGO MÃE NUNO RAMOS DALTON TREVISAN RUBEN
INA COLASANTI CHICO BUARQUE RODRIGO LACERDA ARMANDO FREITAS FILHO JOÃO GIL
RENÇO MUTARELLI CRISTOVÃO TEZZA LOBO ANTUNES BEATRIZ BRACHER BERNARDO CARVAL
LHO MILTON HATOUM RICARDO LÍSIAS AMILCAR BETTEGA SILVIANO SANTIAGO EDGARD TELLES R
RIQUES BRITTO SÉRGIO SANT'ANNA LUIZ ANTONIO DE ASSIS BRASIL SEBASTIÃO UCHOA LEITE M
ER HUGO MÃE NUNO RAMOS DALTON TREVISAN RUBENS FIGUEIREDO MARINA COLASANTI CH
RIGO LACERDA ARMANDO FREITAS FILHO JOÃO GILBERTO NOLL LOURENÇO MUTARELLI CRISTOVÃ
UNES BEATRIZ BRACHER BERNARDO CARVALHO TEIXEIRA COELHO MILTON HATOUM RICARDO LÍS
EGA SILVIANO SANTIAGO EDGARD TELLES RIBEIRO PAULO HENRIQUES BRITTO SÉRGIO SAN
ONIO DE ASSIS BRASIL SEBASTIÃO UCHOA LEITE MÁRIO CHAMIE VALTER HUGO MÃE NUNO R
ISAN RUBENS FIGUEIREDO MARINA COLASANTI CHICO BUARQUE RODRIGO LACERDA ARMANDO F
O GILBERTO NOLL LOURENÇO MUTARELLI CRISTOVÃO TEZZA LOBO ANTUNES BEATRIZ BRACHE
VALHO TEIXEIRA COELHO MILTON HATOUM RICARDO LÍSIAS AMILCAR BETTEGA SILVIANO SANT
ES RIBEIRO PAULO HENRIQUES BRITTO SÉRGIO SANT'ANNA LUIZ ANTONIO DE ASSIS BRASIL SEBA
E MÁRIO CHAMIE VALTER HUGO MÃE NUNO RAMOS DALTON TREVISAN RUBENS FIGUEIREDO MARIN
O BUARQUE RODRIGO LACERDA ARMANDO FREITAS FILHO JOÃO GILBERTO NOLL LOURENÇ
TOVÃO TEZZA LOBO ANTUNES BEATRIZ BRACHER BERNARDO CARVALHO TEIXEIRA COELHO MI
RDO LÍSIAS AMILCAR BETTEGA SILVIANO SANTIAGO EDGARD TELLES RIBEIRO PAULO HENRI
GIO SANT'ANNA LUIZ ANTONIO DE ASSIS BRASIL SEBASTIÃO UCHOA LEITE MÁRIO CHAMIE VALT
O RAMOS DALTON TREVISAN RUBENS FIGUEIREDO MARINA COLASANTI CHICO BUARQUE RODR
ANDO FREITAS FILHO JOÃO GILBERTO NOLL LOURENÇO MUTARELLI CRISTOVÃO TEZZA LOBO ANTU
CHER BERNARDO CARVALHO TEIXEIRA COELHO MILTON HATOUM RICARDO LÍSIAS AMILCAR BETT
TIAGO EDGARD TELLES RIBEIRO PAULO HENRIQUES BRITTO SÉRGIO SANT'ANNA LUIZ ANTONIO DE
ASTIÃO UCHOA LEITE MÁRIO CHAMIE VALTER HUGO MÃE NUNO RAMOS DALTON TREVISAN RUBEN
INA COLASANTI CHICO BUARQUE RODRIGO LACERDA ARMANDO FREITAS FILHO JOÃO GI
RENÇO MUTARELLI CRISTOVÃO TEZZA LOBO ANTUNES BEATRIZ BRACHER BERNARDO CARVA
LHO MILTON HATOUM RICARDO LÍSIAS AMILCAR BETTEGA SILVIANO SANTIAGO EDGARD TELLES R
RIQUES BRITTO SÉRGIO SANT'ANNA LUIZ ANTONIO DE ASSIS BRASIL SEBASTIÃO UCHOA LEITE M
ER HUGO MÃE NUNO RAMOS DALTON TREVISAN RUBENS FIGUEIREDO MARINA COLASANTI CH
RIGO LACERDA ARMANDO FREITAS FILHO JOÃO GILBERTO NOLL LOURENÇO MUTARELLI CRISTOVÃ
UNES BEATRIZ BRACHER BERNARDO CARVALHO TEIXEIRA COELHO MILTON HATOUM RICARDO LÍ
EGA SILVIANO SANTIAGO EDGARD TELLES RIBEIRO PAULO HENRIQUES BRITTO SÉRGIO SAN

TEIXEIRA COELHO

TEIXEIRA COELHO nunca será um escritor "profissional", desses que por contrato escreve um livro por ano. Curador do mais visitado museu da América Latina, o Museu de Arte de São Paulo (Masp), colaborador da Cátedra Unesco de Políticas Culturais e Cooperação da Universidade de Girona, Espanha, consultor do Observatório Itaú Cultural de políticas culturais, em São Paulo, e autor de vasta obra de livros de cultura, artes, comunicação e crítica de arte, Teixeira Coelho escreve ficção apenas quando é levado visceralmente a ela. Entre os mais de trinta livros publicados, apenas sete são de literatura ficcional: *O homem que vive* (2011), *História natural da ditadura* (2006) – vencedor do Prêmio Portugal Telecom de Literatura –, *Fúrias da mente* (1998), *Céus derretidos* (1996) – com Jean-Claude Bernardet –, *Niemeyer, um romance* (1994), *Os histéricos* (1993) – novamente com Bernardet –, e *Fliperama sem creme* (1984).

Teixeira Coelho nasceu em Bauru, estado de São Paulo, em 1944. Iniciando seus estudos de Direito na Faculdade de Direito da Universidade de São Paulo (FD/USP), no Largo de São Francisco, em São Paulo, no exato ano em que se deu o golpe de 1964, foi obrigado a terminar o curso na Universidade Guarulhos (UnG), em 1971.

Em 1968, foi um dos fundadores da editora Documentos, vista como subversiva por publicar Sartre e Henri Lefebvre, entre outros. Entre 1971 e 1973, achou melhor viver em Paris. Ao regressar a São Paulo, tornou-se professor da Faculdade de Arquitetura e Urbanismo da Universidade Mackenzie e, em seguida, ingressou na Universidade de São Paulo, onde concluiu mestrado em Ciências da Comunicação, em 1976, e doutorado em Teoria Literária, em 1981. Em 1985, fundou o Observatório de Políticas Culturais da USP e voltou-se para os estudos de ação e política cultural. Percorreu todos os níveis da carreira universitária de então – livre-docência, professor adjunto e professor titular. Fez pós-doutorado na Universidade de Maryland, Estados Unidos, em 2002.

Coordena, no Brasil, um curso de especialização em Gestão Cultural para a Cátedra Unesco de Políticas Culturais e Cooperação, em parceria com o Itaú Cultural, no qual dirige uma coleção de livros sobre cultura e o que fazer com ela.

Foi diretor do Museu de Arte Contemporânea de São Paulo (MAC) de 1998 a 2002 e desde 2006 é curador-coordenador do Masp.

Você é curador do Museu de Arte de São Paulo, museólogo, crítico de arte e professor. Essas atividades influenciam a sua ficção?
Atuar à frente de museus ocupou, ainda, pequena parte de minha vida profissional, embora um terço dela já. Em relação a minha atividade de escritor de ficção, se cabe chamá-la assim, muita outra coisa exerceu sobre ela alguma influência ou nela está presente, como todas as relacionadas ao tempo em que fui professor de arte ou de cinema na USP. Na verdade, influiu e influi nessa minha atividade literária os gostos e ações de toda uma vida, que giraram também ao redor dos diversos modos da arte, todos eles.

Esses diversos modos de arte ajudam ou prejudicam o processo de escrita de seus romances?
Nada me prejudica, nesse aspecto. Tudo contribui para o que quero e posso alcançar em literatura. A arte em si, meu trato com as artes como tais, em nada me prejudicam; usar meu tempo com elas talvez seja mais o que me perturba, um tempo cada vez mais escasso. Meu trabalho com as artes está muito próximo de meu trabalho pessoal, de meu desejo pessoal, e há uma parte de mim, de minha obsessão, que se dá por satisfeita quando o trabalho é feito com as artes num museu. Ao mesmo tempo, porém, uma outra parte de mim sabe que esse trabalho está apenas roubando algo de meu verdadeiro desejo, aquele que é meu, pessoal, intransferível e independente de todas as outras pessoas e coisas. Haroldo de Campos trabalhou a vida toda como advogado da USP, e era com isso que ganhava a vida; e *isso* não interferia em seu verdadeiro trabalho, seu trabalho pessoal como poeta e ensaísta e tradutor. Ele mesmo o dizia. Das nove às cinco trabalhava na USP como advogado; do resto do tempo fazia o que queria, e não havia a menor possibilidade de seu trabalho como advogado interferir em seu trabalho pessoal, os dois universos eram demasiado distantes.

Você também é advogado. Poderia ter ganho a vida como tal. Como encontra tempo para a ficção em meio a tantas atividades?
Eu, contrariamente ao que aconteceu com Haroldo de Campos, fui atraído pela aparente proximidade entre a natureza das linguagens que eram objeto de meu trabalho remunerado e o meio que escolhi para minha expressão pessoal e me senti bem dividindo-me entre meu trabalho profissional, com o qual ganho a vida, e meu trabalho pessoal com as palavras. Quando Haroldo de Campos me falou sobre sua ocupação do tempo e me disse como estava satisfeito com esse arranjo, já era um pouco tarde para eu mudar meu rumo. Em suma, por sua natureza em si as outras artes nunca me atrapalharam em nada; pela ocupação do tempo, sim – e isso é algo cada vez mais angustiante à medida que o tempo escasseia. Trabalho em minha literatura e nos livros que escrevo *no tempo que sobra* – muito cedo pela manhã, muito tarde à noite, nos fins de semana e feriados, nas férias (que há muito tempo não tenho...). Daí minha consciência de não ser um escritor profissional. Não me lamento.

Por que não se considera um escritor profissional?
No Brasil não há espaço para o escritor profissional. De literatura só viviam dois escritores, Jorge Amado e Paulo Coelho; um morreu, agora só sobra um. Já me preocupei com isso; não mais. Nunca serei um escritor profissional, desses que escrevem um livro por ano, desses que têm de escrever um livro por ano por contrato ou por se obrigarem a tanto, já que não fazem outra coisa. Escrevo ficção apenas quando sou visceralmente levado a isso: não fico em busca de temas, espero que o tema surja. *Niemeyer, um romance* demorou vinte anos formando-se em minha imaginação até que eu o escrevesse (pusesse as palavras no papel) em seis meses. E *História natural da ditadura*, trinta anos (e escrevi o copião em um mês graças a uma bolsa que me permitiu um trabalho frenético, dezesseis, dezoito horas por dia, numa montanha das fronteiras da Itália). Escrever por profissão é estar preso a alguma coisa tanto quanto qualquer outra profissão, é *um trabalho*. E o trabalho não me interessa, não aceito essa ladainha do trabalho como um valor. O trabalho não torna ninguém livre, ao contrário do que dizia o portal de Auschwitz, aonde as pessoas iam para serem assassinadas. Não quero que minha literatura seja um trabalho, isto é,

um fardo para mim. (Talvez por isso, escritores profissionais por vezes são uma decepção em vários de seus livros ulteriores... Há vários que não leio mais...)

A sua literatura está quase sempre ligada à aventura do relacionamento homem/mulher. Suas personagens – Buel, em *O homem que vive*; o biógrafo, em *Niemeyer, um romance*; o narrador de *História natural da ditadura* – têm sempre importantes vínculos afetivos. É preciso amar para escrever?
É possível escrever movido pelo ódio. Mas, pelo menos em certos momentos, é preciso amar para escrever – assim como é necessário amar para viver. Amar alguma coisa – a arte, a literatura –, mas, acima de tudo, amar alguém. Em meu caso, amar uma mulher. Ter amado uma mulher. Não quero generalizar e ampliar essa proposição para todos os escritores, nem mesmo para minha própria produção ficcional: as ficções que escrevo são uma porta de saída do mundo acadêmico em que vivi durante tanto tempo e que é um mundo de teorizações e generalizações. Em ficção cada caso é um caso, cada livro, um livro; mas, muitas vezes, na maioria das vezes, sim: é preciso amar para escrever. Há livros sobre a dor e a solidão ou sobre o ódio, embora não raro motivados pelo fato de se ter amado alguém que depois se perdeu porque o amor chegou ao fim ou porque a morte lhe pôs um fim ou porque a velhice o borrou. Nunca fugi do amor como mola para a criação literária, quando ele se impôs a mim. Levei algum tempo para descobrir que, ao contrário do que dizia uma sociologia rasteira e tola movida a slogans mal assimilados, um dos grandes temas da modernidade, senão o maior, é o amor entre, para ser um pouco "velha guarda", um homem e uma mulher. Como no filme não tão bom de Claude Lelouch, *Un homme et une femme*, mas que resumiu uma evidência. Sendo mais atual, o amor entre um homem e uma mulher ou entre um homem e outro homem ou uma mulher e outra mulher.

Para você, as relações afetivas são propulsoras da ficção?
Ao contrário do que ainda se pensa ocasionalmente, uma história de amor é uma história moderna, a modernidade é que permitiu a uma história de amor apresentar-se como algo central na vida das pessoas, como um fato fundamental, fundacional. É um outro modo de

dizer que a modernidade permitiu o reconhecimento e alargamento da subjetividade, da qual o amor é um centro. Ao lado, se não no lugar, dos grandes temas de sempre: a relação Céu/Terra ou deuses/homens, a História. A modernidade abriu a porta para o amor como história de vida, embora drama e tragédia. E essa porta continuou aberta em *Ulisses*, de Joyce, uma história tanto de amor quanto (ou mais do que) ao redor de Dublin. Assim como essa porta já havia sido aberta, sublimada, em Dante. Sim, para mim com frequência as relações afetivas buscadas, mantidas ou perdidas são mola e motor da ficção. Por vezes o amor só não basta, como escreve Salman Rushdie em *Joseph Anton*, sua autobiografia dos tempos em que sofreu a obscena *fatwa* de um aiatolá iraniano por ter escrito *Versos satânicos*. Mas é uma mola especial da literatura.

Um elemento recorrente em sua literatura é a mobilidade das personagens. Buel passa por Washington, Londres, Roma, Vietnã, Berlim, Munique, Leipzig, Genebra, São Paulo; o narrador de *História natural da ditadura* por Portbou, Argentina, Brasil e outros lugares. Você também viaja muito. Suas viagens ajudam na construção da ficção?
A viagem é outro tema recorrente na arte, como na vida. Mais ainda agora, quando o mundo tornou-se pequeno, e a viagem, uma inevitabilidade – mais do que uma necessidade. Pelo menos enquanto a tecnologia não virtualizar tudo tornando o deslocamento físico desnecessário. Ou demasiado incômodo outra vez, como já foi no passado. Viajar, deslocar-se no espaço, portanto no tempo, me permite uma operação para mim essencial: ver desde outra perspectiva, ver sob outro ângulo, como me sugeriu a leitura de Wittgenstein. Mudar sempre o ponto de vista, algo difícil de fazer porque em nada encorajado pelos hábitos do pensamento e muito menos pela educação, inclusive nas chamadas boas universidades – que repetem sempre o mesmo ponto de vista *ad nauseam*. A igreja e o partido político vivem de repetir o mesmo. A vida, não necessariamente. E a arte nunca deveria fazê-lo. Viajar facilita essa inversão de perspectivas, na viagem é mais difícil evitá-la do que dentro da mesma casa, da mesma cidade, do mesmo país.

Viajar possibilita apreender uma variedade maior de tipos humanos. Ou os seres humanos são todos iguais?

Não são. Mas todos, aqui e ali, passam pelas mesmas ou semelhantes histórias, para não dizer pelas mesmas ou semelhantes estruturas. Com o deslocamento, muda o ponto de vista sobre esse fato, sobre essa permanência. Um pouco é isso o que diz *História natural da ditadura*. Não quero trocar em palavras explícitas o que levei algumas centenas de páginas para descrever de modo lateral, indireto. A questão ali era a ditadura como algo que se apresenta como natural, quer dizer, comum a muitos e a muitas realidades e quase normal: *mandar*, como uma pulsão difícil de controlar, e *obedecer*, como outra pulsão, como um *drive*, como se diz talvez melhor em inglês (inclusive no sentido informacional do termo), ainda maior. Destruir, acossar, silenciar, matar: isso acontece por toda parte, a todos, e pode acontecer outra vez a qualquer momento em qualquer lugar. Aprendi que a qualquer instante em qualquer lugar, ou quase, é possível ir dormir sob uma democracia e acordar debaixo de uma ditadura. Ainda hoje. Mesmo na Era dos Direitos ou, como corrige Norberto Bobbio, na Era da Expectativa de Direitos. Nos anos 1950 e 1960 do século passado a tendência correta, "revolucionária", era acreditar na inexistência de uma *natureza humana* e apostar na *situação humana*, com o que não haveria a possibilidade de ser o Homem igual ao Homem, num mesmo tempo ou em tempos diferentes. Não é mais o que se pode defender hoje: uma natureza humana básica existe, e é para isso que de certo modo aponta o livro "sobre" a ditadura e o livro "sobre" a felicidade, o livro "sobre" Buel, que é um livro sobre o efeito de mundo, outro modo de dizer "o efeito de ficção". Uma natureza humana básica existe e uma natureza desumana básica existe.

O narrador de *História natural da ditadura* declara sua "aversão, repugnância, ao culto da personalidade, qualquer personalidade e em particular a personalidade religiosa, política e também intelectual". A sua literatura parece seguir essa linha: não produz heróis, e sim personagens antagônicas em índole e aspirações.

Muito cedo em minha vida experimentei o desgosto pelo culto à personalidade, a uma figura reverenciada, a um líder – religioso, político, intelectual, o que for. Difícil para mim dizer até que ponto essa reação era parte de minha estrutura genética, se posso chamá-la assim, ou de uma opção intelectual precoce constituída e constituinte. Lembro-me muito bem de que, num determinado ponto de minha infância, quando era obrigado a seguir as aulas de catecismo na Igreja, me foi insuportável continuar não só acatando as figuras da Igreja como as da própria religião. O princípio da autoridade exemplar cedo não teve mais validade para mim, muito antes que eu pudesse refletir de qualquer modo mais formal a respeito. Um espírito rebelde por natureza, como se diz habitualmente? Talvez. Suponho que isso exista. Não é fácil sustentar essa descrença no líder, no condutor de povos ou de mentes. A escola não faz outra coisa além de inculcar o contrário, impor a aceitação desse líder, incitar à busca de líderes. Idem na universidade, onde os *"maîtres à penser"* são a norma, essa universidade onde os "orientadores intelectuais", na verdade orientadores espirituais, se sucedem conforme as modas. O tempo todo vi à minha frente colegas saindo do culto de uma personalidade apenas para cair em outro. Daí minha recusa a toda forma de igreja e de partido político, no fundo uma única e mesma coisa. Pensar com a própria cabeça: essa é minha motivação, algo que a universidade diz perseguir mas que ela mesma raramente permite. É natural que meus livros de ficção (ou algo do gênero), expressão que prefiro a "minha literatura", não comportem heróis. Não tenho heróis.

Você parece considerar o antagonismo essencial na construção de um romance (e na vida). É isso mesmo?
As personagens com que lido são, num certo sentido, antagônicas a si mesmas, contraditórias – em seus desejos, motivações e aspirações. Mas Borges já disse, não?, que a literatura moderna é a do herói fracassado... Não me interessa a figura do fracassado em si. Mas é bom que a literatura, pelo menos ela, assuma o ponto de vista contrário ao dos discursos eufóricos e positivos dominantes. Degas, o artista, insistiu que os problemas da humanidade vêm dos arquitetos e dos pensadores. Quanto aos primeiros pode não haver unanimidade de sentimentos, embora fosse o caso de pensar bem a respeito; mas fica cada vez mais difícil deixar de concordar com ele quanto aos segundos...

Um escritor deve ter uma considerável sensibilidade estética?
Vargas Llosa é um grande escritor, como se diz, um desses escritores profissionais em todo caso, mas não tem nenhuma sensibilidade estética... Nenhuma sensibilidade estética para a arte contemporânea, em todo caso. Como Lévi-Strauss não tinha – mas Lévi-Strauss não era

um escritor no sentido em que Vargas Llosa é. E não ter sensibilidade estética para as artes visuais não impede que tenha sensibilidade estética para a música ou o teatro ou a política. Ter sensibilidade estética significa em princípio reconhecer que a forma antecede o valor. Para os adeptos do conteudismo, essa é uma proposição difícil ou impossível de aceitar. Sobretudo no Brasil, e não só nos últimos dez anos (estamos em 2013, apenas para lembrar), quando a tendência a privilegiar o conteúdo acentuou-se dramática e espetacularmente. Também nesse sentido o Brasil é um país velho, envelhecido prematuramente e artificialmente mantido em estado de envelhecimento continuado. Os artistas não se deixam prender por essas ideias – e não estou dizendo que os artistas não refletem sobre elas, apenas que não fazem dessa reflexão seu ponto central de inflexão. Voltando ao ponto, ter sensibilidade estética é colocar-se sob o primado da forma. Para a literatura isso parece sempre mais difícil, embora não impossível. Para Mallarmé, Joyce, Guimarães Rosa, os poetas concretos, isso não era nada impossível. Pelo contrário. Mas a literatura dificilmente se libera da ideia de que o valor – digamos, o sentido, primeiro, e logo em seguida a mensagem, que deve ser ética – vem primeiro. A forma antecede o valor, é isso que Vargas Llosa não reconhece ao ver o tubarão de Damien Hirst num tanque de formol. Claro que nessa obra de Hirst o valor é evidente e é dado pela forma. Mas o escritor não o percebe sempre.

Em *História natural da ditadura*, a estética funciona como se fosse uma categoria ética, levando "à conclusão inevitável de que a tônica é dada sempre pela estética que, corretamente desdobrada, conduzirá à ética adequada". Você pode comentar essa proposição?
Creio que é a primazia da forma sobre o valor (embora de fato *a forma seja o valor*) aquilo que subjaz à proposição segundo a qual "a tônica é dada sempre pela estética que, corretamente desdobrada, conduzirá à ética adequada". Pelo seu conteúdo de superfície, *História natural da ditadura* lida com uma questão ética, desde logo vista como tal. Mas a ética desse livro não está numa mensagem qualquer que ressalte o profundo horror da ditadura, da ditadura que impede de fazer e dizer e daquela, talvez pior, ainda mais terrível, que *obriga a fazer e dizer* isto e aquilo. (A *Voz do Brasil* retransmitida imperativamente em cadeia de rádio é uma variante dessa obrigação de dizer, um resquício autoritário

duro de morrer no Brasil, como tantos outros.) A questão ética central do livro é a questão da ética de sua forma, de seu procedimento, seu "programa estético". Esse programa é adequado ao projeto do livro, à ideia do livro? Se for: era isso que eu buscava.

Você separa a moral e a estética ao escrever?
Não me vejo agindo assim. Dizendo de outro modo: posso de fato não me interessar pela moral, uma vez que vejo a moral como aquilo que vem de cima, que é imposto, enquanto a ética vem "de baixo", é estruturante. Não matar é uma questão de ética. Extirpar o clitóris é uma questão de moral. A moral muitas vezes é abjeta, obscena, e não me interessa. A ética vem de dentro, é instituinte, e nesse sentido não separo a ética da estética. Reconheço que é difícil, como disse, manter essa discussão sobre estética e ética em literatura; era mais fácil quando se podia falar e praticar, por exemplo, uma literatura surrealista. Hoje, em literatura, com muita frequência, a forma é invisível ou está ausente (ou já vem codificada) porque é considerada como um *dado* evidente, um pressuposto com o qual não é necessário lidar nem questionar – algo impensável para um artista visual... A ética de Andy Warhol é clara em sua estética e vice-versa. A ética de muita literatura não é visível em sua estética – nem o contrário. A literatura é, nesse aspecto, conservadora: não discute, ou não discute mais, a forma. Isso não impede que existam bons livros, ótimos livros, escritos numa forma que não se questiona, numa forma portanto automática, uma forma habitual e repetida... Mas ainda penso que mesmo em literatura a forma antecede o valor.

Em seu romance mais recente, O *homem que vive*, ao ver uma imensa pintura a óleo com uma cesta coberta de limões amarelos, de todos os formatos, na National Gallery, em Washington, o protagonista Buel experimenta um extraordinário sentimento de felicidade e se dá conta de que a felicidade daquele exato instante só existe porque está incorporada à vida, e não condicionada à geografia. Ou seja, a ciência é sentir-se em casa no mundo?
A literatura ficcional *deve* dispensar as fronteiras, *tem de* dispensar as fronteiras, porque acredito, com Claudio Magris, que as fronteiras sempre cobram seus tributos em sangue. E basta de sangue nacional, de sangue vertido em nome de nacionalidades, essas nacionalidades

que os políticos alimentam até o crime por viverem dela, por terem nela sua única plataforma de justificação para suas existências. Não significa que não se deva levar em conta as fronteiras, elas existem e são elas os problemas. Mas não mais são um valor em si e não mais deveriam ser determinantes como o eram no século XIX e ao longo de quase todo o XX. Um filme feito na Alemanha, tendo a Alemanha por cenário e falado a maior parte do tempo em alemão mas falado também, por vezes, em turco, e com atores turcos e dirigido por um turco, é um filme alemão ou turco? Os franceses têm um critério simples: é francês o filme falado em francês, mesmo que todos seus intérpretes sejam americanos e seu diretor, alemão. Um filme não é francês por ter como temas centrais o queijo e o vinho, entes ditos franceses por excelência, não? Já que tem de haver um critério administrativo para saber quem pode usufruir de um incentivo econômico nacional qualquer, um filme é francês por ser falado em francês. É o que chamo de estética prática, ao exemplo de uma estética da razão prática.

Ao mesmo tempo, em seus ensaios sobre cultura você aconselha o gestor cultural a priorizar as ações no "aqui e agora". Podemos entender, então, que a literatura ficcional dispensa as fronteiras e a não ficcional deve nelas se deter?
O aqui e agora pode ser de fato o norte da bússola da ação cultural, como o é da arte. A felicidade existe naquele *determinado momento*, não antes nem depois. Arte é a existência transformada em algo sensível, sugeriu Rilke. Em francês, como a conheci, essa proposição é mais elegante: *l'art est l'existence rendue sensible*. O ponto é esse *rendue*, esse *rendre*: entregar. A arte entrega a vida como algo sensível. *Rendre* também é *devolver*: a arte *devolve* a vida como algo sensível. Essa é uma proposição cruel, supõe que sem a arte a existência não é algo sensível: é algo duro, bruto, apático, anestesiado. Não é assim na maior parte do tempo para a maior parte das pessoas? E essa entrega da existência transformada em algo sensível só pode acontecer aqui e agora... Não só a arte faz isso: o sexo também, quando vai fundo... e quando ele chega *lá*, sabemos o que é a vida tornada algo sensível, sentimos a vida em toda sua mais ampla dimensão – *naquele* instante. A meditação também oferece isso, parece, como *Ersatz* da arte. Mas a meditação não me atrai...

E a questão de estilo? Você declarou em uma entrevista que não queria escrever como os modernistas, com frases curtas, parágrafos pequenos; e que nunca aceitou, desde criança, embora intuitivamente sem argumentos teóricos, a tese de professores de português sobre o bem-escrever que mandava não repetir uma palavra, ideia ou frase porque isso seria mau estilo.
Não é raro que em arte primeiro se aceite uma ideia, depois se pense por quê. É possível que em ciência também, a crer em críticos do pensamento científico como Paul Feyerabend: primeiro se tem uma ideia e depois vai-se ver se é adequada. Mas, antes de aderir à ideia da necessidade da redundância e ao reconhecimento do resultado que a redundância pode dar, comecei por simplesmente recusar certas normas do bem-escrever. Não me refiro às regras básicas. Regras são importantes. Pelo menos, têm de existir para serem quebradas... Professores de português (pelo menos *antigamente*, como se diz: hoje, a maior parte dos professores de português, do ensino público em todo caso, nem português sabe) queriam corrigir não só as infrações às regras fundamentais da língua como, e sobretudo, o estilo. Como ainda fazem os revisores de jornais e editoras. Querem que o autor fale (que o autor seja) como eles falam ou escrevem, que usem o estilo que o jornal adota. Corrigem redundâncias e pontuação. Cedo descobri que pontuação é respiração – no entanto, *querem* que eu respire como eles respiram... Mandar, como se vê, é uma pulsão. E obedecer, outra. Tenho consciência de que sou desprovido da pulsão de obedecer. Ou: consegui repeli-la, consegui reformar-me, desaprender. Em alguns aspectos pelo menos. Não corrijam minha pontuação, não corrijam minhas redundâncias... Pelo menos isso: não corrijam meu estilo...

O princípio da redundância, que veio tanto da literatura quanto de outras artes, é um dos pontos que orientam sua escrita?
Redundância: digamos, de modo menos pomposo: repetição. Os estudos sobre a informação me mostraram que a repetição é essencial na fala e na escrita. E mais tarde aprendi que *é preciso repetir e repetir uma ideia para que ela se torne perceptível*. Alguns ensaístas procedem assim, num mesmo livro ou em livros sucessivos – e críticos apressados apontam que tal e tal autor se repetem, não têm ideias novas. Esquecem-se de que tal e tal autor podem apenas estar querendo repetir as mesmas

ideias para que as pessoas as percebam e se deem conta de que são importantes. Autores que se deixaram formatar demais pela universidade, por exemplo, acreditam que a cada vez devem ser totalmente originais e inéditos. Não é assim. As pessoas não ouvem metade do que escutam, não apreendem e não se dão conta de metade do que leem. Repetir é fundamental. O pensamento é feito com repetições: pensa-se e se pensa a mesma coisa uma vez e outra e mais uma. A vida é feita com repetições.

A adesão de um dos primeiros artistas conceituais, Joseph Kosuth, ao princípio da redundância é sua opção de estilo?
Penso no Kosuth de *One and three chairs*, instalação onde se vê uma cadeira real ao lado de uma imagem dessa mesma cadeira e de um verbete de dicionário com a palavra "cadeira" definindo o que é uma cadeira. Uma redundância apenas aparente, porém, porque nesse caso se trata de três entidades distintas embora aparentemente idênticas. E elas são distintas e ao mesmo tempo apontam para uma mesma ideia. Uma redundância sofisticada. Uma bela sugestão para um romance. Mas não pensei em Kosuth especificamente, embora de fato uma das dobradiças constituintes da arte contemporânea seja a repetição: diversos pedaços de papel mais ou menos idênticos amassados e empilhados, inúmeras balas de chupar mais ou menos idênticas embrulhadas e empilhadas, vastas quantidades de fotos mais ou menos iguais que se sucedem indefinidamente... A arte contemporânea parece ter horror à unidade; mas não opta tanto pela multiplicidade quanto pela repetição da unidade. A arte "clássica" e a moderna praticavam a unidade: a contemporânea é adepta da repetição, inclusive da repetição do mesmo. As coisas correm o risco de sumir se não apanhadas na trama de uma repetição. Como na música, clássica ou popular, toda ela feita de repetições. A repetição é essencial na música como na pintura de Mondrian. Há uma graça e um gosto todo especial na repetição – que irrita os vigilantes da língua.

Para entender a sua literatura, é preciso atribuir sentido aos fragmentos do mundo, sem lançar mãos de grandes interpretações?
Os livros de ficção que escrevo não se amparam e não buscam as "grandes interpretações". Foram as *grandes interpretações* as causado-

ras das tragédias que assombram pelo menos uma parte de minha literatura, como *História natural da ditadura*. Toda ditadura resulta de uma "grande interpretação", uma interpretação inclusiva, integradora e integralista, como as de fundo religioso e as ideológicas de outra natureza (nazismo, fascismo, comunismo ou, em todo caso, o sovietismo). A literatura amparada nessas leituras do mundo não me interessa em nada. Pelo contrário, o sentido dos fragmentos do mundo é o que busco – esses fragmentos que se manifestam, assumidos, por toda parte na arte de hoje: o cinema de Godard é todo ele feito de fragmentos. Não posso nem mesmo dizer que aquilo que escrevo dá sentido a esses fragmentos ou procura dar-lhes esse sentido. O que escrevo será no máximo um *analogon* desses fragmentos, uma outra dimensão do mundo com os mesmos fragmentos do mundo ou com outros fragmentos, mas, seja como for, com fragmentos que não formam um sentido maior do que o sentido do mundo.

Mas são suficientes para eu *sentir* os fragmentos do mundo, senti-los por vezes pela primeira vez. É o que busco, quando escrevo. Como já lembrei, Borges certa vez definiu a literatura moderna como a do fracasso do herói, do "herói" que não pode mais conseguir nada de positivo, nem mesmo um sentido. Isso pode parecer negativo – e mesmo desesperador. Mas é exatamente aí que minha liberdade é respeitada, é exatamente aí que se abrem as possibilidades de afirmação da subjetividade, única via de acesso ao coletivo, e não o contrário, como tragicamente se pensou ao longo do século XX.

Quais são suas referências? A literatura pesada dos escritores alemães contemporâneos, Peter Handke, Thomas Bernhard e W. G. Sebald?
A dos dois últimos, de modo especial, embora tenha sido leitor de Handke também. Está correto o uso do adjetivo *pesada*: a literatura desses autores é pesada, no sentido em que é espessa, funda, grossa, envolvente, penetrante – é preciso cortá-la com uma faca, como os filmes de Sokurov, sobretudo em *Fausto* e *O Sol*. É uma literatura lenta (não é que se arraste, não é isso), que se enrola sobre si mesma em busca de si mesma, outra vez como os filmes de Sokurov e os do primeiro Wenders. O caminho pessoal que esses dois escritores abriram para si mesmos encontra poucos paralelos na literatura contemporânea. Essa literatura alemã colocou-se num patamar à parte. Não é

minha única referência, porém: Orhan Pamuk é outro escritor com a sensibilidade que me interessa.

Quando jovem, você flertou com o marxismo e com o antiamericanismo. Isso o levou a autoexilar-se na França, ou foram outras questões ligadas a essa sua aversão ao poder, de direita e de esquerda?
A expressão "exílio" talvez seja demasiado dramática, embora o "auto" inicial a relativize. Minha ida para a França no início dos anos 1970 foi tanto uma medida de prudência quanto manifestação do desejo de viver num ambiente mais denso culturalmente e que ainda era um polo cultural do mundo. Com isso quero dizer que esse "exílio" teria acontecido mesmo que não surgissem os motivos políticos que lhe deram maior urgência. Mas essa longa viagem não se deveu a alguma militância político-partidária. Minha total aversão a partidos políticos é um dos componentes mais antigos de minha estrutura intelectual. E, embora fosse inevitável e necessário opor-se à ditadura militar, nunca aceitei os programas guerrilheiros que me pareceram pura insanidade e dramático desperdício de vidas – sem contar que o que propunham (a ditadura do proletariado, o controle de tudo) não era uma opção. O que causou minha partida, e de minha mulher, era a editora que abrimos com um primo em 1968 e que publicava textos considerados subversivos, a Editora Documentos.

Fale dessa editora. O que vocês publicavam?
Publicamos Sartre, Henri Lefebvre, a nova sociologia da Europa do Leste que se opunha tanto ao capitalismo quanto ao comunismo opressor da URSS, já totalmente desmascarado à época, embora muitos não o admitissem. E tudo isso era visto como subversivo, ainda que publicássemos também o primeiro romance de Georges Perec no Brasil, *As coisas*, que acabara de ganhar um prêmio na França. Mas, de fato publicamos, por exemplo, *A irrupção*, de Henri Lefebvre, sobre o movimento dos jovens no Maio de 1968 em Paris – um livro que obviamente a ditadura não podia admitir. Com alguma audácia, e sem capital, lançamos títulos que se vendiam bem e nos permitiam produzir outros mais. No entanto, os olhos da ditadura estavam sobre nós também, sobretudo porque nossos livros eram distribuídos pela Editora Brasiliense, de Caio Prado, à época já dirigida por seu filho, Caio. A Brasiliense era uma

editora considerada de esquerda, seus livros eram visados e sua livraria, na Barão de Itapetininga, também. Os livros eram apreendidos na livraria e os nossos começaram a ser igualmente sequestrados, palavra correta. A Brasiliense distribuía nossos livros, que eram impressos pela Gráfica Urupês, dirigida por outro filho de Caio Prado, Roberto. As relações entre nossa editora, a distribuidora e a gráfica eram estritamente comerciais: pagávamos pelo que produzíamos e recebíamos da distribuidora o que vendíamos. Havia, claro, uma simpatia entre nós, como editoras e como pessoas: compartilhávamos as mesmas ideias e nos entendíamos bem. Não fazíamos parte de nenhum complô ou organização comunista ou guerrilheira. O fato é que as apreensões de livros começaram a se intensificar nos primeiros anos da década de 1970, bem como os processos contra os editores. Julgamos que o laço estava chegando perto demais do pescoço e resolvemos ser prudentes: sair do país, como todo mundo fazia ou queria fazer ("O último a sair apague a luz" era o mote repetido). Estávamos fartos da censura aos livros como editores ou leitores (a Livraria Francesa, uma referência e um respiro à época, nos vendia por baixo do balcão os livros "subversivos" importados), fartos da censura aos filmes, ao teatro, enojados com as mortes e as prisões – sufocados, encurralados. Além disso, mesmo que eu gostasse de publicar livros, meu desejo maior era escrever livros. Isso explica o "exílio", muito mais do que meu marxismo ou comunismo (que nunca existiu: nunca tive carteirinha do partido, ao contrário de alguns amigos). E certamente não fui mais antiamericano naquele instante do que todos, um antiamericanismo movido pelo apoio dos Estados Unidos às ditaduras nas Américas e pelo que acontecia no Vietnã, mas não a recusa da cultura americana (publicamos também o escritor negro americano Richard Wright, um autor na linha de James Baldwin – e também Júlio Verne, Umberto Eco quase antes de ele ser o famoso Eco de agora, James Joyce...).

Isso explica por que seus romances nunca apresentam uma completa neutralidade política e alguns questionam e ridicularizam pontos nevrálgicos do jogo pelo poder, de direita ou de esquerda.
De fato, neutralidade política não. Muito cedo consegui enxergar os horrores do mundo atrás da Cortina de Ferro e muito cedo ficou evidente para mim a derivação totalitária de Cuba, aprendida com Tomás

Gutiérrez Alea no cinema e Cabrera Infante na literatura... Não há neutralidade política em mim, há um desejo de liberdade e uma obsessão com os direitos do ser humano, do indivíduo – contra o Estado e as corporações e os coletivos –, que nunca me permitiram ficar cego à realidade. Esse foi meu "exílio", nada muito dramático. Apenas tomei, naquele momento, a decisão certa e saí do país antes que algo sério acontecesse a mim e a Ana, minha mulher. E talvez nunca nada tivesse nos acontecido se tivéssemos ficado, difícil dizer: a lógica da ditadura é exatamente não fazer o esperado, o previsível, deixando livre quem apresentaria mais motivos evidentes para ser preso e prendendo aqueles que nada tinham a ver com nada... A incerteza de não saber quem seria "alcançado" e por quê gera um medo mais penetrante e eficaz...

Sua literatura parece não fazer distinção entre o ensaio e a ficção, como podemos observar visivelmente nos livros *História natural da ditadura* e *Fúrias da mente*. Esse é um artifício estético?

As relações entre o ensaio e a ficção são uma reverberação da oposição "literatura e realidade". Toda literatura se enlaça fortemente com a realidade, a menos que se trate da literatura fantástica. E nem mesmo essa... A indistinção entre literatura e realidade é uma evidência. Em todo caso, o "romance de não ficção", como o descrevia Truman Capote, é sempre uma opção, a que recorri sem dele querer fazer uma saída inevitável. Reconheço que em livros meus há um espaço amplo para o ensaio, para a digressão investigativa de ideias sobre a arte, a vida e o mundo, digressão sem disfarces, sem vir na forma de "pensamentos" do personagem a respeito de alguma coisa ou na forma de um diálogo entre personagens – o que quase sempre me parece difícil de resolver bem, literariamente. Nada que eu recuse tanto em literatura quanto isso. Em meus livros a parte ensaística é grande. Certamente tem a ver com meu trabalho na universidade (e com minha atuação como intelectual público) e com meu desejo de explicitamente fazer isso: *ensaiar ideias*, arrumar ideias no papel para descobrir o que de fato eu, eu mesmo, penso com minha cabeça sobre alguns temas. Difícil dizer se eu teria feito essa opção pela ficção-ensaio se não tivesse passado pela universidade. O fato é que se tornou para mim uma opção estética para a criação literária. Comecei a ver, na literatura chamada pós-moderna, que havia autores fazendo isso, em doses maiores ou menores. Isso me autorizou a seguir por esse caminho. Não são exatamente meus personagens que *ensaiam*: é o narrador, é o próprio livro, é a história contada.

O romance O *homem que vive* traz um acréscimo a esse artifício estético: o conteúdo oferece algo que a forma desmente, a história visível (o reencontro dos amantes – ficção) e a invisível (a humanidade do homem – ensaio) se constroem através de um jogo dialético, e uma completa a outra, reciprocamente. Você não acha?
Essa dialética a que você se refere entre o visível e o invisível, entre a forma e o conteúdo, talvez seja de fato mais sensível em O *homem que vive*, que apresenta desde logo um componente que escancara as portas para a ficção: neve caindo em São Paulo. Esse detalhe inicial e que atravessa toda a história deveria dar a tônica para o conteúdo ou o sentido do livro. Mas dá, de fato? E qual seria? Neve sobre São Paulo é um dado irreal, mas todo o resto no livro é real e bem real. Em *História natural da ditadura* tudo que é mencionado é inteiramente real, não há um detalhe histórico inventado. E, no entanto, é um texto de literatura, portanto de ficção. Onde está a ficção, onde está a realidade? Não me interessa tanto essa distinção, de resto impossível de demarcar. Interessa-me talvez dizer "assim penso eu a realidade, assim vivo eu a realidade – ou assim vivo eu a ficção" (e não quero generalizar essa sensação como uma regra preferencial em literatura). Não busco a ilusão: quero esse modo de pensar específico, desenvolvido nesses livros meus, como um modo de pensar o mundo e a vida.

Você escreveu um livro sobre depressão, *Fúrias da mente*. A depressão extrema leva a uma ruptura total com a realidade, com a vida. A atividade literária é o oposto disso, ela é uma aproximação singular e divergente da realidade. Quando você escreve, você se aproxima ou se afasta da realidade?
Repetirei aqui a observação que Rilke faz em *Cartas a um jovem poeta*: a arte é a existência transformada em algo sensível; arte é a vida que se pode pegar, apreender; arte é a vida que se pode viver. Portanto, tenho a sensação, ou a ilusão, de que ao escrever me aproximo da realidade de um modo que seria quase impossível na vida ela mesma. Exagero, claro: no momento em que a existência se dá, também é possível apreendê-

-la – se estivermos bem atentos, extraordinariamente atentos. Estou aqui e estou fazendo isto, estou aqui e estou sentindo isto, estou aqui e estou pensando isto. É possível ter essa sensação. Mas ela não é corriqueira, a vida tem a tendência de nos escapar. Diria que gostamos que a vida nos escape: é mais aceitável viver a vida quando ela nos escapa... A arte permite essa apreensão da vida: na arte, sinto a vida como ela é.

Se a vida é um projeto que acontece no presente, como fica o passado?
Sinto a vida como ela é ou como ela foi, o que é quase tão importante quanto. Algo se passou na vida, algo existiu – um sentimento, uma sensação, um fato, um feito. É preciso capturá-lo, recapturá-lo para descobrir *em que* exatamente consistiu. Existe nesse movimento de retorno, de procura de um tempo passado que não foi necessariamente perdido, alguma obsessão com a memória, e isso me preocupa. Em determinado momento de minha vida me ficou claro que não queria escrever sobre o passado, mas apenas sobre o presente. O passado me assombra. Alterando um pouco o que diz Stephen Dedalus, o passado é um pesadelo do qual busco despertar. Dedalus usa a palavra história no lugar de pesadelo. A História, com H maiúsculo, é de fato esse pesadelo do qual a humanidade parece não acordar nunca. Para mim, a saída dessa maldição da qual eu fugia foi viver o presente no momento em que escrevo sobre o passado. Viver intensamente, sentindo-o. Sentindo-o às vezes pela primeira vez.

Essa sensibilidade é real, corresponde ao real verdadeiro que deu origem à sensibilização da vida permitida pela arte?
Esforço-me para que seja. Mas não descarto que essa sensibilidade seja uma construção, uma *poiesis* – o que pode ser tomado como artifício, simulacro. É meu modo de acordar do pesadelo do passado, ao mesmo tempo em que o sinto como existência presente. Para mim, escrever um livro é sempre uma performance, algo que só pode existir no momento em que acontece, no momento presente, sem qualquer possibilidade de reprodução posterior e que acontece a partir de um mínimo de previsibilidade, de um mínimo programa, de um mínimo roteiro.

Em um ensaio sobre Artaud, você faz a distinção entre as coisas da vida – transitórias – e as coisas do mundo – transcendentes. O artista

está condenado à vida ou ao mundo que cria, que é transcendente? Você escreve para fugir da vida ou para entrar no mundo?

Alguns escritores são cientes de que pode haver aí uma contradição nos próprios termos: enquanto escrevo, não vivo, não posso viver... A vida estaria em outro lugar, longe da literatura. Essa sensação me acossa às vezes e me aflige, me apavora: tenho de escrever para tocar na vida ou tenho de deixar de escrever para tocar na vida? Mas, por enquanto, não vejo oposição ou contrariedade maior entre escrever e viver: escrever é sentir a vida, não fugir dela. (Ler, por outro lado, pode ser fugir da vida... Por isso sempre que posso compro um lápis cada vez que compro um livro: escreverei às margens do livro e isso me liga à vida...)

Você declarou que escrever, pintar, compor e outras coisas análogas são ações intransitivas. Isso quer dizer que você considera o processo criativo como *uma investigação sem a consciência do que busca*?

Não tenho agora a exata referência do que disse e do que queria significar com essa proposição. Mas sei o que é essa intransitividade para mim. Não vejo a arte como um meio para alguma coisa: o melhor filme não é aquele feito para alguma coisa, o melhor é um filme que não tem objeto direto; uma pintura não é para registrar um feito, um romance não é para resgatar uma etnia ou alguém ou alguma coisa. Um romance, um filme, qualquer modo da arte é, existe *em si, para si*, no sentido que Sartre dava, creio, à expressão *pour soi*, quer dizer, um ato de consciência, de trazer para o consciente e tornar alguma coisa sensível. Não escrevo para tornar sensível alguma parte de minha existência com o objetivo de me tornar melhor. As vidas transitivas foram aquelas queimadas a serviço dos deuses ou do partido ou da Causa qualquer que seja. As vidas que me importam são as intransitivas: aquelas que se vivem por si e em si. Por certo, a arte de Godard ou de Rembrandt aproveita a mim, eu me sirvo dela: mas ela não foi feita para mim: ela foi feita, ponto-final. E isso me permite corrigir ou ressaltar uma dimensão do que apresentei em uma resposta anterior, se é que isso possa ter ficado implícito: a arte *não serve para tornar sensível* a existência. A arte torna sensível a existência, ponto.

Alguma arte transitiva pode ser interessante?

Posso apreciá-la como leitor, mas não é a que me interessa quando escrevo. E quase nunca é a melhor...

Em seus livros parece que você amplia, como em uma lupa, o assunto ou tema que deseja esmiuçar. Como é esse processo?
Você capta bem o que faço ao dizer que amplio a dimensão do tema que escolho. Começo num ponto que é supostamente o centro do livro, mas em seguida a narrativa passa para círculos concêntricos cada vez mais amplos, como quando se atira uma pedra na água e se veem surgir as sucessivas linhas geometricamente perfeitas que se abrem umas após as outras ao redor do ponto de entrada da pedra na água até que desaparecem aos poucos e de modo quase imperceptível, como se nunca tivessem estado ali... Essa ampliação é como o processo da semiose infinita, embora eu nunca tenha pensado nele ao escrever ou procurado pô-lo em prática intencionalmente: me refiro ao processo pelo qual uma palavra ou conceito remete a outra palavra e outro conceito cuja relação com os anteriores não era previsível nem aparentemente lógica e que conduz a outra palavra e outro conceito num outro eixo de sentidos e assim por diante, de modo infinito... Uma coisa suscita outra, uma conversa puxa outra, como se diz. Não se prevê por onde se vai entrar em seguida, não se imagina o que é importante ou relevante abordar a seguir. A filosofia budista sugere que a meditação sobre uma flor leva à descoberta de todos os sentidos do mundo. Teoricamente, assim é. Na prática, assim é o fluxo da consciência. De uma coisa se vai para outra, não necessariamente maior ou mais ampla que a anterior mas que de todo modo abre o leque, aumenta o território da sensibilidade. Na literatura policial, da qual gosto muito, isso não é tão possível, o narrador tem de seguir o mesmo fio, tem de ficar no mesmo círculo até o fim – embora nesse gênero haja escritores excelentes, magníficos, como Henning Mankell, que levam a digressão ao ponto limite permitido pelo gênero e por vezes o ultrapassam, como em seu último livro da série Wallander, *A Troubled Man* em inglês, no qual o elo entre a narrativa e o tema declarado é mais que tênue. Em outras palavras, tenho ciência de praticar a narrativa da digressão, embora não a procure diretamente: ela surge de modo natural e se impõe, e não a recuso. É assim a vida, é assim o fluxo de consciência. A literatura que conduz sua narrativa sob rédeas curtas, sem que o assunto se afaste de si mesmo, sem que as personagens se percam de si mesmas e a si mesmas, pouco me interessa, como leitor ou como escritor. Essa literatura é como um espetáculo de cavalos amestrados em picadeiro

equestre: bonito mas algo triste. É preciso que o cavaleiro perca o controle de vez em quando e permita ao cavalo encontrar seu caminho: o cavalo, como a literatura, é inteligente e criativo, quando deixado solto.

Então em sua construção ficcional você parte de temas, e não de personagens ou cenas?
O tema ou assunto para mim, não sendo rigorosamente indiferente, é apenas um ponto de partida muito mais do que de chegada: é um disparador, mola de impulsão. Entrar por caminhos imprevistos é o que me interessa ao escrever.
E de fato não parto de personagens ou de cenas. O que escrevo não tem personagens – ou as tem muitas. Minha principal personagem é a narrativa, para não dizer o narrador. Mas tampouco isso é uma norma imperiosa. Há um tema claro em *História natural da ditadura* e em *O homem que vive*, cujo assunto declarado é a felicidade... *Fúrias da mente* do mesmo modo tem um tema. Mas me pergunto qual é o tema de *Niemeyer, um romance*. Parece ser o arquiteto Niemeyer, mas claro que ele o é pouco. O tema será o país, como um todo. Esse livro, como *O homem que vive*, tem um personagem mais nítido, como tinha *Fliperama sem creme*. Mas aquilo sobre o que o livro é (digo que meus livros não são *sobre*: eles *são*: existem – ou existiram enquanto se escreviam) é mais amplo do que isso... Mais uma vez, o tema desse livro é a busca de tornar sensível a existência, a vida ela mesma... Esse solipsismo só o é na aparência: tenho total certeza de que sou igual a muitas outras pessoas, senão todas, e que, escrevendo para mim, escrevo para muitos, senão para todos. Há pouco li a declaração infeliz do diretor de uma grande editora estrangeira recentemente instalada no país e segundo a qual a maioria dos escritores brasileiros não merece ser publicada porque não escreve para o público... Que tolice, que ralo conhecimento do que está em jogo na literatura que é literatura...

Hoje, qual assunto lhe interessa a ponto de se transformar em possível próxima narrativa?
Meu problema é que nunca quero escrever *sobre* alguma coisa. Mas sinto a necessidade de pelo menos fazer uma alusão ao drama, senão à tragédia, cada vez maior que é viver no Brasil, hoje...

HOMO ESTHETICUS
Manuel da Costa Pinto

"*TOCAR NA VIDA*. Essa é a ideia por trás de minhas razões para escrever" – diz Teixeira Coelho, e por trás dessa fórmula de clareza epigramática, quase espontaneísta, está toda uma complexa forma de pensar e sentir a arte, de sentir e expressar o vivido. Difícil, quase impossível, contornar o pensamento crítico de Teixeira Coelho ao tentar uma aproximação de ficções como *Fliperama sem creme, Niemeyer, um romance, As fúrias da mente: Viagem pelo horizonte negativo, O homem que vive: Uma jornada sentimental* e, sobretudo, *História natural da ditadura* – objeto final destes comentários (dos quais se excluem *Céus derretidos* e *Os histéricos*, que, por terem sido escritos em parceria com Jean-Claude Bernardet, trazem implicações e complicações que demandariam uma reflexão sobre sua natureza – ou sua desnaturalização – autoral).

Há vários motivos para tal dificuldade, motivos que se desdobram em escala. O mais pedestre deles é o fato de o trabalho de Teixeira Coelho *sobre* arte ou literatura solicitar, pela força incomum de suas reflexões, que procuremos paralelos entre uma visão da estética e suas realizações ficcionais.

Nem sempre é saudável, como se sabe, olhar uma obra pela lente do próprio autor – salvo quando essa lente introduz uma distorção no estabelecido, fazendo *tabula rasa* de arranjos mentais e conceitos prévios. E Teixeira Coelho, como ensaísta, é um triturador das *idées reçues*, a começar por sua percepção da matriz romântica de toda a arte contemporânea, esboçada (na medida exata em que um esboço pode irradiar as linhas de um amplo afresco) no ensaio "Entre a vida e a arte". Publicado no mesmo volume de sua tradução de *A obra-prima ignorada*, de Balzac, o romantismo é ali definido – ou melhor, descrito, posto que resiste a qualquer circunscrição – como um "conceito que desliza e escapa de toda análise que pretenda transformá-lo em unidade, reduzi-lo a uma essência incontrovertível". Menos representação de uma verdade interior, subjetiva, do que expressão de uma subjetividade irredutível e em expansão contínua, menos ainda que manifestação de um sujeito coletivo (segundo sua rudimentar associação ao nacional, como absolutização do particular), o romantismo é aquilo que escapa – e o romântico é aquele que faz do escapar sua disposição fundamental: "o romantismo como atitude não simbólica, quer dizer não normativa, não generalizante e não abstrata", cujo lema poderia ser "o reconhecimento e a convocação da vontade".

Essa escansão dos sentidos possíveis do romantismo se estende por cinco páginas, envereda por versões contraditórias entre si (éticas, políticas, estéticas), faz da contradição seu próprio modo de ser, já que o ser habita o movimento de criar e recriar, em espiral, seus próprios pressupostos. Mas o que importa, no momento, é frisar que o autor de "Entre a vida e a arte" varre, num mesmo gesto teórico e voluntarista, as concepções poético-linguísticas e sociológicas da arte e da literatura, as preceptivas retóricas, o cientificismo formalista-semiológico e as teorias da representação ou da mímesis – além das próprias codificações do romantismo, sempre demasiado atadas a um idealismo filosófico ou preocupadas em detectar a historicidade desse idealismo.

Talvez o único aporte crítico que Teixeira Coelho não descarte no roldão de sua veemente, quase panfletária invectiva contra as "teorias formatadoras, unitaristas e integradoras convergentes, quase todas fundamentalistas" (pois se "Entre a vida e a arte" é mais do que uma profissão de fé, certamente não é menos do que isto: o manifesto de um homem só, que em sua solidão encontra na arte uma comunhão com a vida) seja o conceito de *sublime*, pelo qual os românticos reabilitaram a noção do *incomensurável*, daquilo que nos *aterroriza, arrebata* e *transporta*, formulada por Longino (ou pseudo-Longino, em função da autoria imprecisa do tratado *Perì hýpsous* [*Do sublime*], que data provavelmente do século I).

E se o sublime foi visto pelos primeiros românticos como o cavalo de Troia do classicismo, como germe de dissolução a ser inoculado nas poéticas derivadas de Aristóteles, nas preceptivas renascentistas ou barrocas, abrindo as portas para uma prática artística não normativa, Teixeira Coelho amplifica o anacronismo romântico (que se projetava em Longino) e, em sua maneira muito particular de ver o romantismo, enxerga no sublime romântico a "profecia retrospectiva" de seu próprio modo de conceber a arte.

(Diga-se, entre parênteses, que "Entre a vida e a arte" faz uma consistente apologia do anacronismo como dinâmica das "extrações e interpolações cronológicas" da cultura, sempre "feita de gostos e valorações anacrônicos".)

"Entre a vida e a arte" coloca Balzac (ao menos aquele de *A obra-prima ignorada*) e Turner como precursores de Cy Twombly, De Kooning e Godard – e esse anacronismo calculado, premeditado, que nos fala sobre uma arte que busca *tocar na vida*, nos diz muito sobre como o cinema de Éric Rohmer e Fellini ou as telas de Whistler e Monet entram em *História natural da ditadura*; sobre como uma natureza-morta de Bartolomeo Bimbi e o jazz de Dexter Gordon entrarão em *O homem que vive*.

Como crítico, Teixeira Coelho é alheio a teorias esgotantes, que propõem uma espécie de núcleo duro ou grau zero para o artefato literário – seja a representação (ou a crise da representação), seja a centralidade linguística do poético (com suas convenções e suas violações da regra que preservam, por antífrase, o *common core*, a memória das regularidades que fazem a arte da palavra, segundo aquela visão de Jakobson responsável por aproximar a teoria literária do sistema modalizante das ciências).

Diante dessa pegada teórica avessa ao dualismo que antepõe sujeito e objeto, mundo e representação, coisa e linguagem, seria preciso então reformular a afirmação inicial de que Teixeira Coelho escreve "*sobre* arte ou literatura". Ele o faz, claro, em vários momentos, no âmbito de uma linguagem mais instrumental – acadêmica, curatorial, jornalística. Mas em seus ensaios, no sentido forte do termo, do sentido de pôr em xeque as próprias representações, de escavar os impulsos que conduzem os meandros analíticos, não existe essa distinção entre uma consciência reflexionante, conceitual, e a concretude do objeto artístico: após o "declínio da presença sensível das coisas reconhecíveis" (marca de uma modernidade que começa no romantismo), a arte perfaz um "movimento simétrico ao do pensamento abstrato reflexivo que se nutre cada vez mais de mediações para alcançar seu objeto real, seu objeto 'no real'". Não se copia, não se mimetiza, não se representa mais a natureza. Expressar a natureza, ao contrário, passa a ser o ser da arte – com o acréscimo simétrico de que, sendo esta uma *segunda natureza* que se expressa, o discurso *sobre* a arte faz-se também expressão, comunga *com* a arte essa atitude de tocar na vida ao multiplicar suas mediações.

Por isso Cy Twombly (ao se colocar como intérprete de si mesmo) pôde escrever sobre sua série de pinturas *Bolsena*: "Toda linha é assim a experiência real de sua história singular. Nada ilustra, é a percepção de sua própria realização" – na citação do próprio Teixeira Coelho em seu ensaio que faz do protagonista da novela de Balzac uma premonição da arte abstrata de Twombly (ainda um anacronismo, e ainda mais pelo fato de a personagem de Balzac ser um pintor do século XVII, e não um contemporâneo dos românticos).

Essa insistência na concepção do caráter expressivo da arte por Teixeira Coelho, uma concepção que borra os limites entre o crítico e o artista, entre o ensaísta e o escritor, é fundamental – melhor dizendo: fundante. Sua ficção não se distingue claramente de sua voz ensaística; como decorrência, Teixeira Coelho incorpora à matéria-prima ficcional sua recusa de pensar a literatura em termos de representação ou de desvio poético da fala ordinária (pensamento dentro do qual a representação e o poético marcariam um princípio e uma finalidade; uma essência, uma lei).

O narrador em primeira pessoa de *História natural da ditadura* e o protagonista de *O homem que vive*, descrito pelo narrador que o cinge na terceira pessoa, estão impregnados pela "percepção de sua própria realização". São personagens que perambulam pelo mundo abraçados a seus traumas e a seus gozos. Conhecemos suas obsessões, suas aversões, seus gostos, mas eles não reivindicam um ponto de vista "explicativo". Tampouco se refugiam no solipsismo, naquela consciência torturada, crispada, que no Brasil se tornou traço comum de uma prosa que abdicou dos grandes relatos e prefere a sondagem interior, que só se comunica com o exterior por lapsos e desvios, fazendo da percepção precária do entorno um índice da condição "alienada".

Ao contrário, esses são livros de intensa reflexão, livros discursivos, quase ensaísticos, com personagens lúcidos e cultos que se apropriam intelectualmente do mundo. Mas, ao mesmo tempo em que verbalizam essa apropriação, sua maneira de *tocar na vida* – em geral por meio da arte e da leitura, ou exumando as camadas da memória –, eles se "realizam" por um modo muito particular de rememorar, de "recoletar" (como dirá o Buel de *O homem que vive*).

Os romances *Niemeyer* e *As fúrias da mente*, mencionados no início deste texto, já encerravam esse movimento de escrita que atingirá seu ápice em *História natural da ditadura* e *O homem que vive*. Em ambos há uma demanda, por assim dizer, temática – e que logo se dissipa na forma como reconstituem uma aproximação a um algo que deriva para um inteiramente outro.

Em *Niemeyer*, temos uma espécie de depoimento, a um interlocutor que só aparece na primeira linha e no último parágrafo do livro, de um biógrafo do arquiteto modernista, biógrafo em luta com suas hesitações e seus impasses. A matéria do romance, menos que o fracasso da biografia (que afinal nem sequer se inicia), é a recusa, no limite da repulsa, de falar de outrem, de lançar mão do "*truque* que consiste em usar a vida da pessoa sobre a qual se escreve como uma escada para fazer emergir a própria vida do limbo".

Instalada a contradição – um biógrafo nauseado com sua condição de biógrafo –, o que lemos são as deambulações do protagonista pelas cidades em que Niemeyer trabalhou, mas cujas realizações o biógrafo zelosamente evita visitar, movido por um horror atávico à ideia de submergir no discurso do outro, enquanto é visitado pela presença fantasmática de Beatriz B., amante que a todo momento desconstrói seu impulso de entrar em contato com uma memória que o esmaga: a memória de um "país grotesco" (o mesmo Brasil de *História natural da ditadura*, como veremos a seguir), para o qual o projeto moderno do arquiteto seria um ponto de fuga utópico, mas cujo único ensinamento é negativo – uma fuga das utopias e o mergulho numa vivência particular, transparente para si mesma e opaca a olhares apropriadores.

Em *As fúrias da mente*, o mecanismo ficcional da recusa dessa apropriação é ainda mais intenso, vem expresso desde o subtítulo (*Viagem pelo horizonte negativo*) e coloca em jogo (ou em xeque) aquilo que seria o epítome da ideia (ou utopia) de emancipação do sujeito: a psicanálise. A própria armação estrutural do romance já materializa esse *trompe-l'œil*. O protagonista é um "ele" no qual o narrador, ao mesmo tempo neutro e íntimo (tal como um psicanalista em sua atenção flutuante), vai fazendo a anamnese de um estado de progressiva depressão, pontuado por achaques de síndrome do pânico. A questão, para essa personagem atravessada por um decoroso senso de responsabilidade intelectual (como, de resto, em toda a ficção do autor), é: recorrer ao desgastante e incerto processo de elaboração de questões subjetivas proposta pela psicanálise ou aceitar a solução psiquiátrica de tomar uma pílula antidepressiva, com suas ominosas implicações (a redução do cérebro a uma glândula regulável por psicofármacos).

As fúrias da mente repõe em cena a questão da alienação de si pelo olhar do outro num âmbito em que importa menos o embate (aliás, atualíssimo) entre os saberes da psicanálise e das neurociências do que "perceber, de relance, que a paixão pela vida, a loucura da vida e a depressão com a vida são uma única e mesma fúria" – como lemos na última página desse livro, que assim se ata à epígrafe sobre as Erínias, as deusas da cólera na mitologia greco-romana.

Que o protagonista de As fúrias da mente prefira um estado de letargia furiosa, proporcionado pela pílula psiquiátrica, não indica que ele sucumbiu à manipulação científica ou à condição de objeto (conforme um pensamento libertário cujo autoritarismo crítico o protagonista recenseia com sádico realismo), mas, antes, que o projeto moderno consiste justamente em inverter o jogo e o jugo das determinações: se tudo é determinado, se existir é estar contaminado por essa matéria pegajosa (corpo, mente, fluidos, sinapses) em que a consciência entra em colapso, perceber isso é tomar as rédeas do processo sem triunfalismo, automanipular-se sabendo que a partida está perdida de antemão e que só se *toca na vida* com a presciência antiutópica de seus limites, que vão desde a banalidade mais rasteira até a verticalidade mais metafísica – e ambas condenadas a um fracasso clarividente.

À primeira vista, portanto, *Niemeyer* e *As fúrias da mente* são livros que têm temas dominantes – a condição do biógrafo *malgré lui*, no primeiro; a depressão, no segundo. Logo percebemos, porém, que o tema é o dispositivo que deflagra algo que está aquém ou além da tessitura narrativa, que sempre nos leva para uma instância de expressão irredutível – ou que faz do caráter irredutível da experiência sua matéria. Até aí, nenhuma novidade. Nenhum leitor minimamente instruído de Flaubert ou Machado de Assis consideraria *Madame Bovary* ou *Dom Casmurro* como romances de adultério. A diferença, em Teixeira Coelho, é que o tema nem mesmo chega a se esboçar, há um aborto calculado em proveito de uma comunicação do que parece incomunicável e que atingirá seu máximo rendimento em *História natural da ditadura*.

Na primeira parte ("Portbou"), o narrador visita o monumento construído por Dani Karavan em homenagem a Walter Benjamin no local em que o autor de *Passagens* teria se suicidado, na Catalunha, em 1940, na sua fuga do nazismo – e a aproximação à obra do artista israelense (que também se chama *Passagens*) deflagra outros microrrelatos. Na segunda parte, "Sur", visitas a León Ferrari, em Buenos Aires, colocam o narrador em contato com o caderno em que o artista plástico colecionou notícias sobre os desaparecidos políticos durante a ditadura argentina, mas também com uma cadeia de associações mentais que pode incluir desde a estreia de uma peça teatral de Witold Gombrowicz, no teatro Colón, ao assassinato de Aldo Moro pela Brigadas Vermelhas, na Itália. Na terceira ("30"), estão as lembranças de como o narrador se autoexilou com a mulher Anna M. nos anos 1970, e essa opção por viver sob *sursis*, como condição respirável sob o "estado de exceção" tornado regra (segundo o célebre aforismo de Benjamin), é sistematizada em "Teoria da tristeza" e ironizada no capítulo justamente intitulado "História natural da ditadura", que dá nome ao livro, em que o narrador, assumindo a *persona* de um crítico, "analisa" tudo o que se leu até agora – paralelismos, coincidências e, sobretudo, alguns temas que ficaram ocultos (e que na verdade só aparecem nesse epílogo algo borgiano que, ao analisar um livro, o recria e a ele se integra).

Em *História natural da ditadura* existe, a exemplo dos livros anteriores, uma demanda temática inicial: falar da ditadura brasileira conectando-a às experiências totalitárias do século – nazismo, fascismo, comunismo, caudilhismo etc. –, porém de maneira enviesada, em que, se as *Passagens* benjaminianas remetem a um sistema comunicante de catástrofes, o monumento *Passagens* (de Karavan) assinala a opacidade irredutível da experiência, lança o narrador no eterno presente – em que o passado irrompe não como representação, mas como expressão pura, ainda não codificada, ou com aquela imediatez que só a arte pode conquistar, por meio das mediações que atualizam o vivido.

Aliás, o parágrafo inicial de *História natural da ditadura* (um dos mais belos momentos da prosa brasileira) encerra uma referência explícita a Benjamin, na cena em que o narrador e seu amigo Alfons Martinell estão na colina aberta sobre o mar encapelado em que se instala o monumento de Dani Karavan (grifo do autor):

> O vento não nos deixava parar em pé, a mim e a meu amigo Alfons Martinell que mesmo assim queria mostrar-me o lugar no alto da colina diante do mar encapelado. Não apenas não nos deixava parar em pé: jogava-nos para trás, para o ponto anterior desde onde tínhamos tentado dar um passo à frente. Jogava-nos para trás ou para o lado. Se o pé tentava erguer-se do solo para fazer avançar o corpo, o vento fazia da perna uma vela enfunada que me arrastava na direção da rajada, rajada contínua se isso pode existir. Pela primeira vez na vida, enfrentando

um vento, tive medo de cair no chão, medo que o vento me jogasse ao chão. Não bem medo: algo como vergonha, vergonha por não poder controlar o corpo, vergonha por portar-me como um boneco à disposição de *alguma outra coisa*.

Enfim, eles tentam avançar, mas o vento os empurra em direção a "alguma outra coisa". Essa "outra coisa", saberemos ao longo de todo o livro, é essa coleção de escombros da história que o narrador de *História natural da ditadura* contempla à maneira do *Angelus Novus*, o quadro de Paul Klee através do qual Benjamin imagina o "anjo da história", que, impelido pela tempestade que chamamos progresso, coloca-se de costas para o futuro e vê no passado "um catástrofe única, que acumula incansavelmente ruína sobre ruína".

A essa citação se associa, ainda, um recurso (com paralelos na obra do alemão W. G. Sebald, de *Os emigrantes* e *Os anéis de Saturno*) que consiste em pontuar discretamente alguns poucos parágrafos com fotografias de obras, pessoas ou lugares referidos no texto. São imagens pequenas, quase imateriais em sua fragilidade icônica, usadas não como ilustração – mas, ao contrário, como recurso de expressão que visa tornar ainda mais distante e opaco aquilo de que se aproxima a prosa obsessiva do narrador.

A miragem traumática da história e a ressurreição do passado na forma de fragmento e escombro: essa poderia ser uma fórmula para resumir de *História natural da ditadura* – fórmula, porém, um tanto pomposa, em dissonância com o andamento sem sobressaltos e neutro da prosa de Teixeira Coelho, que mantém uma distância analítica dos acontecimentos, uma distância que pode ser nervosa, às vezes neurastênica, mas jamais retórica (o que, diga-se entre parênteses, conecta ainda uma vez sua expressividade romântica ao sublime romântico: diante do imensamente belo e do imensamente medonho, a voz se cala, o tom baixa, cedendo lugar à observação perplexa).

Além disso, seria preciso notar que o capítulo "Teoria da tristeza", que discorre sobre os estados de exceção perpetuados, contém como subtema um "Elogio da leveza". Pois é aqui que o narrador-reflexionador de *História natural da ditadura* encontra – seja no Italo Calvino de *Seis propostas para o próximo milênio* (em especial do ensaio sobre a leveza), seja no Fellini de *I Vitelloni* – um "método de tirar o peso do mundo" que corresponde a uma espécie de ética do subjetivismo.

Mas também poderíamos avançar um pouco e ver nesse "elogio da leveza" um elemento que dará a tônica dominante no livro seguinte de Teixeira Coelho, *O homem que vive: Uma jornada sentimental*. Em certa medida, trata-se aqui do avesso de *História natural da ditadura*. Neste, a indignação é vivida como reclusão enlutada na memória, como vergonha de ter sido "um boneco à disposição de *alguma outra coisa*", um títere da história e de seus discursos opressores ou ingenuamente libertadores (e, nos dois casos, alienantes, pois assujeitam a consciência a um além de si mesma). Já em *O homem que vive*, temos um movimento de superação da náusea que redunda em expansão da consciência no espaço, violando a geografia e borrando os limites temporais – apropriando-se de tempo e espaço. Nesse livro estranho, de andamento onírico, mas solidamente ancorado em rastros de experiências concretas, Buel é um homem que retorna a São Paulo depois de oito anos de ausência "na tentativa de reencontrar seu anjo" – Valéria, uma mulher que o abandonara e cujas pegadas ele persegue, não concretamente, pelas ruas, mas nos vestígios que ela deixou em suas andanças pelo mundo.

Logo na abertura do romance, o movimento de retorno e busca de Buel coincide com um fato extraordinário: começa a nevar em São Paulo "pela primeira vez na vida" – e nessa primeira violação da verossimilhança está a cifra do romance. Tudo o que será relatado em seguida – as viagens por Leipzig, Berlim, Roma ou Londres, as visitas a museus (mais uma vez, temos um protagonista que faz a experiência estética penetrar a vida), a música, o jazz, o blues (do qual o nome do protagonista é uma anagrama prenhe de melancolia, mas também de sentido de improviso e descontinuidade) – adquire uma atmosfera de sonho (impossível não pensar nos anjos de Wim Wenders, em busca de uma concretude sem peso), da mesma maneira que a máscara de Valéria será vestida a cada passagem por uma mulher que não saberemos jamais se é uma única personagem ou se uma anunciação da felicidade.

"La beauté n'est que la promesse du bonheur" [A beleza é a promessa da felicidade], escreve Stendhal no tratado *De l'amour*, e esta poderia ser a epígrafe de *O homem que vive*, livro em que o anjo da história de *História natural da ditadura* se transubstancia em anjo da leveza, livro em que o motivo da viagem (que em *Niemeyer* e *História natural da ditadura* era uma aproximação do núcleo traumático do fracasso) deriva para uma experiência em que o "deslocar-se" é um alívio intransitivo do peso da vida, em que existir no intervalo, "nessa fresta, minúsculo interstício" de uma errância perpétua (como dirá o narrador de *As fúrias da mente*), é uma forma de reagir ao pesadume e retirar a gravidade do mundo.

Buel não nomeia aquilo que o esmaga, mas foge das forças que querem aniquilá-lo, refugia-se nas vivências que ele "recoleta" – termo que utiliza para designar sua atitude de ao mesmo tempo rememorar e selecionar, como para uma coleção, aquilo pelo que valeria viver. E o fato de sua "promessa de felicidade" se chamar Valéria (o que "Valéria valeria"?, pergunta-se a personagem) mais uma vez realiza o real pela mediação da palavra, assim como a tela de Bartolomeo Bimbi que ele contempla na National Gallery de Washington, com uma cesta coberta de limões amarelos, o reconcilia, senão com o mundo, ao menos com a percepção de que é possível ser sua "própria realização", autônoma, refratária à infelicidade – que, não obstante, alimenta a escrita centrífuga de *O homem que vive*, como havia engendrado a máquina centrípeta de *História natural da ditadura*.

Se em seus ensaios e em sua ficção Teixeira Coelho defende e realiza uma expressão da vida – sem "teorias formatadoras", mas com todas as mediações estéticas –, a escrita catalogadora de *História natural da ditadura* e *O homem que vive* faz as vivências traumáticas aflorarem para em seguida permitir que a voz ensaística do *Homo estheticus* reivindique algo: uma reivindicação negativa, uma recusa de ser colonizado pela gravidade do mundo e pela linguagem que o reproduz. Talvez não exista forma melhor de resistir às ditaduras.

MANUEL DA COSTA PINTO é jornalista, crítico de literatura do programa *Metrópolis*, da TV Cultura, apresentador do programa *Entrelinhas*, na Rádio Cultura FM, colunista da revista *sãopaulo* e editor do *Guia Folha*, do jornal *Folha de S.Paulo*. É autor de *Paisagens interiores e outros ensaios* (B4), *Antologia comentada da poesia brasileira do século 21* e *Literatura brasileira hoje* (ambos pela Publifolha) e *Albert Camus: Um elogio do ensaio* (Ateliê).

BIBLIOGRAFIA

FICÇÃO

O homem que vive. Iluminuras, São Paulo, 2011.
História natural da ditadura. Iluminuras, São Paulo, 2006.
As fúrias da mente. Iluminuras, São Paulo, 1998.
Céus derretidos. Ateliê, São Paulo, 1996 – coautoria de Jean-Claude Bernadet.
Niemeyer, um romance. Geração Editorial, 1994; Iluminuras, São Paulo, 2001.
Os histéricos. Companhia das Letras, São Paulo, 1993 – coautoria de Jean-Claude Bernadet.
Fliperama sem creme. Brasiliense, São Paulo, 1984.

NÃO FICÇÃO

A cultura e seu contrário. Iluminuras, São Paulo, 2008.
Arte no Brasil 1911-1980. Itaú Cultural, São Paulo, 2007 – coleção Itaú Moderno.
Arte no Brasil 1981-2006. Itaú Cultural, São Paulo, 2006 – coleção Itaú Moderno.
Guerras culturais. Iluminuras, São Paulo, 2001.
500 anos de pintura no Brasil. Lemos, São Paulo, 2000.
Dicionário crítico de política cultural. Iluminuras, São Paulo, 1997.
Indústria cultural. Brasiliense, São Paulo, 1993.
Dicionário do brasileiro de bolso. Siciliano, São Paulo, 1991; Arx, São Paulo, 2003.
O que é ação cultural. Brasiliense, São Paulo, 1989.
Arte e utopia. Brasiliense, São Paulo, 1987.
Usos da cultura – Políticas de ação cultural. Paz e Terra, Rio de Janeiro, 1987.
Moderno, pós-moderno. L&PM, Porto Alegre, 1986; Iluminuras, São Paulo, 1995.
Uma outra cena: Teatro radical, poética da artevida. Polis, São Paulo, 1984.
Espaços e poderes. Com-Arte, São Paulo, 1983 – coautoria de Jean-Claude Bernadet.
Artaud: posição da carne. Brasiliense, São Paulo, 1982.
Em cena, o sentido. Duas Cidades, São Paulo, 1980.
O que é indústria cultural. Brasiliense, São Paulo, 1980.
O que é utopia. Brasiliense, São Paulo, 1980.
Semiótica, informação e comunicação. Perspectiva, São Paulo, 1980.

A construção do sentido na arquitetura. Perspectiva, São Paulo, 1979.
O intelectual brasileiro: Dogmatismos & outras confusões. Global, São Paulo, 1978.
Introdução à teoria da informação estética. Vozes, Petrópolis, 1973.

TRADUÇÕES
Georg Groddeck, *O livro disso*. Perspectiva, São Paulo, 2008.
Montesquieu, *O gosto*. Iluminuras, São Paulo, 2005 – tradução e posfácio "Esboços do prazer".
Honoré de Balzac, *A obra-prima ignorada*. Iluminuras, São Paulo, 2003 – tradução e ensaio "Entre a vida e a arte".
Paul Lafargue, *O direito à preguiça*. Hucitec/Unesp, São Paulo, 1999.
Charles Baudelaire, *Sobre a modernidade*. Paz e Terra, Rio de Janeiro, 1997.
Alejo Carpentier, *Concerto barroco*. Brasiliense, São Paulo, 1985.
Michel Foucalt, *História da loucura*. Perspectiva, São Paulo, 1983.
Louis Hjelmslev, *Prolegômenos a uma teoria da linguagem*. Perspectiva, São Paulo, 1975.
Georges Perec, *As coisas*. Documentos, São Paulo, 1968.

RIGO LACERDA ARMANDO FREITAS FILHO JOÃO GILBERTO NOLL LOURENÇO MUTARELLI CRISTOVÃ
UNES BEATRIZ BRACHER BERNARDO CARVALHO TEIXEIRA COELHO MILTON HATOUM RICARDO LÍ
TEGA SILVIANO SANTIAGO EDGARD TELLES RIBEIRO PAULO HENRIQUES BRITTO SÉRGIO SA
ONIO DE ASSIS BRASIL SEBASTIÃO UCHOA LEITE MÁRIO CHAMIE VALTER HUGO MÃE NUNO R
VISAN RUBENS FIGUEIREDO MARINA COLASANTI CHICO BUARQUE RODRIGO LACERDA ARMANDO
O GILBERTO NOLL LOURENÇO MUTARELLI CRISTOVÃO TEZZA LOBO ANTUNES BEATRIZ BRACH
VALHO TEIXEIRA COELHO MILTON HATOUM RICARDO LÍSIAS AMILCAR BETTEGA SILVIANO SANT
LES RIBEIRO PAULO HENRIQUES BRITTO SÉRGIO SANT'ANNA LUIZ ANTONIO DE ASSIS BRASIL SEBA
E MÁRIO CHAMIE VALTER HUGO MÃE NUNO RAMOS DALTON TREVISAN RUBENS FIGUEIREDO MARI
O BUARQUE RODRIGO LACERDA ARMANDO FREITAS FILHO JOÃO GILBERTO NOLL LOURENÇ
TOVÃO TEZZA LOBO ANTUNES BEATRIZ BRACHER BERNARDO CARVALHO TEIXEIRA COELHO MI
RDO LÍSIAS AMILCAR BETTEGA SILVIANO SANTIAGO EDGARD TELLES RIBEIRO PAULO HENR
GIO SANT'ANNA LUIZ ANTONIO DE ASSIS BRASIL SEBASTIÃO UCHOA LEITE MÁRIO CHAMIE VALT
O RAMOS DALTON TREVISAN RUBENS FIGUEIREDO MARINA COLASANTI CHICO BUARQUE RODR
ANDO FREITAS FILHO JOÃO GILBERTO NOLL LOURENÇO MUTARELLI CRISTOVÃO TEZZA LOBO ANT
CHER BERNARDO CARVALHO TEIXEIRA COELHO MILTON HATOUM RICARDO LÍSIAS AMILCAR BETT
TIAGO EDGARD TELLES RIBEIRO PAULO HENRIQUES BRITTO SÉRGIO SANT'ANNA LUIZ ANTONIO DE
ASTIÃO UCHOA LEITE MÁRIO CHAMIE VALTER HUGO MÃE NUNO RAMOS DALTON TREVISAN RUBEN
INA COLASANTI CHICO BUARQUE RODRIGO LACERDA ARMANDO FREITAS FILHO JOÃO GI
RENÇO MUTARELLI CRISTOVÃO TEZZA LOBO ANTUNES BEATRIZ BRACHER BERNARDO CARVA
LHO MILTON HATOUM RICARDO LÍSIAS AMILCAR BETTEGA SILVIANO SANTIAGO EDGARD TELLES R
RIQUES BRITTO SÉRGIO SANT'ANNA LUIZ ANTONIO DE ASSIS BRASIL SEBASTIÃO UCHOA LEITE M
TER HUGO MÃE NUNO RAMOS DALTON TREVISAN RUBENS FIGUEIREDO MARINA COLASANTI CH
RIGO LACERDA ARMANDO FREITAS FILHO JOÃO GILBERTO NOLL LOURENÇO MUTARELLI CRISTOVÃ
UNES BEATRIZ BRACHER BERNARDO CARVALHO TEIXEIRA COELHO MILTON HATOUM RICARDO LÍ
TEGA SILVIANO SANTIAGO EDGARD TELLES RIBEIRO PAULO HENRIQUES BRITTO SÉRGIO SA
ONIO DE ASSIS BRASIL SEBASTIÃO UCHOA LEITE MÁRIO CHAMIE VALTER HUGO MÃE NUNO R
VISAN RUBENS FIGUEIREDO MARINA COLASANTI CHICO BUARQUE RODRIGO LACERDA ARMANDO
O GILBERTO NOLL LOURENÇO MUTARELLI CRISTOVÃO TEZZA LOBO ANTUNES BEATRIZ BRACH
VALHO TEIXEIRA COELHO MILTON HATOUM RICARDO LÍSIAS AMILCAR BETTEGA SILVIANO SANT
LES RIBEIRO PAULO HENRIQUES BRITTO SÉRGIO SANT'ANNA LUIZ ANTONIO DE ASSIS BRASIL SEBA
E MÁRIO CHAMIE VALTER HUGO MÃE NUNO RAMOS DALTON TREVISAN RUBENS FIGUEIREDO MARI
O BUARQUE RODRIGO LACERDA ARMANDO FREITAS FILHO JOÃO GILBERTO NOLL LOURENÇ
TOVÃO TEZZA LOBO ANTUNES BEATRIZ BRACHER BERNARDO CARVALHO TEIXEIRA COELHO MI
RDO LÍSIAS AMILCAR BETTEGA SILVIANO SANTIAGO EDGARD TELLES RIBEIRO PAULO HENR
GIO SANT'ANNA LUIZ ANTONIO DE ASSIS BRASIL SEBASTIÃO UCHOA LEITE MÁRIO CHAMIE VALT
O RAMOS DALTON TREVISAN RUBENS FIGUEIREDO MARINA COLASANTI CHICO BUARQUE RODR
ANDO FREITAS FILHO JOÃO GILBERTO NOLL LOURENÇO MUTARELLI CRISTOVÃO TEZZA LOBO ANT
CHER BERNARDO CARVALHO TEIXEIRA COELHO MILTON HATOUM RICARDO LÍSIAS AMILCAR BETT
TIAGO EDGARD TELLES RIBEIRO PAULO HENRIQUES BRITTO SÉRGIO SANT'ANNA LUIZ ANTONIO DE
ASTIÃO UCHOA LEITE MÁRIO CHAMIE VALTER HUGO MÃE NUNO RAMOS DALTON TREVISAN RUBEN
INA COLASANTI CHICO BUARQUE RODRIGO LACERDA ARMANDO FREITAS FILHO JOÃO GI
RENÇO MUTARELLI CRISTOVÃO TEZZA LOBO ANTUNES BEATRIZ BRACHER BERNARDO CARVA
LHO MILTON HATOUM RICARDO LÍSIAS AMILCAR BETTEGA SILVIANO SANTIAGO EDGARD TELLES R
RIQUES BRITTO SÉRGIO SANT'ANNA LUIZ ANTONIO DE ASSIS BRASIL SEBASTIÃO UCHOA LEITE M
TER HUGO MÃE NUNO RAMOS DALTON TREVISAN RUBENS FIGUEIREDO MARINA COLASANTI CH
RIGO LACERDA ARMANDO FREITAS FILHO JOÃO GILBERTO NOLL LOURENÇO MUTARELLI CRISTOVÃ
UNES BEATRIZ BRACHER BERNARDO CARVALHO TEIXEIRA COELHO MILTON HATOUM RICARDO LÍ
TEGA SILVIANO SANTIAGO EDGARD TELLES RIBEIRO PAULO HENRIQUES BRITTO SÉRGIO SA

MILTON HATOUM

MILTON HATOUM nasceu em 1952, em Manaus, e passou parte da juventude em Brasília, para onde se mudou sozinho quando tinha quinze anos. De origem árabe, filho de um libanês muçulmano e de uma brasileira católica e neto de imigrantes libaneses – seu avô imigrou no começo do século XX, de Beirute para o Acre – Milton, até hoje, traz muito de sua infância e de sua juventude para sua ficção.

Devoto da literatura e da arte, é arquiteto por formação. Chegou à arquitetura por influência de um tio engenheiro, que morava em São Paulo. "A arquitetura era uma espécie de Meca para aqueles que não sabiam direito o que vão fazer da vida", diz. Mudou-se para São Paulo em 1970. Três anos depois ingressou na Faculdade de Arquitetura e Urbanismo da Universidade de São Paulo (FAU/USP). Os anos de estudante, porém, não lhe renderam uma profissão, mas sim a criação de uma revista de literatura fundada com amigos da faculdade e um primeiro livro de poesia, *Amazonas – palavras e imagens de um rio entre ruínas*. Em sua temporada na USP, Milton frequentou uma série de cursos de teoria literária. Trabalhou, ainda, como jornalista cultural e como professor de História da Arquitetura.

Em 1980, viajou para a Espanha como bolsista do Instituto Iberoamericano de Cooperación, morando em Madri e depois em Barcelona. Em seguida, viveu na França por três anos, onde cursou, mas não concluiu, uma pós-graduação em literatura latino-americana na Sorbonne Nouvelle – Paris III e começou a escrever seu primeiro romance, *Relato de um certo Oriente*, livro que terminou em 1987 e só publicou dois anos depois.

Ao retornar ao Brasil no ano de 1984, tornou-se professor de Língua e Literatura Francesa na Universidade Federal do Amazonas (Ufam). Depois, nos Estados Unidos, foi professor visitante na Universidade da Califórnia em Berkeley e escritor residente em Yale, Stanford e Berkeley. Em 1998 retornou à capital paulista para cursar o doutorado em Teoria Literária, na USP. Abandonou o doutorado e a carreira de professor para dedicar-se à escrita do romance *Dois irmãos*. Desde então, estabeleceu-se em São Paulo, onde atualmente é colunista do Caderno 2, do jornal *O Estado de S. Paulo*.

Seu primeiro romance lhe valeu a atenção da crítica literária, mas o reconhecimento mais amplo, da crítica e do leitor comum, só surgiu com a publicação de seu segundo livro, *Dois irmãos*, de 2000. A consagração definitiva veio com *Cinzas do Norte*, de 2005, romance vencedor do Prêmio Portugal Telecom de Literatura que, traduzido para várias línguas, permitiu-lhe que vivesse exclusivamente da literatura.

Livros de Milton Hatoum já foram publicados em Portugal e traduzidos para catorze línguas: francês, inglês (com edições nos Estados Unidos e Inglaterra), italiano, espanhol (Argentina e Espanha), catalão, alemão, grego, árabe, sérvio, holandês, tcheco, dinamarquês, norueguês e sueco.

Publicou também contos nas revistas *Europe*, *Nouvelle Revue Française* (França), *Grand Street* (Estados Unidos), *Quimera* (Espanha) e em outras publicações literárias do Brasil e do exterior. Participou de várias antologias de contos brasileiros na Alemanha e no México, e da *Oxford Anthology of the Brazilian Short Story*, uma seleção de contos dos mais conhecidos escritores da literatura brasileira desde o século XIX até hoje.

No livro *Cinzas do Norte*, você usa como epígrafe Guimarães Rosa: "Eu sou donde eu nasci. Sou de outros lugares". De que lugar você é? De que lugar você fala?
O lugar e o ponto de vista do narrador não coincidem com os do escritor. Às vezes um se aproxima do outro: são posições ao mesmo tempo tangenciais e paralelas. Você escreve sendo outros. Manaus, onde nasci, é paradoxal: cidade ilhada pela floresta e porto aberto para o mundo. No *Cinzas do Norte*, ao narrar a trajetória de vida de dois amigos, tentei explorar esse paradoxo. Lavo, um dos narradores, permanece ilhado na província. E o outro, Mundo, entrega-se a uma vida errante, mora em Berlim e Londres e morre no Rio, cidade que é uma verdadeira obsessão dos nortistas. Todos os lugares que passam pela experiência do narrador podem ser imaginados. O verdadeiro lugar é a linguagem: o que ela diz, silencia, insinua.

O tema do exílio está no centro de sua ficção. Em *Dois irmãos*, Yakub e Omar estão exilados de sua pátria. Da mesma forma Emilie, em *Relato de um certo Oriente*. Em *Cinzas do Norte*, o órfão Olavo está exilado de sua família de sangue e Raimundo autoexila-se na Europa. Você mesmo, embora nascido em Manaus, é filho de um libanês com uma brasileira. O sentimento de exílio e de deslocamento o ajuda a escrever?
De certo modo, a literatura é uma forma de exílio. O trabalho da escrita exige algum tipo de isolamento ou solidão. Em casos mais radicais, como nas obras de Beckett, Conrad e Nabokov, o escritor exilado ou expatriado decide abandonar a língua materna e passa a escrever numa língua estrangeira. Conrad disse que foi adotado pela língua inglesa. Borges e Pessoa escreveram poemas em inglês. Vários escritores árabes adotaram a língua francesa. Escrever em outra língua é uma experiên-

cia de exílio. Pode ser também uma magia. Os lugares onde morei deixaram marcas afetivas na minha vida. Alguns narradores dos contos de *A cidade ilhada* são personagens que saíram do seu lugar ou são fascinados por uma terra alheia. Escritores, poetas e leitores são imigrantes do imaginário, são movidos também pela imaginação alheia, por sonhos alheios, por paisagens culturais e línguas alheias. À semelhança de um imigrante, podemos eleger uma nova pátria cultural, sem, no entanto, desprezarmos nossa origem, que é sempre plural e difusa.

Em autores que trabalham com a heterogeneidade cultural, a exemplo de Guimarães Rosa, as personagens locais se dotam de muita sabedoria. Em sua literatura podemos notar que, por vezes, os estrangeiros se sobressaem às personagens locais com experiências de vida mais complexas e também pela sensibilidade, como é o caso do fotógrafo alemão Dorner em *Relato de um certo Oriente*. Você pode comentar?

Mas há estrangeiros notáveis na ficção de Rosa. O chinês Yao Tsing, o Quim, apaixonado por uma sertaneja, no conto "Orientação"; os personagens ciganos de vários contos de *Tutameia* e vários personagens importantes do *Grande sertão: Veredas*: o alemão Vupes e uma moça, Rosa'uarda, de família árabe, que Riobaldo encontra na fazenda Curralinho. E há aquela frase famosa desse romance: "Toda vida gostei demais de estrangeiro". Dorner foi inspirado num alemão que conheci em Manaus. Era um professor de filosofia. Eu ficava impressionado com as observações que ele fazia sobre Manaus e a Amazônia. Não era fotógrafo, mas depois conheci a obra de vários fotógrafos alemães que moraram em Manaus. Um deles, Georg Hübner, fundou em Manaus um dos maiores laboratórios fotográficos do Brasil, com sucursal no Rio e em Belém. Hübner foi um fotógrafo notável e um humanista na boa tradição alemã, pois era também botânico, etnógrafo, naturalista. Às vezes o estrangeiro desentranha ou descobre coisas que os nativos não percebem. Ou inventam coisas, o que dá no mesmo: inventar é descobrir.

A amizade, talvez mais ainda que o amor, parece ocupar lugar de destaque em suas narrativas. Qual foi o primeiro escritor que conheceu? É importante cultivar amizades no meio literário?

A amizade é um tema literário relevante e está presente na obra de Montaigne, Rosa, Balzac, Flaubert e tantos outros. O primeiro escritor que de fato conheci e travei amizade foi Raduan Nassar. Tenho poucos amigos escritores, e alguns são interlocutores. Desde o primeiro manuscrito, venho mantendo um diálogo franco com meus editores Luiz Schwarcz e Maria Emília Bender. Raduan Nassar e Davi Arrigucci Jr. leram os manuscritos do *Dois irmãos* e do *Relato* e fizeram ótimas sugestões. Samuel Titan Jr. também fez observações importantes, uma delas decisiva, quando leu o manuscrito do *Órfãos do Eldorado*. E sempre submeto meus textos à leitura de Ruth Lanna, minha mulher. Não gosto de chatear os amigos, mas acho fundamental trocar ideias com eles.

Você trabalha muito com narradores ocultos, indefinidos, que provocam certa opacidade na narrativa, acentuando a atmosfera de segredo. A clareza, na ficção, é um defeito?
Uma linguagem precisa, sem rebuscamento, não é um defeito. Aliás, pode ser uma grande virtude, e a obra admirável de Graciliano Ramos é uma prova disso. O grande defeito é explicar ou mostrar todas as cartas do jogo. Há elementos ocultos na narrativa que, aos poucos, são revelados. Outros devem permanecer ocultos, dando força à ambiguidade. No *Dois irmãos* decidi não revelar a identidade do pai do narrador. Nem eu mesmo sabia ao certo quem era o pai de Nael. Algo semelhante acontece com a última cena do *Órfãos do Eldorado*. O leitor não sabe se a mulher está dentro da casa ou se é um delírio do narrador. O que interessa para a ficção não é a explicação ou elucidação de uma dúvida, e sim o espaço para a ambiguidade, algo que poderia ser ou poderia ter acontecido.

Em que medida você usa suas próprias memórias pessoais e familiares para produzir seus relatos? Fale de sua família. Como ela se relaciona com sua literatura?
Há muita coisa da minha infância e juventude nos meus romances. A província é um mundo, e nos anos 1950 e 1960 Manaus era uma cidade muito diferente da metrópole de hoje, um verdadeiro monstro urbano. Mas toda cidade portuária é rica de histórias. É difícil precisar quais lembranças usei nos romances e contos, mas o fato é que essas reminiscências foram transformadas pela passagem do tempo. A morte da

menina surda-muda do *Relato* foi inspirada numa prima que morreu ainda criança. Halim, do *Dois irmãos*, tem algo do meu pai e do meu avô. Domingas nasceu de várias empregadas índias que conheci, algumas mal falavam português e todas penavam para ganhar uma mixaria. Nael, o narrador, foi um dos tantos curumins pobres com quem convivi na escola pública. Mundo, do *Cinzas do Norte*, tem alguns traços de um amigo de infância, que morreu ainda jovem. Alguns parentes alimentam a expectativa de aparecer numa ficção, mas isso é pura vaidade. Meu pai não levantava minha bola, ele gostava mais de poesia, que é um gênero literário privilegiado na cultura árabe, cuja tradição lírica vem desde a época pré-islâmica; quer dizer, é anterior ao Corão. Mas acho que meu pai gostou do *Relato*; o velho ficou orgulhoso quando leu e traduziu uma resenha publicada no jornal libanês *An-Nahar*. Tenho vários leitores na família: tios e sobrinhas que leem até as crônicas.

Você estudou literatura na França e lá começou a escrever *Relato de um certo Oriente*. Lecionou, além disso, literatura francesa na Universidade Federal do Amazonas. Quais são os traços da literatura francesa em sua obra?
Não sei até que ponto a leitura da obra de Proust na década de 1970 me influenciou quando escrevi o *Relato*. O fato é que estava embebido ou embriagado de Proust, Virginia Woolf, Faulkner e latino-americanos. Numa resenha na *Folha de S.Paulo*, Flora Süssekind apontou essa influência, e ela estava certa. O *Dois irmãos* e os outros romances têm um ritmo diferente, com mais cenas e diálogos, sem frases muito longas. A matéria narrada pedia outra composição, outro tom e andamento, pois não são vozes propriamente evocativas ou elegíacas, operam em outro registro, talvez próximo ao romance de corte mais clássico.

Gustave Flaubert foi um escritor decisivo em sua formação. Ele é considerado um dos principais nomes do Realismo. Você se considera um escritor realista?
Sem dúvida, tudo o que escrevi tem um fundo, uma perspectiva do realismo. Há várias formas de realismo. Até Kafka e a literatura fantástica tendem a um certo tipo de realismo. Por exemplo, os romances machadianos não seguem os modos do realismo clássico francês, pois Machado não está interessado em criar "a ilusão ou efeito realista",

como se a narrativa contasse a si mesma, sem a interferência de um narrador onisciente. Nossa crítica, que já falou muito sobre esse assunto, assinalou que a intrusão do narrador machadiano tem mais a ver com a literatura inglesa do século XVIII, um narrador-personagem que se dirige ao leitor, provoca-o, brinca com ele. Enfim, um narrador na primeira pessoa que está implicado na trama e na leitura.

Quais dos livros de Flaubert mais o marcaram e por quê?
As obras de Flaubert que mais me marcaram foram o conto "Um coração simples", que li ainda jovem, e *A educação sentimental*. Mas gosto muito dos outros romances e contos, incluindo *Salammbô*, que é de uma violência terrível. *Bouvard e Pécuchet* diz muito sobre a nossa época: milhões de informações e pouca ou nenhuma reflexão. O sentido histórico na obra de Flaubert e de outros franceses é fundamental para entender o romance como gênero. E há a consciência do trabalho com a linguagem, a obsessão pela construção da frase. Flaubert pensa a linguagem como um "trabalho de arte", essa expressão certeira que João Cabral usou como conceito de sua escrita poética.

Você também já falou na influência de Machado de Assis em sua obra. É possível escrever ficção para valer no Brasil ignorando Machado? Ou é necessário "matá-lo" para conseguir, enfim, escrever? Como foi no seu caso?
Claro que é possível não ser influenciado por Machado, mas é impossível ignorá-lo, porque ele foi um escritor genial, sem dúvida um dos grandes da América Latina. Acho que ele foi para o século XIX o que Borges, Rosa, Cortázar, Rulfo e alguns poucos foram para o século XX. Não tentei abstrair Machado; ao contrário, aprendi muito com a leitura dos contos e romances, uma leitura que não me torturou nem exasperou, pois na época em que li os contos fui obrigado a ler trechos d'*Os sertões* e do romance *A bagaceira*. Machado e Graciliano me desintoxicaram da linguagem obesa, do palavrório bacharelesco. A ideia do *Dois irmãos* surgiu da leitura de *Esaú e Jacó*, e dois contos de *A cidade ilhada* são homenagens a Machado: "Encontros na península" e "Dançarinos na última noite".

No século XX brasileiro, quais escritores mais o influenciaram?
Não sei se foram influências diretas. A leitura é também uma experiên-

cia individual, mediada por outras experiências. As obras de Machado, Graciliano e Guimarães Rosa sempre me agarraram, sempre me atraíram. Há narrativas extraordinárias na nossa literatura: *Macunaíma, Os ratos, O amanuense Belmiro, O quinze*, os romances e contos de Clarice, Osman Lins, Lima Barreto, vários romances de Jorge Amado, as memórias de Pedro Nava. Se olharmos para trás, há muita coisa importante. E pelo menos seis ou sete grandes poetas, de Manuel Bandeira a Ferreira Gullar.

Um ficcionista pode receber uma forte influência de um grande poeta? Isso aconteceu em seu caso?
Não se escreve ficção sem uma leitura de poesia. Publiquei meu primeiro poema no *Correio Braziliense*, em 1969 ou 1968. Uns dez anos depois publiquei poemas e textos em prosa num livrinho felizmente esquecido: *Amazonas – palavras e imagens de um rio entre ruínas*. Queria ser poeta, talvez por isso alguns personagens são poetas e tradutores, como Laval e Estiliano; as epígrafes dos romances são versos ou poemas que dizem muito sobre as narrativas. *Órfãos do Eldorado* foi, em parte, inspirado num poema maravilhoso de Kaváfis.

Qual é a importância das *Mil e uma noites* em sua formação literária? Qual é sua personagem das *Mil e uma noites* preferida e por quê?
Meu avô contava histórias "adaptadas" do *Livro das mil e uma noites*. Ele se divertia com isso, e nos divertia. Depois li traduções desse livro, mas hoje temos uma ótima tradução de Mamede Jarouche, que fez um trabalho de filólogo, pois cotejou vários ramos dos manuscritos árabes. Uma das grandes histórias é a de Abu Tammam (Pai da Plenitude), mas todas me interessam. E isso por várias razões: a ambiguidade entre a realidade e o sonho (ou pesadelo), as inúmeras surpresas, a imaginação romanesca e um mundo de peripécias, que se expande e se multiplica até a vertigem. Essa magia quase infinita, o fato de o livro ter sido composto por várias versões durante séculos, exerceu um verdadeiro fascínio em Jorge Luis Borges, que menciona esse "repertório de maravilhas" em poemas, contos e ensaios.

Você é também autor de contos. E fez um caminho inverso do que costuma fazer o prosador, começou com o romance e passou para o

conto. Esse percurso inverso explicaria o fato de seus contos, por vezes, manterem uma estrutura tão complexa quanto a dos romances? Os seus contos são laboratórios para romance?

Um conto pode ser muito mais complexo que um romance. Em sua brevidade, o conto pode aludir a uma totalidade, a algo que só a grande poesia alcança. Fiz o percurso inverso, mas a origem do *Relato* é um conto. Em certo momento, descobri ou intuí que a matéria era mais vasta, os personagens e os conflitos se multiplicavam. De algum modo, um conto pode se transformar num romance. *Lord Jim*, de Conrad, começou como narrativa breve. Quando escrevi "Bárbara no inverno", sabia que esse conto era um recorte de um romance que gostaria de escrever. Nesse sentido, o conto foi um laboratório, uma pré-história de uma ficção mais extensa. Penso que o processo da escrita sugere ou pede um gênero, que é sempre maleável e depende da expectativa do leitor. Zola dizia que uma ideia não basta: é preciso transformá-la em palavras. Cortázar, que soube transformar ideias em excelentes contos, escreveu ótimos ensaios sobre esse gênero.

Você já disse que a literatura é uma forma de conhecimento do mundo. O que a distingue da filosofia, da ciência, da religião?
Conrad, que viveu no século do positivismo e da crença entusiasmada na ciência, escreveu: "A vida e a arte seguem trilhas obscuras e não vão enveredar pela região luminosa da ciência". A ciência, através da experimentação, tenta chegar a uma conclusão ou provar alguma coisa. Ela tem um determinado fim. A religião, com seus dogmas, não aceita as verdades provadas e comprovadas pela ciência. Num de seus livros, o filósofo Robin Collingwood diz que a ideia da criação absoluta, ou de um ato criador que gerou a natureza e os seres sem a existência prévia de uma matéria ou forma, é uma ideia que vem do cristianismo. Por isso muitos crentes usam os textos sagrados para refutar as descobertas científicas, de Galileu à teoria da evolução de Darwin. Ao contrário da religião, a literatura refuta dogmas e verdades absolutas. E, ao contrário da ciência, não precisa provar nem explicar nada.

Quais são aquelas coisas que só a literatura pode dizer?
O que a literatura pode e deve dizer é a verdade das relações humanas. Sem tabus, sem qualquer interdição. Como um religioso lidaria com

as personagens homossexuais de Proust? Ou com uma personagem que se comunga com uma barata? Não é uma comunhão aceita pela maioria dos crentes ou pelos mais ortodoxos.

Você já disse também que a literatura não é exatamente a vida, mas também não é a sua negação. Podia explicar isso melhor?
A literatura é a transcendência da vida, da nossa experiência.

"A busca de originalidade pode ser desastrosa para o jovem iniciante, pois a literatura é a transcendência pela linguagem de uma verdade interior, não mascarada nem superficial." Você pode comentar essa sua declaração?
É comum um jovem escritor lutar para escrever algo original, transgressor ou inovador do ponto de vista da linguagem. Num de seus excelentes prefácios, Borges foi irônico: "é irrisório o que um inovador é capaz de alterar; recordemos a obra esplêndida mas não poucas vezes ilegível de um Mallarmé ou de um Joyce". Às vezes, o que aparenta ser inovador é apenas isso: uma aparência. O romance é um gênero que já nasceu em crise, mas tem uma incrível capacidade de se renovar. O romance do século XX diluiu o enredo, explorou a subjetividade através do monólogo interior, lançou mão de novas técnicas de narrar. Em alguns casos, inovou radicalmente a linguagem. Raramente surge uma obra como a de James Joyce ou Guimarães Rosa. Acho que há um esgotamento da vanguarda, do romance experimental. Mas há vários modos de estruturar uma ficção. O gênero não se esgota, porque a imaginação e a memória dos leitores são inesgotáveis. E são os leitores que justificam a literatura.

Você é arquiteto por formação e declarou em entrevista que projeta um livro exatamente como um arquiteto projeta uma casa. Você pode explicar?
Sim, embora o projeto de uma casa ou de qualquer obra dependa do sistema produtivo, da economia, da técnica, da geografia, do clima e até da política. Uma coisa que herdei da minha formação de arquiteto é o modo de pensar e organizar o espaço, e ter consciência de que os detalhes fazem parte de um conjunto, e tudo está ligado organicamente. Antes de começar um projeto, você tenta entender a totalidade da

obra, como uma espécie de previsão, de visão antecipada. Acho que transferi essa atitude ao modo de pensar um romance. Mas essa mania de "desenhar" uma narrativa antes de escrever é apenas um ponto de partida. Muita coisa que foi pensada previamente vai mudando ao longo da escrita. Isso também acontece quando se faz um projeto de arquitetura. Entre o estudo preliminar e o projeto final há um longo processo de compreensão do espaço a ser construído, e isso envolve muitas coisas, incluindo questões que não se relacionam diretamente com a obra projetada. Um rabisco ou esboço inicial é apenas uma ideia a ser desenvolvida.

Fale de sua rotina de trabalho. A disciplina é um elemento importante na formação do escritor? Qual é o lugar ideal para escrever?
Tento escrever e ler todos os dias. Às vezes, leio mais que escrevo. Mas, quando começo um romance e sei que posso avançar, não me arredo dele. Há escritores supersticiosos, há os que cultuam e mitificam o ato de escrever, mas não é o meu caso. Evito rituais de sofrimento, angústia ou êxtase. Transfiro minhas taras e frustrações às personagens, que são ou deviam ser muito mais interessantes do que eu. Na verdade, escrevo como um faminto ou um apaixonado, só isso. Meu lugar de trabalho é uma sala nos fundos de uma casa. Sem telefone, sem internet, sem nada. Caneta, papel e livros.

Enquanto escreve, você consulta dicionários, enciclopédias, livros de referências?
Dicionários e livros de mitos. E mapas de vários lugares. Os mapas me distraem.

***Dois irmãos* e *Cinzas do Norte* são seus romances mais abertamente políticos. E você tentou escrever um romance político sobre a década de 1970. O que pensa do escritor engajado?**
A forma de engajamento que mais aprecio é a do intelectual independente, que não se cala diante das injustiças e do sofrimento, das barbaridades cometidas por um governo ou partido político, seja de direita ou de esquerda. Um escritor cujo sentido de ética e justiça não cede aos apelos de uma religião ou ideologia. Dizer a verdade ao poder, como disse muito bem Edward Said em seu livro *Representações*

do intelectual. Mário de Andrade e Graciliano Ramos são, a meu ver, escritores e intelectuais cuja atitude ética é exemplar. Ambos foram incansáveis na defesa de uma cultura democrática, sem demagogia. As pequenas concessões, às vezes inevitáveis, são modos de sobreviver. Mas isso não anula nem atenua uma postura ética, em que não há lugar para a autoindulgência e o conformismo.

Um tema importante em sua escrita é o da exclusão. A propósito: como cidadão, você é também um homem muito preocupado com a exclusão e com a miséria. A consciência social ajuda ou atrapalha o escritor?
A consciência social e política é necessária a qualquer pessoa, mas sabemos que a maioria delas é alienada, não está preocupada com os massacres na África, no Oriente Médio, nem mesmo com o assassinato de milhares de jovens brasileiros, quase todos pobres. Todo escritor é imbuído de uma consciência crítica, porque não se pode escrever uma ficção sem a compreensão ou o sentido histórico, que às vezes é intuitivo ou apenas observado. Machado tinha plena consciência do horror da escravidão, e isso está presente nos romances, contos e crônicas. Em *Vidas secas*, *São Bernardo* e *A hora da estrela* há uma aguda consciência da nossa miséria social e intelectual. O julgamento político de Zé Bebelo e os miseráveis catrumanos do *Grande sertão: Veredas* também refletem uma visão crítica da realidade. Mas em nenhum desses livros essa visão aparece de uma forma rasa, de mera denúncia. É preciso transformar o sofrimento humano e as imposturas da política em linguagem literária, em que não cabe uma visão ideológica ou partidária, e sim uma atitude ética.

Você tem firmes posições públicas em defesa das causas dos países árabes. Isso já lhe trouxe problemas pessoais, ou algum tipo de discriminação?
Nunca defendi nenhum dos governos ou monarquias árabes, quase todos corruptos, autoritários e ditatoriais e quase todos apoiados pelos Estados Unidos, bem antes da "Primavera Árabe". A Arábia Saudita é um dos países árabes mais retrógrados, brutais e intolerantes, mas essa monarquia mantém uma fortíssima aliança política e militar com o governo estadunidense. O fundamentalismo islâmico reflete o atra-

so de regiões cujos povos foram brutalmente colonizados, regiões que os impérios ocidentais dividiram e delimitaram segundo seus próprios interesses. O que é inadmissível é a generalização, mesmo porque há violência nas três religiões monoteístas e nas inúmeras seitas neopentecostais. Apenas critiquei a demonização do islã por parte de uma certa imprensa, principalmente a tonelada de artiguinhos cretinos divulgados por institutos e agências estadunidenses. Critiquei também a política dos governos israelenses, que desde 1967 ocupam militarmente Jerusalém Oriental e a Cisjordânia e são cúmplices de colonos fanáticos, que roubam terras palestinas, constroem colônias nessas terras, destroem plantações etc. Isso sem falar na destruição de Gaza, do Líbano e nos assassinatos de milhares de palestinos e libaneses, incluindo crianças e mulheres. Sou totalmente contra as ações terroristas do Hamas, contra qualquer tipo de terrorismo, incluindo o terrorismo de Estado, que pode humilhar um povo inteiro. Nunca critiquei nem questionei a existência de Israel, jamais cometeria esse absurdo, porque não penso assim. Critiquei a política de um governo militarista, que ignorou todas as resoluções da ONU e praticamente inviabilizou a criação de um Estado palestino. Isso é bom para Israel? Para o futuro desse país? Milhões de judeus são contra essa política de anexação de terras e ocupação militar. Basta ler o livro *Outro Israel*, do jornalista Uri Avnery, e os artigos do escritor David Grossman. Ou o livro do historiador Ilan Pappé e de tantos outros intelectuais judeus e árabes, como Edward Said, cujo ensaio *A questão da Palestina* foi publicado pela editora da Unesp.

Você já disse que a ideia de que o povo brasileiro é cordial e tolerante não passa de um mito. Pode explicar melhor o que pensa a respeito?
Séculos de violência e brutalidade não bastam para desconstruir esse mito? Somos informais, talvez mais informais que outros povos, e é provável que isso se relacione com a mestiçagem, que está na origem da formação da sociedade brasileira. Mas tolerantes e cordiais, não. Nenhum Estado, nenhum poder é tolerante, sobretudo no Brasil, um país com extrema desigualdade social, com disparidades regionais, com uma democracia frágil, um poder judiciário cheio de falhas aberrantes, um conluio entre certos políticos e empresários, uma corrupção e impunidade incríveis. Milhares de jovens pobres são assassinados

a cada ano, índios são queimados vivos, homossexuais são discriminados e também assassinados, líderes camponeses e religiosos são executados. Que cordialidade é essa?

É possível um homem intolerante tornar-se um bom escritor, ou literatura e tolerância não estão necessariamente ligadas?
Nem sempre literatura, ética e tolerância andam juntas. Villon, o grande poeta francês, foi ladrão, criminoso, um poeta literalmente desgraçado. Mais que intolerante, Céline foi um racista e antissemita; ele e vários escritores franceses apoiaram a França de Vichy, ocupada pelos nazistas. Li as cartas que Céline escreveu numa prisão da Dinamarca. Ele menciona vários poetas e intelectuais que apoiavam a ocupação, e afirma, ressentido e colérico, que pouquíssimos foram presos, e nenhum ficou tanto tempo na prisão como ele ficou.

O Líbano aparece no Cântico dos Cânticos e está muito presente na tradição religiosa árabe. Defina o Líbano hoje. Em que medida você é um escritor árabe?
Sou apenas um escritor brasileiro, um modesto escritor amazonense, de origem árabe. Meu pai era um muçulmano libanês que se casou com uma brasileira católica. Não havia proselitismo religioso na nossa casa. Fui batizado no catolicismo, mas sou agnóstico, admirador do anarquismo e devoto da literatura, da arte, do vinho da Borgonha, do *poiré*, da amizade, do amor e da liberdade. O Corão e a Bíblia, cuja linguagem são ao mesmo tempo poéticas e violentas, são textos literários. O Cântico dos Cânticos, os livros de Eclesiastes e da Sabedoria, algumas passagens (suras) do Corão são belíssimos. Acho que tudo isso está presente nas culturas oriental e ocidental. Não há cultura pura, isolada. Goethe foi um leitor apaixonado do Corão e da poesia persa. O livro *Divã ocidental-oriental* é fruto dessa experiência de leitor. Um dos contos de Jorge Luis Borges tem como epígrafe um versículo do Corão. Infelizmente não falo nem leio árabe. Morei alguns anos na Europa e uns meses nos Estados Unidos, mas minha experiência de vida está enraizada no Brasil. Não sei definir o Líbano. É um belo país, com uma cultura milenar, e uma história rica e complexa. Aliás, o único país sem deserto na região. O aroma da roupa da amada, a água das montanhas e o cedro do Líbano, tudo isso está no Cântico dos Cânticos. Penso que

a estabilidade política do Líbano me parece frágil. Geopolítica, religião e petróleo são as grandes questões no Oriente Médio.

O que pensa da crítica literária? Houve alguma, em particular, que o ajudou em seu trabalho? Por quê? E alguma que o atrapalhou, ou inibiu?
A crítica é parte constitutiva do nosso espírito, da liberdade de pensar. Ela faz parte da modernidade, e isso antes de Baudelaire, que foi também um grande crítico. Problematizar a linguagem já é uma atitude crítica. Os textos críticos de Machado são excelentes, e isso numa época em que a nossa crítica literária ainda não tinha o vigor e o rigor dos intelectuais da década de 1920 e do Modernismo. Mário de Andrade foi um grande crítico e escritor, um pesquisador incansável da nossa cultura. Talvez ele seja, sob esse aspecto, um dos maiores intelectuais brasileiros. Um grande crítico que me ajudou, que me ensinou muita coisa, foi Davi Arrigucci Jr., de quem fui aluno na década de 1970. As aulas dele eram e são incríveis. Lembro que ele nos deu uma lista dos *great books*, uma indicação de leitura que foi importante, porque o tipo de livro que você lê é fundamental. Davi também assinou a orelha do *Relato de um certo Oriente*, e esse texto saiu em várias edições estrangeiras do romance.

Como você se relaciona com uma crítica negativa, ou pelo menos não muito favorável? O que é melhor para um escritor: ser elogiado ou ser criticado?
Quando publiquei *Relato de um certo Oriente,* lembro que a Leyla Perrone-Moisés me disse que eu não devia ficar exaltado com críticas positivas, nem angustiado com as negativas. Segui à risca esse conselho. Às vezes, resenhas maliciosas, sem qualquer fundamento teórico, tentam destruir um livro, mas isso faz parte das veleidades do mundinho literário. Mas, se esse livro tiver qualidades, os leitores vão desprezar essas resenhas. A última palavra é sempre a do leitor.

Você escreve muito devagar. Um longo espaço de uma década separa a publicação de seu primeiro romance, de 1990, do segundo, de 2000. Depois, passaram-se mais cinco anos até que você publicasse o terceiro, *Cinzas do Norte*. A que se deve essa lentidão? Ela é o resultado de uma excessiva autoexigência?

Sim, sem dúvida se deve a uma exigência que, no entanto, não acaba com a insegurança, pois nunca me sinto completamente seguro. A dificuldade é escrever, como disse Graciliano. Decido publicar quando o manuscrito passa pela leitura crítica dos meus editores, de dois ou três amigos e de minha mulher, que é também uma leitora exigente, talvez mais crítica do que eu. Mesmo assim, a margem de insegurança não diminui. No fundo, tenho a convicção de que não posso escrever um livro em pouco tempo. Até poderia, mas seria impublicável. Publicar é quase sempre um ato de vaidade, mas silenciar significa muito mais... O silêncio de Juan Rulfo, depois da publicação de *Pedro Páramo*. Um texto breve e denso vale mais que uma tonelada de retórica.

A MEMÓRIA DO FUTURO
José Castello

MILTON HATOUM aponta duas palavras – dois conceitos clássicos – como pilares de sua literatura: "memória" e "imaginação". Em uma única frase, justifica essa dupla escolha: "Ambas se relacionam com a experiência de vida e de leitura, matriz da linguagem literária". Em sua justificativa, duas novas palavras aparecem: "vida" e "leitura". Elas se unem, igualmente, e em tal intensidade, que se torna difícil separá-las. Em que medida, pode o leitor se perguntar, Milton escreve comprometido com a verdade? Em que medida o que ele nos relata é falso? A questão é: não existe medida. Os opostos se entrelaçam de modo que não podemos separá-los. Na ficção de Milton Hatoum, dois é igual a um.

 Volto às duas palavras – avesso e direito de uma mesma ideia – que o escritor me ofereceu. A memória é a faculdade de reter ideias. Fala, portanto, da permanência do passado: é, na acepção comum, a lembrança e recordação de acontecimentos ou pensamentos pretéritos. Já a imaginação instaura o futuro, projeta-o, embora não se refira unicamente a ele. A imaginação é a faculdade de representar através de imagens. Não importa se imaginamos fatos ou ideias que estão por vir ou se, ao contrário, imaginamos (recriamos) coisas que já aconteceram. Podemos imaginar também a respeito do presente – como no medo e na apreensão. A imaginação é atemporal: ela habita um espaço indiferente à passagem do tempo. Superior? Inferior? Outro espaço.

 Como conciliar duas palavras tão discrepantes? Por que Milton as escolheu? Lembrar que ambas estão na "matriz da linguagem literária" é importante, mas não suficiente. De fato, sem memória e sem imaginação ninguém escreve ficção. Ambas são os materiais mais preciosos que um escritor possui, formam a origem secreta de suas narrativas. Creio que o mais importante na escolha de Milton é o registro de uma contradição. Se o escritor imagina, ele faz isso a partir do que viveu (memória). Se ele se baseia na memória, não faz isso para nela se deter, mas, ao contrário, para, a partir dela – como de um trampolim – alçar voo. A palavra pode ser "contradição".

Talvez (mas apenas talvez) a memória possa ser tomada como o motor da imaginação. Como seu ponto de partida. É a partir do acervo de pensamentos e lembranças que guarda em sua mente (memória) que um escritor inventa suas ficções. Acontece que grande parte do ponto de partida – como se um nadador saltasse sobre uma piscina agarrado ao trampolim – se conserva naquilo que se inventa. Talvez memória e imaginação sejam mesmo inseparáveis, o que explica a escolha dupla – e inabalável – feita por Milton. Ela aponta um fundamento que não só fundamenta sua literatura, mas que está na base de toda ficção.

Já em seu romance de estreia, *Relato de um certo Oriente*, de 1989, essa dupla escolha tem um lugar central. História de uma mulher que, depois de muitos anos, retorna à cidade de sua infância, Manaus, o romance trata não só de um drama familiar, mas do choque entre os restos da memória e o impacto do presente. Presente que não se entrega pronto, mas que deve ser inventado, ou pelo menos reinventado – logo, conflito entre memória e imaginação. Mas será? Na medida em que a memória é, ela também, reconstrução, trata-se, no fim da contas e sempre, de invenção. Sim: a palavra pode ser "invenção", uma vez que a invenção é o resultado da fusão indissolúvel entre imaginação e memória. Suas asas com as quais o escritor alça seu voo.

Em seu primeiro romance, Milton trabalha a memória não como algo perdido nos corredores do passado, mas algo, ao contrário, presente e precioso, que serve ao indivíduo como seu último reduto. Quando a narradora retorna a Manaus, tudo o que traz de volta é o acervo de lembranças que guarda dentro de si, e é com esses restos, por mais frágeis que sejam, que ela precisa viver. Logo se defronta com a morte de sua mãe adotiva, Emilie – o que mostra o quanto o presente é imprevisível e, também, quanto do futuro nele se esconde. A partir de seu retorno e da morte de Emilie, a personagem de Milton deve recompor, ainda que aos pedaços, sua vida. As figuras do passado que reencontra se assemelham a fantasmas: "A vida começa verdadeiramente com a memória". Vida e memória, assim como memória e imaginação, se revelam, também, inseparáveis. A personagem é amarrada, assim, por um nó resistente, que não consegue desfazer. É nesse momento de desilusão e sufoco que a imaginação a salva.

Quando menina, Emilie ainda relembra, costumava apontar para a lua cheia e dizer: "É a luz da noite". Mesmo da escuridão mais profunda (memória) alguma luz sempre se arranca – e é aqui que a literatura faz a sua parte. Também a memória é feita de rápidos flashes, fugidios como os relâmpagos, que insistem em lhe escapar. Incapaz de ressuscitar o passado, ela faz uso da memória para recriá-lo. Em um ambiente híbrido e de fronteira, no qual a imensa Amazônia se dissolve nas lembranças do Oriente Médio, a narradora entende, aos poucos, que, para reencontrar sua história, precisa reinventá-la, ou a nada chegará. Precisa criar novas fronteiras, novos limites, novos traços, para redesenhar o que sobrou do passado e lhe conferir algum sentido.

Durante esse trabalho de reconstrução, súbitos incidentes, como o afogamento de Emir e a cena em que Soraya Angela é atropelada, produzem ondas de instabilidade. Duras, implacáveis, como facadas. O presente está sempre a desarranjar o passado e, também, a redefinir, com seus súbitos trancos, o pouco que conseguimos antever do futuro. O presente é, no fim das contas, o dono da cena. Sem ele, não há memória (passado) nem sonho (futuro). Só no presente podemos recordar e devanear.

Milton trabalha, assim, como uma técnica de encaixes, cheia de hiatos, intersecções e rangidos, na qual várias peças soltas, de procedências diversas, se reúnem precariamente. Lidar com o passado, no fim das contas, é o melhor caminho para lidar com a vontade de mentir que define a ficção. Tudo o que resta ao escritor é acreditar em suas mentiras. "Sem relutância ou assombro, acreditei piamente nas palavras que me acenderam os olhos, enquanto transparecia o abismo celeste no vão da janela", diz a protagonista. Nas lembranças que traz de seus passeios com Emir à beira do cais, surge, mais uma vez, o status incompleto e mesmo indecifrável da memória. "O que dizíamos um ao outro não delineava exatamente uma conversa e sim um amálgama de enigmas." Também o presente é feito de destroços indecifráveis. Só porque a vida sempre nos escapa existe a ficção.

Também em *Dois irmãos*, romance de 2000, Zana, a grande mãe que manda e desmanda, e cuja morte se narra logo na abertura, encontra-se, na verdade, presa ao desconhecido. História da conturbada relação entre dois irmãos gêmeos, Yaqub e Omar, o romance traz como pano de fundo, mais uma vez, não só o conflito entre dois homens, mas o contraste e a mistura entre dois mundos, a Amazônia e o Líbano. A palavra que busco pode ser "mistura". Yaqub é um homem discreto, com a alma de um "bicho escondido". É casmurro e conservador. Seu oposto, o caçula Omar gosta de se lançar cegamente no mundo, é um *bon vivant* que prefere, a conservar, transgredir. Mais uma vez: Yaqub aponta para o passado, enquanto Omar para o futuro; mas os dois tempos – como em um grande caldeirão de almas – sempre se misturam. Armada sobre a passagem do tempo, a ficção de Milton Hatoum, na verdade, coloca a existência do tempo em questão. A palavra pode ser "tempo", pois é de sua existência e de seu poder que se trata, sempre, em suas ficções.

O laço irreversível entre os dois irmãos se evidencia, com mais clareza, quando eles se apaixonam pela mesma mulher, Lívia. Mais que o mesmo amor, porém, o que os enlaça é a mesma língua. Mais uma vez, as personagens de Milton se enredam na força do simultâneo. Como se os calendários enlouquecessem, suas folhas embaralhassem, e escrever fosse uma maneira de salvar um pouco do que, neste vendaval, se perdeu. Revela Yaqub que, no longo período que passou no Líbano, só não se esqueceu de uma coisa: da língua. No mais, a turvação se espalha por todos os lados, fazendo do tempo uma espécie de borrão. A palavra pode ser "turvação".

O narrador Nael, por exemplo, vive tomado por uma dúvida, que expressa assim: "Sou e não sou filho de Yaqub". Pergunta central, que pode ser transcrita na versão clássica: "Quem sou eu?". A palavra que busco pode ser, nesse caso, "identidade". Em um mundo obscuro e indecifrável, é a busca da identidade que move, no fundo, todas as personagens. É para ela que se vive. Seguindo essa busca, Milton realiza, com mestria, seu projeto literário: o da ligação da história pessoal (individual) com a história familiar (coletiva). Tal trabalho de encaixe é realizado aos saltos e aos trancos, já que a ficção se ergue sobre a certeza de que o mundo será sempre incompleto. Arrastadas pelo vento, muitas folhas do calendário se perderam para sempre. A palavra pode ser "perda". Resta buscar um sentido na manipulação daquelas que, do desastre, restaram.

A mesma tensão, o mesmo desejo de compreender o incompreensível move *Cinzas do Norte*, romance de 2005. Mais uma vez, a história de um encontro – que é sempre e também desencontro: entre os meninos Olavo, o narrador, um órfão criado pelos tios, e Raimundo, seu melhor amigo, filho da aristocracia. Raimundo rompe com a família e escapa para a Europa; Olavo permanece preso à suas origens. Nenhuma das duas escolhas – partir ou ficar – constitui uma solução. O romance é narrado por Olavo que, como aquele que permanece, assume o papel de guardador da memória.

Já na abertura, em um bar do centro do Rio de Janeiro, Olavo lê uma carta enviada pelo amigo distante. "Pensei em reescrever minha vida de trás para a frente, de ponta-cabeça, mas não posso, mal consigo rabiscar, as palavras são manchas no papel, e escrever é quase um milagre... Sinto no corpo o suor da agonia." O enfrentamento da memória é não só uma aventura, mas uma experiência dolorosa. Não só pelos conteúdos que se recuperam, mas, sobretudo, pelo modo como a mente falha, tingindo a lembrança – como em uma colcha roída pelo tempo – com rombos e buracos. Lembrar dói – a palavra pode ser "dor". Lembrar não é só lembrar, mas defrontar-se com aquilo que ficou perdido para sempre – e a palavra pode ser "perda".

Achamos, quase sempre, que os mitos são histórias ingênuas, que embalam o sono das crianças e a ignorância dos primitivos. São bem mais que isso: lendas e mitos se formam quando o homem se faz perguntas que não pode responder. É o que acontece mais uma vez com Milton Hatoum no romance *Órfãos do Eldorado*, de 2008. Mais uma vez em cena não tanto o passado, mas o rombo que fica em seu lugar. Velho e solitário, Armindo Clodovil narra para um visitante, que entra em sua casa em busca de água, a história de sua vida. Sua mente vagueia entre a história e a lenda. Em sua narrativa, a imprecisão – a palavra pode ser "imprecisão" – dá as cartas.

Personagens fluidos, como que tirados de velhas fotografias, ressurgem em sua fala. O pai Amando, com quem teve uma relação difícil. Florita, a mulher enigmática, com quem vive um amor ambíguo. O sábio Estiliano, que vive para os pensamentos, os livros e os vinhos. No centro da cena, a menina Dinaura, paixão louca de Armindo, criada por freiras carmelitas e cuja história guarda um segredo, que só ao final do livro irá, em parte, se revelar. A palavra pode ser "segredo" – já que no fundo é ele que encontramos quando remexemos nos arquivos da memória.

Dinaura desapareceu e sua ausência é encoberta por lendas de mulheres que, seduzidas por botos, cobras e sapos, são arrastadas para uma cidade mágica, submersa no rio Amazonas. Resta ao decadente Armindo, agora, o silêncio de Dinaura. "Eu me acostumei com o silêncio e com a voz que eu só ouvia nos sonhos." Como personagem de fundo, o rio Amazonas, que, com seu peso e obscuridade, serve de cosmos. Imenso rio obscuro, que concede ao romance de Milton um misto de imprecisão e de elevação. O álcool e as distorções que ele provoca no espírito turvam ainda mais a razão de Armindo. A memória nunca está livre da intromissão desestabilizadora dos sentimentos. "O medo se intrometeu na saudade que eu sentia de Dinaura."

Por fim, em uma visita à antiga fazenda do pai, Armindo Clodovil entende, um pouco melhor, a origem de seu mal: "Não era o lugar que me perturbava, era a lembrança do lugar". Adoecemos não tanto do presente, que costuma ser direto e sem rodeios, mas das lembranças com que preenchemos seus vazios. Elas, sim, são vagas, pestilentas e se infiltram em nosso espírito, minando sua força. A palavra pode ser "errância". E, no entanto, tudo o que resta a um romancista é, ainda que vagamente, lembrar. Lembrar, relembrar, recriar, imaginar: eis tudo o que uma ficção pode fazer. Tarefas que, manejadas por um escritor do porte de Milton Hatoum, não chegam a decifrar nossas vidas, mas nos ajudam a viver.

BIBLIOGRAFIA

ROMANCES
Órfãos do Eldorado. Companhia das Letras, São Paulo, 2008.
Cinzas do Norte. Companhia das Letras, São Paulo, 2005.
Dois irmãos. Companhia das Letras, São Paulo, 2000.
Relato de um certo Oriente. Companhia das Letras, São Paulo, 1989.

CONTOS
A cidade ilhada. Companhia das Letras, São Paulo, 2009.

CRÔNICAS
Um solitário à espreita. Companhia das Letras, São Paulo, 2013.

ENSAIOS
Aspereza do mundo, concisão da linguagem: Ensaio sobre Graciliano Ramos. Companhia das Letras, São Paulo, 2013 – coleção Breve Companhia, edição eletrônica.
Crônica de duas cidades: Belém e Manaus. Secretaria de Estado de Cultura do Pará, 2006 – em parceria com Benedito Nunes.

APRESENTAÇÃO
Adonis, *Poemas*. Companhia das Letras, São Paulo, 2012.

TRADUÇÕES
Edward Said, *Representações do intelectual*. Companhia das Letras, São Paulo, 2005.
George Sand, "Esperidião", em: *Contos de horror do século XIX*. Companhia das Letras, São Paulo, 2005.
Gustave Flaubert, *Três contos*. Cosac Naify, São Paulo, 2004 – com Samuel Titan Jr.
Marcel Schwob, *A cruzada das crianças*. Iluminuras, São Paulo, 1988 – edição bilíngue português/francês.

©GREG SALIBIAN

ALBERTO MARTINS

EM 2005, aos quarenta e sete anos, o poeta Alberto Martins publicou seu primeiro livro de prosa, *A história dos ossos*. Ele reúne duas pequenas novelas que podem ser lidas como uma crônica familiar a respeito do transporte da ossada do pai do narrador desde o cemitério no qual foi enterrado até um destino inesperado. O tempo passou e Martins mais uma vez deu voz ao narrador de *A história dos ossos*, expandindo as enxutas narrativas do livro vencedor do Prêmio Portugal Telecom em sua novela mais recente, *Lívia e o cemitério africano*.

Poeta, escritor, artista plástico e editor, Alberto Martins nasceu em 1958 na cidade portuária de Santos, onde passou a infância. Em 1976, mudou-se para São Paulo, onde reside até hoje. Mestre em Literatura Brasileira pela Faculdade de Filosofia, Letras e Ciências Humanas da Universidade de São Paulo (FFLCH/USP) e doutor em Poéticas Visuais pela Escola de Comunicações e Artes da Universidade de São Paulo (ECA/USP), procura dar um enfoque original à discussão teórica sobre a relação entre a escrita e as artes plásticas. Trata-as como linguagens autônomas, mas relaciona-as na prática. Sua tese de doutorado foi o trabalho intitulado *Cais* – um conjunto de desenhos, xilogravuras e poemas –, que seria publicado em 2002 pela Editora 34. Outras obras do escritor também contam com suas xilogravuras.

Em 1985, com bolsa da Capes/Fulbright, passou uma temporada em Nova York, estudando gravura, metal e xilogravura no Pratt Graphics Center. A partir de então, passou a se dedicar à xilogravura e, mais tarde, à escultura. De 1990 a 1998, foi um dos orientadores do ateliê de gravura do Museu Lasar Segall.

Na literatura, publicou poemas, contos, novela, teatro e biografia. Autor também de livros infantojuvenis que entrelaçam artes plásticas e literatura, como *A floresta e o estrangeiro*, realizado a partir de guaches e aquarelas de Lasar Segall, considerado altamente recomendável pela Fundação Nacional do Livro Infantil e Juvenil (FNLIJ), além de *A história de Biruta*, livro que reúne imagens de vinte e cinco aquarelas do pintor Jean-Baptiste Debret.

Desde 2000, é editor da Editora 34, atividade que considera, em parte, um desdobramento de sua atividade de escritor.

Gravura, escultura, poesia, novela, teatro, livros infantojuvenis. Que tipo de motivação o leva a um ou a outro gênero? Você sempre sabe qual caminho deve seguir, ou faz essas escolhas às escuras?
Basicamente a motivação está em escrever e gravar, na escrita e nas artes plásticas. No meu percurso, penso que estas últimas conferiram uma contraparte material ao gesto da escrita, que é, basicamente, o gesto de fazer uma inscrição. Acho que escrever é isso: fazer uma inscrição. No tempo, sobretudo.
Quanto ao processo, ele é muito mais às escuras do que às claras. Aliás, não consigo pensar a poesia (em qualquer das suas manifestações) sem surpresa e descoberta no meio do caminho.

No seu trabalho, como se dá a relação entre matéria visual e matéria literária? Numa entrevista, você disse que em seus livros não havia diálogo entre o visual e o escrito. Se não há diálogo, há o quê? Disputa?
Desde o primeiro momento em que me envolvi com a gravura, logo com a escultura e com as artes plásticas em geral, não quis fazer da relação entre escrita e visualidade uma questão teórica, mas sim uma questão de estudo prático.
Penso que há vários planos nessa relação. Em um deles, muito concreto, creio que é preciso afirmar a irredutibilidade de cada linguagem, a sua não convertibilidade. Palavra e imagem não "dizem" exatamente a mesma coisa. Tempos atrás assisti a algumas palestras do psicolinguista colombiano Evélio Cabrejo-Parra em que ele explicava claramente que a palavra, enquanto modulação e ritmo sonoro, se enraíza na vida mental do bebê ainda na barriga da mãe, ao passo que a imagem só se inscreve na vida mental da criança do lado de fora e algumas semanas depois do nascimento. Portanto, linguagem verbal e linguagem visual têm entradas diferentes e, muito provavelmente, acessam canais

distintos no nosso cérebro – embora a gente passe o dia inteiro produzindo conexões entre som e imagem e fazendo conversões entre os sistemas verbal e visual, e vice-versa.

Para uso interno, gosto de pensar que para que existisse a escrita, a inscrição, foi preciso escavar um pedaço de osso, de barro ou outro material. Gosto de pensar que essa matéria que foi retirada para que o sinal se inscrevesse, essa matéria retorna sob forma de imagem para dizer à escrita de que material ela foi (ou poderia ser) feita.

Por isso, a imagem está num lugar em que a escrita não pode estar; por isso, as duas não dizem a mesma coisa. A imagem que quer "ilustrar" o texto ou o texto que busca "explicar" a imagem tentam inutilmente fechar esse intervalo, o que é impossível. Ora, a graça é justamente deixá-lo em aberto, pois é no intervalo que floresce a imaginação.

As gravuras são feitas antes, durante, ou depois dos poemas?
Gravuras e poemas são horizontes que se alternam – ora estão mais próximos, ora mais distantes. No caso de *Cais*, se não me engano, as gravuras inseridas no livro foram feitas ao longo da década de 1990, quando fazia excursões de trabalho ao porto, andava por ali, tomava a balsa para Vicente de Cavalho atrás do prédio da alfândega, ou então a catraia na bacia do Macuco. Levava um caderno e às vezes tomava notas, às vezes desenhava. Mas as gravuras não foram feitas pensando no livro; foram feitas para existirem por si. Só quando fui ao Museu Gutenberg, em Mainz, na Alemanha, no final dos anos 1990, foi que compreendi como o gesto gráfico era inerente à escrita, à impressão, à tipografia, ao livro – e aí, na volta, propus à editora combinarmos poemas e gravuras, criando um ritmo para o volume.

Como foi o início de seu desenvolvimento intelectual? Quem (ou o que) induziu o gosto pela arte e pela literatura?
O caminho da formação literária foi, *grosso modo* e certamente esquecendo muita coisa, Drummond, Cabral, Rimbaud, Mallarmé. Depois, na prosa, tive uma fase Alejo Carpentier, que me abriu a cabeça para a história e as paisagens latino-americanas, como se estas fossem peças de um quebra-cabeça, intercambiáveis e vasocomunicantes. Lia tudo dele que encontrava pela frente.

Nas artes, a gente cresce admirando os grandes nomes do modernismo europeu (Picasso, Miró, Matisse, Klee...), depois vai apurando e particularizando as escolhas. Nesse processo, foi fundamental o encontro e a orientação do Evandro Carlos Jardim, cujos cursos na ECA segui durante muitos anos. Foi por sugestão do Jardim que conheci a obra de Joaquín Torres García. Em 1989, fomos ao Uruguai de ônibus, Gô, minha mulher, e eu, exclusivamente para ver, e ler, Torres García (digo "ler" porque ele deixou dezenas de livros-cadernos em que o desenho e a escrita se combinam de várias maneiras; mas, sem dúvida, ele é melhor pintor do que escritor).

Foi com Torres García, sobretudo, que entendi que a geometria que importa não é um cálculo matemático, uma equação da racionalidade – como, em certo momento, deu a entender o concretismo paulista – mas, antes de tudo, um risco, um salto, uma intuição. De Torres García para Brâncuşi e Amilcar de Castro foi um passo.

Fale sobre seus hábitos de trabalho e sobre seu ambiente de trabalho. Como são seu escritório e seu ateliê?
Uma vez fui a uma oficina de cantaria de pedra, em Itapecerica da Serra. Era um espaço grande, mas não gigantesco, ao ar livre, onde vários canteiros trabalhavam. A maior parte das encomendas eram esculturas para templos e túmulos japoneses. Fui contratar um serviço e o encarregado me recebeu numa casinha pequena, no meio daquele espaço aberto, rodeada de pedras em diferentes estágios de acabamento. Disse para mim mesmo que me sentiria bem escrevendo num lugar como aquele. Anotações rápidas posso fazer em qualquer lugar, na rua, em casa, no trem, no automóvel ou no meio da noite. Mas para dar forma mais duradoura a essas anotações, para trabalhos de maior fôlego, preciso de um espaço isolado, concentrado. Tenho escrito na garagem de casa, que, até que me mova para um espaço maior, tem sido o meu ateliê. Neste momento escrevo de pé, sobre uma mapoteca improvisada como mesa. Gosto de escrever num ambiente cheio de materiais – blocos de madeira, ferramentas, pedaços de ferro e de alumínio, tinta preta e a desordem que advêm do próprio processo de trabalho. É claro que uma vez que você engata num trabalho, seja de escrita, de gravura ou outro, você se aprofunda, permanece nele e, literalmente, se esquece do tempo. Mas, de modo geral, gosto de estar rodeado por diferentes materiais.

Nesse sentido, o trabalho plástico tem algo precioso para um escritor: os momentos de "entendimento" com a matéria, quando a relação com o mundo não passa pela palavra. Por fim, para mim é estimulante que um trabalho tido como intelectual, o ler e escrever, se dê na proximidade de um trabalho tido como manual, como riscar, gravar ou cortar. Na verdade, essa dicotomia entre trabalho intelectual/trabalho manual é extremamente pobre, preconceituosa, geradora de desigualdades, e não dá conta da realidade dos processos.

Passaram-se doze anos desde a publicação de seu primeiro livro de poesia adulta, Poemas (1990), para o segundo, Cais (2002), e mais oito anos separaram este do terceiro, Em trânsito (2010). Por que espaços tão longos?
Até este momento os intervalos entre um livro e outro têm sido longos, mas tenho a impressão de que tendem a diminuir. *A história dos ossos*, precisamente, foi o livro que, entre gestação e publicação, demandou mais tempo: passaram-se vinte e sete anos entre as primeiras anotações, que são de 1978, e a publicação, que é de 2005. Num certo sentido, foi um marco – tenho a impressão de que o fato de ter sido capaz de levá-lo até o fim, e publicá-lo, e ter leitores, torna, daí pra frente, o caminho mais aberto.
Por outro lado, preciso admitir que essa demora tem a ver com entender o tempo como parte do processo de composição da obra. Uma vez li no jornal uma reportagem sobre a polêmica em torno da construção das usinas no rio Madeira, cujo atraso se devia, naquela altura, à falta de um determinado laudo exigido pelo Ibama. A matéria dizia que um dos maiores desafios da hidrologia é justamente o cálculo do comportamento dos sedimentos, seu depósito quase aleatório no leito de um rio. Dizia mais: que o próprio Einstein teria se dedicado a esse problema antes de atacar a Teoria da Relatividade (não teve sucesso com os sedimentos), e que coube a seu filho, bem mais tarde, fazer avanços nessa área. Gostei de saber disso – que é realmente muito difícil montar equações que descrevam o comportamento dessas partículas minúsculas, fundamentais na vida de um ecossistema. Muito bem. Tenho a impressão de que é tão – ou mais – difícil entender como se comportam "as partículas" na composição de um poema, uma novela, uma escultura. Há um grau de necessária imprevisibilidade que faz parte do processo poético e tem a ver com o tempo.

Repito: como entender o tempo, não como um elemento que é tematizado, mas como algo que vive, pulsa e entra na composição da obra em si. Claro, tem o risco de você demorar demais e a obra terminar com o cordão umbilical enroscado em torno do pescoço – e nunca nascer ou nascer morta. Por outro lado, é o tempo que permite que você viva, que a obra continue e se expanda; permite que cada observação do dia a dia entre e altere a configuração do que está sendo escrito, e assim o texto vai se construindo de muitas camadas. Acho que a mesma coisa ocorre com a leitura: é o tempo que permite que a vida de um leitor ganhe intensidade com aquilo que ele lê – e que sua leitura, se bem-sucedida, seja potencializada pela vida.

Quando você decide que chegou a hora de publicar um livro?
Penso os livros como perguntas. Como investigações que exploram uma certa zona de atrito do sujeito com o mundo. Essa zona é mais ou menos informe até que o poema ou a prosa venham dar forma a ela. Um livro está pronto quando as perguntas, as explorações que ele reúne, encerram um determinado ciclo de experiência. Quando esse ciclo está se esgotando, os poemas começam a sair aguados, a prosa se torna secundária, sem tensão. É hora de fechar e publicar aquele livro, para se ver livre e partir para outras explorações.

Fale um pouco de sua última novela, recém-publicada.
A prosa se chama *Lívia e o cemitério africano*. Chamo de "a continuação da *História dos ossos*". Chamo de "continuação" porque, embora seja uma novela independente, tem o mesmo narrador e parte de um núcleo comum ao livro anterior. O tempo passou – e descobri que a minha percepção sobre os acontecimentos narrados na *História* também tinha se alterado: o narrador cresceu, virou arquiteto, e descobri que eu tinha mais coisas a dizer. Assim voltei a dar voz àquele narrador e o texto se expandiu para outras personagens e outras zonas de investigação, mas a partir do núcleo inicialmente lançado na *História dos ossos*.

Agora, reatando com uma pergunta anterior: aqui também senti necessidade de incluir imagens e, pensando no assunto, entendi que isso ocorre basicamente quando a linguagem do narrador sofre um pequeno colapso. Nessa hora, a narração/livro pode se servir de um substrato anterior, puramente gráfico, para inserir algo que é pré-palavra – mas só aí, no momento em que a palavra falta.

Você é editor de uma importante casa editorial, a Editora 34. Esse duplo ofício, de poeta e editor, é um obstáculo ou, ao contrário, um combustível para a criação? Como se equilibram o editor e o criador?
Para mim a atividade de editor é, prioritariamente, um desdobramento da de escritor – isto é, a atividade de um trabalhador que se entretém com a escrita, procurando relações e sentidos naquilo que lê, e se diverte organizando sons, palavras, sentenças, pensamentos etc. Nesse aspecto, penso que o trabalho do editor não é prejudicial ao trabalho do escritor.
Vejo ainda outros dois aspectos positivos. Para uma mente curiosa e não sistemática, a diversidade de temas, formas, gêneros, dicções e personalidades com que você é levado a entrar em contato numa editora é literariamente mais estimulante do que acabrunhadora.
E outra coisa importante: ao aproximar o escritor do processo concreto, material, artesanal e industrial da produção dos livros, trabalhar numa editora revela uma dimensão anônima e coletiva naquilo que, frequentemente, tende a ser visto como um produto unicamente autoral.
Enfim, há um poema do Fabrício Corsaletti que se chama "Lígia e os idiotas" e de que gosto muito. Diz assim:

> naquela época eu vivia cercado de idiotas
> para onde olhasse enxergava idiotas
> no espelho flagrava um perfeito idiota
> a multidão do colégio era um desfile de idiotas
>
> Lígia não era idiota
> nunca fui seu amigo porque acabei me aproximando de idiotas
> e fiquei mais idiota
> e Lígia não gostava de idiotas
>
> hoje sei que existem muitas Lígias no mundo
> mas sei também que existem idiotas
> e por mais que eu tente me dizer que essas coisas andam juntas
> que dentro de cada um existe uma Lígia e um idiota

> aprendi que é preciso ficar perto de Lígia
> e longe dos idiotas

Nesse sentido, ajudar a fazer livros é tentar "ficar perto de Lígia e longe dos idiotas".

Com quais poetas de sua geração você dialoga? Ou a ideia de geração poética não faz mais sentido depois da "morte da história" decretada no século XXI?

Penso que a ideia de geração, de maneira geral, faz sentido na medida em que cada geração, quando desembarca no mundo, é afetada por uma configuração de problemas mais ou menos específicos e, consciente ou inconscientemente, formula as suas perguntas – as suas perguntas criativas – em resposta a esse quadro.

Como é muito difícil mudar de perguntas ao longo da vida, muito provavelmente, se for feito um rastreamento em profundidade, a gente vai ver que escritores que tomaram rumos bastante diferentes às vezes estavam respondendo, no seu ponto de partida, a um conjunto de perguntas comuns. É uma ideia a ser verificada.

Agora baixando a bola para diálogos bem concretos que foram importantes na minha escrita: por vários anos um diálogo contínuo, entusiasmado, se deu com o Augusto Massi, poeta, professor e editor. A conversa girava basicamente em torno de poesia e de tornar-se poeta. Foi bem importante para mim. Meu primeiro livro, *Poemas* (1990), saiu pela coleção Claro Enigma, que ele tocava na Livraria Duas Cidades. Porém, mais do que o fato de ter sido publicado em livro pela primeira vez, o que realmente contava aí eram o entusiasmo e a vivacidade da conversa. Mais ou menos nessa época (não foi tanto o diálogo ao vivo, mas por meio dos livros), a poesia do Paulo Henriques Britto foi bem importante para mim, na medida em que me ajudou a deixar de lado uma certa dicção cabralina (que se nota em *Poemas*) e encontrar outros rumos, o que foi dar nos poemas de *Cais* (2002). Mais recentemente, escapando à classificação geracional – ou ampliando-a –, há a conversa viva, livre e desimpedida com o Fabrício Corsaletti, que tem um faro extraordinário para o poema.

Abrindo o leque das conversas importantes, com distância de uma, duas ou mais gerações, não para baixo mas para cima, seria preciso contar os professores – desde aqueles que davam aulas de redação e literatura, no cursinho em Santos, aos professores da Letras (USP), que mais tarde se tornaram colegas e amigos. Boa parte do meu entendimento da cultura e da literatura se deve ao contato com esses professores. Por fim, há todo um conjunto de influências invisíveis, presentes no dia a dia, que diz respeito às pessoas com quem você vive, convive, companheiros, amigos, inimigos, afetos vários, dicas de livros, conversas inesperadas – um número enorme de acontecimentos decisivos que muitas vezes permanecem anônimos, mas que contam profundamente.

É consenso entre os editores que o Brasil precisa aumentar sua base de leitores. Você trabalha no mercado editorial e é também escritor. Como se poderia chegar a isso?
Talvez a minha resposta soe um pouco truncada, mas lá vai. Ler e escrever constituem a tecnologia mais barata e mais completa para a inclusão social e para a construção de vidas emancipadas. Mas a capacidade para operar essa tecnologia não se desenvolve por si, solta no ar, e nem depende unicamente de políticas educacionais. Ela está intimamente ligada com questões muito concretas do dia a dia, como o acesso à saúde, ao transporte, à moradia, ao trabalho.
Quero falar aqui sobre o transporte.
Não só a leitura é um "meio de transporte", que nos leva a distintos lugares e condições da realidade, como o livro tem muitos pontos em comum com o transporte público. Ambos reúnem a dimensão íntima do destino individual (aonde eu quero ir? em que ponto ou estação quero descer?) e a dimensão coletiva, pois aquele veículo não existe em função do indivíduo, mas sim para atender uma necessidade coletiva. Como usuário de livros e de transportes coletivos, estou convencido de que há uma forte conexão entre um transporte público decente, como condição para a liberdade de ir e vir, e o acesso ao livro e à leitura, como condição para a liberdade do conhecimento.

Quem é seu leitor ideal? Esqueça do ideal: quem é seu leitor?
O leitor é qualquer um, qualquer pessoa, todos nós. Não precisa de qualificações nem requisitos. É qualquer um que se apresente, tome um poema, um livro, nas mãos e diga para si mesmo (ou para os ou-

tros) as suas palavras. E que as diga à sua maneira, com seus cacoetes e "defeitos". E se gostou hoje, não é obrigado a gostar amanhã do mesmo livro, do mesmo poema. O leitor, a leitura, é uma aventura em aberto. Acho que esse é meu leitor ideal: um leitor em trânsito, que atravesse os espaços, os afetos, os lugares, movido pela leitura.

A paisagem de sua cidade natal, Santos, é forte referência em *Cais*. Ali estão o mangue, o litoral, a relação entre o mar e a terra, e as xilogravuras reproduzidas no livro também exibem aspectos da cidade. Houve uma tentativa de fotografar Santos ou você poderia ter usado outra cidade qualquer como tema dos poemas?
Seguindo Alejo Carpentier, acho que é possível entender a cultura por via da paisagem, e a paisagem, por via da cultura. No caso de *Cais* (e também de *A história dos ossos*) havia a necessidade muito clara de explorar a paisagem do litoral em vários planos. Nesse sentido, era fundamental que no terreno a ser escavado houvesse também os estratos biográficos da infância, da família etc., a que se somam referências extraídas de outros poetas e viajantes (vários poemas em *Cais* partem ou fazem alusão explícita a passagens de cronistas como Hans Staden, Jean de Léry, André Thevet, Anchieta e outros) – tudo isso para compor o terreno a ser escavado. Nesse sentido, mas apenas nesse sentido, a cidade ali só poderia ser Santos. Isto posto, uma vez escavado o terreno e explorada a paisagem, esta se torna intercambiável e, agora sim, poderia ser a de qualquer cidade litorânea, talvez em qualquer lugar do mundo.

As oficinas literárias se disseminam por todo o país. É possível ensinar a escrever poesia? Quais seriam os requisitos básicos para que alguém se aventure na criação poética?
Participei de poucas oficinas literárias. Não acho que elas tenham a finalidade de "ensinar alguém a escrever poesia", mas simplesmente de iniciar um processo de descoberta, de despertar a atenção para os nexos entre as palavras, os ritmos, as imagens e a nossa experiência sensorial e emocional. Talvez iniciar os leitores num repertório mais amplo, alargar referências e estimular os participantes a se aventurar nesse terreno incerto, mas também necessário, vital e preciso, da linguagem verbal.

Não acredito em requisitos básicos para alguém se aventurar na criação poética além do impulso e da vontade para isso. Para efeito de registro, anoto aqui uma quadra composta coletivamente, durante uma oficina de que participei no centro de São Paulo, dentro do projeto Extramuros, desenvolvido pela Ação Educativa da Pinacoteca do Estado:

NO HOSPITAL PARAÍSO
NÃO HAVENDO SOLUÇÃO
PARA IMPLANTE DO SARGENTO
CORTARAM O BIFE DO DRAGÃO.

Se essa quadra é ou não um poema, isso não interessa tanto saber – mas que tem poesia, tem.

A MARCA DE ALBERTO MARTINS
José Castello

ALBERTO MARTINS não aponta uma palavra que ocupe o centro de seus escritos. Arrisco-me a pensar, inspirado por *Em trânsito*, livro de poemas que publicou em 2010: essa palavra pode ser "trânsito". Ela fala de passagem, de acesso, aponta um caminho e, sobretudo, um movimento. Fala de um percurso – e a escrita de Alberto é, sem dúvida, uma escrita inquieta, que salta em várias direções (vacila entre a poesia e a prosa, sem se decidir a respeito da direção "certa"). Uma escrita difícil de classificar, que está sempre em intenso deslocamento, ruptura e transformação. Sempre em trânsito.

É nesse estado de trânsito, entre o pequeno e o grande, o certo e incerto, que o poeta se posta. Sim: porque, mesmo quando escreve prosa, Alberto é, antes de tudo, um poeta. Em um dos poemas de *Em trânsito*, ele vai à padaria ao lado do amigo Flávio Di Giorgi, falecido em 2012, que lecionou na Faculdade de Filosofia, Comunicação, Letras e Artes da Pontifícia Universidade Católica de São Paulo (Faficla/PUC-SP) durante quarenta anos. Enquanto tomam um café, o poeta se recorda de Horácio, que encontrou uma ânfora com um vinho fabricado no ano de seu nascimento. Horácio provou do vinho – como se degustasse o próprio sangue. O poeta trabalha, sempre, com as coisas reais e, portanto, sangrentas. Mas, como somos humanos, somos a cada momento uma coisa (um sangue) diferente. Nosso fundamento, portanto, é o trânsito, e não a paralisia. Resume Martins: "quem está formado segue ao sabor dos próprios erros". A palavra que busco parece ser "erro", não como algo indigno, ou condenável, mas como a marca definitiva do singular. É ao sair da série – ao "errar" – que um poeta se faz poeta.

Os erros nos carregam: os erros nos levam a ser o que somos. É o que experimentam três grandes poetas – José Paulo Paes, Álvares de Azevedo e Mário de Andrade –, ao se encontrarem em *Uma noite em cinco atos*, peça de teatro que pode ser lida como um ensaio sobre a poesia. Na Faculdade de Direito da Universidade de São Paulo (FD/USP), no Largo de São Francisco, Zé Paulo se depara com o jovem Álvares, que ressurge como um doce e juvenil fantasma. Em pleno século XXI, Zé o convoca para uma tarefa. Álvares viveu sua breve vida, de vinte e um anos, isolado na faculdade, indiferente às notícias de seu tempo, centrado em sua solidão. Zé Paulo o define como um "aluno de poesia" e o convoca, então, para a paisagem vazia do século XXI, na qual as vanguardas não dão mais as cartas e a turvação é dominante. Precisa da distância sábia de Álvares para enxergar melhor seu confuso presente. "Um poeta não tem muitas escolhas na vida", ele lhe diz. O poeta duvida, equivoca-se, suspeita. Aposta no mal-entendido e no impreciso. A palavra que busco em nome de Alberto Martins pode ser "dúvida". O que não deixa de ser a experiência do risco e, em consequência, o risco do erro.

Sem memória, Álvares não consegue recordar nem mesmo os próprios versos. Zé o consola: "Do conhecimento só fica aquilo que se usa". Bem-humorado, um dos divertimentos maiores de Zé Paulo é traduzir. Isto é, converter uma palavra em outra palavra, jogar com o movimento – com o trânsito. A palavra que procuro pode ser "tradução", tradução do real – que é sempre turvo, insuficiente, mas é o que se tem e é, no fim das contas, com o que ficamos. Conformados, os dois decidem ir ao bairro paulistano da Barra Funda para visitar Mário de Andrade. Mais uma fatia do tempo, descolando-se da cronologia, entra em cena – e a palavra pode ser "tempo". Ao entrar no quarto de Mário, um surpreso Álvares se espelha: "Parece que conheço algo do meu próprio quarto. O homem é solteiro... e poeta". A palavra talvez seja "solidão".

Lembra Zé Paulo que da voz de Mário de Andrade – que se preparou a vida toda para ser cantor, mas nunca cantou – não ficou nenhuma fita, nenhum registro gravado. "Silêncio" novamente. Mário escreveu sobre Álvares e o elogiou muito. Via no jovem poeta o destino de prosador. "Um prosador que se realizou como poeta", acrescenta Zé Paulo. Novamente: um desvio, um mal-entendido, um erro. Pensam em Percy Shelley, o poeta que morreu durante uma tempestade na costa da Itália – os poetas estão sempre entre tormentas. Os poetas, todos eles, sempre deixam algo escapar. Diz Zé Paulo: "Nós também deixamos escapar. Chegamos perto, mas... Ela sempre escapa... Por outro lado, nós acrescentamos alguma coisa". Há uma incompletude, uma falha, alguma coisa que fica de fora e que não se realiza. Um ponto em que todo poeta fracassa e erra, apenas se aproxima – como Shelley, que não chegou a seu destino. "Fracasso" pode ser também a palavra, não como sinal de má qualidade, mas na medida em que se refere a algo que ficou incompleto.

A poesia parece sempre trafegar na dimensão do impossível. "Houve poesia depois de mim?", Álvares pergunta, perplexo com o século que o acolhe de volta. "Deixa, é bom que ele perceba. As coisas mudaram muito: o beco é sem saída", diz Zé Paulo, voltando-se para Mário. Depois desafia Álvares a fazer um poema sobre a São Paulo moderna. Isso ainda será possível? Tenta animá-lo: "Ainda existe um resto de poesia por aí". A palavra pode ser "resto" – a poesia é o que sobra de um mundo em que as formas se diluíram e os sentidos se enfraqueceram.

"Raspar o fundo/ até que toda a borra/ venha à tona", escreve Alberto Martins em "Draga", poema de *Cais*, livro que publicou no ano de 2002. A poesia se ergue contra a sujeira. Levanta-se contra os pântanos e a lama. Está em "Noturno da Baixada": "vozes, ferramentas/ e um óleo pesado e grosso/ que empapa o solo/ entope os canais/ o sono". Mais à frente, sua decepção com o porto de Santos: "Triste cidade litorânea!/ meus olhos mal te distinguem/ do mar da terra da lama". Terra e lama se misturam. Vida (movimento, negócios, mercadorias) e morte (águas fétidas, manchas de óleo, detritos) se confundem. Há uma grande tristeza no fundo dos poemas de Alberto – e, quem sabe, a palavra pode ser "tristeza", ou "decepção". Ou mesmo "inadequação". Em "Do mar", o poeta resume esse destino: "Mas esfolar/ a carne mesma das coisas/ até nelas infligir/ – rocha contra rocha –/ uma nova espécie de dor". E a palavra que busco pode mesmo ser "dor".

Em "O cão no sótão", relato que abre *A história dos ossos*, ficção dupla de 2005, um irmão mais novo – misterioso, secreto – esconde-se no quarto dos fundos. Na casa da frente, o narrador vive com a mãe e uma tia. O irmão arredio – cuja história é narrada muito tempo depois – é escritor. Um dia consegue um emprego em um cartório. A família, a princípio, enche-se de orgulho. Passa, porém, a dormir no sótão do serviço. Sofre uma crise de nervos. Passa a ouvir vozes – e, a partir de sua escuta, escreve um "monólogo a muitas vozes". O irmão mais velho o vigia à distância. A partir das vibrações do corrimão, ele passa a ouvir cada sílaba que o irmão profere em nome das vozes que o dominam. Torna-se seu perseguidor.

Mais uma vez – como na peça *Uma noite em cinco atos* – Alberto centra seu trabalho na captura da fala. A palavra pode ser "fala". Pode ser também "captura". Pode ser, ainda, "teatro". O sótão do quarto transforma-se, assim, em um auditório. Em vez de fugir delas, o moço convoca as vozes que o atormentam. "Ainda uma voz por aqui? Se há retardatários, que se aproximem. Sou um homem franco, disponível para o diálogo. Sobre o que gostariam de conversar? É um belo início para este ato, não é?" Apesar da palavra "diálogo", a palavra que busco pode ser "monólogo". Estamos todos condenados ao silêncio ruidoso de nossas ruminações. Condenados a nós mesmos. Trancados em nós mesmos. A poesia, para Alberto, mesmo quando trabalhada na prosa, talvez seja isso: "ruminação".

Na parte do mesmo texto batizada "Ensaio", o irmão mais novo enfim fala. Tem como único ouvinte um cão. "Sou escrivão de província, ó cão." Narra sua história ao cachorro. Narra os "autos" que escreve a partir das vozes que lhe chegam. "Tal como se encontram estes autos nunca chegarão a ser um livro – têm as bordas inchadas, os miolos estourados. Quem os escreveu estava à beira do colapso." Mais uma palavra nos é fornecida: "colapso". Aponta para um estado de agonia, de declínio, de depauperamento, fala da fragilidade – mas também da crise, que é um elemento central na poesia de Alberto Martins. Uma escrita que se coloca em posição de observadora da crise. Que se posta diante dela sem receio, sem meias palavras, disposta a capturá-la – e volto aqui à palavra "captura", embora a palavra possa ser "crise" também. O moço passa seus dias "entre ossos e manuscritos". Dejetos, restos. "Ó cão, vê se entende: é inútil perguntar pelo início. Os signos são meteoros, asteriscos. Iluminam um milênio ou dois, depois são esquecidos. É inútil eternizá-los." Posso pensar em "fragilidade", mas também em "transitoriedade". É o tempo que se esfarela na escrita feroz de Alberto. A própria escrita, ainda que dure séculos, está fadada a desaparecer. O poeta escreve ciente de suas limitações e de seu fim. Mais ainda: ele as inclui no que escreve.

Ossos também aparecem em "A história dos ossos", segundo relato do livro, que lhe empresta o título. A história da transferência dos ossos paternos de uma sepultura tomada pela infiltração para outro lugar. Outra vez: transferência, movimento. Trânsito. O narrador ouve os argumentos do funcionário do cemitério: "Falou sobre taxas de remoção e da possibilidade de reservar uma gaveta no muro novo que seria construído. Falou ainda mais alguma coisa, mas o ruído e o sotaque me impediram de apanhar o resto". Uma vez ainda: "insuficiência", "falha". "Erro". Palavras que se repetem ao fundo sem parar na escrita de Alberto.

Mais um vazio (um erro): os registros do túmulo do pai se perderam em um incêndio. Os ossos existem, mas legalmente estão ausentes. (A palavra pode ser "incêndio", pois uma destruição lenta, mas inexorável, rói as narrativas de Alberto.) O túmulo é aberto. Está cheio de sacos pretos que contêm ossos. "Formigas escalavam a parede lateral." Nem as sobras escapam do grande incêndio invisível: a natureza se encarrega de acabar com elas. As caixas de plástico tinham acabado. O homem da administração se desculpa, abre uma folha de papel pardo e faz um pacote com os restos do pai. Que, agora, não passam de um precário embrulho. "Estendi a mão para o pacote que se equilibrava precário, sem apoio." Tudo por um fio. O erro ronda – o erro dá as cartas.

Caminha pela cidade, como se caminhasse pelos ossos do pai. "Alguma coisa deve ter sobrevivido do centro antigo." Leva consigo os dejetos urbanos ou os dejetos paternos? A palavra que se esconde no fundo da escrita de Alberto Martins pode ser "cidade". A vida urbana e suas complicações, suas decepções, suas inaptidões. "Esquina de Floriano com Isabel: a casa. O pai não estava lá. O pai estava comigo dentro do saco na minha mão. Os ossos dentro do plástico." Uma cidade que, devagar, transforma a todos em objetos. Embala a todos, fecha a todos em identidades cerradas e rotinas. Uma cidade-prisão.

O presente cheio de rombos e de frestas propicia o desaguar de recordações. "Lembro pouco daquele último passeio. Junto de umas mulheres pintadas, que riam de meu tamanho, ele mentiu a minha idade." Insuficiência mais uma vez. Sempre aquém. Sempre antes. Tem dezessete anos agora e o pai vai com ele a um prostíbulo. "Quando saí já não importava se o pai tinha traído ou não. O sol queimava o topo dos edifícios e as ruas espanavam a modorra da tarde." Tudo se iguala. Decidido a escapar da repetição – ossos embalados em uma caixa plástica metidos no interior de um muro são, talvez, a pior repetição – vai até a praia e aluga um trapiche. Depois de navegar um tanto, chega a um largo "de águas lisas e baças". Avista duas bocas de rios: uma devia dar em Bertioga, outra em São Vicente. Um cruzamento: lugar nenhum. Ali (nenhum lugar) enfim deixa os ossos. "E os ossos baixaram – no mesmo lodo de onde surgiram num dia de 1914." Nada. A ausência absoluta. "Coisa nenhuma, nadinha, patavina", arrisca o dicionário, lutando para explicar o inexplicável. Ali fica o que restou do pai, sobrando, como um erro que aponta a força do acaso sobre a ordem da natureza.

Em sua narrativa mais recente, *Lívia e o cemitério africano* (2013), o narrador se encontra com Lívia, a namorada de seu falecido irmão. Insuficiência, fracasso, erro novamente: "Estendeu-me o papel, mas não consegui ler com a luz fraca que caía do teto". Eram cartas que ela e o namorado tinham trocado. Ao encontro dos dois – escoltados por um pequeno sobrinho –, se soma a presença da mãe (avó) que, por causa da idade, começa a enfrentar a demência. "Fazia pouco mais de um ano que minha mãe começara a ter dificuldades com a fala." Fracasso: erro. A progressão de vazios é acelerada: "No começo esquecia uma palavra como quem esquece uma sacola no supermercado e volta atrás para buscá-la. Mas logo depois parecia haver muitas sacolas iguais, todas da mesma marca e embalando produtos que mal se distinguiam". O sobrinho também carrega sobre as costas o diagnóstico de uma doença degenerativa. Que é, dizem os médicos, definitivo. A mãe não entende bem quem é seu neto. O menino não consegue antever a tristeza de seu futuro. A palavra pode ser "pane". A voz oscilante do menino corresponde a seu corpo insuficiente. "Cavernosa, estridente, dura, quebradiça." Quase irreal. As ficções de Alberto Martins sublinham a irrealidade do real. Sua fraqueza, suas deficiências e até mesmo sua mediocridade. Seu emperramento, seu eterno adoecer, seu fracasso.

Um fosso se abre entre os adultos e o menino – a palavra pode ser "lacuna". Pode ser, ainda, "vazio". Aos poucos, e apesar de tudo, o narrador se dá conta de que se tornara seu "pai". Não se trata de uma escolha genética, de uma herança, mas de um destino. Nas ficções de Alberto, os personagens aparecem enredados em um mundo deficiente de escolhas, que os empurra para a frente, que os faz avançar mecanicamente, que os submete. (A palavra será "destino"?) Há uma tristeza que não passa, um desalento, e eles por vezes se parecem (ou se misturam) com a apatia. Sem saber lidar com a súbita "paternidade", o narrador se refugia no trabalho, mas nem a rotina o salva de um destino que se desenha silencioso e que invade sua vida pelas bordas. Às vezes, quando fala, diz exatamente o contrário do que deseja dizer: erro. Não coincide sequer consigo mesmo: desvio. Não sabe ao certo quem é, ou por que faz o que faz: ignorância. Fatores silenciosos, que arrastam sua vida para o pântano da dúvida e da indecisão. Erra não porque deseje errar, ou por insuficiência, mas porque é humano. A palavra que busco pode ser "homem". E o homem tem sempre a aparência de uma encarnação do erro.

BIBLIOGRAFIA

NOVELAS

Lívia e o cemitério africano. Editora 34, São Paulo, 2013 – com gravuras do autor.

A história dos ossos. Editora 34, São Paulo, 2005 – com xilogravuras do autor.

POESIA

Em trânsito. Companhia das Letras, São Paulo, 2010.

Cais. Editora 34, São Paulo, 2002 – com xilogravuras do autor.

Poemas. Duas Cidades, São Paulo, 1990 – coleção Claro Enigma; com xilogravuras do autor.

FICÇÃO INFANTOJUVENIL

Café com leite & feijão com arroz e outras histórias de futebol. Companhia das Letrinhas, São Paulo, 2004 – com ilustrações de Andrés Sandoval.

POESIA INFANTIL

A história de Biruta. Companhia das Letrinhas, São Paulo, 2008 – com desenhos e aquarelas de Debret.

Goeldi: História de horizonte. Paulinas, São Paulo, 1996 – com xilogravuras de Oswaldo Goeldi.

A floresta e o estrangeiro. Companhia das Letrinhas, São Paulo, 2000 – com desenhos e aquarelas de Lasar Segall.

TEATRO

Uma noite em cinco atos. Editora 34, São Paulo, 2009 – com gravuras de Evandro Carlos Jardim.

RICARDO LÍSIAS

AOS VINTE E QUATRO anos de idade, Ricardo Lísias escreveu, em apenas um mês, seu primeiro romance, *Cobertor de estrelas*, logo publicado pela editora Rocco e lançado também na Espanha, em galego e em castelhano. "Depois disso, descobri que a melhor maneira para eu me expressar é através da ficção", diz o escritor que considera a linguagem "um artifício frágil e limitado". Mesmo assim, argumenta que ela é a única ferramenta de trabalho com a qual pode exercer alguma atividade.

Professor e escritor, Lísias nasceu em 1975, em São Paulo, onde mora. Neto de imigrantes libaneses, desde cedo começou a ler muito, estimulado pela família, que mantinha uma boa biblioteca e cultivava o hábito da leitura. Assim, o ingresso no curso de Letras da Universidade Estadual de Campinas (Unicamp) veio de forma natural, pois nenhum outro curso lhe interessava. Tornou-se mestre em Teoria Literária pela mesma universidade e doutor em Literatura Brasileira pela Universidade de São Paulo (USP).

Professor de português para estrangeiros e de língua e literatura portuguesa em escolas particulares, Lísias também ministra oficinas de literatura e de texto criativo, cursos que gostaria de ver presentes em todas as faculdades de Letras do país. É tradutor e tem grande interesse pelo trabalho de pesquisa.

De 1999 até hoje, publicou oito livros: quatro romances, *Divórcio*, *Cobertor de estrelas*, *O livro dos mandarins* e *O céu dos suicidas*; um livro de contos, *Anna O. e outras novelas*; e três novelas, *Capuz*, *Dos nervos* e *Duas praças*, a última publicada pela Editora Globo e vencedora do Prêmio Portugal Telecom de Literatura 2006. É também autor de livros infantojuvenis. Tem textos publicados na revista *Piauí* e na revista literária *Granta*. Seu conto "Tólia" foi selecionado para a edição de *Granta* dedicada aos melhores jovens escritores brasileiros nascidos a partir de 1972. "Evo Morales" foi publicado pela *Granta* inglesa.

Lísias organiza e distribui o fanzine *Silva*, que já tem alguns números impressos.

Fale de sua infância e juventude, de sua formação pessoal. Como ela o conduziu à literatura? Contra que forças e obstáculos você precisou se bater para chegar à literatura?

Cresci em um ambiente normal de classe média. Minha mãe e meu avô sempre gostaram muito de ler e então na minha casa havia uma boa biblioteca. Tive livros desde cedo e desde cedo gostei muito deles. Então leio bastante já faz muito tempo, desde sempre. Mas na minha casa era normal: minha mãe lê muito e meus irmãos também.

Então fazer Letras foi algo natural. Mas a princípio eu não pensava em escrever livros. Aos poucos, comecei a fazer planos, pensar em personagens, imaginar coisas. Nessa altura eu estava na Unicamp, fazendo Letras. Campinas era uma cidade difícil, sem muitas opções além da universidade. É uma faculdade dessas que a gente muda para estudar. Acabei ficando sozinho em um mês de julho, nas férias da faculdade, por causa de alguns compromissos com o curso. Então, redigi de noite um romance, com os planos que tinha feito.

Voltei para São Paulo no último fim de semana antes do retorno das aulas e deixei o romance impresso sobre a mesa. Um colega de república o achou e leu. Quando voltei, ele disse: "Ricardo, eu gostei demais, tenta publicar!".

Eu não tinha ideia de como se fazia. Na época, estava lendo um livro da Rocco. Peguei o endereço e, sem carta nem nada, mandei o manuscrito. Passam seis meses, eu estava viajando nas férias de fim de ano. Chega um telegrama em São Paulo pedindo contato por causa do livro. Não dou muita bola, porém. A editora então faz um segundo contato dizendo que tinha encomendado alguns pareceres. Todos foram positivos. Desse jeito, publicaram meu primeiro livro.

Daí em diante fui aos poucos descobrindo que a melhor maneira como eu me expresso é através da ficção.

Sua literatura (basta pensar em *O céu dos suicidas*) parece ter, em geral, um fundo autobiográfico. Ou não tem, isso é apenas uma ilusão que você cria?

Não acredito que o passado possa ser, em nenhuma medida, retomado. A linguagem, única ferramenta de trabalho de um escritor, é um artifício frágil e limitado. Os melhores escritores são aqueles que mais conseguem retirar resultados dessas limitações. O passado está perdido assim que deixa de existir: ou seja, no momento instantaneamente seguinte... Acredito que o termo "memória" apenas defina um gênero da literatura tão ficcional quanto os outros. Nada do que escrevi até hoje aconteceu, simplesmente porque a linguagem não dá conta da realidade. São lugares distintos e inconciliáveis.

Quais são os riscos de se trabalhar com materiais autobiográficos? Ou todo escritor, mesmo que não pretenda isso, está condenado – na medida em que manipula a memória – a trabalhar com alguma autobiografia?

Nenhum escritor trabalha com a "memória". Todos trabalham com a linguagem e os gêneros da literatura. É uma questão de honestidade reconhecer isso. Mesmo o que se conhece por "autobiografia" é apenas uma reconstrução posterior, com a total impossibilidade de alcançar alguma completude do que se deseja construir como um passado. O passado dos meus textos é uma criação com objetivos definidos e variáveis conforme o resultado estético que pretendo alcançar.

O resto se perdeu e, para ser sincero, fico bastante satisfeito em saber que partes da minha vida ficaram para sempre para trás!

A maior parte das pessoas ainda lê ficção como se estivesse lendo a literatura do século XIX, do romance realista. O personagem principal de *O céu dos suicidas* é um professor universitário chamado Ricardo Lísias. Você não acha que isso pode gerar certa confusão e incentivar esse tipo viciado de leitura? Ou você acredita que essa confusão pode ser fértil?

Concordo inteiramente com a afirmativa que impulsiona as duas questões. Infelizmente as pessoas ainda leem tudo (não apenas literatura) com as bases realistas. Acho isso uma pena. No momento, há uma forte discussão se já deixamos para trás o Modernismo para sermos pós-modernos, ou se ainda continuamos com as matrizes modernas. Ou seja: de um jeito ou de outro, a maior parte dos leitores está, na melhor das hipóteses, uma geração atrasada; na pior, duas. Claro que o prejuízo estético é enorme.

Na minha atividade de professor, e também quando redijo ensaios e comentários literários, sempre procuro discutir esse problema e mostrar que a leitura realista não dá conta das grandes obras do século XX e XXI. É um trabalho difícil: mesmo pessoas bem preparadas não conseguem deixar com facilidade o realismo. Já cheguei a fazer muita leitura de filosofia e de teoria literária, mas nunca consegui chegar a uma conclusão segura sobre por que isso acontece.

No entanto, como ficcionista, se eu me preocupasse com as deficiências do leitor, estaria fazendo concessões ao mercado. Não posso em nenhuma hipótese medir como meus textos serão recebidos. Tento ficar no interior do meu projeto.

Eu sei, obviamente, que os textos causam consequências na sociedade por onde circulam. Mas, no meu caso, não tento incentivar ou confundir o leitor. Tendo, na verdade, a produzir a literatura da maneira mais sofisticada que eu possa. Se o leitor precisa se sofisticar para deixar a matriz realista de lado (e assim conseguir ler James Joyce, Marcel Proust e Virginia Woolf), minha colaboração para isso é justamente forçando e produzindo formas literárias as mais sofisticadas que minha capacidade permite.

Por fim, quero sublinhar que quaisquer que sejam as questões que enfrenta o público leitor, um escritor não pode fazer concessões ao mercado, à crítica, à mídia, aos prêmios, aos outros escritores, a espaços de poder e a absolutamente ninguém. No final, depois de muito ou pouco tempo, se for um escritor relevante, ele será reconhecido.

Você trabalha com alguma lógica na escolha dos nomes de seus personagens, ou é aleatório? Você pode explicar por que as personagens de seu romance O *livro dos mandarins* vão perdendo as letras de seus nomes à medida que o livro avança?

Até aqui ao menos, tudo nos meus textos (se não é tudo, eu gostaria que fosse...) obedeceu a algum tipo de consciência estética e esteve submetido a um projeto. Inclusive, então, os nomes das personagens. Em O *livro dos mandarins*, a personagem principal vai perdendo o nome e depois tem seu nome transformado conforme a trama decorre porque tentei fazer um correlato entre o apagamento da personalidade que pode ocorrer no chamado "ambiente corporativo" e o nome das pessoas.

Grandes empresas costumam apagar personalidades, individualidades e particularidades para planificar tudo e deixar tudo a serviço do lucro. O nome é algo de mais humano que temos. Como considero o "ambiente corporativo" desumano, resolvi então desumanizar e planificar as personagens.

Para escrever O livro dos mandarins você viajou à China? Por que escrever sobre a China? Em que medida a literatura se parece com o trabalho do jornalista, ou do arqueólogo? Em que medida ela é uma "apuração interior", ou uma "escavação interior"?

Não fui à China. Na verdade, não vi essa necessidade, inclusive pelo andamento do livro. Acho também que o escritor deve muito pouco, para não dizer nada, ao que se convencionou chamar de "realidade". Resolvi escrever um romance em que a China estivesse no centro da trama porque esse país ocupa um lugar de destaque no poder econômico contemporâneo.

Dentro da minha obra, como um todo, pretendo discutir todos os discursos de poder. Não resta dúvida de que a China é um símbolo poderoso. Eu queria então entender como ela funciona no imaginário das pessoas e a que discursos sua simbologia serve.

Não acho que o trabalho do ficcionista tenha ligação com o do jornalista e nem com o do arqueólogo. Um ficcionista é um criador e deve trabalhar com as ferramentas que suas intenções estéticas exigem. Por fim, talvez haja uma "apuração interior" em certo tipo de ficção, mas no caso de O livro dos mandarins ela foi inteiramente "exterior". Investiguei detalhes geopolíticos da China e de outras nações para compor a trama, mas sempre deixando a criação dominar tudo.

Seus primeiros livros, em particular Duas praças e Anna O., se caracterizam por uma escrita com capítulos muito breves; uma escrita, portanto, muito avara. A concisão lhe parece fundamental? Mesmo nos romances mais longos, seus livros mais recentes, você se preocupa com ela?

Na verdade, meu penúltimo romance, *O livro dos mandarins*, é um texto mais longo. O último, porém, *O céu dos suicidas*, é de novo um texto bastante conciso. Não penso, de forma alguma, que a concisão seja decisiva. Acho que ela só se justifica dentro de um projeto estético coerente. Em *O céu dos suicidas*, a situação de desarranjo mental era muito grande, não ficaria bom para o projeto tornar o texto muito longo, pois o livro trata de um surto, não de uma doença. Se eu quisesse falar de uma doença crônica, aí sim eu precisaria de um texto maior. No caso de *O livro dos mandarins*, eu precisava contar uma história com vários eventos, então era preciso alongar-se mais. Aliás, nesse livro há trechos propositalmente monótonos, porque a situação naquela altura da trama era também monótona. Acredito então que é preciso ter coerência estética: ou um painel enorme ou um pequeno quadrinho, tudo vai depender do que estiver sendo transmitido e da eficácia procurada.

Você é mestre em Teoria Literária pela Unicamp e doutor em Literatura pela USP. O estudo da teoria ajuda ou atrapalha o trabalho de um escritor? Você ainda lê teoria literária?
Leio constantemente tanto teoria literária quanto filosofia. Não vejo por que eu deva fazer distinção entre os gêneros. Um texto magistral de teoria pode ser uma obra de arte notável. Eu me sentiria muito empobrecido se tivesse que optar entre Franz Kafka e Walter Benjamin. Creio que no atual estado das discussões estéticas, um escritor que não conhece as discussões e as linhas de pensamento ainda não está afeito às questões mais básicas. Uma pessoa nesse grau de desconhecimento certamente vai escrever um texto no mínimo incipiente.
Se observarmos os grandes autores do nosso tempo, veremos que eles são grandes conhecedores das linhas contemporâneas de discussão, quando não são eles mesmos autores de ensaios brilhantes, caso, por exemplo, de J. M. Coetzee ou Herta Müller. Nosso tempo não permite mais nenhum tipo de superficialidade.
Nada disso quer dizer, porém, que eu defenda algum tipo de "ficção teórica" ou sequer "ficção de tese". O importante é analisar o texto produzido. E nesse caso é notável que os textos mais relevantes do nosso tempo foram produzidos por pessoas com grande conhecimento do que é literatura. Aliás, tem sido assim desde o período heroico do

Modernismo. James Joyce e Virginia Woolf entendiam bastante do objeto em que se debruçavam.

Já recorreu à teoria literária para resolver impasses de sua ficção?
Não posso dizer que eu tenha recorrido diretamente à teoria para resolver algum impasse. No entanto, como meu projeto exige que eu faça variações formais, posso dizer que o estudo abriu-me muitas oportunidades de reflexão. Gosto de pensar que a palavra "reflexão" faz parte do meu trabalho de escritor.

Você já enfrentou algum problema técnico que não tenha conseguido resolver?
Nunca senti que eu tenha chegado à plenitude estética em nenhum dos meus textos. Não sei dizer se o problema foi técnico. Como eu já disse, alguns me deixaram bem mais satisfeitos do que outros. Acho, porém, que sempre haverá algo inalcançável.
Talvez eu tenha esperança, na verdade, de haver algo inalcançável: assim vou sempre ter vontade de fazer um novo texto!

Você dialoga com outros escritores de sua geração? Quem são eles? Você faz parte de uma geração que tem hoje em torno dos quarenta anos de idade, que já cresceu na abertura democrática e que chegou à maturidade em pleno século XXI. Quais seriam as características que definem essa geração? Ou, apesar de tudo, não existe uma geração?
Não acho que seja possível ainda delimitar uma geração. Talvez o último grupo coeso que o tempo histórico permita já delimitar seja a chamada "literatura marginal" dos anos 1970. De lá em diante tudo ainda é muito novo. Acho que a literatura brasileira viveu momentos problemáticos desde então, variando entre a violência urbana e uma espécie de hiperintimismo, com um sobrevoo de autores que dialogam muito bem com o chamado "meio literário". É um grupo com muita capacidade de marketing, boa circulação em eventos, uma incrível disposição para viajar para todo lado, mas pouca ousadia no que realmente importa, os textos. Entre tudo isso, é preciso buscar as obras literárias de fato consistentes.
Eu me sentiria mal se fosse desde já, com obra ainda em andamento, enquadrado e domesticado em um rótulo. Pretendo ainda fazer muitas

coisas e todas diferentes entre si. Então, acho que é preciso aguardar as obras serem enterradas e a história passar para que possíveis coesões sejam identificadas.
Vou dar um exemplo: a escritora Herta Müller, romena radicada na Alemanha, seria da minha geração? Creio que sim... Eu gosto dos textos dela. Gosto também da Elfriede Jelinek, por exemplo. Um autor um pouco mais novo e que também me atrai é Ingo Schulze. Gostei dos contos do americano Charles D'Ambrosio. Também li com bastante gosto os trabalhos de Aleksandar Hemon. Sem dúvida, há um grande grupo de autores a citar: J. M. Coetzee, Roberto Bolaño, J. Littell, Emmanuel Carrère, Michel Houellebecq e tantos outros.

Você coordenou um curso de leitura, "Grandes romances de nosso tempo", para o qual escolheu *Ulisses*, de James Joyce; *Grande sertão: Veredas*, de Guimarães Rosa; *2666*, de Roberto Bolaño; *Auto-de-fé*, de Elias Canetti; e *A vida: Modo de usar*, de Georges Perec. Podemos entender que essas são suas preferências, ou influências literárias? Estudar esses escritores a fundo abre portas?
Creio que sim: esses são alguns dos autores que mais me interessam. Mas não os únicos. Também me interesso muito por Samuel Beckett e Virginia Woolf. Do mesmo jeito, Albert Camus já esteve entre minhas leituras favoritas. Tenho ainda alguma coisa com Marcel Proust, mas não sei dizer se é uma influência. É um estranhamento.
No Brasil, li mais de uma vez tudo de Graciliano Ramos e certamente a poesia de Carlos Drummond de Andrade. Não sei explicar como um ficcionista nato (nunca escrevi um verso até hoje, mas não estou dizendo que jamais vá escrever...) pode ser influenciado por um poeta, mas me sinto em dívida com o autor de *A rosa do povo*.
Acho que sem dúvida o estado de profunda consciência estética a que os artistas do século XX foram submetidos exige um conhecimento de seus antecessores. Não conheço um bom ficcionista que não seja também um bom leitor. Se houver, certamente é exceção. Além disso, acho que é preciso debruçar-se sobre os grandes escritores. Sempre preferi os muito melhores que eu. Não é possível perder tempo com pequenezas quando temos um conjunto de artistas gigantescos à nossa disposição.
Mas acho que aqui devo esclarecer algo importante: sou professor. Trabalho sobretudo com aulas de língua portuguesa, mas eventualmente

ofereço cursos de literatura. Como professor, tenho obrigação de tratar dos melhores autores. No caso, houve uma coincidência entre as preferências do escritor e a obrigação do professor. Mas há também algo de profissional nas minhas escolhas didáticas. Tenho que pensar em primeiro lugar no melhor para os alunos. Há algo de doação no trabalho docente. Ainda bem que para mim, em muitos casos, as influências do escritor vão juntas.

Oficinas de escrita criativa e cursos de leitura podem ensinar a arte de bem escrever?
Acho que dentro do universo da literatura – aliás, da arte em geral – muita coisa pode ser ensinada e, portanto, também aprendida. Espero que nos próximos anos os cursos de redação criativa possam se tornar presentes em todos os departamentos de Letras do Brasil. Nas outras artes, um aluno que se forma em cinema, por exemplo, pode apresentar como trabalho final um média-metragem de ficção. Os alunos de artes plásticas às vezes se formam com conjuntos de esculturas. Apenas no que diz respeito à literatura há uma imensa recusa ao trabalho de criação como algo que pode frequentar os lugares em que questões humanas são ensinadas e aprendidas.

Ouço todo tipo de argumento absurdo sobre isso: "não se pode ensinar o talento para ser artista", dizem alguns. É verdade, mas também não se pode ensinar o talento para ser médico ou professor. Não é possível presentear um aluno com o pai do Kafka. Mas pode-se ensinar muita coisa, e muitos aspectos da criação literária podem ser desenvolvidos.

Há ainda resistência no Brasil a esse tipo de curso, no âmbito acadêmico e também em outros, porque a literatura continua a ser tomada por aqui como algo muito elevado (o que me parece, em um argumento em negativo, reduzir a própria universidade, que assim não poderia abrigar algo elevado... Uma bobagem, naturalmente) e distante das pessoas. Mas não é nada disso.

Por fim, no Brasil resta ainda uma estranha "reserva de mercado", em que apenas determinados grupos podem ter acesso à criação. Ou melhor: ao reconhecimento de sua criação. Os espaços dedicados à literatura estão crescendo, o que tende a fazer esse tipo de reserva intensificar-se ainda mais.

Infelizmente a tendência à elitização é uma característica histórica da sociedade brasileira. E a literatura, que tradicionalmente resiste às tendências históricas da sociedade, em muitos aspectos, no Brasil, acaba fazendo o caminho contrário: o de apoiar fisiologismos prejudiciais ao desenvolvimento pleno de uma sociedade.
Então, para fazer a arte que eu acredito ser a mais sincera, enfática, coerente e forte, tenho que resistir a isso também. Sempre aceito dar alguns cursos, por razões políticas.

Você terminou a tradução inacabada de *Oliver Twist*, de Charles Dickens, iniciada por Machado de Assis. Você fez uma grande pesquisa para que o leitor não sentisse diferença de registro na continuidade da tradução? Fale um pouco dessa experiência. Qual a sensação de continuar um trabalho de Machado de Assis?
Trata-se de uma tradução que fiz muito jovem. Eu tinha acabado o mestrado e precisava me ocupar com algo nos meses que antecederam o doutorado. Tenho bastante interesse por línguas estrangeiras (o que, de outro jeito, expus em um conto, "Diário de viagem", e em alguns trechos de *O livro dos mandarins*). Então, uni uma coisa à outra e aceitei o convite. É o tipo de coisa que a gente só faz antes dos trinta anos... O trabalho foi hercúleo e no final saiu com problemas, embora também com acertos.
Acho que essa tradução específica serviu para mostrar também (sobretudo para mim mesmo) minha disposição para o trabalho de pesquisa, que eu usei depois em muitos momentos da ficção, e também minha disposição para correr riscos – que eu espero continuar para sempre. Precisei ler Machado de Assis com lupa, o que também foi muito proveitoso, obviamente. Se tem uma coisa que sempre valorizei é o que os grandes autores podem me ensinar.

Qual o sentido da literatura no século XXI? Por que você escreve? Para fugir de quê e para chegar a quê? O que a literatura lhe dá? E o que ela lhe rouba?
São várias perguntas em uma só. Então vou responder na ordem em que elas aparecem. Em primeiro lugar, acho que o sentido atual da literatura é o mesmo de sempre: o de ser um dos gêneros da arte. A partir disso, os outros sentidos podem ser derivados: o de resguardar

discursos que o poder cala; o de produzir alternativas à realidade; o de trazer algum tipo de esperança às pessoas (já que a arte oferece outras possibilidades de realidade) e muitos outros sentidos, conforme o espectador queira montá-los. O sentido também se deve ao leitor. Talvez principalmente a ele.

Do mesmo jeito, escrevo por muitas razões diferentes. Até aqui, ao menos, embora não esteja satisfeito, talvez seja a melhor atividade que eu desempenho. Além disso, gosto de criar coisas, no sentido literal de produzir objetos. Embora a atividade literária não produza algo material tão palpável quanto as artes plásticas, por exemplo, há um processo de produção que me empolga também. Por fim, sinto-me envolvido com algo importante. Há um discurso que tenta hoje em dia retirar a importância da literatura. Não vai dar certo: as artes terão importância decisiva até o fim da humanidade. Elas oferecem outra realidade com uma sofisticação, em seus pontos altos, indestrutível.

Talvez a literatura seja uma fuga da realidade, mas em direção a uma segunda possibilidade – que pode ser melhor ou pior. Ou seja, a literatura oferece outros pontos de chegada. A mim, a literatura me dá sobretudo isso: novas possibilidades, aliás, inclusive formais e de reflexão.

Não creio que a literatura me roube nada. Ou melhor: a literatura jamais me tirou algo que eu quisesse ter. De fato, tenho poucos desejos. O problema é a dimensão deles...

De que maneira a literatura pode servir à sociedade? Se não mais como panfleto (no modelo da "literatura engajada"), de que maneira então? A literatura pode ajudar a mudar o mundo?

Essa resposta é um complemento à anterior. Mas antes quero fazer uma colocação: um "panfleto" pode ser excelente literatura. É um gênero que tem grandes possibilidades, basta que elas sejam bem aproveitadas. Do mesmo jeito, não vejo nenhum problema *a priori* na chamada "literatura engajada". Acho que o fundamental é olharmos o resultado final do texto, sem sectarismos. O que interessa é a literatura, sem complementos. Não acho que a literatura possa ajudar a mudar o mundo: ela simplesmente o muda. Aliás, assim que sai um livro novo, o mundo já está diferente. Se for uma grande obra de arte, o mundo estará melhor. A literatura oferece entre tantas coisas novas possibilidades de construção de raciocínio. É claro: se podemos montar novas estruturas estéticas, também podemos pensar em novas estruturas para o mundo. Essa, por exemplo, é uma maneira que a literatura pode servir à sociedade, oferecendo alternativas de reflexão.

Há ainda muitas outras utilidades: oferecer conforto individual, cumprir um dos direitos humanos básicos (o acesso à arte e à cultura), proporcionar bom gosto e sofisticação a uma sociedade vulgar e rasa como a nossa, entre muitas outras.

Você escreve na contramão da "ficção de violência urbana" que dominou a literatura brasileira na virada do século XX para o XXI. Que mal essa "ficção violenta" fez, ou faz, à literatura brasileira? A literatura pode servir para sustentar o mal e banalizar o mundo?

Sendo uma maneira de intervir no mundo, sem dúvida a literatura pode fazer mal a ele, sobretudo quando confirma discursos opressivos. Houve uma época, ainda recente, em que a literatura brasileira esteve praticamente tomada pelo discurso da violência, também muito presente no cinema. No entanto, observando com calma é possível enxergar que essa literatura apenas confirmava alguns preconceitos das classes médias e altas no Brasil. No momento radicalmente contemporâneo, essa literatura está em baixa, mas vejo que outra muito perigosa possa estar a substituindo: a do discurso mesquinho dos pequeninos problemas dos jovens dessas mesmas classes.

Com relação à chamada "violência urbana", os livros que a retratam basicamente adotam uma vertente: a das classes baixas que invadem os espaços das classes altas para cometer crimes de todo tipo. Enfim, esse tipo de situação de fato ocorre, mas não é nem de longe a violência principal que assola as maiores cidades brasileiras, sobretudo a que eu vivo, São Paulo. Por aqui, o principal papel da polícia é impedir que a violência chegue escancaradamente às regiões nobres. Vou dar um exemplo prático: claro que existe violência em bairros como Higienópolis, Jardins ou Vila Nova Conceição. Mas ela é residual. Nessas regiões, a criminalidade é semelhante à dos países mais seguros do mundo. Já em muitos lugares da periferia, a violência mata tanto ou mais que em regiões de conflito armado declarado no mundo, por exemplo a Palestina. Mas essa violência está estancada.

Por que então essa literatura existiu e tomou força? Tais autores resolveram não resistir aos preconceitos da sociedade, como toda arte de qualidade faz, mas confirmar todos eles, fazendo uma literatura que agrada aos conservadores que acreditam que "pobre é ladrão". Naturalmente, pobre não é ladrão. Vou dar um outro exemplo: nesse tipo de texto, sempre que uma personagem da classe baixa aparece, suas falas são transcritas foneticamente, sempre ressaltando desvios da norma padrão. Quando são personagens da classe alta, a fala é transcrita através da linguagem padrão escrita. É um preconceito, pois nenhuma classe social fala pela norma padrão. Aliás, os desvios são muitas vezes os mesmos. Esse problema já mostra como esses autores utilizam a linguagem, sua principal ferramenta, de maneira simplória.

A melhor literatura resiste a preconceitos e é profunda em seu tratamento com a linguagem.

"Tólia", um de seus contos, foi selecionado para a primeira edição da revista *Granta* dedicada aos melhores jovens escritores brasileiros nascidos a partir de 1972. Para a edição inglesa, a revista lhes deu a opção de selecionar outro conto, ou traduzir o mesmo texto publicado na edição em português. Você escolheu trocá-lo pelo conto "Evo Morales". Por que a troca?

Na minha opinião, o melhor conto que escrevi até hoje é "Evo Morales". Quando fui fazer minha inscrição para concorrer a uma vaga na edição especial da revista *Granta*, porém, eu já o tinha publicado no meu fanzine, o *Silva*. Como a revista exigia, para a seleção da edição brasileira, que o texto fosse inédito, inscrevi outro conto. Eu estava trabalhando em "Tólia" havia alguns meses e resolvi encerrá-lo para concorrer. Não estou insatisfeito com ele, mas "Evo Morales" é o meu preferido.

O regulamento permitia que, no caso de seleção, o autor optasse por trocar o conto nas edições do exterior, mesmo que o conto não fosse inédito no Brasil. Então, entrei em contato com o editor e pedi para trocar o texto. A revista é muito importante, e eu obviamente gostaria, até para agradecer pela generosidade da minha seleção, de publicar o meu melhor conto.

Fiquei bastante satisfeito com a tradução para o inglês. O trabalho transportou para outra língua o clima que tentei criar em português. As traduções para outros idiomas que estão previstas não estão ainda em curso, mas minha expectativa é que elas atinjam a mesma qualidade da realizada para o inglês.

Você diz que escreve todas as manhãs, à mão, sempre em folhas de papel almaço. Por que à mão e por que em papel almaço?
Até hoje nunca gostei do resultado de um texto que escrevi em primeiro lugar no computador. Não sei explicar as razões, porém... Quando digito um texto, realizo a primeira revisão. Então, acho que preciso da etapa da redação à mão para fazer uma revisão a mais. O papel almaço, acho, é provavelmente o meu preferido por causa da praticidade: cada folha suporta uma boa quantidade de texto e é pautada. O sulfite é um papel um pouco mais grosso, muito bom de escrever também, mas as linhas fazem bastante falta.

Descreva uma manhã típica de trabalho. O que ela tem de singular? A que horas você começa a escrever? Onde prefere escrever? Existem objetos, situações, condições que lhe são indispensáveis?
Acordo às sete horas e escrevo até cumprir uma tarefa preestabelecida: pode ser apenas um parágrafo mais complexo, um capítulo inteiro ou talvez apenas um diálogo. Depois reviso tudo passando no computador. Muitas vezes, antes de começar, leio o que escrevi no dia anterior, para engrenar (ou jogar tudo fora...). Então, faço pesquisas ou tento resolver alguma pendência do projeto a que estou me dedicando. A manhã de trabalho é encerrada justamente com o planejamento do que vou escrever na seguinte. Depois, passo a me dedicar às tarefas para pagar os custos da vida, por assim dizer.
Escrevo em uma mesa, que nos locais onde morei nos últimos anos esteve em cômodos diferentes da casa. Normalmente, tomo uma xícara de café no começo do texto. Além dela, acho que apenas o silêncio é indispensável.
Não é bem isso: também uso lápis Faber Castell Eco Grip 2B. Outros não me servem muito bem. Tenho uma espécie de "kit" que eu levo quando estou viajando, para poder escrever também, mas confesso que o resultado nunca me parece o mesmo. Por isso, talvez eu me espante tanto com a atual geração de escritores viajantes...

Quando escreve, você se preocupa com o leitor? Como você imagina seu leitor? Você pensa nas reações que ele terá quando ler seus livros?
Não penso no "leitor" nem em nenhuma reação que alguém possa ter lendo um texto escrito por mim. Não quero me sentir dirigido por

nada que seja externo às exigências da criação em que estou entretido. Já ouvi todo tipo de opinião sobre os meus livros: para alguns, *O livro dos mandarins* acaba derrapando em uma espécie de verborragia, enquanto *O céu dos suicidas* é um livro excelente. Para outros leitores, esse último não tem o mesmo interesse que *O livro dos mandarins*.

Já ouvi leitores dizendo que me saio bem melhor em contos do que em romances. Ontem, porém, tomei um café com um advogado que lê muito, e ele me disse que não gosta dos meus contos. As opiniões são sempre muito diversas. Não consigo, portanto, sequer tomar a palavra "leitor" como uma unidade. Faço questão de trabalhar com toda a liberdade possível, então nada do que é externo ao projeto que estou tentando criar pode me preocupar.

Nada disso, porém, quer dizer que eu não me preocupe com questões políticas relacionadas aos meus textos. Com certeza razões ideológicas determinam todos eles, mas mesmo elas fazem parte de um projeto predefinido por mim, em que aspectos exteriores aparecem sempre segundo essa interioridade da criação.

Por fim, quero deixar bastante claro: também acho que o leitor não deve se preocupar comigo, o autor: a responsabilidade da leitura é dele, não minha...

Quando escreve, você se preocupa com a crítica literária e o jornalismo literário? Preocupa-se com a recepção de sua obra? Com o que você mais se preocupa?

Acho que a resposta a essa pergunta segue o mesmo caminho que a anterior, ao menos no início: não me preocupo com o que os críticos possam eventualmente dizer dos meus livros e muito menos a imprensa. Não tenho do que reclamar atualmente: apesar de não ter ainda quarenta anos, vários críticos importantes, e também diversos críticos jovens, leram meus textos e escreveram sobre eles de maneira aguda e generosa. Alguns deles disseram coisas que eu não tinha percebido.

De um jeito ou de outro, guio-me apenas pelas exigências dos meus projetos estéticos.

Não me preocupo, do mesmo jeito, com a recepção da obra. Todas as minhas preocupações giram em torno da melhor maneira de realizar as exigências do projeto em que estou envolvido. Gosto de fazer pesquisa e procurar soluções formais com bastante intensidade. Preocupo-me com a linguagem, com o que vou poder fazer com ela e com seus limites. Aliás, acredito que apenas isso já me dê muita preocupação!

No século XXI, com a internet e a proliferação de eventos, a visibilidade do escritor aumentou muito. Você parece ser um escritor discreto. Um homem tímido. A exposição lhe faz bem ou lhe faz mal? A visibilidade faz bem ou faz mal à literatura?
Existe uma afobação geral no Brasil. São centenas de eventos, antologias, feiras e mais tudo o que caiba um escritor. Além disso, hoje as grandes editoras são bastante agressivas com o marketing. Tudo isso faz com que a figura pessoal do autor fique em proeminência. Muita gente, inclusive, sequer percebe que o autor é autor de alguma coisa. Ou, dizendo de outro jeito: o texto fica em segundo plano, quando aparece...
Eu prefiro dar mais ênfase ao meu texto do que a mim. Então aceito poucos convites e, na medida do possível, vou apenas a espaços em que os textos estejam em primeiro plano. Às vezes dá errado...
Nesse sentido, para responder diretamente à última pergunta, não tenho dúvidas de que a visibilidade faz mal à literatura. Aliás, hoje, no Brasil, autores de textos muito fracos fazem uma enorme campanha para aparecer. Como costumam ser simpáticos e muito dóceis com o público, todo mundo acaba se esquecendo do texto deles ou fica constrangido até para perceber que está diante de uma enorme superficialidade.
Por fim, o Brasil como um todo vive um momento de grande afobação e exposição. A arte, porém, resiste a movimentos sociais imediatos e destrutivos. O meio literário, com tanta afobação, está deixando de resistir. Temo concluir, portanto, que está deixando de ser artístico. Mas acho que as coisas, depois desse período de grande exposição, vão de novo se recolocar.

Como se sente depois que termina um livro?
No geral, não me sinto completamente bem, ou ao menos até hoje não me senti como se tivesse atingido com plenitude meus objetivos. Sempre me parece que deixei algo para trás ou que não atingi o âmago. Não sei por que isso acontece. Talvez seja por causa da intensidade com que me dedico aos meus projetos.

Não digo que alguns não me satisfaçam. Estou feliz com vários, mas nunca me senti como se tudo tivesse sido realmente realizado. Acho que o sentimento final é o de incompletude e de necessidade de tentar de novo, de me aproximar de minhas intenções de outras formas, com outras ferramentas e a partir de outras possibilidades. Talvez seja por isso que eu acorde todo dia às sete horas para escrever...

"TANTA AUTOINDULGÊNCIA ESTÁ ME INCOMODANDO" – RICARDO LÍSIAS OU A FICÇÃO QUE NÃO DESISTE
João Cezar de Castro Rocha

CONTRA A AUTOINDULGÊNCIA

UMA FRASE do romance *O céu dos suicidas* (2012), de Ricardo Lísias, deve ser lida como possível *Leitmotiv* estruturador de seu projeto literário: "Tanta autoindulgência está me incomodando". É como se o narrador de seus textos escrevesse e, ao mesmo tempo, se encarregasse de revisar, reescrever, rasurar o parágrafo apenas concluído.

O tema é recorrente na imaginação ficcional do autor; aliás, universo composto por um número deliberadamente restrito de temas e procedimentos, cujas variações e metamorfoses determinam o ritmo e a força de sua prosa.

(Como peças no tabuleiro de xadrez. Ou como notas do teclado do piano.)

Tome-se, por exemplo, o conto "Tólia", publicado na revista *Granta*. O narrador anuncia uma decisão de peso: "Desisti da literatura quando não consegui mais entender o que escrevia. (...) Percebi que era um ficcionista limitado e que nunca chegaria a produzir algo incontornável para a literatura".

Autocrítica implacável, por certo; afinal, não se pode antecipar o triunfo, mas tampouco confirmar o insucesso *a priori*! Ressalve-se, ainda, que, no mesmo gênero, Machado de Assis somente chegou a "produzir algo incontornável" ao arriscar-se na escrita das *Memórias póstumas de Brás Cubas*.

A questão é complexa, exigindo tratamento delicado.

Um pouco adiante, contudo, numa transformação coerente com os padrões definidores de seu universo ficcional, a ideia de desistência não deixa de trazer à tona uma das obsessões de Ricardo Lísias:

(...) Comecei a roncar. Estava agitado e infeliz: meu corpo não parava de fazer barulho.

Fiz algumas tentativas depois de *O livro dos mandarins*, mas em poucos meses optei por abandonar a literatura para tentar me encontrar em algo mais silencioso: o jogo de xadrez.

Eis uma vantagem inegável para os que abandonam o xadrez de palavras pelo jogo dos reis: no tabuleiro, ao final da partida, o jogador conhece o fracasso ou o êxito – e de imediato. Não precisa esperar o acidentado roteiro de consagração dos pares ou o incerto juízo dos pósteros: o xeque-mate vale o quanto pesa – sempre.

Nessas poucas passagens, destacam-se alguns elementos-chave na literatura de Lísias: o eterno retorno do jogo de xadrez; a autoconsciência do narrador; a sutil paródia à voga atual da autoficção; o silêncio como duplo da linguagem; o corpo como incontrolável máquina anticartesiana; o estudo de línguas como exercício lógico; a recorrência do verbo *desistir*.

Neste breve comentário, não poderei explorar satisfatoriamente esse conjunto de elementos; limito-me, pois, a mover dois ou três peões nesse tabuleiro particular.

DESISTIR: A LITERATURA DO SILÊNCIO?

EM "CAPUZ" (*Capuz*, 2001), um dos textos mais intensos da literatura brasileira contemporânea, o narrador se vê às voltas com uma situação-limite, na qual se coloca à prova sua capacidade de manter o equilíbrio mental em condições as mais adversas. Ele foi sequestrado, não se sabe por quem, e se encontra confinado num espaço exíguo, tendo perdido a noção do tempo. Ainda assim, ele busca pelo menos apreender o latifúndio mínimo que lhe coube em vida. Não surpreende, pois, o desabafo: "Também estou exausto. Não, não é isso, não estou pensando em *desistir*. Sim, isso é verdade, mas ninguém vai *nos* ouvir. Não, não tenho a menor ideia".

Um dos recursos inventados pelo personagem para manter algum controle sobre a situação foi imaginar um companheiro de cela, daí o uso: "ninguém vai *nos* ouvir". Em outras palavras, ele duplicou-se, criando um eco que lhe permitia escutar a própria voz. Trata-se de exercício linguístico de sobrevivência, uma forma selvagem de autoanálise, sugerida ao leitor na passagem do capítulo 11 ao 12: "Não estou ficando louco, consigo me lembrar de tudo e conversar, *você não acha? Acho, sim*". Jogral subjetivo malogrado, o fecho da novela produz a equivalência cortante entre imobilidade, silêncio e desistência:

> Tenho me sentido muito bem assim, aqui parado. Aliás, se minha voz não sair, melhor. Não quero mais incomodar ninguém.

Em outra novela do mesmo volume, "Diário de viagem", o motivo retorna, acrescido do procedimento literário mais recorrente em Lísias: a montagem de tramas paralelas, cuja convergência, se chega a ocorrer, encontra-se apenas sugerida, pois o narrador não a explicita. Leia-se o final do texto:

> No entanto, quando fui ao computador escrever para a defesa civil de Amsterdã para dizer que eu estava *desistindo* da minha busca, finalmente vi que minha mãe escrevera. Aparentemente tranquila, ela queria saber se eu tinha conseguido achar alguma coisa.

Na novela, de fato, cruzam-se três tramas (tristes).

Em primeiro lugar, o narrador, supostamente filho bastardo do ditador português António de Oliveira Salazar, pretende visitar o túmulo do pai, na cidade de Vimieiro, onde nasceu o professor da Universidade de Coimbra. A forma de denominá-lo conhece um deslocamento eloquente: de *filho da puta*, assim sem solenidade alguma, ele se transforma em *filho-da-puta*, e essa singela operação, por assim dizer, heideggeriana, prepara a encarnação completa do abjeto no termo decisivo: *Filhodaputa*.

(Recurso retomado e, sobretudo, aprofundado em *O livro dos mandarins* como destacarei, brevemente, na última seção deste ensaio.)

Em segundo lugar, em Amsterdã, esperando a conexão de seu voo para Lisboa, o narrador fotografa um mendigo – "meninos eu vi!", e, num inusitado efeito bumerangue, o mendigo "europeu" se converte em peça de exotismo ao alcance do bolso de qualquer turista acidental: "Cheguei perto e ofereci dois euros por uma foto (o maldito câmbio). Ele aceitou e fez pose de mendigo sorridente do Primeiro Mundo". Ao revelar as fotos, uma surpresa quase altera o rumo da viagem: "descobri que ao lado da sacola havia também uma edição antiga – obviamente também em português – das *Memórias do cárcere* do Graciliano Ramos".

(Autoexotismo involuntário, portanto.)

Duas obsessões associadas numa frase.

Por um lado, a segunda trama emerge, pois, além de buscar o túmulo do *Filhodaputa*, o viajante começa a investigar a identidade do mendigo: seria ele brasileiro? Como vimos, a frase final da novela articula os dois níveis através do e-mail da mãe.

Por outro, a preocupação política, absorvente na literatura de Lísias, insinua-se na menção aos dois ditadores que, em Portugal e no Brasil, para o bem ou para o mal, moldaram a face moderna de seus países: Salazar e Getúlio Vargas – a menção ao livro de Graciliano Ramos autoriza esse vínculo, pois são memórias do tempo da ditadura Vargas. Contudo, se um olhar propriamente político parece onipresente, ele nunca chega à superfície do texto numa maneira previsível, trata-se antes de uma potência que o leitor deve reconhecer e atualizar. A busca pelo túmulo do *Filhodaputa* e o livro do mendigo esclarecem o recurso.

Por fim, determinada afirmação do narrador, logo no primeiro capítulo – "Um dos meus principais *hobbies*, além do jogo de xadrez é o estudo das línguas" –, permite identificar a *corrente subterrânea* que organiza a visão do mundo de Ricardo Lísias.

Em *Duas praças* (2005), o procedimento ganha corpo: a duplicidade inscrita no título corresponde às duas tramas que movimentam o romance.

Os dez primeiros capítulos apresentam a personagem Maria; melhor dizendo, eles aprofundam a angústia da personagem esboçada na novela "Corpo" (*Capuz*), uma mulher pobre, vivendo na periferia de São Paulo, em processo de lenta desintegração de sua subjetividade. Trata-se da mesma Maria e do idêntico drama de uma pessoa que, profundamente solitária, paulatinamente perde a razão. Rubião da periferia, nem ao menos ela contou com a fortuna de uma herança inesperada. Como parte desse processo, Maria imagina um relacionamento com o "Manequim" de uma loja, futuro "pai" de seu filho.

A retomada, quase literal, de temas, e mesmo de frases, ilumina as obsessões do autor. Por exemplo, na novela *Dos nervos* (2004), num caso similar de perda progressiva do autocontrole, uma personagem também fantasia um relacionamento e de igual forma acredita estar grávida.

Na novela "Anna O." (*Anna O. e outras novelas*, 2008), um psiquiatra, às voltas com a necessidade de avaliar o estado mental de um paciente de triste memória – "O general Pinochet, por outro lado, é um filho-da-puta"; ao que parece, todos os ditadores assumem o papel essencial do *Filhodaputa* –, rememora um ritual da infância, a fim de combater a insônia que o tortura:

> Enquanto se deitava, repetiu a oração que fazia todas as noites quando era criança, *Por favor, Jesus, faça que eu não sonhe e nem pesadelo*.

Em *Duas praças*, o narrador antecipa o desfecho trágico de Maria e, ao fazê-lo, recicla a mesma sentença:

> Com o tempo, porém, os sonhos relacionados ao fogo tornaram-se mais e mais constantes e ela começou a pedir a Deus, antes de dormir, proteção contra os pesadelos. Para ser mais exato, ela pedia a Jesus. *Por favor, Jesus, faça que eu não sonhe e nem pesadelo*.

A insônia ou o sono compulsivo comparecem com frequência nos seres da ficção de Lísias, cujos corpos merecem um capítulo à parte, tal a sua importância como último momento de possível remissão, antes da perda absoluta do controle.

A segunda trama de *Duas praças* envolve um estudante de doutorado, que recebe inesperadamente um e-mail de uma renomada professora de literatura hispano-americana. Ele deveria ajudar a localizar (e repare-se, outra vez, o viés político) Marita Planco, argentina, mestranda, e que "talvez fosse mais uma dessas crianças que a ditadura argentina sequestrou ainda muito nos pais e entregou para outra família cuidar".

(Esse narrador-doutorando é um ponto fraco na literatura de Lísias. Em última instância, sua afetada superioridade em relação ao ambiente acadêmico não justifica sua adesão ao sistema universitário! Ora, considerando a caricatura previsível que ele pinta do chefe do departamento e, sobretudo, de seu orientador, bem poderia esse narrador-tão-agudo simplesmente abandonar o curso de pós-graduação, território de pessoas--tão-unidimensionais, em tudo opostas a sua complexidade-tão-afiada... Entenda-se o ponto: a agudeza da observação é obliterada pela perspectiva narcísea do doutorando, por certo encantado com sua inteligência. Faltava, ainda, ao autor Ricardo Lísias cansar-se como o narrador Ricardo Lísias de *O céu de suicidas*: "Tanta autoindulgência está me incomodando".

No meio do caminho, o autor retornou indiretamente ao meio acadêmico em *O livro dos mandarins*. Agora, porém, sem deixar de apontar seus impasses óbvios, também sugeriu os limites claros do poeta Paulo: via de mão dupla, como tudo que conta. A força da literatura depende exatamente desse movimento indispensável de autocrítica.)

E como o narrador reconhece em "Tólia" – "uma de minhas atividades preferidas é a criação de padrões, *adoro repetir*" –, as tramas de *Duas praças* se desenvolvem obedecendo a ritmo rigoroso: dez capítulos lidam com o desacerto crescente de Maria; os dez capítulos seguintes tratam do desencontro repetido com Marita. E segue assim até o capítulo 79, quando o narrador-doutorando se conforma com a impossibilidade de encontrar a argentina e ainda precisa lidar com seu pai, Júlio Planco, que mantém o autoritarismo no trato pessoal, traço típico de seu passado militar. O narrador, então, joga a toalha: "Confesso muito sinceramente que naquele momento *eu desisti*".

Do ponto de vista técnico, ressalte-se, essa *desistência* é estratégica, pois, como a segunda trama se desenvolve em primeira pessoa, a entrada em cena de um narrador em terceira pessoa permite reunir as duas histórias; afinal, as peripécias de Maria são assim contadas. Além disso, esse é o modo mais direto de narrar o fim, trágico, do pai de Marita.

De igual modo, a associação das tramas permite sugerir com sutileza, mas de modo incontornável, a violência que se dissemina nas sociedades latino-americanas: a violência e a tortura como política de Estado, específica do tempo das ditaduras do Cone Sul; a violência e a tortura, realidade endêmica, constante nos bairros mais pobres das grandes cidades, mesmo em tempos de "normalidade democrática".

A ideia de desistência também se encontra, embora noutro nível, a bem verdade, em *O livro dos mandarins* (2010). Nele, o protagonista, Paulo, pouco a pouco abre mão de seus projetos mais ambiciosos, contentando-se com o aqui e agora de um cotidiano cujo móvel insiste em escapar de seu controle.

Do modo radical, *O céu dos suicidas* enfrenta a desistência mais dolorosa: "interromper a própria vida". Diante de tal circunstância, não parece haver alternativa e é preciso abandonar toda forma de autoindulgência – mesmo que, em último caso, se tenha de *desistir* da literatura. Ou encará-la com a urgência precisa. Como diz o narrador de "A meus três Marcelos":

Comecei a dar um curso de contos 34 dias depois de quase ter-me matado. A sala estava lotada. *Sem pele*, naquele lugar pequeno, cheio de gente me esperando para falar sobre James Joyce, *eu me senti ameaçado*.

Outra alternativa é voltar a jogar xadrez.
Ou tornar-se um virtuose.
Duas maneiras de dedicar-se à busca de padrões.

(O tema leva longe. Rimbaud, Rulfo, Raduan *desistiram*; Rossini *desistiu*. Por que não *Ricardo*? Quero dizer: é preciso levar a sério o motivo; não se trata de charme autoficcional, mas de pergunta cuja resposta equivale à escrita de uma obra. "Perguntas sem resposta", vale lembrar, é título de poema de Machado de Assis.)

LITERATURA COMO ARTE COMBINATÓRIA?

O JOGO DE XADREZ fornece a Ricardo Lísias muito mais do que uma metáfora para apreender seu projeto literário; na verdade, ele pode ser entendido como metonímia da estrutura de sua ficção. Ora, nesse sentido, em que medida o emprego constante do anacoluto encena a dinâmica de uma partida?

Vejamos uma ocorrência do recurso, dominante especialmente na novela "Corpo" e no romance *Duas praças*:

> Às vezes, as pessoas pensam que um homem cavalheiro e religioso é um frouxo. Depois se surpreendem *quando ele*. (...) Bom, se ela soube, é justo que o Manequim *também*.
> (...)
> Ainda bem que Maria não é ciumenta. Claro, ela compreende que *o trabalho do*.

O admirável nesse emprego é a segurança com que se pode imaginar fechos verossímeis para concluir a frase: como se o leitor jogasse sempre com as peças pretas, a bem da verdade; mas, por isso mesmo, desse sequência à partida, preenchendo as lacunas do texto.

Contudo, devagar com o tabuleiro: não se trata de relação simples, monocausal, mas de observar que o jogo de xadrez supõe uma técnica de arte combinatória; técnica definidora de uma linguagem peculiar, cuja дляma potencializa interesses e obsessões do autor. Nesse sentido, a frase de efeito do narrador de "Diário de viagem" deve ser lida como índice de sua poética do romance:

> Aliás, quem chega a compreender a variante Nadjorf da Defesa Siciliana até o décimo quinto lance não pode ter dificuldade com língua nenhuma. O jogo de xadrez é infinitamente mais complicado.

O xadrez coloca em movimento uma poderosa matriz combinatória, que, partindo de um número necessariamente limitado de regras e de convenções, produz variantes virtualmente inesgotáveis. Nas sessenta e quatro casas do tabuleiro, trinta e duas peças obedecem a movimentos predeterminados e a regras preestabelecidas. Nas aberturas e nas defesas mais estudadas, como é o caso da Abertura Ruy López ou da Defesa Siciliana, os primeiros lances devem ser memorizados, pois uma autêntica legião de partidas anteriores foi cuidadosamente examinada e devidamente codificada, criando um repertório comum, a que todo enxadrista de certo nível deve recorrer. Um jovem que confie demais no seu talento dificilmente derrotará um adversário medíocre, mas em dia com as últimas contribuições teóricas. Esse habilidoso bem pode ser um menino que ainda não conheça os enxadristas do verbo. Não importa: se ele for apaixonado pelo jogo, e não pela vitória, sempre há o momento em que os cálculos táticos são interrompidos e a estratégia é deixada de lado. Nesse instante, impõe-se a pura beleza da arte combinatória e o jovem talentoso finalmente compreende o jogo no qual se encontra – nas casas de cores alternadas ou na página em branco.

Por isso, o universo do jogo dos reis se encontra disseminado na obra de Lísias, levando até à incorporação de vocabulário próprio: "O duplo é algo que só acontece, quase, com os *capivaras*". *Capivara*, ou seja, o jogador inexperto; em jargão futebolístico, um "perna de pau". Na mesma novela, Lísias vai além, convertendo posições clássicas do jogo de xadrez em chave de entendimento da política internacional: "(...) era uma surpresa que alguém ainda não tivesse colocado Gorbachev em *zugzwang*".

Touché! Aqui, o xadrez implica um olhar específico sobre o mundo, oferecendo modelos concretos de pensamento e interpretação.

Zugzwang é uma posição especial, na qual o jogador que mover uma peça perderá imediatamente a partida ou, no mínimo, comprometerá seriamente sua situação. Dito direito: o *Zugzwang* define uma posição na qual *jogar*, por si só, *é prejudicial*. Em casos assim, *melhor desistir*... Ou ficar em silêncio – precisamente a trajetória do narrador no conto "Tólia".

(Políticos como Getúlio Vargas, ou o Floriano Peixoto de Policarpo Quaresma, sempre souberam colocar seus adversários em *Zugzwang*... Sua estratégia era similar: longos silêncios, seguidos de monossílabos enigmáticos, constrangendo os interlocutores a revelar suas intenções.)

No conto "Evo Morales" o universo do xadrez empresta à narrativa nomes icônicos, tais como o do lendário treinador Mark Dvoretsky. No auge da carreira, ele desistiu das competições para tornar-se o mais destacado treinador de sua geração. Isto é, convencido de que "nunca chegaria a produzir algo incontornável para o xadrez", Dvoretsky converteu seu método único de treinamento em autêntico celeiro de campeões, ajudando a preparar ninguém menos do que Garry Kasparov.

O leitor ainda será apresentado, entre outros, ao "simpaticíssimo Vassily Ivanchuck, a lenda ucraniana do xadrez", bem conhecido por sua instabilidade, alternando momentos brilhantes com resultados insatisfatórios.

Em "Tólia", vale reiterar, o narrador Ricardo Lísias *desiste* da literatura em prol do xadrez; embora também *desista* do jogo em favor do silêncio.

Na novela *Dos nervos* uma das tramas paralelas ficcionaliza a disputa pelo título mundial entre Anatoly Karpov e Garry Kasparov, respectivamente, Ka e Ki. Além disso, a narrativa agudiza a dimensão política do confronto, explorando a adesão completa de Karpov aos ideais do regime comunista; além de campeão do mundo, formou-se em economia, especializando-se em... marxismo! Pelo contrário, Kasparov sempre se destacou pela irreverência e mesmo rebeldia. Ele, por assim dizer, nos últimos anos, *desistiu* das competições oficiais, dedicando-se prioritariamente à oposição ao governo de Vladimir Putin.

Ricardo Lísias escolhe a dedo seus enxadristas favoritos.

REPERTÓRIOS E PADRONIZAÇÃO

OS PERSONAGENS de Lísias com frequência estão envolvidos com a confecção de listas e a organização de repertórios. O narrador de *O céu dos suicidas* é "um especialista em coleções". Mesmo ao estudar línguas, o desejo do catálogo é o móvel dominante: "O que me encanta na língua são as semelhanças". E, claro, similaridades propriamente elencadas em inventários sempre em expansão.

Paulo, o protagonista de *O livro dos mandarins*, reúne ideogramas com a alegria do menino que obtém a figurinha do craque que faltava para completar o álbum do campeonato. Ansioso, sofrendo de insônia, ele também possui um ritual, exatamente como o psiquiatra de *Anna O.*:

> Para adormecer, ele gosta de repassar na cabeça os ideogramas que já aprendeu. *Quase cinquenta*! Seu mandarim oral, está ainda melhor.

Coleção orgânica, em crescimento constante. Pelo menos é o que se deduz, pois, como a insônia persiste, o antídoto também não muda:

> (...) demorou para adormecer. Primeiro, repassou todos os ideogramas que conseguia lembrar.
> *Quase oitenta*, mas o sono não veio.

Em geral, os personagens de Lísias enfrentam a insônia, ou o sono compulsivo, através de uma técnica, digamos, de consciência corporal – o procedimento se repete em inúmeros textos; darei apenas um exemplo.

A personagem de "Corpo", próximo do momento de perder-se de si mesma, lança mão de recurso fundamentalmente anticartesiano:

> Ainda antes de clarear, Maria procurou forçar a concentração e, como um movimento parecido com o dos insones, *tentou sentir o próprio corpo sem se mover*. (...) Depois fez muita força para sentir os quadris. Conseguiu. A barriga estava ali, como sempre, mas ela não conseguiu ir além dos seios.

O *cogito* cartesiano dependeu de uma experiência diametralmente oposta à vivida pelos personagens de Lísias. Sua emergência supôs a obliteração do corpo, a fim de abrir caminho ao puro pensamento.

Recorde-se a formulação definitiva:

> Fecharei agora os olhos, tamparei meus ouvidos, desviar-me-ei de todos os meus sentidos, apagarei mesmo de meu pensamento todas as imagens de coisas corporais (...). Sou uma coisa que pensa (...).

Já os personagens de Lísias, pelo contrário, estabelecem uma relação de ponta-cabeça com seus corpos. Ricardo Lísias, o narrador de *O céu dos suicidas*, levou a circunstância ao extremo. Após insistir num mal-entendido, ele quase foi assassinado por buscar informações, no Líbano, sobre um tio-avô, supostamente ligado ao terrorismo na década de 1970. Eis sua reação: "Senti o cano de um revólver no lado direito da minha cabeça, bem acima da orelha. Contaram até três e nesse momento meus intestinos se soltaram".

E que dizer do protagonista de *O livro dos mandarins*?

Uma condição peculiar acompanha o personagem:

> Só hoje, que fique claro, Paulo está curvado para o lado esquerdo. A dor que ele sente nas costas se desloca e cada dia fica em um lugar diferente. Do pescoço à bacia, sem muito critério. Desde criança ele sente essa dor estranha. Além de alguns momentos excepcionais, nunca é mais forte, mas em compensação jamais desaparece.

Dor sem território fixo; por assim dizer, dor "globalizada" no corpo de Paulo. Sintoma, em estado puro, do mal-estar da civilização contemporânea, fruto da equivalência bruta representada pela promessa de um futuro moldado à sombra da China e sua aparentemente inevitável hegemonia:

> Claro, com a estrutura que o mundo assumiu hoje, e o provável papel que a China deve ocupar nos próximos anos, a sociedade felizmente mais e mais se assemelhará a uma grande corporação.

A contrapartida dessa utopia às avessas é a estandardização do cotidiano, numa inversão perversa do ingênuo ideal goetheano de *Weltliteratur*, conceito que somente seria possível a partir da diversidade de experiências literárias específicas. Trata-se, hoje em dia, antes de reproduzir o mesmo pacote básico, independentemente de traços locais.

Vejamos.

Paulo tem seu destino alterado e, em lugar de conquistar a China, deve familiarizar-se, no Sudão, com negócios pouco ortodoxos, e por isso mesmo ainda mais lucrativos. Preocupa-se: como reagirá sua dor, metamorfose ambulante? Nenhum problema: "ele pode dormir tranquilo: o colchão é tão bom quanto o de qualquer outro grande hotel do mundo".

No tocante à alimentação, será difícil adaptar-se a uma culinária em princípio muito diferente? Paulo não teria do que reclamar:

> Por outro lado, o café da manhã no Hilton sudanês, onde ele mora desde que chegou a Cartum, é semelhante ao de qualquer outro hotel do resto do mundo, com *algumas diferenças mínimas*, a bem da verdade.

Entenda-se bem: *diferenças mínimas*, pois, assim, por efeito de contraste, a estandardização dos gostos e dos gestos somente se torna mais naturalizada.

A nota crítica da prosa de Lísias se aguça: o lado sombrio da globalização inclui não somente a permanência, mas, sobretudo, o acirramento de relações assimétricas nas trocas econômicas e culturais. Afinal, a quem ocorreria oferecer "um cargo de comando na China, para um mero brasileiro?". Paulo é enviado para o Sudão, onde deve investigar possíveis "jeitinhos" para negócios promissores, porém subterrâneos.

No Brasil, os próprios funcionários de Paul, presidente do banco no país, duvidam de sua capacidade. E por boas razões:

> E tem outra coisa, sabe, tem outra coisa. O que um estrangeiro vem fazer nesse país e fica aqui tanto tempo? Será que o cara nunca teve vontade de se livrar dessa? É lógico que tem alguma coisa, se não esse palhaço já teria se mandado faz tempo.

Pois é: *diferenças mínimas*, no que se refere ao gosto e aos gestos.

E, por isso, *distinções significativas* em relação à fonte de determinação de gestos e gostos.

Paulo, por exemplo, decidiu aprender seriamente mandarim.

Quem deseja, de fato, estudar português em *O livro dos mandarins*?

CODA

O PRESIDENTE do banco no Brasil é o escocês Paul; em Londres, o presidente mundial do banco se chama Paulson. Paulo é o protagonista do romance e seu caráter unidimensional, obcecado pela carreira e pelo desejo de ascensão no banco em que trabalha, evoca outro Paulo, o Honório, de *São Bernardo*, de Graciliano Ramos.

Os nomes circulam anônimos em sua mesmice. O funcionário mais dedicado de Paulo também se chama Paulo. Sua secretária, Paula; sua aliada no setor de Recursos Humanos, Paula. O sobrinho da secretária, Paulinho. O avô, seu Paulo. Portanto, na forma do romance, à padronização dos hábitos corresponde a disseminação da homonímia. Todos os personagens encontrados no Sudão, por exemplo, são apresentados como Hasan Ahmad al-Bashir – do motorista ao presidente da República, passando pelo *personal trainer* do Hilton e o ministro da Saúde.

Tal ocorre no primeiro momento.

No segundo nível, o próprio nome do protagonista começa a mover-se, exatamente como a dor que o acompanha desde a infância. E quanto mais internacionaliza sua experiência, mais seu nome se adapta à expectativa dos outros. Paulson, impressionado com sua dedicação e lealdade ao banco, marca um asterisco em seu nome – agora: Paul*. Progressivamente ele se torna Pau**, Pa***, P****, e, por fim, apenas *****, como se fosse um falso ideograma! Como fingida será a própria viagem à China – ora, por que oferecer "um cargo de comando na China, para um mero brasileiro?".

No terceiro e último instante, como se fosse um epíteto homérico tornado pura paródia, o narrador nomeia Paulo conforme a qualificação, sempre derrisória, dada por outros: "este aqui"; "Belé porra nenhuma"; "exceção"; "muito detalhista e metódico"; a lista é interminável, intensificando o caráter lúdico da experiência literária.

A ficção de Ricardo Lísias recorda um xadrez mental: o deslocamento de uma simples peça no tabuleiro da imaginação propicia variações diversas, cuja apreciação depende da capacidade de avaliar os efeitos deste ou daquele lance.

Xadrez de palavras: o autor começa o jogo com as peças brancas, mas o segundo lance sempre cabe ao leitor.

BIBLIOGRAFIA

ROMANCES
Divórcio. Alfaguara, Rio de Janeiro, 2013.
O céu dos suicidas. Alfaguara, Rio de Janeiro, 2012.
O livro dos mandarins. Alfaguara, Rio de Janeiro, 2010.
Cobertor de estrelas. Rocco, Rio de Janeiro, 1999.

NOVELAS
Duas praças. Globo, São Paulo, 2005.
Dos nervos. Hedra, São Paulo, 2004.
Capuz. Hedra, São Paulo, 2001.

CONTOS
Anna O. e outras novelas. Globo, São Paulo, 2008.

FICÇÃO INFANTOJUVENIL
Greve contra a guerra. Hedra, São Paulo, 2005.
Sai da frente, vaca brava. Hedra, São Paulo, 2001.

©BRUNO SIMÃO

AMILCAR BETTEGA

O EPÍTETO "o engenheiro que virou escritor" se torna cada vez mais distante de Amilcar Bettega. A engenharia ficou para trás, apenas uma escolha errada do jovem escritor.

Amilcar Bettega nasceu em 1964, em São Gabriel, Rio Grande do Sul. Formado em engenharia civil, abandonou a profissão aos vinte e sete anos de idade. Aos vinte e nove, publicou seu primeiro conto, na antologia *Alquimia da palavra*, organizada por Sérgio Côrtes. Em 1994, fez sua estreia solo com o livro de contos *O voo da trapezista* (Movimento/Instituto Estadual do Livro). Depois vieram *Deixe o quarto como está*, de 2002, e *Os lados do círculo*, de 2004, vencedor do Prêmio Portugal Telecom, ambos publicados pela Companhia das Letras. Este último, que recebeu o apoio de uma bolsa do Programa de Intercâmbio de Autores Brasileiros, da Fundação Biblioteca Nacional (FBN), está também publicado em Portugal e Espanha. Em 2013, publicou sua primeira narrativa longa, *Barreira* (Companhia das Letras). Amilcar tem textos publicados em várias antologias no Brasil e em países como França, Itália, Suécia, Luxemburgo, Estados Unidos.

Doutor em Letras pela Sorbonne Nouvelle – Paris III e Pontifícia Universidade Católica do Rio Grande do Sul (PUCRS), em regime de cotutela, defendeu tese em 2012 analisando, a partir de sua própria experiência, alguns momentos-chave da formação do escritor, nomeadamente as passagens da leitura à escrita, do manuscrito ao livro e – pondo em cena a escrita de *Barreira* – do conto ao romance.

Amilcar morou alguns anos em Portugal. Em 2001 voltou a Porto Alegre. Viveu na França entre 2002 e 2010, quando mudou-se para Lisboa e depois, em 2013, foi para Pequim, onde vive atualmente. Durante esse tempo, participou como escritor-residente em programas como o Ledig House – International Writers' Colony, em Omi, Nova York, nos EUA, em 1999; o Collège International des Traducteurs Littéraires, em Arles, na

França, em 2005; o Château de Lavigny, programa mantido pela Fondation Ledig-Rowohlt, em Lavigny, Suíça, em 2009; o International Writing Program da Universidade de Iowa, em Iowa City, Iowa, nos EUA, em 2010; e o Proxecto Axóuxere em Rianxo, Galícia, na Espanha, em 2013.

Também atua como tradutor do francês para o português e já traduziu obras como *125 Contos de Maupassant*, de Guy de Maupassant, publicada pela Companhia das Letras em 2009.

Como um engenheiro civil foi parar na literatura? Sua formação acadêmica teve alguma influência na engenharia de sua ficção, na construção de sua técnica narrativa?
Na minha vida, a engenharia faz parte de um processo de busca, totalmente às cegas àquela época, para encontrar um lugar de justificação social. Uma busca errada, claro, porque pretendia corresponder a questões que me eram externas. Até não é muito raro o caso de escritores que, tendo uma profissão diferente, em determinado momento passam à literatura porque algo lhes falta para completar a sua realização, a sua forma de estar no mundo e tal. Para mim, porém, faltava tudo. O problema é que eu buscava de maneira errada, não me colocava as boas questões. Quando eu vi que o tempo estava passando, que eu estava extremamente infeliz e que o quadro não oferecia grandes possibilidades de mudança, eu comecei finalmente a me questionar sobre coisas fundamentais.

Você já escrevia relatos quando estudava engenharia? Já tinha um projeto secreto de escrever?
Tirando essas besteiras que mais ou menos todo mundo escreve em algum momento de sua infância ou adolescência ou juventude, eu nunca escrevi nada antes dos vinte e sete anos. Tardíssimo, portanto. A escrita era uma coisa muito distante para mim. Se aí pelos vinte e cinco anos eu podia ou poderei ter pensado em escrever, era uma coisa que ficava relegada a um estágio de fantasia pura.

O grande domínio da técnica, de fato, parece ser uma das marcas de sua escrita. Ele é, de alguma forma, um efeito dessa formação técnica?
Sinceramente, não vejo uma relação direta entre o fato de eu ter uma formação de engenheiro e, como escritor, ter uma preocupação evidente e assumida com a forma. Veja bem, eu não falo de técnica, e sim

de forma. A técnica é um instrumento, ou um conjunto de instrumentos, que o escritor utiliza para construir o texto literário. E esta construção – e chamo de novo a atenção para a palavra – aponta para aspectos formais do texto que são mesmo a base do literário, ou, para dizer de outra maneira, aponta para aquilo que faz um texto ser lido, percebido e, sobretudo, sentido como literatura.

Quais são as características técnicas que mais preza em sua escrita?
Não prezo características técnicas na minha escrita, prezo a busca por uma forma adequada, ou, mais do que isso, uma forma que fale. Mas como já disse, isto é pressuposto da literatura.
Porque literatura é forma. Repito: literatura é forma. E se precisar eu digo de novo: literatura é forma. E quando falo em forma, falo em linguagem, em manipulação de elementos da linguagem e de elementos da narrativa de maneira a construir um universo único e autônomo e, esteticamente, intrigante. A expressão literária é estética, antes de ser de ideias. Não é a historinha que interessa. Literatura não é contação de histórias. Não tenho problema nenhum em dizer que abomino frases do tipo "nada como uma boa história bem contada", porque o que está por trás disso é a ideia da coisa mastigada, encadeada, de preferência sequencial, "bem contada" com todas as palavras, com início, meio e fim. Não. Eu quero a história mal contada, ou contada pela metade, ou falsificada. Quero uma história que não dê para ler no piloto automático, que me puxe o tapete o tempo inteiro, que me faça pensar tanto sobre o que ela me diz quanto sobre a forma como ela se apresenta. Sinceramente, para me entreter, para "passar um bom momento tranquilo", eu prefiro assistir a uma partida de futebol do que pegar um livro.

Que marcas o mestrado em Literatura Brasileira, primeira guinada rumo à literatura, deixou em sua criação literária?
O mestrado não foi a primeira guinada rumo à literatura. Quando entrei no mestrado eu já escrevia. Já havia inclusive publicado meu primeiro livro. Eu abandonei a engenharia lá por 1991 ou 1992 e só fui ingressar no mestrado em 1997. Tendo uma formação de engenheiro, eu nunca havia estudado literatura. Tudo o que eu podia saber a respeito, seja de temas mais teóricos, seja de autores, de livros e da contextualização destes livros e autores, tudo isso que me dava um

vago panorama da "literatura" foi adquirido através de leituras bastante aleatórias, descontínuas, sem nenhuma orientação, num percurso totalmente solitário e quase em segredo, ou seja, sem nenhuma interlocução. O mestrado foi apenas uma tentativa de sistematizar um pouco o conhecimento (muito lacunar) que eu tinha sobre literatura e de, justamente, preencher um pouco estas lacunas. Num segundo plano mais distante, havia também a ideia de, quem sabe, me direcionar para uma carreira acadêmica.

O estudo da teoria literária auxilia ou dificulta o trabalho criativo?
Acho que nem auxilia nem dificulta, ou então: pode auxiliar, como, aliás, qualquer tipo de conhecimento – seja sobre o tema que for – só vai auxiliar na hora de criar alguma coisa. A teoria pura está muito longe da criação literária e pode ser encarada como um ramo do conhecimento como qualquer outro, como o cálculo diferencial, por exemplo. Não vejo como o conhecimento sobre cálculo diferencial pode ou poderia dificultar o meu trabalho criativo.

Quem, ou quais, são seus teóricos literários preferidos e por quê?
Não os tenho. Não posso falar de teóricos preferidos porque na verdade li muito pouco de teoria literária. No mestrado, sempre procurei trabalhar mais sobre os textos literários, se havia teoria ela estava sempre ligada diretamente ao texto, como apoio pontual às análises e interpretações. Portanto, li mais críticos e comentadores do que propriamente teóricos. Mas para não citar nenhum, cito Barthes – de quem não li tudo, longe disso –, o mais "escritor" dos teóricos (seria mesmo um teórico?). Aliás, gosto muito de ler o que os escritores escrevem sobre "literatura". Se nem sempre é pertinente, pelo menos é mais bonito e sedutor. Blanchot também – outro escritor – sobretudo por suas reflexões sobre a leitura.

Você tem vários contos publicados em antologias, produz minicontos e seus três primeiros livros são coletâneas de contos. Você se considera basicamente um contista?
Não me considero basicamente um contista. Mas, em algum momento, depois de ter escrito muitos contos e sem nunca ter me lançado na escrita de outros tipos de textos, eu cheguei a me considerar sim

unicamente um contista. Porque durante quase vinte anos, desde que comecei a escrever, eu nunca havia escrito uma narrativa que ultrapassasse duas dezenas de páginas. E mais: não me sentia motivado para alterar este quadro, convicto e até mesmo orgulhoso de minha vocação de contista. Confesso que a supremacia do romance como o gênero queridinho do mercado (ia dizer do "público", mas esta é uma questão bem mais complexa, já que passa por escolhas editoriais e envolve muito mais fatores do que o puro – e inapreensível – gosto do leitor) em detrimento do conto me fazia assumir essa postura ingenuamente "resistente" e, confesso de novo, um pouco esnobe (e ridícula, como toda postura esnobe), na medida em que defendia o conto como um território de difícil acesso e, por isso, menos ao gosto do público, restrito a leitores sofisticados, acostumados e apreciadores de "leituras difíceis". Evidentemente, apesar de estas vinculações dos gêneros a graus de dificuldade de apreensão diferentes (mais do que "dificuldade", talvez seria melhor falar em "tipos de dificuldade") não serem totalmente falsas, isto está longe de ser uma apreciação correta do que se passa na recepção destes dois gêneros narrativos.

A minha primeira experiência com a escrita de um romance, que acabo de levar a termo, foi muito gratificante, apesar de muito difícil, no sentido de que era um gênero novo que eu enfrentava, com exigências próprias e diferentes daquelas às quais eu estava habituado.

O que você pode falar a respeito da economia de sua escrita?
Minha escrita pode ser econômica em alguns momentos, num livro como *Deixe o quarto como está*, por exemplo. Mas se você pegar este romance que terminei há pouco, eu diria que antes de economia há uma espécie de excesso ali, uma prosa quase barroca por vezes. O que acontece é que meus livros são bem diferentes entre si, e isso é buscado.

Os lados do círculo **foi publicado em 2004. Passaram-se dez anos e agora, em 2013, você publicou um romance. Como foi o percurso desde o conto até uma narrativa longa? Que aspectos mais exigiram sua atenção nessa passagem?**
A visada do escritor no momento de compor um romance é totalmente diferente daquela usada na elaboração de um conto. Penso estar aí um dos pontos que mais caracterizam uma "índole" de contista ou de

romancista: a maneira como o escritor olha para a sua história. Se um contista tem e, mais do que isso, precisa de uma visão focada, concentrada, pontual, como se estivesse a dirigir um automóvel à noite sob uma intensa neblina com os faróis ligados na luz baixa, o escritor de romances, ao contrário, lida com uma visão periférica, de longo alcance, capaz de projetar (para projetar o seu pensamento) sobre elementos apenas imaginados da estrada que ele deve percorrer.

Além disso, no conto a gente trabalha muito com o não dito, com o silêncio, o sugerido, o elusivo. Estas coisas nem sempre são bem assimiladas pelo romance. Às vezes, você tenta – como eu próprio tentei ao escrever este romance – trabalhar nesta linha mais sugestiva própria do conto e não dá muito certo, fica faltando alguma coisa. Parece que o romance, apesar de ter uma forma mais fluida e com vários núcleos que se abrem em vários outros, apesar de ser este gênero muito amplo e aberto, como um grande saco onde cabe de tudo um pouco, tem o seu limite no que diz respeito à alusão. O que no conto é uma força (o caráter elusivo), no romance pode jogar contra. Há uma necessidade de ser mais explícito no romance do que no conto. E eu desconfio que isto esteja ligado à extensão do texto. Isto é, num texto curto, como o conto, o leitor aceita ficar meio "no ar", sem entender muito bem o que se passa, mas vai até o fim. Num texto de cem, duzentas, trezentas páginas, é preciso oferecer um terreno um pouco mais sólido ao leitor, mesmo que seja para puxar-lhe o tapete logo adiante. Mas antes é preciso que ele firme o pé. Do contrário, ele larga o livro de lado. Acho que comecei a enxergar melhor isto a partir do momento em que comecei a ter o retorno de alguns amigos para quem dei a ler as primeiras versões do meu romance. Meu editor também chamou a atenção para isto. Ainda assim, mesmo no romance, não abro mão por completo dos silêncios, das zonas obscuras, do não dito. Por princípio, nunca vou fazer um texto pensando em facilitar as coisas para o leitor, porque ao fazer isso eu estaria menosprezando-o.

Mas para voltar ao ponto, o fato é que depois de tanto tempo escrevendo textos curtos, eu acabara por incorporar uma certa maneira de pensar as histórias em termos de conto. Quando imaginava uma história ela já me vinha em forma de conto, isto é, com poucos personagens, um só conflito, uma espécie de verticalidade no relato, uma economia dos meios narrativos, muitos espaços em branco etc. No fundo, a tal visada do contista que eu mencionei ali em cima: os faróis ligados na luz baixa, de curto alcance, mas extremamente focada. Portanto, para passar ao romance eu precisei mudar um pouco a maneira de olhar para a minha história. Mesmo sem desejar fazer planos ou estabelecer uma trama bem definida, a fim de poder desenvolvê-la por escrito ao longo de dezenas ou centenas de páginas – o que, para mim, contraria o princípio de toda e qualquer escrita criativa –, eu precisava "levantar" um pouco a minha mirada e tentar pensar em situações narrativas que não se esgotassem ao fim de uma dezena de páginas. E fazendo isso, trabalhando com núcleos narrativos mais dilatados, obrigatoriamente eu acabava por "dizer mais", "ser menos elusivo" do que no conto.

E foi, eu acho, esta necessidade de alterar uma prática, de abandonar as lentes do contista para adotar as do romancista, que tornou tão difícil e demorado, não só o processo de arrancada do romance, mas toda a sua escrita, até o final.

Você pode falar a respeito do romance que acaba de publicar, *Barreira*?
Não é um livro muito fácil. É um livro que pede certa parceria do leitor, no sentido de que nem sempre a leitura vai ser fluida, prazerosa; que às vezes ele, o leitor, pode até ser tentado a largar o livro. Não sei se tenho o direito de pedir este crédito ao leitor, mas o livro precisa dessa paciência, dessa persistência. Como todo livro, eu creio. É sempre a partir de uma relação de confiança entre o leitor e o livro que a experiência da leitura começa. Esta relação é frágil e pode ser quebrada a qualquer momento, exige esforços de parte a parte. Espero que em *Barreira* este esforço seja recompensado.

É um livro que tenta uma maneira diferente de chegar no leitor. Pode ser que nem sempre consiga, mas tenta.

É um livro imperfeito, bastante imperfeito, com alguns excessos de um lado e lacunas de outro. O que quero dizer é que não se trata de um livro fechadinho, redondinho, perfeitinho (aliás, tenho cada vez menos paciência para livros fechadinhos, redondinhos e perfeitinhos).

É um livro que conserva certo tom difuso, com coisas não muito bem explicadas, ou pelo menos com várias hipóteses possíveis. A coisa gira em torno de um ou mais mistérios – em alguns momentos tem até certo tom policial – mas nada se revela como certo. Há vozes e discursos contraditórios, coisas que são afirmadas e negadas com a mesma ênfase.

É um livro que insiste na ideia de que há zonas obscuras (na vida, no real, na narrativa, no texto) e que estas zonas devem ser respeitadas.
É um livro para ser lido sem a preocupação de entender tudo ao nível da trama, é para se deixar levar.
E já que falo de trama – o que para mim nunca interessa muito, mas as pessoas sempre querem saber – vai lá uma sinopse: o romance está ancorado em três personagens que interagem em alguns momentos da narrativa. Um turco de uns sessenta anos, vivendo no Brasil, que deixou Istambul aos seis e retorna pela primeira vez à sua cidade para encontrar Fátima, sua filha fotógrafa, que uns meses antes viajara para ver a cidade que só conhecia por meio dos relatos do pai. Chegando a Istambul, ele se dá conta de que a filha está desaparecida. Antes do desaparecimento, Fátima tem um breve envolvimento com um francês, Robert, autor de guia de viagens, que está em Istambul meio perdidão, em plena crise existencial, profissional, emocional etc. Robert, por sua vez, ao receber a notícia da morte do filho, Lucas, retorna a Paris. Toma conhecimento das atividades do filho como artista, que ele ignorava, e isto o leva de volta a Istambul para encontrar Marc, um artista francês meio louco (ou que se faz de louco), amigo do seu filho e que leva Robert à obra de um artista turco, Ahmet, que ninguém sabe exatamente se existe ou se é uma invenção de um coletivo de artistas, ou se é uma segunda identidade (secreta) de Marc. Na obra, macabra, de Ahmet, alguns jovens podem ter deixado a vida.
Num sentido mais amplo, *Barreira* fala sobre coisas perdidas, ou melhor, sobre coisas inacessíveis, sobre barreiras intransponíveis: barreira da língua, barreira entre gerações, barreira entre pais e filhos, barreira entre o real e a representação do real, entre o real e o imaginado, barreira entre o vivido e a memória do vivido, barreira entre o que se deseja resgatar e o que já desapareceu, barreira na comunicação, entre aquilo que se quer dizer e o que se consegue dizer – e, por que não, entre o livro que se quer escrever e aquele que se consegue escrever.

Você é um escritor em trânsito. Morou alguns anos em Portugal, depois em Porto Alegre, em Paris, em Lisboa outra vez e recentemente mudou-se para Pequim. Qual a influência dessa "vida em movimento" em sua literatura?

A influência deste trânsito na minha literatura é que estes diferentes ambientes acabam, de uma forma ou de outra, aparecendo nos textos. Demora algum tempo, mas aparecem. É possível que a experiência de Lisboa, onde vivi desde 2010 até metade de 2013, vá aparecer daqui a uns anos. Não falo só do espaço, da cidade, mas da memória pessoal que fica vinculada a estes lugares e que talvez nem apareça ao leitor mas que já é a matéria do meu texto.

Sua experiência como tradutor de um considerável número de contos de Maupassant contribuiu para seu processo de criação literária?
Não creio. A tradução é um processo totalmente diferente do da escrita. Num certo sentido, traduzir é até mais difícil, ou pelo menos mais penoso, porque quando se cria o próprio texto a liberdade é total, cada palavra que escrevemos diz respeito apenas a nós mesmos e à nossa concepção do que se deseja expressar. Na tradução, há o compromisso e a subordinação ao texto original. O campo de ação é muito menor. Sinto-me, de certa maneira, cerceado ao traduzir. Na verdade, não vejo a tradução como um exercício muito criativo. É mais um exercício de malabarismo linguístico: conseguir encaixar numa língua um texto que não foi criado para aquela língua.
Mas acho que há dois ganhos fundamentais para o escritor que traduz. Primeiro que a tradução é um formidável exercício de dissecação do texto, você vai até o osso de cada palavra, palavra por palavra, você testa cada uma delas, em todas as suas acepções, e examina a articulação entre elas, a formação da frase, a coerência entre as frases etc. De certa maneira, o tradutor põe à prova o texto original. E tem alguns que não resistem. Quando o original não é muito bom, às vezes você leva mais tempo para traduzir do que um bom, porque gasta muito tempo tentando achar coerência quando, muitas vezes, ela não existe. Agora, se o original for mesmo ruim, o melhor é pegá-lo como referência e reescrever a coisa – não sei o que os tradutores de ofício vão pensar disto, mas falo a partir da experiência de quem já traduziu um pouco de tudo, não só literatura, e não só o Maupassant.
Portanto, eu dizia que o ganho para o escritor está em ele conseguir levar esta prática da "dissecação" para o seu próprio texto, para a sua própria escrita.

O segundo ganho é que, sem dúvida nenhuma, traduzir determina um novo manejo da minha própria língua. Acho que esse aspecto é inegável: o exercício da tradução ilumina incrivelmente a maneira como você vê a própria língua. A tradução é, sobretudo, um trabalho sobre a língua de chegada. Que te faz refletir muito sobre a tua própria língua. Posso garantir que com a prática da tradução eu descobri nuances do português que não desconfiava. Sob determinado aspecto, o meu português se ampliou, ganhou novas cores e me deixou muito mais atento para as suas sutilezas.

Sua obra é pequena. Ela se restringe – na proximidade dos cinquenta anos de idade – a quatro livros. A literatura não é a principal preocupação de sua vida? A que mais você se dedica?
A literatura como a maior preocupação da minha vida? Não, claro que não. O bem-estar de minhas duas filhas pequenas, por exemplo, é uma preocupação muito maior. Assim como o mundo em que elas serão adultas – hoje é quase impossível não pensar a paternidade como um ato com alguma cota de irresponsabilidade, e às vezes isso se torna de fato preocupante. E já que você lembrou que eu me aproximo dos cinquenta, preocupo-me também se a boa saúde vai continuar me acompanhando até o fim.
Se a gente falar em importância aí, talvez sim, posso dizer que a literatura tem uma importância grande na minha vida, porque acho que me ajuda a me sentir uma pessoa melhor. Não falo da escrita, mas da literatura como um todo, do convívio diário com os livros, daquilo que eu leio, daquilo que a literatura já me trouxe em termos de expansão do meu universo mental, da capacidade de entrar em contato com algumas partes de mim às quais eu não teria acesso sem ela.
Mas ainda assim, a literatura é apenas um dos momentos da vida, acho complicado dizer que é o centro. Na prática, não é, e é bom que seja assim, que ela esteja subordinada à vida. À vida cotidiana mesmo, com as pequenas tarefas maçantes que precisamos cumprir até chegar ao próximo dia, as preocupações práticas, materiais, e os pequenos prazeres que misturamos no meio disso, um filme, um livro, uma exposição, uma boa mesa, um vinho, uma viagem, os momentos de felicidade que nos trazem, por exemplo, o sorriso e o abraço de um filho, do companheiro ou da companheira, e os momentos de tristeza pela incom-

preensão, pela injustiça, ou simplesmente uma tristeza sem motivo aparente, ou a mera alegria de estar vivo, tudo isso é sempre muito maior e mais importante do que a literatura.

Por outro lado minha obra é também pequena porque meu ritmo é lento. Não é que me falte tempo, mas eu necessito de muito tempo para fazer as coisas, principalmente para escrever. Porém, no que diz respeito à escrita, à literatura, não creio, com a minha lentidão, estar muito longe do que é a essência dessas práticas. A literatura, ainda, é o domínio da lentidão, onde o tempo não pode ser o mesmo tempo apressado no qual nos habituamos a viver. É preciso dar tempo a uma leitura para que ela produza reflexão, sentidos. No processo de escrita é a mesma coisa, há um tempo de amadurecimento daquilo que se quer dizer e que não vem nunca de sopetão, pelo menos para mim não vem. Tempo de amadurecimento que é também o da descoberta do que realmente se quer dizer, um tempo que precisa ser respeitado.

Escrever lhe dá prazer?
Claro que sim. Do contrário, por que eu faria algo que ninguém me pede, que ninguém espera de mim, que não me dá uma remuneração condizente com o tempo de trabalho investido, que muito pouca gente vai ler, que na maioria das vezes terá, quando terá, um eco ínfimo, que quase me marginaliza socialmente? Por que eu escreveria se não fosse por prazer?

Como é sua rotina de escritor? Poderia nos contar algo sobre sua vida em Lisboa? Sobre seu escritório de trabalho?
Não tenho rotina, e desconfio de que isto pode também ser, além da lentidão, um dos problemas que me impedem de ter uma produção maior. Não me imponho ritmos, só escrevo quando me é impossível deixar de fazê-lo. Aliás, faço de tudo para não escrever, invento outras coisas "superimportantes" para fazer antes. Um rei da procrastinação, isso é que sou, principalmente quando se trata da escrita. Também posso ficar semanas, meses até, sem escrever. Aí, de repente, num só dia sou capaz de escrever uma página. E me sinto o cara mais feliz do mundo.

Desde 2010, em Lisboa, morei num apartamento amplo, com um escritório que tinha tudo para ser agradável, luminoso, silencioso, uma parede às minhas costas tomada de livros que ficavam ali como que me protegendo.

O problema é que uma papelada sem fim – mais livros, revistas, contas, extratos de conta, do plano de saúde, correspondência da escola da minha filha, da creche da outra etc. – foi se acumulando na minha mesa, na mesa ao lado da minha mesa, no chão, e eu olhava para aquilo e me sentia incapaz de organizar o bordel, pôr tudo em pastas etc. Então comecei a sair para escrever em lugares públicos, tipo cafés e bibliotecas, meio que expulso pela papelada.

Mas de algumas coisas dá para dizer que se tratam de rotina, já que não mudam nunca: escrevo sempre à mão, em cadernos – de preferência com folhas sem linhas – e com caneta tipo *roller ball* de tinta preta; e não consigo escrever de noite.

Quem são seus interlocutores intelectuais?
Os melhores interlocutores intelectuais são os escritores, os artistas, desde que essa interlocução se dê através dos seus livros, de suas obras. Ao vivo, os escritores em geral não são muito interessantes, ou melhor, são menos interessantes do que os seus livros, principalmente se admiramos esses livros. Acho até a maioria dos escritores meio chata, pelo menos assim tem me mostrado a minha experiência. São pessoas muito autocentradas, giram muito em torno do eu, é "eu pra lá, eu pra cá" o tempo todo. Em geral, não são pessoas generosas no sentido de estarem abertas ao outro, de quererem escutá-lo e dar-lhe importância e atenção apenas por que se trata de outra pessoa que merece ser escutada e merece importância e atenção. Quando o fazem, passam a impressão de que é por "interesse literário".

E depois, tente conversar com um escritor sobre um assunto que não seja a literatura. É impossível. Na mesa do bar muitas vezes eu prefiro falar sobre futebol, por exemplo, e infelizmente não é com todos os escritores que se pode falar sobre futebol.

Que livro você está lendo no momento?
Agora, agora, uma meia hora antes de responder esta pergunta li a última página do belíssimo *Diário da queda*, do Michel Laub. Li o romance praticamente de uma sentada – é um texto curto, mas um grande livro. Um grande momento da literatura contemporânea brasileira. Porém,

não sei se tem muito sentido eu falar do que estou lendo agora, porque é provável que no momento em que alguém for ler esta entrevista eu já tenha esquecido quase tudo deste livro, como acontece com todas as minhas leituras. O que fica é uma impressão vaga, a marca de uma passagem por ali. Mas neste caso específico, muito gratificante.

Como é seu ritmo de leitura?
Quanto ao meu ritmo de leitura, ele é lento como todos os meus ritmos. Sou uma pessoa lenta, lerda por vezes. Não escondo que esta lentidão saturnina que está incrustada até em minha célula mais recôndita é uma fonte de ansiedade. Porque me faz experimentar cada vez mais o sentimento de inadequação ao mundo que me coube viver. Acho que já estou bem mais relaxado agora, mas ainda sinto uma certa angústia diante do frenesi generalizado que permeia as nossas vidas. Exigem de nós performances máximas e de toda ordem e que estão ligadas ao tempo: performances de produção, de leitura, de informação, do físico, do intelecto etc. Mas quem exige? As pessoas respondem a quem? Certamente não a elas próprias, quando é isto que deveria ser o mais importante. Não consigo acompanhar a correria, e não quero, não me interessa acompanhar esta correria. Se não posso seguir o bonde, que o bonde vá sem mim, não sei para onde, mas que vá.

Você faz anotações nos livros que lê?
Não tenho regras para as anotações, às vezes faço, às vezes não. Às vezes, depende do fato de eu ter um lápis ao alcance da mão – não gosto de anotar com a caneta. Há livros que provocam mais as anotações do que outros, há também fases em que estou mais "anotador" do que outras. Mas em geral gosto de anotar. Para alguém com uma memória fraca como a minha, a anotação deixa a impressão de melhor reter a leitura.

O que mais você lê além de ficção?
Além da ficção gosto de ler ensaios – de preferência escritos por autores de ficção – sobre literatura, depoimentos, entrevistas. Gasto algum tempo na internet lendo alguns blogs para me manter mais ou menos atualizado sobre o que acontece no mundo, um pouco atualizado sobre os acontecimentos literários e alguma coisa atualizado sobre o desempenho do Inter na temporada. Nunca gostei de ler jornais.

Tem o hábito de reler livros que o marcaram?
Gosto de reler livros, mas como a quantidade dos que me esperam para lê-los pela primeira vez é infinita, fico com a impressão – falsa, na verdade – de que reler seria desperdiçar um tempo que poderia ser usado para ler coisas novas. Mas como eu esqueço com facilidade, mesmo relendo eu estou sempre lendo pela primeira vez.

Já se falou, muitas vezes, na influência do realismo fantástico em sua ficção. Em um dos contos de *Os lados do círculo*, um personagem rouba um conto inédito de Julio Cortázar e o publica em seu próprio nome. Cortázar é uma influência decisiva sobre sua obra?
Sim, Cortázar é uma influência decisiva não só na minha obra, mas acredito que a leitura de seus contos e romances foi importante e formativa da minha maneira de ver o mundo. Cortázar e muitos outros.
Em termos genéricos, eu acho que dá para falar basicamente de dois tipos de influência. Uma mais direta e ao mesmo tempo mais superficial, ligada às questões técnicas, a uma maneira de enfrentar os problemas que se impõem na construção de uma narrativa. Você identifica como determinado autor lidou com determinada questão e percebe que aquilo se adapta bem à sua própria forma de trabalhar e incorpora, digamos, a técnica. Sim, porque não é qualquer técnica que serve ao escritor que você é.
O outro tipo de influência é mais profundo e importante e diz respeito às afinidades literárias. Penso que aqueles escritores que admiramos nos apontam caminhos, embora estes caminhos já estejam, de certa forma, intuídos por nós mesmos.
Neste conto que você menciona de *Os lados do círculo*, em que o personagem é um escritor que responde a uma entrevista, a primeira frase é a seguinte: "Quando conheci Cortázar eu já o imitava descaradamente". Essa frase pode ser lida de duas maneiras. A primeira, no seu sentido mais direto, diz isso mesmo que está escrito, que ao encontrar Cortázar pela primeira vez, o personagem-escritor em questão imitava a maneira dele, Cortázar, escrever. Mas a frase também pode ser lida da seguinte forma: quando ele teve contato pela primeira vez com o texto de Cortázar, ele já fazia algo que estava próximo do texto de Cortázar, ou pelo menos que tinha as mesmas preocupações que aquele autor. Ou seja, pertencia à mesma família.

Gosto da ideia de família literária, e a questão da influência pode ser analisada sob esse ponto de vista. Quando você escreve, a sua relação com a tradição se dá por meio de escritores com os quais você sente afinidade, com quem você divide preocupações estéticas, e são eles que, de certa forma, indicam o seu norte.

Mas a verdade é que a literatura é uma permanente realimentação. Só se escreve porque se lê. E o que se lê, nos livros e no mundo à nossa volta, aparece na nossa escrita. Sinto-me influenciado por tudo, especialmente pelo que leio. Sou uma grande "esponja": absorvo e incorporo tudo. O que estou lendo agora, por exemplo, pode ter reflexo no que vou escrever quando largar o livro e pegar a caneta. Ou pode aparecer mais tarde, mas a verdade é que quando a leitura de um texto me toca, quando sinto ali a tal afinidade familiar, isso acaba saindo, transformado, marcado pela minha sensibilidade e sendo, talvez – pelo menos assim eu espero – outra coisa.

O que diria, de modo mais amplo, a respeito da influência da literatura hispano-americana?

Quanto à influência hispano-americana, digo simplesmente que comecei a ler literatura a sério pelos latino-americanos, os caras do *boom*, todos eles estão bem no início da minha formação como leitor. Então é natural que eu me sinta profundamente ligado a uma literatura americana que fala espanhol. Mas não me refiro à influência de uma escola ou tendência estética, ou como se queira classificar isso a que deram o nome de "realismo fantástico" e que pode ser lido como uma resposta tardia ao fantástico europeu, ou como uma maneira de falar das ditaduras latino-americanas, ou ainda como uma forma de chegar à Europa – sempre ela – pela via fácil do exotismo, o certo é que o realismo fantástico pertence a uma época, a uma época que já não é a minha. O que eu quero dizer é que falar de realismo fantástico hoje, no século XXI, me parece fora de propósito porque esta expressão está profundamente ligada a um contexto histórico específico. Acho que autores como Felisberto Hernández e Roberto Arlt, e mais perto no tempo Mario Levrero e César Aira, foram e continuam sendo mais importantes para mim e, acho, mais presentes no que procuro fazer do que muitos autores que praticaram o dito "realismo fantástico".

Qual a influência de Franz Kafka em sua obra? A presença do absurdo é uma constante em suas narrativas.
Kafka é outra influência forte, mais do que literária. Kafka talvez tenha sido o responsável por eu sentir pela primeira vez isso que alguém já disse – acho até que foi ele mesmo, Kafka – a propósito da literatura que de fato interessa: ao lê-la, é como se recebêssemos um soco no estômago. A leitura de *O processo*, por exemplo, foi exatamente isso para mim. Algo que me abalou, que me deixou desconcertado, zonzo de vertigem. Quando "voltei a mim", já não era àquele eu anterior a *O processo* que eu voltava, eu já era outro – e não há nenhum exagero no que eu digo.

A fronteira entre realidade e ficção é muito tênue em sua prosa. João Cabral dizia fazer "poesia de engenheiro", isto é, poesia seca e técnica – para controlar a loucura que carregava dentro de si. Você adotaria essa explicação?
Esse trânsito entre o ficcional e a realidade é algo que me atrai bastante e que acaba acontecendo meio naturalmente nos meus textos. Mas no fundo o que é a realidade, afinal? Como retratá-la? Mesmo quando se usa uma máquina, como no caso da fotografia – criada com este intuito de retratar o real –, tem alguém por trás que está apontando essa máquina, que a dirige, que ao decidir incluir ou não um poste na foto está contando só uma parte da história e escondendo outra, está dando a sua versão da realidade. E uma versão é sempre contaminada. No fundo, a realidade é uma ficção. Aliás, ela só tem interesse enquanto ficção.
O escritor, o artista, está aí não para retratar a realidade mas para transfigurá-la, para abordá-la de outro viés e, assim, a partir desta realidade transfigurada em poder, talvez, trazer à tona alguns elementos desta realidade que só a literatura é capaz de revelar. Acho que as artes plásticas, em especial a arte contemporânea, entenderam isto melhor e primeiro do que muitas outras formas de expressão artística, quando abrem mão (e mesmo repudiam) da ideia do belo para provocar uma leitura reflexiva, comprometida, não com padrões estéticos externos, canônicos, mas com a estética própria que aquela obra, inserida naquele contexto, feita daquela maneira, através daquele gesto, daquela técnica, cria. Há muito a arte deixou de ser um objeto de contemplação, fruição, para ser um objeto de reflexão. Na arte contemporânea, cada obra traz em si a sua

própria estética, a fidelidade ao real é banida e a obra mesma é uma interrogação permanente sobre a sua própria gramática composicional, sobre o gesto do artista. Embora o ponto de partida seja sempre o real. E isso, em minha opinião, pode ser bastante desestabilizador para quem está acostumado a ler com as muletas do cânone, para quem faz a leitura formatada. Mas se por um lado é desestabilizante, por outro pode ser muito estimulante para quem gosta de se arriscar. O que tento nos meus livros – e reconheço que nem sempre consigo – é buscar uma leitura que reflita, que questione a maneira como foi composto o texto, que volte a atenção para o "gesto" do escritor e para o que ele está tentando exprimir através, uma vez mais, desse gesto.

Em um dos relatos de *Deixe o quarto como está*, as muralhas de uma antiga cidade começam a se mover. Em que medida a literatura tem o poder de alterar e mover a realidade? Você acredita, como Julio Cortázar, que a literatura pode mudar o mundo?
Eu acho que o alcance da literatura se dá sempre em uma esfera pessoal. "Mudar o mundo", assim, diretamente? Penso que não. Até a gente poderia ventilar esta hipótese se a literatura fosse uma prática massiva. Mas não é, nunca foi nem nunca será. Agora, individualmente ela pode sim mudar as pessoas, torná-las um pouco melhores. Porque te abre a cabeça, expande o teu universo, a literatura traz o mundo, o real, de um outro jeito, transfigurado, e isto é de uma potência incrível. Os livros, os bons, sempre te colocam perguntas, te incomodam, te tiram de uma situação passiva e às vezes confortável. Tanto quem escreve quanto quem lê ganha com a literatura. De certa maneira, estas pessoas transformam-se, e com isso transformam a sua realidade pessoal.

O que significa, para você, a ideia de engajamento?
Quanto ao engajamento, quando falamos do escritor, penso que seu único engajamento deve ser consigo próprio e sua obra. Comprometer-se com o seu trabalho, tentar descobrir o que ele traz dentro de si e que pede passagem. Buscar bem lá dentro. Dentro. Sempre de dentro para fora.

Em que seus livros mudaram sua vida? Que outros livros a mudaram também?

Os livros que fiz mudaram a minha vida porque me permitiram descobrir coisas sobre mim que eu desconhecia. Eles me permitiram orientar a minha vida para um lado que eu penso mais verdadeiro. Permitiram que eu fosse mais o que eu sou de fato e me afastaram do caminho que se apresentava, a partir de minha educação pequeno-burguesa, de maneira mais ou menos natural para mim: uma vida de representação, focada no outro, no olhar e na expectativa do outro e não na minha própria.

Acho que toda leitura, todos os livros acabam mudando um pouquinho a vida de quem lê. Se o livro é bom, não tem como passar incólume por ele, ele vai te marcar, vai te acompanhar, vai se tornar parte da tua vida, da tua experiência, e é isso o que te enriquece. As experiências de Josef K., de Emma Bovary, de Raskólnikov são nossas experiências também. Eles nos fizeram passar por aquilo. Sem Josef K. ou sem a Macabéa eu seria outra coisa, não seria eu. Toda a maneira de me deslocar e me posicionar neste mundo está irreversivelmente marcada por estas e tantas outras experiências literárias vividas.

Claro que há livros que você encontra em momentos especiais, momentos críticos, e que têm um impacto que até pode ser medido em termos práticos, factuais. Já disse um pouco mais acima, mas para não ficar sem citar um título, eu menciono *O processo*, de Kafka, como um livro fundamental na minha vida. Por motivos pessoais, pelo momento particular em que li este livro, acho que posso dizer que ele me levou até a escrita.

Seus relatos põem em questão a lógica clássica. Elos ocultos e impensáveis associam pessoas ou situações. Vínculos desconhecidos ligam eventos distantes. O propósito da literatura seria desarrumar a mente do leitor? A literatura é subversiva?

Subversiva, sim, no sentido de questionar a ordem, o estabelecido, o cristalizado. No sentido de minar as ideias feitas, de abalar o estado geral das coisas. A literatura não combina com a passividade.

O escritor Nelson de Oliveira o inclui como um dos nomes de destaque da "Geração 90". Você se sente parte dessa geração? Nelson a associa a uma família literária de transgressores. Como escritor, você se considera um transgressor?

Penso que a "Geração 90", que o Nelson fixou com sua antologia *Geração 90: Manuscritos de computador*, não foi por ele associada a uma família literária de transgressores. Ali era um retrato parcial da produção literária de autores que começaram a publicar naquela década. Um recorte meramente cronológico. Depois o Nelson chegou até a fazer uma antologia com os que ele considerava os "transgressores" daquela geração, mas eu não estou incluído nesta última antologia.

Mas independente de constar ou não nesta ou noutra antologia, ou ser classificado disto ou daquilo, considero que o que eu faço não está exatamente naquela linha de seguir uma certa norma já estabelecida, uma tradição clássica. Nesse sentido eu sou um anticlássico. Sem descreditar uma narrativa mais tradicional, eu me coloco sim em outra linha. Mas isso não significa propriamente uma transgressão. Transgressão de quê? A ideia de transgressão está sempre vinculada a uma época, ao corrente. Então o que seria transgressor hoje em dia? Transgredir talvez fosse não publicar. Escrever e não publicar, pelo menos não pelos meios usuais – internet, inclusive. Transgredir talvez fosse abrir mão da autoria, tirar o nome da capa do livro, não dar a cara para a foto no jornal, fugir da exposição pública, não sei. Acho que a transgressão hoje passa mais pela atitude diante do aparato em torno do mundinho literário e do onipresente e tentacular mercado do que pela própria escrita. Uma transgressão mais ética do que estética.

De que maneira a expansão da internet influi em sua escrita? Como é sua relação pessoal com ela? Quando você escreve ficção, a internet é um de seus instrumentos de trabalho?

Eu sou meio dinossauro nessa questão, não conheço muito das novas tecnologias, portanto o uso que faço da internet está muito aquém daquilo que ela pode oferecer. Mas sem dúvida que para a escrita ela é um facilitador. Embora eu nunca faça muita pesquisa para escrever, a rapidez com que encontramos repostas para algumas questões que aparecem ao longo de um processo de escrita é espantosa. Antes tinha que fazer o quê? Deixar uma pendência no texto para ir a uma biblioteca, encontrar um livro etc.

Neste sentido, a internet é uma grande aliada. Porém, para escritores dispersivos e sem disciplina como eu, a internet é também um perigo. Às vezes, começo lendo um artigo qualquer e uma ou duas horas depois me vejo às voltas com um assunto completamente diferente, não raro inútil para o que eu buscava no início.

Você é um escritor discreto e silencioso. Você tem a intenção deliberada de manter-se longe do ambiente e da vida literária, ou esse convívio lhe faz falta?

Não é intenção deliberada, mas mais a força das circunstâncias. Vivo há mais de dez anos fora do Brasil e, portanto, longe do ambiente e da vida literária. Ok, quando eu estava no Brasil também não participava muito disso. Ok, também não participei nem participo da vida literária dos lugares onde vivi. Mas sempre que me convidaram para encontros, debates e tal, eu fui. Claro que em termos de Brasil, em dez anos mudou muito o panorama dos "eventos literários". Hoje isto parece estar em ebulição. Não escondo que gostaria de viver ou ter vivido mais de perto este momento, até pela oportunidade que – teoricamente – isto oferece de chegar a mais leitores.

Mas ao mesmo tempo, um relativo isolamento, um saudável distanciamento do meio literário são absolutamente fundamentais ao escritor. Sempre achei que o exílio, desde que voluntário, é uma posição quase privilegiada, ou pelo menos bastante interessante para o escritor.

A OBRA EM CURSO DE AMILCAR BETTEGA
Evando Nascimento

NUM TEXTO curto e ainda inédito, Amilcar Bettega define o ato de escrever do seguinte modo:

> O pensamento está sempre um pouco (às vezes muito) à frente dessa mão que escreve. Escrever não é falar, também não é só pensar, mas tornar público um pensamento. Mesmo quando se escreve sem nenhuma intenção de publicar, mesmo quando se guarda a sete chaves o diário, o fato de colocar as palavras no papel configura uma passagem do íntimo para o público, do interior para o exterior; há registro, e esse registro só pode ser fora de mim. Uma porta se oferece ao exterior.
> Uma abertura, brecha, falha. Um ponto frágil, onde a barreira cede: um ponto de cedência.

Duas palavras se destacam no depoimento: pensamento e abertura. Há nos escritos assinados por Amilcar Bettega uma vontade de pensamento, que se dá como potência capaz de mover a própria ficção. E esta, a ficção, seria apenas o ato de inventar narradores e narradoras para dizer aquilo que o autor não pôde – ou não quis – declarar na primeira pessoa. O mascaramento ficcional, em vez de implicar o fechamento da obra sobre si mesma, possibilita, ao contrário, a abertura para as coisas do mundo. E é tal abertura que dá vez a uma literatura de fato pensante, conectando-se ao real como forma de estranhamento e descoberta. Ocorre assim uma revelação não do elemento misterioso ou sobrenatural, mas do próprio humano em suas relações intrincadas com o outro/a outra, próximos ou distantes: o outro gênero, a outra classe, os animais, as plantas, o cosmo, a morte, as fantasmagorias da realidade etc.

Amilcar Bettega publicou quatro livros até agora; o terceiro e mais recente dos livros de contos, *Os lados do círculo*, saiu há quase dez anos (2004). Como não se trata de autor exatamente jovem, visto que nasceu em 1964, infere-se daí o desejo de não realizar publicações em série, mas de se ater ao rigor que pauta sua trajetória desde *O voo da trapezista* (1994). O elo intermediário entre essas duas obras é *Deixe o quarto como está* (2002), que recebeu menção honrosa no prêmio Casa de Las Américas, de Cuba. São três densos volumes de contos, que, com múltiplas estratégias, intentam contribuir com a produção ficcional brasileira recente.

Num dos relatos de *Os lados do círculo*, em que o suposto escritor-narrador responde às perguntas do editor de cultura de um jornal, encontra-se a seguinte declaração: "Claro, hoje é diferente, hoje eu tenho um nome, já atingi uma posição em que fazem entrevistas comigo e até escalam jornalistas inteligentes como você para fazer isso. Hoje sou privilegiado. Posso inclusive escrever solenes porcarias. Serei criticado e elogiado, como sempre. E vou vender o suficiente para que a editora continue publicando meus livros, ou seja, vou vender às pencas, como sempre".

Curiosamente, o "verdadeiro" autor das linhas acima, ou seja, Amilcar Bettega, a despeito de ter sido vencedor, em 2005, de uma das maiores premiações nacionais, o Prêmio Portugal Telecom, não frequenta as páginas dos suplementos culturais, não está na lista dos autores contemporâneos mais citados ou participantes de eventos, quase não tem fortuna crítica, nem é provável que venda muito, embora seu último livro tenha saído pela prestigiosa Companhia das Letras. Seria essa uma flagrante e casual contradição entre o que é dito ficcionalmente e o que se passou decorridos oito anos desde a premiação? Ou seria um vaticínio em negativo, perpetrado pelo autor-narrador não identificado *contra* seu pai-autor, o escritor Amilcar Bettega?

Seja como for, acaso ou destino (e os dois não se excluem, frequentemente colaboram um com o outro), a questão importante seria entender como uma alta distinção em nosso país não representa notoriedade pública, nem garantia de crítica especializada, nem tampouco aumento nas vendagens.

Para que servem então os prêmios literários? Ou, talvez melhor dizendo, para que serve uma ficção de qualidade (como, sem dúvida, é o caso de Bettega) em tempos hipermidiáticos e hipermercadológicos, em que a literatura se tornou mais um produto de prateleira, cuja principal função é vender e enriquecer escritores e editores, a fama sendo um de seus valores agregados ou de seus subprodutos colaterais? Ao ficcionalizar um autor de sucesso, para o qual se torna indiferente ser bem ou mal acolhido pela crítica, pois o que importa são as vendagens, o autor empírico Bettega está tocando na "nervura do real"; noutras palavras, está indagando os lugares e os valores que ainda podem assumir os textos ficcionais na atualidade, para além da indústria do entretenimento.

Evidentemente, não há resposta simples nem imediata a tais aflitivas questões para quem se esforça em escrever uma ficção além da mediania esperada.

Os lados do círculo até certo ponto se indefine entre o conto e o romance, uma vez que, se por um lado configura um conjunto de pequenas histórias, marcadas por traumas mais ou menos violentos, todavia, e por outro lado, elas estão reunidas na ideia do *puzzle* ou do quebra-cabeça, que comparece no derradeiro episódio, "O puzzle (suite et fin)". Visto por certo ângulo, pode-se dizer que se trata de um conjunto heteróclito de "biografias minúsculas", no entanto enfeixadas pelo dispositivo não propriamente original, mas muito bem utilizado, de uma narrativa contínua e alinhavada (a expressão francesa "*suite et fin*" sinaliza o arremate), que se encarrega de evitar a dispersão excessiva ou a incongruência.

Emergem, assim, nesse volume algo romanesco, os amores mal resolvidos, as falcatruas, os desajustes sociais, tendo a cidade de Porto Alegre como palco, roteiro, personagem, plateia e até mesmo "coautora". Um dos traços linguísticos mais proeminentes, facilmente percebido por habitantes de outras regiões, é o recurso, no diálogo, à segunda pessoa do singular, "tu", conjugada no entanto como terceira pessoa: "*para que isso tudo?, tu exagera, por favor, já chega*" (grifo meu). Esse regionalismo, que choca ouvidos acostumados com o simples "você", é autorreferido quando o narrador mais erudito contrapõe seu discurso gramaticalmente correto, com a devida conjugação, ao da interlocutora, num contraste agudo entre registro oral e escrito. Diz o narrador, num trecho fortemente metalinguístico, dirigindo-se à amada:

> (...) Penso em escrever uma carta (que começará por *eu te amo*), penso em escrever um conto, um romance, mas sei que todo o meu esforço continuará sendo inútil, pois mesmo que desse nada que existe e me estraçalha eu consiga outra coisa, crie um valor, invente um sentido,

mesmo assim eu sei que tu dirás, como já me disseste: *tribom, tu escreve muito bem*. É isso. Todo o meu trabalho, tudo o que sou se esfumaça diante desse lacônico conceito: tribom. Tenho vontade de dizer: *é pra ti, meu amor, que escrevo*, mas me contenho e digo com um sorriso falsamente despreocupado: *quero tua opinião sincera*, e tu: *sério*, e repetes: *tribom* (p. 59, grifos meus).

Grande parte do efeito dessa "Crônica de uma louca paixão" advém da disparidade de registros e, portanto, de experiências dos protagonistas. Isso é tanto mais relevante porque esse conto se faz como uma espécie de missiva, com destinatária explícita, provocando no leitor sensações de distanciamento (isso não se dirige a ele) e de identificação (no fundo, qualquer um de nós pode compartilhar essa história passional).

A alternância estilística entre oralidade e escrita, fala e texto, comunicação cotidiana e erudita, que repercute, num outro nível, a diferença entre os estratos sociais, forma um dos eixos ficcionais de Bettega. Dois excelentes exemplos disso estão em "Verão", no qual um empresário acaba sendo linchado por atropelar o vira-lata de uma comunidade pobre, e no já citado "O puzzle (suite et fin)", no qual duas garotas filhas de catadores de papel dialogam com o autor-narrador. Tensões culturais de um Brasil porto-alegrense, mas que se articulam a extensões sociais (e dramáticas) do país como um todo, de Norte a Sul: miséria das classes economicamente inferiores, que, com frequência, respinga na abundância das classes economicamente superiores.

O *risco* (perigo e traço) dessa empreitada ficcional é resvalar nos estereótipos de violência. Há nessa literatura uma constante redundância que, se o ficcionista ficar desatento, descamba na repetição do mesmo sem diferença, ali onde se poderia sonhar com a denúncia e a saída para os impasses do real e da mais crua invenção literária. Bettega consegue escapar das aporias da arte de protesto, enfatizando ou sobrecarregando os traços desse duplo risco (social e estético). Ele o faz chamando a atenção, em mais de uma passagem, para o possível clichê, que tanto se encena, enredando narradores e personagens, quanto, ao pôr em perspectiva, se desencena e desenreda. Isso permite ao leitor uma zona de respiração, para que tire suas próprias conclusões sobre o que se passa ci-ne-ma-to--gra-fi-ca-men-te diante de seus olhos. É possível que, aqui ou ali, o clichê se sobreponha ao fato literário, ou que o fato literário seja o próprio clichê, como quando o narrador de "A/c editor cultura segue resp. cf. solic. fax", se refere a um suposto datiloscrito que ele teria recebido de Julio Cortázar, e em seguida traduzido. Num momento posterior, esse texto teria sido destruído pelo próprio Cortázar, mas acabou se transformando imaginariamente numa nova história, em parte essa mesma que se lê com o título telegráfico de "A/c editor...".

Todavia (eis a aposta), o discurso ficcional a maior parte do tempo *dobra* o clichê, permitindo ao leitor ser mais do que mero espectador do já sabido: "estou me repetindo", diz mais de uma vez o narrador de "Álibi".

> Se escrevo é porque me falta muita coisa. Ou pelo menos para ter um pouco daquilo que é fundamental e que está além dos clichês românticos, mesmo sendo numa – inevitavelmente repleta de clichês – artificial (e tão verdadeira) página de história minha.

Inventa-se assim uma linha de fuga em que novos planos do real e do ficcional são descobertos. Linha de fuga que paradoxalmente reconduz, com outros olhos, ao mundo, ao país, ao estado, à cidade de Porto Alegre, vista a certa distância como um belo e indiferente cartão-postal.

Deixe o quarto como está traz ao menos três histórias excepcionais: "O crocodilo I", "O crocodilo II" e "O rosto". As duas primeiras evocam a loucura que termina por ser incorporada à normalidade, ajudando a repensá-la. No primeiro relato, um crocodilo imaginário vem se colar nas costas do personagem-narrador, o qual acaba percebendo que essa alucinação é compartilhada por diversos passantes, cada um voluntária ou involuntariamente com seu animalzinho preso ao dorso. Tal componente alucinatório se desdobra em "O crocodilo II", no qual o narrador comparece ligado a uma estranha Instituição e, ao final, como pai de uma criança em cujas costas se evidencia o ovo de um novo réptil.

Já em "O rosto" tem-se uma ficção que beira o "realismo fantástico", sem todavia se reduzir a esse que foi componente da formação do autor. Tem-se a narrativa de um sujeito que persegue um rosto dentro de casa, até acabar prisioneiro de sua própria emboscada. Nisso, emerge outro traço da literatura de Bettega, o do aprisionamento kafkiano dos indivíduos em seus próprios gestos comezinhos ou extraordinários. Como se a ficção mais perturbadora fosse aquela que se trama *contra* si mesmo, derivando de uma imaginação efetivamente delirante.

O inaugural *O voo da trapezista* trazia as marcas de um ficcionista com estilo ainda não de todo singular, mas prestes a alçar voo próprio, como é possível constatar na história que dá título à coletânea. Tem-se um enredo que antecipa muitas das discussões atuais em torno do forte tema da pedofilia, mas sem resvalar no apelo ao óbvio. Diferentemente, o vazio instaurado pela narrativa abre às coisas do mundo e faz pensar.

O escritor Amilcar Bettega tem um pé na universidade, pois, além de um mestrado em Literatura, realizou recentemente um doutorado em Escrita Criativa, em um programa de cotutela entre a Sorbonne Nouvelle – Paris III e a Pontifícia Universidade Católica do Rio Grande do Sul (PUCRS). O resultado dessa aventura intelectual foi seu recém-publicado romance, *Barreira*.

EVANDO NASCIMENTO é escritor, ensaísta e professor da Universidade Federal de Juiz de Fora (UFJF). Publicou o ensaio *Derrida e a literatura* (EdUFF) e as ficções *Cantos do mundo* e *Retrato desnatural* (ambos pela Record). Tradutor e organizador de obras de literatura e filosofia, dirige a Coleção Contemporânea: Filosofia, Literatura & Artes, também para a Record.

BIBLIOGRAFIA

ROMANCE
Barreira. Companhia das Letras, São Paulo, 2013.

CONTOS
Os lados do círculo. Companhia das Letras, São Paulo, 2004.
Deixe o quarto como está ou Estudos para a composição do cansaço. Companhia das Letras, São Paulo, 2002.
O voo da trapezista. Movimento/Instituto Estadual do Livro, Porto Alegre, 1994; WS, Porto Alegre, 1999.

SILVIANO SANTIAGO

CONVERSAR COM escritores é entender-lhes o espírito. Pois é um espírito discreto e polêmico, apaixonado pelas letras e pelo ofício do escritor, que encontramos por trás da obra impressionante do poeta, ficcionista, ensaísta, crítico literário e acadêmico Silviano Santiago. "Se alguns por vocação são médicos ou padres, não sou por casualidade professor de literatura. Sou apaixonado pela arte de ler e de escrever", diz ele.

Silviano nasceu na cidade mineira de Formiga, em 1936. Aos doze anos, mudou-se com a família para Belo Horizonte, onde passou os primeiros tempos de sua formação intelectual. Cursou o ginásio e o clássico em um colégio estadual e frequentou o Centro de Estudos Cinematográficos (CEC). Em 1959, graduou-se em Letras Neolatinas pela Universidade Federal de Minas Gerais (UFMG) e recebeu uma bolsa para se especializar em Literatura Francesa no Centre d'Études Supérieures de Français, no Rio de Janeiro. Por seu trabalho sobre o escritor francês André Gide na *Revue Annuelle du Centre d'Études Supérieures de Français* recebeu uma bolsa do governo francês para se doutorar na Universidade de Paris (Sorbonne), onde, em 1968, defendeu uma tese sobre *Os moedeiros falsos*, de Gide. Fez seu pós-doutorado na Universidade de Colônia, Alemanha.

Um dos idealizadores da revista *Complemento*, na qual publicou o primeiro conto, "Os velhos", em 1955, Silviano escreveu, nessa época, crônicas e contos para periódicos mineiros. Assinou, ainda, poemas como Antônio Nogueira, um dos pseudônimos desprezados por Fernando Pessoa.

Viveu na Europa de 1960 a 1962, quando, suspendendo a redação da tese sobre Gide, mudou-se para a América do Norte, onde trabalhou como docente nas universidades de Novo México, Rutgers, Toronto e Nova York. Retornou ao Rio de Janeiro em 1974, para dar continuidade a uma série de artigos revolucionários de crítica literária brasileira, a maior parte publicada nos Estados Unidos, e que seriam compilados, em 1978, no livro *Uma literatura nos trópicos*.

Professor no exterior antes de ensinar em faculdades brasileiras, lecionou depois no Departamento de Letras da Pontifícia Universidade Católica do Rio de Janeiro (PUC-Rio), onde se tornou, até 1979, supervisor da cadeira de Literatura Brasileira. Em 1976, foi contratado como professor convidado da Universidade Federal Fluminense (UFF), onde lecionou até 1978 e novamente a partir de 1980, quando deixou a PUC-Rio. Foi então eleito coordenador de pós-graduação em Letras da UFF e lá se aposentou em 1998.

Entre 1990 e 1991, foi presidente da Associação Brasileira de Literatura Comparada (Abralic) e, em 1991, diretor do Centro de Pesquisas da Fundação Casa de Rui Barbosa. De 1982 a 1984, por decreto do presidente François Mitterand, tornou-se professor visitante na Sorbonne Nouvelle – Paris III. Em 1996, foi convidado a ser professor visitante do Departamento de Espanhol e Português na Universidade de Yale, período em que também realizou conferências na Universidade Duke e na Universidade de Nova York. Em 2011, voltou aos Estados Unidos para ser professor visitante na Universidade de Princeton.

A partir de 1994 tornou-se coordenador do Programa Avançado de Cultura Contemporânea (PACC) na Universidade Federal do Rio de Janeiro (UFRJ), o qual ajudou a criar. Ocupou a direção do Centro de Estudos Gerais do Instituto de Letras da UFF e é membro do Conselho Editorial da editora da universidade. Em 2009, recebeu o título de professor emérito da UFF.

Em paralelo à carreira acadêmica e à obra ensaística e crítica, Silviano compôs vasta obra ficcional e poética. O primeiro livro solo de ficção foi uma coletânea de contos, O banquete, publicado em 1970. Salto, coletânea de poesia, saiu logo depois, também em 1970. De lá até hoje, não parou mais de escrever, publicando três livros de contos, dois de poemas e oito romances. Entre eles, O falso mentiroso, da Editora Rocco, vencedor do Prêmio Portugal Telecom de Literatura em Língua Portuguesa 2005.

Além de várias teses e dissertações sobre sua obra, Silviano tem publicados sobre si os seguintes livros: *Navegar é preciso, viver: Escritos para Silviano Santiago*, organizado por Eneida Maria de Souza e Wander Melo Miranda, de 1997; *Silviano Santiago in Conversation*, organizado por Macdonald Daly e Else R. P. Vieira, de 1999; *Leituras Críticas sobre Silviano Santiago*, organizado por Eneida Leal Cunha, de 2008; e *Silviano Santiago, entrevistas*, organizado por Frederico Coelho, de 2011, entre outros. O Instituto Moreira Salles (IMS) lançou o CD *Silviano Santiago*, uma antologia de poemas recitados pelo autor na coleção "O escritor por ele mesmo".

Como surgem suas ficções? Elas nascem de esboços bem planejados, ou são escritas por impulsos e "às cegas"?
Oscilo entre a anarquia absoluta (experimentos, um após o outro) e a contenção rigorosa (trabalho obsessivo em cima do planejamento do texto em pauta e de sua execução). Concomitantemente, trato de refrear minha empatia com o outro, minha simpatia pelo outro, meu amor (caritas, no sentido latino), represando-o em dado momento da intuição criativa, investigando-o um tanto às cegas, a fim de dramatizar meu íntimo, que, em matéria de literatura, sempre quer escamotear-se com a graça de camaleão em tronco de árvore.

Você é um escritor metódico? Descreva seu escritório de trabalho. Como é sua rotina de escritor? Quando escreve, deixa-se guiar por manias, vícios, superstições?
Esclareço: método não significa disciplina, mas paixão. Sou um escritor metódico, isto é, apaixonado pela arte de ler e de escrever. Se alguns por vocação são médicos ou padres, não sou por casualidade professor de literatura. Se o fui, foi por neurose. Meu escritório de trabalho é tão medula do corpo físico quanto o *boudoir*. Deixo-me levar pelo que estiver à mão das pulsões, visto que a criação literária é feita de estilhaços inconscientes de experiência (vivência, leitura, rotina, desequilíbrios emocionais etc.) que têm de encontrar uma forma, valha-se – ou não – de manias, vícios e superstições.

Você começou publicando um conto, "Os velhos", na antiga revista *Complemento*. O conto, por seu poder de síntese e pelo rigor técnico que exige, é o gênero ideal para o nascimento de um escritor?
Não é possível inventar uma porta de entrada para quem procura ser escritor. Todas as portas são a porta. Muitas delas não se abrem, para

desgraça ou sorte do pretendente. Uma delas escancarou de vez e precocemente, como no caso de Rimbaud. Na verdade, nasci escritor numa cidade interiorana, lendo gibis e vendo filmes, até mesmo de quinta categoria. Fui "fazer literatura" muito tarde, depois de ter sido cineclubista e crítico de cinema. A primeira experiência em literatura (ou em texto que se quer literário) não foi conto, foi poema, "Volta", que escrevi em Belo Horizonte depois de passar quinze dias de férias na cidade natal, Formiga. Foi publicado no jornal *O correio do dia*.

Você é um escritor preocupado com as questões históricas, sociais e culturais. Seu premiado romance, O *falso mentiroso*, trata dos temas da falsificação e da verdade, que parecem estar no centro dos debates do século XXI. *Heranças***, por sua vez, através do personagem Walter, retrata a decadência e as fraquezas da burguesia brasileira do século XX. Qual é a função social da literatura? Um ficcionista é sempre um prisioneiro das questões de seu tempo?**

Literatura, para mim, tem mais a ver com o saber que com o entretenimento. Não desprezo a este, mas não lhe rendo homenagem na criação literária. Feito o esclarecimento, acrescento que a literatura busca apreender, num misto de fala cotidiana e de linguagem simbólica – ao mesmo tempo em que quer comunicar em escrita artística – uma visão *multidisciplinar* do homem em sociedade e na história. Na cultura em que se inscreve, o escritor (para mim) se afirma menos pela vocação que pelo aprendizado disciplinar. É bom que tenha algum conhecimento em história, sociologia, psicanálise etc., mas o saber especializado deve ser jogado para escanteio – ser expulso do jogo textual pelo árbitro/autor – no instante preciso da criação. A vocação – talento individual, no dizer de Eliot – é importante, mas ela não põe a mesa para o banquete das musas. Literatura é desmedida, fausto. Desperdício e ritual, se eu retomo Georges Bataille. Antes de ser prisioneiro do seu tempo, o escritor é quem dilata e expande as tensões dramáticas e cômicas da contemporaneidade, incorporando-lhe a dimensão do passado com vistas à caminhada da humanidade para o futuro. Não se avalia a literatura pela *eficácia* (estaríamos concedendo importância exclusiva ao privilégio da leitura, muitas vezes equivocada, pelo contemporâneo da obra), mas pela *prontidão*. Ela se escreve para significar em qualquer espaço e a qualquer hora, muitas vezes e a cada momento.

Alguns de seus relatos – por exemplo, os contos reunidos em *Histórias mal contadas* –, trazem um indisfarçável lastro autobiográfico. Em que medida fazer literatura é construir e organizar uma memória pessoal – ainda que inventada ou falsificada?
Falsifico (isto é, invento) tanto a verdade quanto Galileu ao afirmar "eppur si muove". Por sorte, não vivemos em tempos de Inquisição. Não tenho de abjurar publicamente os inequívocos descentramentos que opero em minha atividade de escritor. Apenas aguardar o correr das décadas. Mesmo na vida íntima não existe verdade preexistente sobre o *eu*, leia-se *O falso mentiroso*. A verdade da teoria freudiana operou também fuga do centro convencional, agora na psicologia simplista que a antecedeu. Nossa vida íntima não é banana-caturra, que se dá ou se vende na feira livre do consumo midiático, é produto da autoanálise, que deseja se transformar em discurso artístico na folha de papel em branco. Para se usar termo agora corriqueiro, é autoficção. Caso seja mera banana-caturra no mercado das vaidades, a vida íntima (a autobiografia) tem o valor das cartas de amor, para ceder a palavra a Fernando Pessoa. Ridícula é.

Você disse que a literatura é um discurso mentiroso, inventado, fabulado, mas que nem por isso é falso. Poderia explicar melhor essa distinção?
O equívoco das pessoas de bom coração é o de acreditar que a preocupação com o som e o peso semântico das palavras no papel *falsifica* a sinceridade do narrador ou a verdade sobre os fatos. Esse lugar--comum tem de ser contraditado: os falsificadores são as pessoas de bom coração, já que repousam seu pensamento numa verdade que se confunde com o repetido e aconselhado. Um fato se torna verdadeiro no momento em que encontra um (novo) discurso adequado, justo e belo, artístico, que é trabalhado/inventado pelo romancista ou pelo poeta. Costumo evocar Jean Cocteau: "Je suis un mensonge qui dit toujours la vérité" [Sou uma mentira que sempre diz a verdade]. Ou então André Gide, em longa citação: "J'ai écrit, et je suis prêt à réécrire encore ceci qui me paraît d'une évidente vérité : c'est avec les beaux sentiments qu'on fait de la mauvaise littérature. Je n'ai jamais dit, ni pensé, qu'on ne faisait de la bonne littérature qu'avec les mauvais sentiments. J'aurais aussi bien pu écrire que les meilleures intentions font souvent les pires œuvres d'art et que l'artiste risque de dégrader

son art à le vouloir édifiant" [Escrevi e ainda estou disposto a reescrever o que me parece uma verdade evidente: faz-se má literatura com bons sentimentos. Nunca disse nem pensei que só se fazia a boa literatura com maus sentimentos. Também poderia ter escrito que as melhores intenções realizam as piores obras de arte e que, ao desejar sua arte edificante, o artista se arrisca a rebaixá-la].

Você ocupa uma posição dupla na cena literária: é um ficcionista premiado, mas é também um respeitado crítico literário. Não falo dos livros, mas da descoberta de uma vocação: quem surgiu primeiro, o escritor ou o crítico? Quando você se hospeda em um hotel, preenche a ficha de entrada como "professor" ou como "escritor"?
Começo pelo fim. Em matéria de portaria de hotel e de declaração de imposto de renda, sou mais realista que o rei. Se escrever no formulário que sou escritor, surge a desconfiança. Passo por trambiqueiro. Esclareço a você que comecei como crítico, crítico de cinema. Meu primeiro ensaio de valor foi escrito a quatro mãos, com o Maurício Gomes Leite, e tratava da história do filme musical. A escolha denota o artista que já existia no crítico. Pesquisar o filme musical (principalmente o hollywoodiano dos anos da Segunda Grande Guerra) em tempos de glória do Neorrealismo italiano (*Ladrões de bicicleta*; *Roma, cidade aberta*; *Arroz amargo* etc.) significa alguma coisa, entre elas o gosto pelo delírio. São poucos os passos de Fred Astaire e de Gene Kelly para tantos milagres em Milão. O ensaio foi reproduzido por todo lado. Até em revista da cidade do Porto, Portugal. Indiretamente, ou prematuramente, anunciava a necessidade na Itália de cineastas como Michelangelo Antonioni e Federico Fellini. Não deu outra.

É importante para um escritor conhecer teoria literária? É importante para um crítico literário passar pela experiência pessoal da criação literária?
A teoria não interfere na criação, e vice-versa. Teoria e criação interagem. É preciso pensá-las como interfaces.

Que tipo de suspeitas e de preconceitos este duplo papel produz em sua imagem literária? Isso o incomoda ou, ao contrário, você tira proveito disso?

Nada mais sou que um escritor que procuro inserir-me na própria época e, como alguns antecessores, pago os pesados tributos do gosto pelo experimento. Não é novidade afirmar que o grande romance do século XX é um romance autorreflexivo, ou seja, aquele que não se contenta em apenas contar uma história, já que dramatiza na própria obra a sua poética. Tal composição ficcional não é tampouco a grande novidade do século passado. Desde sempre, escritores explicaram/justificaram a própria obra através de prefácios e de notas, e a partir do final do século XIX, por manifestos. No meu caso, a novidade é que posso fazer interagir a ficção com o ensaio e o ensaio, com a ficção. Minha originalidade maior não estaria aí. Se estivesse, seria apenas um entre milhares, de Charles Baudelaire a Italo Calvino.

Você já experimentou algum trabalho teórico a respeito de sua própria ficção? Trabalha seus próprios romances e contos, por exemplo, em sala de aula?
Nunca trabalhei texto meu de criação em sala de aula, nem os encaminhei para mestrando ou doutorando com vistas a dissertação ou tese. Meus ensaios só estavam presentes na bibliografia de curso que ofereci, mas não faziam parte da lista de *leitura obrigatória*. Sempre procurei ministrar matéria nova e diferente e, por isso, não havia como comentar em sala de aula livro de ensaios já publicado. (Algumas aulas, claro, virariam ensaio *a posteriori*.) Acrescento que tentei e ainda tento explicitar o significado de minhas obras de criação e de reflexão em *entrevistas* que me solicitam. Não é trabalho que me agrada, é dever do ofício. Nunca tirei o corpo fora. Julgo-as necessárias em particular quando posso passar não tanto o significado de romance ou de ensaio meu, mas algumas dicas de caráter teórico sobre o fazer ensaístico ou artístico.

Qual é sua relação com as influências? Até que ponto elas são benéficas, até que ponto elas não passam de uma imitação adoecida?
Tenho questionado o conceito de *influência* (e o correlato de *fonte*), herança da literatura comparada eurocêntrica. Foi através dele que excluíram a nós, latino-americanos, africanos e asiáticos, da grande literatura feita no Ocidente e tida como universal, julgando-nos ramo secundário. Fazíamos cópia, imitávamos os notáveis. Meu trabalho teórico foi o de questionar o conceito eurocêntrico de *influência*, liberar dele o nosso

pensamento e nossa atitude criativa, e substituí-lo pelo de *entre-lugar*, conceito inclusivo (e não exclusivo) e, por isso, democrático e realmente universal. Não cabe nessa entrevista expor o longo trajeto: remeto o leitor aos ensaios "Eça, autor de Madame Bovary" (1970) e "O entre-lugar do discurso latino-americano" (1972) [inseridos em *Uma literatura nos trópicos* (1978)] e aos romances *Em liberdade* (1981) e *Viagem ao México* (1995). Nos ensaios, citava, entre outros, Paul Valéry, "Nada mais original, nada mais intrínseco a si que se alimentar dos outros. É preciso, porém, digeri-los. O leão é feito de carneiro assimilado". E valia-me também de Jorge Luis Borges, do conto "Pierre Menard, autor do Quixote". Já nos romances, prestei homenagem, respectivamente, a Graciliano Ramos e Antonin Artaud. Não preciso insistir no fato de que escrever no espaço do entre-lugar (e não da influência – não se trata, por favor, de mera questão vocabular) é algo positivamente benéfico. Nada tenho a ver tampouco com a jaula sociológica eurocêntrica das "ideias fora do lugar". Apesar dos pesares, durante anos "Tradition and the individual talent", de T. S. Eliot[1], foi meu ensaio de cabeceira.

André Gide parece ter um papel muito forte em sua formação literária. Poderia falar um pouco sobre sua influência e o modo como a obra de Gide fertiliza sua própria ficção?
Primeiro, foi motivo para a tese de doutorado, defendida em abril de 1968 na Universidade de Paris (Sorbonne). De maneira intermitente, levei sete anos lendo Gide, estudando-o e escrevendo sobre ele. Ao lado de alguns poucos autores brasileiros, como Carlos Drummond, João Cabral e Clarice Lispector, Gide foi alicerce e vale como tal. Alicerce tanto mais sólido porque sua obra – apesar de envelhecida aqui e ali – permanece como o que pode ser subversivo e iconoclasta na literatura europeia. Há questão mais delicada. De tanto lê-lo, perdi-me nele. Aprendi e imitei o modo de ele pensar tanto o homem e a sociedade quanto a coisa literária. Com o modo de pensar vem a linguagem artística alheia e o perigo de determinada visão de mundo pouco pessoal. Some-se tudo isso e se verá que o resistente e corajoso alicerce de *Em liberdade* é André Gide e, com menor peso, Jorge Luis Borges. Com eles aprendi alguma coisa, para contradizê-los.

---

1 Publicado inicialmente em 1919, o ensaio fez parte do volume *The Sacred Wood: Essays on Poetry and Criticism* (1920). Hoje se encontra nas antologias do autor.

Você sempre teve não só um grande interesse pelo Modernismo – e por sua mastigação da tradição europeia –, mas também um interesse forte pelas relações e contradições culturais entre nossos dois continentes. Estes parecem ser, no entanto, interesses "externos" ao fazer literário. Em que medida eles influenciam sua criação literária?
Não se trata de fatores externos à criação literária. A ideia de *entre-lugar*, que defendi em ensaio já mencionado, pode ser desmontada por este ou aquele sociólogo, mas não é gratuita nem farsesca. Ela foi constituída e construída a partir de experiências culturais e literárias concretas, tão concretas quanto certas viagens a países que a gente nem acredita que existam e o longo convívio com pessoas e instituições que escapam ao ramerrão brasileiro. No Brasil, a classe média tem mania de buscar as *raízes*, mas na minha mediania o conceito importante é o de *imersão*, que trabalha com uma lógica selvagem. É aprendizado (até a imersão nas raízes) e é contradição. É aprendizado antagônico. Se a literatura não é apenas nacional, mas universal, julgo que o *entre-lugar* teria de ser o norte da nossa inquietação e do nosso trabalho. Nos tempos pós-modernos, não é preciso ser aristocrata ou rico para ser cosmopolita. Há bolsas de estudo às pencas para quem deseja imergir em culturas afins, pouco afins ou diferentes. O busílis é saber sair delas e contradizê-las. Assim se inventa algo de autêntico.

Você é também poeta. Contudo, seus livros de poemas têm tiragens pequenas e não merecem grande destaque crítico. A poesia ainda é a cozinha da literatura?
Não é a cozinha, é a sala de estar da literatura que, através de corredor, se comunica com as outras dependências da casa. Tenho medo da poesia e de suas armadilhas. Tanto as formais (a que sucumbi no livrinho *Salto*) quanto as autobiográficas, ou líricas (padecidas em *Crescendo durante a guerra numa província ultramarina*). Prefiro o silêncio, que é também poesia. Uma coisa é certa: quando escrevo ficção, leio mais poesia alheia que prosa. O poema levanta o que por natural tem de ter um tom baixo e doméstico – a prosa de ficção.

Você é autor de um importante livro inspirado na figura de Graciliano Ramos (*Em liberdade*, de 1981). Embora reverenciado por muitos, Graciliano parece deslocado do grande cânone que rege a literatura bra-

sileira desde o Modernismo. Por que isso acontece? O que Graciliano diz que não desejamos ouvir?
Graciliano não disse o que não desejamos ouvir. Ele escreveu o que, em tempos de Jorge Amado, não desejávamos escrever e, em tempos de hip-hop e de blogs, não desejamos escrever. Ele não é brasileiro da gema, se me entende. Não há possibilidade de ele escrever "tá" em lugar de "está", "cê" em lugar de "você". Erros de regência, concordância, nunca. Isso é o pior do atraso civilizacional. A escrita do romance *Vidas secas* – para ser literatura, no sentido em que a entendia Graciliano – teria de evitar todo e qualquer solecismo, todo e qualquer compromisso com a fala oral dos desprivilegiados, tal como representada pela mera reprodução fonética. Mestre Graça é estilo. Dou-lhe um único e notável exemplo, tirado de *Angústia*. Luís da Silva, ao ler o *slogan* "Proletários, uni-vos", pichado no muro por ativistas políticos – *sem* a vírgula e *sem* o traço de união (aclaremos) –, comenta: "Não dispenso as vírgulas e os traços. Quereriam fazer uma revolução sem vírgulas e sem traços? Numa revolução de tal ordem não haveria lugar para mim". Qualquer outro autor brasileiro não usaria o futuro do pretérito (quereriam, haveria), iria logo de imperfeito (queriam, havia). Sem o uso do *futuro do pretérito* não existe a noção concreta de *utopia* em *Vidas secas*. Ela é mais que um tema filosófico, é um tempo verbal da língua de Luís de Camões: o futuro do pretérito. Como dizem os gringos pragmáticos: *who cares*?

Você parece ser muito cético em relação à qualidade da crítica literária praticada hoje no Brasil. Por que motivo? Sendo um dos mais importantes teóricos da literatura brasileira, por que nunca se interessou em publicar crítica literária regular na imprensa?
Quando tive idade para ser crítico atuante o fui. Escrevi sobre todos os bons romancistas e poetas brasileiros de mais de quarenta e cinco, cinquenta anos. Minhas "cobaias", como eu gosto de dizer quando falo das entrevistas concedidas a Clarice Lispector por figuras populares da cultura brasileira. Escrevi sobre os livros deles quando tínhamos idade e princípios estéticos semelhantes. Na velhice, surge um problema ético. Tenho meus valores calcados nos da minha geração, a que fez a primeira leitura inovadora do Modernismo brasileiro. Vieram outras marés geracionais e outros propósitos estéticos e literários. Não sei se

tenho o direito de julgar os livros dos novíssimos (aqueles que têm menos de quarenta e cinco, cinquenta anos) a partir dos meus velhos valores. Não seria tentar impô-los a eles, que não mais os merecem e certamente – graças a Deus – os rejeitam *a priori*? Não seria eu tentar ser mestre-escola das letras nacionais em vez de ser simplesmente crítico (ou mero leitor) da produção dos novíssimos? Mas se encarar com olhos atrevidos a coluna que mantive por pouco mais de três anos no suplemento Sabático [de *O Estado de S. Paulo*], você verá que estou sempre falando do que julgo que deve ser o contemporâneo. Veja que continuo crítico atuante, só que *indiretamente*: falando de jovens autores latino-americanos, franceses ou norte-americanos. Por tabela.

A VIA TORTA DA ESCRITA
José Castello

"METÁFORA – EIS A PALAVRA", responde o escritor e crítico literário Silviano Santiago quando lhe pergunto qual palavra ocupa o centro de sua escrita. "Se os deuses deram de presente a linguagem aos homens, como quis Heidegger na leitura que fez do poeta Hölderlin, com a metáfora eles presentearam os escritores." Vou aos dicionários: metáfora, isto é, tropo, figura, imagem. Algo que se vê, antes mesmo de se ler. A palavra metáfora vem do grego, *metaphora*, e significa transferência, translação, transporte. Fala, portanto, de um substituto, de uma coisa que ocupa o lugar de outra. De uma troca e de um deslocamento. Fala de um movimento.

Silviano rememora Nietzsche, em *O livro do filósofo*, para lembrar que a metáfora é "origem e fim da linguagem fonética na sua relação descontínua com o real". Na relação entre o real e a linguagem não existem linhas retas, ou relações mecânicas, mas apenas caminhos curvos e descontínuos. Aparece uma palavra – arbitrária, inesperada, impositiva – onde a coisa deveria estar. E, ato contínuo, ocupa seu lugar. Uma nuvem encobre a realidade e a substitui. Diz Silviano: "A escrita não copia ou imita o real, recobre-o com uma nuvem – metafórica, repitamos – de sons humanos, demasiadamente humanos, para que o mundo passe a significar". A metáfora é, em consequência, uma espécie de névoa. Cria certa turvação, cria alguma confusão. Mostra, mas, ao mesmo tempo, esconde. Desalinha e perturba. A palavra pode ser "perturbação".

A palavra talvez possa ser também "nuvem", pelo que ela inclui de encobrimento, mas também de destaque. São as muitas saias das dançarinas andaluzas que, ao mesmo tempo em que encobrem seus corpos, ressaltam, destacam, "revelam" suas silhuetas. Esta outra coisa (imagem, tropo), que surge no lugar da coisa, é muito mais gritante que a própria coisa.

Ainda que não fosse: é o único caminho de que o escritor dispõe para acessar o real. Os escritores sabem que a literatura não se produz com a nitidez de um espelho, ou de um gráfico, mas com o escurecimento que antecede as tempestades. Volto ao dicionário, agora à definição clássica do *Aurélio*: "Metáfora: tropo que consiste na transferência de uma palavra para um âmbito semântico que não é o do objeto que ela designa e que se fundamenta em uma relação de semelhança". A palavra pode ser, talvez, "semelhança", ou ainda "analogia" – o que é bem diferente de uma relação de reflexo e de repetição. Não se trata de coisas iguais, mas de um ponto de semelhança – a literatura – entre coisas diferentes. A palavra pode ser "laço". Tantas palavras para um mesmo assombro.

Prossegue Silviano sua argumentação: "A significação do real é o conflito em diferença, ou o diálogo entre nuvens de escrita". No transporte promovido pela metáfora – uma coisa transportada para o lugar da outra – há sempre uma luta. A disputa feroz por um mesmo lugar. Mesmo sendo essência para a linguagem fonética, a metáfora "sobrecarrega o texto para o leitor, empilhando camadas de significado, inventando a arte literária". Silviano Santiago evoca, então, o poeta e crítico norte-americano Ezra Pound, para quem "a literatura é linguagem carregada de significado". Carregamento, transporte, transferência: talvez a palavra que procuro possa ser "viagem".

De fato, uma longa viagem – entre gêneros, estilos, linguagens, campos semânticos, referências – caracteriza a complexa obra literária de Silviano Santiago. A palavra pode ser "extensão". Tal atributo já se evidencia em sua múltipla identidade de romancista, contista, poeta, crítico literário e professor. Falando de seu processo criativo em uma entrevista ao jornal *Rascunho*, ele afirma: "Digo que é complexo, mas não para parecer excepcional. Digo melhor: é complicado". Lembra, então, que o verbo "complicar" vem do latim, "*complicare*", que significa "dobrar". Mas significa, também, "enrolar" – no sentido de "esconder". Como alguém que enrola um objeto em um pano com a intenção de disfarçá-lo. Mas, também, como alguém que (diz a gíria) "enrola" uma pessoa com argumentos frouxos para esconder uma verdade, sem deixar, contudo, de lhe revelar as pontas. Do mesmo modo, é ao esconder que a literatura de Silviano mostra. De pouco adianta o esforço para identificar "identidades verdadeiras", "lugares verdadeiros", "histórias verdadeiras". O foco não está na verdade, mas na dobra. Não na verdade desvelada, mas na verdade velada e dobrada. Não na porta, mas no esconderijo, e a palavra pode ser "esconderijo".

Lembra ainda Silviano que tomou a ideia de "dobra", ou, mais precisamente, de "dobradiça", da artista plástica Lygia Clark, que se dedicava ao estudo do espaço e dos movimentos. Movimentos inquietos, turvos eles também, que aniquilam a noção tranquilizadora de localização – e a palavra que busco pode ser "intranquilidade". Para Silviano, o escritor não passa de um "falso mentiroso" – título, a propósito, de seu livro "de memórias", publicado em 2004. Memórias ou ficções? Nunca saberemos. As palavras, em vez de ressuscitar as coisas, as aniquilam. Ao substituí-las, elas as fazem desaparecer. Está quase tudo na frase do filósofo alemão Arthur Schopenhauer, que serve de epígrafe ao romance: "Os pensamentos morrem no momento em que se corporificam em palavras". A palavra reflete ou esconde? A resposta é estranha e paradoxal: a palavra reflete e esconde. A ênfase, no caso, está no "e", isto é, em uma soma que nunca se acomoda. A palavra que procuro pode ser "contradição", isto é, incoerência ou desacordo entre a imagem e o real. E, no entanto, é através desta divergência que a literatura, para Silviano, toma corpo.

No segundo parágrafo de *O falso mentiroso* – depois de um primeiro parágrafo em que o narrador fala do apagamento de suas origens – está escrito: "Adivinho". O terceiro tem duas frases que se contradizem, mas também se completam: "Posso estar mentindo. Posso estar dizendo a verdade". Em sete linhas, a ideia clássica das "memórias" – narrativa histórica escrita a partir de um suposto testemunho – desmorona por completo. O que estamos lendo: verdade ou mentira? Qual é a matéria da memória: a verdade ou a mentira? A resposta está em outro lugar: nem verdade nem mentira; estamos lendo uma ficção.

As definições clássicas de ficção, em consequência, desmoronam. "Ato ou efeito de fingir", diz uma primeira. "Criação ou invenção de coisas imaginárias", afirma outra definição muito comum. Não se trata, para Silviano, de fingir ou de imaginar, tampouco de relatar a verdade ("memórias"); mas sim de fazer alguma outra coisa que se passa entre a mentira e a verdade – e a palavra pode ser "entre". Mais que isso: alguma coisa essencial, que está na base (e no meio) da própria constituição humana. Na apresentação de *O falso mentiroso*, o professor inglês Karl Posso resume, com perícia, a posição intermediária ocupada pela ficção de Silviano. Depois de nos lembrar que o romance é narrado por certo Samuel – um personagem cuja história diverge mas também tem muitos pontos de contato com a história pessoal do autor, Silviano Santiago –, o apresentador do livro escreve: "Para piorar as coisas, Samuel se declara mentiroso: se a afirmação for verdadeira, então ele está mentindo, e o que ele declara é falso; se, no entanto, a afirmação for falsa, ele não é um mentiroso, e sim um falso mentiroso". Desenrolada sobre essa ponte oscilante, que vacila todo o tempo, a narrativa se constrói – e o leitor nunca saberá em que acreditar. A palavra que busco pode ser "vacilação".

A estratégia de ofuscamento já aparece no segundo romance – e um dos mais importantes – do autor: *Em liberdade*, de 1981. Na verdade, e mais uma vez, um diário inventado, agora do escritor alagoano Graciliano Ramos. Diário que Graciliano teria escrito no tempo que transcorreu entre sua saída da prisão, em janeiro de 1937, e a instauração do Estado Novo, em novembro do mesmo ano. Graciliano foi preso, por motivos políticos, em março de 1936. Esteve em celas do Recife, da Ilha Grande e depois da Casa de Detenção, na rua Frei Caneca, Rio de Janeiro. Em seu brilhante romance, Silviano Santiago o leva a meditar não só nos dez meses e dez dias que passou na prisão, mas também na realidade brasileira que em torno dele se agitava. No lugar da ação, o pensamento, e a palavra talvez seja "pensamento".

Partindo das lembranças falsas (ou melhor, em parte falsas) de Graciliano, e por linhas tortas, Silviano Santiago se aproxima, a seu modo, da verdade, sem a pretensão, no entanto, de capturá-la à moda de um historiador. Assina, ele próprio, Silviano, a apresentação do livro e, para emprestar ainda maior credibilidade ao diário do escritor alagoano, escreve: "Apenas uma coisa pediu-me o dono dos originais: que seu nome não fosse revelado". Silviano Santiago, o autor da apresentação, teria concordado com o pedido de seu falso comparsa – o personagem anônimo de quem teria recebido os originais do diário mentiroso. Mas quem será esse Silviano que apresenta o romance: o autor do livro ou um homônimo? Aumentando o sentimento de turvação (nuvem, metáfora), em nota seguinte, batizada agora de "Sobre esta edição", alguém que se apresenta apenas como "O Editor" afirma que "os originais de *Em liberdade* encontram-se batidos à máquina e com poucas correções". Como se eles estivessem, de fato, bem à sua frente. Como se fossem reais. Cabe perguntar: em que medida, de fato, eles são?

Para complicar (dobrar, turvar) mais ainda as coisas, em um "PS", o mesmo "Editor" se pergunta por que Graciliano – repetindo um pedido feito por Franz Kafka ao amigo Max Brod – teria mandado queimar os originais de *Em liberdade*, livro que, no entanto, em uma repetição kafkiana, sobreviveu a esse desejo, tanto que ele agora o apresenta a seus leitores. "Tentemos uma explicação: os textos de *Em liberdade* e das *Memórias do cárcere* não se casavam, não podiam coexistir simultaneamente no seu espírito". Em sua obra célebre póstuma, *Memórias do cárcere*, publicada no ano de 1953, Graciliano Ramos atravessa muitos dos temas, personagens e ambientes evocados em *Em liberdade*. O romance de Silviano é, em consequência, um falso desmentido do livro póstumo verdadeiro. Isto é, e mais uma vez: nem mentira nem verdade, mas ficção.

Na verdade (palavra cada vez mais difícil de usar, verdade), o próprio (falso) Graciliano alimenta graves dúvidas a respeito do que escreve em seu diário. Em dado momento das anotações, ele se pergunta: "Existe alguma lógica na escolha dos sucessivos assuntos de que trato neste diário? Possuo eu esta lógica? Ou seja: sou eu quem organiza os temas? Ou está ela sendo dada de presente, como eu acreditei, pelo acaso?". Também para o autor-personagem um problema central se oferece: o da própria autoria. Afinal, quem escreve o diário que lemos quando lemos o romance de Silviano Santiago chamado *Em liberdade*? Graciliano Ramos? O próprio Silviano? Um falsário anônimo? O acaso? A resposta aqui é o que menos importa, até porque estamos diante de uma resposta impossível. As muralhas que separam as figuras do autor, do escritor, do narrador e do personagem desmoronaram por completo. Estamos entre ruínas.

A mesma quebra de fronteiras aparece em outro importante romance de Silviano, *Viagem ao México*, de 1995. Narrativa que, mais uma vez, oscila todo o tempo entre a ficção e a biografia, sem nunca fixar uma perspectiva definitiva. O livro relata a história do poeta e escritor francês Antonin Artaud, que, oprimido pela incompreensão que cercou sua vida em Paris, viajou ao México, no ano de 1936, em busca de alguma aceitação. Igualmente incompreendido entre os mexicanos, Artaud retornou enfim à França, onde foi internado como louco. Assinalando seu interesse pela condição fronteiriça da escrita ficcional, Silviano abre *Viagem ao México* com a citação de um trecho de uma carta que Artaud escreveu (teria escrito mesmo?) ao amigo, editor e escritor Jean Paulhan, datada do ano de 1934. Nela, desabafa a respeito das reações negativas que agridem sua obra. Escreve um suposto Antonin Artaud – já que, desde o início (força da ficção), não podemos ter certeza de mais nada:

A Verdade suprema é só o que procuro, mas, quando me falam no que é verdade, pergunto-me sempre sobre que verdade falam e até que ponto a noção que se pode ter acerca de uma verdade ilimitada e objetiva não esconde outra, que esconde outra, que teimosamente escapa a todo foco.

Lembra Artaud, em seguida, que essa longa fuga esbarra, enfim, no que chamamos de Real, lugar no qual a verdade, em vez de tornar-se mais clara, simplesmente explode. A palavra pode ser "verdade". Num salto abrupto: pode ser também "explosão".

Duas outras importantes obras de Silviano Santiago, *Histórias mal contadas*, de 2005, e *Heranças*, de 2008, desenrolam-se, cada vez com mais sofisticação, sobre a mesma linha fronteiriça. São, de fato, dois romances de fronteira. Não como os *westerns*, que se ambientam nas fronteiras geográficas, mas como os livros ousados, que experimentam as fronteiras do pensamento. No primciro deles, muitas histórias mal contadas, cartas falsas, referências imprecisas e até a correspondência entre Mário de Andrade e Carlos Drummond de Andrade se misturam, armando um alçapão metafórico no qual o leitor, em vez de fugir ou desconfiar, deve se atirar, sem desejar que alguma aparência de final o salve. Já em *Heranças*, um velho rememora sua vida, repleta de referências à história brasileira, que podem ou não oferecer segmentos da verdade, sem jamais esclarecer o intervalo que as separa de suas invenções. Nos dois casos, uma espessa nuvem – a metáfora – encobre os relatos, apontando para o real, mas, ao mesmo tempo, desmentindo-o. Silviano nos mostra, assim, que, se ninguém escreve romances para relatar a verdade, ninguém os escreve, também, para mentir descaradamente. Verdade e mentira, esses dois fundamentos da ética humana, ele nos leva a ver, possuem um laço secreto e resistente, que as conservam sempre conectadas e em estado de perpétua tensão e confusão. A palavra, me resta pensar agora, pode ser "tensão", na medida em que é ela, a tensão – excitação, dúvida, hesitação –, que habita o coração da metáfora. E que, em sentido figurado (metafórico), é a própria metáfora de que Silviano nos fala.

BIBLIOGRAFIA

ROMANCES
Heranças. Rocco, Rio de Janeiro, 2008.
O falso mentiroso: Memórias. Rocco, Rio de Janeiro, 2004.
De cócoras. Rocco, Rio de Janeiro, 1999.
Viagem ao México. Rocco, Rio de Janeiro, 1995.
Uma história de família. Rocco, Rio de Janeiro, 1992.
Stella Manhattan. Rocco, Rio de Janeiro, 1985.
Em liberdade. Rocco, Rio de Janeiro, 1981.
O olhar. Tendência, Belo Horizonte, 1974; Global, São Paulo, 1983.

CONTOS
Anônimos. Rocco, Rio de Janeiro, 2010.
Histórias mal contadas. Rocco, Rio de Janeiro, 2005.
Keith Jarrett no Blue Note: Improvisos de jazz. Rocco, Rio de Janeiro, 1996.
O banquete. Saga, Rio de Janeiro, 1970.
Duas faces. Itatiaia, Belo Horizonte, 1961 – com Ivan Ângelo.

POESIA
Cheiro forte. Rocco, Rio de Janeiro, 1995.
Crescendo durante a guerra numa província ultramarina. Francisco Alves, Rio de Janeiro, 1978.
Salto. Imprensa Oficial, Belo Horizonte, 1970.
4 poetas. Diretório Acadêmico da Faculdade de Filosofia da Universidade de Minas Gerais, 1960 – com Affonso Romano de Sant'Anna, Teresinha Alves Pereira e Domingos Muchon; organização de Fábio Lucas.

ENSAIOS
As raízes e o labirinto da América Latina. Rocco, Rio de Janeiro, 2006.
Ora (direis) puxar conversa!: Ensaios literários. Editora UFMG, Belo Horizonte, 2006.
O cosmopolitismo do pobre: Crítica literária e crítica cultural. Editora UFMG, Belo Horizonte, 2004.
The Space In-Between: Essays on Latin American Culture. Duke University Press, Durham, EUA, 2001 – organizador; tradução de Tom Burns, Ana Lúcia Gazzola e Gareth Williams.

Intérpretes do Brasil. Nova Aguilar, Rio de Janeiro, 2000, 3 v. – organizador.
Brasilianische Literatur der Zeit der Militärherrschaft, 1964-1988. Vervuert, Frankfurt am Main, Alemanha, 1992 – organizador.
Nas malhas das letras. Companhia das Letras, São Paulo, 1989; Rocco, Rio de Janeiro, 2002.
Vale quanto pesa: Ensaios sobre questões político-culturais. Paz e Terra, São Paulo, 1982.
Uma literatura nos trópicos. Perspectiva, São Paulo, 1978; Rocco, Rio de Janeiro, 2000.
Carlos Drummond de Andrade. Vozes, Petrópolis, 1976.
Glossário de Derrida. Francisco Alves, Rio de Janeiro, 1976 – organizador.

CRÍTICA LITERÁRIA
A vida como literatura: O amanuense Belmiro. Editora UFMG, Belo Horizonte, 2006.
Iracema. Francisco Alves, Rio de Janeiro, 1975 – edição comentada.
Seleta Ariano Suassuna: Uma seleção de textos escolhidos pelo autor paraibano. José Olímpio, Rio de Janeiro, 1975 – prefácio e comentários.

ANTOLOGIA
Brasil: Prosa e poesia. Las Americas, Nova York, EUA, 1969.

CORRESPONDÊNCIA
República das Letras, de Gonçalves Dias a Ana Cristina Cesar: Cartas de escritores brasileiros: 1965-1995. Sindicato Nacional dos Editores de Livros, Rio de Janeiro, 2003 – organizador.
Carlos e Mário: Correspondência de Carlos Drummond de Andrade e Mário de Andrade. Bem-Te-Vi, Rio de Janeiro, 2002 – prefácio e notas.

TRADUÇÕES
Alain Robbe-Grillet, *Por que amo Barthes.* Editora UFRJ, Rio de Janeiro, 1995.
Jacques Prévert, *Poemas.* Nova Fronteira, Rio de Janeiro, 1985.

©ANGELICA NAZARETH

EDGARD TELLES RIBEIRO

TEM SIDO destino de Edgard Telles Ribeiro ultrapassar as fronteiras e vivenciar a diversidade. Filho de diplomata e também diplomata, conviveu com mundos tão diversos quanto Estados Unidos, Tailândia, Guatemala, Equador, Malásia e Nova Zelândia – lugares em que serviu profissionalmente. Hoje, é embaixador em Nova York. Longe de seu país, foi escritor enquanto diplomata e vice-versa, acumulando carreiras que, segundo ele, se complementam. Nesse tempo, escreveu onze livros: sete romances, uma novela e três coletâneas de contos. Entre eles, *Histórias mirabolantes de amores clandestinos*, coletânea de contos em que a clandestinidade desempenha papel dominante. O livro, publicado pela editora Record, foi vencedor do Prêmio Portugal Telecom de Literatura 2005.

Edgard Telles Ribeiro nasceu em 1944, no Rio de Janeiro, e passou parte de sua infância e adolescência entre Suíça, França, Grécia, Turquia e o Brasil. Estudou em escolas públicas na Europa e aprendeu línguas na própria fonte. Em 1967, ingressou no Instituto Rio Branco e, no ano seguinte, na carreira diplomática. Entre 2003 e 2005, chefiou o Departamento Cultural do Ministério das Relações Exteriores.

Foi também jornalista, cineasta e professor de cinema. Entre 1967 e 1970, no Rio de Janeiro, publicou uma série de artigos sobre cinema, música e literatura no *Correio da Manhã*, em *O Jornal* e na revista *Diners*, editada por Paulo Francis. Durante a década de 1970, produziu e dirigiu curtas-metragens para cinema, como *Vietnã – Viagem no tempo*, exibido no Festival de Cannes em 1980. Entre 1978 e 1982, deu aulas de cinema e técnica de roteiro na Faculdade de Comunicação da Universidade de Brasília (FAC/UnB).

Sua tese de mestrado tornou-se seu primeiro livro, *Diplomacia cultural: seu papel na política externa brasileira*, publicado pela Fundação Alexandre de Gusmão (Funag) em 1989 e reeditado em 2012. Estreou na literatura ficcional em 1990, um pouco por acaso, ao desenvolver a sinopse de um pré-roteiro de cinema que pretendia fazer chegar às mãos de Eduardo Escorel. A sinopse virou um conto, e o conto virou o romance *O criado-mudo*, livro traduzido para o inglês, alemão, holandês e espanhol.

Um dos contos de seu livro *No coração da floresta* foi incluído na antologia sobre literatura latino-americana contemporânea lançada nos Estados Unidos pela Plume, do grupo Penguin. Seu romance mais recente, *O punho e a renda*, será lançado em 2014 pela Faber and Faber na Inglaterra e pela Alfaguara/Santillana na Espanha e América Latina.

Guimarães Rosa, João Cabral, Vinicius de Moraes, Francisco Alvim, Alberto da Costa e Silva, João Almino e tantos outros. Por que diplomatas escrevem? João Cabral enfatizava as vantagens práticas: novas experiências, ricas amizades, vida confortável, bastante tempo livre para criar. Você concorda com essa avaliação? Que outras vantagens a vida diplomática traz para um escritor?
O acesso. A outras culturas, a outros desafios e realidades, a outras pessoas, a outros mistérios. Em bases mais constantes, pois, salvo alguma experiência inédita ou marcante, de pouco serve apenas "passar" por paisagens novas. Ajuda, mas não basta. Nelas, é preciso criar algum tipo de raiz – que de temporal evolua para emocional. Só quem mora (e se abre para a terra nova e sua gente) se beneficia do privilégio. Pois é de um privilégio que se trata. Por outro lado, escritores extraordinários produziram obras inesquecíveis sem jamais sair de seus quintais. Os dois extremos se tocam, pois a verdadeira viagem é sempre interna, pessoal e intransferível. Isso dito, o acesso a outras culturas traz uma vantagem adicional: enriquece a maneira como vemos nosso país. As diferenças, tanto quanto as semelhanças, mexem com a imaginação e povoam a memória.

Por que você escreve? Você é um diplomata que escreve ou, com onze livros publicados, você já se considera um escritor que também é diplomata – como dizia Vinicius de Moraes?
Um diplomata que escreve... Um escritor que é diplomata... Onde acaba um e começa o outro? Quanto à obra em si, e aos méritos que possa ter, essa fronteira somente o tempo demarca. Quanto a mim, sinto que minhas duas carreiras se ajudam mutuamente. O olhar do diplomata que analisa a cena internacional se tornou mais atento e participativo.

O olhar do escritor, que tende a privilegiar viagens mais pessoais, abriu-se para as trincheiras do dia a dia.

Como é seu processo de escrita? Descreva um típico dia de trabalho com a literatura. Como você organiza sua rotina de escritor e de diplomata?
Acordo muito cedo, em geral às cinco da manhã. Escrevo sempre até as oito, ou um pouco mais. Comigo sempre foi assim e o hábito ficou. Mesmo nos fins de semana, quando poderia ir além, paro após três ou quatro horas de trabalho. Porque, depois, sinto que "perco a mão". Ou fico autocomplacente. As ideias, literalmente, enfraquecem-se. E uma certa banalidade se insinua no texto. Dá para sentir sua proximidade. Então, é hora de parar. À noite, revejo certos textos.
Essa disciplina, nascida de uma necessidade (decorrente de minha carreira como funcionário público e dos horários a serem cumpridos) acabou me ajudando. Não há melhor horário do que esse. O telefone não toca, ninguém te interrompe, as crianças (quando existem) dormem. E interromper quando se está em plena produção, embora por vezes frustrante, também tem seu lado bom: os personagens grudavam em mim e me acompanhavam pelo dia afora, ficavam comigo nas reuniões e elevadores, cobrando respostas ou soluções. Eu chegava de volta à casa com uma infinidade de bilhetes e notas escritas em guardanapos... Minha mulher cansou de me ver anotando coisas em meio a jantares oficiais ou a concertos. E há mais (sobre essa questão do horário): momentos antes, minutos antes de despertar, eu sonhava. Mesmo que não me lembrasse, a cabeça, ela, lembrava. Algo ficava e algo filtrava texto abaixo, a conta-gotas que fosse. Por fim: às cinco da manhã, quando me sentava para continuar, sempre encontrava um trecho de conto ou romance inacabado à minha frente, deixado da véspera. Sobre ele havia dormido. Ou nele havia pensado ao longo do dia anterior. Encontrar algo de inacabado às cinco da manhã ajuda muito. Sobretudo se o que tiver sido deixado representa um impasse.

As rotinas do escritor e do diplomata se excluem ou se complementam?
Quanto às duas vidas, a diplomática e a de escritor, elas se fundem em uma só. Não há crise internacional que não traga sua carga épica ou

dramática – e deixe de me mobilizar. No plano mais pessoal, não há jantar ou recepção fútil que não gere um personagem; ou uma solução para determinada cena; ou o detalhe surpreendente em uma certa roupa. Para não falar na linguagem corporal das pessoas à minha volta, seus maneirismos ou trejeitos. Ou naquele gesto que mal disfarça a irritação, ainda que à luz de velas e sob o olhar atento de mordomos e garçons. (*E, de repente, o personagem é o garçom, que alisa discretamente as costas nuas da anfitriã!*)

Inversamente, distanciei-me do dia a dia burocrático quando passei a ser dono de meu próprio mundo. Gosto do que faço, como diplomata. E procuro fazer bem. Mas fiquei mais tranquilo em relação à carreira e sua corrida de obstáculos, seus bastidores marcados por ambições compreensíveis, mas desgastantes e cansativas. Não se trata de indiferença e muito menos de ingratidão. Como filho de diplomata que fui, tudo devo a minhas origens: a formação europeia na infância, o aprendizado de línguas na própria fonte, os deslocamentos de um país a outro em uma série de tapetes mágicos, a "vida confortável" a que se refere João Cabral. Em contraponto, também convivi na infância com as rupturas bruscas, as mudanças repentinas de escola, a perda dos amigos e, sempre, as saudades do Brasil. Em criança, vivi entre o deslumbramento e a saudade. Como adulto, acabei insistindo na receita. É rica e penosa ao mesmo tempo. Além de ser – no que me diz respeito – um caldeirão e tanto para uma boa sopa de letras...

Como você começou a escrever? Foi uma vocação precoce ou só surgiu na maturidade?

Comecei tarde, aos quarenta e quatro anos. Bobagem dizer "tarde", bem sei, pois idade não deveria pesar nessa equação. Mas digamos que, comparado à média dos escritores, comecei a escrever (e a publicar) relativamente tarde. *O criado-mudo*, meu primeiro romance, saiu por mero acaso. Minha cunhada tinha um antiquário em Brasília (com esse nome) e precisava divulgá-lo. Com meu irmão, bolamos um anúncio de cinco linhas bastante curioso e sofisticado. A ideia era circulá-lo em três línguas junto à comunidade estrangeira radicada na cidade. Foi o primeiro e único anúncio de minha vida. Mas era evocativo e, à sua maneira, poético. O antiquário faliu. Mas o anúncio ficou esquecido em meu computador. Um dia, reli o anúncio e pensei: "Simpático, esse texto". E tive vontade de escrever uma pequena história a partir da existência daquele convite. Porque um bom anúncio convida. E fui escrevendo. Hoje, onze livros depois, continuo escrevendo e convidando. Convidando o leitor a viajar comigo, se me for permitido abusar de uma metáfora um tanto batida.

Você foi um bom aluno de língua e literatura?
Devo ter sido – pois amava essas aulas, em particular, e os professores que tive. Uma sorte, na vida, ter um bom professor. Eu tive dois e me considero um privilegiado. Além disso, sempre li muito. Tive sorte de só assistir à televisão (e assim mesmo raramente) depois de adulto. E ainda peguei o rádio em menino – outra bênção. Vi muito mais no rádio de olhos fechados do que na TV de olhos arregalados. Mundos inteiros. Mundos que ficam.

É possível ensinar a escrever?
Um professor pode trabalhar textos com um aluno, *ensinando-o a pensar*, como disse um grande mestre meu, Othon Moacyr Garcia. (A frase exata dele, subtítulo de um livro que escreveu sobre o assunto, é: "Aprender a escrever é aprender a pensar".) Pois é na cabeça que nascem os textos *e é de lá que eles já deveriam baixar ao papel de forma clara e ordenada*. Para só então serem *retrabalhados do lado de cá*. O primeiro rascunho vem de nossa mente. Isso dito, não há professor que possa transferir para um aluno o que por vezes nem ele próprio tem: o dom. Esse é individual e possui origens de outra natureza, quase sempre desconhecida, mágica ou milagrosa.

Quando você começa a rascunhar um texto, como e quando sabe que ele será um conto, uma novela ou um romance? Essa é uma decisão arbitrária ou imposta pelo próprio texto?
Em uma primeira fase, jamais sei ao certo. É o texto que vai definindo seu formato. A partir de certa faixa, porém, sei que posso estar às voltas com um esboço de romance. Aí fico meio desconfiado, "será que vai dar, será que não vai dar, e o que, exatamente, virá daí...". É um momento curioso, porque a massa crítica pode ter crescido demais para

regressar ao nível de um conto, sem ter adquirido a escala ou densidade que eventualmente a levem ao romance. Um de meus livros, inclusive, ficou a meio caminho e virou uma *novela* (no sentido inglês do termo, de *romance curto*: tem cem páginas). Escrevi sete romances (o sétimo sairá neste ou no próximo ano), três livros de contos e essa novela. Mas, até onde me lembro, em nenhum desses textos pensei, depois de escrever umas tantas páginas: "isso será um romance"; "isso será um conto". O máximo que conseguia pensar, quando pensava de todo, era: "O que é isso? O que está acontecendo? O que vai acontecer?". E era essa curiosidade, de primeiro leitor (sempre me vi como meu primeiro leitor), que me levava adiante. Para cada problema, eu precisava inventar uma solução.

Nos anos 1970, você publicou uma série de artigos sobre cinema, dirigiu curtas-metragens, um deles exibido em Cannes, e deu aulas de cinema e técnica de roteiro na Universidade de Brasília. Por que não optou pelo cinema? É possível dizer que o cinema o conduziu à literatura?
Certamente. Por vezes acho até que faço cinema. Já me disseram que certos livros meus são verdadeiros filmes. Não no sentido de serem roteiros, ou assumirem um forma semirroteirizada, mas porque o leitor, ao ler, *vê*. E a origem disso está, de fato, em meu amor pelo cinema. Teria gostado de enveredar por esse caminho, mas a existência, como sabemos, tem vida própria. Só que o desejo de contar uma história na tela permaneceu comigo. No lugar da câmara, o olho e a imaginação. No lugar da tela, o papel. No lugar da plateia, o leitor. Acaba sendo muito parecido. Na Antiguidade, as histórias e lendas não chegavam aos homens oralmente? Ou por meio de desenhos pintados em cavernas? Não é dessa dupla origem que herdamos a literatura e o cinema?

Em *O punho e a renda*, de 2010, você mergulha nos bastidores das embaixadas e em suas disputas. Na nota do autor, você faz uma advertência: "E se houver alguém que me critique por trazer à tona temas que muitos prefeririam ver relegados ao esquecimento, relembrarei o comentário de André Gide em seu livro sobre Dostoiévski: 'Não há obra de arte sem colaboração do diabo'". O diabo é um comparsa essencial do escritor?

A frase de Gide se aplica como uma luva a esse romance, *O punho e a renda*, porque o livro trata da ditadura no Brasil — sob uma perspectiva regional. Tema complicado, como sabemos. O desafio maior, constante, consistiu em encontrar o tom certo de contar a história. Trabalhar a linha narrativa de forma harmoniosa. Mas eu fui ajudado. No caso, pelo diabo. Pois meu personagem era um diabinho com punhos e rendas. Quanto a mim, coloquei-me dentro da história como narrador. Mesmo porque, como muitos em minha geração (dentro e fora da carreira diplomática), fui testemunha de situações em tudo parecidas às que descrevo no romance. Vi a direita operando, como uma sombra, em nosso meio, delatando, intimidando, invertendo valores, oprimindo, corrompendo. Vi pessoas que se diziam de esquerda trocar de lado em questão de dias e atuar — brilhantemente — a serviço das novas lideranças pós-64. Vem daí a possível força de meu personagem central: ter vendido a alma ao diabo sem pestanejar. Com rara habilidade — e agilidade. E ainda ter conseguido se dar bem quando o país voltou a se democratizar vinte anos depois. Porque o livro também lida com o tema da impunidade. Nunca é demais repetir que a origem do clima de impunidade que afeta parte de nossa sociedade nos dias que correm vem dessa fase ditatorial, quando as decisões eram tomadas a portas fechadas, sem maior controle. Os responsáveis não tinham quem os controlasse. A semente do cinismo com que volta e meia nos confrontamos hoje tem essa triste raiz. Coisa do diabo.

Sua obra é autobiográfica? Fale um pouco das convergências e divergências entre ficção e realidade. Como você equilibra a verdade com a imaginação? Existem semelhanças entre o trabalho dos escritores e o dos repórteres?
O componente autobiográfico é sempre inevitável, esteja ele claro, esteja velado — e, nesse caso, se manifeste de forma inconsciente. Por momentos, como ocorreu no romance *O punho e a renda*, o lado autobiográfico se faz fortemente sentir. Em outros, a invenção corre solta — mas por detrás da história pode haver uma raiz que remonte, por exemplo, à minha infância. As fronteiras a separar esses dois extremos, um no qual a "verdade" se impõe à ficção, e o outro no qual o processo se inverte — em ambos os casos com graduações e matizes próprios —,

são extremamente tênues, se é que existem. O que me impediria de falar das "convergências e divergências entre ficção e realidade". Linha fronteiriça talvez mais fácil de comentar seria a que separa o escritor do jornalista. Gabriel García Márquez foi jornalista antes de ser escritor, ou durante seus primórdios como escritor. Alguns de seus livros nasceram de reportagens. Quase todos terão em alguma medida refletido suas experiências de vida, seja como repórter, seja como um ser humano atento a suas realidades. O que não significa que profissionais das duas áreas transitem com desenvoltura de um lado a outro, como ocorreu com ele.

Em que medida a realidade está dentro da ficção?
Eu diria que na mesma proporção em que a ficção está dentro da realidade – como o mundo de hoje demonstra com uma invulgar ferocidade.

Para você, a questão ética e moral antecede a estética? Ou seja, o valor antecede a forma?
Sou essencialmente um contador de histórias e, com isso, muitas vezes embarco em narrativas cujo conteúdo ético nem de longe domina o primeiro plano de minhas preocupações, surgindo, quando muito, integrado à trama, como um de seus elementos (assim como poderia nem surgir de forma muito perceptível). Em outros casos (e aqui volto a citar *O punho e renda*, além do novo romance e de alguns contos que escrevi), o componente ético é, ao contrário, essencial à própria natureza da história – se não for sua verdadeira razão de ser.
Quando isso ocorre, a preocupação central consiste em encontrar a maneira mais harmoniosa possível de "dar vida à história", fazendo-a pulsar com o respeito e a honestidade desejáveis. Não que, com isso, considerações de outro tipo, no caso estéticas, passem necessariamente a um segundo plano. Mas digamos que o coração se deixa guiar mais pela emoção – e esta envolve certo julgamento de valores.

Você se considera um escritor engajado? Em um tempo no qual a política sofre tanto desprestígio, ainda é possível ser um escritor engajado?
Sim, mas sem os rótulos e as bandeiras mais ostensivas ou românticas do passado. Épocas houve em que a arte, em suas formas mais varia-

das, vinha embalada em certo rufar de tambores, uma época, na minha geração, que também coincidiu com grandes transformações sociais e intelectuais dos anos 1960, do feminismo e das manifestações contra a guerra do Vietnã ao maio de 1968 na França. O ruído, os protestos e as manifestações de todo tipo pareciam fazer parte do que se produzia, com estardalhaço ou em surdina, em plena rua ou nos bastidores da cena política.

Hoje, creio que o desgaste inevitável decorrente do que se convencionou chamar de o "fim das ideologias" leva o artista a operar em uma faixa mais sutil e particular, na qual os tambores cedem espaço a outros instrumentos, sem que o resultado final deixe, por isso, de aspirar a algum tipo de ideal (que cabe ao artista definir ou defender segundo suas tendências ou vocação). Fora desses parâmetros, porém, eu jamais me rotularia como um "escritor engajado", embora torça para que meus leitores algo saibam sobre meu caminho e minhas opções.

Olho de rei lhe exigiu um grande esforço de pesquisa. Em que medida o ficcionista se aproxima do historiador? Em que aspectos eles se distanciam?

A dualidade emoção/razão "costura" essa temática de uma ponta a outra, seja qual for o ângulo que adotemos para discutir o assunto. O ficcionista se aproxima do historiador em determinadas obras – ou dele se mantém distante em outras. Meus livros refletem essa gangorra, tanto em um extremo (*Olho de rei*, *O punho e a renda*, duas obras com lastros e vínculos históricos bem nítidos), como em outro (*Um livro em fuga*, *Branco como o arco-íris*, dois romances que mergulham o leitor em viagens pessoais distintas).

Generalizando um pouco, eu diria que a diferença entre esses dois gêneros de obras, em meu caso pelo menos, pode ser percebida no *grau de encantamento*, que predomina na segunda categoria de obras, grau esse que, sem se fazer ausente, cede espaço a preocupações de outro gênero nas narrativas enraizadas em realidades mais objetivas (e comprometidas).

Quais as diferenças práticas existentes entre a pesquisa histórica, destinada a um estudo teórico, e aquela que tem como objeto uma ficção?

Descendo ao plano da pesquisa, jamais deixo de fazê-la, mas tampouco me escravizo a ela, ou subordino minha linha narrativa a qualquer tipo de camisa de força. Se necessário, até evito transitar por certas cenas (que apesar de sedutoras exigiriam fidelidade a uma realidade qualquer), de modo a preservar um padrão de harmonia e independência (com relação à época ou às supostas verdades históricas), sem o que a obra de arte se transforma em algo distinto, tornando-se por vezes refém de mensagens mais ostensivas. Como disse certa vez um grande produtor americano de cinema dos anos quarenta, "se eu quiser dar uma mensagem, vou à Western Union e passo um telegrama!". Uma frase um tanto fria, e até cínica, mas que não deixa de ser engraçada – por separar de forma nítida fronteiras que por vezes se confundem.

O papel do narrador em sua produção literária costuma ser decisivo. Em O *criado-mudo*, passado e presente se entrecruzam graças à engenhosidade dos narradores-personagens. Em *Olho de rei*, a construção do narrador, ou melhor, dos narradores, dá o tom do romance: há uma rica tensão entre as perspectivas do pai, o narrador dos cento e dezessete cadernos, e do filho, o narrador do livro e tradutor desses cadernos. Fale um pouco a respeito das dificuldades técnicas que enfrentou.
Quando o escritor se coloca dentro de sua história por meio de um *alter ego*, que em meu caso em geral assume a forma de um narrador, os desafios assumem formas variadas. Em um primeiro momento, o processo lembra o do ator que "penetra em seu personagem", ou seja, um profissional de cinema ou teatro que veste a camisa de seu personagem e "vive" esse papel. Como eles, eu também vivo esse processo, sendo que, à diferença do ator que repete sempre um mesmo texto e se move sempre em um mesmo cenário, eu vou crescendo com minha história e caminhando em direções novas ou inesperadas.
Em um segundo plano, porém (e aqui me despeço do ator), a coisa se complica quando, como autor da história, eu (indivíduo com passaporte, CPF e endereço conhecido) alimento dúvidas sobre a identidade desse "outro" por mim criado. Dúvidas, seja porque ele por vezes "cola" em mim (com o risco de interferências indesejáveis de natureza autobiográfica), seja porque ele se distancia demais de mim, a ponto de se

tornar um estranho (*virando um "personagem"* e comprometendo assim seu papel de *alter ego*).

Trata-se de um processo rico, surpreendente e de difícil elaboração, sobretudo quando esse *alter ego* contracena com uma figura paterna – ela também "recriada", mas enraizada na realidade. Como ocorre em *Olho de rei* e em meu segundo romance, *Branco como o arco-íris*. Com frequência, então, nesses livros, eu lidava, além de uma série de personagens secundários, com quatro entidades: eu, como autor; eu, como narrador/personagem; meu pai, em sua condição paterna; meu pai, como personagem. Claro está que os romances, em si mesmos, colocam apenas em cena duas dessas quatro figuras. Mas para chegar lá, tive, como autor, de conviver com as quatro – e isso pelos dois anos que dediquei a cada livro. Foram períodos de doce esquizofrenia (dupla, filial e paterna...), que acabaram fertilizando os livros do ponto de vista emocional. Em particular, creio eu, no caso de *Olho de rei*, porque o pano de fundo da história também foi muito fiel à realidade, já que passei parte de minha infância no sul da França, quando convivi com os ecos de uma guerra atroz que terminara seis anos antes. A França era pobre e alguns de meus colegas de escola pública tinham perdido um pai ou um irmão no conflito. E passavam dificuldades. O país inteiro estava mergulhado na maior austeridade. Um de meus professores era maneta (rajada de metralhadora), um outro perdera o olho direito (estilhaço de granada). Essas memórias e muitas outras mais ficaram vividamente enraizadas dentro de mim.

Seu próximo livro deve chegar ainda este ano, 2013? Fale do livro. Quais são os avanços formais em relação a *O punho e a renda*?

O novo romance será entregue à editora no segundo semestre de 2013. Quando sairá, não sei. Em certa medida, é filho do anterior, mas eu não poderia falar em "avanços formais". Como no caso de *O punho e a renda*, o tema da obra é a ditadura brasileira e as formas de opressão que o sistema gerou no período do regime militar entre nós (1964-1985).

O punho e a renda lida com a menos conhecida entre essas formas de opressão, sua vertente externa, idealizada e realizada por um reduzido número de funcionários que se valeu do Itamaraty para levar seus projetos adiante, sem que a instituição, como um todo, tivesse conhecimento do que ocorria. Era uma gente que se entendia diretamente com o Sistema Nacional de Informação (SNI), com grupos de direita em terceiros países e com a CIA. A história é narrada por um diplomata mais jovem, que reconstitui ao longo dos anos o progressivo envolvimento de um determinando colega e amigo, a quem muito admira, com esse grupo clandestino. O amigo é o foco central do romance, mas o pano de fundo é o golpe e todos os horrores que se deram naquela época – e cuja face externa permanece até hoje desconhecida.

Já no livro atual, o personagem central é um velho jornalista, que viveu essa mesma fase quando jovem, e viu sua integridade afetada quando confrontado a certas situações. Ao contrário de *O punho e a renda*, contudo, o livro é voltado para o Brasil, e apenas marginalmente toca no exterior. E no lugar das quase seiscentas páginas da obra anterior, esse novo romance é mais enxuto, conta com pouco menos de duzentas. Trata-se de uma versão "destilada" da obra anterior em mais de um sentido. Sinto que talvez seja um livro mais sofrido e, quem sabe, melhor.

É curioso que, nessa fase de minha carreira literária (e em fase mais adiantada de vida), eu tenha me reaproximado de uma temática que marcou minha geração. Talvez por serem temas que levam tempo para decantar, sagas que estavam entaladas dentro de mim há mais de quarenta anos – e precisavam vir à tona. Minha geração sabe do que estou falando – e é pensando nela que escrevi esses dois livros. Agora, se os mais jovens terão ou não interesse pelo assunto, só o futuro dirá. Determinados temas são universais... Quem sabe os dois livros cruzem essas barreiras temporais e criem raízes entre nossos herdeiros. O clima de liberdade que respiramos hoje teve seu preço, mas eles não parecem se dar conta disso.

Quais foram suas primeiras influências? E com a maturidade, que outros escritores influenciam sua literatura?

Minhas influências vêm de fontes diversas, algumas literárias, muitas da área de cinema, e até do mundo da música. Estudei e toco piano, além de ter-me aventurado um pouco na área de composição quando mais jovem. Fora isso, adoro música clássica, que ouço constantemente. Adquiri, com isso, uma noção muito íntima de ritmo, que em meus livros pode ser notada no encadeamento das frases e, dentro das frases, no manuseio das palavras. Minhas frases têm quase sempre uma cadência musical, uma prosa por vezes metrificada, se você quiser. Chego a optar por palavras (dentro de um mesmo universo narrativo, naturalmente) por força de sua sonoridade.

No que se refere à literatura em particular, meu patrimônio de leituras é relativamente pequeno (se me comparo a amigos meus que realmente *leem*...), mas é, e foi, intenso. Li muito quando jovem e é isso que interessa, porque as primeiras sensações permanecem, e revisitar livros anos depois também acaba sendo revelador, de onde estávamos e o que pensávamos, sobre a arte e a vida – e nós mesmos. Comecei a ler em francês, autores europeus e norte-americanos em tradução: Alexandre Dumas, Defoe, Melville, Júlio Verne, Alain-Fournier, Hergé (devo muito a Tintin), Maurice Leblanc (tanto quanto devo a Arsène Lupin), além de dezenas de outros escritores que, mais adiante, levariam-me a Stendhal, Flaubert e aos russos. No que se refere à literatura brasileira, e à exceção de Jorge Amado, Drummond e Bandeira (autores lidos quando jovem), só mais adulto, ao regressar ao Brasil, travaria contato com Graciliano Ramos, José Lins do Rego, Clarice Lispector – que era muito amiga de minha mãe e que conheci e frequentei em minha juventude – e parte da obra de Machado. Foi também nessa fase mais adulta, e portanto já "formado", que descobriria os latino-americanos (Borges e Juan Rulfo, primeiro; Gabriel García Márquez, quando surgiu como um cometa).

Hoje em dia leio pouco, mas releio muito. Concordo com Nabokov quando afirma: "There is no real reading, but rereading"... Quanto às influências literárias, em meu caso as maiores vêm não tanto da literatura, mas, curiosamente, do cinema. Boa parte de minha obra *escrita* tem suas raízes nos filmes *vistos*: René Clair, Renoir, Marcel Carné, Jean Vigo, Robert Bresson e os neorrealistas italianos. Escritores que me marcaram mesmo (até onde posso saber) foram poucos: Tchekhov, Flaubert, Stendhal, Raymond Radiguet, Alain-Fournier e Albert Camus. A esses nomes, acrescentaria dois, em um plano distinto, J. D. Salinger e Scott Fitzgerald. Se me tornei escritor foi por influência desses artistas – cineastas e escritores –, que me tocaram de perto. Mais do que aqueles que, por razões variadas, despertaram em mim admiração ou respeito. Para ilustrar o ponto: li *A montanha mágica* três vezes em momentos distintos de minha vida, um livro que adoro. E estou no clube dos que consideram *Morte em Veneza* uma obra-prima. Mas Thomas Mann, a quem admiro e respeito, em nada me influenciou.

Nos países em que serve como diplomata, você tem uma vida literária? Convive, ou conviveu – como João Cabral, que foi amigo de Miró e de Tapies –, com outros artistas? Essas relações lhe servem de alimento criativo?
O Brasil é um país muito querido e respeitado, sendo que o diplomata brasileiro, desde que não demonstre ser uma pessoa insensível ou desinteressante, é sempre bem recebido. Por onde passei, procurei me relacionar com as pessoas mais instigantes do país onde servia – e essas são sempre os artistas. Os políticos e burocratas passam, nem falemos dos banqueiros e endinheirados, que nem passam porque não contam. Mas as pessoas de cultura ficam, seja porque vivem em uma trincheira muito especial, solidária e alheia a fronteiras, seja porque são altruístas e procuram transformar sua vida em um legado digno de nota. O mundo de hoje já não franqueia acesso, como na época de João Cabral, aos sucessores de Miró ou Tapies, ou pelo menos não os encontrei por onde andei. Mas não há país (e servi em vários) que não tenha seu pequeno núcleo de pessoas preciosas, entre artistas, educadores, intelectuais, jornalistas e pensadores. Achá-las, e torcer para que se abram a um desconhecido, é o desafio.

O mercado editorial passa por grandes transformações. Os editores ficam reticentes frente a livros eruditos, buscando, ao contrário, os *best sellers* de leitura fácil. Os jornais diminuem suas tiragens e tornam seus artigos e reportagens cada vez mais compactos. E cada vez com mais frequência o leitor consulta a internet, o que modifica sua maneira de ler, antes mais passiva, já que hoje é possível intervir no texto eletrônico. Você pensa no leitor, nesse tipo de leitor, o novo leitor contemporâneo, quando escreve?
Não... Não tanto pela descrição feita na pergunta, mas porque jamais penso no leitor – quando escrevo. Penso no personagem. Penso no fio narrativo. Penso em sair das armadilhas nas quais me coloco. Somente depois, quando o livro é publicado, detenho-me nos leitores. E fico preo-

cupado: *por onde andarão?* Terão tido acesso a algum livro meu? Como estou longe do Brasil, e raramente participo de mesas-redondas ou entrevistas, penso neles como uma abstração. Já tive noite de autógrafos em que havia mais garçons do que leitores. O que me ampara é ter sido apoiado por intelectuais e críticos de peso, como Antonio Candido, que prefaciou um livro meu, Antonio Houaiss e Wilson Martins, que escreveram e elogiaram meu trabalho. Fico achando que o resto virá com o tempo. E há o exterior, também: *O punho e a renda* teve seus direitos adquiridos pela Faber and Faber inglesa e pela Santillana espanhola. Além da Espanha, sairá em diversos países latino-americanos em 2014. Há editores americanos interessados também. Livros lançados internacionalmente, se bem-sucedidos, podem ajudar a puxar os outros...

O seu primeiro livro, de 1989, trata da diplomacia cultural (*Diplomacia cultural: seu papel na política externa brasileira*). Foi lançado quando o tema ainda não era debatido e nem existiam cursos de produção cultural e de políticas culturais no Brasil. É possível pensar hoje, no Brasil, em políticas culturais efetivamente eficazes?
O livro, que data de 1989, foi relançado no ano passado pela Fundação Alexandre de Gusmão. É prefaciado por Antonio Houaiss. Tenho muito orgulho desse texto acadêmico, minha contribuição mais pessoal ao Itamaraty e a todos aqueles que, de uma forma ou outra, se interessam por cultura e acreditam naquela que representa a única maneira real de evitar crises políticas e militares. "As guerras nascem nas mentes dos homens", lembra o preâmbulo da Carta da Unesco, "e é nas mentes dos homens que elas devem ser combatidas"... Desnecessário dizer mais, não?
A ideia central desse livro, que as limitações burocráticas e orçamentárias brasileiras nem sempre permitem transformar em realidade, é a de que uma política cultural não pode ter objetivos visíveis de curto prazo. Ou seja, não pode correr atrás de um "retorno". Ela trabalha na faixa da criação de uma atmosfera. Somente a partir daí – e com uma presença constante – ela rende frutos. A França se projetou a partir do século XIX muito além de suas fronteiras – e de sua importância real – porque soube valorizar sua cultura de forma sistemática e abrangente *sem esperar retornos imediatos ou visíveis*. Projetou-se, simplesmente, a

fundos perdidos. (Mas o que colheu em troca, e vem colhendo até hoje, em prestígio, *e em lucros*, é incalculável...) Data do final desse mesmo século XIX a abertura, no Extremo Oriente, veja bem, do primeiro Liceu francês. Napoleão viu longe quando disse: "Conquistei o mundo pela espada, os que vierem depois de mim o conquistarão por suas ideias".

O fato de viver grande parte do tempo no exterior o exclui do meio literário brasileiro? Isso causa algum tipo de dificuldades para sua criação?
Sim, continuo sendo um escritor praticamente desconhecido em meu país. Talvez por ter vivido no exterior boa parte do tempo em que meus livros eram lançados. Certa vez, entre 2003 e 2005, regressei ao Brasil. Por coincidência, trazia um livro de contos pronto (*Histórias mirabolantes de amores clandestinos*) e, em Brasília, escrevi um romance, o *Olho de rei*. Como estava no país ao publicar esses dois livros, acabei tendo certa visibilidade, sendo que os dois livros conquistaram prêmios importantes (no caso do romance, o prêmio da Academia Brasileira de Letras; no dos contos, um Jabuti).
De modo geral, porém, meus livros são raramente vistos nas livrarias, apesar desse destaque a que me referi, e que refletiu o empenho de alguns bons críticos e amigos. Talvez isso mude a partir de 2014, quando eu voltar. Por outro lado, esse distanciamento me protegeu. Trabalhei isolado, cercado apenas por meus personagens. Como família que são, acabaram também se tornando meus compatriotas.

Viver fora do Brasil o ajuda a desenvolver um olhar mais aguçado em relação à realidade brasileira?
Quanto a olhar a realidade brasileira de modo mais aguçado, esse processo de fato ocorre, não tanto pelo distanciamento, mas pela possibilidade, como observador, de poder inserir o Brasil em um contexto mais amplo, do qual o país é parte – embora nem sempre seus dirigentes e suas lideranças se deem conta do fenômeno. Como vivo e trabalho fora, inevitavelmente comparo. Comparo métodos, problemas, pessoas, soluções. Um processo ao qual de alguma maneira dei início na infância, de forma artesanal e instintiva, e que fui levando adiante quando adulto, comparando universos distintos e imaginando em que medida teriam a ver com meu país.

Por estranha e ameaçadora que pareça a realidade internacional, as diferenças que nos separam têm quase sempre uma origem comum. Ela consta do texto da Unesco a que me referi. Todo o resto, das incompreensões às injustiças sociais, das lutas hegemônicas às pequenas ambições, é mera consequência. E não há melhor maneira de chegarmos à mente dos homens do que aproximá-los ao redor de um patrimônio comum. E esse patrimônio é cultural. O resto é ilusão.

A POÉTICA DA INFIDELIDADE
Regina Zilberman

AS RELAÇÕES EXTERIORES têm uma dívida para com a literatura brasileira, que lhe proporcionou diplomatas do porte de Vinicius de Moraes, Guimarães Rosa e João Cabral de Melo Neto. O Itamaraty respondeu à altura, oferecendo às letras nacionais expoentes da poesia, como Alberto da Costa e Silva e Francisco Alvim, e da ficção, como João Almino. A esse respeitável elenco se acrescenta Edgard Telles Ribeiro, que, entre 1991 e 2010, publicou seis romances, uma novela e três livros de contos.

Com O criado-mudo (1991), Edgard Telles Ribeiro fez sua entrada na literatura nacional. O livro contou imediatamente com uma carreira internacional, traduzido para o inglês, o alemão e o espanhol. Trata-se de obra madura, que, embora tenha inaugurado a carreira de ficcionista do autor, não pode ser julgado romance de estreante.

A arquitetura do enredo evidencia as habilidades do ficcionista. Dividido em três partes, apresenta, na primeira, os narradores, Fernando e Andrea, e a protagonista, Guilhermina, tia-avó da moça. Antes, porém, de focalizar a trajetória da distante parenta de Andrea, Fernando expõe como reencontrou a amiga, atriz em filme de sua autoria e, agora, proprietária de O Criado-Mudo, loja de antiguidades em Brasília.

O começo do romance dá conta de redescobertas: de Andrea por Fernando, de Guilhermina por Andrea. Uma peça do passado que reaparece no presente – o "criado-mudo" do título – faz a ligação entre as temporalidades e as personagens. Mas é também o gatilho que motiva novas descobertas, agora de Guilhermina, figura humana que se constrói aos poucos, por fragmentos, até se impor por completo, dominando a cena. Por isso, as partes subsequentes do romance não fazem avançar a trama;

pelo contrário, essa retrocede primeiro graças à memória de Andrea – que assume, em primeira pessoa, o relato –, depois, por intermédio do depoimento de indivíduos que, em algum momento, cruzaram com Guilhermina e compartilharam seu comportamento.

A composição da protagonista faz-se, pois, de fora para dentro, desenhando um mosaico cujo deciframento nunca se conclui devido aos fragmentos acrescentados, suprimidos, desmentidos ou reiterados. Do conjunto, emerge uma personalidade transgressora, indomável e sedutora, a quem todos se rendem, sejam os que conviveram diretamente com ela, sejam os que a conhecem à distância no tempo e no espaço, como Fernando, o narrador.

O *criado-mudo* mostra-se um romance fascinante, pois edifica-se a partir de perspectivas que se alteram a cada passo. Assim, depois de encerrada a narrativa e completada a leitura, o destinatário é convidado a repisar a trajetória de Guilhermina, que tomará novos significados a cada oportunidade em que a personagem é reencontrada. Polifônico em decorrência da escolha dos processos narrativos, já que o relato depende da ação de dois sujeitos, Fernando e Andrea, e dos testemunhos de vários figurantes da trama, o romance mostra-se igualmente proteico, assumindo formatos diversos sempre que abordado.

De índole similar é a obra lançada dez anos depois, *O manuscrito* (2002), publicada após *As larvas azuis da Amazônia* (1996), e *Branco como o arco-íris* (1998). Em *O manuscrito*, a trama praticamente inexiste; ou, poder-se-ia dizer, várias tramas incompletas contribuem para uma narração cuja unidade depende da intervenção do leitor. Se esse, em *O criado-mudo*, é motivado a rever suas posições iniciais à medida que o relato avança e acrescenta novas informações, em *O manuscrito* a ele são oferecidos fragmentos não necessariamente coerentes e que requerem uma definição relativa à sua realidade.

Com efeito, o leitor dispõe de uma única certeza: a existência de Paulo Valadares, centro a partir do qual se organizam eventos e personagens. Geólogo que migrou para a Nova Zelândia, Paulo é igualmente escritor, com obras publicadas no Brasil não muito bem-sucedidas comercialmente. Seu intuito aparente é redigir novo livro, mas falta-lhe inspiração. Nas páginas iniciais do romance, ele conta recorrer a Gretta, sua ex-amante, agora falecida. Porém, por efeito de um trauma, o geólogo é internado numa clínica de saúde, sendo o tratamento bancado por um tempo pelo seguro da empresa que o empregara.

A partir desse ponto, abrem-se diferentes, e não coincidentes, vetores de desenvolvimento narrativo. Um deles decorre da troca de correspondências entre personagens associadas a Valadares, mas não relacionadas entre si: os psiquiatras discutem o melhor procedimento a adotar para curar o paciente; críticos e editores brasileiros debatem como aperfeiçoar o romance, ainda insatisfatório, de Paulo; diplomatas brasileiros na Nova Zelândia informam as medidas a serem tomadas para repatriar o conterrâneo; a ex-esposa de Valadares solicita que ele conclua o processo de divórcio para ela poder casar de novo. Outro vetor advém das atitudes de Paulo, que o leitor conhece por meio do discurso em primeira pessoa ou por intermédio de seus diálogos, por exemplo, com Gretta, com o marido dela, Johan, e com a pintora neozelandesa abstracionista May Iremonger.

Esses dados, contudo, não convergem na mesma direção: alguns são complementares, mas outros mostram-se contraditórios. Alguns podem efetivamente ter acontecido, mas outros podem resultar da fantasia de Paulo. A fantasia, por sua vez, também se abre em vertentes distintas, já que pode decorrer da demência do protagonista; mas pode advir do caráter ficcional do romance que lemos, vale dizer, da natureza prioritariamente imaginária de toda obra literária.

O manuscrito é, pois, um romance perturbador, como se assumisse, no plano artístico, a qualidade transgressora que, em *O criado-mudo*, distinguia a personalidade de Guilhermina. Sua composição, também polifônica, constituída pela incorporação não apenas de vozes distintas, mas também de formatos variados de manifestação escrita, conduz a literatura ao questionamento de seus próprios limites e das fronteiras do realismo, já que, calcado na fantasia enquanto propriedade fomentadora da criação artística, expõe-se ao leitor como pergunta: qual é, afinal, a realidade da ficção? Pergunta que permanece sem contestação, porque não cabe à literatura respondê-la, mas tão somente interrogar.

Edgard Telles Ribeiro publicou ainda mais três romances nos últimos dez anos: *Olho de rei* (2005), protagonizado por Jean Lafitte, francês que, fugindo dos nazistas que ocupavam seu país, migra para o Brasil, onde se radica por mais de uma década, até partir para o Equador e a Guatemala, regressando, na velhice, à terra natal. Em *Um livro em fuga* (2008), reaparece uma personagem frequente na ficção de Telles Ribeiro: o brasileiro residente no exterior; porém, não se trata mais da mulher transgressora, nem do geólogo inadaptado, mas do diplomata, que, como Paulo, é um escritor. A diplomacia retorna em O punho e a renda, sob um ângulo vil, porém: Max, o protagonista, é colaborador de agências estrangeiras de espionagem, tendo participado da derrubada da democracia no Chile, em 1973.

Ainda que, nesses romances, contrastando com O criado-mudo e O manuscrito, verifique-se certa linearidade narrativa, entremeada por comentários dos narradores no presente, dois elementos permanecem como marca da prosa de Telles Ribeiro: a condição estrangeira dos protagonistas, sejam brasileiros residentes no exterior (Guilhermina, Valadares – o protagonista de Um livro em fuga –, Max), seja um europeu instalado no Brasil (Jean Lafitte); e a rejeição da narrativa onisciente e monológica. Por efeito desses processos, os romances caracterizam-se por destacar o olhar do estranho, não plenamente encaixado nas rotinas de dada região, o que impede o leitor de se acomodar numa zona de conforto, circunstância reforçada pela instabilidade do foco narrativo, sempre provocador.

Se no livro de estreia Telles Ribeiro escolheu o romance, no segundo adotou o conto: O livro das pequenas infidelidades (1994) inclui histórias passadas no Brasil e no exterior, reiterando, sob esse ângulo, a direção da prosa do autor. Nessa obra, destaca-se o conto "Havana", ao narrar o encontro, em Cuba, de três artistas latino-americanos: um músico uruguaio, um pintor equatoriano e o escritor do Suriname. É este que dá o toque polêmico da narrativa, ao propor uma pergunta inquietante aos parceiros: "Um livro em que as personagens sejam *infiéis a seu autor*?". A interrogação parece sintetizar a poética de Telles Ribeiro, ainda que, em 1994, ele contasse apenas dois livros publicados. A infidelidade, vocábulo extraído do título do volume, não é apenas matéria das relações amorosas; diz respeito também ao funcionamento de uma obra, ou de suas personagens, diante daquele que, supostamente, é seu criador. Ele não apenas não é proprietário de suas criaturas; essas liberam-se dele e desenvolvem roteiros independentes, à revelia de quem as pôs no mundo, mesmo quando fictício.

De certo modo, O livro das pequenas infidelidades tem em Histórias mirabolantes de amores clandestinos (2004) sua continuação, ainda que, entre os dois, se coloque No coração da floresta (2000). Essa relação, antecipada pelas capas das respectivas coletâneas de contos, que apresentam alguma similaridade, decorre do tema, vinculado à já mencionada "infidelidade", alçada agora à condição de "clandestinidade".

O parentesco, porém, não esconde uma circunstância fundamental: os contos das *Histórias mirabolantes* são trabalhados com mais finura, preferindo sugerir a declarar. Modelar é "The Man I Love", em que o narrador, pianista no bar de um hotel de luxo, suscita o interesse de uma jovem assistente a partir de seu repertório, em que predominam *standards* norte-americanos. A sedução parece avançar, mas é suspensa pelas alusões da moça ao possível objeto de seu afeto, que não se esclarece, embora sutilmente confessado por ela. Também em "Aurora" pistas são oferecidas, mas não reveladas pelo narrador, ele mesmo participante do singular quarteto amoroso estabelecido entre as personagens.

Tal como o autor, o narrador de "Aurora" atua no âmbito das Relações Exteriores. O procedimento diplomático migra da situação profissional do autor e da personagem para o processo narrativo, propondo alusões dúbias que se estendem do adultério ao crime. Justo vencedor do Prêmio Portugal Telecom de Literatura, em 2005, *Histórias mirabolantes de amores clandestinos* evidenciam como as relações entre a literatura brasileira e a diplomacia têm produzido excelentes resultados entre nós.

REGINA ZILBERMAN é professora de Literatura Portuguesa e Luso-Africanas na Universidade Federal do Rio Grande do Sul (UFRGS). Publicou, entre outros livros, *A formação da leitura no Brasil* e *A leitura rarefeita* (Ática) e *A literatura infantil na escola* (Global). Organizou as coletâneas de crônicas de Moacyr Scliar *A poesia das coisas simples* e *Território da emoção* (Companhia das Letras) e *Poemas para ler na escola: Mario Quintana* (Objetiva).

BIBLIOGRAFIA

ROMANCES
O punho e a renda. Record, Rio de Janeiro, 2010.
Um livro em fuga. Record, Rio de Janeiro, 2008.
Olho de rei. Record, Rio de Janeiro, 2005.
O manuscrito. Record, Rio de Janeiro, 2002.
Branco como o arco-íris. Companhia das Letras, São Paulo, 1998.
O criado-mudo. Brasiliense, São Paulo, 1991; Editora 34, São Paulo, 1996; Record, Rio de Janeiro, 2008.

NOVELA
As larvas azuis da Amazônia. Companhia das Letras, São Paulo, 1996.

CONTOS
Histórias mirabolantes de amores clandestinos. Record, Rio de Janeiro, 2004.
No coração da floresta. Record, Rio de Janeiro, 2000.
O livro das pequenas infidelidades. Companhia das Letras, São Paulo, 1994; Record, Rio de Janeiro, 2004.

ENSAIO
Diplomacia cultural: Seu papel na política externa brasileira. Fundação Alexandre de Gusmão, Brasília, 1989, 2011.

RIGO **LACERDA** ARMANDO **FREITAS** FILHO JOÃO GILBERTO **NOLL** LOURENÇO MUTARELLI CRISTOV
TUNES BEATRIZ **BRACHER** BERNARDO **CARVALHO** TEIXEIRA **COELHO** MILTON **HATOUM** RICARDO L
TEGA SILVIANO **SANTIAGO** EDGARD **TELLES** RIBEIRO PAULO HENRIQUES **BRITTO** SÉRGIO SA
ONIO DE **ASSIS** BRASIL SEBASTIÃO UCHOA LEITE MÁRIO CHAMIE VALTER HUGO MÃE NUNO
EVISAN RUBENS FIGUEIREDO MARINA **COLASANTI** CHICO BUARQUE RODRIGO **LACERDA** ARMANDO
O GILBERTO **NOLL** LOURENÇO MUTARELLI CRISTOVÃO **TEZZA** LOBO ANTUNES BEATRIZ **BRACH**
RVALHO TEIXEIRA **COELHO** MILTON **HATOUM** RICARDO LÍSIAS AMILCAR **BETTEGA** SILVIANO SAN
LES RIBEIRO PAULO HENRIQUES **BRITTO** SÉRGIO SANT'ANNA LUIZ ANTONIO DE **ASSIS** BRASIL SEB
TE MÁRIO CHAMIE VALTER HUGO MÃE NUNO RAMOS DALTON **TREVISAN** RUBENS FIGUEIREDO MARI
CO BUARQUE RODRIGO **LACERDA** ARMANDO **FREITAS** FILHO JOÃO GILBERTO **NOLL** LOUREN
STOVÃO **TEZZA** LOBO ANTUNES BEATRIZ **BRACHER** BERNARDO **CARVALHO** TEIXEIRA **COELHO** M
ARDO LÍSIAS AMILCAR **BETTEGA** SILVIANO **SANTIAGO** EDGARD **TELLES** RIBEIRO PAULO HENR
GIO SANT'ANNA LUIZ ANTONIO DE **ASSIS** BRASIL SEBASTIÃO UCHOA LEITE MÁRIO CHAMIE VAL
NO RAMOS DALTON **TREVISAN** RUBENS FIGUEIREDO MARINA **COLASANTI** CHICO BUARQUE ROD
MANDO **FREITAS** FILHO JOÃO GILBERTO **NOLL** LOURENÇO MUTARELLI CRISTOVÃO **TEZZA** LOBO AN
CHER BERNARDO **CARVALHO** TEIXEIRA **COELHO** MILTON **HATOUM** RICARDO LÍSIAS AMILCAR **BET**
NTIAGO EDGARD **TELLES** RIBEIRO PAULO HENRIQUES **BRITTO** SÉRGIO SANT'ANNA LUIZ ANTONIO D
BASTIÃO UCHOA LEITE MÁRIO CHAMIE VALTER HUGO MÃE NUNO RAMOS DALTON **TREVISAN** RUBE
RINA **COLASANTI** CHICO BUARQUE RODRIGO **LACERDA** ARMANDO **FREITAS** FILHO JOÃO G
RENÇO MUTARELLI CRISTOVÃO **TEZZA** LOBO ANTUNES BEATRIZ **BRACHER** BERNARDO **CARV**
ELHO MILTON **HATOUM** RICARDO LÍSIAS AMILCAR **BETTEGA** SILVIANO **SANTIAGO** EDGARD **TELLES**
RIQUES **BRITTO** SÉRGIO SANT'ANNA LUIZ ANTONIO DE **ASSIS** BRASIL SEBASTIÃO UCHOA LEITE
TER HUGO MÃE NUNO RAMOS DALTON **TREVISAN** RUBENS FIGUEIREDO MARINA **COLASANTI** C
RIGO **LACERDA** ARMANDO **FREITAS** FILHO JOÃO GILBERTO **NOLL** LOURENÇO MUTARELLI CRISTOV
TUNES BEATRIZ **BRACHER** BERNARDO **CARVALHO** TEIXEIRA **COELHO** MILTON **HATOUM** RICARDO L
TEGA SILVIANO **SANTIAGO** EDGARD **TELLES** RIBEIRO PAULO HENRIQUES **BRITTO** SÉRGIO SA
ONIO DE **ASSIS** BRASIL SEBASTIÃO UCHOA LEITE MÁRIO CHAMIE VALTER HUGO MÃE NUNO
EVISAN RUBENS FIGUEIREDO MARINA **COLASANTI** CHICO BUARQUE RODRIGO **LACERDA** ARMANDO
O GILBERTO **NOLL** LOURENÇO MUTARELLI CRISTOVÃO **TEZZA** LOBO ANTUNES BEATRIZ **BRAC**
RVALHO TEIXEIRA **COELHO** MILTON **HATOUM** RICARDO LÍSIAS AMILCAR **BETTEGA** SILVIANO SAN
LES RIBEIRO PAULO HENRIQUES **BRITTO** SÉRGIO SANT'ANNA LUIZ ANTONIO DE **ASSIS** BRASIL SEB
TE MÁRIO CHAMIE VALTER HUGO MÃE NUNO RAMOS DALTON **TREVISAN** RUBENS FIGUEIREDO MAR
CO BUARQUE RODRIGO **LACERDA** ARMANDO **FREITAS** FILHO JOÃO GILBERTO **NOLL** LOUREN
STOVÃO **TEZZA** LOBO ANTUNES BEATRIZ **BRACHER** BERNARDO **CARVALHO** TEIXEIRA **COELHO**
ARDO LÍSIAS AMILCAR **BETTEGA** SILVIANO **SANTIAGO** EDGARD **TELLES** RIBEIRO PAULO HENR
GIO SANT'ANNA LUIZ ANTONIO DE **ASSIS** BRASIL SEBASTIÃO UCHOA LEITE MÁRIO CHAMIE VAL
NO RAMOS DALTON **TREVISAN** RUBENS FIGUEIREDO MARINA **COLASANTI** CHICO BUARQUE ROD
MANDO **FREITAS** FILHO JOÃO GILBERTO **NOLL** LOURENÇO MUTARELLI CRISTOVÃO **TEZZA** LOBO AN
CHER BERNARDO **CARVALHO** TEIXEIRA **COELHO** MILTON **HATOUM** RICARDO LÍSIAS AMILCAR **BET**
NTIAGO EDGARD **TELLES** RIBEIRO PAULO HENRIQUES **BRITTO** SÉRGIO SANT'ANNA LUIZ ANTONIO D
BASTIÃO UCHOA LEITE MÁRIO CHAMIE VALTER HUGO MÃE NUNO RAMOS DALTON **TREVISAN** RUBE
RINA **COLASANTI** CHICO BUARQUE RODRIGO **LACERDA** ARMANDO **FREITAS** FILHO JOÃO G
RENÇO MUTARELLI CRISTOVÃO **TEZZA** LOBO ANTUNES BEATRIZ **BRACHER** BERNARDO **CARV**
ELHO MILTON **HATOUM** RICARDO LÍSIAS AMILCAR **BETTEGA** SILVIANO **SANTIAGO** EDGARD **TELLES**
RIQUES **BRITTO** SÉRGIO SANT'ANNA LUIZ ANTONIO DE **ASSIS** BRASIL SEBASTIÃO UCHOA LEITE
TER HUGO MÃE NUNO RAMOS DALTON **TREVISAN** RUBENS FIGUEIREDO MARINA **COLASANTI** C
RIGO **LACERDA** ARMANDO **FREITAS** FILHO JOÃO GILBERTO **NOLL** LOURENÇO MUTARELLI CRISTOV
TUNES BEATRIZ **BRACHER** BERNARDO **CARVALHO** TEIXEIRA **COELHO** MILTON **HATOUM** RICARDO
TEGA SILVIANO **SANTIAGO** EDGARD **TELLES** RIBEIRO PAULO HENRIQUES **BRITTO** SÉRGIO S.
ONIO DE ASSIS BRASIL SEBASTIÃO UCHOA LEITE MÁRIO CHAMIE VALTER HUGO MÃE NUNO

PAULO HENRIQUES BRITTO

MUITOS ESCRITORES provaram que é possível escrever e lecionar, escrever e traduzir, ou mesmo escrever e desenvolver um trabalho jornalístico. Paulo Henriques Britto provou que é possível ser competente poeta, escritor, tradutor e professor ao mesmo tempo. E o compromisso que firma com uma carreira não compromete a outra.

Carioca, nascido em 1951, bacharel em português e inglês pela Pontifícia Universidade Católica do Rio de Janeiro (PUC-Rio) e mestre em língua portuguesa pela mesma universidade, viveu sempre no Rio de Janeiro, exceto nos breves períodos que passou nos Estados Unidos: ainda criança, de 1962 a 1964, em Washington, e de 1972 a 1973, em Los Angeles e São Francisco, na Califórnia, quando estudou cinema no San Francisco Art Institute.

A partir de 1973, trabalhou como professor de inglês no Instituto Brasil-Estados Unidos (Ibeu), foi sócio-fundador da Associação Brasileira de Tradutores e deu aulas particulares e em cursos de inglês. Para complementar o salário de professor, começou a fazer traduções.

Hoje um dos principais tradutores brasileiros da língua inglesa, Britto divide seu tempo entre as traduções inglês-português, as versões português-inglês, a criação literária e as aulas de estudos da tradução, criação literária e literatura brasileira na PUC-Rio, faculdade que lhe deu o título de notório saber, em 2002.

Estreou como poeta em 1982, com *Liturgia da matéria*. Depois vieram mais cinco livros de poemas, publicados em intervalos de cinco a oito anos: *Formas do nada*, *Tarde*, *Macau* – que recebeu o Prêmio Portugal Telecom de Literatura 2004 – *Trovar claro* e *Mínima lírica*. Publicou, ainda, um livro de contos, *Paraísos artificiais*; um ensaio sobre a música de Sérgio Sampaio, *Eu quero é botar meu bloco na rua*; e um livro de reflexões sobre o ofício de traduzir e adaptar, *A tradução literária*.

Assina mais de cem traduções literárias do inglês para o português, entre elas as de *O som e a fúria*, do americano William Faulkner; *Beppo*, do inglês Lord Byron; e *O iceberg imaginário e outros poemas*, da inglesa Elizabeth Bishop, este último com seleção e estudo crítico do tradutor. Assina também livros vertidos do português para o inglês, de autores brasileiros como Luiz Costa Lima e Flora Süssekind. Além disso, conta com grande quantidade de traduções e versões de artigos e *papers*.

Em 2007, o livro *The Clean Shirt of It: Poems of Paulo Henriques Britto* foi lançado em Nova York pela poeta e tradutora americana Idra Novey, que recebeu o PEN Translation Fund Award pela obra.

Você fez sua estreia na poesia no ano de 1982. Depois, vieram mais cinco livros de poemas. Quando e por que decide que chegou a hora de publicar um novo livro de poemas?
Minha produção literária é muito desigual. No mais das vezes, termino meia dúzia de poemas por ano, mas em 2010 concluí mais de trinta. Chega um momento em que julgo ter atingido uma certa massa crítica; começo então a organizar os poemas, agrupá-los, achar títulos para eles. Quando acho que não há mais o que mexer, é hora de publicar.

Entre 1972 e 1973, você escreveu quase trinta contos, que mais tarde foram burilados e publicados em *Paraísos artificiais*, de 2004. *Paraísos artificiais* tem nove contos. O que aconteceu com os outros? Você os renegou?
Sim, abandonei todos os outros. Talvez ainda volte a retomar um ou dois que parecem salváveis.

É mais difícil escrever poesia do que prosa? Vivemos em um mundo tomado por grande falatório (prosa). A poesia se torna, cada vez mais, uma escrita de exceção? O que ela tem a oferecer ao mundo contemporâneo?
Para mim, é justamente o contrário: tenho mais facilidade em escrever poesia do que prosa, apesar de ser talvez um leitor ainda mais entusiasmado de prosa do que de poesia. Mas para a grande maioria dos leitores de hoje a poesia realmente não diz mais nada. A poesia, como a música erudita e o jazz, passou a ser uma arte que fala para um público reduzido. E seu campo de atuação agora é bem mais estreito do que no passado: a narrativa passou a ser domínio da prosa

de ficção; o drama, do cinema e da televisão; e mesmo o lirismo é um campo dividido com a canção popular (mais uma arte que está caminhando para ter um público pequeno num futuro próximo, aliás, ao que parece). O que é mais específico à poesia agora é um tipo de trabalho concentrado com a palavra, também praticado por uns poucos ficcionistas e cancionistas, mas que tem os poetas como seus principais praticantes.

Em *Formas do nada*, você nos traz (em "Apêndice") quatro versos que parecem sugerir uma (ainda que discreta) visão otimista da existência. Você escreve: "Uma palavra transcrita/ ou vírgula acrescentada:/ a súmula de uma vida/ (que, afinal, foi mais que nada)". Mesmo sendo só um apêndice, a poesia empresta sentido à vida? Ela é produtora de sentido, ou apenas de forma?

Qualquer coisa pode emprestar sentido à vida – a poesia é uma dessas coisas, para as pessoas que escrevem ou leem poesia; a música, que não produz sentido no sentido estrito do termo, é uma coisa que ajuda a dar sentido a muitas vidas (inclusive à minha, embora eu não seja músico). Mas idealmente a poesia deve também produzir sentido no sentido estrito, ainda que não exprima necessariamente proposições passíveis de serem parafraseadas em prosa. Aliás, eu diria que tudo que um poema diz que pode ser expresso como proposições definidas é o que há de menos especificamente poético nele.

Ao mesmo tempo, você já disse que a poesia não tem utilidade, só proporciona prazer estético. Essa declaração não indica um niilismo que desmente os versos citados na pergunta anterior? A poesia, de fato, não serve para nada?

Então o prazer estético é nada? Para mim, o prazer (inclusive o estético) é uma das coisas que mais dão sentido à vida.

O que vem primeiro: o tema ou a forma? De que partem seus poemas: de uma palavra, de uma imagem, de uma ideia, de um verso alheio? O que o leva a acreditar que essa primeira chama renderá, de fato, um bom poema?

Podem partir de qualquer coisa – além das que você citou, muitas vezes de um padrão rítmico abstrato. Digamos que estou num ônibus, e ouço um barulho que pode ser entendido como um padrão de duas sílabas átonas, uma tônica, uma átona, uma tônica, duas átonas, uma tônica. Isso já basta para sugerir um poema. Agora, se isso vai ou não resultar num poema, só vou saber depois.

Qual a importância da linguagem cotidiana na poesia? Na tradição dos modernistas, você a trabalha em seus poemas, em particular em *Macau*. Nesse sentido, caminha na contramão daqueles que preferem explorar os aspectos visuais da poesia. Como você se coloca diante do impasse entre palavra e imagem?
Não vejo nenhum impasse. O poema para mim é acima de tudo linguagem, e linguagem é, em primeiro lugar, som; em seguida, imagens mais ou menos concatenadas; por fim, sentido mais ou menos estruturado (não necessariamente formando proposições definidas). Quanto à mancha das palavras no papel, a forma das letras, os elementos utilizados pelo concretismo e outras formas de poesia visual, são recursos que nunca me interessei em explorar.

Em *Tarde*, você nos dá um poema, "Art poétique", que abre com três versos que resumem a luta do poeta. Dizem: "Porrada de problemas – insolúveis,/ ça va sans dire – mas o pior é que/ mudam sempre de forma, como nuvens". Um poeta luta apenas com as palavras? Com o que mais ele luta?
Acima de tudo com as palavras mas também com todo e qualquer problema humano. E além desses problemas, comuns a todas as pessoas, a minha poesia, em particular, luta quase sempre com uma forma autoimposta, que ao mesmo tempo que constitui um obstáculo é o que me leva a procurar soluções não triviais, a dizer coisas que eu não sabia que tinha a dizer.

Seu livro de estreia em prosa, *Paraísos artificiais*, tem o mesmo título da coletânea de ensaios de Charles Baudelaire sobre experiências com ópio e haxixe. Por que escolheu esse título? A literatura pode ser definida como uma forma espiritual de droga?
Um pouco isso, sim – e um pouco a ideia de que as soluções que os personagens encontram para as situações que encontram, tal como as que as pessoas encontram na vida real, são sempre tentativas de

encontrar o prazer, ou ao menos de sair de uma situação de desprazer, criando precárias ilhas de contentamento, os tais paraísos artificiais.

Seu método e seus hábitos de trabalho são os mesmos quando traduz e quando escreve? Quais são a melhor hora e o melhor lugar para criar? E para traduzir?

Para traduzir, tenho metas a cumprir e horários a observar; mas escrevo quando sobra algum tempo e tenho a sensação (no mais das vezes falsa) de que vou conseguir fazer alguma coisa interessante.

A inspiração é importante na criação, ou ela é apenas uma lenda de séculos passados? Ou a disciplina é o mais importante?

A inspiração é apenas um ponto de partida – importante, sim, mas limitada. Mais importante é o artesanato, o *know-how*. E a disciplina também, é claro. E a autocrítica, não tão escassa que leve à produção de bobagens, não tão severa que leve ao mutismo.

Você é muito cultuado entre os poetas mais jovens. O que está deixando de mais importante para eles?

Nunca parei para pensar nisso. Tento viver no presente, e só nele. O Morelli de Cortázar dizia que a maior virtude de seus antepassados era estarem mortos. Eu diria que a maior virtude da posteridade é ainda não ter nascido.

No poema "De vulgari eloquentia" (em *Macau*), lemos o verso "São as palavras que suportam o mundo". Um mundo silencioso seria um mundo insuportável? Seria um mundo sem poesia? A pintura, desde o Renascimento, não desmente isso?

A pintura não sustenta o mundo, nem a poesia, nem a literatura – e sim as palavras, a linguagem, no seu uso cotidiano. Lembre-se de que o poema termina dizendo que as pessoas não devem parar de falar, mesmo sem assunto. São essas as palavras que sustentam o mundo.

Você trabalhou com Paulo Leminski na tradução de *Vida sem fim*, poemas do poeta *beat* norte-americano Lawrence Ferlinghetti. Leminski teve influência em sua poesia? E os poetas *beats*, como Ferlinghetti, exerceram alguma influência sobre você?

Na verdade, não conheci Leminski pessoalmente, nem li muito a poesia dele; cada um traduziu alguns poemas de Ferlinghetti, mas não houve troca de figurinhas. Isso foi nos tempos de antes da internet. Quanto aos *beats*, o único que li mais, que me interessava, era Ginsberg.

Você tem mais de cem livros traduzidos do inglês para o português, entre eles *O som e a fúria*, de William Faulkner. Entre os escritores que já traduziu, quais são seus prediletos? Com quais deles compartilha afinidades estéticas?
Henry James é talvez o meu predileto. Dos vivos, talvez V. S. Naipaul. Meu ideal de escrita é uma prosa mais seca e direta, mais para Naipaul que para James. Machado de Assis e Kafka sempre foram meus grandes modelos de prosa.

Você conviveu com a cultura americana durante os dois anos em que estudou cinema, na década de 1970, no San Francisco Art Institute. Que influência o cinema exerce sobre sua poesia?
O melhor da minha passagem pela Califórnia foi refrescar o meu inglês. O cinema é uma velha paixão que, tal como a pela música, jamais foi correspondida. Acho que minha poesia tem mais interface com a música do que com o cinema.

O tradutor é muitas vezes levado a trabalhar com originais escolhidos não por ele, mas por seu editor. Já traduziu algum livro que detestou? Se sim, isso prejudicou a tradução?
Sim. Deu trabalho, porque o livro era tão mal escrito que na hora da revisão final eu tinha que piorar meu texto para que a tradução ficasse mais fiel à ruindade do estilo do original. Mas espero que isso não tenha afetado o resultado; tentei fazer o melhor (pior) possível. Profissionalismo é isso.

Como e por que começou a escrever poesia?
Escrevo desde a primeira infância. Mas sempre li e escrevi mais prosa, desde pequeno. Só passei a me interessar de verdade por poesia quando, aos onze, doze anos de idade, em Washington, D.C. – morei lá dois anos e meio – descobri a poesia de Shakespeare, Poe, Dickinson e Whitman, meus primeiros poetas. Quando voltei ao Brasil, aos treze anos, descobri

Pessoa, e depois Bandeira e Drummond. Só então comecei a escrever poesia a sério, se é que um adolescente escreve poesia a sério.

É possível uma tradução literal, equivalente ao original, sem a interferência do tradutor? Você procura ser fiel ao original traduzido, ou se permite liberdades criativas (poéticas)? Em que medida o tradutor é coautor dos poemas que traduz?
As respostas a essas perguntas, que seriam muito longas, estão no meu livrinho *A tradução literária*, que publiquei em 2011. Só posso dizer aqui de forma muito resumida o que digo lá. A tradução nunca é equivalente ao original, mas a meta do tradutor deve ser aproximar-se ao máximo desse original. Na prática, tudo que podemos fazer é encontrar algumas correspondências, de modo que a leitura da tradução produza no leitor alguns efeitos análogos aos que são provocados pela leitura do original. O tradutor deve conseguir um resultado tal que não seja totalmente falso o leitor ao dizer, após ter lido a tradução, que leu o original. É uma forma de coautoria, sim, mas que tem um objetivo muito claro: o de produzir um simulacro, um pastiche, do original, que se aproxime bastante da inatingível meta de produzir um texto equivalente a ele. Alguns teóricos da tradução acham absurdo adotar uma meta sabidamente inatingível; já eu acredito que isso é o que todo mundo faz, nas diferentes áreas de atuação prática: a meta das pessoas que trabalham na indústria aeronáutica é que nenhum avião de carreira jamais caia; a meta do médico é que seus pacientes permaneçam saudáveis o tempo todo; a meta dos partidos políticos é se eternizar no poder; a meta dos fabricantes de celulares é produzir um aparelho que seja capaz de fazer tudo ocupando um espaço mínimo, que não pese praticamente nada e que tenha um preço tão baixo que todos os consumidores queiram comprá-lo etc.

Você disse que existe mais dificuldade na tradução da poesia, por causa das imposições postas pela forma. Nesse caso, as traduções podem ficar muito distantes do texto original?
Se os recursos de linguagem explorados pelo tradutor forem muito diferentes dos utilizados pelo poeta, a tradução resultante pode até ser um bom poema, mas não será uma boa tradução. Trabalhando com duas línguas indo-europeias como o inglês e o português, o bom tra-

dutor quase sempre encontra soluções que funcionem como poesia e que ao mesmo tempo sejam boas enquanto traduções. Não sei se o mesmo se dá quando se traduz do chinês, por exemplo, para uma língua europeia. Pode ser que nesse caso o máximo que se pode esperar é fazer um bom poema que, estritamente falando, não seja uma boa tradução.

Em uma entrevista, falando de sua vida de tradutor, você citou Molière, que dizia que escrever é como fazer sexo: você começa fazendo por amor, depois faz por amizade e, por fim, faz por dinheiro. Isso significa que a tradução perdeu todo o encanto para você?
Não, apenas que não posso mais me dar ao luxo de ficar dias, semanas, meses traduzindo um texto só porque gosto dele, sem saber se vou poder publicá-lo. É a diferença entre o amador e o profissional; profissionalismo também é isso. Mas é claro que você pode ser profissional e gostar do seu trabalho – se não o tempo todo, ao menos a maior parte do tempo.

PAULO HENRIQUES, DESLEITOR DE JOÃO CABRAL
Antonio Carlos Secchin

A ESTREIA de Paulo Henriques Britto, com *Liturgia da matéria* (1982), já continha um ingrediente básico de toda sua poesia: o jogo tenso entre acolhimento e recusa do legado de João Cabral, por meio de sutis operações que captam e reprocessam em desleitura alguns traços marcantes do poeta pernambucano. Nesse sentido, a obra de Britto acabará, em parte, sendo tecida *contra* a cabralina, sem que o *contra* implique hostilidade; trata-se de deslocamentos e desestabilizações de matriz altamente considerada no centro do dissídio. Bem diferente, por exemplo, da oposição movida, na década de 1970, por vários nomes da geração marginal, para quem João Cabral foi autor descartado, e igualmente diverso do acolhimento acrítico por parte dos "subcabrais" que cerebrinamente lhe copiavam os procedimentos mais explícitos. Nesse panorama, cindido entre os "espontâneos" e os "afilhados da vanguarda", a voz inicial de Paulo Henriques já soava com desassombrado talento e individualidade.

Se, como supomos, Paulo Henriques Britto lê e deslê João, importa assinalar certas afinidades entre ambos, para a seguir percebermos a demarcação de diferenças. Na contramão do discurso atomizado na linhagem da poesia-minuto, ambos são poetas *da sintaxe*, vale dizer, neles a poesia reside antes no processo da construção do que no fulgor ocasional de um verso. O primeiro e o sétimo dos "Dez sonetos sentimentais" (de *Mínima Lírica*, 1989) desdobram-se num solitário período gramatical. O texto seccionado em segmentos numerados e vazado em quadras (cf. "Elogio do mal") também é constante em Cabral, bem como a prática da métrica regular e das formas fixas. Nos sonetos, Paulo Henriques tende a mostrar-se mais ortodoxo no campo da métrica, fazendo incidir no decassílabo as usuais cesuras em quarta ou sexta sílaba, ao passo que João, no verso longo, abdica das marcações rítmicas do heroico e do sáfico e tece variações entre nove e onze sílabas, sem, todavia, renunciar à rima, toante. Em Britto, por seu turno, a utilização da rima, nos livros iniciais, é esporádica, em prol dos versos brancos.

Mas, paralelas aos aspectos da técnica versificatória (crucial para os dois poetas), avultam diferentes estratégias para urdir o esvaziamento do sujeito lírico. João Cabral se vale de recursos explícitos, na sempre referida busca da "objetividade", ao subtrair de cena a primeira pessoa do singular. A poesia de Paulo Henriques, aparentemente, investe no oposto, encharcando-se de subjetividade.

Examinada de perto, contudo, a questão está longe de ser tão simples assim, de um e outro lado. Certas obsessões cabralinas duplicam-se nos seres e situações que as representam; de certo modo, eles e elas compõem um sistemático, posto que oblíquo, retrato do artista, chegando-se portanto, por meio dos tais objetos de eleição, à elaboração de uma autobiografia em terceira pessoa: "eles" são "eu". Em Paulo Henriques, ao contrário, inexistem vetores de estabilidade que constituam imagem sólida de uma *persona* poética: "eu" não sou "eu". Se Cabral mostra-se coeso e coerente por sob o véu dos outros a que delegou poder de representação (o sol, a seca, a pedra), Britto elabora uma "autobiografia desautorizada", divagações de um "eu" (e de um "tu" também, inconstante e amável leitor) em perpétuo descrédito. Incisivas doses de autoironia impedem a cristalização de crenças e apontam a fragilidade de projetos alicerçados na falácia da unidade do sujeito. Conforme dirá no segundo dos "Sete sonetos simétricos", de *Macau* (2003), tudo é irrisório, quando circunscrito ao "cais úmido e ínfimo do eu".

Em *Liturgia da matéria*, três poemas parecem responder quase pontualmente a incitações cabralinas. No ano de 1947, João escrevera, na *Psicologia da composição*: "Esta folha branca/ me proscreve o sonho"; Paulo Henriques replica, na "Logística da composição": "Só o sonho é inevitável". Na mesma direção, "Persistência do sonho" evoca "névoa densa e teimosa/ que não há sol que a dissolva", enquanto Cabral, em "Num monumento à aspirina" (1966), elogiava o medicamento por constituir-se no "mais prático dos sóis" e assim dissipar os borrões do entorno, propiciando um clima "cartesiano". Os complexos raciocínios do poeta pernambucano desenvolvidos em "Rios sem discurso" e "Os rios de um dia" (1966) encontram revide em "Do rios", de Britto: "os rios foram feitos pra fugir,/ fluir, não para analisar".

Um gesto interlocutório sem subterfúgios ocorre em "Indagações" (de *Mínima lírica*), cuja parte inicial intitula-se "Para João Cabral". Em 1985, o poeta pernambucano publicara em *Agrestes* o texto-homenagem "Dúvidas apócrifas de Marianne Moore", com o qual o poema de Britto estabelece sofisticado diálogo de formas. Senão, constatemos: nos títulos dos dois textos comparece o nome de outro poeta; ambos contêm quatro estrofes; as terceiras e quartas encerram-se igualmente em pontos de interrogação; o substantivo "coisa", no singular ou no plural, surge no verso 1 das duas terceiras estâncias, e o advérbio "não" abre as respectivas estrofes 2. Por fim (ou no começo), os dois poemas partem de versos bastante próximos, uma espécie de mote do que na sequência se lerá. Em Paulo Henriques Britto: "Não escrever sobre si". Em João Cabral: "Sempre evitei falar de mim".

Em "Dois amores rápidos" – "Dar tanto, tanto/ para dar no que deu.// Pensando bem,/ o errado fui eu.// Mas já que terminou,/ adeus" –, assoma o veio lírico e sintético, de fatura e humor leminskianos, inexistente em Cabral, cuja impregnação, porém, é nítida nos quatro belos sonetos em decassílabos rimados de "Mínima poética". O primeiro registra: "Palavra como lâmina só gume/ que pelo que recorta é recortada,/ (...)/ a fala – esquiva, oblíqua, angulosa –/ do que resiste à retidão da prosa". Para além da clara evocação de *Uma faca só lâmina* (1956), destaca-se imagem aparentada à de "Menino de engenho" (1980), de João Cabral: "A cana cortada é uma foice./ Cortada num ângulo agudo,/ ganha o gume afiado da foice/ que a corta em foice, um dar-se mútuo". No soneto 2 há sentidos contrastivos: Cabral, diversas vezes, elogiou o caráter duro e incorruptível da pedra, sua frieza e densidade, enquanto Britto parece replicar: "A pedra só é bela, embora dura,/ se meu desejo em torno dela tece/ uma carne de sentido, e acredita/ que desse modo abranda e amolece". O terceiro soneto, endosso da potência do verbo, mas repúdio à sua fetichização, ataca a intransitividade da metalinguagem, por meio de léxico aparentado ao cabralino "A palo seco", então relido, em alguns tópicos, num viés de recusa. Paulo Henriques invectiva a "forma subversa, insignificante,/ [que] se fecha em não – canto sem quem o cante", ao passo que Cabral louvara "o cante sem mais nada", o "cante que não canta". Por fim, no soneto 4, Britto associa escrever a "pintar, mas não como aquele que pinta/ de branco o muro que já foi caiado"; João, em "Paisagem pelo telefone", destacara o branco de "muros caiados", de algum modo tornados ainda mais alvos pela luz do sol que neles incidia.

O livro seguinte, *Trovar claro* (1997), comporta peças com a marca da rima toante, obsessiva em Cabral: assim "O prestidigitador", o primeiro dos "Dois noturnos". O ideal de um mundo nítido e ordenado, tão patente em João desde "O engenheiro" – "O engenheiro sonha coisas claras:/ superfícies, tênis, um copo de água./ (...)/ O engenheiro pensa o mundo justo,/ mundo que nenhum véu encobre" –, é solapado pelo "Idílio" henriquiano, que, após simular a adesão aos valores da ordem e da transparência – "Desejo de formas claras e puras,/ de nitidezes simples, minerais,/ certezas retilíneas como agulhas" –, acaba associando-os ao abafamento da pulsação e da nervura da existência: "Nada de nebuloso, frouxo ou úmido/ (...)/ sem óleos malcheirosos e carnais./ (...)/ O sonho quer estrangular o mundo" – o sonho da razão imperativa, entenda-se. Paulo Henriques Britto acolhe e acalenta o espaço da imprecisão, ainda que seja rigoroso no gesto de formulá-lo. Como dirá em "História natural" (título, aliás, homônimo da peça cabralina), o sujeito almeja "a forma exata da sombra difusa".

As obras subsequentes darão continuidade ao diálogo crítico entre incorporação e recusa do legado de Cabral. A *Psicologia da composição*, conforme vimos, antes já transformada em "logística", é reapropriada como "Fisiologia da composição", em *Macau* (2003). Suas partes encontram-se separadas e sequenciadas por algarismos romanos, recurso similar ao da *Psicologia* de João. O dissenso, porém, já irrompe na declaração anticabralina que arremata o segmento I: "Por fim o acaso./ Sem o qual, nada". O poeta recifense sempre tentou minimizar a importância do acaso em sua produção. No desfecho da "Fábula de Anfion" (1947), o protagonista prefere silenciar a render-se ao poder sem controle da criação. Alguns traços do cabralino "Tecendo a manhã" (1966) reaparecem, difusos, na parte V da "Fisiologia": nos dois se evoca a construção de um objeto, o balão-poema, e o esforço para fazê-lo decolar. "Estrutura", "coisa sólida", "artificial", signos recorrentes em Cabral, surgem para serem sutilmente ironizados no desígnio final do texto-balão de Britto, que demanda "Menos arquitetura/ que balística. É claro que é difícil". Em "Bagatela para a mão esquerda", de Paulo Henriques, e "O sim contra o sim" (1960), de João Cabral, porém, ambos os poetas se irmanam no endosso ao poder criador que ultrapassa a maestria automatizada: "A esquerda (se não se é canhoto)/ é mão sem habilidade;/ reaprende a cada linha,/ a cada instante, a recomeçar-se" (João Cabral); "À mão esquerda é vedado/ o recurso falso e fácil/ de dispensar partitura,/ a fraqueza (dita força)/ do hábito" (Paulo Henriques).

No livro *Tarde* (2007), o já citado "Num monumento à aspirina" é reprocessado em "Para um monumento ao antidepressivo". Enquanto o texto cabralino celebra o efeito do medicamento, o de Paulo Henriques atenta para o fato de que o alívio momentâneo somente mascara a revelação "dura, doída" da "humana condição".

Finalmente, *Formas do nada* (2012) releva, em "Fábula", o fértil poder do improviso e do acaso (tão duramente repelido na "Fábula de Anfion" cabralina), em confronto com o impasse estéril e autofágico da mentação excessiva:

> Um pensamento pensado
> até a total exaustão
> termina por germinar
> no mesmo exato lugar
> sua exata negação.
>
> Enquanto isso, uma ideia
> trauteada numa flauta
> faz uma cidade erguer-se –
> é claro, sem alicerces,
> mas ninguém dá pela falta.

A João Cabral incomodava o soar aleatório da flauta ("Uma flauta: como/ dominá-la, cavalo/ solto, que é louco?"); em Paulo Henriques Britto não há como descer desse cavalo, ainda que não saiba direito para onde aquilo tudo – o poema, a vida – conduz. Enquanto um poeta sinaliza a poética do "não", da contenção e do silêncio, o outro, em *Trovar claro*, aconselha, desabusado: "e escreve, escreve até estourar. E tome valsa".

ANTONIO CARLOS SECCHIN é doutor em Letras e professor emérito da Universidade Federal do Rio de Janeiro (UFRJ). Autor de quatro livros de ensaios, entre eles *João Cabral: A poesia do menos* (Topbooks). Sua poesia está reunida no volume *Todos os ventos* (Nova Fronteira). Participou de numerosas antologias e colaborou com centenas de artigos nos principais periódicos do país. Eleito em 2004 para a cadeira 19 da Academia Brasileira de Letras.

BIBLIOGRAFIA

POESIA

Formas do nada. Companhia das Letras, São Paulo, 2012.
Tarde. Companhia das Letras, São Paulo, 2007.
Macau. Companhia das Letras, São Paulo, 2003.
Trovar claro. Companhia das Letras, São Paulo, 1997.
Mínima lírica. Duas Cidades, São Paulo, 1989.
Liturgia da matéria. Civilização Brasileira, Rio de Janeiro, 1982.

ENSAIOS

A tradução literária. Civilização Brasileira, São Paulo, 2011.
Eu quero é botar meu bloco na rua. Língua Geral, Rio de Janeiro, 2009.

CONTOS

Paraísos artificiais. Companhia das Letras, São Paulo, 2004.

TRADUÇÕES

Charles Dickens, *Grandes esperanças.* Penguin-Companhia, São Paulo, 2012.
Elizabeth Bishop, *Poemas escolhidos.* Companhia das Letras, São Paulo, 2012 – seleção, tradução e estudo crítico.
Thomas Pynchon, *Contra o dia.* Companhia das Letras, São Paulo, 2012.
Don DeLillo, *Ponto Ômega.* Companhia das Letras, São Paulo, 2011.
Henry James, *A outra volta do parafuso.* Penguin-Companhia, São Paulo, 2011.
Jonathan Swift, *Viagens de Gulliver.* Penguin-Companhia, São Paulo, 2010.
Philip Roth, *A humilhação.* Companhia das Letras, São Paulo, 2010.
Richard Price, *Vida vadia.* Companhia das Letras, São Paulo, 2009.
John Updike, *Cidadezinhas.* Companhia das Letras, São Paulo, 2008.
Philip Roth, *Entre nós: Um escritor e seus colegas falam de trabalho.* Companhia das Letras, São Paulo, 2008.
Philip Roth, *Fantasma sai de cena.* Companhia das Letras, São Paulo, 2008.
Don DeLillo, *Homem em queda.* Companhia das Letras, São Paulo, 2007.
John Updike, *Terrorista.* Companhia das Letras, São Paulo, 2007.
Philip Roth, *Adeus, Columbus.* Companhia de Bolso, São Paulo, 2007.
Philip Roth, *Homem comum.* Companhia das Letras, São Paulo, 2007.
Philip Roth, *O animal agonizante.* Companhia das Letras, São Paulo, 2006.
Vikas Swarup, *Sua resposta vale um bilhão.* Companhia das Letras, São Paulo, 2006.

John Updike, *Busca o meu rosto*. Companhia das Letras, São Paulo, 2005.
Philip Roth, *Complô contra a América*. Companhia das Letras, São Paulo, 2005.
Douglas Adams, *O guia do mochileiro das galáxias*. Sextante, Rio de Janeiro, 2004 – com Carlos Irineu da Costa.
Philip Roth, *O complexo de Portnoy*. Companhia das Letras, São Paulo, 2004; Companhia de Bolso, São Paulo, 2013.
Thomas Pynchon, *Mason & Dixon*. Companhia das Letras, São Paulo, 2004.
William Faulkner, *O som e a fúria*. Cosac Naify, São Paulo, 2004, 2012 (Coleção Portátil, de bolso).
Don DeLillo, *Cosmópolis*. Companhia das Letras, São Paulo, 2003.
John Updike, *Coelho se cala e outras histórias*. Companhia das Letras, São Paulo, 2003.
Richard Flanagan, *O livro dos peixes de William Gould*. Companhia das Letras, São Paulo, 2003.
Ian McEwan, *Reparação*. Companhia das Letras, São Paulo, 2002.
Philip Roth, *A marca humana*. Companhia das Letras, São Paulo, 2002.
Don DeLillo, *A artista do corpo*. Companhia das Letras, São Paulo, 2001.
Elizabeth Bishop, *O iceberg imaginário e outros poemas*. Companhia das Letras, São Paulo, 2001 – seleção, tradução e estudo crítico.
Jhumpa Lahiri, *Intérprete de males*. Companhia das Letras, São Paulo, 2001.
John Updike, *Gertrudes e Cláudio*. Companhia das Letras, São Paulo, 2001.
Michael Ondaatje, *Buddy Bolden's blues*. Companhia das Letras, São Paulo, 2001.
Alberto Manguel, *Stevenson sob as palmeiras*. Companhia das Letras, São Paulo, 2000.
John Updike, *Bech no beco*. Companhia das Letras, São Paulo, 2000.
Michael Ondaatje, *Bandeiras pálidas*. Companhia das Letras, São Paulo, 2000.
Nadine Gordimer, *A arma da casa*. Companhia das Letras, São Paulo, 2000.
Don DeLillo, *Submundo*. Companhia das Letras, São Paulo, 1999.
Elizabeth Bishop, *Poemas do Brasil*. Companhia das Letras, São Paulo, 1999 – seleção, introdução e tradução.
Isaac Bashevis Singer, *Sombras sobre o rio Hudson*. Companhia das Letras, São Paulo, 1999.
Ted Hughes, *Cartas de aniversário*. Record, Rio de Janeiro, 1999.
Thomas Pynchon, *O arco-íris da gravidade*. Companhia das Letras, São Paulo, 1998.

John Updike, *Na beleza dos lírios*. Companhia das Letras, São Paulo, 1997.
Paul Auster, *Da mão para a boca: Crônica de um fracasso inicial*. Companhia das Letras, São Paulo, 1997.
Elizabeth Bishop, *Esforços do afeto e outras histórias*. Companhia das Letras, São Paulo, 1996.
Salman Rushdie, *O último suspiro do mouro*. Companhia das Letras, São Paulo, 1996; Companhia de Bolso, São Paulo, 2012.
E. L. Doctorow, *A mecânica das águas*. Companhia das Letras, São Paulo, 1995.
Elizabeth Bishop, *Uma arte*. Companhia das Letras, São Paulo, 1995.
John Updike, *Memórias em branco*. Companhia das Letras, São Paulo, 1995.
Henry James, *Pelos olhos de Maisie*. Companhia das Letras, São Paulo, 1994; Penguin-Companhia, São Paulo, 2010.
V. S. Naipaul, *O enigma da chegada*. Companhia das Letras, São Paulo, 1994.
Henry James, *A morte do leão: Histórias de artistas e escritores*. Companhia das Letras, São Paulo, 1993.
A. S. Byatt, *Possessão*. Companhia das Letras, São Paulo, 1992.
John Updike, *Coelho cai*. Companhia das Letras, São Paulo, 1992.
John Updike, *Coelho corre*. Companhia das Letras, São Paulo, 1992.
John Updike, *Coelho em crise*. Companhia das Letras, São Paulo, 1992.
Peter Matthiessen, *Brincando nos campos do Senhor*. Companhia das Letras, São Paulo, 1991.
Anthony Burgess, *Enderby por dentro*. Companhia das Letras, São Paulo, 1990.
D. H. Lawrence, *Apocalipse, seguido de O homem que morreu*. Companhia das Letras, São Paulo, 1990.
Richard Morse, *A volta de McLuhanaíma*. Companhia das Letras, São Paulo, 1990.
V. S. Naipaul, *Guerrilheiros*. Companhia das Letras, São Paulo, 1990.
Lord Byron, *Beppo*. Nova Fronteira, Rio de Janeiro, 1989, 2003 (edição revista) – introdução, tradução e notas.
Malcolm Bradbury, *O mundo moderno: Dez grandes escritores*. Companhia das Letras, São Paulo, 1989.
Raymond Williams, *O campo e a cidade*. Companhia das Letras, São Paulo, 1989; Companhia de Bolso, São Paulo, 2011.
Susan Sontag, *Doença como Metáfora/Aids e suas metáforas*. Companhia das Letras, 1989; Companhia de Bolso, 2007 – com Rubens Figueiredo.
I. F. Stone, *O julgamento de Sócrates*. Companhia das Letras, São Paulo, 1988; Companhia de Bolso, São Paulo, 2005.

V. S. Naipaul, *Uma casa para o sr. Biswas*. Companhia das Letras, São Paulo, 1988; Companhia de Bolso, São Paulo, 2010.
Allen Ginsberg, *A queda da América*. L&PM, Porto Alegre, 1987.
Ayn Rand, *Quem é John Galt?*. Expressão e Cultura, Rio de Janeiro, 1987.
Charles White, *A vida e a época de Little Richard*. L&PM, Porto Alegre, 1987 – com Leila de Souza Mendes.
Don DeLillo, *Ruído branco*. Companhia das Letras, São Paulo, 1987.
Edmund Wilson, *Os anos vinte*. Companhia das Letras, São Paulo, 1987.
John Cheever, *O mundo das maçãs e outros contos*. Companhia das Letras, São Paulo, 1987.
Ross MacDonald, *O inimigo imediato*. Companhia das Letras, São Paulo, 1987 – com Leila de Souza Mendes.
V. S. Naipaul, *Os mímicos*. Companhia das Letras, São Paulo, 1987.
Wallace Stevens, *Poemas*. Companhia das Letras, São Paulo, 1987 – seleção, introdução e tradução.
Douglas Adams, *O mochileiro das galáxias*. Brasiliense, São Paulo, 1986.
Edmund Wilson, *Rumo à estação Finlândia*. Companhia das Letras, São Paulo, 1986; Companhia de Bolso, 2006.
Thomas Brown, *Tempo*. Anima, Rio de Janeiro, 1986.
Lawrence Ferlinghetti, *Vida sem fim*. Brasiliense, São Paulo, 1984 – com Nelson Ascher, Paulo Leminski e Marcos A. P. Ribeiro.

RIGO LACERDA ARMANDO FREITAS FILHO JOÃO GILBERTO NOLL LOURENÇO MUTARELLI CRISTOV
UNES BEATRIZ BRACHER BERNARDO CARVALHO TEIXEIRA COELHO MILTON HATOUM RICARDO
TEGA SILVIANO SANTIAGO EDGARD TELLES RIBEIRO PAULO HENRIQUES BRITTO SÉRGIO SA
ONIO DE ASSIS BRASIL SEBASTIÃO UCHOA LEITE MÁRIO CHAMIE VALTER HUGO MÃE NUNO
VISAN RUBENS FIGUEIREDO MARINA COLASANTI CHICO BUARQUE RODRIGO LACERDA ARMANDO
O GILBERTO NOLL LOURENÇO MUTARELLI CRISTOVÃO TEZZA LOBO ANTUNES BEATRIZ BRACH
VALHO TEIXEIRA COELHO MILTON HATOUM RICARDO LÍSIAS AMILCAR BETTEGA SILVIANO SAN
LES RIBEIRO PAULO HENRIQUES BRITTO SÉRGIO SANT'ANNA LUIZ ANTONIO DE ASSIS BRASIL SEB
E MÁRIO CHAMIE VALTER HUGO MÃE NUNO RAMOS DALTON TREVISAN RUBENS FIGUEIREDO MAR
CO BUARQUE RODRIGO LACERDA ARMANDO FREITAS FILHO JOÃO GILBERTO NOLL LOUREN
TOVÃO TEZZA LOBO ANTUNES BEATRIZ BRACHER BERNARDO CARVALHO TEIXEIRA COELHO M
ARDO LÍSIAS AMILCAR BETTEGA SILVIANO SANTIAGO EDGARD TELLES RIBEIRO PAULO HEN
GIO SANT'ANNA LUIZ ANTONIO DE ASSIS BRASIL SEBASTIÃO UCHOA LEITE MÁRIO CHAMIE VAL
O RAMOS DALTON TREVISAN RUBENS FIGUEIREDO MARINA COLASANTI CHICO BUARQUE ROD
ANDO FREITAS FILHO JOÃO GILBERTO NOLL LOURENÇO MUTARELLI CRISTOVÃO TEZZA LOBO AN
CHER BERNARDO CARVALHO TEIXEIRA COELHO MILTON HATOUM RICARDO LÍSIAS AMILCAR BET
TIAGO EDGARD TELLES RIBEIRO PAULO HENRIQUES BRITTO SÉRGIO SANT'ANNA LUIZ ANTONIO D
ASTIÃO UCHOA LEITE MÁRIO CHAMIE VALTER HUGO MÃE NUNO RAMOS DALTON TREVISAN RUBE
INA COLASANTI CHICO BUARQUE RODRIGO LACERDA ARMANDO FREITAS FILHO JOÃO G
RENÇO MUTARELLI CRISTOVÃO TEZZA LOBO ANTUNES BEATRIZ BRACHER BERNARDO CARVA
LHO MILTON HATOUM RICARDO LÍSIAS AMILCAR BETTEGA SILVIANO SANTIAGO EDGARD TELLES
RIQUES BRITTO SÉRGIO SANT'ANNA LUIZ ANTONIO DE ASSIS BRASIL SEBASTIÃO UCHOA LEITE
TER HUGO MÃE NUNO RAMOS DALTON TREVISAN RUBENS FIGUEIREDO MARINA COLASANTI C
RIGO LACERDA ARMANDO FREITAS FILHO JOÃO GILBERTO NOLL LOURENÇO MUTARELLI CRISTOV
UNES BEATRIZ BRACHER BERNARDO CARVALHO TEIXEIRA COELHO MILTON HATOUM RICARDO L
TEGA SILVIANO SANTIAGO EDGARD TELLES RIBEIRO PAULO HENRIQUES BRITTO SÉRGIO SA
ONIO DE ASSIS BRASIL SEBASTIÃO UCHOA LEITE MÁRIO CHAMIE VALTER HUGO MÃE NUNO
VISAN RUBENS FIGUEIREDO MARINA COLASANTI CHICO BUARQUE RODRIGO LACERDA ARMANDO
O GILBERTO NOLL LOURENÇO MUTARELLI CRISTOVÃO TEZZA LOBO ANTUNES BEATRIZ BRACH
VALHO TEIXEIRA COELHO MILTON HATOUM RICARDO LÍSIAS AMILCAR BETTEGA SILVIANO SAN
LES RIBEIRO PAULO HENRIQUES BRITTO SÉRGIO SANT'ANNA LUIZ ANTONIO DE ASSIS BRASIL SEB
E MÁRIO CHAMIE VALTER HUGO MÃE NUNO RAMOS DALTON TREVISAN RUBENS FIGUEIREDO MAR
CO BUARQUE RODRIGO LACERDA ARMANDO FREITAS FILHO JOÃO GILBERTO NOLL LOUREN
TOVÃO TEZZA LOBO ANTUNES BEATRIZ BRACHER BERNARDO CARVALHO TEIXEIRA COELHO M
ARDO LÍSIAS AMILCAR BETTEGA SILVIANO SANTIAGO EDGARD TELLES RIBEIRO PAULO HENF
GIO SANT'ANNA LUIZ ANTONIO DE ASSIS BRASIL SEBASTIÃO UCHOA LEITE MÁRIO CHAMIE VAL
O RAMOS DALTON TREVISAN RUBENS FIGUEIREDO MARINA COLASANTI CHICO BUARQUE ROD
ANDO FREITAS FILHO JOÃO GILBERTO NOLL LOURENÇO MUTARELLI CRISTOVÃO TEZZA LOBO ANT
CHER BERNARDO CARVALHO TEIXEIRA COELHO MILTON HATOUM RICARDO LÍSIAS AMILCAR BET
TIAGO EDGARD TELLES RIBEIRO PAULO HENRIQUES BRITTO SÉRGIO SANT'ANNA LUIZ ANTONIO D
ASTIÃO UCHOA LEITE MÁRIO CHAMIE VALTER HUGO MÃE NUNO RAMOS DALTON TREVISAN RUBE
INA COLASANTI CHICO BUARQUE RODRIGO LACERDA ARMANDO FREITAS FILHO JOÃO G
RENÇO MUTARELLI CRISTOVÃO TEZZA LOBO ANTUNES BEATRIZ BRACHER BERNARDO CARVA
LHO MILTON HATOUM RICARDO LÍSIAS AMILCAR BETTEGA SILVIANO SANTIAGO EDGARD TELLES
RIQUES BRITTO SÉRGIO SANT'ANNA LUIZ ANTONIO DE ASSIS BRASIL SEBASTIÃO UCHOA LEITE
TER HUGO MÃE NUNO RAMOS DALTON TREVISAN RUBENS FIGUEIREDO MARINA COLASANTI C
RIGO LACERDA ARMANDO FREITAS FILHO JOÃO GILBERTO NOLL LOURENÇO MUTARELLI CRISTOV
UNES BEATRIZ BRACHER BERNARDO CARVALHO TEIXEIRA COELHO MILTON HATOUM RICARDO L
TEGA SILVIANO SANTIAGO EDGARD TELLES RIBEIRO PAULO HENRIQUES BRITTO SÉRGIO SA
ONIO DE ASSIS BRASIL SEBASTIÃO UCHOA LEITE MÁRIO CHAMIE VALTER HUGO MÃE NUNO

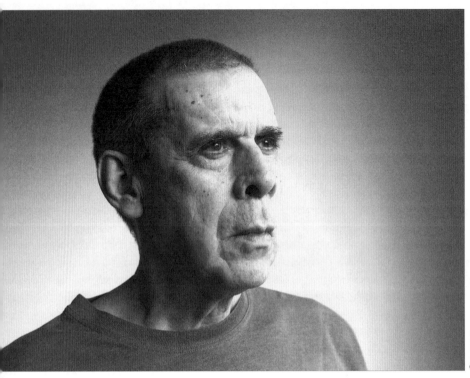

SÉRGIO SANT'ANNA

SÉRGIO SANT'ANNA é um típico escritor atípico, preocupado em fugir de uma voz própria, única, para experimentar sempre novas vozes e novos estilos. A biografia de Sérgio ajuda a entender como o início de sua trajetória marcou essa compulsão pela mudança e pela subversão.

Sérgio nasceu no Rio de Janeiro, em 1941. No início da década de 1950, passou alguns anos na Inglaterra com a família. Aos dezessete anos, mudou-se para Belo Horizonte, onde conviveu com a agitação intelectual da universidade e da literatura de vanguarda. Entre 1967 e 1968, testemunhou *in loco* os eventos que deram fim à Primavera de Praga. Logo em seguida, mergulhou de cabeça nos anos radicais da cultura americana. Em 1972, voltou ao Brasil para publicar seu segundo livro, *Notas de Manfredo Rangel, repórter*, aclamado como uma renovação do gênero conto, com uma linguagem reflexiva que investiga a própria estrutura narrativa, marca registrada do escritor até hoje.

Em 1966, graduou-se em Direito pela Universidade Federal de Minas Gerais (UFMG). Entre 1967 e 1968, cursou pós-graduação no Instituto de Ciências Políticas da Universidade de Paris, época em que também viajou para Praga, República Tcheca, e escreveu os vinte contos de seu primeiro livro, *O sobrevivente*, publicado em 1969 por conta própria. Embora hoje o renegue, por meio desse livro foi escolhido para participar do International Writing Program, na Universidade de Iowa, Estados Unidos, onde viveu por dois anos.

Por vários anos, acumulou a docência na Escola de Comunicação da Universidade Federal do Rio de Janeiro (ECO/UFRJ) e a carreira de advogado no Tribunal do Trabalho, até se aposentar, em 1990, quando passou a se dedicar exclusivamente à literatura.

De 1969 aos dias de hoje, Sérgio Sant'Anna publicou dezessete obras, entre poesia, romance, conto, novela e peça de teatro, embora prefira o conto, que considera o espaço privilegiado para a criação radical. Em 2004, venceu o Prêmio Portugal Telecom de Literatura com a coletânea de contos *O voo da madrugada*, da Companhia das Letras.

Seus textos são estudados em universidades e requeridos em vestibulares. Algumas de suas obras foram traduzidas para outros idiomas, como alemão, tcheco e italiano, e ganharam adaptações para o cinema e o teatro.

Desde 1978 vive no mesmo apartamento no bairro de Laranjeiras, no Rio de Janeiro, em uma pacata rotina de aposentado. Se o Fluminense ganha, diz ele, as coisas vão sempre bem. Sérgio é pai e fã de carteirinha do escritor André Sant'Anna – que é sempre seu primeiro leitor – e da designer Paula Sant'Anna. E avô de Maria.

A sua identidade polifônica o aproxima muito do experimentalismo e da vanguarda. Você é um escritor de vanguarda? Entre os escritores de sua geração, você é um dos poucos que mantêm um espírito de transformação. Qual a origem de sua inquietação?
Sim, me agrada a polifonia, pois o interesse maior do trabalho, para mim, está na criação, na invenção, na mudança a cada livro. Senão a escrita, para mim, seria muito tediosa. Não necessariamente escrevo um livro experimental, de vanguarda, mas é o que mais me interessa. Talvez contraditoriamente, gosto de me comunicar com o público. Gosto de ser lido. A origem da minha inquietação talvez venha do fato de, desde garoto, eu ler de tudo. Depois, amigo do poeta Affonso Ávila, ele costumava exigir dos jovens escritores, lá em Belo Horizonte (sou carioca, mas morei lá), uma busca do novo. E eu concordava com ele e li, avidamente, livros como o *Ulisses*, de Joyce, em que cada capítulo tem um estilo diferente. Por causa dele, li também, bastante jovem, os poetas concretistas. Até hoje, entre Augusto de Campos e Ferreira Gullar, fico com o primeiro.

Sua literatura é uma literatura transgressiva, não só pela inquietação formal, mas pelos temas que aborda. Que tipo de vínculos, de laços, de prisões, podem ameaçar sua independência?
A temática que costuma me atrair é transgressiva. Não há laços ou prisões, a menos que eu os criasse. Mas se eu tiver de escrever um conto mais tradicional, escrevo numa boa, seja na temática, seja no estilo. O mesmo eu digo em relação à leitura. Venero Clarice Lispector, mas li com o coração batendo *Uma tragédia americana*, do americano Theodore Dreiser, romance de um naturalismo radical. E Proust, cujo *Em busca do tempo perdido* li inteiro. Pode-se dizer que é uma obra ao mesmo tempo tradicional e de vanguarda. Aliás, é sabido que a vanguarda bebe na tradição.

Você já falou de seu interesse por escritores transgressivos hoje completamente esquecidos, como José Agrippino de Paula e Jorge Mautner. Por que eles foram esquecidos? O que você aprendeu com eles?
Não acho que eles estejam completamente esquecidos, principalmente o Mautner, que é também músico e compositor, gravado por Gil, Chico Science etc. "Maracatu Atômico" é até um hit. Mas como escritor realmente não é lido. Já o Zé Agrippino não pode ser medido pelo perfil numérico de seus leitores, mas por seu legado à literatura brasileira. Meu filho André Sant'Anna é influenciado por ele. E frases de sua prosa estão em músicas de Caetano ("Sampa", por exemplo) e Gil. "PanAmérica", de Agrippino, é um clássico da vanguarda, não digo nem brasileira, mas mundial. No dia em que for traduzido para o inglês perceberão o inovador pop que ele foi, antes de todo mundo. Eu aprendi demais com Agrippino, principalmente a ousadia de inovar. E o meu romance *Simulacros*, de 1977 (precisa ser reeditado), é muito influenciado por José Agrippino de Paula.

Embora sendo basicamente um contista, você é um escritor que transita por todos os gêneros: romance, novela, poesia, até o teatro. Por que a preferência pelo conto? Entre os outros gêneros, qual é o mais difícil?
Me parece que o texto curto ou médio (conto, novela) é um espaço privilegiado para a criação radical. Entre os gêneros acho a poesia (boa) o mais difícil. A seguir o romance, embora a maior parte dos romances que se escrevem não passe de lixo puro. O bom teatro também é muito difícil, pois exige um exercício de contenção, fora a imaginação e o resto todo. Cinema também não é fácil e recentemente fiquei deslumbrado com um filme brasileiro: *O som ao redor*, de Kleber Mendonça Filho. Fazer arte é um ofício muito exigente.

Mas a habilidade estrutural exigida por um poema não faz dele a forma literária mais radical?
Mallarmé, Augusto de Campos, Ezra Pound etc. são poetas radicais. Já o *Finnegans Wake*, romance de Joyce, é o livro mais radical de todos. E Jorge Luis Borges é o contista radical por excelência. Não dá para responder ao pé da letra. A maior parte dos poemas é rasteira, fácil, horrorosa. Eu fiz minhas afirmações em linhas gerais.

Você passou dois anos convivendo com a cultura americana dos anos 1970, nos EUA. Que importância teve para a sua literatura esse convívio? A experiência foi mais ou menos importante do que viver em Paris em 1968/1969?
A experiência francesa foi muito importante pelo que vi ao meu redor. Já nos Estados Unidos mergulhei de cabeça numa época das mais radicais (1970/1971). A arte americana é muito enriquecedora, e também as experiências existenciais numa época dessas me transformaram. Convivi com escritores de uns vinte e cinco países, no International Writing Program, de Iowa City, mas também tive a sorte de morar na casa de um cineasta jovem americano. A gente fazia experiências com Super 8, vídeo (estava começando a se espalhar), e a vida da juventude americana era muito livre. *Sex, drugs and rock'n roll* não foi apenas uma frase de efeito. O livro que escrevi logo depois de toda essa experiência foi um grande avanço formal para mim. E para a minha vida nem se fala.

A forma, a linguagem, é tudo o que um escritor tem?
É verdade: não pode haver significação sem forma. Mesmo para veicular um conteúdo que é importante para ele, o escritor depende da forma, da linguagem, mesmo que seja um escritor tradicional.

Você disse que se preocupa com a busca de uma verdade existencial filtrada por sua escrita. Essa busca de uma "verdade existencial" o aproxima ou o afasta da literatura confessional e da autobiografia?
Nesta verdade existencial está incluída a forma que, sem trocadilho, formou o escritor. Isso não quer dizer que o escritor vai escrever biografia. Eu até o invejaria, mas acho que não há escritor que não esteja de algum modo inscrito, ou escrito, no seu livro. Tomemos como exemplo perfeito a Clarice: sua literatura era inseparável dela. Conversar com Clarice já era uma epifania. Até nas reportagens: suas perguntas ao entrevistado eram pura Clarice.

Um escritor deve abstrair-se da realidade quando escreve? O ruído do mundo atrapalha a literatura?
Bem, é impossível abstrair-se da realidade. Quanto a barulhos propriamente ditos, a gente se acostuma com os barulhos a que está exposto. Mas o que atrapalha mesmo é o trabalho fora da literatura, os proble-

mas de toda ordem, médicos, burocracias etc. Eu gosto de resolver meus problemas num dia, de modo a ter um dia livre em seguida. E assim vai.

A literatura é um ato de prazer? É uma arte gratuita? Não seria ela, ao contrário, uma forma de conhecimento?
Literatura como ato de prazer eu não assumo, não. Porque é um sofrimento do cão. Mas como ato gratuito eu acho perfeito. O que não impede que seja uma forma de conhecimento, para quem escreve e quem lê.

Para você, a literatura é uma salvação ou uma condenação?
A pergunta me deu uma baita dúvida. Mas vá lá, acho ao mesmo tempo danação e salvação.

Você poderia desenvolver um pouco mais essa dúvida? A danação estaria na angústia de escrever? E a salvação, estaria em quê, já que você não assume a literatura como ato de prazer?
Qualquer escritor que se preze sabe que a escrita é danação, condenação, pelas dificuldades que se encontram... Até que, de repente, seu caminho se abre. Não é uma questão de prazer, é uma alegria do espírito, uma vez feita a travessia. Não levemos nada ao pé da letra. Condenação pela angústia e pelo caminho de pedras que se tem de atravessar, salvação pelo insight conseguido.

Em *Páginas sem glória*, você explora temas que vão da miséria do indigente Jesus e seus milagres à poesia de José Augusto, o "poeta da bola". Um escritor pode, e deve, falar sobre tudo?
O escritor deve falar sobre tudo o que ele conseguir e conhecer. Eu conheço muito futebol. Sobre Jesus, estudei em colégio de irmãos maristas, o que me deu birra da religião até hoje.

O *monstro*, livro de contos de 1994, é um de seus livros que mais vende. Contudo, os três relatos do livro são marcados por um forte erotismo, voyeurismo, violência. Vivemos em um país desmedido? Como isso interfere em sua criação?
O erotismo e a violência desmedidos estão aí. Não dá para contornar.

E por ser incontornável, você foi a Praga para escrever uma história de amor e acabou criando uma história de pedofilia, sadomasoquismo e pornografia? Ou isso aconteceu porque você considera o amor um assunto demais enfadonho?
Primeiro de tudo vou negar a palavra pedofilia, que é horrível e um ato nefando. Mas a menina-sombra, criada a partir do universo da Alice de Lewis Carroll, é um ato de amor e poético. Não vou me desculpar pelo sadomasoquismo. É uma relação perfeita para uma personagem que é policial. Não vejo também pornografia, mas sexo radical. Até por isso estão vendendo tanto esses livros do tom de cinza etc. Eu penso que o sexo em O livro de Praga encena a radicalidade amorosa. Não vamos separar amor do sexo.

Se o escritor tem coragem, o mundo contemporâneo é um bom lugar para um ficcionista?
Todos os lugares são bons para o ficcionista. E, voltando a Joyce, seu Ulisses foi proibido na América puritana.

É possível escrever sem estar em crise? Homens "resolvidos" podem se tornar bons escritores?
Bem, primeiro de tudo acho que não existe ninguém totalmente resolvido. E penso que escrever se apoia mais na crise do que no apaziguamento. Mas não tenho certeza disso não.

Descreva um típico dia de trabalho. Escreve todo dia? Como sabe que é o momento de parar de escrever e esperar o dia seguinte?
Eu acordo lá pelas 9h30, 10h da manhã. Se não houver nada impedindo, gosto de começar o dia escrevendo. Escrevo pouco, muito pouco, a cada dia, e lá pelo meio-dia já parei. Mas às vezes volto a escrever de tarde. Quer dizer, estou falando dos dias em que não tem nada atrapalhando. Eu costumo parar de escrever justamente quando soluciono uma parte de um texto, porque aí paro satisfeito e também fica mais fácil retomar no dia seguinte.

Você disse que, durante muito tempo, tomou as primeiras notas de seus relatos em maços de cigarro. Você ainda toma notas?
Eu tomo notas sim, em qualquer pedaço de papel que me caia nas

mãos. Quando eu fumava, de fato anotava muito nos maços de cigarro. Tenho mania, também, de anotar nos livros que vou lendo.

Você, evidentemente, é um escritor que pensa a literatura que faz. Lê teoria literária?
Eu penso, sim, na literatura que faço, mas também aproveito muito a espontaneidade, o texto correndo solto. Eu leio bem mais sobre artes plásticas do que sobre literatura. Mas não desprezo o ensaio de jeito nenhum. Já para a teoria literária não tenho paciência.

Você recebe forte influência das artes plásticas. No seu processo criativo, a literatura é secundária?
A literatura não é secundária para a minha escrita. Por exemplo: acabo de ler *Breves entrevistas com homens hediondos*, de David Foster Wallace, um livro que me encheu de ideias e de coragem. O que torna as artes plásticas tão primordiais para mim é que elas estão na linha de frente das transformações artísticas. Há também uma outra coisa positiva que é o fato de que as artes plásticas nunca podem influenciar você na hora da escrita. Não há plágio de um Picasso ou um Duchamp por um escritor.

Você lê crítica literária? O que pensa da crítica?
Ela pouco adianta para o escritor, porque já pega o livro pronto. Mas já gostei de muitos críticos, em geral os que também gostaram de mim. Mas há uma quantidade impressionante de bobagens escritas por críticos, ou pseudos. Afinal, o papel aceita tudo.

O que você pensa da nova geração de narradores brasileiros do século XXI, nela incluído, naturalmente, seu filho André Sant'Anna? Eles influenciam hoje seus escritos?
Eu não conheço tão bem assim a geração que surgiu no século XXI. Mas li inteiro aquele número da *Granta* com os novos narradores brasileiros. Desses, apreciei mais Michel Laub e Daniel Galera. Do André sou fã da carteirinha, mas não acredito que a literatura dele me influencie. Eu evitaria isso.

Como é sua relação intelectual com o escritor André Sant'Anna? Vocês conversam sobre literatura?

Continuando com o André, acho ele o maior transgressor da família. É impressionante sua inventividade, sua coragem de inovar. Às vezes ele me mostra algum texto, não me lembro de não ter gostado de algum. Também mostro textos para ele, sua opinião é muito importante para mim. A gente conversa sobre literatura mais para dar dicas de livros e autores.

Você tem polêmicas literárias com André?
Não me lembro de termos polemizado.

***A senhorita Simpson, Um crime delicado, Um romance de geração*. O que acontece com seus livros: são matéria-prima para o cinema, mas não reconhecemos os livros quando assistimos aos filmes?**
Os diretores brasileiros são péssimos roteiristas e escrevem, em geral, auxiliados por roteiristas que não têm talento para a palavra. Mas há exceções, claro. E eu citei o filme *O som ao redor*, uma beleza desde o roteiro. Manuel Puig, o grande argentino, disse que se tornou escritor quando viu que podia fazer seus próprios filmes escrevendo. Antes foi roteirista e achou um horror.

Em 2008, você voltou a Praga para escrever *O livro de Praga: Narrativas de amor e arte*, livro encomendado para o projeto Amores Expressos. Como foi rever Praga depois de quarenta anos?
Eu adorei rever Praga. Adoro a cidade, é linda e misteriosa. Gosto também do livro que escrevi a partir de Praga. Em relação a 1968, quando estive lá a primeira vez (o André foi com a gente, eu e minha mulher; ele tinha três anos), a cidade se aparelhou melhor para receber o visitante. Mas se encheu de turistas, o que é terrível. Durante o regime comunista as coisas eram bastante precárias. Mas a beleza estava lá.

CRIAÇÃO E TRANSGRESSÃO
José Castello

SÉRGIO SANT'ANNA é preciso na escolha de sua palavra: "criação". Não a justifica: a palavra lhe basta. Sempre foi um escritor inquieto – a palavra que busco pode ser "inquietação". Sempre pareceu insatisfeito com os livros publicados, desejando ultrapassá-los nos livros seguintes – e sua palavra pode ser "insatisfação". Sempre esteve disposto a experimentar novos caminhos, a se rebelar, a transgredir – e a palavra pode ser também "transgressão". Mas é "criação" a palavra escolhida e é dela que devo partir. Palavra que é uma síntese das outras que esbocei.

Criar para quê? Talvez para viver. Para sobreviver. Seu livro de estreia, de 1969 e que ele hoje renega, chama-se justamente *O sobrevivente*. Na literatura brasileira contemporânea, Sérgio ocupa um lugar de resistência. Mantém-se fiel à ideia de mudança. Recusa-se a aceitar as receitas do "estilo consagrado". Pegue uma página qualquer de um livro qualquer de Sérgio, leia devagar, compare: é sempre difícil encontrar vestígios (algemas) de uma "assinatura". Renegar o desejo de sobreviver renegando o livro de estreia, ao que parece, não funcionou. Vinte anos depois, em um dos contos de *A senhorita Simpson* – o terceiro deles, "A minha cobra" –, relato em que ele mesmo, Sérgio Sant'Anna (ou um homônimo?), é o protagonista, há uma reflexão bastante expressiva a respeito. "Porém, como sabem, ser testemunha é para mim uma questão de sobrevivência. Esta coisa que me fascina nos acontecimentos, fazendo com que eu, narrando-os, possa sentir-me existente". Sim: a palavra é "criação", mas podia ser "sobrevivência". Criar para quê? Agora posso afirmar com mais segurança: criar para sobreviver.

A sobrevida é um tempo da vida que ultrapassa certos limites vitais. Que ultrapassa a própria noção de vida e a expande. "Expansão": eis uma palavra que fala bastante bem da literatura de Sérgio Sant'Anna. Mas é bom, mais uma vez, retornar à palavra "criação". Editores, livreiros, jornalistas, em um exercício de higiene literária, costumam separar a "escrita criativa" da "escrita não criativa". Dois selos que nem sempre se constituem em uma garantia do que prometem. Muitas vezes se entende o adjetivo "criativo" como sinônimo de "estilo". Sérgio não: para ele a criação é mais da ordem do desmentido, da ruptura e da fluidez. (A palavra poderia ser "fluidez".) Seus dezessete livros, publicados em quarenta e quatro anos de carreira literária – um a cada dois anos e meio –, são o atestado indiscutível de um escritor que, ao contrário de seus pares, não busca uma "imagem literária", nem persegue uma "assinatura", mas, ao contrário, prefere o fragmento e a opacidade. Prefere desmentir-se e desaparecer – e a palavra poderia ser "desaparecimento". Muitos escritores se escondem na mente de Sérgio Sant'Anna, e ele não necessita de pseudônimos, ou de heterônimos, para mantê-los em ação.

Uma página de Clarice Lispector – uma de suas autoras prediletas –, mesmo arrancada do livro e com o crédito apagado, é, para qualquer leitor bem equipado, uma página de Clarice. O mesmo se pode dizer de uma página de Rosa, Saramago, ou Lobo Antunes. Não há, contudo, um "estilo Sérgio Sant'Anna". Uma grife, uma assinatura, um sinal inconfundível de sua escrita: isso não há. Não adianta procurar, não se pode achar. E por quê? Porque a marca de Sérgio é justamente desviar-se de si, desdobrar-se em outros Sérgios e se apagar, se anular, sumir sob o grande tapete das palavras. Na medida em que prefere as narrativas curtas, isso acontece, inclusive, dentro de um mesmo livro. Basta pensar em *A tragédia brasileira*, "romance-teatro" que ele publicou em 1987, livro no qual os gêneros se misturam, se anulam e se renegam. Na época do lançamento, fascinado com a própria capacidade de surpreender (criar), Sérgio declarou: "É o meu livro preferido". Nele, o autor trânsfuga, fugidio, que nunca se deixa capturar, está em plena forma. A palavra – desse autor que, a cada livro, abandona e abjura a própria obra – pode ser "desertor".

No cenário pomposo das letras, tal atitude pode parecer, até mesmo, monstruosa. Mas o que é essa monstruosidade? Podemos pensar, agora, em *O monstro*, livro de contos de 1994. No relato que empresta seu título ao livro, o professor universitário Antenor Lott Marçal, de quarenta e cinco anos (Sérgio tinha cinquenta e três), condenado por estupro e assassinato, fala de seus crimes contra a amante, Marieta de Castro. O professor faz a defesa de sua monstruosidade. Quando o juiz lhe pergunta se amava Marieta, responde: "Apaixonadamente. Obsessivamente. Eu me sentia como uma espécie de escravo seu e não me rebelava contra isso". A monstruosidade como um efeito da paixão. A monstruosidade como uma forma de paixão. A monstruosidade – irregularidade, anomalia, assombro – como uma estratégia literária. A palavra, algo agressiva, pode ser ainda: "monstro". Há outra, mais suave e mais precisa: "estranho". É para chegar ao estranho que Sérgio escreve. É para chegar até ele que Sérgio comete o crime perfeito da escrita.

Impossível imaginar, porém, que Sérgio Sant'Anna pudesse usar heterônimos, como os de um Pessoa. A diversidade do poeta português é o desencontro entre vários conjuntos. Um Alberto Caeiro é um Alberto Caeiro. Um Álvaro de Campos, sem dúvida e sempre, um Álvaro de Campos. Um Bernardo Soares é, enfaticamente, um Bernardo Soares. Mas quando Sérgio Sant'Anna é Sérgio Sant'Anna? Estranha a resposta a que chegamos: Sérgio só é Sérgio quando deixa de ser Sérgio. Só é Sérgio quando se renega e se exclui. Quando nos surpreende, quando nos dribla, quando nos engana. Você pensa que Sérgio vai para lá, e ele vem para cá. Pensa que um novo livro aponta em tal direção, mas no livro seguinte percebemos que essa direção foi radicalmente desmentida. A identidade do escritor Sérgio Sant'Anna (se é que a palavra identidade é adequada em seu caso) é o desmentido e a fragmentação. Um escritor em contínuo estado de fuga. Cabe lembrar aqui o que disse a seu respeito, certa vez, o amigo Caio Fernando Abreu: "Sérgio Sant'Anna, inteligente demais para produzir meras historinhas, prefere mergulhar nas infinitas possibilidades da palavra escrita em busca de um mínimo de verdade". Eis aí: o "mínimo de verdade" de que fala Caio pode ser uma definição para "criação". Só um grão, uma semente, um estampido. Algo muito tênue, mas que nos derruba. Assim é a literatura de Sérgio: a procura, sem beleza, sem estilo, sem nobreza, de um mínimo de verdade.

Incompreensível, portanto, que ele renegue seu primeiro livro, *Os sobreviventes*. Por que renegá-lo, já que toda sua obra – como uma estrada em contínuo estado de construção – é feita de obstáculos e de desvios? Talvez tenha feito isso, arrisco, para construir uma espécie de marco zero, de vazio absoluto, que lhe sirva como ponto de partida. Para livrar-se de uma origem e, em consequência, de qualquer possibilidade de filiação. Está dito em um dos poemas do rebelde *Junk-box*, de 1984 – livro fortemente influenciado pela estética *beat*: "No comando da máquina/ o poeta navega/ voo cego/ no caos". E logo à frente: "No mapa noturno/ vazio do Verbo/ a mancha/ original". Aí está a prova: se Sérgio sofre de uma obsessão, é obsessão pelo vazio. Zero absoluto, transgressão máxima, que lhe garantam a liberdade de fazer só o que quer. Que nada se espere de sua escrita. Que nada nos estranhe. A cada página, um novo mundo nasce.

Sérgio é, talvez, um escritor "ligeiro", não no mau sentido, do descaso e do desleixo, mas no bom, da técnica, habilidade e radicalidade. Daí sua preferência pelo texto curto, em especial o conto que, paradoxalmente, lhe assegura mais espaço para criar. Logo o conto, clássica camisa de força em que tantos escritores se asfixiam. Pois é dentro desses limites estreitos – como um ginasta sobre suas precárias balizas – que Sérgio se sente mais à vontade para dar seus grandes saltos. É o que faz, por exemplo, nas narrativas breves reunidas no premiado *O voo da madrugada*, de 2003, em que graves reflexões filosóficas, situações bizarras e erotismo se mesclam, apresentando uma face devastadora e quase indefinível do humano. Só montado sobre essa estreita barra, esse limite quase inexistente, ele consegue desafiar o vazio que carregamos no peito. Para Sérgio Sant'Anna, criar, em consequência, é criar-se. A criação não só do texto, mas de si mesmo; e não só enquanto autor, mas enquanto homem. Talvez possamos pensar: um novo Sérgio a cada livro. Ou ao contrário: cada novo livro gera um novo Sérgio. As noções de autor e de obra não só se invertem, mas se aniquilam. De onde ele tira tanta coragem?

Em *Um crime delicado*, romance de 1997, o narrador, o crítico de teatro Antonio Martins, apaixonado por uma mulher misteriosa, declara: "Escrever. Fragmentos dispersos, cenas nebulosas, frases soltas, olhares, visões reais ou subjetivas, eis, possivelmente, como se deveria escrever (...)". A escrita inclui o desejo da liberdade absoluta. Mesma liberdade exigida pelo Sérgio que, em viagem à República Tcheca, das experiências mais gratuitas, arrancou o incômodo *O livro de Praga*, de 2011. A escrita como resultado de uma deambulação. Um escritor como alguém que estivesse hipnotizado. Seria exagero pensar na palavra "hipnotismo"? Fora de si, a cada página ele veste uma nova identidade. A cada página ele está pronto para tudo.

Na origem desse desejo contínuo de liberdade (como se ele fosse, desde sempre, um condenado), aparecem muitas marcas importantes: uma temporada decisiva, na juventude, nos EUA, uma experiência francesa, a proximidade com as vanguardas. Essa inquietação se manifesta em livros até hoje incompreendidos, como *Um romance de geração*, de 1981, narrativa apresentada como uma "comédia dramática em um ato". Sérgio sempre fora dos scripts, sempre fora dos eixos. O livro é um diálogo entre "Ele" (o escritor) e "Ela" (a jornalista). Em um dos diálogos, o escritor faz uma breve reflexão a respeito da literatura, que Sérgio certamente adotaria sem vacilar: "Todos os diálogos são falsos. Todos os livros são falsos. (...) Só consigo ler livro antigo, livro clássico. Eles também são falsos, mas de uma falsidade que convence". A falsificação, aqui, deve ser entendida como sinônimo de invenção. De criação. Falsificar é desviar-se de si na esperança de se transformar. A palavra pode ser "falsificação". A literatura, em consequência, se transforma no lugar por excelência do falsário.

Sérgio escreve não para chegar à imagem definitiva, não para a consagração e a glória, mas para persistir no erro e no desmentido. Em *Páginas sem glória*, de 2012, livro que reúne dois contos e uma novela, ele aposta, mais uma vez e de modo radical, na diversidade. Na narrativa que empresta título ao livro, um anti-herói, o jogador de futebol decadente Zé Augusto, o Conde, convive com alguns personagens reais, como o goleiro Castilho, do Fluminense, campeão mundial em 1958 e 1962. O relato guarda certo paralelo com a crônica esportiva. Não há gênero "menor" que Sérgio Sant'Anna despreze. Em páginas avançadas, o jogador tenta resumir sua situação: "Se estou lhe contando esta história toda é porque ela está entalada na minha garganta". A frase pode levar a assinatura do próprio Sérgio. A escrita como desabafo? Não é bem assim. Confissão inventada, desafogo falso, a literatura de Sérgio Sant'Anna, ainda assim, arrasta consigo grandes nacos do real. Não para espelhá-los – e ele não é, em definitivo, um retratista. Mas para desafiá-los. A palavra talvez pudesse ser: "desafio". Ele escreve para nos mostrar que existem infindáveis maneiras de escrever.

Todos esses desvios – a palavra pode ser "desvio" – configuram, enfim, uma estratégia literária que tira partido não desse ou daquele partido, mas de todos os partidos. Afinal, quem é o escritor Sérgio Sant'Anna? Na escrita de Sérgio, arranca-se uma máscara e surge outra. E mais outra, e outra ainda. Esse desfiladeiro (esse abismo) é sua literatura. Volto a versos do poema que abre *Junk-box* – cujo subtítulo, bastante significativo, é: "Uma tragicomédia nos tristes trópicos". Aos quarenta anos, o poeta, aflito, pergunta à cartomante a respeito de seu futuro. Ela lhe responde: "Meu filho/ no teu *fu* há um monturo/ no teu *fu-tu* há um furo...". Furo, ausência, vazio, sem os quais Sérgio, provavelmente, não se interessaria em criar.

BIBLIOGRAFIA

CONTOS E NOVELAS
Páginas sem glória. Companhia das Letras, São Paulo, 2012.
O livro de Praga: Narrativas de amor e arte. Companhia das Letras, São Paulo, 2011.
50 contos e 3 novelas. Companhia das Letras, São Paulo, 2007.
O voo da madrugada. Companhia das Letras, São Paulo, 2003.
Contos e novelas reunidos. Companhia das Letras, São Paulo, 1997.
O monstro. Companhia das Letras, São Paulo, 1994.
Breve história do espírito. Companhia das Letras, São Paulo, 1991.
A senhorita Simpson. Companhia das Letras, São Paulo, 1989.
Amazona. Nova Fronteira, Rio de Janeiro, 1986.
O concerto de João Gilberto no Rio de Janeiro. Ática, São Paulo, 1982.
Notas de Manfredo Rangel, repórter (a respeito de Kramer). Civilização Brasileira, Rio de Janeiro, 1973; Bertrand Brasil, Rio de Janeiro, 1991.
O sobrevivente. Edição do autor, Belo Horizonte, 1969.

ROMANCES
Um crime delicado. Companhia das Letras, São Paulo, 1997.
Simulacros. Civilização Brasileira, Rio de Janeiro, 1977; Círculo do Livro, São Paulo, 1980; Bertrand Brasil, Rio de Janeiro, 1992.
Confissões de Ralfo (uma autobiografia imaginária). Civilização Brasileira, Rio de Janeiro, 1975; Bertrand Brasil, Rio de Janeiro, 1988; Relume Dumará, Rio de Janeiro, 1995.

ROMANCES-TEATRO
A tragédia brasileira. Guanabara, Rio de Janeiro, 1987; Companhia das Letras, São Paulo, 2005.
Um romance de geração. Civilização Brasileira, Rio de Janeiro, 1981; Bertrand Brasil, Rio de Janeiro, 1988; Companhia das Letras, São Paulo, 2009.

POESIA
Junk-Box (uma tragicomédia nos tristes trópicos). Anima, Rio de Janeiro, 1984; Dubolso, Sabará, 2002.
Circo (poema permutacional para computador, cartão e perfuratriz). Quilombo, Belo Horizonte, 1980.

LUIZ ANTONIO DE ASSIS BRASIL

LUIZ ANTONIO DE ASSIS BRASIL nasceu em 1945, em Porto Alegre, onde reside. Cursou o Colégio Anchieta, de padres jesuítas, e estudou violoncelo, permanecendo por quinze anos como músico da Orquestra Sinfônica de Porto Alegre (Ospa). Formado em Direito pela Pontifícia Universidade Católica do Rio Grande do Sul (PUCRS), advogou por dois anos e, em 1975, ingressou como professor na mesma universidade, função que exerce até hoje.

Estreou na literatura em 1976, com o romance *Um quarto de légua em quadro*, lançado na 32ª Feira do Livro de Porto Alegre. De lá até os dias de hoje, publicou dezessete romances, um livro de crônicas e um de teoria literária. Em 2004, venceu o Prêmio Portugal Telecom de Literatura com o romance *A margem imóvel do rio*, da L&PM.

Administrador cultural, iniciou sua trajetória coordenando atividades artísticas da Prefeitura de Porto Alegre e, em 1983, foi diretor do Instituto Estadual do Livro, no Rio Grande do Sul. Em janeiro de 2011, foi nomeado secretário de estado da Cultura do Rio Grande do Sul, no governo de Tarso Genro.

Foi bolsista do Goethe-Institut; ministrou palestras como convidado na Brown University, em Providence, Estados Unidos; participou do programa *Distinguished Brazilian Writer in Residence*, na Universidade da Califórnia em Berkeley, e, em 2010, proferiu conferências na Universidade de Paris (Sorbonne) e na Universidade de Toronto.

Desde 1985, dirige a Oficina de Criação Literária do Programa de Pós-Graduação em Letras da PUCRS, que já publicou quarenta antologias de alunos, editadas com o título *Contos de oficina*, e que tem em sua trajetória ex-alunos famosos como Michel Laub, Cintia Moscovitch e Daniel Galera.

Assis Brasil tem romances publicados em Portugal (*O pintor de retratos*), na França (*O homem amoroso* e *Breviário das terras do Brasil*) e na Espanha (*Concerto campestre*). Em 2003, publicou em Portugal um livro de ensaios literários, *Escritos açorianos: A viagem de retorno*.

Quatro de seus livros foram filmados: *Videiras de cristal*, com o título *A paixão de Jacobina*, por Fabio Barreto, 2002; *Concerto campestre*, por Henrique de Freitas Lima, 2003; *Um quarto de légua em quadro*, com o título *Diário de um novo mundo*, por Paulo Nascimento, 2005; e *Manhã transfigurada*, por Sérgio Assis Brasil, 2008.

Atualmente, além de escritor e secretário de estado da Cultura, é professor titular da Faculdade de Letras da PUCRS, coordenador do Delfos Espaço de Documentação e Memória Cultural, também da PUC, e escreve uma coluna quinzenal para o jornal *Zero Hora*, de Porto Alegre.

Você foi músico violoncelista da Orquestra Sinfônica de Porto Alegre. Como avalia as semelhanças e as diferenças entre os dois processos criativos, o do músico e o do escritor?
Como profissional de orquestra sinfônica, as possibilidades criativas são condicionadas pela música a ser executada e pela interpretação dada pelo maestro. O solista, entretanto, já possui um grau maior de criação, e o compositor tem essa possibilidade criativa em grau máximo. Como eu não tinha talento para solista, nem para compositor – e tampouco para músico de fila, diga-se – a literatura acabou por tornar-se meu meio privilegiado de expressão. Nem por isso deixei de ser músico.

A experiência com a música influencia sua escrita?
A música está presente em todo meu trabalho, seja como tema, seja como busca de um ritmo frasal – porque faz parte da minha vida. Escrevi três romances em que a música é protagonista: *O homem amoroso*, *Concerto campestre* e *Música perdida*.

O que é um "ritmo frasal"?
Posso explicar com um exemplo: última frase de *O pintor de retratos*, por exemplo, foi o resultado de uma semana de experiências, até chegar à forma mais sonora: "E com olhos de sábio, olhos que tanto viram e tanto amaram, percorreu a solidez terrestre dos campos e o devaneio infinito das nuvens". Eu quis que o leitor encerrasse o livro com esses compassos ressoando dentro de si.

Você já disse que no humano a transcendência convive com a barbárie. Somos sujeitos duplos – e o escritor, inevitavelmente, também é. De que maneira esse duplo caráter do sujeito, no seu caso pessoal, influencia sua escrita?

Minha obra encerra um drama: a busca da convivência entre o que é instintivo e o que é racional. Trata-se de uma dicotomia para a qual jamais encontrarei síntese. Trata-se de uma tensão permanente. Pode ser essa minha mitologia pessoal a ditar tudo o que escrevo, embora venha transfigurada em temáticas públicas e culturais: vejo isso claramente no relevo que ganha, nos meus romances, a discussão entre a rudeza do *ethos* gaúcho e as conquistas da civilização.

Você é um escritor voltado para a realidade local. Em um mundo que se globaliza, se expande e se mistura, talvez pareça hoje um pouco herético. O que o leva a escrever sempre sobre sua cidade e sua casa?
Não quero aqui citar a frase clássica de Tolstói, por tão repetida e verdadeira. Situo meus romances no Rio Grande do Sul porque não saberia situá-los no Acre. Graciliano não escreveria um romance cujo cenário fosse o Rio Grande do Sul. Sou gaúcho, e o Sul é meu território cultural e existencial. Ademais, penso que essa questão não é relevante. O que importa é a avaliação estética, isto é, se faço boa ou má literatura. A estética, como se sabe, está além das circunstâncias geográficas.

Que novas imagens do Rio Grande do Sul sua literatura traz à cena? É função da literatura fotografar a realidade, reproduzi-la o mais fielmente possível, ou, ao contrário, expandi-la e reinventá-la?
Não sei se trago algo novo, do ponto de vista sociológico ou político ou cultural. Um crítico diz que sou um ressentido com relação ao Rio Grande do Sul, porque só falo mal do meu estado. É, naturalmente, uma piada, mas que mostra o quanto o Rio Grande do Sul ainda é, para minha geração, um assunto não resolvido. Para meus jovens alunos de criação literária e para os escritores sub-40 isso deixou (felizmente para eles) de ser um problema, pois suas obras passam-se num espaço indefinido e sempre urbano.

O teórico alemão Wolfgang Iser fala das três funções da literatura: o prazer, o conhecimento e a catarse. Em que medida esses três vetores – aparentemente tão distantes entre si – entram em cena no seu processo criativo? Qual dos três é o mais perigoso?
Esses vetores estão presentes nos meus livros, ou, pelo menos, penso que estão. Se busco o prazer da leitura (da escritura, no caso), através

da boa frase, através do encantamento com a palavra, também busco adquirir – e transmitir – conhecimento, sem qualquer espécie de pedagogismo, é claro, pois isso seria a morte da arte. Quanto à catarse, essa transformação ocorrerá no leitor – ou não, dependendo do seu universo emocional e cultural. E isso é incontrolável. E sim, é o aspecto mais "perigoso" da obra artística, mas também mais fascinante.

Em que medida sua literatura dialoga com a história? Pode a literatura acessar aspectos da experiência humana que estão vedados aos historiadores? O que um escritor pode dar a seu leitor que um historiador não pode dar?
A história sempre será um item importante na formação de qualquer pessoa, por razões óbvias. Sempre me interessa história, mas também a ciência e as artes. No fundo, tudo me interessa, e com igual importância. Assim, a história é um dos meus temas de reflexão. Mas jamais a transformei em literatura, pois estaria criando um abominável monstro epiceno. O fato de situar alguns dos meus livros em épocas pregressas não significa que sejam romances históricos. Isso é tarefa para quem sabe escrever nesse gênero. O escritor, respondendo a sua pergunta, tem uma ampla vantagem. Um historiador pode narrar a Revolução de 1930, mas só um escritor pode inventar o que se passava na cabeça de Oswaldo Aranha quando chegou ao Rio de Janeiro, a bordo da revolução.

Você lê poesia?
Sim – e talvez mais do que romances. A poesia, para além do prazer da leitura, nos ensina duas coisas: a capacidade de pensar liricamente – com perdão do truísmo – e a contenção textual.

Em que proporção a paixão entra em cena em sua escrita? Ela se submete à razão ou, ao contrário, é submetida por ela?
A gênese de uma obra, a faísca inicial, é sempre um movimento da paixão – passe um termo tão complexo. A criação está ali. Se pensarmos em termos bíblicos, a Criação foi obra de sete dias. A partir daí, o que veio foi o trabalho do Homem. O romance, o escritor deve escrevê-lo com lucidez e objetividade – caso contrário, a obra desanda como um castelo de cartas. Muitos bons escritores desistem do romance; pensam que, ao escrever, devem ter toda a trama presente, com todas suas

minúcias. Equívoco. Comparo a escrita de um romance a alguém que se lança numa estrada, à noite, os faróis iluminando apenas trinta metros à frente. O motorista vê apenas esses trinta metros, mas ele tem um mapa e sabe que, se seguir adiante, vai chegar a seu destino, ainda que veja a escuridão total depois da faixa de luz. Para isso, porém, deve ter muito nítido o que pretende ao fim dessa viagem noturna. Para não haver acidentes, é preciso estar atento à estrada. Em suma: a paixão ficou lá para trás, na ignição do motor. Para seguir nesta metáfora rodoviária, não por outra razão é proibido dirigir alcoolizado.

Em seus livros mais recentes, o prosador Assis Brasil parece seguir as lições do poeta João Cabral, segundo quem a arte mais difícil de um escritor não é escrever, mas cortar. Como saber quando e quanto se deve cortar?
O princípio está em duas palavras: clareza e concisão. Nenhum texto perdeu em qualidade literária por ser conciso e claro. Tenho alguns alunos que cedem à tentação de escrever de maneira redundante e confusa, criando alçapões para o leitor. O interessante é que esses escritores em formação gostam de ler textos claros, diretos. Fica a pergunta: então, por que se comportam de um jeito como escritores e de outro como leitores?

Mas seus primeiros romances são longos e prolixos. Depois, a partir de certo momento, você passa a adotar uma linguagem enxuta. Quando e por que motivo houve essa mudança de rumo?
Essa foi uma conquista pessoal depois de vários romances caudalosos e períodos gramaticais complexos, com uso abundante da subordinação. Meu enfado era cada vez maior. Até que, um dia, ao ler *La Chanson de Roland*, deu-me o insight. O texto era [na bela tradução de Rosemary Costhek Abílio]:

> O rei Carlos, nosso imperador magno, sete anos inteiros permaneceu na Espanha. Conquistou até o mar as terras mais altas. Já nenhum castelo se alteia em sua frente, já não há muralha nem cidade para ele tomar de assalto, exceto Saragoça, situada em uma montanha. A cidade está nas mãos do rei Marsílio, inimigo de Deus, pois serve a Maomé e invoca Apolino. Mas ele não poderá impedir que a morte o alcance lá.

Pensei: como esse texto medieval consegue tanto, em termos expressivos, com tão pouco? As narrativas bíblicas têm esse mesmo caráter de essencialidade. A partir daí mudei, embora os temas sejam aqueles mesmos, derivados de minhas obsessões.

Muitos de seus livros se desenrolam "em camadas". Surge aí, talvez, a influência clara da estrutura da música sinfônica, que é o resultado da combinação e do diálogo entre vários instrumentos musicais. Como você faz para trabalhar simultaneamente em diversas instâncias?
A fórmula não é misteriosa: um bom planejamento e a consciência de que o romance, antes de ser um *continuum* linear – como pensavam no século XIX –, é uma unidade orgânica. Um organismo, como se sabe, não tem começo nem fim. Quando o escritor entende essa condição de seu texto e domina-o por inteiro, ele poderá escrever em qualquer ordem, inclusive estabelecendo anacronias e subversões estruturais. A única heresia, no caso, é atrapalhar-se nessa constelação de tempos e espaços.

Você não parece ser um escritor muito preocupado com as rupturas formais. Como se dá em sua escrita o trato da forma? Chega a ser um elemento secundário do processo criativo?
Rupturas formais são válidas, desde que: a) a narrativa assim exija e b) quando o leitor entenda a intenção do escritor. Fora disso, é pirotecnia estéril e não preenche eventual falta de originalidade nas ideias. No meu caso, pratico rupturas apenas na medida do necessário. Considero a ruptura um elemento secundário e dispensável na ficção. Quanto à gênese do romance, acontece nos momentos mais inesperados, como na fala de uma personagem de filme, numa frase lida num outdoor ou, simplesmente, do nada. Esse é o verdadeiro momento da criação, o Big Bang primordial. O resto é trabalho. Um prazeroso e insubstituível trabalho.

Você pode exemplificar um desses "Big Bang", a gênese, o desenvolvimento inicial de uma de suas obras?
Em alguns casos, há um Big Bang, como o relato que uma amiga me fez de um fato ocorrido na estância de sua família. No mesmo momento eu soube que escreveria algo. E escrevi. É a novela *Concerto campestre*. Em outros casos, a ideia impõe-se lentamente, a partir de um núcleo de conflito. E para seguir na metáfora cosmológica, há ape-

nas uma energia difusa, em que se formam as estrelas e os planetas. Sei apenas de uma personagem e seu conflito. A partir dali, penso na trama e, em especial, defino como terminará a história. É importante saber como termina uma história, mais importante do que saber o começo. Pois é o final que condicionará o começo.

Em *Ensaios íntimos e imperfeitos*, livro de 2008, você defende a ideia de que escrever é "dar limites". Argumenta que os escritores precisam de limites para afugentar o temor da desintegração. Diz: "Na linguagem, os adjetivos representam o medo que o substantivo, sozinho, leve-nos ao Nada". De que você tem medo quando escreve?
O maior medo é de ser óbvio e excessivo. Os limites são os da expressividade verbal. De início, o escritor não pensa em limitar-se, e seu maior problema é dar-se conta da necessidade de escrever menos. Em literatura o menos é mais. Escrevendo "poucamente", daremos força a cada palavra. E cada palavra, no texto, deve ser necessária e suficiente. Isso inclusive acontece com os adjetivos. Sabendo usá-los, criaremos sintagmas linguísticos originais.

Em seu já clássico *Cães da província*, de 1987, você reescreve a história do poeta Qorpo Santo – na verdade, José Joaquim de Campos Leão (1829-1883) – uma das mais enigmáticas figuras da literatura brasileira. No centro não só de seu romance, mas da obra de Qorpo Santo, está o tema delicado da loucura. Em que medida um escritor necessita de alguma dose de loucura para escrever?
Entendo a pergunta, claro, mas gostaria de dizer que, em meu caso, preciso de lucidez para escrever. A "loucura" deve ocorrer na gênese da obra, mas depois é preciso ter a cabeça no lugar para fazer as inúmeras escolhas que a escritura exige, especialmente nas questões acerca da estrutura.

Em *Videiras de cristal*, de 1990, você retorna, mais uma vez, ao mundo do século XIX, período da história brasileira que parece atraí-lo de modo muito particular. O que lhe interessa exatamente no século XIX? O que hoje, em pleno século XXI, temos a aprender com ele?
Realmente, há uma incidência maior do século XIX na minha obra porque o passado dá maior liberdade ficcional. É uma resposta incompleta porque ainda fica por explicar: sim, mas por que esse século, e não ou-

tro? Explico: o XIX foi o século mais banal de todos, comparado com o pérfido brilho do século XVIII e com o brutal século XX. Essa banalidade, banalidade burguesa, é que torna as rupturas mais dramáticas. Mas gostaria de sublinhar que não embarco ingenuamente nessa proposta "passadista". Escrever em cenários do século XIX é uma escolha consciente e com riscos perfeitamente assumidos. Uma escolha que poderia me sugerir um texto de ficção científica, por exemplo. Eu estaria completamente à vontade em escrever uma novela de discos voadores (embora, reconheço, estejam fora de moda).

Em um romance como *Concerto campestre*, de 1997, a história de um amor impossível envolvido em preconceitos, você trabalha com a técnica do suspense. Em que medida é função do escritor seduzir o leitor? Que outras armas utiliza para prender sua atenção?
Esse suspense aconteceu por acaso. Mas serviu, de fato, para prender a atenção do leitor. A questão me parece simples: não basta uma história interessante; ela precisa ser contada de modo interessante. Já vi naufragar bons projetos porque os autores não souberam manejar os instrumentos narrativos, que são tão antigos como a literatura. A lembrar Homero, que soube usá-los de maneira criativa, colocando-nos em cheio ante os muros de Troia.

Em um romance como *Figura na sombra*, de 2012, você se aproxima da ciência. O que a literatura tem a dizer a respeito da ciência? Pode ela, com sua ênfase no particular, servir de antídoto a saberes que se pretendem universais?
No caso desse romance, os protagonistas estavam à busca do universal através da ciência. Haja vista a obsessão de Humboldt na comprovação de um sistema que desse sentido à natureza. Aimé Bonpland seguiu no caminho inverso, embora chegasse à conclusão de que é tudo desordem e singularidades – paradoxalmente, isso também é um modo sistemático de entender a vida.

Parece que, para os gaúchos, é impossível escrever sem "matar" um pouco a figura assombrosa de Erico Verissimo. Quando ele faleceu, em 1975, você tinha trinta anos. Chegou a conhecê-lo? Em que medida a literatura de Verissimo influencia sua própria literatura?

Sim, conheci Erico, embora de maneira breve. A figura de Erico é muito importante, é uma referência. Curiosamente, sua influência, para mim, passa pela sua atitude perante a escrita. Com ele minha geração soube e aprendeu que é possível pensar a literatura de maneira profissional. Quanto às reincidências temáticas, bem, são inevitáveis, pois o Sul é único para qualquer escritor. Isso não significa influência. De qualquer modo, e como vimos, os jovens escritores estão preocupados com outras questões.

Você é conhecido nacionalmente por suas oficinas literárias, que ministra há muito tempo em Porto Alegre e que já revelaram escritores importantes como Cintia Moscovich e Michel Laub. Pensar a literatura estimula o processo criativo ou, ao contrário, o bloqueia?
Pensar o literário só ajuda o escritor. Nos tempos atuais já não se admite o "ignorante iluminado", isto é, o escritor que só saiba escrever e não saiba falar acerca dos seus métodos e processos de escrita. Aliás, as editoras pressupõem que seu editado esteja pronto para enfrentar debates, entrevistas etc., pois isso faz parte do jogo da vida literária. É assim que as coisas funcionam. O escritor deve conhecer como desenvolveu seu artesanato. E deve ser um bom artesão. Isso não o impedirá de ser um gênio, como disse Delacroix, referindo-se, naturalmente, à pintura. Também vale lembrar Maiakovski: "Só a técnica liberta o talento".

Você teve quatro de seus romances filmados por diferentes diretores: *Videiras de cristal*, *Concerto campestre*, *Um quarto de légua em quadro* e *Manhã transfigurada*. Qual desses filmes é seu preferido? Por quê?
Eis uma resposta difícil. Mas se pensarmos em fidelidade ao espírito da obra literária, é *Concerto campestre*, o filme.

Desde 2011, você é secretário de estado da Cultura do Rio Grande do Sul e também escreve uma coluna quinzenal no jornal *Zero Hora*. No meio de tantas atividades, como é hoje seu processo de trabalho como escritor?
Tudo é uma questão de saber dividir o tempo. Uma das melhores formas para realizar isso é abdicando do lazer. Aliás, nunca tive qualquer espécie de lazer. Incomoda-me o lazer. Ou, talvez, esse lazer esteja substituído pelo trabalho com a escrita que, com sua carga criativa, é

superior a qualquer lazer no sentido clássico. Por outro lado, sou um homem de horários, e isso muito ajuda a entender tantas atividades simultâneas. E a equipe da Secretaria é impecável, o que me dá muita segurança quanto ao andamento do trabalho político e técnico.

Em que está trabalhando hoje?
Para mostrar que para mim o passado é apenas uma escolha, a novela que escrevo, com o título de *O Concerto de Dvorak*, se passa agora, em 2013. É uma história que transcorre em vinte dias, um fragmento da vida de um músico.

ENTRE OS ESCOMBROS DA MEMÓRIA
José Castello

O ESCRITOR Luiz Antonio de Assis Brasil afirma que a palavra "outrora" está no centro de sua literatura. Justifica: "Com sua vaga semântica, capaz de confundir e espantar, ela representa tudo aquilo que é acervo de nossa condição humana". À primeira vista, a figura do romancista confunde-se, assim, com a do inventariante. "Outrora" – isto é, em outros tempos, em tempos passados, antigamente – evoca, ainda, uma aproximação inesperada entre o trabalho do escritor e o trabalho do historiador, aspecto que, quando observada às pressas, a literatura de Assis Brasil parece confirmar com alguma veemência.

    Essa confirmação não passa, provavelmente, de um engano. Argumenta Assis Brasil, delineando melhor sua escolha: "Outrora resume um quadro mítico, que não se confunde com o passado, que é concreto e unívoco". A univocidade é algo que se aplica a sujeitos ou conceitos diversos, mas de maneira absolutamente idêntica. É a repetição, no Outro, do Mesmo – daí a referência ao mito, que é, por definição, indiferente à passagem do tempo e que permanece imutável ao longo dele. Insiste, então, Assis Brasil: "O outrora é mais do que o pretérito perfeito. O outrora abrange aquilo que fica em nós depois que deixamos de existir". Talvez a palavra pudesse ser, também, "permanência". Nesse caso, "continuidade" e "constância" seriam outras palavras possíveis. Ainda com mais precisão, embora também com surpresa, a palavra que busco pode ser "presente". Descoberta surpreendente na obra daquele que, em geral, é visto como um praticante resoluto do "romance histórico".

    Argumenta o escritor gaúcho, ainda, que "outrora" é "a palavra perdida entre os escombros da memória". Não só uma permanência, mas um resto (e a palavra pode ser, nesse caso, "cicatriz"). O interesse de Assis

Brasil, em consequência, não é propriamente pelo passado, mas por aquilo que dele se perpetua (sobra e persiste) no presente. No centro de suas ficções está, portanto, o presente mesmo. Lamenta sempre que muitos, em uma interpretação apressada, chamem seus romances de "históricos". Nesse aspecto, ele é enfático: "A história não faz parte dos meus interesses. Para isso há historiadores". Suas ficções não pretendem reconstruir, ou ressuscitar, o passado, mas afirmar o existente. Tratam daquilo que, nos homens, apesar da passagem do tempo, perdura. Tratam, em resumo, da própria condição humana, essência que se conserva alheia às turbulências, por mais cruéis, que a envolvem.

A crítica não lhe deu muita atenção, mas há na obra de Assis Brasil um pequeno livro que pode servir de chave mestra para os leitores interessados em atravessá-la. Trata-se de *Ensaios íntimos e imperfeitos*, de 2008, delicada coleção de pensamentos e de devaneios que sintetizam sua estratégia criativa. Quando rapaz, Assis Brasil via a literatura como um instrumento de evasão da realidade. Daí talvez proceda a ideia de que, se escrevia para fugir, ele se interessaria mais pelo passado (história) do que pelo presente (realidade). Aproximando-se dos setenta anos de idade, essa perspectiva, contudo, se inverteu. "Hoje entendo que a literatura é uma forma não de exclusão, mas de inclusão", ele distingue. "Uma forma de pensar o mundo e incluir-se nele". Um instrumento, portanto, não de acesso ao passado, mas ao agora. Um ato de sobrevivência – e a palavra pode ser "sobrevivência".

Na abertura de seus breves ensaios – memória ou ficção? –, ele escreve: "As tias velhas contavam que a primeira palavra do infante foi 'água'. Como eram surdas, poderia ser isso, ou qualquer outra coisa". Hoje pode se arriscar a pôr, no lugar de "água", a palavra "imprecisão". O menino ainda balbuciava suas primeiras palavras quando a mãe, confundindo a realidade com seus próprios desejos, ouviu-o dizer: "Salve Santo Antônio". Queria que o garoto confirmasse, precocemente, sua fé no santo de Pádua, que ela considerava seu protetor. Ouvimos, na maior parte das vezes, não o que ouvimos, mas o que desejamos ouvir. Assim também aconteceu com a mãe – verdadeira ou falsa, o que isso importa? Escreve Assis Brasil: "Assim o adulto crê. Deseja crer". Estamos diante do mito, força sutil, mas tão devastadora quanto a grande história.

Reflete, ainda, Assis Brasil em seu ensaio:

A real primeira palavra, a verdadeira, é jogada ao silêncio, ao vazio, ao nada. Não há ninguém por perto. Um descuido da babá, da mamãe, da vovó, e a criança diz a palavra secreta. A criança irá escondê-la dos outros e de si mesma por toda a vida.

A palavra original está perdida para sempre. Amordaçada, silenciada. Talvez o mesmo se possa pensar a respeito da palavra que está na origem de uma obra de ficção. A palavra original, no fim das contas, talvez seja não apenas tão secreta, mas também tão inacessível quanto os últimos balbucios que pronunciamos. Muitas páginas adiante, relembrando a subida de Maria Antonieta ao cadafalso, Assis Brasil escreve: "Acidentalmente, pisou no pé do carrasco Sanson. De imediato, ela murmurou suas últimas palavras: 'Senhor, peço desculpas, foi sem querer'". Palavras de aparência protocolar, mas que guardam, ainda mais tratando-se dos instantes que antecederam a morte de Maria Antonieta, uma força especial. A delicadeza como fecho. A elegância como ponto-final. Observa o escritor: "Maria Antonieta comprova que, sim, podemos pertencer sem constrangimento à espécie humana". Mesmo diante da morte, mesmo prestes a desaparecer para sempre, podemos (devemos) exaltar o humano.

Até porque toda palavra é, um pouco, como uma navalha – e a palavra que procuro pode ser "corte". Diz Assis Brasil em outro momento de seus preciosos ensaios: "Escrever um livro é dar limites a uma transcendental aventura da imaginação". Erguer muralhas, fossos, castelos – como se fazia no passado remoto, em que muitos leitores apressados o enfurnam. Não se trata de mera formalidade, mas de uma questão crucial, que ferve no centro da criação literária. "A razão do Limite está na impossibilidade de ser ultrapassado sob pena de constrangimento, da desonra, do cárcere, da morte." Desde que publicou seu primeiro romance, *Um quarto de légua*, de 1976, e por longos anos, a escrita de Assis Brasil se caracterizou pela longa extensão das frases, quase sempre de aparência tortuosa. Não basta conhecer a necessidade do limite para ser capaz de manejá-lo. A grande virada (sua maturidade literária) veio em 2001, aos cinquenta e seis anos de idade, quando publicou seu décimo quinto livro, *O pintor de retratos*. De aparência despretensiosa, ele é, no entanto, um dos mais belos que já escreveu.

Ninguém deve concluir que essa longa espera pelo momento do "corte" justifique uma desconsideração de toda a longa obra anterior de Assis

Brasil. Ao contrário. Não se deve desconsiderar o exaustivo trabalho com a memória e a linguagem que marcam romances como *Cães da província*, de 1987, e *Videiras de cristal*, de 1990. Esse momento de ruptura, de "queda em si", porém, abre uma fenda de luz que aviva e acentua os contrastes da obra anterior. Sobretudo nos primeiros tempos, Assis Brasil não começava a escrever sem se munir, antes de mais nada e imitando o mais severo historiador de gabinete, de uma farta pesquisa documental.

Para escrever o *Breviário das terras do Brasil*, de 1997, por exemplo, tomou como ponto de partida a leitura de um relatório do Bispado do Rio de Janeiro, datado do final do século XVII, em que o vigário-geral pede autorização para se instalar no então longínquo bairro de Botafogo. O uso que Assis Brasil faz da história, contudo, se rege mais pelo desvio do que pelo foco. O vigário-geral, que no início do livro guarda ares de protagonista, logo se transforma em personagem secundário. Seu posto é tomado por um índio guarani que, depois de naufragar no rio da Prata, é preso pelos portugueses e acusado de heresia, por ter se salvado das águas agarrado a uma imagem de Cristo. O exemplo serve para ilustrar a maneira como Assis Brasil utiliza a pesquisa histórica: menos como objeto central e mais como provocação. A história como desculpa – frágil ponte de acesso, datada e limitada – de que ele faz uso para tratar da grande vastidão do humano.

Desde seu primeiro grande livro, *Bacia das almas*, de 1981, Assis Brasil se empenha em fazer da história uma espécie de suntuoso trampolim de acesso aos obscuros interiores do humano. A partir daí, seus romances se conectam entre si, com elos secretos, muitas vezes nem tão secretos assim; formam uma longa espiral em que, apesar da singularidade, eles se prendem e na qual retornam, quase sempre, ao mesmo ponto. Que ponto? Já se disse, mais de uma vez, que sua literatura se interessa, sobretudo, pela dignidade humana – e a palavra que busco, se pode ser "humano", pode ser, também, "dignidade", termos que não deixam de se equivaler ou de, pelo menos, se enlaçar. Há uma unidade secreta entre seus romances, o que não impede, contudo, que eles se distingam pela marca da aventura pessoal. Não é tanto a vida pública que preocupa Assis Brasil, mas o modo como, em seu interior, se acomodam as experiências da vida privada. Como conservar a privacidade em uma história que parece, por vezes, tão escandalosa? Como sustentar o desejo em meio a episódios que se assemelham a grilhões? Como conservar a posse de si em meio a eventos que arrastam tudo o que lhes passa pela frente?

Em *Figura na sombra*, de 2012, a narrativa se comprime em setenta e três capítulos curtos. "Talvez seja uma volta às origens. Não sei dizer como isso aconteceu", comenta Assis Brasil, perplexo. A palavra – pensando não só nos movimentos históricos, nas turbulências do espírito humano, mas, sobretudo, nas rupturas produzidas em sua escrita – pode ser (surpresa) "transformação". Ela já aparece no premiado *A margem imóvel do rio*, de 2003, relato que tem como uma de suas figuras centrais ninguém menos que d. Pedro II. O foco, contudo, não está no suntuoso imperador, mas em um discreto fazendeiro gaúcho que lhe escreve pedindo que lhe seja outorgado o título de barão. Em busca de seu consulente, os emissários de Pedro II acabam se defrontando com muitos homens que assinam o mesmo nome, Francisco da Silva – e o romance, afastando-se de sua aparência histórica, se transforma bruscamente em uma refinada reflexão a respeito dos paradoxos do particular. "Particular", ou "único", pode ser a palavra secreta que busco. Palavras insubstituíveis, que não se equivalem. Na verdade, uma longa cadeia de palavras.

Desde 1997, com *Concerto campestre*, seu décimo segundo romance, Assis Brasil já se movia, com ênfase, em direção aos segredos do Um. O romance se destaca pela suavidade: com o avançar dos anos, e das páginas, a escrita de Assis Brasil se torna cada vez mais sensual. O livro começa com uma frase do major Antônio Eleutério de Fontes que dá o tom dessa busca: "Somos poucos aqui". Contra as tempestades da grande história, e ainda que detidos (como todos nós) em seu interior, Assis Brasil escreve à procura dos poucos, daqueles que se desviam da norma (o maestro do romance que se envolve em uma paixão impossível), daqueles que encaram a vida pessoal não como um desempenho previsível, mas como uma aventura regida pelo imprevisto. Não é outra coisa a literatura senão o trato daquilo que não se prevê, ou arte ela não seria.

Nas narrativas de Assis Brasil, a grande aventura se dá, antes de tudo, entre o civilizado e o bárbaro. A palavra pode ser "embate". Em *Figura na sombra*, por exemplo, ele trata de um período de transição (confronto) entre o Iluminismo e o Romantismo. Não é que Assis Brasil se desinteresse pela história. Mas em vez de fixar-se em seus grandes acontecimentos, desloca sua atenção para as repercussões e efeitos – as sombras – que ela produz sobre a vida comum. A estratégia criativa que adota é bastante singular. Escreve primeiro o fecho do romance ou, ao contrário, sua cena inaugural. Talvez os dois. Extremos calcados sobre a experiência existencial, não sobre os fatos históricos. Depois, aí sim, parte para a longa costura entre esses dois pontos distantes, que ele preenche com nacos arrancados dos grandes acontecimentos, sempre entremeados, porém, pela aventura humana e singular.

É nessa trança entre a verdade dura da história e a vigência instável do singular que Assis Brasil constrói, enfim, seu território ficcional. Volto aos *Ensaios íntimos*, onde ele reflete:

> Um escritor passou a registrar seus dias, desde o amanhecer à noite. Foi um rosário de mal-estares. Passou, então, a inventar seus registros, fazendo-os agradáveis; suportados pela palavra, tornaram-se ficcionais, isto é, verdadeiros.

Onde está, afinal, a fronteira que separa a verdade (história) da mentira (sonho individual)? Assis Brasil nos mostra, com seus livros, que ambos se debatem no mesmo pântano. Terreno sombrio, escorregadio, cheio de mitos ("outrora") e de sonhos (visões do futuro) sobre os quais o escritor, agarrado às palavras, ergue sua voz.

BIBLIOGRAFIA

ROMANCES
Figura na sombra. L&PM, Porto Alegre, 2012.
Música perdida. L&PM, Porto Alegre, 2006.
A margem imóvel do rio. L&PM, Porto Alegre, 2003.
O pintor de retratos. L&PM, Porto Alegre, 2001.
Breviário das terras do Brasil. L&PM, Porto Alegre, 1997.
Concerto campestre. L&PM, Porto Alegre, 1997.
Os senhores do século (terceiro volume da série Um castelo no pampa). Mercado Aberto, Porto Alegre, 1994.
Pedra da memória (segundo volume da série Um castelo no pampa). Mercado Aberto, Porto Alegre, 1993; L&PM, Porto Alegre, 2011.
Perversas famílias (primeiro volume da série Um castelo no pampa). Mercado Aberto, Porto Alegre, 1992; L&PM, Porto Alegre, 2010.
Videiras de cristal. Mercado Aberto, Porto Alegre, 1990; L&PM, Porto Alegre, 2010.
Cães da província. Mercado Aberto, Porto Alegre, 1987; L&PM, Porto Alegre, 2010.
O homem amoroso. Mercado Aberto, Porto Alegre, 1986.
As virtudes da casa. Mercado Aberto, Porto Alegre, 1985.
Manhã transfigurada. L&PM, Porto Alegre, 1982; Mercado Aberto, Porto Alegre, 1992; L&PM, Porto Alegre, 2010.
Bacia das almas. L&PM, Porto Alegre, 1981; Mercado Aberto, Porto Alegre, 1992.
A prole do corvo. Movimento, Porto Alegre, 1978.
Um quarto de légua em quadro. Movimento, Porto Alegre, 1976.

ENSAIOS DE TEORIA E CRÍTICA LITERÁRIA
Ensaios íntimos e imperfeitos. L&PM, Porto Alegre, 2008.
Escritos açorianos: A viagem de retorno. Salamandra, Lisboa, Portugal, 2003.

CRÔNICAS
Anais da Província-Boi. Mercado Aberto, Porto Alegre, 1997.

RIGO **LACERDA** ARMANDO **FREITAS** FILHO **JOÃO** GILBERTO **NOLL** LOURENÇO **MUTARELLI** CRISTOVÃ
UNES **BEATRIZ** BRACHER **BERNARDO** CARVALHO **TEIXEIRA** COELHO **MILTON** HATOUM **RICARDO** LÍ
TEGA **SILVIANO** SANTIAGO **EDGARD** TELLES **RIBEIRO** PAULO **HENRIQUES** BRITTO **SÉRGIO** SA
ONIO **DE** ASSIS **BRASIL** SEBASTIÃO **UCHOA** LEITE **MÁRIO** CHAMIE **VALTER** HUGO **MÃE** NUNO R
VISAN **RUBENS** FIGUEIREDO **MARINA** COLASANTI **CHICO** BUARQUE **RODRIGO** LACERDA **ARMANDO**
O **GILBERTO** NOLL **LOURENÇO** MUTARELLI **CRISTOVÃO** TEZZA **LOBO** ANTUNES **BEATRIZ** BRACH
VALHO **TEIXEIRA** COELHO **MILTON** HATOUM **RICARDO** LÍSIAS **AMILCAR** BETTEGA **SILVIANO** SANT
LES **RIBEIRO** PAULO **HENRIQUES** BRITTO **SÉRGIO** SANT'ANNA **LUIZ** ANTONIO **DE** ASSIS **BRASIL** SEBA
E **MÁRIO** CHAMIE **VALTER** HUGO **MÃE** NUNO **RAMOS** DALTON **TREVISAN** RUBENS **FIGUEIREDO** MARI
CO **BUARQUE** RODRIGO **LACERDA** ARMANDO **FREITAS** FILHO **JOÃO** GILBERTO **NOLL** LOURENÇ
TOVÃO **TEZZA** LOBO **ANTUNES** BEATRIZ **BRACHER** BERNARDO **CARVALHO** TEIXEIRA **COELHO** M
ARDO **LÍSIAS** AMILCAR **BETTEGA** SILVIANO **SANTIAGO** EDGARD **TELLES** RIBEIRO **PAULO** HENR
GIO **SANT'ANNA** LUIZ **ANTONIO** DE **ASSIS** BRASIL **SEBASTIÃO** UCHOA **LEITE** MÁRIO **CHAMIE** VALT
O **RAMOS** DALTON **TREVISAN** RUBENS **FIGUEIREDO** MARINA **COLASANTI** CHICO **BUARQUE** ROD
ANDO **FREITAS** FILHO **JOÃO** GILBERTO **NOLL** LOURENÇO **MUTARELLI** CRISTOVÃO **TEZZA** LOBO **ANT**
CHER **BERNARDO** CARVALHO **TEIXEIRA** COELHO **MILTON** HATOUM **RICARDO** LÍSIAS **AMILCAR** BET
TIAGO **EDGARD** TELLES **RIBEIRO** PAULO **HENRIQUES** BRITTO **SÉRGIO** SANT'ANNA **LUIZ** ANTONIO **DE**
ASTIÃO **UCHOA** LEITE **MÁRIO** CHAMIE **VALTER** HUGO **MÃE** NUNO **RAMOS** DALTON **TREVISAN** RUBEN
INA **COLASANTI** CHICO **BUARQUE** RODRIGO **LACERDA** ARMANDO **FREITAS** FILHO **JOÃO** G
RENÇO **MUTARELLI** CRISTOVÃO **TEZZA** LOBO **ANTUNES** BEATRIZ **BRACHER** BERNARDO **CARVA**
LHO **MILTON** HATOUM **RICARDO** LÍSIAS **AMILCAR** BETTEGA **SILVIANO** SANTIAGO **EDGARD** TELLES
RIQUES **BRITTO** SÉRGIO **SANT'ANNA** LUIZ **ANTONIO** DE **ASSIS** BRASIL **SEBASTIÃO** UCHOA **LEITE**
TER **HUGO** MÃE **NUNO** RAMOS **DALTON** TREVISAN **RUBENS** FIGUEIREDO **MARINA** COLASANTI **C**
RIGO **LACERDA** ARMANDO **FREITAS** FILHO **JOÃO** GILBERTO **NOLL** LOURENÇO **MUTARELLI** CRISTOVÃ
UNES **BEATRIZ** BRACHER **BERNARDO** CARVALHO **TEIXEIRA** COELHO **MILTON** HATOUM **RICARDO** L
TEGA **SILVIANO** SANTIAGO **EDGARD** TELLES **RIBEIRO** PAULO **HENRIQUES** BRITTO **SÉRGIO** SA
ONIO **DE** ASSIS **BRASIL** SEBASTIÃO **UCHOA** LEITE **MÁRIO** CHAMIE **VALTER** HUGO **MÃE** NUNO R

SEBASTIÃO UCHOA LEITE

SEBASTIÃO UCHOA LEITE nasceu em 1935, na cidade de Timbaúba, Pernambuco. Durante toda a década de 1990, enfrentou uma doença cardíaca, que o levou à morte em novembro de 2003, aos sessenta e oito anos, poucas semanas depois de receber o Prêmio Portugal Telecom por *A regra secreta*, da editora Landy.

Poeta, tradutor e ensaísta, cursou Direito e Filosofia na Universidade do Recife. Conviveu com a agitação intelectual do Recife nos anos 1950 ao lado de jovens intelectuais como Luiz Costa Lima e João Alexandre Barbosa. Foi professor e trabalhou na Rádio Universitária. Estreou como poeta aos vinte e cinco anos com o livro *Dez sonetos sem matéria*, publicado na capital pernambucana pela lendária editora artesanal O Gráfico Amador. Codirigiu o suplemento literário do *Jornal do Commercio*.

Radicou-se no Rio de Janeiro em 1965, onde fez parte do grupo da revista literária *José*. Trabalhou em diversas editoras, na Enciclopédia Mirador Internacional – com Antônio Houaiss e Otto Maria Carpeaux –, na Fundação Nacional de Artes (Funarte), no Instituto do Patrimônio Histórico e Artístico Nacional (Iphan) e foi responsável pelas edições da Fundação Nacional de Artes Cênicas (Fundacen).

Nos anos 1970, intensificou seu contato com a poesia concreta quando publicou *Signos/Gnosis*, também incorporado à coletânea *Obra em dobras*, de 1988, que compreende seus seis primeiros livros de poesia, escritos entre 1960 e 1988. Depois vieram *A uma incógnita* (1991), *A ficção vida* (1993), *A espreita* (2000) e *A regra secreta* (2002). E o livro de ensaios *Crítica de ouvido* (2003), último livro do poeta, que trata de poesia, cinema, ensaio e fotografia.

Antilírica, satírica e autoirônica, a obra de Sebastião Uchoa Leite é estudada em universidades e saudada pelos nossos maiores teóricos da literatura, como Haroldo de Campos, João Alexandre Barbosa, Flora Süssekind e Luiz Costa Lima, que examinou a obra poética e crítica do poeta no livro *Sebastião Uchoa Leite: Resposta ao agora*, da Dobra.

Além da poesia, Uchoa Leite deixa também um legado de traduções de importantes obras, como as *Crônicas italianas* de Stendhal e as principais obras de Lewis Carroll.

Como escreveu Sérgio Alcides por ocasião da morte do poeta: "Sebastião Uchoa Leite partiu para seu encontro com o verme: uma oportunidade de ver-se, enfim: 'Só/ Com o/ Pó/ Miro a/ Metade/ Vivo o/ Ver-me'. Enquanto isso, como ele diria, permanecemos restritos ao verme da consciência, e vamos roendo o que ele deixou escrito, em alguns dos livros mais importantes da poesia brasileira da segunda metade do século XX e dos primeiros anos deste XXI".

SEBASTIÃO UCHOA LEITE: FASCÍNIO DIFÍCIL DO "NÃO"
Sérgio Alcides

COMO SABERÁ o crítico se havia ou não alguém por trás do nome "Sebastião Uchoa Leite"? Tudo o que se pode fazer é olhar pelo pequeno buraco de fechadura que se abre para dentro da poesia publicada sob essa designação. Mas nem todos os ângulos do recinto se deixam espreitar. São cortes, toques, as ficções da vida. Há sempre algo terminantemente negado ao leitor. O poeta é o secretário dessa regra.

Alguns dados exteriores podem ser recolhidos. Por exemplo, que Sebastião Uchoa Leite nasceu em Pernambuco, em 1935, e morreu no Rio de Janeiro, em 2003. Que estudou Direito e Filosofia antes de se mudar para o Rio, em 1965. Que foi poeta, ensaísta e tradutor de autores diversos, como François Villon, Lewis Carroll, Octavio Paz e Stendhal, entre outros. Que publicou dez livros de poesia e quatro de ensaios. Que ganhou o Prêmio Jabuti em 1980, com o livro *Antilogia*, e o Prêmio Portugal Telecom de Literatura em 2003, com *A regra secreta*. Nada disso, porém, resolve a questão que ele mesmo levantou:

> Sou o que sou
> Ou minto?
>
> ("Antimétodo 2", de *A regra secreta*)

Essa questão, a ser levada a sério, suscita uma interrogação acerca do próprio sujeito e da "regra secreta" que o constitui. Acontece que nada garante que o poeta conheça todas as faces do segredo insinuado nele mesmo. Suas asserções mais firmes são as negativas. A dúvida é uma constante, e por isso seu alvo favorito não poderia deixar de ser o próprio "eu". O *cogito* em Sebastião tende a uma incógnita.

O sujeito vira uma espécie de paradoxo: é o ironista inveterado, aquele que se arraiga na impossibilidade de enraizamento, um veterano de seus recomeços. Então S. U. L. se torna a sigla de uma alegoria moderna, um estilhaço de Baudelaire que atingiu a língua portuguesa – ela própria descentrada, sul-americana, *escanteada*.

Imagine-se o que seria o seu livro de aforismos e máximas. Vamos procurá-lo oculto entre os versos de uma de suas coletâneas, escolhida ao acaso, só para experimentar. Por exemplo, nos poemas de *Cortes/Toques*:

"Vida é arte paranoica."

"A orelha cortada é uma sinédoque."

"Metafísica é a meta dos mandriões."

"Não é possível pensar
a verdade
exceto como veneno."

"Ganha-se a aposta
mas o jogo se perde."

"Todos nos identificamos com a solidão da fera, que não ataca por maldade, mas porque deve."

"Estamos sempre prontos para
surveiller et punir."

"Pois tudo é nada e nada é tudo."

São afirmações, sem dúvida. Mas o que elas afirmam é sempre um momento de impasse, uma perplexidade, uma amputação. A única sabedoria que encerram é a de – por princípio – desconfiar de princípios. Inclusive do princípio da autoria, de um sujeito subjacente que se estabilize e viva ainda ali, verbal. Em Sebastião, o sujeito se entrega à maior contingência, por ter só uma certeza na vida: "vivo/ o ver-me" ("Em off", de *Cortes/Toques*), diz o poeta, que é aquele que "se vê a si mesmo no verme" ("Noten zur Dichtung 1", do mesmo livro) e ao verme envia sua obra, por fim (em "Envoi", de *A uma incógnita*). Sua ironia última é o próprio epitáfio em forma de cruz, que, impresso na página, de repente transforma em tumba o livro preto da *Antilogia*:

>   aqui jaz
>   para o seu deleite
>   sebastião
>   uchoa
>   leite.

("Aqui jaz", de *Antilogia*)

No entanto, se a escatologia estimula uma ênfase na contingência, seguir sua regra secreta implica uma firmeza singular. Dão-se aí uma vontade, uma escolha e uma decisão que não deixam de afirmar com força um traço subjetivo, ainda que este venha de uma subjetividade a contrapelo.

A marca inconfundível da autoria de Sebastião se avista paradoxalmente na tentativa de borrar a marca, instabilizá-la, confundi-la, contaminá-la com a "mistura adúltera de tudo" inspirada por esse famoso verso de Tristan Corbière, conhecido através de Ezra Pound e Augusto de Campos: este traduziu o *ABC da literatura*, de Pound, que inclui os versos do "Épitaphe" de Corbière aproveitados por Sebastião como epígrafe de seu livro *Antilogia*. Vem daí a mescla do próprio discurso com incessantes alusões livrescas, fragmentos de cultura industrial, falas do "mundo cão" urbano do Brasil, flashes heteronômicos de que o poema afinal se compõe: "embrulho-enigma de tudo" ("Reflexões", de *A regra secreta*).

Mais do que máximas, Sebastião daria um bom autor de "máximas interrogações" – aquelas cuja perplexidade vem de uma afirmação oculta:

> "Se as coisas se desequilibram, isso equivale a negar a vida? Mas o que ela é, senão a desordem?"

> "Por que a incógnita nos causa horror?"

> "Em que Não-Localidade nos achamos?"

> "E se eu lhe disser
> Que ela é
> Morfética?"

Junto com essas questões, encontram-se afirmativas sobre a desordem da vida, o horror despertado pelo desconhecido, a sensação permanente de um lugar em falso, a repulsa pela doença. Mas nada disso constitui a resposta, senão a fonte das interrogações. É por isso que elas se distinguem das meras perguntas retóricas, que trazem em si mesmas a própria resolução – no estilo "De que vale o céu azul se você não vem?" (cuja resposta implícita é "De nada").

Mas a poesia de Sebastião não é tão interrogativa quanto negativa. E a negatividade é um aspecto sempre ressaltado, de um modo ou de outro, pelos leitores mais assíduos do poeta, como Paulo Andrade, Davi Arrigucci Jr., João Alexandre Barbosa, Haroldo de Campos, Luiz Costa Lima, Franklin Alves Dassie, Duda Machado e Flora Süssekind. Contudo, é surpreendente notar que essa poderosa máquina de resistência às seduções da metafísica e do sentimentalismo por vezes se confesse fascinada pelos objetos que aborda. É "o fascínio símil da desigualdade" ("A linha desigual", de *Cortes/Toques*) ou "o fascínio da beleza feminina", identificado com a ferocidade ("Ela, a pantera", de *Cortes/Toques*), o "fascínio difícil" daquilo ou daquele que "espreita nas trevas" ("Eros cruel", de *A espreita*).

Mesmo no ensaísmo do poeta, "fascínio" é uma palavra tão recorrente que a enumeração seria tediosa. Em geral, trata-se de verificar o que fascina determinado escritor, ou de onde vinha a fascinação que ele exerce. Por exemplo: o "fascínio (de Carroll) pela troca e pela inversão" ("A queda, a vertigem e o pesadelo", de *Crítica clandestina*), ou o fascínio exercido por Villon pelo "resultado heterogêneo, contraditório" de sua liga entre o verdadeiro e o mistificatório, o irônico e o dramático ("O paradoxo da tradução poética", de *Jogos e enganos*).

O conflito entre negatividade e fascinação é flagrante: fascinar é quebrar a barreira do não, penetrando através das resistências. Os dicionários mostram que a palavra nos chegou pelo latim *fascinum*, que significava "feitiço", "malefício", "encantamento" e também podia designar o falo, personificado como uma divindade, Fascinus. Se recuarmos até a origem grega, *báskanos*, encontramos o "feiticeiro", o "maledicente", aquele que atira o "mau-olhado" (*báskanos ophthalmós*).

Esse aspecto malfazejo coincide com o "fascínio do mal" que tanto atraía Sebastião, confundindo-se com a "melancolia do mal" – citada no ensaio "A escada, o espelho e as sombras", de *Jogos e enganos*, mas também nos poemas "Noten zur Dichtung 1" de *Cortes/Toques*, e "Reflexões", de *A regra secreta*. "Ela é fascinadora justamente por ser perigosa", escreveu o poeta ("Ela, a pantera", de *Cortes/Toques*). Estaríamos aí numa situação metapoética? Haveria na relação entre a poesia e a vida o mesmo ímpeto de ataque dos felinos? Continua o poeta:

> Temos aqui uma ambivalência básica, pois subterraneamente se identifica a ferocidade com o fascínio da beleza feminina. Mas ela não quer ser feroz. Se ataca os outros, ela o faz porque isso é da sua natureza.
> ("Ela, a pantera", de *Cortes/Toques*)

Ferocidade e atração se equivalem: malefício fascinante que provém de um terrível "não". Essa ambivalência se mostra irredutível. A pantera é fascinante, mas nem por isso se salva de outro fascínio, que vem do seu objeto.

Em posição análoga estão a víbora e o poeta, como se lê nesse dístico:

> ao fascínio do poeta pela palavra
> só iguala o da víbora pela sua presa
> ("Biografia de uma ideia", de *Antilogia*)

De um lado: pantera/ víbora/ poeta. De outro: presa/ presa/ linguagem. Mais esquiva, porém sempre de permeio, está a vida.

Da natureza da poesia de Sebastião é o ataque – mas igualmente o deixar-se atacar. Daí a situação de risco em que se põe o sujeito, à espreita. "A repulsa convive tantas vezes com o fascínio" – escreveu o ensaísta de "A poesia e a cidade", de *Crítica de ouvido*. A mesma ideia lhe ocorreu quanto ao cinema, por seus "jogos de fascínio/repulsa", evocados no ensaio "A metáfora da perseguição", de *Jogos e enganos*.

Ambivalências, oscilações. Nesse confronto de "nãos", a melancolia insidia o sujeito. "Insidiar" – eis um verbo fascinante, da preferência do Sebastião mais apurado e maduro, do ensaio "João Cabral e a tripa", de *Crítica de ouvido*, e dos poemas "o ar" e "a insídia", da série "memória das sensações", em *A regra secreta*: armar cilada, invadir com o ar. Para o poeta fascinante/fascinado, a maior insídia era a própria vida, inescapavelmente.

SÉRGIO ALCIDES é poeta, crítico literário, tradutor e professor da Faculdade de Letras da Universidade Federal de Minas Gerais (FALE/UFMG). Doutor em História Social pela Faculdade de Filosofia, Letras e Ciências Humanas da Universidade de São Paulo (FFLCH/ USP), mestre em História Social da Cultura pela Pontifícia Universidade Católica do Rio de Janeiro (PUC-Rio), publicou os livros de poemas *Nada a ver com a Lua* (7Letras), *O ar das cidades* (Nankin) e *Píer* (Editora 34), além do ensaio *Estes penhascos: Cláudio Manuel da Costa e a paisagem das Minas, 1753-1773* (Hucitec).

BIBLIOGRAFIA

POESIA
A regra secreta. Landy, São Paulo, 2002.
A espreita. Perspectiva, São Paulo, 2000 – coleção Signos.
A ficção vida. Editora 34, São Paulo, 1993.
A uma incógnita. Iluminuras, São Paulo, 1991.
Obra em dobras – 1960-1988. Duas Cidades, São Paulo, 1988 – reunião de seus seis primeiros livros; coleção Claro Enigma.
Cortes/toques. Duas Cidades, São Paulo, 1988.
Isso não é aquilo. Alternativa, São Paulo, 1982.
Antilogia. Achiamé, Rio de Janeiro, 1979.
Signos/Gnosis e outros. Duas Cidades, São Paulo, 1970.
Dez exercícios numa mesa sobre o tempo e o espaço. 1962.
Dez sonetos sem matéria. O Gráfico Amador, Recife, 1960.

ENSAIOS
Crítica de ouvido. Cosac Naify, São Paulo, 2003.
Jogos e enganos. Editora UFRJ/Editora 34, Rio de Janeiro/São Paulo, 1995.
Crítica clandestina. Taurus, Rio de Janeiro, 1986.
Participação da palavra poética. Vozes, Petrópolis, 1966 – coleção Nosso Tempo.

TRADUÇÕES (SELEÇÃO)
Julio Cortázar, *O perseguidor*. Cosac Naify, São Paulo, 2002.
Max Horkheimer, *Eclipse da razão*. Centauro, São Paulo, 2002.
François Villon, *Poesia*. Edusp, São Paulo, 2000.
Stendhal, *Crônicas italianas*. Edusp, São Paulo, 1998.
Marjorie Perloff, *O momento futurista*. Edusp, São Paulo, 1993.
Lewis Carroll, *Alice no país das maravilhas e Através do espelho e o que Alice encontrou lá*. Summus, São Paulo, 1980.
Octavio Paz, *Signos em rotação*. Perspectiva, São Paulo, 1972.

MÁRIO CHAMIE

A TRAJETÓRIA CULTURAL do poeta, crítico literário, professor, publicitário e advogado Mário Chamie foi marcada por suas lendárias disputas com o movimento da poesia concreta. E também pela criação, em sua gestão como secretário municipal da Cultura de São Paulo, do Centro Cultural São Paulo, "um espaço sem portas, para que todos possam entrar", orgulhava-se.

Chamie nasceu na cidade de Cajobi, interior de São Paulo, em 1933. Formado em Ciências Jurídicas e Sociais na Faculdade de Direito da Universidade de São Paulo (FD/USP), no Largo de São Francisco, fez doutorado em Ciência da Literatura na Universidade Federal do Rio de Janeiro (UFRJ). Estreou como poeta em 1955 com o livro *Espaço inaugural*, participando então do movimento da poesia concreta. Seis anos depois, abandonou o concretismo e, em 1962, lançou o livro *Lavra lavra*, cujo posfácio em formato de manifesto inaugurou a poesia-práxis no Brasil. No mesmo ano, em companhia do modernista Cassiano Ricardo, do crítico literário José Guilherme Merquior, do cineasta Cacá Diegues e dos críticos de cinema Jean-Claude Bernardet e Maurice Capovilla lançou a revista *Práxis*, uma dissidência do concretismo de Décio Pignatari e dos irmãos Augusto e Haroldo de Campos, dedicada às vanguardas pós-concretistas.

Com o movimento da poesia-práxis, despertou interesse internacional. Convidado pelo Itamaraty, em 1963 pronunciou uma série de conferências sobre literatura brasileira em países da Europa e do Oriente Médio. Um ano depois, realizou uma série de palestras sobre as vanguardas artísticas em universidades americanas. Na Universidade da Califórnia em Los Angeles, foi professor de Jim Morrison, futuro vocalista da banda The Doors.

Mas Chamie não se deteve apenas no enfrentamento às diretrizes radicais dos concretistas. Em 1967, em plena ascensão da ditadura militar, publicou *Indústria*, volume no qual buscou uma renovação da poesia-práxis, explorando os limites da relação dialética entre autor, texto e leitor, criando a figura do "textor".

Chamie foi secretário municipal de Cultura de São Paulo de 1979 a 1983, período no qual inaugurou o Centro Cultural São Paulo (CCSP), a Pinacoteca Municipal e o Museu da Cidade de São Paulo.

Professor titular de comunicação comparada na Escola Superior de Propaganda e Marketing (ESPM) por quase cinquenta anos, Chamie trabalhou também como locutor do programa *50 por 1*, da Rede Record, e foi colaborador do jornal *O Estado de S. Paulo*.

No Brasil e no exterior, foi e é objeto de estudos e análises, estando presente em várias antologias e obras críticas dedicadas à literatura brasileira. Seus poemas foram publicados em francês, inglês, italiano, espanhol, alemão, holandês, árabe e tcheco.

Mário Chamie lutava contra um câncer de pulmão desde maio de 2010 e morreu, vítima de uma parada cardíaca, em 2011, aos setenta e oito anos de idade.

POESIA E DESCONFIANÇA
José Castello

FALECIDO EM julho de 2011, o poeta e crítico Mário Chamie me leva a eleger, em seu lugar, a palavra que sustenta sua obra. Desconfio, apenas desconfio, que essa palavra possa ser "desconfiança". Tento explicar. Em uma longa entrevista que me deu em junho de 2001, publicada no jornal *O Estado de S. Paulo*, Chamie declarou: "Continuo fiel à coragem de desconfiar de todo e qualquer consenso. No horizonte da poesia, não há lugar para a mesmice multiplicada, ou repetida". Contra mesmice e repetição, propunha sempre o recurso da dúvida, o que lhe trouxe inimigos procedentes de todos os horizontes intelectuais. Não se preocupava com isso: ao contrário, parecia apreciar a divergência e o atrito. As inimizades – a desconfiança – o obrigaram a afiar ainda mais seus argumentos, emprestando-lhes ainda mais contundência. Apreciava o desvio e o desacordo. A palavra pode, também, ser "desacordo".

Disse-me Chamie na mesma entrevista: "Penso que a poesia é a linguagem das linguagens, pois é nela e por ela que o inesperado dizer sobre as coisas se anuncia. Ela é sempre inaugural e desconcertante". (A palavra pode ser "desconcerto".) Prosseguiu: "Não se domestica com poéticas a palavra imprevisível do poema". A palavra que busco pode ser, talvez, "insubordinação". Pode ser, ainda, "inesperado", ou "imprevisível". Uma estética baseada no Único, como a que Chamie praticou, desencadeia uma tempestade de palavras, e é preciso acolhê-las. É importante aceitar que se multipliquem e se espalhem. A palavra talvez possa ser "um".

Recordou Chamie, ainda no mesmo diálogo, que Platão rejeitou a presença dos poetas em sua República "por desconfiar da força desestabilizadora de suas transgressões". Voltamos, assim, à ideia da desconfiança como motor de seu pensamento. Foi um intelectual intransigente na defesa de suas posições – a palavra pode ser "intransigência" –, com os aspectos negativos, mas também positivos que ela inclui. Para muitos, essa intransigência se confundia com a agressividade. Em muitos casos, contudo, a agressividade é um sentimento positivo, que em vez de separar, agrega. A palavra bem que pode ser "agressividade". Pode ser – numa percepção mais dura – "hostilidade", mas pode ser também "dinamismo".

Dizia Mário Chamie, com insistência, que a poesia devassa discursos, libera diferenças, dissemina novas visões sobre o mundo. "Ela não pacifica, traz inquietude". Sim: a palavra pode ser "inquietude". Continuou: "Utopia incessante de si mesma, a poesia sopra sobre as Repúblicas estáveis do consenso os ventos do dissenso, com que cada poeta dita a própria singularidade", e a palavra pode, ainda, ser essa mesma, "singularidade". Gostava Chamie de recordar as ideias de Charles Baudelaire, que sintetizou a singularidade dos poetas na figura do *flâneur*, isto é, o passeante, o ocioso, "o indivíduo que, mesmo fazendo parte da massa urbana padronizada, reconhecia-se único e solitário". A lição de Baudelaire seria a de que no horizonte da poesia não há lugar para o Mesmo e para a repetição. "Que todo poeta seja singular e faça a sua diferença". Talvez a palavra seja "diferença".

Mário Chamie foi o fundador do movimento Práxis que, nos anos 1960, instituiu-se para combater o que ele chamava de "autoritarismo das vanguardas". Bradava o poeta: "Todo autoritarismo é ortodoxo e sectário". Seu alvo preferido – o que lhe trouxe uma legião de desafetos – foi o consagrado movimento do Concretismo, de que, nos primeiros anos, chegou a participar. Assim, mais tarde, o analisou: "O Concretismo, enquanto movimento centralizador, nasceu sob o império do controle". Isso já apareceria em seu manifesto nuclear, batizado Plano-Piloto. Contrapunha-se Chamie: "Para a Práxis, a palavra poética nunca é refém de uma teoria prévia. A liberdade de sua criação é, em si, uma heterodoxia ativa". (E a palavra pode ser "heterodoxia".) Quando o poeta, no exercício dessa liberdade, encontra ou inventa a palavra poética, ele acreditava, não precisa pedir a bênção consensual ao receituário de nenhum plano preestabelecido. Chamie encarava a poesia como um instrumento (uma chave) para destrancar, e não para fechar caminhos. A palavra pode ser "pluralidade", o que, por si, desmente a ideia de um grupo fechado, ou "movimento"; ao contrário, destrói a própria ideia de "movimento". Talvez não seja mesmo possível dizer que Práxis foi um movimento, mas, se não foi, o que foi?

"A poesia-práxis recuperou o verso de maneira renovada e intensificou a referência às circunstâncias do mundo", disse a respeito o crítico Antonio Candido, sintetizando a essência desse que seria, mais, um antimovimento, não por ser imóvel, ao contrário, mas por pregar a incessante movimentação, sem o apoio fixo das doutrinas, ou dos grupos. Para Chamie, a poesia-práxis – antecipando-se ao novo milênio em que vivemos – significava a passagem da modernidade à pós-modernidade. Não se trata, pois, de um movimento no sentido de um grupo organizado, que trabalha em conjunto, em torno de uma mesma estética. Mas, em vez disso, de um movimento no sentido mais usual da palavra: ato ou efeito de mover-se, deslocamento, agitação. Práxis não chegou, em consequência, a ser uma escola literária, e nem mesmo um grupo literário, mas uma espécie impessoal de impulso para a diversidade e para o singular. Impulso no qual Chamie ocupou, desde o início, o lugar central. Nesse caso, talvez possamos pensar na palavra "dispersão", ou mesmo "fragmentação" – ambas já anunciando o século que viria em seguida, com suas redes online e a megaexplosão de sites, blogs, facebooks etc.

Explicava Chamie que movimentos e escolas literárias tendem a ser datados, enquanto a Práxis queria, ao contrário, opor-se justamente aos dogmas da escola e do período. Um movimento para opor-se aos movimentos: seria isso possível? Partindo da ideia de que todo autoritarismo é ortodoxo e sectário, de que todo grupo é fechado e perigoso, Chamie via a Práxis como uma tendência estética voltada, antes de tudo, para a vida. "Para a Práxis, a palavra poética nunca deve ser refém de uma teoria prévia", insistia – posição que pareceu, sempre, uma agressão aos grupos e escolas literárias de seu tempo, daí a indisposição e o desconforto que suas posições sempre geravam. Lembrava, a seu favor, que, depois da poesia-práxis, deixou-se, em geral, de falar em movimentos ou escolas, e se passou a dividir a produção poética, mais comumente, por décadas: poesia dos anos 1970, poesia dos anos 1980 etc. Nos anos 1960, argumentava ainda, tanto o sistema literário (dividido em escolas) como o sistema de poder (fechado em torno da ditadura militar) limitavam a liberdade de criação. "Esse duplo cerceamento sufocou a práxis individual do artista e sua subjetividade criadora." A palavra que procuro pode ser, ainda, "liberdade".

O primeiro livro de Chamie, *Espaço inaugural*, é de 1955. Na segunda metade da década de 1950, ele se alinhou ao movimento da poesia concreta, dos irmãos Augusto e Haroldo de Campos, a que abandonou no ano de 1961, para fundar a poesia-práxis, reunida em torno da revista *Práxis*. A palavra que busco, portanto, pode ser "dissidência". Sempre interessado na dissonância, Chamie publicou treze livros de poesia – sendo o último *Horizonte de esgrimas*, de 2002, e o mais célebre, *Lavra lavra*, de 1962. Este último marca sua dissidência com o concretismo. Publicou, ainda, quatro coletâneas de ensaios, nos quais defendeu suas ideias libertárias. *Lavra lavra* – considerou um crítico da importância de José Guilherme Merquior – rompeu com o tabu do poema construído sobre imagens, voltando, de modo renovado, à tradição do poema longo e retórico. No mesmo momento em que o lançou, Chamie escreveu o manifesto Práxis.

Contrariando o deslumbramento com a técnica e a modernidade, e sem receio de provar da experiência do passado, *Lavra lavra* abre com um poema batizado "Rural". Inspirado em uma ideia simples: "o poeta sai a campo". Começa assim esse poema inaugural: "Vem a invernada – ronda/ primeiro a mata e morre/ nos anchos ranchos pobres". A invernada, isto é, pastagens em que se guardam os animais para que recuperem as forças, e também para o cruzamento e a engorda, é uma metáfora muito adequada para esse lugar de descanso e reflexão, de respirar mais lento e meditação, que Práxis propunha. Ponto de espera, na esperança de que a agitação visual esmaecesse e o poeta pudesse, enfim, retomar sua palavra. A palavra – em uma duplicação inspiradora – pode ser mesmo "palavra".

Mas pode, também, em uma tempestade de palavras que surgem de todos os lados, ser "divergência", "discrepância", "contraste". Foi o que declarou Chamie em entrevista concedida pouco depois do lançamento de *Caravana contrária*, seu penúltimo livro, de 1998 – num momento em que já trabalhava nos manuscritos do livro de despedida, *Horizonte de esgrimas*, que seria lançado no ano de 2002. Disse o poeta na ocasião: "Continuo fiel à coragem de desconfiar de todo e qualquer consenso. Essa fidelidade, para mim, nobilita a solidão do ato de escrever poemas. Uma solidão regida pela ética da verdade e da beleza, o bem maior que dignifica a vida e o destemor honrado do dissenso". Recordando um poema de Paul Valéry, enfatizou ainda a necessidade essencial de "navegar contra a corrente, já que a favor das correntes nem mesmo o mar se move". Em seus célebres versos, Valéry descreve um mar estático, que está sempre nascendo. "Não seria talvez por isso que, em Paul Valéry, o mar está sempre começando e recomeçando?". Para Chamie, cabe ao poeta acentuar o caráter dúbio da realidade e, mais ainda, trafegar com desenvoltura nessa pista de mão dupla que nos cabe habitar. Não abria mão do que chamava de "ir e vir das ideias". Estranho: a palavra de Mário Chamie – o poeta que se opôs a todos os movimentos – pode ser mesmo (agora no sentido original, de transporte, e não de grupo) "movimento".

Percorrendo sua poesia, desde *Espaço inaugural*, de 1955, ao livro de despedida, *Horizonte de esgrimas*, atravessamos quarenta e sete anos de uma poética que – indiferente às sucessivas polêmicas em que se envolveu seu autor, e afora as inevitáveis (e constantes) oscilações de qualidade – se manteve sempre fiel ao espírito da contramão. A palavra pode ser "contramão". Chamie fez-se poeta como um combatente solitário, caráter que se define, com clareza radical, desde o momento em que ele se desvinculou do movimento concretista. Não é por acaso que, em seu último livro, ainda observe o panorama poético como um "horizonte de esgrima". Arte da luta praticada apenas com armas brancas – espadas, sabres e floretes –, a esgrima é antes de tudo uma arte de defesa. Aspecto que combina com a solidão, e as inevitáveis incompreensões a ela correspondentes, em que Chamie sempre se sentiu. Assemelha-se a esgrima, ainda, a uma dança, o que seria talvez uma boa metáfora para a presença da beleza (da poesia) na luta. A palavra de Chamie pode ser "luta", mas também pode ser "dança".

Luta (dança) que, apesar da beleza, traz as inevitáveis consequências adversas, como podemos ler nos versos daquele que é, talvez, seu livro mais combativo, *Pauliceia dilacerada*. Volume de contos e de crônicas inspirado pela demissão do poeta Mário de Andrade do departamento de Cultura de São Paulo, no ano de 1935. O livro – longo monólogo ficcional de Andrade a respeito de sua solidão e de sua dor – é uma espécie de súmula das lutas levadas à frente pelos escritores que se bateram contra os sistemas literários dominantes. Almas fora da norma e fora dos eixos, lançadas, por isso mesmo, nas fronteiras e no deserto. A identificação entre os dois Mários, Chamie e de Andrade, não é gratuita. Chamie foi também secretário de Cultura da cidade de São Paulo, posto que assumiu em 1979. Assim que tomou posse, procurou retomar o fio abandonado, à revelia e quarenta e quatro anos antes, por Mário de Andrade, quando ocupou a mesma cadeira, entre 1935 e 1937.

Não podemos esquecer que Mário Chamie foi não só um importante poeta, mas um crítico ousado que, entre outras façanhas, descobriu e interpretou os manuscritos de *O santeiro do mangue*, de Oswald de Andrade, e que introduziu o método dialógico na análise literária de *Macu-*

naíma, de Mário de Andrade. A palavra que buscamos pode ser "crítica", mas pode ser também "descoberta" – e, no caso de Chamie, elas se equivalem. Mas foi como poeta, e com sua Práxis, que ele fertilizou, ainda com mais contundência, o campo literário brasileiro. A seu respeito, disse o romancista pernambucano Osman Lins (1924-1978), autor do celebrado *Avalovara*, de 1973: "O projeto Práxis, nos anos 1960, passou a ser um anagrama inscrito na produção cultural do país. Esse anagrama chega a usar o som óbvio de *Lavra lavra* e de sua estrutura semântica no meu *Avalovara*". Murilo Mendes também incorporou seu interesse pela Práxis em pelo menos dois poemas: "Murilograma a Webern" ("o som da práxis/ a práxis do som") e "Murilograma a C. D. A." ("Além de 'Terceira Feira'/ Além de Poesia-Práxis/ Além do texto 'Isso é aquilo'/ Sereis teleguiados?").

A repercussão da Práxis, afirmava o próprio Chamie, passou ainda pelo Cinema Novo, de Glauber Rocha, e pela célebre montagem de *O rei da vela*, de Fernando Peixoto e Zé Celso Martinez Corrêa. Espalhou-se pela produção cultural, visando atingir no coração o que ele chamava de "clericarização das vanguardas", e a ela contrapondo os valores humanos. Valores que se encarnam não em movimentos coletivos, mas na figura do indivíduo. A palavra pode ser "indivíduo". Apostava Chamie que só partindo do indivíduo – tomado como uma ilha ensimesmada – é possível retomar a força das utopias. E cada indivíduo, ele pensava ainda, é dono de seu caminho e de sua arte, ele não pertence a mais ninguém, grupo, escola, movimento, o que seja. Na era da indústria e da padronização, Chamie propunha uma poética baseada no único. Contra o controle do grande Pai, e seguindo a estética de Oswald de Andrade, propunha, ainda, "a transformação do patriarcado em matriarcado". Que se definiria pelo direito de posse do homem primitivo, pela superação do negócio e da usura pelo ócio, pelo fim dos poderes centralizadores e autoritários através do advento de uma vida comunitária aberta aos prazeres vitais.

Contrapunha-se Chamie, enfim, em uma forte premonição de nosso século XXI, ao domínio do Mercado – que se baseia, hoje, nas ideias de mercadoria, consumo, padronização e entretenimento. Enfatizava: "A poesia não cultiva essas igualdades apaziguadoras. Ao contrário, ela devassa discursos, libera diferenças, e não pacifica". Em uma das crônicas reunidas em suas *Neonarrativas*, livro póstumo de 2011, Chamie se recorda de Jorge Luis Borges, para quem "a linguagem se sobrepõe a tudo e cria a sua própria verdade". Via em Borges o criador de uma "literatura circular, aquela que ao voltar sempre ao mesmo ponto, está sendo sempre diferente na ida e volta das suas recorrências". A ênfase na diferença e também no predomínio da linguagem (que se desenrola sempre em círculo) sobre a verdade fixa e reta foram pontos de honra em sua estética. Uma estética baseada na liberação da força interior, que se sobrepõe à ordem e às hierarquias externas. Está em *Lavra lavra*: "Lavoura de dentro, com sua face de líquido, na alusão de um rio, o adubo tem sua hora". Trata-se daquela hora em que, contra todo e qualquer movimento organizado, contra grupos e tendências, o poeta aposta tudo em si mesmo.

BIBLIOGRAFIA

POESIA
Horizonte de esgrimas. Funpec, Ribeirão Preto, 2002.
Caravana contrária. Geração, São Paulo, 1998.
Natureza da coisa. Maltese, Rio de Janeiro, 1993.
A quinta parede. Nova Fronteira, Rio de Janeiro, 1986.
Sábado na hora da escuta. Summus, São Paulo, 1978.
Objeto selvagem: Poesia completa. Quíron, São Paulo, 1977.
Planoplenário. Praxis, São Paulo, 1974.
Indústria. Mirante das Artes, São Paulo, 1967.
Lavra lavra. Massao Ohno, São Paulo, 1962.
Os rodízios. Clube da Poesia, São Paulo, 1958.
O lugar. Leia, São Paulo, 1957.
Espaço inaugural. Leia, São Paulo, 1955.

CONTOS E CRÔNICAS
Neonarrativas breves e longas. Funpec, Ribeirão Preto, 2011.
Pauliceia dilacerada. Funpec, Ribeirão Preto, 2009.

ENSAIOS
A palavra inscrita. Funpec, Ribeirão Preto, 2004.

CRÍTICA LITERÁRIA
Casa da época. Conselho Estadual de Artes e Ciências Humanas, São Paulo, 1979.
A linguagem virtual. Quíron, São Paulo, 1976.
Instauração práxis. Quíron, São Paulo, 1974, 2 v.
A transgressão do texto. Praxis, São Paulo, 1972.
Alguns problemas e argumentos. Edição do autor, São Paulo, 1964.
Palavra-levantamento na poesia de Cassiano Ricardo. Livraria São José, Rio de Janeiro, 1963.

RODRIGO LACERDA ARMANDO FREITAS FILHO JOÃO GILBERTO NOLL LOURENÇO MUTARELLI CRIST
ANTUNES BEATRIZ BRACHER BERNARDO CARVALHO TEIXEIRA COELHO MILTON HATOUM RICARD
BETTEGA SILVIANO SANTIAGO EDGARD TELLES RIBEIRO PAULO HENRIQUES BRITTO SÉRGIO
ANTONIO DE ASSIS BRASIL SEBASTIÃO UCHOA LEITE MÁRIO CHAMIE VALTER HUGO MÃE NUN
TREVISAN RUBENS FIGUEIREDO MARINA COLASANTI CHICO BUARQUE RODRIGO LACERDA ARMAN
JOÃO GILBERTO NOLL LOURENÇO MUTARELLI CRISTOVÃO TEZZA LOBO ANTUNES BEATRIZ BRA
CARVALHO TEIXEIRA COELHO MILTON HATOUM RICARDO LÍSIAS AMILCAR BETTEGA SILVIANO S
TELLES RIBEIRO PAULO HENRIQUES BRITTO SÉRGIO SANT'ANNA LUIZ ANTONIO DE ASSIS BRASIL S
LEITE MÁRIO CHAMIE VALTER HUGO MÃE NUNO RAMOS DALTON TREVISAN RUBENS FIGUEIREDO M
CHICO BUARQUE RODRIGO LACERDA ARMANDO FREITAS FILHO JOÃO GILBERTO NOLL LOUR
CRISTOVÃO TEZZA LOBO ANTUNES BEATRIZ BRACHER BERNARDO CARVALHO TEIXEIRA COELHO
RICARDO LÍSIAS AMILCAR BETTEGA SILVIANO SANTIAGO EDGARD TELLES RIBEIRO PAULO H
SÉRGIO SANT'ANNA LUIZ ANTONIO DE ASSIS BRASIL SEBASTIÃO UCHOA LEITE MÁRIO CHAMIE V
NUNO RAMOS DALTON TREVISAN RUBENS FIGUEIREDO MARINA COLASANTI CHICO BUARQUE R
ARMANDO FREITAS FILHO JOÃO GILBERTO NOLL LOURENÇO MUTARELLI CRISTOVÃO TEZZA LOBO A
BRACHER BERNARDO CARVALHO TEIXEIRA COELHO MILTON HATOUM RICARDO LÍSIAS AMILCAR B
SANTIAGO EDGARD TELLES RIBEIRO PAULO HENRIQUES BRITTO SÉRGIO SANT'ANNA LUIZ ANTONIO
SEBASTIÃO UCHOA LEITE MÁRIO CHAMIE VALTER HUGO MÃE NUNO RAMOS DALTON TREVISAN RU
MARINA COLASANTI CHICO BUARQUE RODRIGO LACERDA ARMANDO FREITAS FILHO JOÃO
LOURENÇO MUTARELLI CRISTOVÃO TEZZA LOBO ANTUNES BEATRIZ BRACHER BERNARDO CA
COELHO MILTON HATOUM RICARDO LÍSIAS AMILCAR BETTEGA SILVIANO SANTIAGO EDGARD TELL
HENRIQUES BRITTO SÉRGIO SANT'ANNA LUIZ ANTONIO DE ASSIS BRASIL SEBASTIÃO UCHOA LEI
VALTER HUGO MÃE NUNO RAMOS DALTON TREVISAN RUBENS FIGUEIREDO MARINA COLASANT
RODRIGO LACERDA ARMANDO FREITAS FILHO JOÃO GILBERTO NOLL LOURENÇO MUTARELLI CRIST
ANTUNES BEATRIZ BRACHER BERNARDO CARVALHO TEIXEIRA COELHO MILTON HATOUM RICARD
BETTEGA SILVIANO SANTIAGO EDGARD TELLES RIBEIRO PAULO HENRIQUES BRITTO SÉRGIO
ANTONIO DE ASSIS BRASIL SEBASTIÃO UCHOA LEITE MÁRIO CHAMIE VALTER HUGO MÃE NUN
TREVISAN RUBENS FIGUEIREDO MARINA COLASANTI CHICO BUARQUE RODRIGO LACERDA ARMAN
JOÃO GILBERTO NOLL LOURENÇO MUTARELLI CRISTOVÃO TEZZA LOBO ANTUNES BEATRIZ BRA
CARVALHO TEIXEIRA COELHO MILTON HATOUM RICARDO LÍSIAS AMILCAR BETTEGA SILVIANO S
TELLES RIBEIRO PAULO HENRIQUES BRITTO SÉRGIO SANT'ANNA LUIZ ANTONIO DE ASSIS BRASIL S
LEITE MÁRIO CHAMIE VALTER HUGO MÃE NUNO RAMOS DALTON TREVISAN RUBENS FIGUEIREDO M
CHICO BUARQUE RODRIGO LACERDA ARMANDO FREITAS FILHO JOÃO GILBERTO NOLL LOUR
CRISTOVÃO TEZZA LOBO ANTUNES BEATRIZ BRACHER BERNARDO CARVALHO TEIXEIRA COELHO
RICARDO LÍSIAS AMILCAR BETTEGA SILVIANO SANTIAGO EDGARD TELLES RIBEIRO PAULO H
SÉRGIO SANT'ANNA LUIZ ANTONIO DE ASSIS BRASIL SEBASTIÃO UCHOA LEITE MÁRIO CHAMIE V
NUNO RAMOS DALTON TREVISAN RUBENS FIGUEIREDO MARINA COLASANTI CHICO BUARQUE R
ARMANDO FREITAS FILHO JOÃO GILBERTO NOLL LOURENÇO MUTARELLI CRISTOVÃO TEZZA LOBO A
BRACHER BERNARDO CARVALHO TEIXEIRA COELHO MILTON HATOUM RICARDO LÍSIAS AMILCAR B
SANTIAGO EDGARD TELLES RIBEIRO PAULO HENRIQUES BRITTO SÉRGIO SANT'ANNA LUIZ ANTONIO
SEBASTIÃO UCHOA LEITE MÁRIO CHAMIE VALTER HUGO MÃE NUNO RAMOS DALTON TREVISAN RU
MARINA COLASANTI CHICO BUARQUE RODRIGO LACERDA ARMANDO FREITAS FILHO JOÃO
LOURENÇO MUTARELLI CRISTOVÃO TEZZA LOBO ANTUNES BEATRIZ BRACHER BERNARDO CA
COELHO MILTON HATOUM RICARDO LÍSIAS AMILCAR BETTEGA SILVIANO SANTIAGO EDGARD TELL
HENRIQUES BRITTO SÉRGIO SANT'ANNA LUIZ ANTONIO DE ASSIS BRASIL SEBASTIÃO UCHOA LEI
VALTER HUGO MÃE NUNO RAMOS DALTON TREVISAN RUBENS FIGUEIREDO MARINA COLASANT
RODRIGO LACERDA ARMANDO FREITAS FILHO JOÃO GILBERTO NOLL LOURENÇO MUTARELLI CRIST
ANTUNES BEATRIZ BRACHER BERNARDO CARVALHO TEIXEIRA COELHO MILTON HATOUM RICARD
BETTEGA SILVIANO SANTIAGO EDGARD TELLES RIBEIRO PAULO HENRIQUES BRITTO SÉRGIO
ANTONIO DE ASSIS BRASIL SEBASTIÃO UCHOA LEITE MÁRIO CHAMIE VALTER HUGO MÃE NUN

Este livro foi composto com a família tipográfica
Nexus para a Leya em novembro de 2013.